Der Brief des Paulus an die Galater

Theologischer Handkommentar zum Neuen Testament

In neuer Bearbeitung unter Mitwirkung von

Christfried Böttrich, Lukas Bormann, Roland Deines, Reinhard Feldmeier,
Jörg Frey, Gudrun Guttenberger, Klaus Haacker, Jens Herzer, Rainer Hirsch-Luipold,
Michael Labahn, Christof Landmesser, Martin Meiser, Rainer Metzner,
Ulrike Mittmann, Ulrich B. Müller, Petr Pokorný, Eckart Reinmuth,
Benjamin Schliesser, Udo Schnelle, Thomas Söding, Manuel Vogel
und Ruben Zimmermann

herausgegeben von
Jens Herzer und Udo Schnelle

9

Der Brief des Paulus an die Galater

Der Brief des Paulus an die Galater

Martin Meiser

EVANGELISCHE VERLAGSANSTALT
Leipzig

 *Martin Meiser,* Dr. theol., Jahrgang 1957, ist seit 2007 Wissenschaftlicher Mitarbeiter an der Universität des Saarlandes, Saarbrücken. Er studierte Theologie in Neuendettelsau, Hamburg, Tübingen, München und Erlangen. Zu seinen Forschungsschwerpunkten zählen neben Paulus und den Synoptikern die Septuagintaforschung und die patristische Exegese.

Bibliographische Information der Deutschen Nationalbibliothek
Die Deutsche Nationalbibliothek verzeichnet diese Publikation in der Deutschen Nationalbibliographie; detaillierte bibliographische Daten sind im Internet über http://dnb.dnb.de abrufbar.

© 2022 by Evangelische Verlagsanstalt GmbH · Leipzig
Printed in Germany

Das Werk einschließlich aller seiner Teile ist urheberrechtlich geschützt. Jede Verwertung außerhalb der Grenzen des Urheberrechtsgesetzes ist ohne Zustimmung des Verlags unzulässig und strafbar. Das gilt insbesondere für Vervielfältigungen, Übersetzungen, Mikroverfilmungen und die Einspeicherung und Verarbeitung in elektronischen Systemen.

Das Buch wurde auf alterungsbeständigem Papier gedruckt.

Gesamtgestaltung: Zacharias Bähring, Leipzig
Druck und Binden: BELTZ Grafische Betriebe GmbH, Bad Langensalza

ISBN 978-3-374-07037-4 // eISBN (PDF) 978-3-374-07038-1
www.eva-leipzig.de

Vorwort

Es ist mir eine Ehre und eine Freude, in dieser bewährten und anerkannten Kommentarreihe, die Generationen von Pfarrerinnen und Pfarrern durch schwere Zeiten hindurch begleitet hat, den Band zum Galaterbrief beizusteuern.

Gerne will ich vielfachen Dank abstatten.

Die Herausgeber der Reihe, Jens Herzer und Udo Schnelle, haben in freundschaftlicher Weise Anregungen formuliert und mir an manchen Stellen zu größerer Präzision verholfen. In ebensolcher Freundschaft ist mir Dieter Sänger zu einem wichtigen Gesprächspartner geworden. Auch Felix John hat mich liebenswürdig an seinem Wissen teilhaben lassen. Die seit 2018 installierte Seminargruppe zum Galaterbrief bei SNTS hat mir ebenfalls weiterführende Einsichten mit auf den Weg gegeben. Auch während mehrerer Konferenzen in Szeged (Ungarn) habe ich wertvolle Impulse empfangen.

Frau Nora Hempel und Frau Kerstin Kirsch haben in vielfältiger Weise geholfen, das Manuskript auch in bibliographischer Hinsicht zu vereinheitlichen.

Frau Dr. Weidhas war mir stets eine zuverlässige Ansprechpartnerin. Frau Anne Grabmann hat wertvolle Hinweise zur technischen Vorbereitung des Manuskriptes gegeben und die einwandfreie Herstellung des Bandes besorgt.

Verbliebene Fehler gehen selbstverständlich zu meinen Lasten.

Gewidmet ist dieser Kommentar dem Gedenken an meinen akademischen Lehrer Otto Merk (10.10.1933–07.01.2021). Sein Arbeiten in dem Ineinander von historisch-literarischer Rekonstruktion und theologischer Interpretation war von dem Ethos der strengen Sachlichkeit geprägt. Ihm galten die neutestamentlichen Aussagen bei aller Zeit- und Situationsdifferenz als analogiefähig und aktuell, die eigene Wirklichkeit im Heute aufdeckend und im Glauben verstehbar und wahrnehmbar machend.

Saarbrücken im Juli 2021   Martin Meiser

Zur Einführung

Der Galaterbrief ist eine der wesentlichen Quellen für die frühe Geschichte diverser sich auf Jesus beziehender Gruppen sowie für das Werden der Theologie seines Verfassers. Der konfessorische Charakter hat seine Nachahmer (selten Nachahmerinnen) gefunden, der zugleich polemische Stil verunsichert und verstört heute mehr denn je. Als Bestandteile eines kanonisch gewordenen Textes finden vor allem konfessorische Passagen gelegentlich liturgische Verwendung. Zur Einführung sollen diese Aspekte kurz reflektiert und die Schwerpunkte der eigenen Kommentierung erläutert werden.

Als Quelle für die Frühgeschichte der Jesusbewegung ist der Galaterbrief aufgrund von Gal 1,18; 2,1 in Kombination mit Lk 3,1f.; Apg 18,12–17 für die absolute Chronologie der frühen Missionsgeschichte von herausragender Bedeutung. Sie lässt sich für die ersten beiden Generationen der Jesusanhänger wesentlich präziser erfassen als für die dritte und vierte Generation, in denen man die Entstehung der neutestamentlichen Spätschriften zu vermuten hat. Die weitere historische Bedeutung des Galaterbriefs liegt darin, dass er die grundlegende Debatte in der Frühzeit der christlichen Gemeinden darüber bezeugt, ob und wenn ja unter welchen Bedingungen Nichtjuden in die Gemeinde der Anhänger Jesu integriert werden können. Dem wohl im Jahr 48 auf der Apostelversammlung in Jerusalem gefundenen, in Gal 2,9 referierten (Teil-)Konsens verdanken wir als Christen nichtjüdischer Herkunft, dass wir uns bleibend in die Geschichte des Gottes Israels eingeschrieben wissen dürfen. Der genannte Konsens bedeutet in biblischer Hinsicht, dass sich die Mehrheit der Anhänger Jesu einer in Jes 2,1–4; 42,6; 49,6 etc. gegebenen Linie verpflichtet sah, die auch anderweitig im antiken Judentum ihre Befürworter fand, nicht einer von Num 25; 31; Dtn 7 her ebenfalls im antiken Judentum vertretenen Linie hinsichtlich des Verhältnisses von Juden und Nichtjuden. Dass Nichtjuden allerdings sogar unter Verzicht auf die Beschneidung integriert werden konnten, ist vermutlich der vorbildlichen ethischen Bewährung einzelner nichtbeschnittener Mitglieder zu verdanken, denen man die Wirkung des Heiligen Geistes nicht absprechen konnte oder wollte (vgl. Gal 2,3; 3,2 sowie den späteren Reflex Apg 11,17f.). Das Phänomen der sog. »Gottesfürchtigen«, die von sich aus den Kontakt mit der Synagoge suchten, aber nicht die Beschneidung übernahmen, mag die Einschätzung solcher Mitglieder und damit die Entscheidung in Jerusalem erleichtert haben. Der Ausgang des in Gal 2,11–14 berichteten sog. Antiochenischen Zwischenfalls zeigt jedoch, dass der zuvor in Jerusalem gefundene Kompromiss im alltäglichen Leben gemischter Gruppen, wenn es um die Konkretion ging, zumindest nicht leicht durchzuhalten war, sodass der Galaterbrief schon für die erste Generation der Jesusbewegung Konvergenz und Spaltung zugleich symbolisiert. Die galatische Krise verdeutlicht im Übrigen, dass auch der Jerusalemer Konsens nur ein Teilkonsens gewesen war, wie es denn antipaulinische Opposition nicht nur zu Lebzeiten des Apostels (vgl. Röm 3,1–8), sondern auch danach noch mehrere Jahrhunderte lang gegeben hat. Von daher verwundert es nicht, dass kritische Forschung seit der Spätaufklärung die Geschichte der verschiedenen Gruppen in der frühen Jesusbewegung als Konfliktgeschichte beschreibt und dabei neben 1Kor 1,12 häufig auch Gal 2,12 als Ausgangspunkt der Darstellung nimmt.[1]

Die Rekonstruktion der Entwicklung der paulinischen Theologie hängt von der in diesem Kommentar vertretenen Datierung in der Nähe des Zweiten Korintherbriefes und des Philipperbriefes noch vor dem Römerbrief ab. Nach seiner u.a. in Gal 1,15f. beschriebenen Lebenswende hatte Paulus versucht, Nichtjuden für den Anschluss an die theologisch von Haus aus jüdisch geprägte Gruppe der Anhänger Jesu zu gewinnen. Apokalyptische Elemente halten sich von seinen frühen Briefen bis in die späteren Briefe durch,[2] auch dann noch, als er die akute Naherwartung, wohl unter dem Eindruck des in 2Kor 1,8–10 erwähnten Ereignisses einer unmittelbaren Todesgefahr, aufgegeben hatte. Im Ersten Thessalonicherbrief wie im Ersten Korintherbrief bilden Konzepte der Heiligkeit der Gemeinde,[3] aus biblischen Konzeptionen gespeist,[4] die Basis dafür, die ethischen Aspekte einer lebensumgreifenden Christusbindung zu betonen. Im Galaterbrief sieht Paulus sich aus aktuellem Anlass genötigt, die ekklesiologische Dimension dieser Christusbindung unter dem bereits am Apostelkonvent thematisierten Aspekt so zu entfalten, dass sie die bisherigen religiösen Differenzen zwischen Juden und Nichtjuden überwölbt, weswegen in seinen Augen Angehörige des griechisch-römischen Kulturkreises nicht genötigt sind, jüdische Identitätsmerkmale wie Beschneidung etc. zu übernehmen. Mit Blick auf die Fremdmissionare, die er als Kontrahenten ansieht, ist es ihm um die biblische Begründung seiner Position zu tun, indem er u.a. den einfachen bibelkundlichen Tatbestand ausnutzt, dass Gen 15,6 *vor* Gen 17 und Ex 19 zu stehen kommt. Missverständliche Äußerungen zur Funktion und fehlender Wirksamkeit der Tora (Gal 3,10.19) werden im Römerbrief einer Klärung nähergebracht (Röm 7,7–25; 8,3f.), gleichzeitig wird dort auch die Anthropologie ausgearbeitet (Röm 8,3–11; 12,1f.).

Der konfessorische Stil des Galaterbriefes hat Anhänger und Nachahmer unterschiedlicher theologisch-politischer Provenienz gefunden. Martin Luther hat den Brief wegen der in ihm enthaltenen Rechtfertigungslehre hochgeschätzt. Auf ihn geht folgender Ausspruch zurück: »Epistola ad Galatas (= der Brief an die Galater) ist mein epistelcha, der ich mich vertraut habe; ist mein Keth von Bor (Käthe von Bora).«[5] Gal 1,6f. hat etwa die Selbstbezeichnung der »Bekenntnisbewegung ›Kein anderes Evangelium‹« inspiriert, die sich der Auseinandersetzung mit dem theologischen Libera-

---

1 *Wechsler*, Geschichtsbild, 40–42, mit Verweis auf *Johann Ernst Christian Schmidt*, Über die Stelle I Kor 1,12 und die ursprüngliche Bedeutung des Namens Χριστιανοί, in: ders. (Hg.), Bibliothek für Kritik und Exegese des Neuen Testaments und älteste Christentumsgeschichte, Bd. 1, Gießen 1797, 86–100. Zu den Thesen von Ferdinand Christian Baur vgl. *Wechsler*, Geschichtsbild, 49–52.
2 Vgl. einerseits 1Thess 4,13–17; 5,1f.; 1Kor 6,2; 15, andererseits 2Kor 4,6; Gal 4,4; Röm 13,11–14.
3 1Thess 2,12; 4,3; 1Kor 1,2.30; 5,7.
4 Zugleich greift Paulus Vorstellungen auf, die im griechisch-römischen Kontext Allgemeingut waren, etwa das Motiv der Furcht vor den Göttern (1Thess 1,9f.) oder die Grundunterscheidung zwischen heilig und profan (1Kor 3,16f.; 6,19).
5 Luther, Tischreden, WA TR 1, 69 (Nr. 146).

lismus und der charismatischen Bewegung verpflichtet weiß.⁶ Gal 5,1 stand Pate bei dem Ansinnen der Evangelischen Kirche in Deutschland, die Beschäftigung mit der Reformation zum Gedenkjahr 2017 unter das Stichwort »Freiheit« zu stellen.⁷ Gal 3,28 schließlich rechtfertigt neben anderen biblischen Texten theologisch das Eintreten für die befreiende Wahrnehmung der Lebenswirklichkeit von Frauen und für die Verwirklichung von Geschwisterlichkeit in bisher hierarchisch-patriarchalisch geprägten Gruppen und Traditionen.

Demgegenüber verstört der polemische Stil in nicht wenigen Passagen wie Gal 1,8f.; 3,1; 4,18; 5,12; 6,12f. nicht erst heute. Bereits antichristliche Kritiker haben daran Anstoß genommen; christliche Exegeten hatten alle Mühe, deren Härte abzumildern oder zu verteidigen. Vor allem aber hat der Galaterbrief, ursprünglich in einer innerjüdischen Auseinandersetzung entstanden, leider auch christlichen Antijudaismus befördert. Die Stichworte »Unfreiheit, Gesetzesdienst, mangelndes Schriftverständnis«, früher dem antiken wie dem jeweils zeitgenössischen Judentum attribuiert, sind wesentlich auf den Einfluss des Galaterbriefes (neben dem Einfluss von 2Kor 3,6–18) zurückzuführen. Die Einschätzung des Galaterbriefs als Kampfbrief führte zu dem Urteil, die traditionell so betonte Rechtfertigungslehre als Spätprodukt und als »Nebenkrater« paulinischen Denkens zu betrachten.⁸ Rhetorische Analyse findet heute immer mehr auch zu einer theologischen Kritik an den Aussagen des Apostels.⁹ Auch ist heute jenseits dieser Arbeiten ein neues Gespür dafür erwacht, dass die von ihm so heftig bekämpften Fremdmissionare ihrerseits wohl gute Gründe für ihre Position geltend machen konnten. Es ist ihnen wohl um die torakonforme Darstellung der Identität Israels auch in den diversen Jesusgruppen gegangen. Die galatische Krise bringt den Konflikt zwischen zwei Identitätskonstruktionen zum Ausdruck, die sich nur schwer miteinander vereinbaren lassen. Angesichts der negativen Aspekte der Wirkungsgeschichte biblischer Texte gilt es, ein Ethos des Denkens, Lesens, Redens, Schreibens und Handelns zu entwickeln, das die mit der eigenen Identitätsfindung notwendig einhergehende Selbstunterscheidung von anderen Positionen nicht zur polemischen Abwertung werden lässt.

Jenseits scharfer Polemik bietet der Brief, wie die Rezeptionsgeschichte durch die Jahrhunderte erweist, vor allem in den konfessorischen Passagen Grundlegendes für die Daseins- und Handlungsorientierung der neuentstandenen Gruppen der Jesusgläubigen und hat auch später immer wieder das Seine zur Frömmigkeits- und Theologiegeschichte beigesteuert.¹⁰ Das schlägt sich auch im liturgischen Gebrauch

---

6   https://www.keinanderesevangelium.de/was/geschichte.php (Zugriff am 03.09.2021).
7   Kirche der Freiheit. Perspektiven für die Evangelische Kirche im 21. Jahrhundert, Impulspapier des Rates der EKD, hg. v. Kirchenamt der EKD, Hannover 2017.
8   Ersteres *Wrede*, Paulus, 67, Letzteres *Schweitzer*, Mystik, 220.
9   Vgl. u.a. die Arbeiten von Dieter Mitternacht, Lauri Thurén, Moisés Mayordomo und Mika Hietanen.
10 In der Zeit der Patristik waren Gal 3,24; 4,4 Stütze der christlichen Selbstverortung in der Heilsgeschichte, konnten Gal 2,19f.; 5,24; 6,14 zu Weltdistanz und Askese mahnen. Für reformatorische Theologie waren Gal 2,16; 3,13 zentral, seit der Spätaufklärung Gal 2,1.12 zur Rekon-

nieder, der anhand des evangelischen Bereichs verdeutlicht werden soll. Der liturgische Gebrauch an Hauptfesten sowie an Sonn- und Feiertagen lässt sich unter die Vierheit Christus/Gnade/Freiheit/Öffnung der Heilsgeschichte auch für Nichtjuden stellen: Gal 4,4–7 fungiert in der Christvesper als Epistel, was sich aus dem Beginn von Gal 4,4 zwanglos ergibt (zugleich Predigttext OPT VI); Gal 2,16–21 ist einer der Predigttexte (OPT VI) am 11. S. n. Trin. und sekundiert dort die Epistel Eph 2,4–10; Gal 3,26–29 ist einer der Predigttexte (OPT VI) am 17. S. n. Trin. und mit der Evangeliumslesung Mt 15,21–28 unter dem Gesichtspunkt zusammengeordnet, dass auch Nichtjuden, die nicht von Anfang an Teil der Geschichte Gottes mit der Menschheit waren, nunmehr ihren Platz innerhalb dieser Geschichte haben. Gal 5,1–6 ist einer der Predigttexte am Gedenktag der Reformation (OPT III). Zwei der genannten Aspekte sind auch für den liturgischen Gebrauch an den zusätzlichen Festtagen maßgebend. Am Tag der Ankündigung der Geburt Jesu (25. März) fungiert Gal 4,4–7 als Epistel wie als Predigttext (OPT I/IV); Gal 2,2–10 findet am Gedenktag der Apostel Petrus und Paulus (29. Juni) als Epistel sowie als Predigttext Verwendung (OPT III/VI).

Die mit diesem Kommentar nun vorliegende Auslegung hat, dem Charakter der Kommentarreihe gemäß, ihren Schwerpunkt in den philologischen wie theologischen Fragen des Textes und sucht das Gespräch mit vergangener und gegenwärtiger Kommentierung, wie es sich durch den in vielen Einzelheiten umstrittenen, bisweilen kaum konsensfähig auszulegenden Text nahelegt. Die Wahrnehmung textkritischer Differenzen lässt die Textgeschichte als Teil der Rezeptionsgeschichte erscheinen; die Ausführungen zur Sprache des Briefes verdanken sich der Orientierung dieser Kommentarreihe auch an philologischen Fragen. Der Versuch, etwas genauer die Lebenswelt des Südens in der Provinz Galatia in den Blick zu nehmen, ist der aktuellen Diskussion um die Frage der Adressatenschaft geschuldet. Für die Datierung wurde die Aufmerksamkeit auf die Entwicklung der Formelsprache gelenkt; die Ausführungen zu Rhetorik und Epistolographie nehmen Fragestellungen der Wissenschaftsgeschichte auf.

---

struktion und Konstruktion der urchristlichen Geschichte. Innerhalb der sog. »New Perspective on Paul« wurde Gal 2,16 als weitgehende Beschränkung auf die *identity markers* des Judentums gedeutet, die in der Gemeinde der Anhänger Jesu keine Gültigkeit mehr besitzen sollten (James D.G. Dunn); Gal 2,19f.; 3,27; 5,24; 6,14 sind bei Ed Parish Sanders wie schon bei Albert Schweitzer Hauptbelege für die sog. »partizipationistische Theologie«; diese, nicht das, was man gemeinhin Rechtfertigungslehre nennt, sei für Paulus zentral. Der Ausdruck »partizipationistische Theologie« benennt das Motiv der Teilhabe am Geschick Jesu, vor allem an seinem Sterben und an seiner Auferstehung (neben Gal 2,19f.; 6,3f. vor allem Röm 6,3f.), aus der die Christusbindung der Glaubenden mitsamt ihren ethischen Konsequenzen erwächst. Der Gedanke findet sich bereits 1853 bei Richard Adelbert Lipsius (*Schweitzer*, Geschichte der Paulinischen Forschung, 15f.), wie im Übrigen fast alle Elemente der New Perspective ihre Vorläufer in Gedanken u.a. bei Paul Wernle, William Wrede und Hermann Cremer haben.

Inhaltsverzeichnis

Abkürzungen XIII
Literatur XXI

Einleitung 1
  1. Der Text und seine Überlieferung 1
  2. Die Sprache des Galaterbriefes 8
  3. Die Frage der Adressaten 10
  4. Die Frage der »Gegner« 22
  5. Die Frage der Datierung 24
      5.1. Die Jerusalemreisen des Apostels Paulus 26
      5.2. Die Datierung des sog. Apostelkonvents
           und des »Antiochenischen Zwischenfalls« 28
      5.3. Die relative Chronologie der Paulusbriefe 29
      5.4. Fazit 34
  6. Rhetorik und Epistolographie 34
  7. Das theologische Profil des Briefes 37
  8. Hatte der Brief Erfolg? 40
  9. Einzelne Stationen früher Rezeption (bis Origenes) 41

Präskript und Proömium 1,1–10 43
  1,1–5   Präskript 43
  1,6–10 Proömium 51

Erster Hauptteil: Die Selbständigkeit des paulinischen Apostolates 1,11–2,14 . . 63
  1,11–24 Die von Gott her gegebene Selbständigkeit 64
  2,1–10   Die von der Urgemeinde bestätigte Selbständigkeit 82
  2,11–4   Die Verteidigung des beschneidungsfreien Evangeliums 103

Zweiter Hauptteil: Die Rechtfertigung durch den Glauben an Christus 2,15–5,12
  2,15–21 Die Hauptthese 115
  3,1–5,12 Die Beweisführung 133
  3,1–5   Das Argument aus der Erfahrung 133
  3,6–14   Das Argument aus der Heiligen Schrift:
            Abraham als Modell des Glaubens 141
  3,15–18 Die Verheißung erging eher als die Offenbarung der Thora 159
  3,19–25 Herkunft, Funktion und eingeschränkte
            Wirksamkeit der Tora 165
  3,26–29 Ekklesiologische Konsequenzen 176
  4,1–7   Der von Gott initiierte hohe Status der Galater 182

4,8–11	Die Verkennung dieses Status durch die Galater. 195
4,12–20	Vergangenheit und Gegenwart der Gemeinden 201
4,21–31	Der Abrahamzyklus als Vorausdarstellung der Heilsgeschichte . . 212
5,1–12	Zusammenfassung des argumentierenden Hauptteils 228

Dritter Hauptteil: Paränese 5,13–6,10. 247
    5,13–15 Grundsätzliche Mahnung 249
    5,16–18 Anthropologische Grundlegung. 255
    5,19–26 Allgemeine Paränese 260
    6,1–10   Spezielle Paränese 280

Schluss
    6,11–18 Abschließende Kampfansage an die Gegner
              und Gnadenwunsch. 295

Abkürzungen

1. Biblische Schriften

Altes Testament

Gen	=	Genesis (1. Buch Mose)	Pred	=	Prediger Salomos (Kohelet)
Ex	=	Exodus (2. Buch Mose)	Hohesl	=	Hoheslied Salomos (Canticum)
Lev	=	Leviticus (3. Buch Mose)			
Num	=	Numeri (4. Buch Mose)	Jes	=	Jesaja
Dtn	=	Deuteronomium (5. Buch Mose)	Jer	=	Jeremia
			Klagel	=	Klagelieder Jeremias (Threni)
Jos	=	Josua			
Ri	=	Richter	Ez	=	Ezechiel
Ruth	=	Ruth	Dan	=	Daniel
lSam	=	lSamuel	Hos	=	Hosea
2Sam	=	2Samuel	Joel	=	Joel
lKön	=	lKönige	Am	=	Amos
2Kön	=	2Könige	Ob	=	Obadja
lChron	=	lChronik	Jon	=	Jona
2Chron	=	2Chronik	Mi	=	Micha
Esra	=	Esra	Nah	=	Nahum
Neh	=	Nehemia	Hab	=	Habakuk
Esth	=	Esther	Zeph	=	Zephanja
Hiob	=	Hiob	Hagg	=	Haggai
Ps	=	Psalmen	Sach	=	Sacharja
Spr	=	Sprüche Salomos (Proverbia)	Mal	=	Maleachi

Neues Testament

Mt	=	Matthäusevangelium	2Kor	=	2Korintherbrief
Mk	=	Markusevangelium	Gal	=	Galaterbrief
Lk	=	Lukasevangelium	Eph	=	Epheserbrief
Joh	=	Johannesevangelium	Phil	=	Philipperbrief
Apg	=	Apostelgeschichte	Kol	=	Kolosserbrief
Röm	=	Römerbrief	lThess	=	lThessalonicherbrief
lKor	=	lKorintherbrief	2Thess	=	2Thessalonicherbrief

Abkürzungen

1Tim	=	1Timotheusbrief
2Tim	=	2Timotheusbrief
Tit	=	Titusbrief
Phlm	=	Philemonbrief
1Petr	=	1Petrusbrief
2Petr	=	2Petrusbrief
1Joh	=	1Johannesbrief
2Joh	=	2Johannesbrief
3Joh	=	3Johannesbrief
Hebr	=	Hebräerbrief
Jak	=	Jakobusbrief
Judas	=	Judasbrief
Offb	=	Offenbarung des Johannes

2. Frühjüdische Schriften

ApEz	=	Apokryphon Ezechiel
ApkAbr	=	Abraham-Apokalypse
Arist	=	Aristeasbrief
AssMos	=	Assumptio Mosis
Bar	=	Baruch
grBar	=	Apokalypse des Baruch (griechisch)
syrBar	=	Apokalypse des Baruch (syrisch)
EpJer	=	Epistula Jeremiae
4Esr	=	4Esra
äthHen	=	Äthiopischer Henoch
grHen	=	Griechischer Henoch
slavHen	=	Slavischer Henoch
JosAs	=	Joseph und Aseneth
Joseph	=	Josephus
Ant	=	Antiquitates Judaicae
Ap	=	Contra Apionem
Bell	=	De Bello Judaico
Vit	=	Vita
Jub	=	Jubiläenbuch
Jdt	=	Buch Judith
LAB	=	Liber Antiquitatum Biblicarum
gLAE	=	Griechisches Leben Adams und Evas
1Makk	=	1Makkabäerbuch
2Makk	=	2Makkabäerbuch
3Makk	=	3Makkabäerbuch
4Makk	=	4Makkabäerbuch
OrMan	=	Oratio Manasse
Philo	=	Philo von Alexandria
Abr	=	De Abrahamo
Aet	=	De Aeternitate Mundi
Agric	=	De Agricultura
Cher	=	De Cherubim
ConfLing	=	De Confusione Linguarum
Congr	=	De Congressu Eruditionis Gratia
Decal	=	De Decalogo
Det	=	Quod Deterius Potiori insidiari soleat
Ebr	=	De Ebrietate
Flacc	=	In Flaccum
Fug	=	De Fuga et Inventione
Gig	=	De Gigantibus
Her	=	Quis Rerum Divinarum Heres sit
Imm	=	Quod Deus sit Immutabilis
Jos	=	De Josepho
LegAll	=	Legum Allegoriae
LegGi	=	Legatio ad Gaium
Migr	=	De Migratione Abrahami
Mut	=	De Mutatione Nominum
OpMund	=	De Opificio Mundi
Plant	=	De Plantatione
PostC	=	De Posteritate Caini
Praem	=	De Praemiis et Poenis
Prob	=	Quod Omnis Probus Liber sit

QuaestEx	=	Quaestiones in Exodum	TestAbr	=	Testament Abrahams
QuaestGen	=	Quaestiones in Genesim	TestHiob	=	Testament Hiobs
SacrAbCain	=	De Sacrificiis Abelis et Caini	TestMos	=	Testament Moses
			TestXII	=	Testamente der 12 Patriarchen
Sobr	=	De Sobrietate			
Somn	=	De Somniis	TestRub	=	Testament Rubens
SpecLeg	=	De Specialibus Legibus	TestSim	=	Testament Simeons
Virt	=	De Virtutibus	TestLev	=	Testament Levis
VitCont	=	De Vita Contemplativa	TestJud	=	Testament Judas
VitMos	=	De Vita Mosis	TestIss	=	Testament Issaschars
PsPhokyl	=	Pseudo-Phokylides	TestSeb	=	Testament Sebulons
PsSal	=	Psalmen Salomos	TestDan	=	Testament Dans
Q	=	Qumran	TestNaph	=	Testament Naphthalis
1QH	=	Hodajoth (Dankpsalmen)	TestGad	=	Testament Gads
1QM	=	Milchamah (Kriegsrolle)	TestAss	=	Testament Assers
1QpHab	=	Habakuk-Kommentar	TestJos	=	Testament Josephs
1QS	=	Gemeinderegel	TestBenj	=	Testament Benjamins
4QMMT	=	4Q394–399	bTal	=	babylonischer Talmud
4QpNah	=	Nahum-Kommentar	jTal	=	Jerusalemer Talmud
11QT	=	Tempelrolle	Tos	=	Tosefta
CD	=	Damaskusschrift	Tob	=	Tobit
SifrDtn	=	Sifre Deuteronomium	Weish	=	Weisheit Salomos (Sapientia)
Sib	=	Sibyllinen			
Sir	=	Jesus Sirach			

3. Griechische und römische Schriften

Aesch	=	Aeschylus	Cat	=	In Catilinam
Agam	=	Agamemnon	Cluent	=	Pro Cluentio
Pers	=	Persae	Ep. Fam	=	Epistulae ad Familiares
Prom	=	Prometheus	Her	=	Rhetoric ad Herennium
Apul	=	Apuleius	Inv	=	De Inventione
Metam	=	Metamorphosen	Par	=	Paradoxa Stoicorum
Aristoph	=	Aristophanes	Phil	=	Philippica
Nub	=	Nubes	Pis	=	In Calpurnium Pisonem
Aristot	=	Aristoteles	Quint	=	Ad Quintum Fratrem
Rhet	=	Rhetorica	Rep	=	De re publica
EthNic	=	Ethica Nicomachia	Rosc. Amer	=	Pro Sexto Roscio Amerino
Rep	=	De re publica	Tusc	=	Tusculanae Disputationes
Cic	=	Cicero	Cornut	=	Cornutus
Agr	=	De lege agrarian	Demosth	=	Demosthenes
Brut	=	Ad Brutum	Dio Cass	=	Dio Cassius

Dio Chrys	=	Dio Chrysostomus	Apol	=	Apologia
Or	=	Orationes	Eut	=	Eutyphron
Diog Laert	=	Diogenes Laertius	Gorg	=	Gorgias
Epikt	=	Epiktet	Krit	=	Kritias
Diss	=	Dissertationes	Leg	=	Leges
Ench	=	Enchiridion	Lys	=	Lysis
Eur	=	Euripides	Menex	=	Menexenos
Alk	=	Alkestis	Rep	=	De re publica
Hec	=	Hekabe	Soph	=	Sophistes
Troiad	=	Troiades	Symp	=	Symposion
Herod	=	Herodot	Theaet	=	Theaetet
Hist	=	Historiae	Tim	=	Timaios
Hes	=	Hesiod	PlinÄ	=	Plinius der Ältere
Meg	=	Megala opera	NatHist	=	Naturalis Historia
Hom	=	Homer	Plin	=	Plinius (der Jüngere)
Il	=	Ilias	Ep	=	Epistulae
Horat	=	Horatius (Horaz)	Plot	=	Plotin
Isocr	=	Isocrates	Plut	=	Plutarch
Dem	=	Ad Demonicum	Mor	=	Moralia
Juv	=	Juvenal, Sat.	Ptol.	=	Claudianus Ptolemaeus
Lib	=	Libanius	Quint	=	Quintillian
Luc	=	Lucianus (Lukian)	Sen	=	Seneca
Alex	=	Alexander von Abonouteichos	Ep	=	Epistulae ad Lucilium
			Strab	=	Strabon
Tox	=	Toxaris sive de amicitia	Suet	=	Sueton
Mark Aurel	=	Marcus Aurelius	Tac	=	Tacitus
Solil	=	Soliloquia (Ad se ipsum)	Hist	=	Historiae
Mus	=	Musonius	Thuc	=	Thucydides
Persius	=	Persius	Tib	=	Tibullus
Sat	=	Saturae	Xenoph	=	Xenophon
Philostr	=	Philostratos	Anab	=	Anabasis
Ep	=	Epistulae	Mem	=	Memorabilia
VitAp	=	Vita Apollonii			
Plato	=	Platon			

4. Frühchristliche Schriften

Barn	=	Barnabasbrief
1Clem	=	1Clemensbrief
2Clem	=	2Clemensbrief
Did	=	Didache
Diog	=	Diognetbrief
EpJac	=	Epistula Jacobi (NHC I, 2)
Ign	=	Ignatius von Antiochien
Eph	=	An die Epheser
Mg	=	an die Magnesier
Phld	=	An die Philadelphier

Rom	=	An die Römer
Marc	=	Marcion
MartPol	=	Martyrium des Polykarp
NHC	=	Nag Hammadi Codices
Polyk	=	Brief des Polykarp
PsClemHom	=	Pseudo-Clementinische Homilien
PsClemRec	=	Pseudo-Clementinische Recognitionen

5. Altkirchliche Schriften

Aug	=	Augustin
DoctrChrist	=	De doctrina Christiana
ClemAl	=	Clemens Alexandrinus
Str	=	Stromata
Cypr	=	Cyprian
Ep	=	Epistulae
Euseb	=	Eusebius von Caesarea
HE	=	Historia Ecclesiastica
Hier	=	Hieronymus
Adv Ruf	=	Adversus Rufinum
In Gal	=	In Epistolam ad Galatas
Hippol	=	Hippolyt
Haer	=	Adversus Haereses
Iren	=	Irenäus
Haer	=	Adversus Haereses

Just	=	Justin der Märtyrer
Apol	=	Apologia
Dial	=	Dialogus
Lact	=	Lactantius
Inst	=	Divinae Institutiones
Orig	=	Origenes
Cels	=	Contra Celsum
Hom. Gen	=	Homiliae in Genesim
In Mt	=	In Matthaeum
In Rom	=	In Epistulam ad Romanos
Oros	=	Orosius
Tert	=	Tertullian
Marc	=	Adversus Marcionem
Praescr	=	De praescriptione haereticorum
Theod	=	Theodotion

6. Weitere Abkürzungen

a. a. O.	=	am angegebenen Ort	Fragm.	=	Fragment
Abb.	=	Abbildung	FS	=	Festschrift
Abk.	=	Abkürzung	Fut.	=	Futurum
Abs.	=	Absatz	Gen.	=	Genitiv
Adj.	=	Adjektiv	gest.	=	gestorben
Adv.	=	Adverb	griech.	=	griechisch
Akk.	=	Akkusativ	H.	=	Heft
Akt.	=	Aktiv	hebr.	=	hebräisch
Anm.	=	Anmerkung	Hg.	=	Herausgeber
Aor.	=	Aorist	hg.	=	herausgegeben
Apokr.	=	Apokryphen	HS	=	Handschrift
App.	=	Textkritischer Apparat	Hss.	=	Handschriften
aram.	=	aramäisch	i. J.	=	im Jahre
Art.	=	Artikel	Imp.	=	Imperativ
AT	=	Altes Testament	Impf.	=	Imperfekt
atl.	=	alttestamentlich	Ind.	=	Indikativ
Aufl.	=	Auflage	Inf.	=	Infinitiv
Ausg.	=	Ausgabe	Jh.	=	Jahrhundert
Bd.	=	Band	jüd.	=	jüdisch
bearb.	=	bearbeitet	Kap.	=	Kapitel
bes.	=	besonders	Konj.	=	Konjunktiv
betr.	=	betreffend	LA	=	Lesart
bzw.	=	beziehungsweise	lat.	=	lateinisch
ca.	=	circa	Lit.	=	Literatur
Cod.	=	Codex	LXX	=	Septuaginta
ders.	=	derselbe	masch.	=	maschinenschriftlich
dgl.	=	dergleichen	mas.	=	masoretisch
d. Gr.	=	der Große	mask.	=	maskulinisch
d. h.	=	das heißt	m. a. W.	=	mit anderen Worten
d. i.	=	das ist	m. E.	=	meines Erachtens
Diss.	=	Dissertation	med.	=	medial
ebd.	=	ebenda	Med.	=	Medium
ed.	=	herausgegeben von	Min.	=	Minuskel
erw.	=	erweitert	Ms.	=	Manuskript
Ev.	=	Evangelium	Mss.	=	Manuskripte
evtl.	=	eventuell	m. W.	=	meines Wissens
Exk.	=	Exkurs	ND	=	Nachdruck
f.	=	folgende Seite (Vers, Jahr)	n. Chr.	=	nach Christus
ff.	=	folgende Seiten (Verse)	Neudr.	=	Neudruck
fin.	=	finis (Ende)	Neutr.	=	Neutrum
Forts.	=	Fortsetzung	N.F.	=	Neue Folge

Nom.	=	Nominativ	urspr.	=	ursprünglich
NT	=	Neues Testament	usw.	=	und so weiter
ntl.	=	neutestamentlich	u. U.	=	unter Umständen
o. ä.	=	oder ähnlich	V.	=	Vers
Obj.	=	Objekt	v. Chr.	=	vor Christus
o. g.	=	oben genannt	Vulg.	=	Vulgata
o. J.	=	ohne Jahresangabe	vgl.	=	vergleiche
orth.	=	orthodox	v. l.	=	varia lectio
P	=	Papyrus	WB	=	Wörterbuch
par.	=	parallel	z. B.	=	zum Beispiel
Par(r).	=	Parallele(n)	z. St.	=	zur Stelle
Part.	=	Partizipium	z. T.	=	zum Teil
Pass.	=	Passiv			
patr.	=	patristisch			
Perf.	=	Perfekt			
Pers.	=	Person			
Pl.	=	Plural			
Praep.	=	Präposition			
Praes.	=	Präsens			
Q	=	Logien-Quelle			
ref.	=	reformiert			
Reg.	=	Register			
röm.	=	römisch			
S.	=	Seite			
s.	=	siehe			
Sg.	=	Singular			
s. o.	=	siehe oben			
sog.	=	sogenannt			
Sp.	=	Spalte			
s. u.	=	siehe unten			
Supl.	=	Superlativ			
Suppl.	=	Supplement			
Synon.	=	Synonym			
s. v.	=	sub voce			
teilw.	=	teilweise			
term. techn.	=	terminus technicus			
theol.	=	theologisch			
trans.	=	transitiv			
u. a.	=	und andere, unter anderem			
u. E.	=	unseres Erachtens			
übers.	=	übersetzt			
Übers.	=	Übersetzung			
u. ö.	=	und öfter			

Literatur

Die Abkürzungen sind dem Abkürzungsverzeichnis der Theologischen Realenzyklopädie, zusammengestellt von Siegfried Schwertner, Berlin/New York ²1994 entnommen.

Kommentare zum Galaterbrief

Amiot, François, Saint Paul. Épitre aux Galates, Épitres aux Thessaloniciens, Traduction et Commentaire, Verbum Salutis 14, Paris 1946.
Becker, Jürgen/Luz, Ulrich, Die Briefe an die Galater, Epheser und Kolosser, NTD 8/1, Göttingen 1998.
Bengel, Johann Albrecht, Gnomon Novi Testamentum in quo ex nativa verborum vi simplicitas, profunditas, concinnitas, salubritas sensuum coelestium indicatur, 8. Aufl. ed. Paul Steudel, Stuttgart 1887, 728–753.
Betz, Hans Dieter, Galatians. A Commentary on Paul's Letter to the Churches in Galatia, Hermeneia, Minneapolis 1979, ²1984, dt.: Der Galaterbrief. Ein Kommentar zum Brief des Apostels Paulus an die Gemeinden in Galatien, München 1988.
Beyer, Hermann Wolfgang, Der Brief an die Galater, NTD 8, 2. Aufl. Göttingen 1935, 4. Aufl., bearb. v. Paul Althaus 1949.
Bonnard, Pierre, L'Épître de Saint Paul aux Galates, CNT(N) 9, Genf ²1972.
Borse, Udo, Der Brief an die Galater, RNT, Regensburg 1984.
Bousset, Wilhelm, Der Brief an die Galater, SNT 3, 3. Aufl. Göttingen 1917.
Bruce, Frederick Fyvie, The Epistle of Paul to the Galatians. A Commentary on the Greek Text, NIGTC 9, Exeter 1982.
Buscemi, Alfio Marcello, Lettera ai Galati. Commentario Esegetico, ASBF 63, Jerusalem 2004.
Burton, Ernest de Witt, A Critical and Exegetical Commentary on the Epistle to the Galatians, ICC, Edinburgh 1921, repr. 1952.
Calvin, Jean, Commentarius in epistolam ad Galatas, ed. Wilhelm Baum/Eduard Cunitz/Eduard Reuss, CR 50, Braunschweig 1893 = New York 1964, 157–268.
de Boer, Martinus C., Galatians. A Commentary, NTL, Louisville 2011.
Le Cornu, Hilary/Shulam, Joseph, A Commentary on the Jewish Roots of Galatians, Jerusalem 2005.
Das, A. Andrew, Galatians, Concordia Commentary, St. Louis 2014.
DeSilva, David A., Galatians. A Handbook on the Greek Text, Waco 2014.
DeSilva, David A., The Letter to the Galatians, NICNT, Grand Rapids 2018.
Duncan, George S., The Epistle of Paul to the Galatians, The Moffatt New Testament Commentary, London 1934.

Dunn, James D.G., A Commentary on the Epistle to the Galatians, Black's New Testament Commentaries, London: Continuum 1993.
Eckey, Wilfried, Der Galaterbrief. Ein Kommentar, Neukirchen-Vluyn 2010.
Eckstein, Hans-Joachim, Christus in euch. Von der Freiheit der Kinder Gottes. Eine Auslegung des Galaterbriefs, Göttingen 2017.
Egger, Wilhelm, Galaterbrief / Philipperbrief / Philemonbrief, NEB.NT, Würzburg 2000.
Esler, Philip, Galatians, New Testament Readings, London 1998.
Ewald, Heinrich, Die Sendschreiben des Apostels Paulus übersetzt und erklärt, Göttingen 1857.
Fung, Ronald Y. K., The Epistle to the Galatians, NIC.NT, Grand Rapids/Cambridge 1988.
Garlington, Don B., An Exposition of Galatians. A New Perspective/Reformational Reading, Eugene 2003.
Hays, Richard B., The Letter to the Galatians: Introduction, Commentary, and Reflections, in: The New Interpreter's Bible, Vol. 11, Nashville 2000, 181–348.
von Hofmann, Johann Christian Konrad, Der Galaterbrief, Die Heilige Schrift Neuen Testaments zusammenhängend untersucht II/1, Nördlingen ²1872.
Holtzmann, Oskar, Das Neue Testament nach dem Stuttgarter griechischen Text übersetzt und erklärt, Bd. 2, Gießen 1926.
Keener, Craig S., Galatians, New Cambridge Bible Commentary, Cambridge 2018.
Keener, Craig S., Galatians. A Commentary, Grand Rapids 2019.
Klein, Hans, Der Brief an die Galater, Hermannstadt 2020.
Lagrange, Marie-Joseph, Saint Paul épitre aux Galates, Paris 1925.
Légasse, Simon, L'Épître du Paul aux Galates, LeDiv Commentaire 9, Paris 2000.
Lémonon, Jean-Pierre, L'épitre aux Galates. Commentaire biblique: Nouveau Testament 9, Paris 2008.
Lightfoot, Joseph Barber, St. Paul's Epistle to the Galatians. A Revised Text, with Introduction, Notes, and Dissertations, London 1881.
Lietzmann, Hans, An die Galater, HNT III/I, Tübingen 1910, 4. Aufl., hg. v. Ph. Vielhauer, Tübingen 1971.
Lipsius, Richard Adelbert, Der Brief an die Galater, HC II 2, 2. Aufl. Freiburg 1892, 1–69.
Longenecker, Richard N., Galatians, WBC 41, Dallas 1990.
Lührmann, Dieter, Der Brief an die Galater, ZBK.NT 7, Zürich 1978.
Luther, Martin, In epistolam S. Pauli ad Galatas Commentarius ex praelectione D. Martini Lutheri collectus [1535], hg. v. A. Freitag, WA 40/I, Weimar 1911, WA 40/II 1–184, Weimar 1914.
Martyn, J. Louis, Galatians. A New Translation with Introduction and Commentary, AncB 33A, New York 1997.
Matera, Frank J., Galatians, Sacra Pagina series 9, Collegeville 1992.
Matthies, Conrad Stephan, Erklärung des Briefes Pauli an die Galater, Greifswald 1833.
Meiser, Martin, Galater, NTP 9, Göttingen 2007.

Moo, Douglas J., Galatians, Baker Exegetical Commentary on the New Testament, Grand Rapids 2013.
Mußner, Franz, Der Galaterbrief, HThK IX, Freiburg 1974.
Oakes, Peter S., Galatians, Paideia Commentary Series, Grand Rapids 2015.
Oepke, August, Der Brief des Paulus an die Galater, ThHK NT 9, Leipzig 1937, 2. Aufl. Berlin 1964.
von der Osten-Sacken, Peter, Der Brief an die Gemeinden in Galatien, ThK NT 9, Stuttgart 2019.
Paulus, Heinrich Eberhard Gottlob, Des Apostels Paulus Lehr-Briefe an die Galater- und Römer-Christen. Wortgetreu übersetzt mit erläuternden Zwischensätzen, einem Überblick des Lehrinhalts und Bemerkungen über schwerere Stellen, Heidelberg 1831.
Ramsay, William Mitchell, A historical commentary on St. Paul's Epistle to the Galatians, Grand Rapids 1979.
Riches, John, Galatians Through the Centuries, Blackwell Bible Commentaries, Malden 2008.
Ridderbos, Herman N., The Epistle of Paul to the Churches of Galatia, NICNT, Grand Rapids 1953.
Rohde, Joachim, Der Brief des Paulus an die Galater, ThHK NT 9, Berlin 1989.
Schlier, Heinrich, Der Brief an die Galater, KEK 7, 12. Aufl. Göttingen 1962.
Schreiner, Thomas, Galatians, ZECNT, Grand Rapids 1998.
Sieffert, Friedrich, Der Brief an die Galater, KEK 7, 9. Aufl. Göttingen 1899.
Usteri, Leonhard, Commentar über den Brief Pauli an die Galater, Zürich 1833.
Vanhoye, Albert, Lettera ai Galati, I Libri Biblici, Nuovo Testamento 8, Milano 2000.
Vouga, François, An die Galater, HNT 10, Tübingen 1998.
De Wette, Wilhelm Martin Leberecht, Kurze Erklärung des Briefes an die Galater und der Briefe an die Thessalonicher, 2. Aufl. Leipzig 1845.
Williams, Sam K., Galatians, Abingdon New Testament Commentaries, Nashville 1997.
Witherington III., Ben, Grace in Galatia. A Commentary on St Paul's Letter to the Galatians, Edinburgh 1998.
Zahn, Theodor, Der Brief des Paulus an die Galater, KNT 9, 3. Aufl. Leipzig 1922.

Quellen

Griechisch-römische Texte

Aischylos, Septem quae supersunt tragoediae, ed. G. Murray, SCBO, 2. Aufl. Oxford 1955=1964.

Aischylos, Die Tragödien und Fragmente, auf Grundlage der Übersetzung von Johann Gustav Droysen bearbeitet, eingeleitet und teilweise neu übersetzt von Franz Stoessl, BAW.GR, Zürich 1952.

Apuleius, Metamorphoseon Libri XI rec. Maaike Zimmerman, SCBO, Oxford 2012.

Aristophanes, Sämtliche Komödien, übertragen von Ludwig Seeger, BAW.GR, Zürich/Stuttgart 1968.

Aristophanes, Texte établi par V. Coulon, traduit par H. Van Daele, 5 Bde., Paris 1958.

Aristoteles, Opera ex recensione Immanuelis Bekkeri edidit Academia Regia Borussica, 2. Aufl. Bd. II, hrsg. v. Olof Gigon, Berlin 1960.

Augustus, Meine Taten/Res gestae, Lateinisch – griechisch – deutsch, hg. v. Ekkehard Weber, 7. Aufl. Berlin 2015.

Catull, Carmina, rec. R.A.B. Mynors, SCBO, Oxford 1958.

Cicero, M. Tullius, Tusculanae Disputationes. Gespräche in Tuskulum, eingel. u übers. v. Karl Büchner, BAW.RR, 2. Aufl. Zürich/Stuttgart 1966.

Cicero, Vom Wesen der Götter. Drei Bücher, lateinisch - deutsch, hrsg., übers. u. erl. v. W. Gerlach und K. Bayer, TuBü, München 1978.

Cicéron, Les paradoxes des stoiciens. Texte établi et trad. par Jean Molager, Paris 1971.

Cicero, Epistulae vol. I, Epistulae ad familiares, rec. W.S. Watt, Oxford 1982.

Cicero, Epistulae Vol. III, Epistulae ad Quintum Fratrem; Epistulae ad M. Brutum, Fragmenta Epistularum, ed. W.S. Watt, Oxford 1958.

Cicero, Epistulae ad Quintum Fratrem, Epistulae ad Brutum, Fragmenta Epistularum. Lateinisch-deutsch, ed. Helmut Kasten, München 1965.

Cicero, De inventione/Über die Auffindung des Stoffs, Lateinisch – deutsch, hg. u. übers. v. Theodor Nüßlein, Darmstadt 1998.

Cicero, De oratore/Über den Redner, hrsg. u. übers. v. Theodor Nüßlein, Düsseldorf 2007.

Cicero, Orator, ed. Rolf Westman, Leipzig 1980.

Cicero, Orationes. Divinatio in Q. Caecilium. In C. Verrem, rec. William Peterson, Oxford 1907.

Cicero, Orationes, Vol. I, Pro Sex. Roscio, Pro Imperio Cn. Pompei, Pro Cluentio, In Catilinam, Pro Mureno, Pro Caelio, rec. William Peterson, Oxford 1905=1970.

Cicero, Oratio pro Sex. Roscio Amerino, ed. Helmut Kasten, BTeub, Leipzig 1968.

Cicero, Staatsreden, Lateinisch und Deutsch von Helmut Kasten. Erster Teil: Über den Oberbefehl des Cn. Pompeius, Über das Ackergesetz, Gegen L. Catilina, Darmstadt 1969; Zweiter Teil Dankrede vor dem Senat, Dankrede vor dem Volke, Rede für sein Haus, Über die konsularischen Provinzen, Über die Gutachten der Haruspices, Gegen Piso, Darmstadt 1969; Dritter Teil: Die Philippischen Reden, Darmstadt 1970.

Cicero, Sämtliche Reden, eingeleitet, übersetzt und erläutert von Manfred Fuhrmann, Ausgabe in Sieben Bänden, Zürich/Stuttgart 1970.

Cicero, De re publica, ed. Konrat Ziegler, Stuttgart/Leipzig 1992.

Cornutus, Die griechischen Götter (*Compendium*). Ein Überblick über Namen, Bilder und Deutungen, hg. v. Heinz-Günther Nesselrath, SAPERE 14, Tübingen 2009.

Demosthenes, Vol. I, Olynthiacs, Philippics ..., with an English Translation by James H. Vince, LCL 238, London/Cambridge/MA 1970.

Dio Cassius, Roman History, with an English Translation by Earnest Cary, in Nine Volumes, LCL, Vol. VI, London/Cambridge 1960.

Diodorus Siculus: Diodorus of Sicily in twelve Volumes, with an English Translation by C. H. Oldfather, Vol. II, LCL 303, Cambridge/London 1979.

Diogenes Laertius, Leben und Meinungen berühmter Philosophen, Buch 1-10; PhB 53/54, 2. Aufl. Hamburg 1967.

Diogenes Laertius, Lives of Eminent Philosophers, with an English Translation by R. D. Hicks, in two Volumes, Vol. I, LCL 184, London 1925=1966; Vol. II, London 1965=1965.

Dion Chrysostomus, Sämtliche Reden. Eingeleitet, übersetzt und erläutert von Winfried Elliger, BAW.GR, Zürich/Stuttgart 1967.

Dionis Prusaensis quaem vocant Chrysostomum quae exstant omnia, hrsg. v. J. de Arnim, Bd. I, Berlin 1962.

Epiktet, Entretiens, texte établi et traduit Joseph Souilhé, Vol. 1, Paris (1943) ²1962, Vol. 2, Paris 1949, Vol. 3, Paris 1963, Vol. 4, Paris 1965.

Epiktet, The Discourses as Reported by Arrian, the Manual, and Fragments, with an English Translation by William Abbott Oldfather, in two Volumes, Vol. I, LCL 131, Cambridge, London 1925=1979; Vol. II, LCL 218, 1928=1985.

Epiktet, Anleitung zum glücklichen Leben, griechisch-deutsch/Enchiridion, hg. v. Rainer Nickel, Sammlung Tusculum, Berlin 2006.

Euripides, Fabulae, ed. G. Murray, SCBO, Oxford 1902-1909=1962-1963.

Herodot, Historiae, ed. C. Hude, SCBO, Vol I, 3. Aufl. Oxford 1927=1957, Vol. II, 3. Aufl. Oxford 1927=1954.

Herodot, Historien. Deutsche Gesamtausgabe, übers. v. August Horneffer, hg. u. erl. von Hans-Wilhelm Haussig, mit einer Einleitung von Walter F. Otto, KTA 224, Stuttgart 1955.

Homer, Opera, ed. D. B. Monro, Th. W. Allen, SCBO, Vol I, 3. Aufl. 1920=1957, Vol. II, 3. Aufl. 1920=1956.

Horaz, Satiren und Briefe, lateinisch und deutsch, eingel. und übers. v. R. Helm, BAW.RR, Zürich/Stuttgart 1962.

Isokrates, Ad Demonicum, hg. v. John E. Sandis, New York 1872=1979.

Isokrates, Opera omnia, ed. Basilius G. Mandilaras, 3 Bde., München/Leipzig 2003.
Julian, Epistulae Leges Poematia Fragmenta Varia, ed. Joseph Bidez/Franz Coumont, Paris/London 1922.
Juvenal, Satiren, lateinisch-deutsch, herausgegeben, übersetzt und mit Anmerkungen versehen von Sven Lorenz, Berlin/Boston 2017.
Kallimachos, Dichtungen. Griechisch und deutsch, übertr., eingel. und erklärt v. Ernst Howald und Emil Staiger, Zürich 1955.
Libanius, Opera, Bd. 10, Epistulae 1–839, hg. v. Richard Foerster, Leipzig 1927 = Hildesheim 1963.
Lukian von Samosata, Opera ed. M.D. Macleod, 4 Bde, SCBO, Oxford 1972–1987.
Marcus Aurelius, Ad se ipsum, ed. I. H. Leopold, SCBO, London o.J.
Martial, Epigramme, lateinisch-deutsch, hg. und übers. von Paul Barié/Winfried Schindler, Düsseldorf ²2002.
Musonius Rufus, Reliquiae, hg. v. Otto Hense, Leipzig 1905.
Ovid, Metamorphosen. In deutsche Hexameter übertragen und mit dem Text hg. v. Erich Rösch, München 1964.
Persius, Saturarum Liber, hg. v. Walter Kissel, Berlin 2007.
Petronius, Satiricon, Lateinisch und deutsch hg. v. Carl Hoffmann, TuBü, München 1948.
Philostratos, Das Leben des Apollonios von Tyana. Griechisch-Deutsch. Hrsg., übers. u. erl. v. Vroni Mumprecht. Sammlung Tusculum, München, Zürich 1983.
Platon, Werke in acht Bänden griechisch und deutsch, hg. v. Gunther Eigler, Darmstadt 1973-1977.
Plinius Secundus d.Ä., Historia naturalis – Naturkunde, hg. v. Roderich König, Darmstadt 1976–1997.
Plinius Secundus d.J., Epistularium libri novem; Epistularum ad Traianum liber, Panegyricus, rec. Moritz Schuster, 2. Aufl. Leizig1952.
Plutarch, Moralia in fifteen Volumes, ed. Francis Colson Babitt u. a., LCL, London/Cambridge 1927–1969.
Plutarch, Vitae parallelae, rec. Konrat Ziegler, 3 Bde., 4. Aufl. Leipzig 1969–1971.
Ps.-Plutarch, Placita Philosophorum, ed. William Goodwin, London 1970.
Porpyhrius, «Contra Christianos". Neue Sammlung der Fragmente, Testimonien und Dubia mit Einleitung, Übersetzung und Anmerkungen, ed. Matthias Becker, TuK 52, Berlin/Boston 2016.
Poseidonios, Fragmente, hg. v. Willy Theiler, Bonn 1982.
Klaudios Ptolemaios, Handbuch der Geographie, Griechisch – Deutsch, hg. v. Alfred Stückelberger/Gerd Graßhoff, 2. Teil: Buch 5–8 und Indices, Stuttgart 2006.
Quintilian, Inst. Marcus Fabius Quintilianus, Ausbildung des Redners. Zwölf Bücher, Hg. u. übers. v. Helmut Rahn, 2 Bde., TzF 2; 3, Darmstadt ²1988.
Rhetorica ad Herennium, lateinisch-deutsch, ed. Theodor Nüßlein, Darmstadt 1994.
Seneca d.Ä., Suasoriae, in: The Elder Seneca's Declamations, in Two Volumes, Translated by M. Winterbottom, Vol. 2, LCL 464, Cambridge 1974, 484–611.
Seneca d.J., Dialogorum libri duodecim, recogn. brevique adnot. critica instr. Leighton D. Reynolds, SCBO, Oxford 1977.

Seneca, Moral Essays, ed. John W. Basore, LCL, London/Cambridge 1963–1965.
Seneca, Sämtliche Tragödien, lateinisch und deutsch, übersetzt und erläutert von Theodor Thomann, 2 Bde., Zürich/Stuttgart 1961/1969.
Strabo, Geographika. Mit Übersetzung und Kommentar herausgegeben von Stefan Radt, Band 3: Buch IX – XIII: Text und Übersetzung, Göttingen 2004; Band 4: Buch XIV–XVII: Text und Übersetzung, Göttingen 2005; Band 8: Buch XIV-XVII: Kommentar, Göttingen 2009.
Tacitus, Annalen. Lateinisch-deutsch, hg. v. Carl Hoffmann, TuBü, München 1954.
Tacitus, Historien. Lateinisch-deutsch, hg. v. J. Borst, TuBü, München 1959.
Terentius, Comoediae, ed. R. Kauer/W.M. Lindsay, Oxford 1926=1961.
Theokrit, Gedichte. Griechisch-deutsch, ed. Friedrich Paul Fritz, TuBü, München 1970.
Tibull: Tibulli aliorumque Carmina libri tres, ed. John P. Postgate, SCBO, Oxford ^{2}1915=1959.
Valerius Maximus, Facta et dicta memorabilia/Denkwürdige Taten und Worte Lateinisch/Deutsch, ausgew., übers. und hg. v. Ursula Blank-Sangmeister, Stuttgart 1991.
Xenophon, Anabasis. der Zug der Zehntausend: griechisch-deutsch, hg. v. Walter Müri; bearbeitet und mit einem Anhang versehen von Bernhard Zimmermann, 4. Aufl. Berlin 2010.
Xenophon, Memorabilia and Oiconomicos, with an English Translation by Edgar Cardew Marchant, LCL 168, Cambridge, MA 1968.

Arnim, Johannes von (Hg.), Stoicorum Veterum Fragmenta, Bd. 1, Stuttgart 1905=1968; Bd. 2, Stuttgart 1903=1964, Bd. 3, Stuttgart 1903=1964, Bd. 4, Index, hg. v. M. Adler, Stuttgart 1924=1968.
Diels, Hermann/Kranz, Walther (Hg.), Die Fragmente der Vorsokratiker, griechisch und deutsch, 3 Bde., Berlin ^{7}1954.

Antike Jüdische Texte

Philo, with an English Translation, in ten Volumes, ed. by F. H. Colson u. a., London/Cambridge 1929–1962.
Die Werke Philos von Alexandrien in deutscher Übersetzung, hg. v. Leopold Cohn u. a., 7 Bde., Breslau/Berlin 1909–1964.
Flavius Josephus, De Bello Judaico. Der jüdische Krieg I–III, hg. v. Otto Michel, Otto Bauernfeind, Darmstadt 1959–1969.
Des Flavius Josephus Jüdische Altertümer. Übersetzt und mit Einleitung und Anmerkungen versehen von Heinrich. Clementz, Bd. I.II, 8. Aufl. Wiesbaden 1989.
Josephus, contra Apionem, in: Josephus, With an English Translation in Nine Vol. Bd. 1: The Life. Against Apion, ed. Henry St. John Thackeray, LCL, Cambridge/London 1961, 162–411.
Josephus, Aus meinem Leben. Kritische Ausgabe, Übersetzung und Kommentar von Folker Siegert, Tübingen 2001.

Kümmel, Werner Georg/Lichtenberger, Hermann (Hg.), Jüdische Schriften aus hellenistisch-römischer Zeit, Gütersloh 1973–2003.

Maier, Johann, Die Qumran-Essener: Die Texte vom Toten Meer, Bd. 1, UTB 1862, München/Basel 1995, Bd. 2, UTB 1863, München/Basel 1995.

Die Mischna, ins Deutsche übertragen, mit einer Einleitung und Anmerkungen von Dietrich Correns, Wiesbaden 2005.

Der babylonische Talmud, hg. v. Lazarus Goldschmidt, Bd. 1-12, Berlin 1929–1936.

The Isaiah Targum: Introduction, Translation, Apparatus and Notes by Bruce D. Chilton, ArB 11, Wilmington 1987.

The Targum Pseudo-Jonathan: Genesis, Translated, with Introduction and Notes by Michael Maher, ArB 1 B, Collegeville 1992.

Der Midrasch Bereschit Rabba, das ist die haggadische Auslegung der Genesis. Zum ersten Male ins Deutsche übertragen von August Wünsche, Leipzig 1881.

The Tosefta, Translated from the Hebrew with a New Introduction, hg. v. Jacob Neusner, 2 Bde., Peabody 2002.

Antike christliche Texte

Ambrosiaster, Commentarius in Epistulam ad Galatas, in: Ambrosiaster – Ambrosiastri qui dicitur Commentarius in Epistulas Paulinas, Bd. 3, ed. Heinrich Joseph Vogels, CSEL 81/3, Wien 1969, 1–68.

Augustin, Epistolae ad Galatas expositionis liber unus, rec. Joseph Divjak, CSEL 84, Wien 1971, 55–141.

Augustin, De diversis quaestionibus octoginta tribus, ed. Almut Mutzenbecher, CC.SL 44 A, Turnhout 1975, 1–249.

Augustin, De diversis quaestionibus ad Simplicianum, ed. Almut Mutzenbecher, CC.SL 44, Turnhout 1970.

Augustin, De octo Dulcitii quaestionibus, ed. Almut Mutzenbecher, CC.SL 44 A, Turnhout 1975, 253–297.

Augustin, De doctrina Christiana libri quattuor, ed. William M. Green, CSEL 80, Wien 1963.

Augustin, Vier Bücher über die christliche Lehre [De doctrina christiana], übersetzt von Beda Szukics, in: Des heiligen Kirchenvaters Aurelius Augustinus ausgewählte Schriften/aus dem Lateinischen übers., BKV I 49, München/Kempten 1925.

Chronicon Paschale, PG 92, 69 A – 1028 C.

Clemens von Alexandria, Hypotyposen, ed. Otto Stählin, GCS 17, Leipzig 1909, 195–215.

Clemens von Alexandria, Stromata I–VI, ed. Otto Stählin/Ludwig Früchtel, 4. Aufl. mit Nachträgen ed. Ursula Treu, GCS 15, Berlin 1985; Stromata VII–VIII, ed. Otto Stählin, 3. Aufl. ed. Ursula Treu, GCS 12, Berlin 1972, 3–102.

Cyprian, Epistularium, Epistulae 58–81, ed. Gerard F. Diercks, CC.SL 3 C, Turnhout 1996.

Didymus von Alexandria, Sur la Genèse, texte inédit d'après un papyrus de Toura. Introduction, éd., traduction et notes par Pierre Nautin, Bd. 1, SC 233, Paris 1976, Bd. 2, SC 244, Paris 1978.

Egeria, Itinerarium/Reisebericht. Lateinisch/deutsch, hg. u. übers. v. Georg Röwekamp unter Mitarbeit von Dietmar Thönnes, FC 20, Freiburg u. a. 1995.

Eusebius von Caesarea, Die Kirchengeschichte, ed. Eduard Schwartz/Theodor Mommsen, Bd. 1: Bücher I bis V, Leipzig 1903; Bd. 2: Bücher VI bis X, GCS 9/2, Leipzig 1908.

Flavian von Antiochia, De non anathematizandis vivis vel defunctis 3, PG 48, 945–952.

Hieronymus, Apologia contra Rufinum, ed. Pierre Lardet, CC.SL 79, Turnhout 1982.

Hieronymus, Commentariorum in Epistolam ad Galatas libri 3, ed. Giacomo Raspanti, CC.SL 77 A, Turnhout 2006.

Hieronymus, Epistulae, rec. Isidor Hilberg, Bd. 1, CSEL 54, Wien ²1996; Bd. 2, CSEL 55, Wien ²1996.

Hippolyt, Refutatio omnium haeresium, ed. Miroslav Marcovich, PTS 25, Berlin/New York 1986.

Irenaeus, Adversus Haereses. Gegen die Häresien, übers. und eingel. v. Norbert Brox, Bd. 4, FC 8/4, Freiburg u. a. 1997.

Johannes Chrysostomus, Homiliae in epistolam ad Romanos, PG 60, 291–682.

Johannes Chrysostomus, In Epistulam ad Galatas commentarius, PG 61, 611–682.

Justin, Apologie pour les chrétiens, ed. Charles Munier, SC 507, Paris 2006.

Lactantius, Institutions Divines, Livre V, Tome 1, ed. Pierre Monat, SC 204, Paris 1973.

Makarios Magnes, Apokritikos. Kritische Ausgabe mit deutscher Übersetzung, ed. Ulrich Volp, TU 169, Berlin/Boston 2013.

Minuci Felix, Octavius, ed. Bernhard Kytzler, Bibliotheca Scriptorum Graecorum Et Romanorum Teubneriana, Stuttgart 1982.

Ps.-Oikumenios, Commentarius in Epistolam ad Galatas, PG 118, 1089 A – 1166 C.

Origenes, Commentarii in epistulam ad Romanos – Römerbrief, übersetzt und eingeleitet von Theresia Heither, Bd. 1: erstes und zweites Buch, FC 2/1, Freiburg u. a. 1990; Bd. 2: drittes und viertes Buch, FC 2/2, Freiburg u. a. 1992; Bd. 3: fünftes und sechstes Buch, FC 2/3, Freiburg u. a. 1993; Bd. 4: siebtes und achtes Buch, FC 2/4, Freiburg u. a. 1994; Bd. 5: neuntes und zehntes Buch, FC 2/5, Freiburg u. a. 1996; Bd. 6: Fragmente, FC 2/6, Freiburg u. a. 1999.

Origenes, Contra Celsum. Origenes Werke I, Die Schrift vom Martyrium. Buch I–IV gegen Celsus, ed. Paul Koetschau, GCS 2, Leipzig 1899, 49–374; Buch V–VIII gegen Celsus. Die Schrift vom Gebet, ed. Paul Koetschau, GCS 3, Leipzig 1899, 1–293.

Origenes, Homilien zum Hexateuch in Rufins Übersetzung. Teil 1: Die Homilien zu Genesis (Homiliae in Genesin), 2. Aufl. ed. Peter Habermehl, GCS NF 17, Berlin/Boston 2012.

Socrates, Historia ecclesiastica, ed. Günther Christian Hansen, GCS NF 1, Berlin 1995.

Sozomenos, Historia ecclesiastica, ed. Günther Christian Hansen, GCS NF 4, Berlin 1995.

Tertullian, Adversus Marcionem, ed. Aemilius Kroymann, CC.SL 1, Turnhout 1954, 437–726.
Tertullian, De praescriptione haereticorum, ed. R. François Refoulé, CC.SL 1, Turnhout 1954, 185–224.
Theodoret von Kyros, Praefatio in Epistulas Pauli, PG 82, 35 A – 44 B.
Theodoret von Kyros, Interpretatio Epistolae ad Romanos, PG 82, 44 C – 226 C.
Theodoret von Kyros, Interpretatio Epistolae ad Galatas, PG 82, 460 A – 504 D.
Theophylakt von Ochrid, Expositio Epistulae ad Romanos, PG 124, 335 A – 560 A.
Theophylakt von Ochrid, Expositio Epistulae ad Galatas, PG 124, 951 B – 1032 C.

Goodspeed, Edgar Johnson, Die ältesten Apologeten. Texte mit kurzen Einleitungen, Göttingen 1914=1984.
Lindemann, Anderas, Paulsen, Henning, Die Apostolischen Väter. Griechisch-deutsche Parallelausgabe auf der Grundlage der Ausgaben von F. X. Funk/K. Bihlmeyer u. M. Whittaker, mit Übersetzungen von M. Dibelius und D.-A. Koch neu übersetzt, Tübingen 1992.
Schenke, Hans Martin/Hans-Gebhard Bethge/Ursula Ulrike Kaiser (Hg.), Nag Hammadi Deutsch, Bd. 1, GCS NF 8, Berlin/New York 2001; Bd. 2, GCS NF 12, Berlin/New York 2003.

Inschriften

Corpus Inscriptionum Graecarum, ed. August Böckh/Johannes Franz, 4 Bde., Berlin 1828–1877.
Corpus Inscriptionum Judaicarum, ed. Jean-Baptiste Frey, Bd. I, Vatikanstadt 1936.
Corpus Papyrorum Judaicarum II, ed. Victor A. Tcherikover/Alexander Fuks, Cambridge/MA 1960.
Inscriptiones Graecae ad res Romanas pertinentes, ed. René Cagnat, Paris 1906–1927.
Inscriptiones Judaicae Orientis, Bd. II, Kleinasien, ed. Walter Ameling, TSAJ 99, Tübingen 2004.
Inscriptiones Latinae Selectae, ed. Hermann Dessau u.a., Berlin 1892–1962.
Jewish Inscriptions of Western Europe, ed. David Noy, Vol. II, The City of Rome, Cambridge 1995.
Laminger-Pascher, Gertrud, Die kaiserzeitlichen Inschriften Lykaoniens, Bd. 1: der Süden, TAM Erg.-Bd. 15,1, Wien 1992.
Monumenta Asiae Minoris Antiqua, Vol. IV, Monuments and Documents from Eastern Asia and Western Galatia, ed. William H. Buckler/William Moir Calder/William K.C. Guthrie, Manchester 1933; Vol. VI, Monuments and Documents from Phrygia and Caria, ed. William H. Buckler/William Moir Calder, Manchester 1939; Vol. VIII, Monuments from Lycaonia, the Pisido-phrygian Borderland, Aphrodisias, ed. William Moir Calder u.a., Manchester 1962; Vol. XI, Monuments from Phrygia and Lykaonia, ed. P. Thonemann u.a., London 2013.

The Oxyrhynchus Papyri, ed. with translations and notes by Bernard P. Grenfell and Arthur S. Hunt, Part I, London 1898.
Sammelbuch griechischer Urkunden aus Ägypten, Bd. 5, 7515–8963 nebst ausführlichem Index, Strasbourg 1955.
Sylloge Inscriptionum Graecarum, ed. Wilhelm Dittenberger, 3. Aufl. Leipzig 1920 = 4. Aufl. Hildesheim 1960.

Hilfsmittel

Blass, Friedrich/Debrunner, Albert/Rehkopf, Friedrich, Grammatik des neutestamentlichen Griechisch, Göttingen ¹⁷1990.
Bauer, Walter, Griechisch-deutsches Wörterbuch zu den Schriften des Neuen Testaments und der frühchristlichen Literatur, 6. Aufl., hg. v. *Kurt* u. *Barbara Aland*, Berlin/New York 1988.
Computer-Konkordanz zum Novum Testamentum Graece von Nestle-Aland, 26. Aufl. und zum Greek New Testament, 3rd Edition, hg. v. Institut für neutestamentliche Textforschung und vom Rechenzentrum der Universität Münster, Berlin 1980.
Hatch, Edwin/Redpath, Henry A., A Concordance to the Septuagint and the other Greek Versions of the Old Testament (Including the Apocryphal Books) I.II, Oxford 1897.
Denis, Albert-Marie, Concordance grecque des pseudépigraphes d'Ancien Testament : concordance, corpus des textes, indices, Louvain-La-Neuve, 1987.

Monographien und Aufsätze

Amadi-Azugou, Chinedu Adolphus, Paul and the Law in the Arguments of Galatians: A Rhetorical and Exegetical Analysis of Galatians 2,14–6,2, BBB 104, Weinheim 1996.
Bachmann, Michael, Keil oder Mikroskop? Zur jüngeren Diskussion um den Ausdruck »›Werke‹ des Gesetzes,« in: *ders.*, Von Paulus zur Apokalypse – und weiter. Exegetische und rezeptionsgeschichtliche Studien zum Neuen Testament, NTOA 91, Göttingen 2011, 99–159.
Bachmann, Michael, Von den Schwierigkeiten des exegetischen Verstehens. Erwägungen am Beispiel der Interpretation des paulinischen Ausdrucks »›Werke‹ des Gesetzes«, in: *Gabriella Gelardini* (Hg.), Kontexte der Schrift, Bd. I: Text, Ethik, Judentum und Christentum, Gesellschaft. Ekkehard W. Stegemann zum 60. Geburtstag, Stuttgart 2005, 49–59.
Bachmann, Michael, Nicht von außen kommende »Gegner«, sondern galatisch-jüdische »Beeinflusser«? Zu Mark D. Nanos' Dissertation und ihre These vom synagogalen sozialen Kontext des Galaterbriefs, BZ 48 (2004), 97–103.
Barclay, John M. G., Obeying the Truth. Paul's Ethics in Galatians, Minneapolis 1988.

Bauer, Thomas Johann, Paulus und die kaiserzeitliche Epistolographie. Kontextualisierung und Analyse der Briefe an Philemon und an die Galater, WUNT 276, Tübingen 2011.

Bendik, Ivana, Paulus in neuer Sicht? Eine kritische Einführung in die »New Perspective on Paul«, Judentum und Christentum 18, Stuttgart 2010.

Boring, M. Eugene, An Introduction to the New Testament. History, Literature, Theology, Louisville 2012.

Bormann, Lukas, Der Brief des Paulus an die Kolosser, ThHK 10/I, Leipzig 2012.

Boyarin, Daniel, A Radical Jew. Paul and the Politics of Identity, Berkeley 1994.

Brawley, Robert L., Contextuality, Intertextuality, and the hendiadic relationship of promise and law in Galatians, ZNW 93 (2002), 99–119.

Breytenbach, Cilliers, Paulus und Barnabas in der Provinz Galatien. Studien zu Apostelgeschichte 13f.; 16,6; 18,23, und den Adressaten des Galaterbriefes, AGJU 37, Leiden 1996.

Broer, Ingo in Verbindung mit *Weidemann, Hans-Ulrich,* Einleitung in das Neue Testament. 3. völlig überarbeitete Aufl. Würzburg 2006.

Bultmann, Rudolf, Zur Auslegung von Gal 2,15–21, in: *ders.*, Exegetica, Aufsätze zur Erforschung des Neuen Testaments, ausgewählt, eingeleitet und herausgegeben von *Erich Dinkler,* Tübingen 1967, 394–399.

Butticaz, Simon, La crise Galate ou l'anthropologie en question, BZNW 229, Berlin/Boston 2018.

Campbell, Douglas A., Framing Paul. An Epistolary Biography, Grand Rapids 2014.

Campbell, William, Paul and the Creation of Christian Identity, LNTS 322, London u. a. 2006.

Carlson, Stephen C., The Text of Galatians and Its History, WUNT II 385, Tübingen 2015.

Carson, D.A./Moss, Douglas J./Morris, Leon, An Introduction to the New Testament, Grand Rapids 1992.

Ciampa, Roy E., The Presence and Function of Scripture in Galatians 1 and 2, WUNT II 102, Tübingen 1998.

Cosgrove, Charles H., The Cross and the Spirit. A Study in the Argument and Theology of Galatians, Macon 1988.

Dauer, Anton, Paulus und die christliche Gemeinde im syrischen Antiochia, BBB 106, Weinheim 1996.

Dietzfelbinger, Christian, Die Berufung des Paulus als Ursprung seiner Theologie, WMANT 58, Neukirchen 1985.

Divjanovic, Kristin, Paulus als Philosoph. Das Ethos des Apostels auf dem Hintergrund antiker Populärphilosophie, NTA NF 58, Münster 2015.

du Toit, Andrie, Alienation and Re-Identification as Pragmatic Strategies in Galatians, in: *ders.*, Focusing on Paul. Persuasion and Theological Design in Romans and Galatians, hg. v. *Cilliers Breytenbach/David S. du Toit,* BZNW 151, Berlin/New York 2007, 149–169.

du Toit, Andrie, Vilification as a Pragmatic Device in Early Christian Epistolography (1994), wiederabgedruckt in: *ders.* Focusing on Paul. Persuasion and Theological

Design in Romans and Galatians, hg. v. *Cilliers Breytenbach, David S. du Toit*, BZNW 151, Berlin/New York 2007, 45–56..

Dunn, James D. G., Die neue Paulus-Perspektive. Paulus und das Gesetz, übers. v. *Wolfgang Stegemann*, KuI 11 (1996), 34-45.

Dunn, James D.G., The New Perspective on Paul, in: *ders.* (Hg.), The New Perspective on Paul. Collected Essays, WUNT 185, Tübingen 2005, 89–110.

Dunn, James D.G., The Theology of Paul the Apostle, London/New York 1993.

Dunn, James D.G., Yet once more – ›The Works of the Law‹: A Response, JSNT 46, (1992), 99–117.

Dunne, John Anthony, Persecution and Participation in Galatians, WUNT II 454, Tübingen 2017.

Eastman, Susan, Recovering Paul's Mother Tongue. Language and Theology in Galatians, Grand Rapids/Cambridge 2007.

Eckstein, Hans-Joachim, Verheißung und Gesetz. Eine exegetische Untersuchung zu Galater 2,15–4,7, WUNT 86, Tübingen 1996.

Ehrman, Bart D., The Orthodox Corruption of Scripture. The Effect of the Early Christological Controversies on the Text of the New Testament, Oxford ²2011.

Elmer, Ian J., Paul, Jerusalem and the Judaisers. The Galatian Crisis in Its Broadest Historical Context, WUNT II 258, Tübingen 2009.

Engberg-Pedersen, Troels, Paul and the Stoics, Edinburgh 2000.

Fantin, Joseph D., The Greek Imperative Mood in the New Testament. A Cognitive and Communicative Approach, Studies in Biblical Greek 12, New York 2010.

Foerster, Werner, Abfassungszeit und Ziel des Galaterbriefes, in: Apophoreta. FS für Ernst Haenchen zu seinem siebzigsten Geburtstag am 10. Dezember 1964, BZNW 30, Berlin 1964, S. 135–141.

Fuhrmann, Manfred, Cicero und die römische Republik. Eine Biographie, Mannheim 2011.

Gnilka, Joachim, Paulus von Tarsus. Apostel und Zeuge, HThK NT Suppl. VI, Freiburg/Basel/Wien 1996.

Grafe, Eduard, Die paulinische Lehre vom Gesetz nach den vier Hauptbriefen, Freiburg/Leipzig 1884, ²1893.

Guthrie, Donald, New Testament Introduction, 5. Aufl., Downers Grove 1990.

Haacker, Klaus, Der Brief des Paulus an die Römer, THKNT 6, Leipzig ⁵1999.

Hagen Pifer, Jeanette, Faith as Participation. An Exegetical Study of Some Key Pauline Texts, WUNT II 486, Tübingen 2019.

Hansen, G. Walter, Abraham in Galatians. Epistolary and Rhetorical Contexts, JSNT. SS 29, Sheffield 1989.

Hardin, Justin K., Galatians and the Imperial Cult. A Critical Analysis of the First-Century Social Context of Paul's Letter, WUNT II 237, Tübingen 2008.

Harnisch, Wolfgang, Einübung des neuen Seins. Paulinische Paränese am Beispiel des Galaterbriefes, in: *ders.*, Die Zumutung der Liebe. Gesammelte Aufsätze, hg. v. *Ulrich Schoenborn*, FRLANT 187, Göttingen 1999, 149–168.

Hartman, Lars, Mark for the Nations. A Text- and Reader-Oriented Commentary, Eugene 2010.
Hayes, Michael E., An Analysis of the Attributive Participle and the Relative Clause in the Greek New Testament, Studies in Biblical Greek 18, New York 2018.
Hays, Richard B., The faith of Jesus Christ. The narrative substructure of Galatians 3:1–4:11, The biblical resource series, Grand Rapids/MI 2002.
Hietanen, Mika, Paul's Argumentation in Galatians. A Pragma-Dialectical Analysis, LNTS 344, London/New York 2007.
Holmstrand, Jonas, Markers and Meaning in Paul. An Analysis of 1 Thessalonians, Philippians and Galatians CB NT 28, Stockholm 1997.
Horn, Friedrich Wilhelm, Das Angeld des Geistes. Studien zur paulinischen Pneumatologie, FRLANT 154, Göttingen 1992.
Houghton, Hugh A. G. u. a., The Principal Pauline Epistles. A Collation of Old Latin Witnesses, New Testament Tools, Studies, and Documents 59, Leiden 2019.
Hubing, Jeff, Crucifixion and New Creation. The Strategic Purpose of Galatians 6.11–17, LNTS 508, London/New York 2015.
Hübner, Hans, Das Gesetz bei Paulus. Ein Beitrag zum Werden der paulinischen Theologie, FRLANT 119, Göttingen ³1982.
Hunn, Debbie, Πίστις in Galatians 5,5–6: Neglected Evidence for »Faith in Christ«, NTS 62 (2016), 477–483.
Hyldahl, Niels, Gerechtigkeit durch Glauben. Historische und theologische Beobachtungen zum Galaterbrief, NTS 46 (2000), 425–444.
Jegher-Bucher, Verena, Der Galaterbrief auf dem Hintergrund antiker Epistolographie und Rhetorik. Ein anderes Paulusbild, AThANT 78, Zürich 1991.
Jewett, Robert, Paulus – Chronologie. Ein Versuch, München 1982.
John, Felix, Der Galaterbrief im Kontext historischer Lebenswelten im antiken Kleinasien, FRLANT 264, Göttingen 2016.
Keesmaat, Sylvia C., Paul and his Story: Exodus and Tradition in Galatians, in: *Craig E. Evans/James A. Sanders* (Hg.), Early Christian Interpretation of the Scriptures of Israel. Investigations and Proposals, JSNT.SS 148, Sheffield 1997, 300–333.
Kennedy, George A., New Testament Interpretation through Rhetorical Criticism, Studies in Religion, Chapel Hill/London 1984.
Kim, Seon Yong, Curse motifs in Galatians. An Investigation into Paul's Rhetorical Strategies, WUNT II 531, Tübingen 2020.
Klauck, Hans-Josef, Die religiöse Umwelt des Urchristentums, Bd. I: Stadt- und Hausreligion, Mysterienkulte, Volksglaube, StBTh 9/1, Stuttgart u. a. 1995.
Koch, Dietrich-Alex, Die Schrift als Zeuge des Evangeliums. Untersuchungen zur Verwendung und zum Verständnis der Schrift bei Paulus, BHTh 69, Tübingen 1986.
Koch, Dietrich-Alex, Geschichte des Urchristentums. Ein Lehrbuch, Göttingen 2013. Vandenhoeck & Ruprecht.
Konradt, Matthias, Gericht und Gemeinde. Eine Studie zur Bedeutung und Funktion von Gerichtsaussagen im Rahmen der paulinischen Ekklesiologie und Ethik im 1 Thess und 1 Kor, BZNW 117, Berlin/New York 2003.

Kraus, Wolfgang, »Eretz Jisrael«. Die territoriale Dimension in der jüdischen Tradition als Anfrage an die christliche Theologie, in: *Martin Karrer/Wolfgang Kraus/Otto Merk* (Hg.), Kirche und Volk Gottes. FS *Jürgen Roloff*, Neukirchen 2000, 19–42.

Kraus, Wolfgang, Das Volk Gottes. Zur Grundlegung der Ekklesiologie bei Paulus, WUNT 85, Tübingen 1996, ²2004.

Kremendahl, Dieter, Die Botschaft der Form. Zum Verhältnis von antiker Epistolographie und Rhetorik im Galaterbrief, NTOA 46, Fribourg/Göttingen 2000.

Kwon, Yon-Gyong, Eschatology in Galatians. Rethinking Paul's response to the crisis in Galatia, WUNT II 183, Tübingen 2004.

Lambrecht, Jan, Paul's Reasoning in Galatians 2:11–21, in: *ders.*, Collected Studies on Pauline Literature and on Revelation, AnBib 147, Rom 2001, 157–181.

Lambrecht, Jan, Second thoughts. Some reflections on the law in Galatians, in: *ders.*: Collected studies on Pauline literature and on the book of Revelation, AnBib 147, Rom 2001, 257–265.

Lausberg, Heinrich, Handbuch der literarischen Rhetorik, München ²1973.

Livesey, Nina E., Circumcision as a Malleable Symbol, WUNT II 295, Tübingen 2010.

Löwy, Moritz, Die Paulinische Lehre vom Gesetz. Nach ihren Quellen untersucht, Monatsschrift für Geschichte und Wissenschaft des Judentums 47 (1903), 322–339; 417–433; 534–544; 48 (1904), 268–276; 321–327; 400–416.

Lohmeyer, Ernst, Probleme paulinischer Theologie II: Gesetzeswerke, ZNW 28 (1929), 177–207.

Lohse, Eduard, Der Brief an die Kolosser und an Philemon, KEK 9/2, Göttingen 15(2)1977.

Lüdemann, Hermann, Die Anthropologie des Apostels Paulus und ihre Stellung innerhalb seiner Heilslehre, Kiel 1872.

Lyu, Eun-Geol, Sünde und Rechtfertigung bei Paulus. Eine exegetische Untersuchung zum paulinischen Sündenverständnis aus soteriologischer Sicht, WUNT II 318, Tübingen 2012.

McKay, Kenneth Leslie, A New Syntax of the Verb in New Testament Greek, Studies in Biblical Greek 5, New York 1994.

Meiser, Martin, Die Reaktion des Volkes auf Jesus, BZNW 96, Berlin/New York 1998.

Meiser, Martin, The Torah in the Ethics of Paul, in: *ders.* (Hg.), Torah in the Ethics of Paul, LNTS 473, London 2012, 120–141.

Merk, Otto, Der Beginn der Paränese im Galaterbrief, ZNW 60 (1969), S. 83-104, jetzt in: ders., Wissenschaftsgeschichte und Exegese. Gesammelte Aufsätze zum 65. Geburtstag. hg. v. *Roland Gebauer* u. a., BZNW 95, Berlin 1998, 238–259.

Merk, Otto, Handeln aus Glauben. Die Motivierungen der paulinischen Ethik, MThSt 5, Marburg 1968.

Mihoc, Vasile, Galatians 2:15–21. A Commentary Challenging the New Perspective, in: *Athanasios Despotis* (Hg.), Participation, Justification, and Conversion. Eastern Orthodox Interpretation of Paul and the Debate between ›Old and New Perspectives on Paul‹, WUNT II 442, Tübingen 2017, 159–178.

Mitchell, Stephen, Anatolia: Land, Men, and Gods in Asia Minor. Vol. I, The Celts and the Impact of Roman Rule, Oxford 1993.

Mitternacht, Dieter, Forum für Sprachlose. Eine kommunikationspsychologische und epistolär-rhetorische Untersuchung des Galaterbriefs, CB NT 30, Stockholm 1999.

Morgan, Teresa, Roman Faith and Christian Faith. Pistis and Fides in the Early Roman Empire and Early Churches, Oxford 2015.

Morland, Kjell Arne, The Rhetoric of Curse in Galatians, Atlanta 1999.

Müller, Peter, Konfliktlinien in den Gemeinden Gottes, in: *Felix John/Christian Wetz* (Hg.), Paulus und seine Gemeinden. Die Wechselwirkung zwischen Idealbildern und Realitäten in den authentischen Paulusbriefen, ABG 66, Leipzig 2021, 151–172.

Murphy-O'Connor, Jerome, The origins of Paul's Christology: From Thessalonians to Galatians, in: *Kieran J. O'Mahony* (Hg.), Christian origins. Worship, belief and society. The Miltown Institute and the Irish Biblical Association millennium conference, JSNT.SS 241, Sheffield 2003, 113–142.

Nanos, Mark D. (Hg.), The Galatians debate. Contemporary issues in rhetorical and historical interpretation, Peabody/MA 2002.

Nanos, Mark D., The Irony of Galatians. Paul's letter in first-century context, Minneapolis 2002.

Ollrog, Wolf-Henning, Paulus und seine Mitarbeiter. Untersuchungen zu Theorie und Praxis der paulinischen Mission, WMANT 50, Neukirchen 1979.

Paynter, Maximilian, Das Evangelium bei Paulus als Kommunikationskonzeption, NETS 27, Tübingen 2017.

Peters, Ronald D., The Greek Article. A Functional Grammar of ὁ-items in the Greek New Testament with Special Emphasis on the Greek Article, Linguistic Biblical Studies 9, Leiden 2014.

Petzl, Georg, Die Beichtinschriften im römischen Kleinasien und der Fromme und Gerechte Gott. Vorträge der Nordrhein-Westfälischen Akademie der Wissenschaften G 35, Opladen/Wiesbaden 1998.

Pilhofer, Peter, Der »Erfolg« des Galaterbriefs, in: *ders.*, Neues aus der Welt der frühen Christen, BWANT 195, Stuttgart 2011, 77–92.

Pilhofer, Peter, Rechtfertigung aus Glauben. Das letzte Wort des Paulus, in: *ders.*, Neues aus der Welt der frühen Christen, BWANT 195, Stuttgart 2011: Kohlhammer 2011, 93–125.

Pokorný, Petr/Heckel, Ulrich, Einleitung in das Neue Testament. Seine Literatur und Theologie im Überblick, Tübingen 2007.

Pollmann, Ines, Gesetzeskritische Motive im Judentum und die Gesetzeskritik des Paulus, NTOA 98, Göttingen 2012.

Portenhauser, Friederike, Personale Identität in der Theologie des Paulus, HUTh 79, Tübingen 2020.

Porter, Stanley E., The Languages that Paul Did not Speak, in: *ders.* (ed.), Paul's World, Pauline Studies 4, Leiden 2008.

Porter, Stanley E., Verbal Aspect in the Greek of the New Testament, with Reference to Tense and Mood, New York 1989.

Rabens, Volker, The Holy Spirit and Ethics in Paul. Transformation and Empowering for Religious-Ethical Life, WUNT II 283, Tübingen 2010.

Reinmuth, Eckart, Macht und Ohnmacht. Zur Performativität ethischer Kommunikation im Galaterbrief, in: *Felix John/Christian Wetz* (Hg.), Paulus und seine Gemeinden. Die Wechselwirkung zwischen Idealbildern und Realitäten in den authentischen Paulusbriefen, ABG 66, Leipzig 2021, 173–191.

Sänger, Dieter, Die Adresse des Galaterbriefs. Neue (?) Überlegungen zu einem alten Problem, in: *ders.*, Schrift – Tradition – Evangelium. Studien zum frühen Judentum und zur paulinischen Theologie, Neukirchen 2016, 229–274.

Sänger, Dieter, Die Adressaten des Galaterbriefs und das Problem einer Entwicklung in Paulus' theologischem Denken, in: ders., Schrift – Tradition – Evangelium. Studien zum frühen Judentum und zur paulinischen Theologie, Neukirchen 2016, 200–228.

Sänger, Dieter, »Vergeblich bemüht« (Gal 4,11)? Zur paulinischen Argumentationsstrategie im Galaterbrief, in: *ders.*, Von der Bestimmtheit des Anfangs. Studien zu Jesus, Paulus und zum frühchristlichen Schriftverständnis, Neukirchen 2007, 107–129.

Sänger, Dieter, »Das Gesetz ist unser παιδαγωγός geworden bis zu Christus« (Gal 3,24). Zum Verständnis des Gesetzes im Galaterbrief, in: *ders.*, Von der Bestimmtheit des Anfangs. Studien zu Jesus, Paulus und zum frühchristlichen Schriftverständnis, Neukirchen 2007, 158–184.

Sänger, Dieter, Bekennendes Amen. Zur rhetorischen und pragmatischen Funktion von Gal 6,18, in: *ders.*, Von der Bestimmtheit des Anfangs. Studien zu Jesus, Paulus und zum frühchristlichen Schriftverständnis, Neukirchen 2007, 130–157.

Sänger, Dieter, Plurale Konfliktlinien. Theologische Konturen der Gegenspieler im Galaterbrief, in: *Michael Tilly/Ulrich Mell* (Hg.), Gegenspieler. Zur Auseinandersetzung mit dem Gegner in frühjüdischer und urchristlicher Literatur, WUNT 428, Tübingen 2019, 101–136.

Sänger, Dieter, Die Verkündigung des Kreuzes und Israel, WUNT 75, Tübingen 1994.

Sänger, Dieter, Literarische Strategien der Polemik im Galaterbrief, in: *ders.*, Schrift – Tradition – Evangelium. Studien zum frühen Judentum und zur paulinischen Theologie, Neukirchen 2016, 275–297.

Sanders, Ed Parish, Paulus und das palästinische Judentum. Ein Vergleich zweier Religionsstrukturen. Aus dem Amerikanischen übersetzt von Jürgen Wehnert, StUNT 17, Göttingen 1985.

Schäfer, Ruth, Paulus bis zum Apostelkonzil. Ein Beitrag zur Einleitung in den Galaterbrief, zur Geschichte der Jesusbewegung und zur Pauluschronologie, WUNT II 179, Tübingen 2004.

Scherer, Hildegard, Geistreiche Argumente. Das Pneuma-Konzept des Paulus im Kontext seiner Briefe, NTA NF 55, Münster 2011.

Schewe, Susanne, Die Galater zurückgewinnen. Paulinische Strategien in Galater 5 und 6, FRLANT 208, Göttingen 2005.

Schliesser, Benjamin, Was ist Glaube? Paulinische Perspektiven, Theologische Studien NF 3, Zürich 2011.

Schnelle, Udo, Die ersten 100 Jahre des Christentums, Göttingen 2015.

Schnelle, Udo, Einleitung in das Neue Testament, Göttingen 2004.

Schnelle, Udo, Gerechtigkeit und Christusgegenwart. Vorpaulinische und paulinische Tauftheologie, Göttinger Theologische Arbeiten 24, Göttingen ²1986.

Schnelle, Udo, Muß ein Heide erst Jude werden, um Christ sein zu können?, in: *Martin Karrer/Wolfgang Kraus/Otto Merk* (Hg.), Kirche und Volk Gottes, FS Jürgen Roloff, Neukirchen 2000, 93–109.

Schnelle, Udo, Paulus. Leben und Denken, de Gruyter Lehrbuch, Berlin/New York 2003.

Schnelle, Udo, Paulus und das Gesetz, in: *Eve-Marie Becker/Peter Pilhofer* (Hg.), Biographie und Persönlichkeit des Paulus, WUNT 187, Tübingen 2005, 245–270.

Schreiber, Stefan, Weihnachtspolitik – Lukas 1–2 und das Goldene Zeitalter, NTOA 82, Göttingen 2009.

Schumacher, Thomas, Zur Entstehung christlicher Sprache: eine Untersuchung der paulinischen Idiomatik und der Verwendung des Begriffes pistis, BBU 168, Göttingen 2012.

Schweitzer, Albert, Geschichte der Paulinischen Forschung von der Reformation bis auf die Gegenwart, Tübingen 1911.

Schweitzer, Albert, Die Mystik des Apostels Paulus, Tübingen 1930, = UTB 1091, hg. v. Werner Georg Kümmel, Tübingen 1981.

Smiles, Vincent M., The Gospel and the Law in Galatia. Paul's Response to Jewish-Christian Separatism and the Threat of Galatian Apostasy, Collegeville 1998.

Söding, Thomas, Befreiung vom Bösen. Tradition und Transformation im Galaterbrief, in: *Wilfried Eisele/Christoph Schäfer/Hans-Ulrich Weidemann* (Hg.), Aneignung durch Transformation. Beiträge zur Analyse von Traditionsprozessen im frühen Christentum, FS Michael Theobald, HBS 74, Freiburg (Breisgau)/Basel/Wien 2013, 264–297.

Söding, Thomas, Glaube, der durch Liebe wirkt. Rechtfertigung und Ethik im Galaterbrief, in: *Michael Bachmann/Bernd Kollmann* (Hg.), Umstrittener Galaterbrief. Studien zur Situierung der Theologie des Paulus-Schreibens, BThSt 106, Neukirchen-Vluyn 2010, 165–206.

Söding, Thomas, Das Liebesgebot bei Paulus. Die Mahnung zur Agape im Rahmen der paulinischen Ethik, NTA NF 26, Münster 1995.

Söding, Thomas, Verheißung und Erfüllung im Lichte paulinischer Theologie, NTS 47 (2001), 146–170.

Söding, Thomas, Zur Chronologie der paulinischen Briefe (1991), in: *ders.,* Das Wort vom Kreuz. Studien zur paulinischen Theologie, WUNT 93, Tübingen 1997, 3–30.

Sonntag, Holger, ΝΟΜΟΣ ΣΩΤΗΡ. Zur politischen Theologie des Gesetzes bei Paulus und im antiken Kontext, TANZ 34, Tübingen/Basel 2000.

Stegemann, Ekkehard W., ›Das Gesetz ist nicht wider die Verheißungen!‹ Thesen zu Galater 3,15–29, in: *Gerhard Freund/Ekkehard W. Stegemann* (Hg.), Theologische Brosamen für Lothar Steiger, DBAT.B 5, Heidelberg 1985, 389–395.

Still, Todd D., Philippians and Philemon, Smyth & Helwys Bible Commentary, Macon 2011.

Strecker, Christian, Die liminale Theologie des Paulus. Zugänge zur paulinischen Theologie aus kulturanthropologischer Perspektive, FRLANT 185, Göttingen 1999.

Suhl, Alfred, Paulus und seine Briefe. Ein Beitrag zur paulinischen Chronologie, StNT 11, Gütersloh 1975.

Sumney, Jerry L., ›Servants of Satan‹, ›False Brothers‹ and Other Opponents of Paul, JSNT.S 188, Sheffield 1999.

Theobald, Michael, Der Galaterbrief, in: *Martin Ebner/Stefan Schreiber* (Hg.), Einleitung in das Neue Testament, StBTh 6, Stuttgart 2008, 347–364.

Thurén, Lauri, Derhetorizing Paul. A Dynamic Perspective on Pauline Theology and the Law, WUNT 124, Tübingen 2000.

Tolmie, D. Francis, Persuading the Galatians. A text-centred rhetorical analysis of a Pauline letter, WUNT II 190, Tübingen 2005.

Tolmie, D. Francis, The Rhetorical Analysis of the Letter to the Galatians: 1995–2005, in: *ders.* (Hg.), Exploring New Rhetorical Approaches to Galatians. Papers presented at an International Conference, University of the Free State, Bloemfontein, March 13–14, 2006 Acta Theologica Supplementum 9, Bloemfontein 2007, 3–28.

Ukwuegbu, Bernard O., The Emergence of Christian Identity in Paul's Letters to the Galatians. A Social-Scientific Investigation into the Root Causes for the Parting of the Way between Christianity and Judaism, Arbeiten zur Interkulturalität 4, Bonn 2003.

Ulrichs, Karl Friedrich, Christusglaube. Studien zum Syntagma πίστις Χριστοῦ und zum paulinischen Verständnis von Glaube und Rechtfertigung, WUNT II 227, Tübingen 2007.

Vollenweider, Samuel, Freiheit als neue Schöpfung. Eine Untersuchung zur Eleutheria bei Paulus und in seiner Umwelt, FRLANT 147, Göttingen 1989.

Vollenweider, Samuel, Lebenskunst als Gottesdienst: Epiktets Theologie und ihr Verhältnis zum Neuen Testament in: *ders.* (Hg.), Epiktet, Was ist wahre Freiheit, SAPERE 22, Tübingen 2013, 119–162.

Vos, Johan S., Die Kunst der Argumentation bei Paulus. Studien zur antiken Rhetorik, WUNT 149, Tübingen 2002.

Vouga, François, L'épître aux Galates, in: *Daniel Marguerat* (Hg.), Introduction au Nouveau Testament. Son histoire, son écriture, sa théoloige, Le Monde de la Bible 41, Genève 2000, 213–227.

Watson, Francis, Paul, Judaism, and the Gentiles, Grand Rapids 1986.

Watson, Francis, By Faith (of Christ): An Exegetical Dilemma and Its Scriptural Solution, in: *Michael F. Bird/Preston M. Sprinkle* (Hg.), Faith of Jesus Christ: Exegetical, Biblical, and Theological Studies, Peabody 2010, 147–163.

Wernle, Paul, Die Anfänge unserer Religion, Tübingen/Leipzig ²1904.

White, L. Michael, Rhetoric and reality in Galatians. Framing the social demands of friendship, in: *John T. Fitzgerald/Thomas H. Olbricht/L. Michael White* (Hg.), Early Christianity and classical culture. Comparative studies in honor of Abraham J. Malherbe, NT.S 110, Leiden/Boston 2003, 307–349.

Wikenhauser, Alfred/Schmid, Josef, Einleitung in das Neue Testament, 6. Aufl. Freiburg 1973.

Williamson, Clark, Has God Rejected His People? Anti-Judaism in the Christian Church, Nashville 1982.

Wilson, Mark, The Denouement of Claudian Pamphylia-Lycia and its Implications for the Audience of Galatians, NT 60 (2018), 337–360.

Wilson, Todd A., Wilderness apostasy and Paul's portrayal of the crisis in Galatians, NTS 50 (2004), 550–571.

Wilson, Todd A., The Curse of the Law and the Crisis in Galatia, WUNT II 225, Tübingen 2007.

Winger, Michael, Act one: Paul arrives in Galatia, NTS 48 (2002), 548–567.

Winger, Michael, Unreal Conditions in the Letters of Paul, JBL 105 (1986), 110–112.

Wischmeyer, Oda, Liebe als Agape. Das frühchristliche Konzept und der moderne Diskurs, Tübingen 2015.

Witulski, Thomas, Die Adressaten des Galaterbriefes. Untersuchungen zur Gemeinde von Antiochia ad Pisidiam, FRLANT 193, Göttingen 2000.

Wolter, Michael, Ethnizität und Identität bei Paulus, EC 8 (2017), 336–352.

Wolter, Michael, Paulus. Ein Grundriss seiner Theologie, Neukirchen 2011.

Wrede, William, Paulus. RV I 5-6; Halle 1904, wiederabgedruckt in: Karl Heinrich Rengstorf (Hg.), Das Paulusbild in der neueren deutschen Forschung, WdF 24, Darmstadt 1982, 1–97.

Wright, Nicholas Thomas, The Climax of the Covenant. Christ and the Law in Pauline Theology, Edinburgh 1991.

Wright, Nicholas Thomas, Justification. God's Plan and Paul's Vision, Downers Grove 2009.

Wright, Nicholas Thomas, The Letter to the Galatians: Exegesis and Theology, in: *Joel B. Green/Max Turner* (Hg.), Between two horizons. Spanning New Testament studies and systematic theology. Grand Rapids/MI [u. a.] 2000, 205–236.

Wright, Nicholas Thomas, Paul and the Faithfulness of God, 2 vol., Christian Origins and the Question of God 4, Minneapolis 2013.

Zeller, Dieter, Zur neueren Diskussion über das Gesetz bei Paulus, ThPh 62 (1987), 481–498.

Zimmermann, Christiane, Gott und seine Söhne. Das Gottesbild des Galaterbriefs, WMANT 135, Neukirchen 2013.

Einleitung

1. Der Text und seine Überlieferung*

Der Galaterbrief ist seit alters Bestandteil neutestamentlicher Textüberlieferung. Für die Papyri sind 𝔓46, 𝔓51 und 𝔓99 zu nennen.

Der teils in Dublin, teils in Ann Arbor aufbewahrte Papyrus 𝔓46, der älteste bisher erreichbare Zeuge, ist wohl zwischen 175 und 225 entstanden; der Galaterbrief ist zwischen dem Epheser- und dem Philipperbrief eingereiht.[1] Abweichungen[2] von dem

---

* *Aland, Kurt*, Die Entstehung der Paulusbriefsammlung, in: *ders.*, Neutestamentliche Entwürfe, ThB 63, München 1979, 302–350; *Aland, Kurt/Aland, Barbara*, Der Text des Neuen Testaments. Einführung in die wissenschaftlichen Ausgaben und in Theorie wie Praxis der modernen Textkritik, 2. Aufl. Stuttgart 1989; *Bover y Oliver, José María*. Textus codicis claromontani (D) in epistula ad Galatas, *Biblica* 12 (1931), 199–218; *Carlson*, Text, passim; *Ebojo, Edgar Battad*, A Scribe and His Manuscript: An Investigation into the Scribal Habits of Papyrus 46 (P. Chester Beatty II – P. Mich. Inv. 6238), Ph. Diss. Birmingham 2014; *Houghton, Hugh A. G.*, An Initial Selection of Manuscripts for the *Editio Critia maior* of the Pauline Epistles, in: *ders./David C. Parker/Holger Strutwolf* (Hg.), The New Testament Text in Antiquity and Byzantium, FS Klaus Wachtel, ANTF 52, Berlin/Boston 2019, 343–359; *Silva, Moyisés*, The Text of Galatians. Evidence from the Earliest Greek Manuscripts in: *David Alan Black* (Hg.), Scribes and Scripture: New Testament Essays in Honor of J. Harold Greenlee, Winnona Lake 1992, 17–25; *Schmid, Ulrich Bernhard*, Marcion und sein Apostolos. Rekonstruktion und historische Einordnung der marcionitischen Paulusbriefausgabe, ANTT 25, Berlin/New York 1995, *Trobisch, David*, Die Entstehung der Paulusbriefsammlung, NTOA 10, Fribourg/Göttingen 1989; *Wachtel, Klaus/Witte, Klaus*, Das Neue Testament auf Papyrus II, Die Paulinischen Briefe: Teilband 2: Gal, Eph, Phil, Kol, 1. u. 2. Thess; 1. u 2. Tim, Tit, Phlm, Hebr., ANTF 22, Berlin/New York 1994, zum Galaterbrief speziell LXVII–XC sowie 1–43 (Textdarbietung); *Houghton* u. a., Epistles, 11–20 (Liste der Manuskripte), 390–436 (Darbietung des altlateinischen Galatertextes).

1 Fol. 81ʳ–86ʳ. Zur Datierung s. *Ebojo*, Scribe, 368. Die den Galaterbrief enthaltenden Partien sind wie folgt verteilt: Ann Arbor: p. 158–167 = Gal 1,1–6,8; Dublin: p. 168 = Gal 6,10–18. Zur Diskussion über die Ursachen der Anordnung nach dem Epheserbrief bei auffallend hoher notierter Stichenzahl des Galaterbriefes vgl. *Ebojo*, a. a. O., 24–30: Die Notizen über die Zahl der Stichoi stammen nicht von der Hand, die für die Anordnung der Paulusbriefe in 𝔓46 verantwortlich ist (30). Die Einordnung des Galaterbriefes schwankt in der Frühzeit in den Handschriften wie in den Kanonlisten (*Aland*, Entstehung, 327; *Trobisch*, Entstehung, 38–45). Bei Markion soll der Galaterbrief an der Spitze der Paulusbriefsammlung gestanden haben, doch ist Markion wohl nicht Schöpfer, sondern erster Zeuge dieser Anordnung. Kanonlisten verraten, wenn sie an der Stichenzahl orientiert sind, nicht unbedingt etwas über die Einordnung des Galaterbriefes in den Handschriften (*Trobisch*, Entstehung, 41).

2 Natürlich lässt sich nicht jede v. l. als intentionale Änderung verbuchen. Klassische Fehler können zu unsinnigen Lesarten führen. Ein Beispiel dafür ist πτωχια στοιχεια (Gal 4,9), wohl durch

in sich ebenfalls divergierenden Text der bekannten alten Majuskeln führen nicht unbedingt in die Nähe dessen, was der »Urtext« gewesen sein könnte.³ Manche Lesarten könnten schon auf die Vorlage zurückgehen.⁴ Die Schreibung der *nomina sacra* ist noch nicht ganz konsistent; 𝔓46 bezeugt, dass das System erst in Entwicklung begriffen ist.⁵

𝔓51⁶ enthält Gal 1,2–10.13.16–20, ist aber stark beschädigt. Die Handschrift steht B nahe, wie an Gal 1,3 ersichtlich, zeigt keine Berührungen mit 𝔓46 gegen B. Die v.l. ἔλαβετε statt παρέλαβετε in Gal 1,9 ist wohl als Haplographie (nach παρ ο) zu beurteilen.⁷ 𝔓99⁸ enthält neben griechischen Konjugationstabellen auch ein Glossar mit der zweisprachigen Wiedergabe einzelner Paulusverse⁹ (mit altem alexandrinischem Text im Griechischen)¹⁰, vielleicht zum Zweck des Sprachunterrichtes.

Parablepsis entstanden (*Wachtel/Witte*, Das Neue Testament auf Papyrus, 19). Orthographische Auffälligkeiten sind ebenfalls zu notieren: gelegentlich begegnet ει auch bei der Wiedergabe eines kurzen ι in Gal 4,30, umgekehrt steht πισμονη statt πεισμονη in Gal 5,8; gelegentlich finden sich ungewöhnliche Aspirationen, nämlich καθηχουμενος und καθηχουντι in Gal 6,6 (*Wachtel/Witte*, Das Neue Testament auf Papyrus, L).

3 *Ebojo*, Scribe, 371.
4 A.a.O., 372.
5 A.a.O., 373. So werden die Begriffe Ἰσραήλ, Ἰερουσαλήμ/Ἰεροσόλυμα, μήτηρ noch *plene* geschrieben (328); die Schreibung des *nomen sacrum* für »Christus« schwankt, was den Anlaut betrifft, zwischen X̄ und X̄P̄ (a.a.O., 342f.); die für Christus als Gottessohn übliche Kontraktion wird in Gal 4,7a.b in der Form ῡϲ auch auf die Gläubigen angewandt, (a.a.O., 346). Das Wort πατηρ wird in Gal 1,1.3 plene geschrieben, in Gal 1,4 als π̄ρ̄ς, in Gal 4,6 als π̄ρ̄ abgekürzt, in Röm 8,15 wieder plene geschrieben (a.a.O., 348–350). Immerhin wird θεοῖς in Gal 4,8 wie in 1Kor 8,5a.b ebenfalls plene geschrieben, aufgrund des Monotheismus nicht als *nomen sacrum* behandelt – das gilt auch für die Codices Vaticanus, Siniaiticus, Alexandrinus (a.a.O., 335f. mit Anm. 46).
6 Oxford, Ashmolean Museum, P.Oxy. 2157, ca. 400 (http://163.1.169.40/cgi-bin/library?e=d-000-00---0POxy--00-0-0--0prompt-10---4-----0-1l--1-en-50---20-help---00031-001-1-0utf-00&a=d&c=POxy&cl=CL1.11&d=HASH01983c5434632ff5be80ba43); Beschreibung bei *Wachtel/Witte*, Das Neue Testament auf Papyrus, LVI–LVIII.
7 A.a.O., LVII.
8 P. Chester Beatty AC 1499, fol. 11–14; dazu *Alfons Wouters*, The Chester Beatty Codex AC 1499, a Graeco-Latin Lexicon on the Pauline Epistles, and a Greek Grammar, Chester Beatty Monographs 12, Leuven 1988; *Wachtel/Witte*, Das Neue Testament auf Papyrus, LXVII–XC; *Eleanor Dickey*, A Re-Examination of New Testament Papyrus P99 (Vetus Latina AN glo Paul), NTS 65 (2019), 103–121. Es ist allerdings umstritten, inwieweit dieser Papyrus als selbständiger Textzeuge gewertet werden darf (vgl. *Houghton*, Selection, 347).
9 Manchmal, so *Wachtel/Witte*, Das Neue Testament auf Papyrus, LXX, finden sich orthographische Nachlässigkeiten, z.B. μετατιτεσθαι statt μετατιτεσθε in Gal 1,6; gelegentlich finden sich lateinische Buchstaben im griechischen Text (Gal 3,19 ἄχριος) und umgekehrt (Gal 3,24lat. bietet itaκευε statt *itaque*).
10 Der griechische Text zeigt mit dem griechischen Text im Codex Claromontanus bei dessen Sonderlesarten keine Berührung; für die lateinischen Lemmata ist eine gewisse Berührung mit dem lateinischen Text des Claromontanus gegeben. Semantische Diskrepanzen zeigen, dass keine

In den großen Vollbibeln des 4. und 5. Jhs.[11] ist der Galaterbrief in der heute üblichen Weise nach 2Kor und vor Eph eingereiht, so in den Codices Vaticanus[12], Sinaiticus[13], Alexandrinus[14], Syri Ephraemi rescriptus[15], Claromontanus[16]. Zur Kategorie I gehören neben den Codices Sinaiticus, Vaticanus, Alexandrinus (für die Paulusbriefe) die Majuskel 0254 aus dem 5. Jh., aber auch (wenigstens für die Paulusbriefe) die Minuskel 33 aus dem 9. Jh., zwei Minuskeln aus dem 10. Jh., nämlich 1175 und 1739, sowie 1881 aus dem 14. Jh.[17]

Zur Gruppe der Handschriften mit besonderem, gelegentlich durch Byz beeinflusstem Text gehören C (05) und I (016).[18] Zu den Handschriften mit besonderem Textcharakter (Kategorie III) gehören aus dem 4./5. Jh. die HS 0176[19], aus dem 5. Jh. die Majuskeln 062[20] und 0261[21], aus dem 6. Jh. H (015)[22], aus dem 8. oder 9. Jh. Ψ (044)[23], aus dem

---

Übersetzung vorliegt, sondern eine Zuordnung paralleler Texte bei divergierenden Textvorlagen (*Wachtel/Witte*, a. a. O., LXXII).

11 Generell zur Beschreibung der Majuskeln vgl. a. a. O., XIV–XIX.
12 https://archive.org/details/CodexVaticanusbFacSimile/254/1488-259/1493 (Kolophon: ἐγράφη ἀπὸ Ῥώμης), eingesehen am 16.03.2021.
13 http://www.sinaiticus.de/en/manuscript.aspx? (London, British Library Add. 43. 725), fol. 278^b–280^b, eingesehen am 04.01.2021. – Der Text in 𝔓46, (ℵ) 01 und (B) 03 zeigt Auslassungen, die z. T. als homoioteleuton erklärbar sind und keine Rückschlüsse auf die Interpretation des Galatertextes erlauben (*Silva*, Text, 19–20.23).
14 Fol. 101^v–104^r, http://www.bl.uk/manuscripts/Viewer.aspx?ref=royal_ms_1_d_viii, eingesehen am 04.01.2021.
15 Paris, Bibliothèque Nationale, Gr. 9 (http://gallica.bnf.fr/ark:/12148/btv1b8470433r/f1.zoom.r=.langFR). Es fehlt Gal 1,1–20. Der Codex zeigt gelegentliche Quereinflüsse vom byzantinischen Text.
16 Fol. 254^v–289^r. (s VI, Paris, Bibliothèque Nationale, Gr. 107 AB); https://gallica.bnf.fr/ark:/12148/, eingesehen am 04.01.2021. *Bover y Oliver*, Textus codicis Claromontani, 200–203, bietet über die Auswertung dieses Codex hinaus noch Hinweise auf weitere Varianten im Galatertext.
17 0254: Damaskus: Kubbet el Chazne, Palimpsest, enthält Gal 5,13–17; 33: Paris, Bib. Nat. Gr. 14; 1175: Patmos, Joannou, 16, gewisse Nähe zum Cod. Sinaiticus und zur HS 33 (*Carlson*, Text, 85); 1739: Athos, Lavra, B' 64, Schwesterhandschrift zu dem gemeinsamen Vorfahren von A und C (*Carlson*, Text, 81); 1881: Sinai, Katharinenkloster, Gr. 300. Zur Kategorisierung vgl. *Aland/Aland*, Text, 137.152.158.
18 Washington Smithsonian Inst. Freer Gallery of Art 06.275; Kurzbeschreibung bei *Aland/Aland*, Text, 122; *Wachtel/Witte*, Das Neue Testament auf Papyrus, XV. Die Handschrift stammt wohl aus dem 5. Jh. und enthält Gal 1,1–3.11–13; 22–2,1; 2,8f.16f.; 3,6–8.16f.24–28; 4,8–10.20–23. Sie ist stark fragmentiert. Die Textform ist ägyptisch.
19 Florenz, bibl. Laur., PSI 251. Die Handschrift enthält Gal 3,16–25.
20 Ehemals Damaskus, Chubbet el Chazne, Palimpsest. Die Handschrift hat Gal 4,25–5,14 enthalten. Sie wird in https:www/ntvnr.uni-muenster.de/liste (eingesehen am 16.03.2021) nicht aufgeführt.
21 Berlin, Staatl. Museum, P.6791. 6792. 14043, 5. Jh., enthält Gal 1,9–12.19–22; 4,25–31. Zur Kategorisierung *Aland/Aland*, Text, 126.
22 Die einzelnen Teile dieser Handschrift sind verstreut, vgl. *Aland/Aland*, Text, 119–122.
23 Athos, Lavra B' 52. Die Handschrift entstammt dem 9. Jh.

9. Jh. P^apr (025)[24], 0122[25], 0150[26], aus dem 10. Jh. 075[27], ebenso die Minuskeln 326, 104 und 1611 aus dem 10. bzw. 11. Jh.,[28] die Minuskel 436 aus dem 11. Jh.,[29] die Minuskeln 323, 365, 1241, 1319, 1505 aus dem 12. Jh.,[30] die Minuskeln 6, 441, 614 und 630 aus dem 13. Jh.,[31] die Minuskel 629 aus dem 14. und die Minuskel 2495 aus dem 14./15. Jh.[32]

Handschriften überwiegend byzantinischen Texttyps sind L^ap (020)[33], 049[34], 056[35], 0142[36], 0150[37]; unter den Minuskeln sind 642 und 945 zu nennen.[38] Ausnahmeerscheinungen hinsichtlich der Reihenfolge der biblischen Schriften stellen die Minuskeln 455, 720 und 1241 dar.[39] Manche Handschriften sind nach wie vor »nicht erreichbar«[40] oder aufgrund des geringen Umfangs nicht einzuordnen.[41]

Im lateinischen Sprachbereich beginnt die Rezeption des Galaterbriefes mit Tertullian. Das textkritische Material ist mittlerweile durch Hugh Houston u. a.[42] sehr gut erschlossen. An altlateinischen Zeugen stehen die Handschriften 61 (ar)[43], 64 (r)[44], 75

---

24 St. Petersburg, Russische Nationalbibliothek, Gr. 225. Sie ist wohl ins 9. Jh. zu setzen (*Aland/Aland*, Text, 122), ordnen sie unter Kategorie III ein.
25 St. Petersburg, Russische Nationalbibliothek, Gr. 32, 9. Jh. Die Handschrift enthält Gal 5,2–6,4.
26 Patmos, Ioannu 61, 9. Jh.
27 Athen, Nationalbibliothek, Gr. 100, 10. Jh.
28 326: Oxford Lincoln Coll., Gr. 82; 104: London, Brit. Libr., Harley 5537, datiert auf 1087.
29 Bibl. Vatic. Vat. graec. 367.
30 323: Genève, bibl. publ. et univ., Gr. 20; 365: Firenze, Bibl. Medicea Laur., Plutei VI 36; 1241: Sinai, Katharinenkloster, Gr. 260; 1319: Jerusalem, Taphu 47; 1505: Athos, Lavra, B' 26 .
31 6: Paris, Bib. Nat. Gr. 112; 441: Uppsala, Univ.Bibl. Gr. 1, 614: Milano, Bibl. Ambr. E 97 sup.; 630: Bibl. Vat. Ottob. gr. 325.
32 629: Bibl. Vat. Ottob. gr. 298; 2495: Sinai, Katharinenkloster, Gr. 1992.
33 Rom. bibl. Angelica 39, 9. Jh.
34 Athos, Lavra A' 88, 9. Jh.
35 Paris, Bibliothèque Nationale, Coislin Gr. 26, 10. Jh.
36 München, Bayerische Staatsbibliothek, Gr. 375, 10. Jh.
37 Patmos, Ioannu 61, 9. Jh.
38 London, Lambeth Pal. 1185 14., Jh. bzw. Athos, Dionysiou 124 (37), 11. Jh.
39 455: Röm Hebr Kol 1.2. Thess Tit 1.2. Kor 1.2. Tim Eph Phlm Gal Phil; 720: Gal Eph–Phlm Hebr Röm 1.2. Kor.1241: Kor Gal Thess Tim-Phlm Hebr Jak Röm Eph Phil Kol Jud (*Aland*, Entstehung, 346f.; *Trobisch*, Entstehung, 16).
40 *Aland/Aland*, Text, 131, mit Bezug auf 0158 (früher Damaskus, Kubbet el Chazne, enthält Gal 1,1–13, 5./6.Jh.).
41 *Aland/Aland*, Text, 132, mit Bezug auf 0174 (früher Florenz, bibl. Laur., PSI 118, enthält Gal 2,5f., 5. Jh.).
42 11–20 (Liste der Manuskripte), 390–436 (Text des Galaterbriefes).
43 Dublin, Trinity College, TCD MS 52, kopiert 807/808 in Irland. Die Textform entspricht häufig dem Manuskript B in der Pelagius-Überlieferung.
44 München, Bayerische Staatsbibliothek, Clm 6436, München, 4° 928 frg. 1–2 Göttweig, Stiftsbibliothek, s. n. Fragmenta Frisingensia, 6. Jh. Die Handschrift enthält Galater 2,5–4,3; 4,6–5,2; 6,5–18. Ihr Text kommt dem bei Augustin verwendeten Text sehr nahe.

(d)[45], 0319/76[46], 89[47] zur Verfügung. Als Zeugen mit Vulgatatext sind die Codices 51[48], 54[49], 58[50], 67[51], 78 (f)[52], 87[53], 88 (p)[54], 251[55] zu benennen. In der HS 135[56] werden häufig Vetus-Latina-Lesarten in Richtung auf den Vulgatatext hin korrigiert. Weitgehend Vulgatatext enthalten auch die Hss. 84[57] und 262.[58] Einen textkritischen Sonderfall stellt die HS 77 (g) dar.[59] Sowohl die Vetus-Latina-Zeugen als auch die Vulgatahandschriften bieten gelegentlich Varianten, die zumindest im Endeffekt – die faktische Wirkung einer v.l. muss mit ihrer Genese nicht identisch sein – als interpretatorische Varianten verstanden werden können; sie werden deshalb in diesem Kommentar ebenfalls berücksichtigt.

---

45 Paris, Bibliothèque nationale de France, grec 107 and 107A, Bilingue, Süditalien, 5. Jh. Das Manuskript diente als Vorlage für VL 76 und VL 83.

46 0319/76 Codex Sangermanensis, St. Petersburg, Russische Nationalbibliothek, F.v. XX, Bilingue, 9. Jh., Kopie von MS 75. http://ntvmr.uni-muenster.de/manuscript-workspace/?docID=20319.

47 Budapest, National Széchényi Bibliothek, Cod. Lat. 1. Die Handschrift ist um 800 in St. Amand kopiert; die biblischen Lemmata stammen von einem anonymen Pauluskommentar vom Ende des 4. Jhs. Der Text steht der HS 75 sehr nahe. Ausgabe: *Hermann Josef Frede* (Hg.), Ein neuer Paulustext und Kommentar, Bd. 1: Untersuchungen, VL 7, Freiburg 1973; Bd. 2: die Texte, VL 8, Freiburg 1974.

48 Codex Gigas, Stockholm, Kungliga Biblioteket, A. 148, kopiert in Böhmen zwischen 1204 und 1227.

49 Paris, Bibliothèque nationale de France, lat. 321, 12. Jh.

50 Orlando FL, The Scriptorium, VK 799, Codex Wernigerodensis, kopiert wohl in Böhmen, 14. Jh.

51 León, Archivo Catedralicio, 15, 7. Jh. Diese spanische Handschrift enthält Gal 1,1–3,29.

52 Cambridge, Trinity College, B.17.1, kopiert in Reichenau, 9. Jh. http://www.stgallplan.org/stgallmss/.

53 Sélestat, Bibliothèque Humaniste, 1B; Lektionar mit Paulustexten, wahrscheinlich aus Italien, 8. Jh., enthält Gal 3,24–4,7; viele orthographische Fehler.

54 Basel, Universitätsbibliothek, B.I.6, Deutschland, 9./10. Jh.

55 Paris, BNF Lat. 9427, ca. 700, gallikanisches Lektionar, enthält Gal 5,13–6,2; 6,7–14.

56 Mailand, Biblioteca Ambrosiana, E. 26 inf, 9. Jh.

57 Vatikanstadt, Biblioteca Apostolica Vaticana, Reg. lat. 9, foll. 2–3. Es handelt sich um eine Liste von Lektionstexten auf den ersten beiden Blättern einer Vulgata aus dem 8. Jh. mit Gal 2,9; 3,11; 3,27; 4,1; 4,12; 6,7. Gelegentlich begegnen altlateinische Lesarten. http://digi.vatlib.it/view/MSS_Reg.lat.9.

58 Toledo, Cathedral Biblioteca de Cabillo 35-5, 13. Jh., Lektionar, enthält Gal 1,3–12.

59 Dresden, Sächsische Landesbibliothek, A. 145b, kopiert in St. Gallen, 9. Jh., Codex Boernerianus, fol. 53^v–60^v, http://digital.slub-dresden.de/id274591448. Die Handschrift ist eine Interlinear-Bilingue, in der das Lateinische häufig dem Griechischen angepasst wurde, was zu singulären Lesarten führt. Für bestimmte griechische Begriffe werden mehrere lateinische Alternativen angeboten, durch ł (= vel) getrennt. Manche Auslassungen und Zusätze lassen sich aus Schwierigkeiten erklären, die der Kopist mit der griechischen Sprache hatte (*Houghton*, Epistles, 14f.).

Insgesamt lässt sich – bei aller gebotenen Vorsicht aufgrund der nicht allzu umfangreichen Materialbasis – neben der bekannten Tenazität[60] neutestamentlicher Textüberlieferung und der schon häufig erörterten Sonderstellung von D F G Folgendes beobachten:

Kontextnahe Angleichungen[61] erfolgen in unterschiedlicher Häufigkeit in allen Handschriften. 1881 2464 sind in dieser Sparte auffällig öfter vertreten als in anderen. Inhaltliche Angleichungen wie εὐλογία in Gal 3,14b wurden von weitaus weniger Hss. vorgenommen[62] als grammatische Angleichungen (zu 1,12; 4,3.6; 5,20bis; 5,26), wo selbst B manchmal mit von der Partie ist.[63]

Zu den kontextnahen Angleichungen gehört auch der Umgang mit den Formelelementen Χριστός und Ἰησοῦς und den Namensformen Κηφᾶς und Πέτρος.

Hinsichtlich der Reihenfolge der Elemente Χριστός und Ἰησοῦς ergibt sich für den Galaterbrief lediglich, dass ein flächendeckendes Bedürfnis nach Harmonisierung auf den ersten Blick nicht erkennbar ist. Bei 10 Teststellen insgesamt steht sechsmal Ἰησοῦς voran, viermal Χριστός. Da wo Χριστός alleinsteht, wird zweimal, in Gal 1,6; 6,12 von wenigen Hss. Ἰησοῦς ergänzt, aber von jeweils verschiedenen.[64] Innerhalb von Gal 2,16, wo die divergierende Reihenfolge am ehesten Anlass zur versinternen Harmonisierung geben könnte, bleiben einige Hss. bei dieser Divergenz[65], nur wenige korrigieren an der zweiten Stelle (vor ἐπιστεύσαμεν) im Sinne der ersten.[66] Typisch erscheint das Nebeneinander des Befundes in B – Ἰησοῦ wird in 5,6 ausgelassen, in 6,12 ergänzt, in Gal 2,16 zweimal in je verschiedene Richtung umgestellt – und in 0122, wo zu Gal 5,24 ein zweimaliger Korrekturvorgang zu beobachten ist.[67]

Der Umgang mit den Namensformen Κηφᾶς und Πέτρος ist angesichts der altkirchlich manchmal geäußerten Vermutung zu diskutieren, die in Gal 2,11.14 genannte Person

---

60 Aland/Aland, Text, 284.295. Lehrreich ist, dass noch bis in das 14./15. Jh. hinauf Handschriften der Kategorien I, III und V (= Byz) nebeneinander begegnen.
61 Erfasst werden folgende Fälle: in Gal 1,12b der Ersatz von οὔτε durch οὐδέ zur Angleichung an Gal 1,12a, in Gal 1,18; 2,9.11 der Ersatz des Namens Kephas durch Petrus, in Gal 3,10.12 die Angleichung an die Septuaginta-Vorlage, in Gal 3,14b der Ersatz von ἐπαγγελία durch εὐλογία als Angleichung an Gal 3,14a, in Gal 4,3b die v.l. ἦμεν als Angleichung an Gal 4,3a, in Gal 4,6b die LA ὑμῶν als Angleichung an Gal 4,6a, in Gal 5,20 die Pluralformen ἔρεις und ζῆλοι als Angleichung an die vorangegangenen Pluralformen, in Gal 5,26 der Ersatz des Dativs ἀλλήλοις durch den Akk. ἀλλήλους.
62 Das gilt auch in Gal 4,25, wo Ἀγάρ nur in 𝔓46 ℵ C F G 1241 1739 fehlt.
63 Allerdings ist auch hier das Anliegen der Angleichung nicht immer stringent durchgeführt. P gleicht bei ἔρεις an, bei ζῆλος jedoch nicht. 630 1505 gleichen bei ἔρις nicht an, jedoch bei ζῆλοι.
64 In Gal 1,6 sind es D 326 1241, in Gal 6,12 sind es 𝔓46 B 1175.
65 Ψ 81 104 365 630 2464.
66 𝔓46 H 1175 1241 1505 1739 1881.
67 Zu dem ursprünglichen Χριστοῦ wurde in der ersten Korrektur Ἰησοῦ ergänzt; in der zweiten Korrektur wurde die Ergänzung rückgängig gemacht.

sei mit der in Gal 1,18; 2,7–9 benannten Person nicht identisch.[68] Innerhalb der Paulusbriefe, die für die Abschreiber der Handschriften vermutlich fast durchgehend als Gesamttext betrachtet werden müssen, bieten 1Kor 1,12; 3,22; 9,5; 15,5 an allen Stellen textkritisch offenbar unzweifelhaft Κηφᾶς, Gal 2,7f. ebenso unangefochten Πέτρος. Die identische Referenz beider Namensformen ist da vorausgesetzt, wo innerhalb von Gal 2,11.14 beide promiscue verwendet werden[69], wo an allen vier Stellen eine Namensform von Πέτρος oder von Κηφᾶς gelesen wird[70], und wo Hss. zu Gal 1,18; 2,11.(14) eine Namensform von Πέτρος, in Gal 2,9 Κηφᾶς bieten,[71] oder auch, wo Hss zu Gal 1,18 eine Namensform von Πέτρος, zu Gal 2,9.11.14 eine Namensform von Κηφᾶς lesen.[72] Die genannte vermutete Unterscheidung von Petrus und Kephas ist nur für solche Hss. diskutabel (wenngleich nicht zwingend!), die nur in 2,11.14, aber nicht in (1,18); 2,9 Kephas lesen. Das wäre nur für P46 A 629 denkbar. Ansonsten ist die identische Referenz beider Namensformen vorausgesetzt, das Bedürfnis nach Ausgleich nicht ausschlaggebend.

Das Anliegen intra- und intertextueller Verknüpfungen führte nur bei Gal 3,1; 4,26; 6,15bis[73] zu mehrfachen analogen Ergänzungs- und Ersatzvorgängen. Bei den restlichen Stellen (3,19.26; 4,23.28; 5,1.3.13[74]) sind neben D F G nur 1739 und 1505 je zweimal zu nennen, aber nicht zu denselben Stellen. Insgesamt handelt es sich bei diesen Veränderungen zumeist um Singulärlesarten.

An einzelnen Stellen des Galaterbriefes sind Zusätze oder Ersetzungsvorgänge geeignet, ein präziseres Verständnis der Aussage zu evozieren.[75] Nicht wirksam gewor-

---

68 Clemens von Alexandrien, Hyp. 5, GCS 17, 196, bei Euseb, HE I 12,2, GCS 9/1, 82; für später vgl. das Chronicon Paschale PG 92, 521 B; zur Kritik vgl. Hieronymus, In Gal., CCL 77 A, 55–57.
69 P 104 lesen in 2,11 Κηφᾶς, in 2,14 Πέτρῳ.
70 Ersteres ist in D F G der Fall, Letzteres in ℵ B 33 1241 1739.
71 K L 630 1505 2464.
72 Ψ 0278 81 365 1175 1881.
73 In Gal 3,1 wird durch die Worte τῇ ἀληθείᾳ μὴ πείτεσθαι ein intratextueller Bezug zu Gal 5,7 hergestellt. In Gal 4,26 spiegelt der Zusatz (μήτηρ) πάντων (ἡμῶν) den Quereinfluss von Röm 4,16; In Gal 6,15 werden von Gal 5,6 her die Worte ἐν γὰρ Χριστῷ Ἰησοῦ οὔτε ergänzt und ἐστιν durch ἰσχύει ersetzt.
74 In Gal 3,19 gleicht die v.l. mit dem Verbum simplex ἐτέθη an Gal 3,15 an. In Gal 3,26 führt die Tilgung von ἐν zur Angleichung an Gal 2,16. In Gal 4,23 ist die Anfügung des fem. Art. τῆς ein intratextueller Rückverweis auf Gal 3,18. In Gal 4,28 ist die v.l. ἡμεῖς Vorgriff auf Gal 4,31. In Gal 5,1 stellt die v.l. ἐξηγόρασε einen Rückbezug zu Gal 3,13 her, in Gal 5,3 die v.l. πληρῶσαι eine intratextuelle Verknüpfung zu 5,14; 6,2, in Gal 5,13 der Zusatz τοῦ πνεύματος einen Vorgriff auf Gal 5,22.
75 Erfasst werden hierunter folgende Fälle: In Gal 3,16 sichert ὅς bzw. οὗ statt ὅ die Exegese auf Christus hin, wie dann auch in Gal 3,17 der Zusatz εἰς Χριστόν nach θεοῦ der Bundesschluss mit Abraham als von vornherein auf Christus hin zielend interpretiert wird. Die v.l. μου in Gal 4,14 sowie der zusätzliche Artikel τὸν vor ἐν τῇ σαρκί μου stellen klar, dass es um den Anstoß geht, der von der äußerlichen Erscheinung des Apostels ausgegangen ist. In Gal 5,3 kann die Auslassung des πάλιν, wenn man sie nicht als homoioarkton interpretieren will, dem Umstand Rechnung tragen, dass Paulus diese Warnung zuvor in der Tat noch nicht ausgesprochen hatte. In Gal 5,11 wird durch

den sind solche Veränderungen bei א A. Bei 9 Teststellen ist keine HS (mit Ausnahme von D F G) mehr als viermal vertreten.[76]

Veränderungen, die die Emphase verstärken[77], finden sich in den sog. ständigen Zeugen unterschiedlich häufig.[78] Moralische Applikationen auf die eigene Gegenwart finden sich zu Gal 5,14.19.21; 6,2[79] etwas häufiger, in D Ψ 0122 630 1505 zu allen vier Stellen, zu den letzten drei auch in 104, zu den letzten beiden auch in 1175 1241 1739 1881; nur in B finden sich diese nicht.

Bei Zitaten aus der Heiligen Schrift Israels sind manchmal die alttestamentlichen nach den neutestamentlichen Textformen korrigiert, manchmal umgekehrt. In wieder anderen Fällen haben sich beide Texttraditionen nicht beeinflusst.

Der durchgehende antike und mittelalterliche christliche Antijudaismus beeinflusst gelegentlich, aber nicht immer, auch die neutestamentliche Textüberlieferung.[80] Dass dieser Einfluss textkritisch nicht immer sichtbar ist, heißt aber nicht, dass der unveränderte Paulustext nicht dennoch antijüdisch ausgelegt werden kann.

2. Die Sprache des Galaterbriefes

Das Griechisch des Galaterbriefes ist ein kunstloses Griechisch, das gelegentlich den allgemein üblichen Abstand zum klassischen Griechisch zeigt und Ansprüchen attischer

---

die Omission des ersten ἔτι der Eindruck vermieden, Paulus predige tatsächlich immer noch die Beschneidung. In Gal 6,1 wird durch den Zusatz ἐξ ὑμῶν klargestellt, dass eine Verfehlung eines Gemeindegliedes anvisiert ist. In Gal 6,13 wird durch das Perfekt der Bezug auf die Fremdmissionare klargestellt, in Gal 6,16 durch die LA Ἰσραὴλ τοῦ κυρίου die Referenz des Ausdrucks Ἰσραήλ ad vocem κύριος auf die christliche Gemeinde nahegelegt.

76 Viermal vertreten ist 1175, dreimal vertreten sind K L Ψ 365 630 1739 1881, zweimal vertreten sind 0278 1505.
77 Folgende Fälle werden hiervon erfasst: in Gal 1,10 das zusätzliche γάρ, in Gal 1,24 die Wortfolge ἐν ἐμοὶ ἐδόξασον, in Gal 4,26 die Anrede τεκνία statt τέκνα, in Gal 4,30 der Konj. Aor. κληρονομήσῃ statt des Ind. Futur κληρονομήσει (es kann sich aber auch erst einmal um einen Itazismus handeln), in Gal 5,1 die Umstellung δουλείας ζυγῷ, in Gal 5,14 die Worte ἐν ὑμῖν vor ἐν ἑνὶ λόγῳ bzw. der Ersatz dieser Worte durch ἐν ὀλίγῳ, in Gal 5,21 das zusätzliche καί vor προεῖπον.
78 Bei K L P 104 1505 finden sie sich viermal, bei Ψ 365 630 dreimal, bei 0278 33 81 1175 1241 1881 2464 zweimal, bei 1739 nur einmal; P46 B weisen keine derartigen Änderungen auf.
79 In Gal 5,14 betrifft dies das Präsens πληροῦται, in Gal 5,19 den Zusatz μοιχεῖα/μοιχεῖαι, in Gal 5,21 den Zusatz φόνοι, in Gal 6,2 den Imperativ ἀναπληρώσατε.
80 S. zu Gal 2,14; 3,17; 4,7. War ältere Marcionforschung von einer Vielzahl angeblich marcionitischer tendenzieller Änderungen ausgegangen, so hat *Schmid*, Marcion, passim, gezeigt, dass viele dieser Lesarten später auch bei anderen Textzeugen begegnen und als unproblematisch empfunden worden sind. *Schmid*, Marcion, 310, vermutet nur Tilgungen von Gal 3,6–9.14–18.29. Doch wären auch solche Eingriffe später so nicht mehr möglich.

Rhetorik nicht gerecht wird.[81] Origenes und Lactantius lassen den Anstoß erkennen, den dieser Umstand antichristlichen Kritikern bereitet, ihnen aber auch die Verachtung des Christentums erleichtert hat.[82] Dass in der Antike für einen Brief andere Stilkriterien galten als für eine Rede,[83] hat dem Spott der antiken Christentumskritiker keinen Abbruch getan. In antiker christlicher Exegese hat man demgegenüber von einem bewussten Verzicht auf großartige Stilisierung gesprochen.[84] Diese Einschätzung entsprach einem der Standardargumente antiker christlicher Apologetik, dass die christliche Lehre, anders als die griechische Philosophie, nicht nur die gebildeten Schichten erreicht.[85] Augustinus bezeichnet Gal 4,21–26; 3,15–18 als Beispiele des niederen Stiles bei Paulus; Gal 3,19.21 wertet er als Beispiel, wie man auf fremde oder selbst formulierte Einwände eingehen solle – man dürfe solche Einwände nur dann zitieren, wenn man sie auch widerlegen könne.[86] Die biblischen Schriftsteller kennen den rhythmischen Satzschluss nicht, obwohl sie ihn gelegentlich durch Vertauschung mit gleichbedeutenden Wörtern oder mit Umstellung von Wörtern leicht erreichen könnten.[87] Der Galaterbrief ist, so Augustinus, insgesamt im niederen Stil geschrieben;[88] nur Gal 4,10–20 gelten als Beispiel für den erhabenen Stil, wenn auch nur mit Einschränkungen: »Werden vielleicht hier Gegensätze durch andere Gegensätze beantwortet oder in irgendeinem Steigerungsverhältnis verbunden oder hörte man da vielleicht Einschnitte, Glieder und Wendungen klingen? Und gleichwohl ist die erhabene

---

81 Unklassisch ist, dass in Gal 2,21 ἄρα als erstes Wort im Teilsatz steht (BDR § 451, 2d). Ebenso unklassisch sind die Verwendung von ἥτις anstelle von ἡ τοιαύτη in Gal 4,24.26 (BDR § 293,4) und die Verwendung des interrogativums πηλίκοις statt ὁποίοις in Gal 6,11. Hingegen ist in Gal 4,8 οὐκ εἰδότες (statt μὴ εἰδότες) klassisch (BDR § 430,3), ebenso in Gal 5,26 φθονεῖν + Dativ. Dass der Galaterbrief Ansprüchen attischer Rhetorik nicht gerecht wird, betont *Keener*, Gal [2019], 38. Allerdings ist der Wortschatz auch nicht vulgär (*Bauer*, Paulus, 293).

82 Orig, Cels III 19, GCS 2, 216; Lact, Inst V 1,15, SC 204, 130 (bei »den Weisen und Gelehrten und Herrschern dieser Welt hat die Heilige Schrift keinen Kredit, weil die Propheten in gewöhnlicher und einfacher Sprache zum Volk gesprochen haben«). Auch Paulus ist von dem Vorwurf der Unbildung nicht ausgenommen (Lact, Inst V 2,17, SC 204, 138).

83 *Keener*, Gal [2019], 37, verweist auf Cic Ad Fam IX 21,1; Plin, Ep VII 9.8 (der Rede wohnt oft die Notwendigkeit der weniger historischen denn vielmehr poetischen Beschreibung inne, während von einem Brief ein *pressus sermo purusque* erwartet wird). Der Galaterbrief mag diesen Anforderungen durchaus entsprechen (*Bauer*, Paulus, 271f.).

84 Für Origenes zeigen die Paulusbriefe (er nennt hier allerdings nicht den Galaterbrief als Beispiel), dass man den Geist des Paulus ἐν ἰδιωτικῇ λέξει μεγάλα περινοοῦντος (der in der Sprache der Ungebildeten Großes durchdenke) bewundern müsse (Orig, Cels III 20, GCS 2, 217). Hier, Adv Ruf. I 17, CC.SL 79, 16, verweist auf die Zurückhaltung des durch Gamaliel erzogenen Paulus gegenüber griechischer *facundia*, motiviert in Anlehnung an 1Kor 2,4f. (*non in persuasione verborum sed in signorum virtute*).

85 Just, 1.Apol. 60,11; Minucius Felix, Octavius 16,5.

86 Aug, DoctrChrist IV 107–109, CSEL 80, 147.

87 Aug, DoctrChrist IV 115, CSEL 80, 150.

88 Aug, DoctrChrist IV 122, CSEL 80, 152f.

Gemütsbewegung nicht abgeflaut, die, wie wir fühlen, der ganzen Sprache Wärme verleiht.«[89]

Der Dual fehlt ebenso wie (mit Ausnahme des μὴ γένοιτο 2,17; 3,21) der finale Optativ; Paulus verwendet keine speziell attischen Wörter[90]; ein A.c.I. begegnet nirgends (vgl. hingegen Röm 1,13; 3,28; 11,25), ein *gen. abs.* nur einmal (3,25 ἐλθούσης δὲ τῆς πίστεως) und nur in Anfangsstellung (anders Röm 5,6.13). Die problematische Syntax in Gal 2,3–5 und Gal 2,6–10 ist vermutlich der inneren Erregung des Apostels geschuldet. Als Zeichen eines gelegentlich besseren Griechisch kann die Vorausnahme des Genitivattributes in 2,13 (αὐτῶν τῇ ὑποκρίσει); 3,29 (τοῦ Ἀβραάμ σπέρμα); 4,28 (ἐπαγγελίας τέκνα); 4,31 (παιδίσκης τέκνα); 6,2 (Ἀλλήλων τὰ βάρη) gelten, ebenso die Vorausnahme des adjektivischen Akkusativattributes (z.B. 1,13 τὴν ἐμὴν ἀποστροφήν, 5,9 ὅλον τὸ φύραμα). Eine Trennung von Bezugswort und Attribut findet sich in 2,20 (ἐν πίστει ζῶ τῇ τοῦ υἱοῦ τοῦ θεοῦ). Geschlossene Wortstellung begegnet in 1,2 (οἱ σὺν ἐμοὶ πάντες ἀδελφοί); 1,14 (τῶν πατρικῶν μου παραδόσεων); 3,17 (ὁ μετὰ τετρακόσια καὶ τριάκοντα ἔτη γεγονὼς νόμος); 4,8 (τοῖς φύσει μὴ οὖσιν θεοῖς); 4,21 (οἱ ὑπὸ νόμον θέλοντες εἶναι); 4,25f. (ἡ ἄνω/νῦν Ἰερουσαλήμ); 4,29 (ὁ κατὰ σάρκα γεννηθείς); 5,6 (πίστις δι' ἀγάπης ἐνεργουμένη); 6,9 (τὸ δὲ καλὸν ποιοῦντες). Auch begegnet der substantivierte Artikel (z.B. 2,12 τοὺς ἐκ περιτομῆς, 3,7.9 οἱ ἐκ πίστεως, 4,5 τοὺς ὑπὸ νόμον).

Einfluss der Septuaginta liegt nur in der häufigen Voranstellung des Verbums (z.B. Gal 1,4.11.13; 2,2; 5,4; 6,6) und gelegentlich hinsichtlich der Semantik vor (1,3 χάρις καὶ εἰρήνη, 1,5 δόξα, 2,2 ἔθνη, 3,2 πνεῦμα, 4,6 καρδία, 5,6 ἀγάπη, 5,20 εἰδωλολατρία). Ein noch stärker hebraisierender Stil ist nicht gegeben; die Partikeln δέ, γάρ und οὖν, die hinsichtlich ihrer Nachstellung kein Pendant im Hebräischen haben, sind ebenso gebraucht wie das bei manchen freier übersetzten Passagen der Septuaginta der Fall ist (z.B. Spr 10,1–10); die Partikel μέν begegnet hingegen nur dreimal (Gal 4,8.23f.). Stilistisch störende Phänomene wie ein enklitisches Personalpronomen am Satzende oder ein redundantes Personalpronomen, das einem hebr. Suffix entsprechen würde, begegnen im Hauptstrom der Textüberlieferung nicht[91] (störend kann man allerdings Gal 2,6 ἀπὸ δὲ τῶν δοκούντων εἶναί τι und Gal 2,10 ὃ καὶ ἐσπούδασα αὐτὸ τοῦτο ποιεῖν empfinden, ebenso Gal 4,14 ὡς ἄγγελον θεοῦ ἐδέξασθέ με, ὡς Χριστὸν Ἰησοῦν). Selten findet sich der Hebraismus, dass die doppelte Determination vermieden wird (5,3 ζυγὸν δουλείας; 5,6 ἐλπίδα δικαιοσύνης; 5,21 βασιλείαν θεοῦ).

3. Die Frage der Adressaten*

Der Begriff »Galatia« (Gal 1,2) kann sowohl die Landschaft Galatien bezeichnen, das Siedlungsgebiet der ehemals keltischen, um 275 v. Chr. nach Kleinasien eingewanderten Stämme der Tolistoboggi um Pessinus im Westen, der Tectosagae um Ancyra (heute

---

89 Aug, DoctrChrist IV 124, CSEL 80, 153 (Übersetzung *Szukics*, Vier Bücher über die christliche Lehre, 202).
90 *Das*, Gal, 62.
91 Eine solche Konstruktion entsteht nur in Gal 3,1 v.l. (D E F G) durch den Zusatz (οἷς) ...ἐν ὑμῖν am Ende.

* *Abmeier, Andreas*, Apollonia am Rhyndakos, Asia Minor Studien 1 (1990), 1–16; *Adak, Mustafa/ Wilson, Mark*, Das Vespasiansmonument von Döseme und die Gründung der Doppelprovinz Lycia et Pamphylia, Gephyra 9 (2012), 1–40; *Ameling, Walter* (Hg.), Inscriptiones Judaicae Orientis, Bd. II, Kleinasien, TSAJ 99, Tübingen 2004; *Behrwald, Ralf*, Art. Lykaonien, RAC 23 (2010), 763– 798; *Belke, Klaus/Restle, Marcell*, Galatian und Lykaonien, Tabula Imperii Byzantini 4, Wien 1984; *Belke, Klaus*, Art. Laodikeia Katakekaumene, DNP 6 (1999), 1132; *Breytenbach, Cilliers*, Relational Identity and Roman Name-Giving among Lycaonian Christians, in: *Cilliers Breytenbach/Julien M. Ogereau* (Hg.), Authority and Identity in Emerging Christianities in Asia Minor and Greece, ACEJ 103, Leiden/Boston 2018, 144–167; *Breytenbach, Cilliers*, What happened to the Galatian Christians? Paul's legacy in southern Galatia, in: *Donald F. Tolmie* (Hg.), Galatians in Focus – Studies on the Interpretation of a Pauline Letter, Acta Theologica Suppl. 19, Bloemfontein 2014, 1–17; *Calder, William M.*, Julia-Ipsus and Augustopolis, The Journal of Roman Studies 2 (1912), 237–266; *Dalaison, Julia*, Civic Pride and Local Identities. The Pontic Cities and their Coinage in the Roman Period, in: *Tønnes Bekker-Nielsen* (Hg.), Space, Place and Identity in Northern Anatolia, Geographica Historica 29, Stuttgart 2014, 125–155; *Eisen, Ute E.*, Amtsträgerinnen im frühen Christentum. Epigraphische und literarische Studien, Göttingen 1996; *Elliott, Susan*, Cutting too close for comfort. Paul's letter to the Galatians in its Anatolian cultic context, JSNT.SS 248, Sheffield 2003; *Harnack, Adolf*, Mission und Ausbreitung des Christentums in den ersten drei Jahrhunderten, II. Band, Die Verbreitung, 2. Aufl. Leipzig 1906; *Koch, Dietrich-Alex*, Barnabas, Paulus, und die Adressaten des Galaterbriefes, in: ders., Hellenistisches Christentum. Schriftverständnis – Ekklesiologie – Geschichte, hg. v. Friedrich Wilhelm Horn, NTOA 65, Göttingen 2008, 299–317; ders., Kollektenbericht, ›Wir‹-Bericht und Itinerar. Neue (?) Überlegungen zu einem alten Problem, NS 45 (1999), 367–390; *Krumm, Jennifer*, Frühes Christentum in Galatien: Inschriften aus dem südlichen Haymana-Hochland, in: *Cilliers Breytenbach/Julien M. Ogereau* (Hg.), Authority and Identity in Emerging Christianities in Asia Minor and Greece, ACEJ 103, Leiden/Boston 2018, 89–111; *Lane, Eugene N.*, Corpus Monumentorum Religionis Dei Menis, Bd. 1–4, EFRO 19, Leiden 1971–1978; *Magie, David*, Roman Rule in Asia Minor to the End of the 3rd Century, Princeton (1950) 1975; *Mitchell, Stephen*, Anatolia: Land, Men, and Gods in Asia Minor. Bd. I, The Celts and the Impact of Roman Rule, Oxford 1993; Bd. II., The Rise of the Church, Oxford 1993; *Pilhofer, Peter*, Rechtfertigung aus Glauben. Das letzte Wort des Paulus, in: ders., Neues aus der Welt der frühen Christen, BWANT 195, Stuttgart 2011, 93–125; *Pilhofer, Philipp*, Das frühe Christentum im kilikisch-isaurischen Bergland. Die Christen der Kalykadnos-Region in den ersten fünf Jahrhunderten, TU 184, Berlin/Boston 2018; *Porter, Stanley E.*, The Languages that Paul Did not Speak, in: ders. (Hg.), Paul's World, Pauline Studies 4, Leiden 2008, 131–149; *Riesner, Rainer*, Die Frühzeit des Apostels Paulus. Studien zur Chronologie, Missionsstrategie und Theologie, WUNT 71, Tübingen 1994; *Ruge, Walther*, Art. Laodikeia 4, RE 12 (1925), 721f.; ders., Art. Philomelion, RE 19 (1938), 2520–2523; ders., Art. Tyraion, RE VII A (1948), 1800–1802; *Salzmann, Dieter*, Neue Denkmäler des Mondgottes Men, MDAI(Ist) 30, 1980, 261–290; *Wilson, Mark*, The Denouement of Claudian Pamphylia-Lycia and its Implications for the Audience of Galatians, NT 60 (2018), 337–360; *Zimmermann, Christiane*, Christinnen in Lykaonien, EC 6 (2015), 445– 487; *Zimmermann, Christiane*, Präsentation und Selbstrepräsentation von Christinnen auf lykaonischen Grabinschriften, in: *Cilliers Breytenbach/Julien M. Ogereau* (Hg.), Authority and Identity in Emerging Christianities in Asia Minor and Greece, ACEJ 103, Leiden/Boston 2018, 112–143; *Zwingmann, Nicola*, Space, Palace and Identity. Kelainai-Apameia Kobotos in Phrygia as an Ana-

Ankara), der Trocmi um Tavium im Osten, als auch die Provinz, die weite Gebiete auch im Süden Kleinasiens einschließt. Der Adressatenfrage kommt für die Rekonstruktion theologischer Entwicklungen im Denken des Paulus ein gewisses Gewicht zu: Ist das, was man traditionell die Rechtfertigungslehre des Paulus nennt, ein Spätprodukt seines Denkens oder nicht? Die nordgalatische Hypothese bzw. Landschaftshypothese[92] nötigt zu einer relativen Spätdatierung, während die südgalatische Hypothese bzw. Provinzhypothese[93] die Möglichkeit einer relativen Frühdatierung des Galaterbriefes offenhält, sie freilich nicht erzwingt.

Die Argumente haben gewechselt, die Unsicherheit ist geblieben. Zunehmend an Gewicht verlieren textinterne Verweise auf Gal 3,1[94] oder Apg 18,23 in Abgrenzung zu Apg 13f. oder die Vorliebe des Paulus für Landschaftsnamen zugunsten der Landschaftshypothese[95], aber auch Verweise auf die Verbindung von 1Kor 16,1 und Apg 20,4 sowie die behauptete Vorliebe des Apostels für Provinznamen[96] zugunsten der Provinzhypothese. Viele Argumente in diesem Bereich sind nicht dezisiv[97] oder lassen sich gar umkehren; in vielen Fällen sind Landschafts- und Provinznamen ohnehin (fast) deckungsgleich, sodass sich in diesen Fällen überhaupt keine Entscheidung erzwingen lässt.[98] Auch der zeitgenössische Sprachgebrauch von *Galatia/Galatica* ist nicht eindeutig auf die Landschaft festgelegt.[99] Dass Paulus in den Gegenden der Adressatengemeinden durch einen unfreiwilligen Aufenthalt missioniert hat, lässt Gal 4,12–20 erkennen; ebenso mag sein, dass er überhaupt nur einmal, eben zum Gründungsaufenthalt, in diesen Gegenden wirkte. Das ist aber insofern kein zwingendes Argument für die nordgalatische Hypothese, als sich die Verzögerung ebenso gut auf

---

tolian Case Study, in: *Tønnes Bekker-Nielsen* (Hg.), Space, Place and Identity in Northern Anatolia, Geographica Historica 29, Stuttgart 2014, 157–173.

92 Neuere Vertreter u. a. *Schnelle*, Einleitung, 6. Aufl. 2007, 115; *Vanhoye*, Lettera, 22; *Légasse*, L'Épître, 30; *Boring*, Introduction, 276.

93 Neuere Vertreter u. a. *Riesner*, Frühzeit, 254–259; *Schäfer*, Paulus, 294; *Sänger*, Adresse, 1–56, 45; *Lémonon*, L'épitre, 31; *John*, Galaterbrief, passim.

94 Zugunsten der Landschaftshypothese beliebt war die Frage, ob sich die Menschen von Derbe und Lystra etc. als »Galater« angesprochen gefühlt hätten (z.B. *Vanhoye*, Lettera, 21) – aber wie hätte sie Paulus anders anreden sollen (*Bonnard*, L'Épître, 11; *Longenecker*, Gal, lxx)? Umgekehrt waren ja auch Ancyra, Pessinus, Tavium ethnisch nicht homogen (*Sänger*, Adressaten, 211 mit Anm. 50; *Pilhofer*, Rechtfertigung, 100). Außerdem mag es sein, dass Paulus seine Adressaten mit dem generell schlechten Ruf der Galater als einfältiger Menschen provozieren wollte (*Mitchell*, Anatolia II, 4).

95 *Schnelle*, Einleitung, 123; *Behrwald*, Art. Lykaonien, 783.

96 *Longenecker*, Gal, lxx, mit Verweis auf 1Kor 16,1; *de Boer*, Gal, 3; *Moo*, Gal, 5; *Witulski*, Adressaten, 31: In Phil 4,15 meint Μακεδονία die Provinz, nicht die Landschaft; Philippi wurde zur Provinz *Macedonia* gerechnet, aber zur Landschaft Thrakien, nicht zur Landschaft Makedonien.

97 *Moo*, Gal, 5.

98 *Bauer*, Paulus, 177; *Das*, Gal, 28.

99 *Witulski*, Adressaten, 17–23, mit Verweis auf PlinÄ, NatHist V 146f. (für mich am überzeugendsten); CIG III 3991/ IGR III 263; *Schäfer*, Paulus, 311–315, mit Verweis auf CIG 3991 (Ikonium); ILS 9499 (Ephesus).

sein Bestreben beziehen kann, in der Provinz Asia zu missionieren. Rein intratextuell lässt sich, so Felix John, eine Entscheidung in der Adressatenfrage nicht fällen.[100] In manchen neueren Einleitungswerken wird das Problem benannt, eine Entscheidung unterbleibt jedoch[101]; in manchen Kommentaren wird eine der beiden Hypothesen vorausgesetzt, ohne die Gegenthese überhaupt nur zu erwähnen.[102]

Auch die Angaben der Apostelgeschichte, allen voran Apg 16,6; 18,23 helfen nicht weiter.[103] Ebenfalls nicht dezisiv ist die gelegentlich zugunsten der südgalatischen Hypothese eingebrachte Beobachtung, dass nur aus der Provinz Galatien, aber nicht aus der Landschaft Galatien Delegierte bei der Kollektenübergabe mitgewirkt haben (Apg 20,4):[104] Als die Kollekte überbracht wurde, war die galatische Krise eingetreten, sodass wohl deshalb niemand beteiligt war. Im Übrigen ist die Liste nicht unbedingt vollständig; es werden z.B. keine Delegierte aus Korinth und Philippi genannt.[105]

Größere Aufmerksamkeit erfahren derzeit daher Versuche historisch-geographischer Plausibilisierung. Deutlich ist, dass es sich um einen geographisch eingegrenzten Raum handeln muss, in dem die Gemeinden zu finden und offenbar gleichmäßig von der Propaganda der Gegenmissionare betroffen sind.[106] Der geographische Rahmen ist in gebotener Kürze wie folgt zu skizzieren, gegliedert nach siedlungs- und verwaltungstechnischen sowie verkehrsgeographischen Gegebenheiten.

1. Die Region ist vielsprachig, was sich allerdings epigraphisch nur unzureichend widerspiegelt. Nicht-griechische Sprachen haben sich teilweise bis ins sechste nachchristliche Jahrhundert erhalten.[107] Auch im Süden der Provinz Galatien lebten Kelten, wie sich inschriftlich nachweisen lässt.[108] Umgekehrt bilden selbst unter den führenden Familien Ankaras in der ersten Hälfte des ersten Jahrhunderts Menschen keltischer Herkunft nur eine Minderheit. Von 30 in einer Inschrift genannten Priestern für den Kaiserkult lassen sich nur acht ethnisch als Galater bezeichnen.[109] Im zweiten Jahrhundert nahm die Zahl der keltischen Namen noch weiter ab.[110]

---

100 *John*, Galaterbrief, 208.
101 *Ehrman, Bart D.*, The New Testament. A Historical Introduction to the Early Christian Writings, New York/Oxford 1997, ²2009, 285/²234; *Johnson, Timothy Luke*, The Writings of the New Testament. An Interpretation, London ²1999, 327.
102 Hinweise bei *Breytenbach*, Paulus, 103. Offen bleibt die Adressatenfrage auch bei *Belke*, Galatien, 84.
103 Der Begriff χώρα (dazu *Schäfer*, Paulus, 297–311) ist nicht in der Weise einzuengen, dass er wie selbstverständlich die Landschaftshypothese unterstützt, sondern heißt allgemein »Landstrich/Gegend«; Φρύγια in Apg 16,6 kann als Substantiv, aber auch als dreiendiges Adjektiv gelesen werden; in Apg 18,23 ist es Substantiv, doch ergibt sich gegenüber Apg 16,6 die umgekehrte Reihenfolge.
104 *Bonnard*, L'Épître, 12.
105 Darauf verweist *Lipsius*, Gal, 4.
106 *Bonnard*, L'Épître, 12.
107 *Porter*, Languages, 136. Vgl. Apg 14,11: Λυκαονιστί.
108 *Breytenbach*, Galatian Christians, 3 nennt Philomelium, Laodikeia Katakekaumene, Iconium, Lystra, Kavak, Termessus in Pisida und Perge in Pamphylien.
109 *Pilhofer*, Rechtfertigung, 100.
110 *Breytenbach*, Paulus, 108.

Der Grad der Romanisierung war in dem mittleren und östlichen Kleinasien zwischen dem Norden und dem Süden unterschiedlich. Ca. 20 v. Chr. »wurden Tavium, Pessinus und Ankyra zu πόλεις«,[111] denen das neuverteilte umliegende Land zugeordnet wurde, was als Beginn der Romanisierung im Norden gelten kann. Doch ist unter Augustus eine einzige Neugründung als Kolonie zu verzeichnen, die Stadt Germa, in der Nähe des in besagter Landschaft südwestlich gelegenen Pessinus gelegen.[112] Das Siedlungsprogramm unter Tiberius und Claudius verzeichnet eine auffallende Lücke zwischen Ancyra und Iconium.[113] Im Süden ist, bedingt durch das Anliegen, die aufrührerischen Homonadenser[114] zu unterwerfen, die Romanisierungsdichte erheblich höher, wie schon die Reihe der Kolonien Olbasa, Kremna, Komama, Parlais, Antiochia, Ikonium und Lystra erweist, die außerdem seit 6 v. Chr. durch die Via Sebaste verbunden waren.[115]

2. Für die zu vermutende Wirkungszeit des Paulus (um 49 n. Chr.) sind nicht die Verhältnisse der Provinz Galatia bei ihrer Gründung 25/20 v. Chr., sondern die Verhältnisse nach der wohl[116] 43 n. Chr. erfolgten Abtrennung des südlichen Pisidien zugrunde zu legen. Laodikeia Katakekaumene war auch nach 43 wohl Teil der Provinz Galatia[117], während Apollonia, südwestlich des Rhyndakos gelegen, wohl immer zur Provinz Asia gehörte.[118] Neuere Forschungen zeigen, dass Pamphylien während der Zeit der Kaiser Claudius und Nero nicht mit Lykien vereinigt war, sondern als Teil der Provinz Galatia gegolten hat, sodass auch Christinnen und Christen aus Pamphylien zu dem Empfängerkreis des Galaterbriefes gehört haben können.[119]

---

111 *Breytenbach*, ebd.
112 *Koch*, Geschichte des Urchristentums, 577. Zu Pessinus und Germa vgl. *Breytenbach*, Paulus, 120–122.
113 *Mitchell*, Anatolia I, 96.
114 Sie waren für den Tod des letzten Galaterkönigs Amyntas verantwortlich; um ihretwillen entschloss sich Augustus zur Gründung der Provinz Galatia. Die endgültige Niederwerfung gelang erst dem aus Lk 2,2 bekannten Sulpicius Quirinius.
115 *Breytenbach*, Paulus, 116.
116 Das genaue Datum wie Einzelheiten sind umstritten, vgl. *John*, Galaterbrief, 106. Im Zuge einer aggressiven Politik gegen die Parther wurden die Provinzen Galatia und Cappadocia Ende 54 oder Anfang 55 unter dem konsularischen Legaten Cn. Domitius Corbulo vereinigt, der vier Legionen befehligte. 64 wurde das am Ende des Partherkrieges wieder rückgängig gemacht (*Dalaison*, Civic Pride, 126).
117 Nach *Mitchell* I 99, Karte.
118 Die Stadt ist bei Strab, Geogr XII 8,10 § 575 erwähnt. Vgl. dazu *Abmeier*, Apollonia 13: Der Rhyndakos war, so PlinÄ, NatHist V 142, die Grenze zwischen den Provinzen Asia und Bithynia (13). Jüdische Präsenz zur Zeit des Paulus ist nicht eindeutig zu sichern. Das Grab der Debbora (*Ameling*, Inscriptiones, Nr. 180, S. 384–386; Apollonia in Phrygien, MAMA IV 202) stammt wohl aus dem 1./2. Jh.; es ist aber nicht sicher, ob Debbora, die aus »Antiochia« stammt (eher aus dem syrischen Antiochia), Jüdin war oder nur einen semitischen Namen trug (*Ameling*, Inscriptiones, 385). Bis ca. 200 sind in Apollonia keine Christen nachgewiesen (*Breytenbach*, What happened, 11).
119 *Wilson*, Denouement, 341–343, mit Hinweis auf Inschriften aus Leptis Magna (IRT 346), Attaleia

3. Verkehrsgeographisch haben sich der Norden und der Süden unterschiedlich entwickelt.[120] Der Süden war von Ost nach West von der κοινὴ ὁδός durchzogen[121] (Caesarea Cappadociae – Archelais Colonia – Savatra – Laodicea Katakekaumene – Tyriaeum – Philomelium – Julia Ipsus – ? – Apameia – Colossae – Laodicea – Hierapolis – Nyssa – Tralles – Ephesus). Auf die Via Sebaste wurde bereits verwiesen. In der Landschaft Galatien wurden Straßen in einem gigantischen Programm zur Grenzsicherung gebaut, aber erst in nachpaulinischer Zeit, nämlich zwischen 80 und 82, zwischen 97 und 100, zwischen 119 und 133.[122] Selbst die römische Kolonie Germa war nicht vor 80 mit einer geebneten Straße mit anderen Städten verbunden.[123] Von der κοινὴ ὁδός war selbst das am weitesten südwestlich gelegene Pessinus immerhin noch mehr als 200 km entfernt. Apg 16,6 lässt in der Tat auf eine ursprünglich geplante Reiseroute des Paulus über Laodicea Katakekaumene, Tyriaeum und Philomelium nach Apameia schließen. Warum sollte Paulus von seiner Route in Richtung der Provinz Asia abweichen? Im Fall einer Krankheit wäre es klüger gewesen, in Philomelium oder Apameia zu bleiben.[124]

4. Die Präsenz jüdischer Gemeinden zur fraglichen Zeit ist im Süden zweifellos eher gegeben als im Norden, auch wenn hierfür die Zeugnisse nicht allzu reich gesät und regional vor allem auf Phrygien konzentriert sind.[125] Zwar setzt der Galaterbrief wohl kaum nicht an Jesus glaubende Juden als Fremdmissionare voraus – gelegentlich wird argumentiert, dass Paulus die Adressaten überhaupt nur unter der Voraussetzung so überzeugen konnte, dass keine Juden am Ort waren, die seine Verkündigung sofort

---

(CIL III 6737) und Perge. Nach *Adak/Wilson*, Vespasianmonument, 1, wurde Pamphylien erst unter Vespasian um 70 von Galatien abgetrennt und mit Lykien zu einer Doppelprovinz vereinigt.

120 *Longenecker*, Gal, lxix, relativiert das Argument mit dem Gedanken, Paulus sein kein Tourist gewesen, sondern Evangelist. Dass Paulus nur in großen Städten missioniert haben soll, ist ebenfalls kein Argument – Lystra und Derbe waren unbedeutend im Vergleich zu Ancyra und Pessinus.

121 Vgl. dazu auch *Belke*, Tabula 4, 98; *John*, Galaterbrief, 48, mit Verweis auf Strab, Geogr XIV 2,29, § 663.

122 *Mitchell*, Anatolia I, 124; *Pilhofer*, »Wenn es denn vergeblich war«, 79f.

123 *French*, Roads, 170 Anm. 6.

124 *Breytenbach*, Galatian Christians, 1–17, 8f.

125 *Behrwald*, Art. Lykaonien, 782. Nach Joseph, Ant XII 147–153 soll Antiochus III. 2000 jüdische Familien aus Mesopotamien in Lydien und Phrygien angesiedelt haben, möglicherweise in Phrygia Paroreius (*John*, Galaterbrief, 46f.). Von Juden in Phrygien spricht auch Apg 2,9, von Juden in Kilikien Apg 6,9. In Akmoneia hat es mindestens seit den Zeiten Neros eine Synagoge gegeben (MAMA VI 264; Abbildung der Inschrift sowie einer griechisch-hebräischen Inschrift MAMA VI 334, der einzigen in Kleinasien außer Sardes, bei *Mitchell*, Anatolia II 34; die Zusammengehörigkeit der griechischen [nur ...ΧΑΣΠΡΟ...] und der hebräischen Bestandteile ist jedoch nicht sicher), in Apameia Kibotos ist eine jüdische Gemeinde schon aus dem ersten Jh. v. Chr. bezeugt, in Synnada ein ἀρχισυνάγωγός im ersten oder zweiten Jh. (MAMA IV 90; *Ameling*, Inscriptiones, 348–355.380–383.447f.). Hingegen lassen sich die Angaben Apg 13,15; 14,1 nicht unabhängig

zu widerlegen im Stande gewesen wären[126] –, doch hatten diese, die ja von auswärts kamen, günstigere Reisebedingungen, wenn sie von einem Netzwerk jüdischer Gemeinden profitieren konnten. Philos Landschaftsliste in LegGai 281 nennt »Pamphylien, Kilikien, weite Teile der Provinz Asia, Bithynien und auch die entfernteren Gegenden des Pontus«, aber nicht speziell Galatien und Lykaonien. Doch wenn Gal 4,10 tatsächlich eine neueingeführte Praxis der Adressaten widerspiegelt, die Beobachtung des jüdischen Festkalenders, ist das bei stärkerer Präsenz von Juden eher naheliegend.[127]

5. Die Christianisierung[128] setzte in den südlichen Teilen der Provinz Galatia früher ein als in der Landschaft Galatien, was sich vor allem an Grabsteinen, die durch christliche Symbole oder Amtsbezeichnungen (vor allem Presbyter[129] oder Diakoninnen[130]/Diakone) oder durch typisch christliche Namen wie Petrus, Thekla und Susanna eine entsprechende Zuordnung zulassen.[131] Auch Hinweise auf den Tag des Jüngsten Gerichtes in Fluchformeln für Grabschändung[132] oder auf die Flüche des Deuterono-

---

verifizieren. Die Grabsteine in Tavium sind zumeist auf das 5./6. Jh. zu datieren (*Ameling*, a. a. O., 338–341).

126 *Scherer*, Geistreiche Argumente, 136. Die Kehrseite dieser Voraussetzungen formuliert *Vouga*, L'épître aux Galates, 219: Der Mangel an Kontakten der Galater zum Judentum erkläre, dass sie durch die Argumentation der Missionare so entwaffnet seien; ähnlich *Vanhoye*, Lettera, 22.

127 *Ameling*, Inscriptiones, 449.

128 Vgl. dazu *Breytenbach*, Paulus; *Belke*, Galatien, 85; *Mitchell*, Anatolia, Vol. II.

129 Z.B. MAMA VII 88; 89; 95 (Laodikeia Katakekaumene; alle drei nicht datiert).

130 MAMA VIII 318 bezeugt eine Diakonin nördlich von Ikonium vielleicht schon im 2. Jh. Der Großteil der Inschriften mit den Amtsbezeichnungen Presbyter/Diakonin/Diakon ist jedoch nicht vor dem 3. Jh. zu datieren und vor allem in Nordlykaonien in der Gegend zwischen Laodikeia Katakekaumene und Philomelium sowie in der Steppe nördlich von Laodikeia anzusetzen (*Zimmermann*, Christinnen, 469). Für weitere Beispiele für epigraphische Zeugnisse mit Bezug auf Diakoninnen s. *Eisen*, Amtsträgerinnen, 160–177. Über das Wirken von Frauen im Presbyteramt vgl. Canon 11 der Synode von Laodikeia (*Eisen*, Amtsträgerinnen, 119–122). Euseb, HE V 16, 17, GCS 9/1, 466 erwähnt zwei Bischöfe, Zoticus aus Cumana und Julian aus Apameia (es ist nicht deutlich, welches Apameia gemeint ist), die sich Ende des 2. Jh.s in der Auseinandersetzung mit den Montanisten hervortun. Aus Apollonia stammt eine Inschrift mit den häufig von Christinnen und Christen gebrauchten Namen Αὐξάνω und Ἐλπίζων (MAMA IV 219 219; MAMA IV 221), die wohl auf das dritte Jahrhundert zu datieren ist.

131 Die Eigennamen Petrus und Paulus erscheinen ab dem 3. Jh. auf christlichen Grabsteinen (*Breytenbach*, Paulus, 170), ebenso Thekla (z.B. MAMA X 274) und Susanna, die vor allem als Asketinnen wahrgenommen wurden und so zur Namenspatronin avancierten (*Zimmermann*, Präsentation, 125). Der Name Petrus ist weitaus eher als christlicher Name zu identifizieren als der Name Paulus, der auch sonst als *cognomen* sehr beliebt war (*Krumm*, Christentum, 97). Akmonia hat mindestens zeitweise zur Galatia gehört, wie die nicht datierte Inschrift MAMA VI 255 (τὸ κοινὸν Γαλατῶν) nahelegt.

132 Z.B. MAMA VI 225; 227; 229; 230 (Apameia Kibotos; die Schlussformel lautet jeweils ἔσται αὐτῷ π[ρ]ὸς τὸν [κρίτην] θεόν); X 271; 274 (Laodikeia Katakekaumene).

miums können von Christen stammen.¹³³ Möglicherweise war Mitte des 3. Jh.s ein Drittel der Bevölkerung in der Umgebung von Lystra und in Laodikeia Katakekaumene christianisiert.¹³⁴ Ikonium und Synada sind in den Jahren um 230 Schauplatz zweier Synoden zum Ketzertaufstreit.¹³⁵ Stephanus von Rom († 257) hat »allen Bischöfen Ciliciens, Kappadoziens und ebenso Galatiens sowie sämtlicher daran angrenzender Provinzen« die Kirchengemeinschaft aufgekündigt, weil sie Häretiker wiedertauften.¹³⁶ In der diokletianischen Verfolgung ist eine ganz Stadt aufgrund der überwiegenden christlichen Majorität verbannt worden.¹³⁷ Licinius verbot das Abhalten von Synoden, um »die Kräftigung der christlichen Sache«¹³⁸ zu verhindern. In der Landschaft Galatia hingegen ist mit Ausnahme von Ankyra¹³⁹ das Christentum vor 325 nicht nachgewiesen; für das vierte Jahrhundert fließen die auf Ankyra bezogenen Quellen aufgrund der Person des Markellos von Ankyra und der mit ihm verbundenen Kontroversen reichlich, wie überhaupt im 4. Jh. das Nebeneinander mehrerer christlicher Strömungen in der Großregion zu beobachten ist.¹⁴⁰

Siedlungs- und verkehrsgeographisch sprechen gewichtige Argumente für eine Provinzhypothese, allerdings mit einer gewissen Modifikation. Gegen die Identifizierung der in Gal 1,2 angeredeten Gemeinden mit den in Apg 13f. genannten Gemeinden sprechen zwei Gründe: 1. Es ist zu beachten, dass Lukas bei fast allen in Apg 13f. genannten Städten (Ausnahme: Ikonion) eine Zuordnung nach Provinzen vornimmt¹⁴¹, wobei »Galatia« nicht vorkommt.¹⁴² Apg 16,6; 18,23 sind philologisch notorisch schwierig. 2. In Apg 13f. lässt der Verfasser der Apostelgeschichte entgegen seiner Tendenz der Verherrlichung des Paulus nicht diesen, sondern Barnabas als führende Gestalt dieses Missionszuges erscheinen. Aufgrund der Tendenzwidrigkeit der Überlieferung ist ihr ein hoher historischer Wert zuzumessen. Andererseits präsentiert sich Paulus in Gal 4,12–15 als der alleinige Gemeindegründer, während er Barnabas an dieser Stelle

---

133 Z.B. MAMA VI 335a.
134 *Behrwald*, Art. Lykaonien, 784. Euseb, HE VI 19,18, GCS 9/2, 564, erwähnt für die Mitte des 3. Jhs. auch Laranda in Lykaonien und Synada in Phrygien als christliche Standorte.
135 Cypr, Ep. VII 7,5, CC.SL 3 C, 589. Dionysios von Alexandria spricht von menschenreichen Kirchen (Euseb, HE VII, 7,5, GCS 9/2, 646).
136 Euseb, HE VII 5,4, GCS 9/2, 640.
137 *Harnack*, Mission II, 160, mit Verweis auf Euseb, HE VIII 11,1, GCS 9/2, 764.
138 *Harnack*, a.a.O., 155 Anm. 3 [156].
139 Euseb, HE V 16,4, GCS 9/1, 460. Theodot von Ankyra wurde 312 zum Märtyrer; im Jahr 314 fand eine Synode mit 13 Teilnehmern aus Syrien und Kleinasien in Ankyra statt (*Behrwald*, Art. Lykaonien, 785f.).
140 *Behrwald*, Art. Lykaonien, 787–790.
141 Von daher erübrigt sich auch das Argument zur Verteidigung der nordgalatischen Hypothese, Paulus hätte in Gal 1,22f. schreiben müssen »... kam ich nach Syrien und Kilikien und *bis zu euch*«.
142 *Broer/Weidemann*, Einleitung, 416. Allerdings hatte Lukas vielleicht die Verhältnisse seiner eigenen Zeit vor Augen. Nach *Mitchell*, Anatolia II, 4, gehörten die in Apg 13f. genannten Städte zur Zeit des Paulus durchaus zur Provinz Galatia.

nicht erwähnt.¹⁴³ Richtig ist zwar, dass Paulus Barnabas nennen kann, ohne ihn eigens vorstellen zu müssen; die Adressaten mussten um das Wirken des Barnabas gewusst haben.¹⁴⁴ Wenn es um die Durchführung des Kollektenbeschlusses geht, nennt Paulus stets nur sich (1Kor 16,1; Gal 2,10), nie Barnabas. Der sprachliche Wechsel von der 1. Pl. zur 1. Sg. in Gal 2,9f. kann insinuieren, dass die Adressaten des Galaterbriefes von dem Bruch zwischen Barnabas und Paulus wussten. Dass man die Aussagen des Paulus auch und allererst hinsichtlich ihrer rhetorischen Abzweckung interpretieren muss, ist Konsens der Forschung. Dann aber haben Verweise auf die lange Zeit der Trennung zwischen Paulus und Barnabas¹⁴⁵ keine beweisende Kraft. Paulus wird bei Barnabas wie bei den Fremdmissionaren zwar kaum das Interesse haben, deren Position aufzuwerten, muss aber vermeiden, dass man eine wahrheitswidrige Aussage gegen ihn verwenden kann.¹⁴⁶ Die Gegner des Paulus hätten leicht darauf verweisen können, dass der Brief zwar durch den Selbstanspruch des Paulus, nicht aber durch die Autorität des Barnabas getragen ist.¹⁴⁷

Um diesem Dilemma zu entgehen, ist es an der Zeit, das Junktim zwischen der Provinzhypothese und der Darstellung in Apg 13f. aufzubrechen und nach Orten im Süden der Provinz Galatia an der κοινὴ ὁδός oder in relativer Nähe dazu Ausschau zu halten¹⁴⁸, die gleichwohl zur fraglichen Zeit wenigstens teilweise zur Provinz Galatia gehört haben und an der Straße nach Ephesos gelegen waren. Die Forderung ist allgemein von Michael Theobald und Sam Williams erhoben worden.¹⁴⁹ Stephen Mitchell hat auf die naheliegende Reiseroute des Paulus durch Phrygia Paroreias verwiesen, deren Siedlungen teilweise zur Provinz Galatia, teilweise zur Provinz Asia gehörten¹⁵⁰ und mindestens teilweise in einer fruchtbaren und dichtbesiedelten Gegend lagen¹⁵¹, wo auch die Landschaften Lykaonien und Galatien bruchlos ineinander übergingen.¹⁵²

---

143 *Schnelle*, Einleitung, 114, der auch darauf verweist, dass sich Gal 1,21 und Gal 4,12–15 auf verschiedene Ereignisse beziehen und dies den Adressatinnen und Adressaten auch bewusst war.
144 Allerdings ist auch dieses Argument nicht zwingend. Barnabas wird auch in 1Kor 9,6 ohne weitere Erklärung eingeführt, obwohl er den Korinthern unbekannt ist (*Koch*, Geschichte des Urchristentums, 297).
145 So z.B. *Matera*, Gal, 26.
146 Wäre Barnabas, wie in Apg 13; 14 vorausgesetzt, als Seniorpartner bei der Gründung der angeredeten Gemeinden anzunehmen, hätte Paulus klugerweise sein Verhalten beim antiochenischen Zwischenfall unerwähnt gelassen (*de Boer*, Gal, 3) und hätte Gal 4,12–20 so nicht schreiben können (*Koch*, Geschichte des Urchristentums, 297). Der Wechsel vom Sg. in Gal 1,8 zum Pl. in Gal 1,9 ist ein mögliches, aber kein zwingendes Gegenargument.
147 *Koch*, Adressaten, 308–310.
148 Dies könnte sich auch insofern nahelegen, als Paulus es aufgrund der in Gal 2,9 genannten Vereinbarung vorgezogen haben könnte, Gegenden mit starker jüdischer Präsenz zu übergehen (*Breytenbach*, What happened, 11).
149 *Williams*, Gal, 21; *Theobald*, Galaterbrief, 355.
150 *Mitchell*, Anatolia II, 4.
151 *Magie*, Roman Rule, 456. Zur Wirtschaftssituation vgl. *Behrwald*, Lykaonien, 770–772.
152 *Krumm*, Christentum, 90.

Cilliers Breytenbach hat auch Tyriaeum und Philomelium in die Erwägungen einbezogen.[153] Dieter Sänger zufolge kämen neben den in Apg 13f. genannten Ortschaften noch »Apollonia, Neapolis, Laodicea Catacecaumene, Isaura Palaia (Leontopolis) und Isaura Nea (Isauropolis) in Frage«.[154] Das Hauptargument für diese Orte ist die gute Verkehrsanbindung, die auch Hellenisierung und Romanisierung erleichterte. Was lässt sich über diese Städte jenseits der in Apg 13f. genannten[155] ermitteln (die Reihenfolge der Darbietung ist die von Süd nach Nord bzw. von Ost nach West)?

> Isaura Palaia, südlich der κοινὴ ὁδός und westlich von Ikonium gelegen, fiel nach der Schlacht von Aktion dem Galaterkönig Amyntas zu, der es zur Residenz ausbauen ließ.[156] Nach dessen Tod im Krieg gegen die aufständischen Homonadenser 25 v. Chr. zählte es zur Großprovinz Galatia.[157] Das Christentum ist hier spätestens 325 durch die Teilnahme des Bischofs am Konzil zu Nicäa nachweisbar. Die Stadt verlor noch in der Mitte des 4. Jh.s aufgrund von Unruhen ihre Bedeutung.[158] In dem nahegelegenen Dorf Bidana dürfte Konon geboren sein, dessen Wirkungszeit auf das Ende des 3. Jh.s fällt.[159] Isaura Nea ist als Siedlungsgebiet römischer Kolonisten bekannt.[160] Die Stadt war offenbar seit dem 3. Jh. christianisiert.[161]
>
> Laodikeia Katakekaumene, in Lykaonien gelegen,[162] gehörte (mindestens zeitweise) der Großprovinz Galatia an.[163] Sie war von Lydern und Mysiern bewohnt[164] und erhielt vermutlich 41 n. Chr. den Namen Klaudilaodikeia. Der Name begegnet noch in Münzen aus flavischer Zeit. Das phrygische Element unter der Bevölkerung ist noch in Inschrif-

---

153 *Breytenbach*, What happened, 12f. Als Bestandteil der in Apg 18,23 anvisierten Reiseroute des Paulus werden gelegentlich auch Apameia Kibotos und Eumenea erwogen (*Das*, Gal, 26). Die Deutung von τὰ ἀνώτερα μέρη (Apg 19,1) mit κατὰ Καισαρείαν bei Johannes Chrysostomus, Hom. Act. 40,1, PG 60, 283, hilft auch nicht recht weiter, ebensowenig die antike christliche Pilgerliteratur. Egeria, It. 23,7, FC 20, 220, nennt die Provinzen Cappadocia, Galatia, Bithinia, aber keine speziell der Paulus-Erinnerung gewidmeten Stätten.
154 *Sänger*, Adressaten, 217; ders., Adresse, 261. Lukas hat in Apg 13f. wohl Landschaftsnamen verwendet.
155 Apg 18,23 setzt die Existenz von Christen im galatischen Land und Phrygien voraus. Möglicherweise wusste Lukas tatsächlich um die Existenz von Gemeinden in Galatien, konnte diese aber nicht dem Missionswerk des Paulus zuordnen (*Koch*, Kollektenbericht, 382–385).
156 Strab, Geogr XII 6,3 § 569.
157 *Magie*, Roman Rule, 45.
158 *Belke*, Galatien, 198.
159 *Pilhofer*, Christentum, 231.
160 *Breytenbach*, Paulus, 111.
161 *Belke*, Galatien, 180. Dass bei einzelnen Zeugnissen die Zuordnung zu Isaura Palaia oder zu Isaura Nea unsicher ist, dafür vgl. *Behrwald*, Art. Lykaonien, 791f.
162 Strab, Geogr XIV 2,29 § 663. Der Beiname mag vom Kupferbergbau herrühren (*Belke*, Art. Laodikeia Katakekaumene, 1132).
163 Ptol. V 4,10; *Ruge*, Art. Laodikeia 4., 721. Später wurde sie zu Pisidien gerechnet (Socrates, HE VI 18).
164 Strab, Geogr XII 8,18 § 579.

ten erkennbar,[165] doch ist auch vereinzelt ein keltischer Name eines Einwohners belegt.[166] In der Stadt wurde u. a. die phrygische Muttergottheit verehrt.[167] Eine jüdische Grabinschrift aus der Umgebung der Stadt ist wohl auf die Zeit nach 212 n. Chr. zu datieren.[168] Eine christliche Grabinschrift aus Gdanmaa in der Umgebung von Laodikeia Katakekaumene hat sich ebenfalls gefunden.[169]

Tyriaeum, nach Strabo an der Ostgrenze von Phrygien gelegen, war zeitweise vielleicht ebenfalls Teil der Provinz Galatia.[170] Bis in das 3. Jh. hinein sind hier kaiserliche Ländereien nachweisbar.[171] Auf das dritte Jahrhundert ist die Grabstele einer Christin namens Anastasia zu datieren, die, wie die Grabstele nahelegt, durchaus zu Ansehen und Vermögen gekommen sein kann.[172] Ansonsten sind Nachrichten über das Christentum erst aus dem 5. Jh. erhalten.[173]

Philomelium im südlichen Phrygien im Tal des Gallos, gegründet als makedonische Militärsiedlung[174], war unter Ciceros Prokonsulat Teil der Provinz Cilicia, in der frühen Kaiserzeit Teil der Asia, seit Diokletian Teil der Pisidia. Der römische Bevölkerungsanteil nahm im Lauf der Zeit zu, wie vor allem Münzfunde beweisen, doch ist auch der keltische Name Epatorix bezeugt.[175] Die Verehrung des Mondgottes Men ist durch Münzen aus der Zeit Neros nachgewiesen.[176] Die Salutatio von MartPol. beweist, dass es schon früh eine Gemeinde in Philomelium gab.[177]

In Apameia Kibotos lebten anatolische Phrygier, Kappadokier, Galater, Perser, Griechen und Römer zusammen. Es gab eine jüdische Gemeinde seit hellenistischer Zeit, seit dem 2. Jh. auch eine christliche Gemeinde.[178] Der Bischof Paulus vertritt die Stadt beim Konzil von Nicäa.[179]

---

165 *Ruge*, Art. Laodikeia 4., 721f.
166 *Breytenbach*, Paulus, 157 Anm. 66.
167 *Calder*, Julia-Ipsus and Augustopolis 1912, 254.
168 *Ameling*, Inscriptiones, 488–490.
169 MAMA VII 566 (ICG 76). Sozialgeschichtlich-theologische Besprechung bei *Zimmermann*, Christinnen, 118f.; *Breytenbach*, Relational Identity, 148f.
170 Strab, Geogr XIV 2,29 § 663; Ptol., Geogr V 4,10. Der genaue Name (Tyraion oder Tyriaion) und die genaue Lokalisierung sind unsicher (*Radt*, Strabo VIII, 100).
171 *Mitchell*, Anatolia I, 156.
172 *Zimmermann*, Präsentation, 114f.
173 *Ruge*, Art. Tyraion, 1802.
174 *Mitchell*, Anatolia I, 85.
175 *Ruge*, Art. Philomelion, 2522.
176 *Calder*, Julia-Ipsus, 239. Zu Münzprägungen während der Zeit des Claudius vgl. das Roman Provincial Coinage Project (htpps://rpc.ashmus.ox.ac.uk); Vol. 1 3246; 3247; 3248.
177 *Breytenbach*, Paulus, 169; auf MartPol, Prol. bezieht sich auch Euseb von Caesarea, HE IV 15,3, GCS 9/1, 336.
178 *Zwingmann*, Space, 158. Für die jüd. Gemeinde vgl. *Mitchell*, Anatolia II, 33, der wie *von Harnack*, Mission II, 185, vor allem auf Münzfunde hinweist, sowie *Ameling*, Inscriptiones, 380–383.
179 *von Harnack*, Mission II, 185.

So plädiere ich für eine modifizierte Provinzhypothese: Die in Gal 1,2 genannten Gemeinden sind Gemeinden in der Provinz Galatia, unter Ausschluss der in Apg 13f. genannten Orte.[180] Mindestens Katakekaumene, Philomelium und Tyriaeum lagen in einer Entfernung zueinander, die die Existenz eines Netzwerks von Hausgemeinden (vgl. den Plural in der *Adscriptio* Gal 1,2) als möglich erscheinen lässt. Deutlich ist, dass die Adressaten zumindest weit überwiegend aus dem nichtjüdischen Kulturkreis stammen.[181] Gal 4,8 spricht sie jedenfalls pauschal als nichtjüdische Glaubende an. Neben den reichsweit verehrten Gottheiten und dem Kaiserkult[182] sind für die Großregion vor allem die Verehrung des Mondgottes Men[183] sowie die Verehrung von Ὅσιον καὶ Δίκαιον zu erwähnen.[184] Die Muttergottheit Kybele besaß neben dem Stammheiligtum in Pessinus auch ein Heiligtum in Laodikeia Katakekaumene, wurde aber auch in Ikonion verehrt.[185]

---

180 *Breytenbach*, What happened, 12f.
181 Die Präsenz jüdischer Gemeinden ist damit natürlich nicht ausgeschlossen.
182 Große Tempelanlagen für den Kaiserkult gab es schon zu Zeiten des Augustus und Tiberius in Ankyra und Pessinus, dann in julisch-claudischer Zeit in Antiochia bei Pisidien, wo auch die *Res gestae* des Augustus öffentlich ausgestellt waren, dann auch in Ikonion und Apollonia (*Mitchell*, Anatolia I, 103f.) sowie in Isaura und Savatra (*Mitchell*, Anatolia I, 117). *Witulski*, Adressaten, 54, vermutet eine spezielle Warnung vor dem Kaiserkult in Gal 4,8–20 und meint, der Abschnitt sei erst später dem Galaterbrief hinzugefügt worden. Kritisch dazu *Lémonon*, Galates, 32: Dass es um 50 im Süden Kaiserkult gab, ist nicht so sicher, wie Witulski glauben machen will. Wichtiger ist, dass die Formulierungen der »Götter, die von Natur aus keine sind«, nicht auf Herrscher eingeschränkt werden müssen, wiewohl Paulus den Begriff δαιμόνια, anders als in 1Kor 10,20f. (vgl. Ps 95,5 πάντες οἱ θεοὶ τῶν ἐθνῶν δαιμόνια) nicht verwendet. *John*, Galaterbrief, 210, weist darauf hin, dass eine flächendeckende Erfassung, wer an den Loyalitätsbekundungen teilnimmt, nicht vorgesehen war und auch nicht durchzuführen gewesen wäre. Die Situation nach der Kriminalisierung des Christentums zu Beginn des 2. Jh. n. Chr. (vgl. Plin, Ep. X 96) darf nicht in die Lebenswelt der zahlenmäßig kleinen christlichen Hausgemeinden zur Zeit des Paulus rückprojiziert werden.
183 Die Verehrung dieser Gottheit ist umfassend dokumentiert durch *Lane*, Corpus Monumentorum Religionis Dei Menis; *Salzmann*, Neue Denkmäler des Mondgottes Men, passim.
184 Ὅσιον καὶ Δίκαιον wurden in der Galatia vor allem da verehrt, wo der phrygische Anteil hoch war (*Mitchell*, Anatolia I, 24; vgl. außerdem *Petzl*, Beichtinschriften, 19–23).
185 *Zimmermann*, Gott und seine Söhne, 88f.

4. Die Frage der »Gegner«*

Die »Gegner« in Galatien sind nicht einfach die Gegner in Korinth oder in Philippi.[186] Informationen über den galatischen Konflikt und über diejenigen, die Paulus als Gegner sieht, können wir nur dem Galaterbrief selbst entnehmen – gesicherter Ausgangspunkt sind Gal 1,6f.; 3,1f.5; 4,17; 5,7–12; 6,12f. –, müssen dabei jedoch dessen polemischen und apologetischen Charakter in Rechnung stellen.[187] Es ist nicht gesichert, dass die fremden Missionare und die Galater den Konflikt in dieser Schärfe sehen wie Paulus.[188] Vielleicht haben sie ihre Arbeit auch nur als Ergänzung der Verkündigung des Paulus verstanden oder waren sogar der Meinung, Paulus selbst predige die Beschneidung.[189] Wir wissen nicht, wie präzise die Informationen waren, die Paulus über sie hatte[190] – immerhin sah sich Paulus nicht in der Lage, vor Ort persönlich in den Konflikt einzugreifen (vgl. Gal 4,20). Auch wird man damit rechnen, dass Paulus in der Darstellung derer, die er den Adressaten als Gegner zu betrachten anempfiehlt, gezielte Akzentuierungen vornimmt, um seine eigene Position zu festigen.[191]

---

* *De Boer, Martinus C.*, The New Preachers in Galatia. Their Identity, Message, Aims, and Impact, in: *Rieuward Buitenwerf/Harm W. Hollander/Johannes Tromp* (Hg.), Jesus, Paul, and Early Christianity, FS Henk Jan de Jonge, NT.S 130, Leiden 2008, 39–60; *Limberis, Vasiliki*, The Provenance of the Caliphate Church. James 2.17–26 and Galatians 3 reconsidered, in: *Craig E. Evans/James A. Sanders* (Hg.), Early Christian Interpretation of the Scriptures of Israel. Investigations and Proposals, JSNT.SS 148, Sheffield 1997, 397–420; *Lütgert, Wilhelm*, Gesetz und Geist. Eine Untersuchung zur Vorgeschichte des Galaterbriefes, BFChTh 22/6, Gütersloh 1919; *Munck, Johannes*, Paulus und die Heilsgeschichte, Aarsskrift for Aarhus Universitetet 26,1, Teologisk Serie, Aarhus 1954; *Schmithals, Walter*, Die Häretiker in Galatien, in: ders., Paulus und die Gnostiker. Untersuchungen zu den kleinen Paulusbriefen, ThF 35, Hamburg-Bergstedt 1965, 9-46; *Sumney, Jerry L.*, ›Servants of Satan‹, ›False Brothers‹, and Other Opponents of Paul, JSNT.S 188, Sheffield 1999; Thurén, Lauri, The Antagonists –Rhetorically Marginalized Identities in the New Testament", in: *Bengt Holmberg/Mikael Winninge* (Hg.), Identity Formation in the New Testament, WUNT I 227, Tübingen 2008, 79–95; *Wagner, Guy*, Les motifs de la rédaction de l'épître aux Galates, 1990, ÉTRel 65 (1990), 321–332.

186 Im 2. Korintherbrief verlautet nichts von einer Beschneidungsforderung. Auch Phil 3,2 (»Zerschneidung«) ergibt diese Forderung nicht zwingend (*Gnilka*, Paulus, 150). Anders *Campbell*, Paul, 156: Die im Philipper- wie im Galaterbrief bekämpften Gegner sind dieselben. Die Kennzeichnung der galatischen (und nicht nur der galatischen) Gegner als Gnostiker (*Schmithals*, Häretiker) hat heute keine Gültigkeit mehr.

187 *Longenecker*, Gal, lxxxix; *Morland*, Rhetoric, 100.

188 Calvin, Gal, CR 50, 244; *Longenecker*, ebd.; *Wechsler*, Geschichtsbild, 343.

189 Ersteres *Longenecker*, Gal, xcv; *Theobald*, Galaterbrief, 356; *Oepke*, Gal, 68; *Bauer*, Paulus, 192; *Klein*, Gal, 50, Letzteres *Howard*, Paul, 19; *Sumney, ›Servants of Satan‹, 159.

190 *Vanhoye*, Lettera, 24. Natürlich berechtigt das, wie man auch Vanhoye nicht unterstellen darf, nicht zu der Annahme, wir wüssten besser Bescheid als Paulus selbst. Man kann nur versuchen, ein religionsgeschichtlich und sozialgeschichtlich plausibles Bild zu zeichnen.

191 *Thurén*, Antagonists, 90; zur Kritik vgl. *Müller*, Konfliktlinien 152. Generell vor Extrempositionen warnt *de Boer*, Preachers, 44.

Paulus sieht – das ist Konsens – eine einheitliche Gegnerfront vor Augen.[192] Diejenigen, deren Wirken er als verhängnisvoll einschätzt, entstammen nicht den Adressatengemeinden selbst, sondern sind von außen in die Gruppe(n) eingedrungen; Paulus unterscheidet sie von den Adressaten (Gal 1,6f.; 6,12f.). Neuerdings umstritten ist, ob man sie sich als Wandermissionare vorstellen soll[193] und ob sie sich an Jesus gebunden wissen oder nicht. Mark Nanos charakterisiert sie als Vertreter der örtlichen Synagogengemeinde mit dem speziellen Auftrag, den Prozess der Konversion zu begleiten.[194] Allerdings passen Gal 6,12 und Gal 1,6–7 nicht auf Juden, die nicht an Jesus glauben.[195] Waren es dann Judenchristen oder Heidenchristen, die zum Judentum konvertiert waren?

Konvertiten könnten durch theologische wie durch soziale Motive zu ihrem Handeln veranlasst sein.[196] Johannes Munck vertrat ein theologisches Argument: Seiner Auffassung nach haben sie aufgrund eigener Lektüre der Heiligen Schrift Israels die Beschneidung und die Toraobservanz auf sich genommen und halten dies auch für andere verpflichtend.[197] Unter sozialgeschichtlicher Perspektive rechnet Guy Wagner mit ihrem Bestreben, durch die Annahme der Beschneidung ihre Zugehörigkeit zum Judentum als einer von der römischen Staatsmacht geschützten Religion unter Beweis zu stellen.[198] Die Mehrheit der Forschung sieht die fremden Missionare jedoch als Judenchristen[199], die den Galatern die Beschneidung nahelegten. Auch in diesem Kommentar wird diese Sicht vertreten. Es gibt keinen Beweis dafür, dass Jakobus selbst die Fremdmissionare ausgesandt hat; vielleicht aber haben sie seine Autorität und seine Lehren für sich in Anspruch genommen.[200]

Welche Funktion kann Jesus Christus in dem Identitätskonzept der Fremdmissionare haben? Wir können nur mit der gebotenen Vorsicht rekonstruieren. Die

---

192 *Longenecker*, Gal, xcv. Die Theorie einer Doppelfront (*Lütgert, Gesetz und Geist) hat heute keine Gültigkeit mehr.
193 *Breytenbach*, Paulus, 143. *Witulski*, Adressaten, 44, bewertet das allerdings als *argumentum e silentio*. Deutlich ist, dass sie »in keiner Stelle des Briefs als Sendlinge einer auswärtigen Autorität charakterisiert sind« (*Zahn*, Gal, 33).
194 *Nanos*, Irony, 218–283; *Hubing*, Crucifixion, 227.
195 *Sumney*, ›Servants‹, 137; *Sänger*, Konfliktlinien, 113; *Vouga*, Gal, 11; *Moo*, Gal, 21; *Klein*, Gal, 49; für Gal 1,6f. schon *Bengel*, Gnomon, 730.
196 Als Argument dafür, dass die Fremdmissionare nicht geborene Juden waren, gilt gelegentlich Gal 5,3: Wenn sie tatsächlich Juden waren, wäre Gal 5,3 unnötig (*Williamson*, God, 53). Allerdings lässt sich Gal 5,3 auch unter rhetorischen Gesichtspunkten verstehen: Paulus versucht den Galatern die ihnen vielleicht nicht bewusste Tragweite ihrer Entscheidung vor Augen zu führen.
197 *Munck*, Paulus, 79f.
198 *Wagner*, motifs, 321–332; für die Antike vgl. bereits Hieronymus, Gal., CCL 77 A, 220f.; für die frühe Neuzeit auch *Bengel*, Gnomon, 752.
199 *Watson*, Paul, 60 (nicht sicher ist es aber, die Gegner mit den Leuten des Jakobus zu identifizieren); *Longenecker*, Gal, xcv; *Howard*, Paul, 19; *Vanhoye*, Lettera, 24–25; *Sänger*, Adresse, 265; *Elmer*, Paul, 132–144; *de Boer, Preachers, 56.
200 *Limberis*, Provenance, 401.

Fremdmissionare haben wohl Jesus als Messias verehrt.²⁰¹ Vielleicht ist er für sie der Gottesknecht, der auch Nichtjuden (unter der Bedingung von Beschneidung und Toraobservanz) den Einschluss in die Gemeinde des Gottes Israels ermöglicht (vgl. Jes 42,6; 49,6) und ethische Weisung vermittelt. Ob der Tod Jesu in ihren Augen soteriologische Konsequenzen hatte, ist nicht zu sagen; Jesu Auferweckung können sie als Bestätigung seiner irdischen Sendung verstanden haben.

Manche neuzeitlichen Kommentatoren fassen fast den ganzen Galaterbrief auch im Einzelnen als Antwort des Paulus auf Argumentationen der Fremdmissionare auf.²⁰² Man wird nach Graden der Wahrscheinlichkeit differenzieren müssen. Als sicher kann gelten, dass sie die Beschneidung gefordert haben. Als sehr wahrscheinlich kann gelten, dass sie sich auf Abraham berufen haben²⁰³ – anders können wir den unvermuteten Einsatz mit dem Beispiel Abrahams in Gal 3,6 kaum erklären.²⁰⁴ Denkbar ist auch das sozialgeschichtliche Argument, dass sie den Galatern die Beschneidung nahelegten, damit die Galater von dem relativen Schutz der jüdischen Religion im Imperium Romanum profitieren könnten. Unsicher hingegen ist, ob sie auf Dtn 27,26 verwiesen haben, um den Galatern die Übernahme der Tora nahezulegen²⁰⁵, vor allem aber, ob sie mit der Beschneidung Jesu (und des Apostels) argumentiert haben.²⁰⁶

Wahrscheinlich haben die Galater die Forderungen der Gegner noch nicht vollzogen (vgl. das Präsens περιθέμνησθε in Gal 5,2 und die Vertrauensäußerung in Gal 5,10)²⁰⁷, sind aber im Begriff, es zu tun. Paulus will das verhindern, fürchtet aber, vergeblich gearbeitet zu haben (Gal 3,4; 4,11) – deshalb ist sein Brief so polemisch.

5. Die Frage der Datierung*

Hält man an einer modifizierten Provinzhypothese fest, wird Paulus die Gemeinden während seiner zweiten Missionsreise, d. h. seiner ersten Ägäismission gegründet haben, um 49, jedenfalls nach seiner Trennung von Barnabas und von der Gemeinde in Antiochia am Orontes. Über eine Datierung des Galaterbriefes²⁰⁸ um 50 oder um 56 ist

---

201 *Sänger*, Bekennendes Amen, 150.
202 Z.B. *de Boer*, Gal, passim.
203 *Schnelle*, Die ersten 100 Jahre, 285 u.v.a. Allerdings wird das bestritten von *Sumney*, ›Servants‹, 156; *Trick*, Abraham's Descent, 339, mit dem Verweis auf das Fehlen expliziter Textsignale.
204 So auch *Elmer*, Paul, 136–140.
205 Z.B. *de Boer*, Gal, 181.201.
206 *Schnelle*, Die ersten 100 Jahre, 285.
207 *Sänger*, »Vergeblich bemüht«, 123 mit Anm. 73, verweist außerdem auf Gal 1,7; 4,9; 4,17; 6,13.
* Literatur: *Borse, Udo*, Der Standort des Galaterbriefs, BBB 41, Köln 1972; *Frey, Jörg*, Galaterbrief, in: Oda Wischmeyer (Hg.), Paulus. Leben – Umwelt – Werk – Briefe, Tübingen/Basel 2006, 192–216; *Georgi, Dieter*, Der Armen zu gedenken. Die Geschichte der Kollekte des Paulus für Jerusalem, Neukirchen ²1994; *Hengel, Martin*, Der unterschätzte Petrus. Zwei Studien, Tübingen 2007; *Horn, Friedrich Wilhelm*, Wandel im Geist. Zur pneumatologischen Begründung der Ethik bei Paulus, KuD 38 (1992), 149–170; *Hyldahl, Niels*, Die paulinische Chronologie, AthD 19, Leiden 1986; *Jew-*

damit noch nichts entschieden; einige Exegeten lassen die Datierungsfrage deshalb offen[209] oder konzedieren die begrenzte Belastbarkeit jeder Festlegung.[210] Die Wendung οὕτως ταχέως (Gal 1,6) kann sich auch auf die kurze Dauer der Wirksamkeit der Gegenmissionare beziehen[211]; bei der Wendung τὸ πρότερον (Gal 4,13) hat sich die Bedeutung von »beim ersten Mal« (so im klassischen Griechisch) zu der allgemeinen »früher« verschoben.[212] So ergibt Gal 4,13 keineswegs zwingend, dass Paulus schon zweimal die Adressaten besucht hatte.[213] Gal 4,20 sagt nur, dass sich Paulus offenbar außerstande sieht, selbst zu den Adressaten zu reisen.[214] Ob dies in einer Gefangenschaft in Ephesus[215], in einer anderweitig orientierten Reise, in der Intention, das Kollektenwerk zu Ende zu

---

ett, Robert, Paulus – Chronologie. Ein Versuch, München 1982; *Konradt, Matthias*, Zur Datierung des sogenannten antiochenischen Zwischenfalls, ZNW 102 (2011), 19–39; *Meiser, Martin*, Der Galaterbrief im Rahmen der Paulusbriefe, in: *Michael Labahn* (Hg.), Spurensuche zur Einleitung in das Neue Testament. Eine Festschrift im Dialog mit Udo Schnelle, FRLANT 271, Göttingen 2017, 109–124;. *Schwemer, Anna Maria*, Paulus in Antiochien, BZ NF 42 (1998), 161–180; *Söding, Thomas*, Zur Chronologie der paulinischen Briefe. Ein Diskussionsvorschlag (1991), in: ders., Das Wort vom Kreuz. Studien zur paulinischen Theologie, WUNT 93, Tübingen 1997, 3–30; *Suhl, Alfred*, Paulus und seine Briefe. Ein Beitrag zur paulinischen Chronologie, Gütersloh 1975; *Wedderburn, Alexander J.M.*, A History of the First Christians, London 2005; *Zeigan, Holger*, Aposteltreffen in Jerusalem. Eine forschungsgeschichtliche Studie zu Galater 2,1–10 und den möglichen lukanischen Parallelen, ABG 18, Leipzig 2005.

208 Ausführlich dazu *Longenecker*, Gal, lxxii–lxxxviii.
209 *Nanos*, Gal, 457.
210 Vgl. *Guthrie*, Introduction, 480: »an earlier date has perhaps fewer difficulties than a later«; vgl. ferner *Moo*, Gal, 14f.: »...we incline very weakly to locate the meeting of Gal. 2:1–10 during the famine-relief visit of Paul to Jerusalem (Acts 11:27–30). «
211 *De Boer*, Gal, 11, hält es für wahrscheinlich, dass die Gegenmissionare kurz nach der Abreise des Paulus aufgetreten sind und kurz nach ihrer Ankunft erfolgreich waren, bezieht die Wendung οὕτως ταχέως also zusammenfassend auf beide Zeitspannen. Das ist möglich, aber nicht zwingend.
212 *Bauer/Aland*, Wörterbuch, 1445, geben als Belege für »früher« u.a. Xenoph, Mem III 8,1; Joseph, Ant XX 173 an, als Beleg für »das erste Mal« nur PastHerm 20,1; 78,3, und beenden die Einordnung von Gal 4,13 in diese Rubrik mit der Bemerkung, es sei lexikalisch nicht sicherzustellen, dass Paulus »v. einen früheren Besuch einen späteren unterscheiden wollte.«
213 So aber *Carson/Moss/Morris*, Introduction, 293. Bestechend wirkt das Argument bei *Wikenhauser/Schmid*, Einleitung, 418: Paulus hätte das nicht schreiben müssen, wenn er nur undifferenziert von einem früheren Zeitpunkt hätte reden wollen. Man kann aber als Gegenfrage stellen: Wenn das Verhältnis zwischen Paulus und den Adressaten auch beim zweiten Besuch ungetrübt war, warum erwähnt Paulus das nicht, obwohl es ihm argumentativ nützlich gewesen wäre?
214 *Zahn*, Gal, 18: »Warum gibt er nicht Gründe an, welche ihm dies (scil. eine Reise zu den Galatern) verbieten?«
215 *Koch*, Geschichte, 305. Argumente für die These einer Gefangenschaft in Ephesus sind 1Kor 15,32 und 2Kor 1,8–10, ebenso die Briefe an die Philipper (Ephesus liegt näher an Philippi als Rom oder Caesarea) und an Philemon. Calvin, Gal, CR 50, 182, zufolge haben griechische Kommentatoren die Entstehung des Galaterbriefes in Rom, lateinische hingegen die Entstehung in Ephesus vermutet.

bringen, oder in Schwierigkeiten mit der Gemeinde am derzeitigen Aufenthaltsort[216] begründet ist, wird nicht deutlich. Alle diese Stellen haben deshalb für die hier verhandelte Frage kein Gewicht. Für die Frage der Datierung des Galaterbriefes sind vor allem aus Gründen der Forschungsgeschichte[217] drei Vorklärungen erforderlich, betreffend 1. die Korrelation zwischen den Paulusbriefen und der Apostelgeschichte hinsichtlich der Angaben der Jerusalemreisen, 2. die Datierung des sog. Apostelkonvents und des »Antiochenischen Zwischenfalls«, 3. die relative Chronologie der Paulusbriefe.

5.1. Die Jerusalemreisen des Apostels Paulus

In der Mehrheit der Forschung wie auch in diesem Kommentar ist vorausgesetzt, dass sich Gal 2,1–10 und Apg 15 auf dasselbe Ereignis beziehen.

> Im Gegensatz dazu gilt gelegentlich nicht Apg 15, sondern Apg 11,29f.; 12,25 als Pendant zu Gal 2,1–10.[218] Das Hauptargument ist die Divergenz der Anzahl der Jerusalemreisen. Gal 2,1–10 zufolge war Paulus vor dem dort berichteten Apostelkonvent nur ein einziges Mal in Jerusalem (Gal 1,18); Lukas berichtet vor Apg 15 hingegen von zwei Reisen (Apg 9,27f.; 11,29f.)[219], während Apg 15 bereits die dritte Jerusalemreise darstellt. Auch der zeitliche Rahmen würde passen: Aufgrund der Erwähnung des Kaisers Claudius in Apg 11,28 ist es – im Hinblick auf die in Gal 2,1 genannte Zeitspanne von 14 Jahren – nicht möglich, die in Apg 11 genannte Reise mit der in Gal 1,18f. genannten zu identifizieren.[220] Das in Gal 2 beschriebene Treffen hatte, anders als es in Apg 15 vorausgesetzt ist, eher privaten Charakter.[221] Außerdem ließen sich die Divergenzen zwischen Gal 2,9–14 und Apg 15 damit erklären, dass der Galaterbrief gänzlich vor dem in Apg 15 beschriebenen Ereignis entstanden ist, zumal Paulus seinen Begleiter Timotheus nicht erwähnt.[222]

---

216 Auf die Möglichkeit einer anderswohin gerichteten Reise verweist *Sänger*, Strategien, 275 Anm. 2, auf das Thema Kollekte in diesem Zusammenhang verweisen *Schäfer*, Paulus, 317; *Moo*, Gal, 11–15, auf Probleme mit der Gemeinde seines derzeitigen Aufenthaltsortes verweisen *Zahn*, Gal, 20; *de Boer*, Gal, 11.

217 Aus patristischer Tradition ist nur begrenzt Hilfe zu erwarten; Differenzen in der Datierung bestehen schon zwischen Johannes Chrysostomus und Theodoret (s.u.). Gelegentlich wird der Brief als von Rom aus geschrieben erachtet (in der lat. Tradition HS 75^C).

218 Zuletzt *Schäfer*, Paulus, 363f.; *Zeigan*, Aposteltreffen in Jerusalem, 481–483.

219 Dass Paulus diese Reise situationsbedingt verschwiegen haben soll, ist eher unwahrscheinlich (so zu Recht aufgrund von Gal 1,20 *Longenecker*, lxxviii), eher könnte Lukas die in Apg 11 erwähnte Reise irrtümlich hier eingestellt haben (vgl. *Longenecker*, lxxivf.; *Carson/Moss/Morris*, Introduction, 293) – oder aber die Reise Apg 9,26–29 erfunden haben (vgl. nämlich Gal 1,21–24).

220 In voraufklärerischer Auslegung kann die in Gal 1,18f. erwähnte Reise mit der in Apg 9,26–29 erwähnten identifiziert werden (Luther, Gal, WA 40/I, 145f.).

221 *Carson/Moss/Morris*, Introduction, 294; *Moo*, Gal, 14; *Das*, Gal, 41.

222 Auf Ersteres verweist *Fung*, Epistle, 17: »When Galatians was written, the Jerusalem Council had not yet been held«, Letzteres betont *Das*, Gal, 40.

Der Galaterbrief: Einleitung

Allerdings bleiben auch Vorbehalte. Zwischen Apg 11,29f. und Gal 2,1–10 ist an Gemeinsamkeit faktisch nur die Anwesenheit von Barnabas und Paulus in Jerusalem festzustellen.[223] Titus hätte in der in Apg 11 vorausgesetzten Situation keine Funktion. Der Bezug von Gal 2,2 (»aufgrund einer Offenbarung«) auf die Agabus-Prophetie ist gezwungen: Der unvoreingenommene Leser des Galaterbriefes betrachtet als Gegenstand der Offenbarung das durch Paulus in Gal 2,1–10 anvisierte Problem, aber nicht die Hungersnot, die Paulus gar nicht erwähnt. Die Kollekte erscheint – was bei den Vertretern einer Identifizierung der in Apg 11 und Gal 2 genannten Jerusalemreisen zumeist übersehen wird[224] – in Gal 2,10 als Beschluss, der erst während dieser Reise in Jerusalem gefasst wurde, in Apg 11 hingegen als Anlass dieser Reise überhaupt. Ferner mag Apg 11,29f. dem Verfasser der Apostelgeschichte vor allem dazu gedient haben, die freundschaftlichen Beziehungen zwischen den verschiedenen Gruppen der Jesusanhänger zu betonen,[225] dient also der Darstellung lukanischer Ekklesiologie.[226]

Manchmal wird die sog. erste Missionsreise (Apg 13; 14) in die Zeit nach dem Jerusalemer Konvent verlegt.[227] Allerdings erheben sich hier Bedenken: In Gal 2,9 bezeichnet Paulus Barnabas noch als Bündnispartner und ist der Meinung, das von Barnabas auch noch in der in Gal 2,12 geschilderten Situation erwarten zu können. Apg 13; 14 sehen ebenfalls eine gemeinsame Aktivität des Barnabas und des Paulus vor (von der Gewichtung auch in dieser Reihenfolge gemeint – in dieser Hinsicht korrigiert Lukas das Bild, das Paulus von sich selbst zeichnet).

In umgekehrter Richtung trug Robert Jewett eine Zuordnung von Gal 2 zu der in Apg 18,22 berichteten, aber nicht motivierten Jerusalemreise vor, verbunden mit einer Spätdatierung des Jerusalemer Konvents nach der ersten Ägäismission.[228] Das Hauptargument ist, dass die Enge des Zeitraumes für die erste Ägäismission (= zweite Missionsreise) entlastet wird. Allerdings gibt es in Apg 18,22 keine Textsignale, die eine Korrelierung mit Gal 2 nahelegen.

Es ist daher m. E. weiterhin davon auszugehen, dass nicht Apg 11, sondern Apg 15 zu Gal 2 in Korrelation zu setzen ist. Gemeinsam ist das Gegenüber der Antiochener und der Jerusalemer; gemeinsam ist das generelle Thema des Zugangs von Nichtjuden zur Heilsgemeinde; gemeinsam ist, dass die Antiochener die Zustimmung der Jerusalemer zu ihrem Programm der beschneidungsfreien Mission unter Menschen aus dem griechisch-römischen Kulturkreis erreichen wollen und auch erreichen. Jedoch bestehen Differenzen zwischen Gal 2 und Apg 15:
1. Der äußere Anlass der Reise wird verschieden wiedergegeben.
2. Titus wird nur in Gal 2, aber nicht in Apg 15 erwähnt.
3. Paulus berichtet von zwei getrennten Verhandlungsgängen, Lukas nicht.

---

223 *Broer*, Pauluschronologie, 102.
224 So zu Recht *Jewett*, Paulus – Chronologie, 121.
225 *Elmer*, Paul, 88.
226 *Schnelle*, Einleitung, 39.
227 *Öhler*, Barnabas, 58–65.
228 *Jewett*, Paulus – Chronologie, 129–131.

4. Paulus versichert, dass ihm keine zusätzlichen Auflagen gemacht wurden, während Apg 15,20f.29 eine Liste von vier Auflagen, das sog. Aposteldekret enthält.
5. Paulus erwähnt die Kollekte (Gal 2,10); in Apg 15 wird sie nicht erwähnt.

Die Differenzen lassen sich jedoch beheben:

ad 1. Paulus betont im Galaterbrief seine Selbständigkeit gegenüber Jerusalem, ist also nicht daran interessiert, eine rein menschliche Veranlassung durch Andersdenkende zuzugestehen oder auch die Rolle des Barnabas hervorzuheben.

ad 2. Lukas hat seine eigenen Interessen: Die einleitende Rede des Petrus signalisiert grundsätzlich die Offenheit der Jerusalemer Autoritäten; Barnabas und Paulus weisen auf den Erfolg ihrer Arbeit hin, den der Leser als gottgewollt empfinden soll – demgegenüber wäre der Verweis auf Titus nur eine unnötige Doppelung[229] –; Jakobus führt mit seiner auf Am 9,11f. rekurrierenden Rede die Entscheidung herbei, die dann gar nicht mehr zur Diskussion gestellt wird.

ad 3. Dass Lukas nicht von zwei Verhandlungsgängen berichtet, hängt mit seiner generellen o.a. Tendenz zusammen, dass er die Härte von Auseinandersetzungen zu verschweigen pflegt.

ad 4. Lukas trägt das Aposteldekret historisch gesehen zu Unrecht in die damalige Jerusalemer Konferenz ein.

ad 5. Schon Paulus muss um die Annahme der Kollekte fürchten (Röm 15,30–32); Lukas erwähnt sie nur in einem Nebensatz (Apg 24,17) – vermutlich ist sie von den Jerusalemern nicht akzeptiert worden. Dafür ausschlaggebend war aber nicht eine Böswilligkeit der Jerusalemer, sondern die Verschärfung der Spannungen zwischen Juden und der römischen Besatzungsmacht in Israel und das Anwachsen nationalistischer Tendenzen, die jeden Kontakt von Juden zu Nichtjuden als gefährlich erscheinen lassen konnten.

5.2. Die Datierung des sog. Apostelkonvents und des »Antiochenischen Zwischenfalls«

Gerd Lüdemann datiert den »antiochenischen Zwischenfall« vor den Jerusalemer Konvent und vermutet, dass Paulus sich in Gal 2,1–14 die Freiheit genommen habe, die Ereignisse nicht nach chronologischer Ordnung darzustellen. Das Phänomen der komplikationslos zusammenlebenden gemischten Gemeinde sei nur vor dem Konvent denkbar. Eine Infragestellung der Tischgemeinschaft von Juden- und Heidenchristen erscheine nach dem Konvent nicht mehr als möglich.[230]

Man wird aber gegen Lüdemann daran festhalten können, dass die Abfolge von Gal 2,1–10.11–14 auch die chronologische Abfolge darstellt. Unwahrscheinlich ist, dass Paulus die Reihenfolge in Gal 2,1–10 und Gal 2,11–14 absichtlich vertauscht. Gal 2,11–14 kann man so lesen, dass sich Paulus in Antiochia nicht durchgesetzt hat. Dann wäre aber Gal 2,1–10 als Schlussteil dieses Briefsegmentes ein willkommenes Argument für

---

229 Titus kommt auch sonst in der Apostelgeschichte nicht vor. Das hat wohl auch damit zu tun, dass Lukas die Konflikte zwischen Paulus und den Korinthern verschweigt.
230 *Lüdemann*, Paulus, 102.

Paulus gewesen: Der Jerusalemer Konvent hätte seine aktuell in Antiochia verfochtene Position unterstützt.[231] Umgekehrt wäre nach dem Zwischenfall mit dem bekannten Ausgang nicht mehr zu erwarten, dass Paulus seinem ehemaligen Weggefährten Barnabas noch vertraut und dass die antiochenische Gemeinde Paulus noch als ihren Gemeindegesandten akzeptiert.[232]

Neben dieser Frühdatierung wird heute öfters auch eine Spätdatierung auf die Zeit zwischen der zweiten und der dritten Missionsreise vorgeschlagen; Gal 2,11–14 wird mit Apg 18,22 korreliert. Lukas habe den Antiochenischen Zwischenfall nicht durch einen frei erfundenen Bericht von dem Streit wegen Johannes Markus ersetzt (Apg 15,36–41), sondern überhaupt verschwiegen.[233] So habe es zwei Zusammenstöße zwischen Paulus und Barnabas gegeben, deren erster lediglich bei Lukas (Apg 15,36–41), deren zweiter hingegen nur bei Paulus (Gal 2,11–14) erwähnt sei. Wenn es bei dem Jerusalemer Konvent nur um die Beschneidungsfrage ging, sei es wenig wahrscheinlich, dass man in Antiochia schon zuvor zur Tischgemeinschaft zwischen Juden- und Heidenchristen übergegangen war – das hätte man in Jerusalem ebenfalls diskutiert. Die offene Tischgemeinschaft in Antiochia sei möglicherweise erst unter dem Eindruck der korinthischen Verhältnisse eingeführt worden. Silas/Silvanus hat Paulus offenbar nur während der zweiten Missionsreise begleitet, später jedoch nicht mehr, wird dann aber im pseudepigraphen 1. Petrusbrief als Mitarbeiter des Petrus benannt (1Petr 5,12). Auch setzt 1Thess 2,14f. noch ein ungetrübtes Verhältnis zwischen Paulus und den Christen in Judäa voraus.[234]

5.3. Die relative Chronologie der Paulusbriefe

Der naheliegende Versuch, die relative Chronologie der echten Paulusbriefe in die Vita des Apostels überhaupt einzuordnen, lässt schnell die grundsätzliche Schwierigkeit der Rekonstruktion dieser Vita erkennen. Aretas (gemeint ist der Nabatäerkönig Aretas IV.; 2Kor 11,32) und der Herrenbruder Jakobus sind innerhalb der Paulusbriefe die einzigen Personen, deren Existenz auch jenseits der biblisch gewordenen Literatur bezeugt ist.[235] Das in 2Kor 11,32 erwähnte Ereignis ist am ehesten denkbar während der Zeit, als Aretas IV. die Kontrolle über Damaskus hatte (37–39), nach dem Tod des Tiberius, als Gaius Caligula ein System von Vasallenkönigen im Osten einrichtete.[236] Die Paulusstelle selbst ist allerdings Teil einer Rückschau und gibt für die wirkliche Datierung der Paulusbriefe keine näheren Aufschlüsse. Ohne bestimmte Daten der

---

231 So auch *Das*, Gal, 204.
232 *Martyn*, Gal, 231 Anm. 87; ähnlich *de Boer*, Gal, 130 Anm. 186.
233 *Hengel*, Petrus, 89 Anm. 182; *Wedderburn*, History, 103; *Schwemer*, Paulus, 175f.; *Konradt*, Datierung, passim.
234 *Konradt*, Datierung, 27.29.33.36.
235 Zu den mit Aretas IV. verbundenen Problemen der Forschung vgl. *Suhl*, Paulus, 314f.: Der Tod des Aretas IV. um 40 lässt sich nur daraus erschließen, »daß die Münzen und Inschriften bis in sein 48. Jahr gehen« (315); dass er die Kontrolle über Damaskus hatte, nur daraus, dass römische Münzen nach 37 bis ca. 62 fehlen (ebd.).
236 Vgl. *Jewett*, Paulus – Chronologie, 58–63, bes. 62f.

Apostelgeschichte (Apg 18,12–17; 24,27) ließe sich Näheres zu einer absoluten Paulus-Chronologie nicht mehr sagen. Der Bericht über den Tod des Herrenbruders bei Josephus (Ant XX 199–203) legt eine zeitliche Obergrenze fest, die nicht weiterhilft. Konsens in der Forschung zur Pauluschronologie besteht einzig in der Festlegung der Ankunft des Apostels in Korinth im Jahr 50. Methodisch ist da, wo Informationen aus den Primärquellen, den echten Paulusbriefen, vorliegen, diesen selbstverständlich der Vorrang einzuräumen vor sekundären Quellen wie der Apostelgeschichte oder den Deuteropaulinen. Doch sind auch die Primärquellen kritisch zu lesen (trotz Gal 1,20).

Argumente zur relativen Chronologie der Paulusbriefe lassen sich ihrer Gewichtung nach einteilen in Argumente aufgrund der Reisepläne des Apostels, Argumente aufgrund der im Präskript genannten Mitarbeiter[237], Argumente aufgrund chronologischer und topographischer Bemerkungen[238], Argumente aufgrund der vorausgesetzten Briefsituation und Überlegungen zur theologischen Entwicklung des Paulus. Letztere Argumentation zugunsten einer relativen Chronologie ist in zweifacher Weise methodisch schwierig: 1. Das spekulative Moment ist nicht auszuschalten; 2. Die Paulusbriefe sind zumeist Gelegenheitsschreiben, die konkret auf eine von Paulus so wahrgenommene Situation reagieren.[239] Letztere Schwierigkeit besteht zweifellos hinsichtlich der intentionalen Seite einer paulinischen Argumentation. Die vergleichende Feststellung von Substrukturen (Syntagmen; zugrundeliegende Oppositionen wie »Fleisch/Geist«) lässt aber mit der gebotenen Vorsicht doch gewisse Schlüsse zu.

Das Verhältnis der Kollektennotizen 1Kor 16,1–4; 2Kor 8; 2Kor 9; Röm 15,26 und der Reisenotizen 1Thess 3,1f.; 1Kor 16,8f.; 2Kor 9,4 untereinander hat schon seit altkirchlicher Zeit[240] zu der auch heute unbestrittenen Reihenfolge 1Thess – 1Kor – 2Kor[241] – Röm geführt. Die Divergenzen der chronologischen Einordnung des Galaterbriefes

---

237 Vgl. dazu *Hyldahl*, Chronologie, 5–9.
238 *Söding*, Chronologie, 4.
239 Ersteres *Guthrie*, Introduction, 481, Letzteres *Elmer*, Paul, 129.
240 Johannes Chrysostomus, Hom. in Rom. 1,1, PG 60, 392, erschließt aus dem Nebeneinander von Röm 15,26 und 1Kor 16,4, dass die Korintherbriefe vor dem Römerbrief entstanden sind, aus dem Nebeneinander von 1Thess 4,9f. und 2Kor 9,2, dass der 1. Thessalonicherbrief noch vor den Korintherbriefen zu datieren ist. Der Galaterbrief ist s.E. vor dem Römerbrief geschrieben (Hom. in Rom. 1,1, PG 60, 393; ebenso Theophylakt von Ochrid, Rom., PG 124, 336 B). Für Theodoret von Kyros, Rom. 1,1, PG 82, ergeben 1Thess 3,1; 1Kor 16,8f.; 2Kor 9,4 die Reihenfolge 1Thess; 1 + 2Kor. Nach 1Tim und Tit ist dann der Römerbrief geschrieben, wobei für die Nachordnung des Römerbriefes gegenüber den Korintherbriefen wiederum Röm 15,26 verantwortlich ist (Theodoret von Kyros, Praef. in ep. Paul., PG 82, 40 B–D). Der Galaterbrief ist der erste Brief aus der römischen Zeit des Apostels (a.a.O., PG 82, 41BC). Diese These hat auch in der handschriftlichen Tradition breiten Eingang gefunden (B¹ L [020] 049 075 0142^{mg} 0150 0151 0278); für den Codex Sinaiticus: https://archive.org/details/CodexVaticanusbFacSimile/ 254/1488-259/1493 (Kolophon: ἐγράφη ἀπὸ ›Ῥώμης‹); Codex Claromontanus: Fol. 289r.
241 Wenn Briefteilungshypothesen akzeptiert werden, gilt dies auch für alle einzelnen Teile. Man wird fragen müssen, inwieweit Paulus die dort angedeuteten Reisepläne verwirklicht hat bzw. verwirklichen konnte.

sind in dem Umstand begründet, dass Reisenotizen wie auswertbare Schlussgrüße ebenso fehlen wie die Angabe eines namentlich bekannten Mitabsenders. Gal 1; 2 lassen zwar eine – immer noch mit Schwierigkeiten behaftete[242] – relative Chronologie der dort erzählten Ereignisse zu, verraten aber nicht, wie lange nach diesen Ereignissen Paulus den Brief schrieb.[243] Zur relativen Frühdatierung in die Nähe des 1. Korintherbriefes hat der Vergleich zwischen 1Kor 16,1–4[244] und Gal 2,10b, zur Datierung in die Nähe des Römerbriefes die Parallelität mancher Aussagen zwischen Gal 3; 4 und Röm 3; 4 geführt.

So ist der Galaterbrief von manchen in die Frühzeit des Apostels eingeordnet worden, d. h. noch vor dem 1. Thessalonicher-[245] bzw. dem 1. Korintherbrief[246], von den meisten in die Zeit der Entstehung des 2. Korintherbriefes[247], von einigen allgemein

---

242 Vgl. die Diskussion um den Bezugspunkt des Wortes ἔπειτα in Gal 2,1.

243 *Jewett*, Paulus – Chronologie, 161f., hat eine Ansetzung des Galaterbriefes um 53/54 mit der relativen zeitlichen Nähe zu den in Gal 2,1–14 ausführlich berichteten Ereignissen begründet. Doch mag die Ausführlichkeit der Darstellung eher der thematischen Relevanz geschuldet sein (*Rohde*, Gal, 12).

244 Doch ist der Wert von 1Kor 16,1 bestritten worden. 1Kor 16,1 kann ebenso gut vor der galatischen Krise (*Theobald*, Galaterbrief, 359) wie nach deren Beilegung entstanden sein (*Georgi*, Kollekte, 30; *Pokorný/Heckel*, Einleitung, 228), trägt also zur Entscheidungsfindung nichts bei (*Bonnard*, L'Épître, 14; *Frey*, Galaterbrief, 206).

245 *Zahn*, Gal, 19f., aufgrund von 1Thess 1,8f.: Die Wendung »an jedem Ort« könne sich nur auf Gemeinden außerhalb Makedoniens und Griechenlands beziehen. Bekannt wurde der Glaube der Thessalonicher in den asiatischen Gemeinden wohl am ehesten durch Timotheus (vgl. Apg 16,1–3). Für die neuere Zeit vgl. vor allem *deSilva*, Letter, 61; *Das*, Gal, 47 (er identifiziert die Vorgänge von Gal 2,1–10 nicht mit Apg 15, sondern mit Apg 11,29f.).

246 *Esler*, Gal, 36; *Martyn*, Gal, 19–20; *Elmer*, Paul, 130, aufgrund von 1Kor 16,1–4. Die Datierung vor dem 1. Korintherbrief wird von Gerd Theißen u. a. damit begründet, dass die durch die Situation gerechtfertigte polemische Betonung des Apostelitels dann zur situationsunabhängigen Konvention wird, und dass Paulus nach seinen korinthischen Erfahrungen wohl kaum pneumatologisch argumentiert hätte. Beides kann relativiert werden: Auch in den Korintherbriefen hat es gute Gründe, wenn Paulus auf seinen Aposteldienst verweist (vgl. 1Kor 4,16–21; 2Kor 3,1f. und vor allem 1Kor 4,8–10; 2Kor 10,2; 11,1–15; 13,2). Unabhängig von den Problemen mit korinthischen Pneumatikern treffen der Galater- und der Römerbrief in der Mahnung zu einem vom Geist gesteuerten ethischen Handeln durchaus zusammen. Außerdem: In 1Kor 3,1.3 begegnet die semantische Opposition σαρκινοί bzw. σαρκικοί/πνευματικοί, aber noch nicht die formelartige Gegenüberstellung σάρξ/πνεῦμα wie in Gal 5,19–23.

247 Auf Parallelen zwischen dem 2. Korintherbrief und dem Galaterbrief hat bereits *Lightfoot*, Gal, 50, aufmerksam gemacht. Er nennt die Bezeichnungen Christi als »Fluch« bzw. »Sünde« (Gal 3,13; 2Kor 5,21); die Metapher vom Säen und Ernten im ethischen Zusammenhang (Gal 6,7; 2Kor 9,6); die Wendungen »ein anderes Evangelium« (Gal 1,6; 2Kor 11,4), »neue Schöpfung« (Gal 6,15; 2Kor 5,17), »eifern um jemanden« in positiver Wertung (Gal 4,17; 2Kor 11,2), »jemanden überreden« (Gal 1,10; 2Kor 5,11). Gal 6,17b erklärt sich am ehesten nach den im Zweiten Korintherbrief genannten Konflikten um die apostolische Autorität des Apostels (*Lightfoot*, Gal, 57). Auf die zeitliche Nähe zum 2. Korintherbrief verweist nach *Rohde*, Gal, 10, die Erwähnung von

zwischen dem 1. Korinther- und dem Römerbrief[248]. Ein Blick in die Kommentarliteratur am Ende des 19. Jh.s zeigt ernüchternd die Divergenz der Meinungen schon damals.[249] Da, wo eine Briefteilungshypothese zum 2. Korintherbrief nach Krenkel vertreten wird, gilt der Galaterbrief als nach 2Kor 1–9 und zeitgleich zu 2Kor 10–13 entstanden.[250] Da, wo man den Philipperbrief in die ephesinische Gefangenschaft datiert, wird eine zeitliche Nähe des Galaterbriefes zu Phil 3,2–4,1 vermutet.[251] Mittlerweile wird auch die bereits altkirchlich bezeugte Spätdatierung wieder vertreten.[252] Zur Begründung dieser These hat Peter Pilhofer auf Gal 1,2 verwiesen: Die Wendung »und alle Brüder mit mir« verweist nicht auf eine Gemeinde, sondern auf seine Begleiter während der Reise nach Rom.[253]

Zum Galaterbrief legen sich drei Fragen nahe: Was ist neu im Vergleich zu früheren Paulusbriefen? Was wird im Galaterbrief nicht realisiert, aber zuvor im 1. Korintherbrief und danach im Römerbrief? Was ist noch nicht realisiert im Vergleich zu späteren Paulusbriefen?

Neu ist im Galaterbrief: Paulus verwendet die Begriffe σάρξ und πνεῦμα in Gal 5,17.19–23; 6,8 als Gegensatzpaar für das Gebiet des Ethischen[254] und ordnet unreines Verhalten erstmals dem Begriff σάρξ zu.[255] Der Begriff »Fleisch« enthält die Dimension des Evaluativen und des Kognitiven. In evaluativer Hinsicht bezeichnet er in Gal 5,13 das, worin sich der Mensch gegen Gott richtet.[256] In kognitiver Hinsicht stellt

---

Krankheiten in Gal 4,13–15 und 2Kor 12,7–9. Außerdem: In 2Kor 3,6–18 formuliert Paulus die theoretische Basis dessen, was er in Gal 4,21–31 praktisch exerziert hatte: Man versteht die Heilige Schrift Israels nur richtig, wenn man sie auf Christus hin liest. Anderseits: Die Formel κατὰ σάρκα ist in 1Kor 1,26; 10,18; Gal 4,23.29 gerade nicht ethisch gebraucht, anders als in 2Kor 1,17; 5,16; 10,2f.; 11,18; Röm 8,4f.

248 *Lührmann*, Gal, 10.
249 *Sieffert*, Gal, 23.
250 **Borse*, Standort, 178.
251 *Suhl*, Paulus, 342–344; *Söding*, Chronologie, 9f. *Hyldahl*, Chronologie, 26, ordnet den Galaterbrief zeitlich nach dem Philipperbrief ein.
252 So *Pilhofer*, Rechtfertigung, 107–109. Für die voraufklärerische Exegese vgl. u. a. Ps.-Oikumenios, Gal., PG 118, 1089 A. Auch in den Codices Sinaiticus und Claromontanus findet sich die Angabe, dass der Galaterbrief von Rom aus geschrieben wurde (s.o.).
253 So *Pilhofer*, Rechtfertigung, 108, mit Verweis auf *Foerster*, Abfassungszeit, 135–141.
254 *DeSilva*, Gal, 457, verweist auf Philo, Her 57; Prob 17: Dort wird ethisches Leben, bestimmt durch die Orientierung an Gott, als Freiheit im Gegensatz zur Sklaverei der Leidenschaften beschrieben.
255 *Horn*, Wandel im Geist, 166. Den Begriff ψυχή verwendet Paulus zwar gelegentlich im Sinne des inneren Selbst (1Kor 1,23; Phil 1,27), benennt damit aber nie den Sitz der Affekte (anders z.B. *Poseidonios*, Fragment 34).
256 Das steht in jüdischer Tradition, vgl. die Ermahnung in 4Q418 Frgm. 81, sich fernzuhalten von dem »Geist des Fleisches«. M. E. unwahrscheinlich ist die These, in Gal 5,17 sei »der fleischliche Weg der Beschneidung« gemeint (*Keener*, Gal [2019], 503).

Paulus das »Fleisch« als Widerpart gegen den »Geist« hin. Der Christ soll sich durch den Geist leiten lassen (Gal 5,16), und zwar beständig und eindeutig.[257] Der Begriff ἀφορμή erscheint in Gal 5,13 erstmals im ethischen Kontext. Nicht realisiert im Galaterbrief ist der Gebrauch der Begriffe σῶμα und νοῦς in allgemeinen anthropologischen Kontexten, obwohl es vom 1. Korintherbrief her bereits möglich gewesen wäre.[258] Dadurch, dass der Begriff νοῦς fehlt, ist auch die Frage nicht beantwortet, wie sich der Imperativ Gal 5,16 anthropologisch in Worte fassen lässt (vgl. dagegen Röm 12,2).

Anderes hat Paulus, als er den Galaterbrief schrieb, noch gar nicht entwickelt. Dass der Mensch durch die ἔργα νόμου nicht gerechtfertigt wird, wird in Gal 2,16 behauptet, aber erst im Römerbrief begründet.[259] Die Formel κατὰ σάρκα ist in Gal 4,23.29[260] ähnlich wie in 1Kor 1,26; 10,18 gerade nicht ethisch gebraucht, anders als in 2Kor 1,17; 5,16; 10,2f.; 11,18; Röm 8,4. Für das Thema »Verfehlung« verwendet Paulus in Gal 3,19 den Begriff παράβασις. Terminologisch ist der Begriff hier noch Hauptbegriff, was im Römerbrief so nicht mehr zutrifft.[261] Der Begriff kann das Umfassende der Sündenverhaftung nicht zum Ausdruck bringen. Dieses kommt durch πεπραμένος (Röm 7,14) besser zum Ausdruck. Die Motive »Taufe« und »Sterben mit Christus« sind in Gal 2,19; 6,14, anders als in Röm 6,3f., noch nicht verbunden.[262] In Röm 8,3f. verknüpft Paulus explizit im Sinne einer kausalen Kette, was in Gal 3,10 (Argument des Faktischen, der Schrift entnommen) und Gal 3,11 (Argument der göttlichen Neuordnung des Zugangs zu ihm) noch nebeneinandersteht. Auch das Syntagma δικαιοσύνη θεοῦ wäre ihm nützlich gewesen.[263]

Auch beseitigt Paulus im Römerbrief gewisse Schwachstellen seiner Argumentation. Die christologische Engführung von Gal 3,16 ist in Röm 4,13–17 fallen gelassen.[264] In Gal 3,17 hatte er nicht berücksichtigt, dass der Begriff διαθήκη just im Zusammen-

---

257 Auch das steht in jüdischer Tradition. Der Geist Gottes befähigt, das Rechte zu tun (1QH VIII 6.11; XII 31; XV 6f.; 1QS III 6; IV 20), gerade hinsichtlich der Ethik (CD VII 3; 4Q258, Frgm. 2 c ii 4).
258 In Gal 6,17 ist σῶμα wie in Phil 1,20 auf den eigenen Leib des Paulus bezogen. Paulus gebraucht den Begriff σῶμα in anthropologischer Hinsicht im 1. Korintherbrief da, wo – anders als später im Römerbrief – der Bezug auf akzeptierte (1Kor 7,4) oder nicht akzeptierte (1Kor 6; als implizite Warnung 1Kor 7,34) Sexualität gegeben ist. Im Römerbrief wiederholt Paulus die negative Wertung des σῶμα in ethischen Kontexten (Röm 6,6.12; 7,24; 8,10.13), gebraucht den Begriff in Röm 8,11 aber, wie schon in Phil 1,20; 3,21, für den vergänglichen Leib im Gegensatz zum unvergänglichen, in den hinein die Glaubenden verwandelt werden sollen.
259 *Ewald*, Sendschreiben, 74.
260 Dort geht es nicht um eine moralische Wertung, sondern um den Gegensatz zwischen natürlichen und übernatürlichen Ursachen.
261 Im Römerbrief bezeichnet παράβασις faktisch die Konsequenz dessen, dass es Gottes Gesetz gibt, das der Mensch immer wieder übertritt, oder der Begriff ist auf die Einzelverfehlung Adams (Röm 5,14) bezogen. Auch *Vouga*, Gal, 82 hält fest, dass der Begriff immer Einzelverfehlungen meint.
262 *Betz*, Gal, 229.
263 Vgl. 2Kor 5,21; Röm 3,21; anders selbst noch in Phil 3,9: ἐκ θεοῦ δικαιοσύνη.
264 *Lipsius*, Gal, 40.

hang der Beschneidungsforderung Gen 17,9–14 begegnet. In Röm 4 bietet Paulus eine erheblich verbesserte Argumentation, hinter die er auch bei zugegebener emotionaler Anspannung (vgl. Gal 4,20) wohl kaum zurückgefallen wäre.

5.4. Fazit

Das Fazit kann kurz ausfallen: Der Galaterbrief ist m. E., wie ein weit verbreiteter Konsens besagt, wohl vor dem Römerbrief entstanden, wohl um die Zeit der Entstehung des 2. Korintherbriefes[265] und des Philipperbriefes. Ordnet man den Philipperbrief der ephesinischen Gefangenschaft zu[266], könnte man für den Galaterbrief eine ähnliche Datierung vermuten, wiewohl Gal 4,20 auch anders deutbar ist. Die vorgetragene modifizierte Provinzhypothese lässt diese Datierung durchaus zu.

6. Rhetorik und Epistolographie *

Obwohl der Galaterbrief als Brief in die antike Epistolographie einzubeziehen ist, hat die rhetorische Einordnung in neuerer Forschung die größere Aufmerksamkeit erregt. Der Einteilung der drei antiken Genera der Rhetorik in forensische, deliberative und epideiktische Rhetorik bei Quintilian folgend hat Hans Dieter Betz den Galaterbrief als apologetischen Brief bezeichnet, der forensischen Rhetorik zugeordnet und den Aufbau des Briefes nach dem Modell des Aufbaus einer Gerichtsrede beschrieben:[267]

---

265 2Kor 1,8–10 kann nicht dasselbe Ereignis meinen wie 1Kor 15,32, weil Paulus die Korinther über das in 1Kor 15,32 Gemeinte nicht ein zweites Mal informieren müsste. Wenn Gal 4,20 seinen Realgrund, was nicht beweisbar, aber wenigstens plausibel ist, in einem Gefängnisaufenthalt des Apostels hat, auf den 2Kor 1,8–10 zurückschaut, wäre dies ein Argument dafür, den Galaterbrief vor den Zweiten Korintherbrief zu datieren. Andererseits begegnet die πίστις Χριστοῦ als Grund der Rechtfertigung (Gal 2,16; Phil 3,9) noch nicht im 1. Thessalonicherbrief und den beiden Korintherbriefen. So wird eine letzte Unsicherheit bleiben.

266 Auf eine ephesinische Gefangenschaft lässt sich m. E. 2Kor 1,8–10 beziehen. *Koch*, Geschichte, 305, verweist auf den Philipperbrief, der sich m. E. in der Tat am ehesten als in Ephesus entstanden begreifen lässt, und auf den Philemonbrief.

* *Anderson, Roger Dean*, Ancient Rhetorical Theory and Paul, CBET 18, Leuven ²1999; *Classen, Carl Joachim*, Paulus und die antike Rhetorik, ZNW 82 (1991), 1–33; *Classen, Carl Joachim*, Kann die rhetorische Theorie helfen, das Neue Testament, vor allem die Briefe des Paulus, besser zu verstehen?, ZNW 100 (2009), 145–172; *Forbes, Greg*, The Letter to the Galatians, Mark Harding/Alanna Nobbs (Hg.), All Things to All Cultures. Paul Among Jews, Greeks, and Romans, Grand Rapids/Cambridge 2013, 243–268; *Kennedy, George A.*, New Testament Interpretation through Rhetorical Criticism, Studies in Religion, Chapel Hill/London 1984; *Mayordomo, Moisés*, Argumentiert Paulus logisch? Eine Analyse vor dem Hintergrund antiker Logik, WUNT 188, Tübingen 2005; *Müller, Markus*, Vom Schluß zum Ganzen. Zur Bedeutung des paulinischen Briefkorpusabschlusses, FRLANT 172, Göttingen 1997; *Nanos, Mark*, The Irony of Galatians: Paul's Letter in First-Century Context, Minneapolis 2002; *Neumann, Nils*, »Jesus Christus vor Augen zeichnen« (Gal 3,1): Die rhetorische Strategie des Paulus in Galatien, in: *Cilliers Breytenbach*

Dem *exordium* Gal 1,6–11 folgen die *narratio*, die Erzählung der Voraussetzung der eigenen Argumentation (Gal 1,12–2,14), die *propositio* (Gal 2,15–21), die *probatio* (Gal 3,1–4,31), die *exhortatio* (Gal 5,1–6,10) und die *conclusio* (Gal 6,11–18). Als Beispiele für apologetische Briefe, die sich forensischer Rhetorik zuordnen lassen, führte Betz u. a. Platons Siebten Brief, die Antidosis von Isokrates, Ciceros Brutus und die erste Rede von Libanius an.

Kritik an diesem rhetorischen Interpretationsansatz ist nicht ausgeblieben. Das von Betz genannte Schema sei in keinem Rhetorik-Handbuch der Antike nachzuweisen.[268] *Exordium* und *narratio* seien nirgends Bestandteil eines antiken Briefes.[269] Die von Betz genannten apologetischen Briefe seien allesamt keine wirklichen Briefe.[270]

Andere rechneten den Galaterbrief der deliberativen[271] oder der epideiktischen[272] Rhetorik zu. Allerdings ergeben sich auch hier kritische Anmerkungen: Deliberative Rede zielt auf eine konkrete einzelne Aktion (damit wäre immerhin die in Gal 5,1–4 gipfelnde Argumentation abgedeckt[273]), aber nicht (so Gal 5,13–6,10) auf allgemeine Mahnungen[274]; in epideiktischer Rede sei das Moment des aktuellen Konfliktes nicht nachzuweisen.[275] Wichtige Partien des Galaterbriefes fügen sich auch in diese Charakterisierungen nicht ein.[276]

Aus dem bisherigen Dissens einer eindeutigen Zuordnung die Behauptung einer rhetorischen Mischgattung zu folgern,[277] führt sich selbst ad absurdum, da apologetische Rhetorik vom Standpunkt des in der Hierarchie unten Stehenden aus, deliberative Rhetorik vom Standpunkt eines hierarchisch Gleichgestellten aus und epideikti-

---

(Hg.), Paul's Greco-Roman Context, BETL 277, Leuven 2015, 443–455; *Porter, Stanley E.*, The Theoretical Justification for Application of Rhetorical Categories to Pauline Epistolary Literature, in ders./*Thomas H. Olbricht* (Hg.), Rhetoric and the New Testament: Essays from the 1992 Heidelberg Conference, JSNT.SS 89, Sheffield 1993, 100–122; *Smit, Joop*, The letter of Paul to the Galatians: A deliberative speech, in: *Mark D. Nanos* (Hg.), The Galatians debate. Contemporary issues in rhetorical and historical interpretation, Peabody/MA 2002, 39–59; *Tolmie, D. Francis*, The Rhetorical Analysis of the Letter to the Galatians: 1995–2005, in: ders. (Hg.), Exploring New Rhetorical Approaches to Galatians. Papers presented at an International Conference, University of the Free State, Bloemfontein, March 13–14, 2006, Acta Theologica Supplementum 9, Bloemfontein 2007, 3–28.

267 *Betz*, Gal, 54–72.
268 *Classen*, Paulus, 14.
269 *Kennedy*, New Testament Interpretation, 145. Luther, Gal, WA 40/I, 126 bezeichnet Gal 1,11–2,21 als *propositio*.
270 *Longenecker*, Gal, civ.
271 *Kennedy*, Interpretation, 146; *Smit*, Letter, passim; *deSilva*, Letter, 95.
272 *Nanos*, Irony, 329–331.
273 *DeSilva*, Gal, 95f.
274 *Kern*, Galatians and Rhetoric, 153.
275 *Das*, Gal, 53.
276 Den Dissens führt *Classen*, Theorie, 156–171 sinnenfällig vor Augen.
277 *Harnisch*, Einübung des neuen Seins, 287.

sche Rhetorik vom Standpunkt des Höhergestellten aus argumentiert.[278] In der Antike wurde zwischen Rhetorik und Epistolographie deutlich unterschieden.[279] In rhetorischen Handbüchern werden Briefe nur hinsichtlich des Stiles thematisiert, der sich deutlich von dem der Rede unterscheiden soll.[280] Auch die rhetorisch geschulten Kirchenväter haben den Galaterbrief nie nach einer der drei Redegattungen klassifiziert; manche haben eher den kunstlosen Stil des Apostels der Rhetorik als allgemein für ein großes Publikum verständlich gegenübergestellt.[281] Eine Rede, gerade eine Gerichtsrede, sei erfolgsorientiert, ein Brief hingegen verständigungsorientiert.[282] Francis Tolmie beendet seine Untersuchung zu »Paulus und die antike Rhetorik« u. a. mit folgenden Einsichten: 1. Mit Hinblick auf den neuzeitlichen Dissens der rhetorischen Klassifizierung und auf die antike wie moderne Kritik an der Vernachlässigung des Unterschieds zwischen Brief und Rede sei der rhetorische Zugang nicht geeignet, die Makrostruktur des Galaterbriefes zu erhellen. 2. Die Erhebung der Funktion eines Argumentes sei wichtiger als die Frage der Formbestimmung des ganzen Briefes; das erlaube die Frage nach rhetorischen Elementen im Detail. 3. Neuere Arbeiten sehen nicht nur deskriptive, sondern auch evaluative Aspekte vor, wie die Studien von Dieter Mitternacht[283], Lauri Thurén[284], Moisés Mayordomo[285] und Mika Hietanen[286] zeigen. 4. Briefe haben ihre eigenen rhetorischen, speziell ironischen oder tadelnden Formelemente.[287]

Lässt sich auf makrostruktureller Ebene eine Zuordnung des Galaterbriefes zu einem der drei rhetorischen Genera nicht plausibilisieren, so hindert dies nicht daran, auf mikrostruktureller Ebene nach rhetorischen Elementen zu fragen.[288] Wenngleich

---

278 *Kremendahl*, Botschaft, 122.
279 *De Boer*, Gal, 69; *Das*, Gal, 58.
280 *Porter*, Justification, 115f.
281 Belege bei *Das*, Gal, 62f.
282 *Müller*, Vom Schluß zum Ganzen, 52.
283 *Mitternacht*, Forum für Sprachlose, vertritt letztlich ein Programm des *audiatur et altera pars*: Die rhetorische Strategie des Apostels ziele auf eine Verunglimpfung der Fremdmissionare, die historisch und theologisch zu hinterfragen sei.
284 *Thurén*, Derhetorizing Paul, 70, verweist auf Elemente des Polarisierens und Dramatisierens; die scheinbaren Affekte seien alle rhetorisch bedingt, dem Ziel deliberativer Rede entsprechend, und kein Verweis auf die tatsächliche Gemütslage des Paulus.
285 *Mayordomo*, Argumentiert Paulus logisch?, 230: Paulus argumentiert in Gal 3,6–14 auf der Basis seiner eigenen Voraussetzungen, nicht auf der Basis eines Konsenses.
286 *Hietanen*, Paul's Argumentation, bewertet den Galaterbrief nach neuzeitlichen kommunikationstheoretischen Regeln für ethisch gute Kommunikation (58–62) und verweist auf argumentative Lücken (Paulus begründet nicht, warum die Tora als Instrument der Disziplinierung der Glaubenden nicht mehr notwendig sei, 112), falsche Voraussetzungen (Paulus argumentiert auf der Basis seines eigenen Denkens, nicht auf der Basis eines tatsächlich vorhandenen Konsenses) und auf eine mögliche Strategie absichtlicher Unklarheit (196) im Galaterbrief.
287 *Tolmie*, Rhetorical Analysis, 22–25.
288 Vgl. *Classen, Theorie, 169; *Bauer*, Paulus, 318, sowie die umfangreichen Listen bei *Sänger*, »Vergeblich bemüht« (Gal 4,11), 110–118; *Morland*, Rhetoric of Curse, 115.

Paulus wohl kaum eine rhetorische Ausbildung genossen hat[289], benutzt er doch einzelne rhetorische Termini wie συστατικαὶ ἐπιστολαί (2Kor 3,1) und σύγκρισις (2Kor 10,12).[290] Die Ausdifferenzierung der Briefgattungen in den epistolographischen Lehrbüchern hat ihre Analogie in der Ausdifferenzierung der rhetorischen Stile.[291] Dass ein Brief öffentlich vorgelesen wurde – damit wird man beim Galaterbrief rechnen dürfen –, wurde von den Theoretikern der Epistolographie nicht thematisiert.[292] Der Galaterbrief ist kein Ersatz für eine mündliche Konversation, sondern für eine Rede[293] – Paulus konnte die rhetorische Situation der Gemeindeversammlung vorwegnehmen.

Bisherige Forschung zur rhetorischen Einordnung des Galaterbriefes hat sich häufig an rhetorischen Lehrbüchern orientiert. In diesem Kommentar wird auch praktizierte Rhetorik einbezogen. Bevorzugt werden Texte, bei denen das schreibende und redende Ich sich im allgemeinen oder konkreten Kontext eines schweren Dissenses mit anderen an ein Gegenüber wendet, um sich des Einverständnisses des Gegenübers mit der eigenen Position zu versichern. Vor allem die Reden Ciceros bieten manches, was zum Vergleich einlädt, unbeschadet dessen, dass es bei Cicero um die *res publica*, bei Paulus hingegen nur um eine kleine Gruppe geht.

Auch bei der epistolographischen Einordnung hat sich kein Konsens ergeben: Dieter Kremendahl bezeichnete den Galaterbrief als apologetischen Brief, Francis Tolmie als tadelnden Brief, deSilva als beratenden Brief.[294] Differenzen im Tonfall wie der eigenen Rolle des Absenders erschweren die Einordnung als apologetischen oder symbouleutischen Brief.[295] Mit Thomas Johann Bauer kann man den Galaterbrief als ein mit Zügen des philosophischen Lehrbriefes ausgestattetes Schreiben betrachten – typisch ist der pädagogisch-didaktische Stil –, das aber Elemente des tadelnden und anklagenden Briefes enthält.[296]

7. Das theologische Profil des Briefes

Im Galaterbrief reagiert Paulus mit den Mitteln polemischer, teilweise invektiver Rhetorik auf das Wirken fremder Missionare, deren ekklesiologisches Identitätskonzept er als unvereinbar mit dem eigenen ansieht und die er den Angeredeten gegenüber durch Verweis auf ihre unlautere Motivation verdächtig macht.[297] Gegen deren Ein-

---

289 *Forbes*, Paul and Rhetorical Comparison, 151.
290 Gelegentlich wird προγράφειν in Gal 3,1 ebenfalls als rhetorischer *terminus technicus* bewertet; vgl. Neumann, »Jesus Christus vor Augen zeichnen« (Gal 3,1), 451.
291 *Quintilian*, Inst, III 4,3.
292 *Forbes*, Paul and Rhetorical Comparison, 151.
293 *Anderson*, Theory, 119; *Martyn*, Gal, 21; *de Boer*, Gal, 70.
294 *Kremendahl*, Botschaft, 132; *Tolmie*, Rhetorical Analysis, 16; *deSilva*, Letter, 94.
295 *Bauer*, Paulus, 280–292.
296 *Bauer*, Paulus, 250; 292–313.
297 An rhetorischen Mitteln begegnen neben der Invektive (Gal 1,6–9; 5,7–12) die Isolation (Gal 1,2; 5,10; 6,17a) und die Synkrisis (Gal 6,12–14).

fluss hält er die Angeredeten energisch unter Verweis auf drohenden Heilsverlust dazu an, weiterhin bei der von ihm dargebotenen Evangeliumsverkündigung zu bleiben.[298] Evaluative, kognitive und emotionale Dimensionen greifen in seinem deliberativen Brief ineinander.[299]

Innere Basis seiner Ausführungen ist die Gewissheit, dass Gott in der Fülle der Zeit im Christusereignis den Zugang zu sich neu geordnet hat: Der Glaube gilt für Nichtjuden wie für Juden als die einzige Zugangsbedingung zum Heil, zu den universal geltenden Verheißungen an Abraham. Für Paulus implizieren Erfahrungen seiner eigenen Vita wie seines Wirkens bei den Angeredeten die Wahrheit, dass der Zugang zu Gott auch für Nichtjuden offensteht, und Wirklichkeit, dass auch sie noch vor aller Forderung der Beschneidung ein neues geistgeleitetes Leben führen.[300] Die Heilige Schrift Israels offeriert ihm Abraham als Modell des Glaubens, Christus und die zu ihm Gehörenden als Empfänger der Abrahams-, d. h. der Geistverheißung.[301] Sie ist ihm Zeugnis wie Zeuge der Geschichte Gottes mit der Menschheit, die er als Universalgeschichte wie als Individualgeschichte fasst.[302]

Diese heilsgeschichtliche Neusetzung hat ekklesiologische wie individual-soteriologische Implikationen. Die Identität der Gruppe der Glaubenden ist durch die Christusbindung konstituiert. Hatte Paulus im 1. Thessalonicher- wie im 1. Korintherbrief vor allem die ethischen Aspekte dieser Christusbindung im Sinne einer lebensumgreifenden Bindung stark zu machen, so sieht er sich im Galaterbrief aus aktuellem Anlass genötigt, die ekklesiologische Dimension dieser Christusbindung unter dem bereits am Apostelkonvent thematisierten Aspekt zu entfalten, dass sie die bisherigen religiösen Differenzen zwischen Juden und Nichtjuden überwölbt.[303] Dieser ekklesiologischen Identitätskonstruktion ist der im Galaterbrief prononciert verwendete Freiheitsbegriff zugeordnet; er meint, dass die Notwendigkeit entfällt, die durch die Christusbindung vermittelte Identität durch Orientierung an den Geboten speziell der Beschneidung und der Speisehalacha darzustellen. Diese Einsicht mit ihren ekklesiologisch-lebenspraktischen Konsequenzen hatte Paulus schon während des sog. Antiochenischen Zwischenfalls und jetzt wieder gegenüber den Adressaten zu verteidigen. Dem ekklesiolo-

---

298 Gal 4,16f.; 5,1–4.

299 Vermutlich haben die Fremdmissionare den Angeredeten eine negative Kategorisierung im Sinne des Defizitären attribuiert: Als Kinder Abrahams dürften die Angeredeten sich erst fühlen, wenn sie sich der Beschneidung und der Toraobservanz unterzögen. Paulus setzt eine positive Evaluation ihres bereits vor Beschneidung und Toraobservanz positiv gegebenen Standes als eines Status entgegen, aus dem man wohl nicht freiwillig zurückfallen soll (Gal 4,1–11). Der emotionale Kontrast zwischen Freundschaftstopik (Gal 4,12–20) und invektiver Polemik gegen die Fremdmissionare soll die Gruppenkohäsion zugunsten des Paulus verstärken. Der kognitive Aspekt ist u. a. durch Verweise auf das Christusgeschehen und durch Schriftinterpretation gegeben.

300 Gal 1,15f.; 2,3; 3,2.

301 Gal 3,6–9.15–18; 4,38.

302 Gal 3,25–4,7; vgl. später bei Paulus Röm 1,16f.; 3,21; 5,12–19. Paulus wendet jedoch nirgends epideiktische Rhetorik auf die Heilige Schrift an.

303 Gal 2,16; 3,28.

gischen korrespondiert der individual-soteriologische Aspekt: Der bzw. dem Einzelnen ist der Zugang zu Gott nicht mehr durch die Erfüllung biblischer Halachot (»Werke des Gesetzes«, Gal 2,16) gegeben, sondern durch den Glauben, d. h. durch die Anerkennung dessen, dass Jesus Christus stellvertretend durch seine Selbsthingabe im Kreuzestod den »Fluch des Gesetzes« (3,13) über die Sünde getragen hat, und durch das völlige Durchdrungensein von dieser Christusbindung, die das ganze Leben umgreift und im Handeln bestimmt.[304]

Dem Gesetz, d. h. der Tora, erkennt Paulus weder eine ekklesiologisch-soziologische Funktion der Identitätskonstruktion für die Gruppe noch eine individual-anthropologisch dem »Leben für Gott« im positiven Sinne dienliche Wirkung zu,[305] wohl aber hamartiologisch eine überführende und eindämmende Intention, deren Wirksamkeit faktisch jedoch nicht gegeben ist.[306] Wer jedoch aus Glauben handelt, wird von dem Fluch des Gesetzes nicht mehr getroffen.

Paulus muss sein ekklesiologisches Identitätskonzept gegen den möglichen oder wirklichen Vorwurf verteidigen, damit werde einem ethisch unzureichenden Leben Tür und Tor geöffnet. Hinsichtlich ethischer Fragestellungen ist zu bemerken: Paulus nennt als oberste Norm das »Leben für Gott«, das sich als Wandel im Geist vollzieht und, als Handeln in der Liebe, auch das Gesetz erfüllt, sodass dessen Fluchwirkung nicht eintritt.[307] Der Glaubende als Subjekt ethischen Handelns ist gefordert, sich am Geist zu orientieren und sich immer wieder auch selbst zu prüfen.[308] Der Glaubende ist kraft des Heiligen Geistes zu ethischem Handeln fähig, nicht hingegen der Nichtglaubende. Das wird vorausgesetzt, aber erst anfangsweise anthropologisch reflektiert.[309] Traditionsgeschichtlich ist paulinische Ethik als Materialethik in biblisch-jüdischer Tradition verankert, von der er vor allem das aufnimmt, was mit griechisch-römischer Ethik vermittlungsfähig ist.[310] Konkretionen in Gal 5,25–6,10 haben vor allem Aspekte des Gemeinschaftslebens im Auge.

Sich selbst präsentiert der Apostel einerseits als von Gott berufene und durch den Konsens am Apostelkonvent bestätigte Autorität,[311] andererseits wiederholt als Vorbild

---

304 Ersteres Gal 1,4; 2,16.20; 3,13, Letzteres Gal 2,20; 3,27; 4,19; 5,6.
305 Für Ersteres vgl. Gal 2,4f.16–18; 5,6; 6,15, für Letzteres vgl. Gal 2,19; 3,21. Von der faktischen Konstatierung zur anthropologischen Begründung findet Paulus erst in Röm 8,3f., wo er zusammenbindet, was im Galaterbrief noch nicht verbunden war.
306 Gal 3,19–24.
307 Gal 2,19; 5,14.18.23.
308 Gal 5,16.24f.; 6,3.
309 Gal 3,10.22; 5,17. Die ausgearbeitete anthropologische Reflexion erfolgt erst im Römerbrief (Röm 7,7–25; 8,3–11; 12,1f.). Zur fraglosen Voraussetzung der Sündhaftigkeit aller Menschen vgl. 1Thess 1,9f., dann aber auch noch Röm 1,18–3,20. Gerade Röm 2,17–29 zeigt, dass Paulus an dieser Stelle nicht evidenzbezogen argumentiert.
310 Ethische *exempla* sind Christus (Gal 6,2) und der Apostel selbst (s.u.). Veranschaulichungen erfolgen jedoch nirgends bei Paulus anhand biblischer Gestalten. Lediglich Röm 4,19–22 führt in diese Richtung, allerdings ist dort nicht ein speziell ethischer Zusammenhang angesprochen.
311 Gal 1,1.11–16 (Paulus nimmt für sich eine gewisse Kontinuität zu den biblischen Propheten in

hinsichtlich der Erkenntnis des Christusgeschehens und der Intensität der Christusbindung, die bei ihm zu einer Christuskonformität gerade in den Mühen und Gefahren des apostolischen Dienstes wird.[312] Das »Ich« des Apostels ist ein paradigmatisches »Ich«, das, so Paulus, auch zum »Ich« der Angeredeten werden sollte.

8. Hatte der Brief Erfolg?

Auch in dieser Kontroverse halten sich pro[313] und contra die Waage.

Der Verfasser des 1. Clemensbriefes kann die Korinther auf den 1. Korintherbrief ansprechen, Papias von Hierapolis die Philipper auf den paulinischen Philipperbrief. Vergleichbares fehlt uns für den Galaterbrief. Die These, dass der Brief des Paulus erfolgreich war, basiert auf mehreren Argumenten: 1. Der Galaterbrief ist erhalten geblieben; 2. die Beteiligung der Galater an der nach Gal 2,10 vereinbarten Kollekte ist in 1Kor 16,1 erwähnt; 3. nach Apg 18,23 hat Paulus »im galatischen Land und Phrygien alle Brüder gestärkt«, was einen Erstbesuch voraussetzt. 4. Mindestens in der Provinz Galatien sind recht bald christliche Gemeinden bezeugt. 5. Das im Galaterbrief angesprochene Thema ist bei einem Teil der Jesusgruppen bald kein Thema mehr.

Die Argumente sind teilweise von bedingter Tragkraft.[314] 1. Dass der Galaterbrief erhalten geblieben ist, kann mehrere Ursachen haben: a) Paulus kann sich eine Abschrift angefertigt haben; b) es gab bei den Adressatengemeinden einzelne Gemeindeglieder, die gegenüber Paulus loyal geblieben waren und u.U. neue Gemeinden gegründet haben.[315] c) Der Brief mag an Nachbargemeinden weitergegeben worden sein, die ihn in ihre Sammlung von Paulusbriefen integrierten, während die ursprünglichen Empfängergemeinden untergegangen sind.[316] 2. Paulus erwähnt die Galater in der Kollektennotiz 1Kor 16,1, aber nicht in Röm 15,26. Angesichts der in diesem Kommentar vorgetragenen Datierung des Galaterbriefes nach dem 1. Korintherbrief fällt 1Kor 16,1 als Argument aus.[317] 3. Der Verweis auf Apg 18,23 ist nur dann von Belang, wenn der Galaterbrief noch vor dem in Apg 18,23 genannten Besuch geschrieben wäre, was aber keineswegs sicher ist. 4. Über Gemeinden im Zentrum Kleinasiens haben wir für das Ende des 1. Jh.s mit Ausnahme von 1Petr 1,1 keine Nachrichten. Im 2. Jh. steht es für einige Städte der Provinz Galatia allerdings durchaus anders, aber auch für Ikonion.[318] 5. Das Thema der Beschneidung neu hinzutretender Mitglieder der Jesusgruppen aus

---

Anspruch); 2,1–10. Zu diesem Autoritätsbewusstsein vgl. 1Kor 4,16–21; 2Kor 13,1–3, aber auch 2Kor 1,24; 12,14f.
312 Gal 1,10; 2,20; 4,12; 6,14.17 (zu Letzterem vgl. 2Kor 11,21–12,10).
313 *Pilhofer*, Erfolg?, 91.
314 Dementsprechend gibt es Gelehrte, die auf das *ignoramus ignorabimus* verweisen (*Sänger*, Strategien, 297).
315 *DeSilva*, Gal, 107; *Keener*, Gal [2019], 45.
316 *Aland*, Entstehung, 350.
317 Anders *Ewald*, Sendschreiben, 100f.; *Hyldahl*, Gerechtigkeit, 441f.
318 *Pilhofer*, Erfolg?, 91.

griechisch-römischem Kulturkreis ist später in vielen dieser Gruppen kein Thema der Diskussion mehr gewesen.[319] In diesen Kreisen hatte sich die paulinische Sicht durchgesetzt. Das könnte ein Indiz für einen gewissen Erfolg des Galaterbriefes sein, doch ist hier letzte Gewissheit nicht zu erzielen.

9. Einzelne Stationen früher Rezeption (bis Origenes)*

In der Frühzeit sind Bezugnahmen auf den Galaterbrief vermutlich im Brief des Polykarp zu finden,[320] ebenso vereinzelt in der apologetischen Literatur, nämlich bei Aristides, wo Gal 4,8 den Irrtum der nichtchristlichen Götterverehrung beschreibt.[321] In den Pseudoclementinen wird Paulus das in Gal 2,11–14 geschilderte Verhalten zum Vorwurf gemacht.[322] In der *Epistula Jacobi apocrypha* mahnt Gal 3,13 zur Demut nach dem Vorbild Christi.[323] Bei den Naassenern mahnt Gal 3,28 zur sexuellen Askese.[324] Bei Markion lassen Gal 1,6f.; 2,14; 3,13 auf den Gegensatz zwischen der falschen Verkündigung der Urapostel mit ihrer Lehre von der Einheit des Schöpfergottes mit dem Vater Jesu Christi und dem von Paulus gepredigten Evangelium des fremden Gottes schließen.[325] Für Irenaeus dienen die Ausführungen über den Glauben Abrahams Gal 3,5–9, über die Kreuzigung Christi Gal 3,13, über die Funktion des Gesetzes Gal 3,24 sowie über das Kommen Christi Gal 4,4 zum Beweis für die Einheit des Gottes beider Testamente.[326] Tertullian sieht, anders als Markion, in Gal 2,11–14 nur den Gegensatz im Verhalten dargestellt und wird dadurch zum Vorläufer einer vor allem in der östlichen Tradition begegnenden, den Konflikt entschärfenden Auslegung dieser Stelle.[327] Gal 2,16.18 bezeugen den neuen Weg der Rechtfertigung *post Christum*, nicht eine neue Gottesverkündigung.[328] Für Clemens von Alexandria ist Gal 3,24 für das Konzept der Heilsgeschichte von Bedeutung, dem gemäß beide, die Tora wie die von ihr abhän-

---

319 *de Boer*, Gal, 411; *Keener*, Gal [2019], 45.
* *Dassmann, Ernst*, Der *Stachel* im Fleisch. Paulus in der frühchristlichen Literatur bis Irenäus, Münster 1979; *Edwards, Mark J.*, Galatians, Ephesians, Philippians, ACCS NT 8, Downers Grove 1999; *Levy, Ian*, The Letter to the Galatians, Medieval Bible Commentary series, 1, Grand Rapids 2011; *Lindemann, Andreas*, Paulus im ältesten Christentum. Das Bild des Apostels und die Rezeption der paulinischen Theologie in der frühchristlichen Literatur bis Marcion, BHTh 58, Tübingen 1979; *May, Gerhard*, Der Streit zwischen Petrus und Paulus in Antiochien bei Markion, in: *ders.*, Markion. Gesammelte Aufsätze, hg. v. Katharina Greschat u. a., VIEG 68, Mainz 2005, 35–41.
320 Polyk 5,1 (Gal 6,7); 3,3 (Gal 5,14); 9,2 (Gal 2,2).
321 Aristides, Apol. 14,4 (Goodspeed 19).
322 Zu weiterer Polemik vgl. *Dassmann, Stachel, 285; *Lindemann, Paulus, 369.
323 EpJac (NHC I,2, p.13,20–25), GCS NF 8, 24.
324 Ps.-Hippol, Haer V,7,15, PTS 25, 146.
325 Tert, Marc IV 3,2, CC.SL 1, 548; vgl. *May, Streit, 38.41.
326 Iren, Haer IV 8,2; IV 21,1, FC 8/4, 62.182.
327 Tert, Praescr. 23,10, CC.SL 1, 205; Marc I 20,3; IV 3,4; V 3,7, CC.SL 1, 461.549.669.
328 Tert, Marc V 3,8, CC.SL 1, 669.

gige griechische Philosophie, auf Christus hinführen.[329] Origenes, der den ersten uns bekannten Kommentar zum Galaterbrief geschrieben hat, entnimmt aus Gal 4,24 die Regel, dass jede biblische Aussage allegorisch interpretiert werden muss, gilt es doch, nichts zu verkündigen, was des ewigen Gottes unwürdig wäre.[330] Gal 2,19f.; 5,24; 6,14 formulierten zusammen mit Mt 16,24 manchmal bei Origenes, sehr häufig in der Literatur nach ihm, das Programm antiker christlicher Weltdistanz.[331]

Die Auslegung und Rezeption des Galaterbriefs in der Zeit nach Origenes ist Gegenstand mehrerer teils epochenübergreifender, teils epochenspezifischer Kommentare geworden.[332]

---

329 ClemAl, Str I 28,2, GCS 15, 17f.; Str VII 11,2, GCS 17, 9.
330 Orig, Hom. Gen 7,2, GCS NF 17, 110f. Zu dem Anliegen vgl. Plut, Stoic. rep. 1034b; ClemAl, Str V 76,1, GCS 15, 377, über Zenon von Soloi.
331 Orig, Cels III 21, SC 150, 222; ders., In Mt. XIII 21, GCS 40, 238; weitere Belege bei *Meiser*, Gal, 111f.; 114–116; 314.
332 *Riches*, Galatians; *Edwards*, Galatians; *Meiser*, Galater; *Levy, Galatians. Die Exegese der im Rahmen des »Novum Testamentum Patristicum« aus konzeptionellen Gründen nicht mehr zu berücksichtigenden Autoren Ps.-Oikumenius und Theophylakt von Ochrid wird im vorliegenden Band nachgetragen.

1,1–10 Präskript und Proömium

1,1–5 Präskript*

(1) Paulus, Apostel nicht von Menschen, auch nicht durch einen Menschen, sondern durch Jesus Christus und Gott den Vater, der ihn auferweckt hat von den Toten, (2) und alle Brüder mit mir den Gemeinden der Galatia: (3) Gnade sei mit euch und Friede von Gott unserem Vater und dem Herren Jesus Christus, (4) der sich selbst für unsere Sünden dahingegeben hat, damit er uns herausreiße aus dem gegenwärtigen bösen Äon nach dem Willen Gottes, unseres Vaters; (5) ihm sei Ehre in Ewigkeit, Amen.

V. 3: Die handschriftliche Tradition schwankt, ob ἡμῶν zu θεοῦ πατρός oder zu κυρίου Ἰησοῦ Χριστοῦ[1] gehört.

V. 4: Einige gute Textzeugen (𝔓46 ℵ* D F G K L P Ψ 104 1739 1881) lesen περί[2], andere ὑπέρ (𝔓51 ℵ¹ B H 0278 6 33 81 326 365 630 1175 1241 1505 2464).[3]

Paulus folgt mit diesem Präskript dem erweiterten, aus zwei Sätzen bestehenden Briefeingangsschema, das ihm, wie vor allem im Ersten Korintherbrief und im Römerbrief, die Möglichkeit eigener Akzentsetzung im Hinblick auf das Folgende gibt.[4] Der Verweis auf den göttlichen Ursprung des paulinischen Apostolats in Gal 1,1 weist auf Gal 1,6–2,14 voraus, die knappe Charakterisierung der Adressaten in Gal 1,2b auf Gal 1,6–10. Die Ausführung der Grußformel betont »die Bedeutung, die Relevanz und die

---

* *Barclay, John M.G.*, Why the Roman Empire Was Insignificant to Paul, in: *ders.*, Pauline Churches and Diaspora Jews, WUNT 275, Tübingen 2011, 363–387; *de Saeger, Luc*, »Für unsere Sünden«. 1Kor 15,3b und Gal 1,4a im exegetischen Vergleich, EThL 77 (2001), 169–191; *Kraus, Wolfgang*, Jesaja 53 LXX im frühen Christentum – eine Überprüfung, in: *Wolfgang Kraus*, (Hg.), Beiträge zur frühchristlichen Theologiegeschichte, BZNW 163, Berlin/New York 2009, 149–182; *van Voorst, Robert E.*, Why Is There No Thanksgiving Period in Galatians? An Assessment of an Exegetical Commonplace, JBL 129 (2010), 153–172.

1 Ersteres ℵ A P Ψ 33 81 326 365 1241 2464 ar b (von *Matera,* Gal, 39; *Moo,* Gal, 74; *Das,* Gal, 71; *deSilva,* Letter, 111, NA[28] bevorzugt), Letzteres 𝔓46 𝔓51 B D F G H K L 104 630 1175 1505 1739 1881 (von *Carlson,* Text, 173, bevorzugt).
2 Die LA wird von *Carlson,* Text, 173, bevorzugt.
3 NA[28]; *Das,* Gal, 71; *Keener,* Gal [2019], 54; *von der Osten-Sacken,* Gal, 56.
4 Dabei kann der Schwerpunkt auf der Charakterisierung der Adressaten (1Kor 1,2) oder des Absenders (Röm 1,1–6) ebenso liegen wie auf der christologisch-soteriologischen Entfaltung der Grußformel (Gal 1,3–5).

existentiellen Konsequenzen des Todes Christi«[5] und beinhaltet die Aufforderung, in der neuen Zeit »im Geist« zu leben.

1 Paulus[6] stellt sich selbst als »Apostel« vor. Er verweist auf seinen Apostolat vor allem dann, wenn dieser umstritten ist und legitimiert werden muss, stets mit Hinweis auf Gott als berufende (1Kor 1,1; Gal 1,1; Röm 1,1) bzw. legitimierende (2Kor 1,1) Instanz.[7] In anderen Briefen formuliert Paulus diesen Selbstanspruch in positiven Wendungen, im Galaterbrief hingegen durch zwei negative Näherbestimmungen, was bereits auf die Spannungen zwischen Paulus und den Adressaten verweist. In diesen Näherbestimmungen nimmt Paulus Bezug auf die Basis seines Apostolats.[8] Die verneinte Wendung ἀπ' ἀνθρώπων[9] bezieht sich auf die mögliche, aber von Paulus verneinte Quelle, den Auftraggeber, die Wendung δι' ἀνθρώπου auf die (verneinte) menschliche Vermittlung.[10] Ein Bedeutungswechsel hinsichtlich der Präposition διά von ihrer ersten

---

5 *Vouga*, Gal, 17f.; Gal 1,3f. ist insofern Vorverweis auf Gal 3,1–5,12, aber auch auf Gal 5,13–6,18.
6 Der Apostel verwendet stets den Namen »Paulus«, nie »Saulus«, vielleicht auch, weil das griechische σαῦλος eine unvorteilhafte Bedeutung hat, nämlich an betrunkene Bachanten erinnert (*Das*, Gal, 73; *deSilva*, Letter, 113).
7 Für ältere Forschung zum Begriff vgl. *Schlier*, Gal, 26, mit Anm. 3. Bei Herod, Hist. 1,21; 5,38 benennt das Wort ἀπόστολος einen hochrangigen Delegaten. In 1Kön 14,6 MT bezeichnet sich der Prophet Achia, der der Frau des Königs Jerobeam eine Unheilsbotschaft verkünden muss, als שלוח, was bei Aquila mit ἀπόστολος wiedergegeben wird. In 2Chron 17,7–9 ist das Motiv des »Abgesandtseins« von »Oberen«, Leviten und Priestern mit dem Motiv der Belehrung des Volkes in der Tora verknüpft. Nach Joseph, Ant XVII 300 ist die jüdische Gesandtschaft nach Rom bei Amtsantritt des Archelaos »nach dem Beschluss des gesamten Volkes geschickt worden«, was ihre Autorisierung unterstreichen soll. mBer V 5 enthält nicht nur den häufig zitierten Grundsatz »Ein Abgesandter eines Menschen ist wie dieser selbst«, sondern zeigt, dass auch der Vorbeter in einer Gemeinde als שליח bezeichnet werden kann. Die Stelle ergibt wie bei Paulus 1Thess 2,7; 1Kor 1,1; 2Kor 1,1 (Röm 16,7 bleibt in der Bedeutung offen), dass weniger die Aussendung als äußerer Vorgang als vielmehr die Delegierung und damit verbunden die Autorität des so Bezeichneten von Bedeutung ist. Paulus weiß sich durch Gott (1Kor 1,1; 2Kor 1,1) wie durch Christus (Gal 1,1), faktisch durch die Schau des erhöhten Christus (1Kor 9,1; 15,8) berufen, gegen die Bedenken im Sinne von Dtn 13,2–6 in der kanonisch gewordenen Literatur nirgends geltend gemacht werden. Das Moment der Beauftragung zum auswärtigen Dienst ist in 2Kor 8,23; Phil 2,25; Did 11,3–6 betont. Die Gleichsetzung der Apostel mit den »Zwölf« ist erst nachpaulinischen Ursprungs (Mk 6,30; Apg 1,21f.).
8 Auch bei Philo, Virt 63, wird Moses Wirken in einer ihm in den Mund gelegten Rede als von menschlicher Beauftragung unabhängig auf Gott zurückgeführt.
9 Die Wahl von ἀπό mag »durch den in ἀπόστολος liegenden Verbalbegriff verursacht« (*Lietzmann*, Gal, 3) worden sein.
10 Man kann überlegen, ob der Wechsel vom Plural zum Singular auf die dem Paulus unterstellte Abhängigkeit von einer Einzelgestalt zielt (*Zahn*, Gal, 33, denkt an Barnabas; *Sänger*, Bekennendes Amen, 136 Anm. 24 lässt offen, an wen gedacht sein könnte) oder einfach stilistischen Gründen geschuldet ist (*Bousset*, Gal, 33; *Moo*, Gal, 67). Paulus erwähnt im Galaterbrief wie auch sonst weder Ananias, der ihn nach Apg 9 getauft hat (*Beyer/Althaus*, Gal, 12), noch die antiochenische Gemeinde in ihrer Funktion als seiner ersten Heimatgemeinde (*Sieffert*, Gal, 65). Dass Ananias

zu ihrer zweiten Verwendung legt sich nicht nahe.[11] Muss sich Paulus gegen eine Anschauung zur Wehr setzen, derzufolge er zwar Apostel ist, aber dennoch »nach Menschenweise«, nämlich antiochenischer Missionsgehilfe[12] oder Apostel von Jerusalems Gnaden oder Schüler der dortigen Apostel?[13] Allerdings wird das Thema im weiteren Verlauf des Galaterbriefes nicht explizit aufgenommen[14], ist nur indirekt wirksam; auch ist vor dem Eintrag typisch modern-westlicher Normalvorstellungen hinsichtlich einer »Unabhängigkeit« zu warnen.[15] Rhetorisch gesehen stellt Paulus klar, dass er aufgrund der göttlichen Legitimierung seines Aposteldienstes Autorität über die Galater beanspruchen kann.

Die Metapher »Vater« wird in V. 1 nicht spezifiziert; auch wird nicht deutlich, wessen Vater gemeint ist.[16] Die Funktion des Verweises auf die Auferweckung Christi von den Toten wird verschieden bestimmt, je nach dem, wessen Charakterisierung sie bestimmt. Mit Bezug auf Christus wird die Auferweckung als Ereignisgrund dessen namhaft gemacht, dass Jesus auf die Seite Gottes gehört, und dass ihn Gott nicht nur nicht im Grab gelassen, sondern ihn zum Herrn gemacht hat.[17] Mit Bezug auf Gott wird die Auferweckung als grundlegender Akt seiner neuen Selbstdefinition benannt[18] – hier-

---

nicht genannt wird, begründet Theophylakt, Gal., PG 124, 953 D, mit dem Gedanken, dieser habe Paulus zwar getauft, ihn aber nicht zum Glauben berufen. In IgnPhld 1,1 zielt die Wendung οὐδὲ δι' ἀνθρώπων auf die göttliche Berufung des Bischofs der Philadelphier, die der Autor aus dessen Lebenswandel erschließt.

11 Paulus hat das erste διά wohl um des zweiten διά willen gesetzt (*Das,* Gal, 71).
12 *Dunn,* Gal, 25, der eine – m. E. unwahrscheinliche – Interpretationslinie aufgreift, dergemäß die Apostelgeschichte nicht selten Tradition von Paulusgegnern wiedergebe.
13 Ersteres *Moo,* Gal, 67, Letzteres *Keener,* Gal [2019], 50. Noch anders Luther, Gal, WA 40/I, 58: Die »Gegner« halten ihm vor, dass er überhaupt nicht, auch nicht von Menschen berufen ist, ihm also jegliche Legitimation fehlt und er sich das Apostelamt eigenmächtig angemaßt hat. Luther wie Calvin, Gal, CR 50, 168, verwahren sich aber gleichermaßen dagegen, Gal 1,1 zur Rechtfertigung jeder Berufungsgewissheit abseits des Motivs des *rite vocatus* ins Feld zu führen (*Riches,* 74). Gegen die These, Paulus wehre sich gegen Vorwürfe, *Vos,* Kunst, 244f. Jedenfalls sieht sich Paulus nicht in einem Patronatsverhältnis mit Jerusalem, in welchem er gegenüber Petrus und Jakobus die Rolle des Klienten mit den üblichen Anforderungen der *pietas* und *fides* ausfüllen müsste (Peter Oakes, Seminar paper, 27.07.2021).
14 *Matera,* Gal, 41.
15 *Das,* Gal, 75.
16 *De Boer,* Gal, 25. *Ciampa,* Presence, 40–43, macht auf Texte aufmerksam, in denen die Vatermetaphorik im Zusammenhang mit der endzeitlichen Erlösung Israels verwendet wird (Jub 1,24; PsSal 17,27; 3Makk 6,3.8; TestJud 24,3).
17 *Usteri,* Gal, 9, ergänzt sinngemäß ἡμῶν.
18 *Martyn,* Gal, 85; *Dunn,* Gal, 28; *Moo,* Gal, 67; *deSilva,* Letter, 113 (er betont in diesem Zusammenhang auch das Ende der bisher regierenden Mächte incl. der Tora – was im Text von Gal 1,1 zumindest keinen expliziten Rückhalt hat). Dass Paulus im Galaterbrief nur hier auf die Auferweckung Jesu zu sprechen kommt, zeigt nach *Martyn,* Gal, 85, dass hier kein Streitpunkt zwischen Paulus und seinen Gegnern vorlag.

für werden immer wieder auch traditionsgeschichtliche Vorgaben namhaft gemacht.[19] Mit Bezug auf den Apostel kann der Verweis durch die Betonung der Allmacht Gottes die Autorität des Apostels untermauern oder aber klarstellen, in welcher die Berufung des Apostels erfolgt ist: nicht durch den Irdischen, sondern durch den Auferweckten ist er berufen.[20] Mit Bezug auf die Glaubenden ist die grundlegende Heilstat Gottes benannt, der auch sie ihre Existenz in Christus verdanken.[21]

2 Bei Paulus singulär, aber auch im Allgemeinen für einen antiken Brief etwas ungewöhnlich ist, dass keine speziellen Namen genannt sind.[22] Die Wendung καὶ οἱ σὺν ἐμοὶ πάντες ἀδελφοί ist auf Missionsgehilfen wie auf Gemeindeglieder oder auf die Gesamtheit der Christusgläubigen[23] bezogen worden und wurde als Argument in der Datierungsfrage verwendet.[24] Paulus fühlt kein Bedürfnis, die Adressaten aufzuklären, wen er meint.[25] Im Galaterbrief begegnet nirgends ein »Wir«, das den Apostel mit anderen als Mitverfassern zusammenfasst.[26] Wichtiger ist die Pragmatik der Aussage. Paulus steht mit dem, was er im Folgenden vorzubringen hat, nicht allein. Die Wendung zielt auf die Einhelligkeit der Meinung derer, die um Paulus sind, und auf die Isolation der Galater.[27] Das Attribut πάντες soll verstärkend wirken.

Der Eingangsgruß gilt »den Gemeinden der Galatia«. Es fehlen sämtliche Epitheta ornantia.[28] Es fehlt, ähnlich wie in 2Kor, jeder Dank des Apostels für den geistlichen

---

19 Im Hintergrund mag eine jüdische Gebetsformel »Gott, der du Tote erweckst« (wie im Achtzehnbittengebet) stehen (*Bousset,* Gal, 34; *von der Osten-Sacken,* Gal, 51, der auch auf Röm 4,7 verweist sowie auf 1Kor 8,6 für den Schöpfungsgedanken, weswegen Gal 1,1 in den Kategorien der eschatologischen Neuschöpfung zu denken sei).

20 Ersteres *Usteri,* Gal, 9f., Letzteres *Lipsius,* Gal, 15; *Lietzmann,* Gal, 3; *Rohde,* Gal, 32, mit Bezug auf 1Kor 15,8. Vielleicht zielt Paulus mit dem Verweis auf Christus aber auch darauf, dass den Fremdmissionaren eine solche Beauftragung abgeht (*Keener,* Gal [2019], 50).

21 Ps.-Oikumenios, Gal, PG 118, 1093 A; Theophylakt, Gal, PG 124, 956 A; Luther, Gal, WA 40/I, 65.

22 **Van Voorst,* Why Is there No Thanksgiving Period in Galatians?, 169. *Keener,* Gal [2019], 51, vermutet, dass Mitarbeiter des Paulus, die den Galatern bekannt waren, mittlerweile nicht mehr mit ihm zusammenarbeiten.

23 Für die Deutung auf Missionsgehilfen vgl. *Lipsius, Gal,* 16; *Burton,* Gal, 8 (unter Einbezug von Apg 16,6f. käme Timotheus in Frage), für die Deutung auf Gemeindeglieder vgl. *Bonnard,* Galates, 20, für die zuletzt genannte Deutung vgl. *Schlier,* Gal, 29.

24 *Usteri,* Gal, 10, zufolge benennt Paulus damit Reisegefährten und andere Christen; hätte er eine konkrete Gemeinde vor Augen, hätte er geschrieben, »alle, bei denen ich bin«. Foerster wie Pilhofer deuten die Wendung im Sinne von »Alle, die augenblicklich bei mir sind.« *Foerster,* Abfassungszeit, 135f., bezieht das auf die Situation von Apg 20,4, *Pilhofer,* Rechtfertigung, 109, auf eine Situation während der Romreise Apg 27; 28.

25 *Schlier,* Gal, 29.

26 *Zahn,* Gal, 35.

27 Ersteres *Lipsius,* Gal, 16; *Rohde,* Gal, 35; *deSilva,* Letter, 111, Letzteres *Ollrog,* Mitarbeiter, 185. Haben die Fremdmissionare behauptet, er stehe mit seiner Verkündigung allein? So jedenfalls in voraufklärerischer Exegese Ps.-Oikumenios, Gal, PG 118, 1093 A; Theophylakt, Gal, PG 124, 956 B.

28 »Die kahle Bezeichnung der Adressaten ... ist gewollte Kälte: sie findet sich sonst nie« (*Lietzmann,* Gal, 3). Signale der Verbundenheit werden explizit erst in Gal 1,11 gesetzt, implizit dadurch, dass

Zustand der Gemeinden, wohl aufgrund des ab Gal 1,6 explizit thematisierten Konfliktes. Im Einzelnen sind die Gemeinden wahrscheinlich als Hausgemeinden konstituiert. Terminologisch knüpft der Begriff ἐκκλησία sowohl an die Volksversammlung im griech. Raum an (auch wenn diese daneben, z.B. in Inschriften, häufig δῆμος heißt) als auch an die alttestamentliche Wendung ἐκκλησία κυρίου = קהל יהוה (Dtn 23,1–4; 1Chron 28,8) bzw. קהל אל = ἐκκλησία θεοῦ (Neh 13,1; 1QM 4,0).²⁹ Allerdings: Es sind heidenchristliche Gemeinden, die Paulus so bezeichnet, und er spricht von ihnen im Plural, nicht im Singular.³⁰ Insofern ist nicht zwingend, dass den Adressaten diese mögliche Anspielung an den biblischen Sprachgebrauch durchschaubar war. Theologisch ist mit ἐκκλησία der Status der Adressaten vor Gott benannt, den Paulus im Einzelnen als Gotteskindschaft (Gal 3,26; 4,6f.), Abrahamskindschaft (Gal 3,29) und Erbschaftsanwartschaft (Gal 3,29; 4,1f.) entfalten wird, den sie freilich zu verspielen drohen.³¹ Allerdings wird weder dieser Status noch dessen Bedrohung bereits hier mit Gewicht versehen, zumal Paulus die Adressaten nur mit dem Titel ἐκκλησία, aber nicht mit der Vollform ἐκκλησία θεοῦ benennt.³²

3 Der Gnadenwunsch in Gal 1,3 ist eng mit Inhalten³³ des Galaterbriefes selbst verknüpft; das Motiv der χάρις weist auf Gal 2,21; 5,2–4, das Motiv der εἰρήνη weist auf Gal 5,15 voraus.³⁴ »Gnade« ist mehr als Sündenvergebung, nämlich ungeschuldeter Hulderweis. Erst in den Paulusbriefen begegnet χάρις in dieser Verwendung, in griechischen Briefen nirgends. Möglicherweise hat Paulus zur Bezeichnung der wohltätigen Gnade Gottes statt des Begriffes ἔλεος den Begriff χάρις gewählt, weil dieser der hellenistischen Wohltäterterminologie entstammt und auch auf den römischen *Princeps* appliziert wurde.³⁵ Der Begriff εἰρήνη nimmt den Sinngehalt von שלום auf und meint: Es ist alles in Ordnung.³⁶ Mindestens die Adressatinnen und Adressaten mögen aber auch an die römische Ideologie der *pax Romana* gedacht haben, der gegenüber Paulus her-

---

Paulus in Gal 1,6–9 zwischen den Adressaten und den Fremdmissionaren unterscheidet.

29 *Ciampa*, Presence, 47.
30 *Dunn*, Gal, 30.
31 *Sänger*, Bekennendes Amen, 150.
32 *Klein*, Gal, 45.
33 Eine traditionsgeschichtliche Ableitung von Num 4,24–26 wäre zumindest für die Adressaten nicht durchschaubar, da Paulus χάρις statt ἔλεος verwendet.
34 Für Ersteres vgl. *deSilva*, Letter, 111, für Letzteres vgl. **van Voorst*, Why Is there No Thanksgiving Period in Galatians?, 169. *Ciampa*, Presence, 49, sieht den umfassenden שלם-Begriff in Jes 40–55 aufgenommen, der den neuen Exodus einschließt. Im Anschluss an *Jegher-Bucher*, Galaterbrief, 26, verweist er auf die Verbindung beider Begriffe in apokalyptischer Literatur. Das ist möglich, aber nicht zu sichern.
35 *Zimmermann*, Gott und seine Söhne, 91.
36 Für εἰρήνη im Briefformular vgl. Dan 4,1 Theod Εἰρήνη ὑμῖν πληθυνθείη; 2Makk 1,1 εἰρήνην ἀγαθήν im Anschreiben; syrBar 78,2: Barmherzigkeit und Friede. Der Begriff steht aber auch am Ende der bekannten Segensformel in Num 6,26. Für heutige Maßstäbe befremdlich, aber mit Hilfe obiger Deutung verständlich ist 2Sam 11,7 LXX καὶ ἐπηρώτησεν Δαυιδ … εἰς εἰρήνην τοῦ πολέμου.

ausstellt, wer eigentlich als Quelle des Friedens zu betrachten ist.[37] Die Bezeichnung Gottes als des »Vaters« weist auf die Familienmetaphorik voraus, die den Galaterbrief insofern entscheidend prägt, als die Glaubenden auch ohne Beschneidung als freigeborene und erbberechtigte Familienmitglieder angesprochen werden, die sich zu Gott als Vater in einer besonderen Beziehung befindlich wissen dürfen.[38] Traditionsgeschichtlich wird man an das Motiv einer durch Fürsorge des Statusüberlegenen gekennzeichneten Beziehung denken, wie sie in biblisch-jüdischer Tradition von Gott in seinem Verhältnis zu Israel wie zu dem einzelnen Frommen ausgesagt wird.[39]

4 Auch Gal 1,4 weicht mit seiner Ausweitung des Gnadenwunsches von dem üblichen Usus im Briefpräskript ab[40], lenkt den Blick nicht auf Empfänger oder Absender, sondern auf Christus, dessen Selbsthingabe den neuen Äon inauguriert und die eigentliche, allein zureichende Basis des Heils ausmacht. Das ist auch eine implizite Kritik daran, dass sich die Galater von den Fremdmissionaren so vereinnahmen lassen.[41] Das Motiv der freiwilligen[42] Selbsthingabe ist die traditionsgeschichtlich späteste Redeweise vom Subjekt des Todes Jesu.[43] Gal 1,4 weist auf Gal 2,20b voraus. Auffallend ist im Folgenden das verbum simplex διδόναι statt des bei Paulus sonst üblichen (außer Gal 2,20 noch Röm 4,25; 8,32) παραδιδόναι[44]

---

37 *Das,* Gal, 82; *deSilva,* Letter, 117f.
38 Ansätze dieser Rezipientenorientierung bereits bei Ps.-Oikumenios, Gal, PG 118, 1093 B; Theophylakt, Gal, PG 124, 956 C.
39 Ersteres Tob 13,4; Mal 2,10; 3Makk 6,3.8, Letzteres Sir 23,1.4; 4Q372 I 16.
40 *Bengel,* Gnomon, 729; *Usteri,* Gal, 7.
41 *Van Voorst,* Why Is there No Thanksgiving Period in Galatians?, 170. Die diesbezügliche Textpragmatik des Präskriptes insgesamt ist schon in voraufklärerischer Exegese gesehen worden, vgl. Theodoret, Gal, PG 82, 461 A; Calvin, Gal, CR 50, 170.
42 Gal 1,4 bringt präziser als 1Kor 15,3 das Moment der freiwilligen Hingabe Christi zum Ausdruck (**de Saeger,* »Für unsere Sünden«, 179; *Klein,* Gal, 46, der auf 1Makk 6,44 als traditionsgeschichtliches Vorbild verweist, wo ebenfalls διδόναι ἑαυτόν begegnet). – Statt ἑαυτόν bieten 𝔓46 056* αὐτόν. Hier liegt wohl eine Haplographie vor (Σ und E konnten sich in Majuskelschrift ähnlich sehen).
43 Theologisch gleichen Ps.-Oikumenios, Gal, PG 118, 1093 B, und Theophylakt, Gal, PG 124, 957 C zu dem Motiv der Hingabe Jesu durch Gott über den Gedanken aus, das letztere Motiv bezeichne Gottes Wohlwollen gegenüber dem Selbstopfer seines Sohnes. Das würde das Gottesbild von dem Gedanken der Grausamkeit entlasten. Das Motiv der Entsprechung des Sohnes zum Willen des Vaters hat traditionsgeschichtliche Vorbilder (Sir 4,10; Mt 5,44f.). Ob Paulus in Gal 1,4 daran gedacht hat, kann man fragen; rezipientenorientiert ist die Auslegung m. E. legitim.
44 Das Verbum παραδιδόναι steht, mit Gott als Subjekt, in Jes 53,6.12 für das Schicksal des Gottesknechtes. Von daher wird Jes 53 nicht selten als Hintergrund von Gal 1,4 herangezogen (*von der Osten-Sacken,* Gal, 57; *Ciampa,* Presence, 51–59 u. a.). Offen muss bleiben, ob auch die Septuaginta zu Jes 53,6 den Gedanken der Stellvertretung betont (skeptisch ist **Kraus,* Jesaja 53 LXX im frühen Christentum, 159; der Satz καὶ κύριος παρέδωκεν αὐτὸν ταῖς ἁμαρτίαις ἡμῶν heißt zunächst »hat ihn an unsere Sünden dahingegeben« i.S. von »unseren Sünden ausgeliefert«), und Jes 53 begegnet als Deutung des stellvertretenden Sterbens Jesu explizit erst spät im NT, implizit aber vielleicht schon in 1Kor 15,3. *Kim,* Curse Motifs, 137.140–142, hat auf Defixionen hingewiesen, die die Formel verständlich machen: Jesus überantwortet sich freiwillig der feindlichen Macht (diese

sowie ὑπέρ⁴⁵ mit Genitiv der Sache statt des Personalpronomens⁴⁶ sowie die Redeweise von den »Sünden« im Plural, ebenso die Bezugnahme von θέλημα auf die Erlösungstat in Christus; Paulus verbindet hier möglicherweise vorpaulinische Formeln oder allgemein liturgische Wendungen.⁴⁷ Die Konjunktion ὅπως hat finalen Sinn.⁴⁸ Der Begriff ἐξαιρεῖσθαι⁴⁹ ist ein Begriff der Septuaginta für das Exodusgeschehen⁵⁰, aber auch im Bereich der Klagepsalmen gebräuchlich, vgl. außerdem Dan 3,88^Theod. Bei Paulus begegnet er nur hier. Das Pronomen ἡμᾶς ist das gemein-christliche ἡμᾶς, wie es in soteriologischen Kontexten öfters erscheint⁵¹; die Wendung ἐκ τοῦ αἰῶνος τοῦ ἐνεστῶτος dürfte auf apokalyptischem Hintergrund zu verstehen sein⁵², wie allgemein die Erstverkündigung des Apostels stark apokalyptisch geprägt war.⁵³ Allerdings wird weniger

---

wird mit dem Begriff αἰών gekennzeichnet, dem kein temporales Moment innewohnt, der vielmehr analog zu PGM IV 1169–1206; 2194–2205 auf magischem Hintergrund zu verstehen ist), sodass mit seiner Rettung durch Gott auch diejenigen gerettet werden, die an seinem Geschick Anteil haben.

45 Es steht im Sinne einer Begünstigung (*de Saeger*, »Für unsere Sünden«, 191).

46 Für das Verständnis des ὑπέρ bietet sich die griechische, vor allem bei den Tragikern bekannte Tradition des stellvertretenden Sterbens einer oder eines Einzelnen für eine größere Gemeinschaft, aber auch die jüdische Märtyrertradition nach 2Makk 7,1–8,5; 4Makk 17,21f. (*deSilva*, Letter, 118f.). *Klein,* Gal, 46, verweist auf Eur, Alk 178 (περί).284 (ὑπέρ).

47 Für Ersteres vgl. die bei *Vouga,* Gal, 19, Genannten; Letzteres *Mußner,* Gal, 50; *Moo,* Gal, 72.

48 *De Saeger,* »Für unsere Sünden«, 183. Dann kann man fragen, ob V. 4b das formuliert, wozu V. 4a die Voraussetzung bildet (*Zahn,* Gal, 38; *Oepke,* Gal, 14; *Ridderbos,* Gal, 43), oder 4a in anderer, nämlich soteriologischer Perspektive aufnimmt (*Longenecker,* Gal, 8) oder verdeutlicht (*Fung,* Gal, 40).

49 Das Verbum ἐξαιρέομαι – üblich ist bei Paulus ansonsten σῴζειν – lässt nicht sofort an Motive wie »Sterben« oder »Sünde« denken, sondern »beinhaltet die Befreiung aus dem Einflußgebiet einer bedrohenden Macht und zugleich die Hineinnahme in den Schutz einer neuen Macht.« (*de Saeger,* »Für unsere Sünden«, 186) Im Galaterbrief hat es seine nächsten Bezüge in 3,13; 4,5; 5,1. Dass die Befreiung auch die Befreiung von der Macht des Gesetzes einschließt (a.a.O., 187), halte ich nicht für zwingend.

50 Ex 3,8; 18,8.9.10; 1Sam 10,8; Jer 41[34],13. So auch richtig *Kim,* Curse Motifs, 145. Für *Wilson,* Wilderness, 554f., ist das auf diesem Hintergrund gedeutete Verbum ein zentraler Baustein dazu, die Situation der Galater insgesamt unter der biblischen Tradition des dem Exodus folgenden Abfalls in der Wüstenzeit zu verstehen. Hierzu müssten m.E. die Textsignale deutlicher gesetzt sein.

51 *Sänger,* Konfliktlinien, 119 Anm. 66 mit Verweis auf 1Thess 1,10; 1Kor 6,14; 15,3b–5; Röm 4,25 etc.

52 CD VI 14; XII 23; XV 7; 1QpHab V 7f. Bei Paulus sind vor allem 1Thess 4,15–17; 1Kor 15,21–28.; 50–56; Gal 4,4; 6,15; Röm 8,18–25 als apokalyptisch geprägte Texte zu bezeichnen (üblich ist bei Paulus statt ἐνεστώς eher οὗτος). Die Wendung ἐκ τοῦ αἰῶνος τοῦ ἐνεστῶτος πονηροῦ könnte man dahingehend (miss)deuten, als sei an eine konkrete gegenwärtige böse Wesenheit gedacht. Die textkritisch sekundäre Umstellung ἐκ τοῦ ἐνεστῶτος αἰῶνος πονηροῦ (ℵ² D F G Ψ 0278 1611 d b) sucht diese Uneindeutigkeit zu beheben (*Carlson,* Text, 220).

53 Vgl. 1Thess 1,9f. (das Motiv des Zornes Gottes war aber auch Nichtjuden als Motiv der *ira deorum* verständlich); 2,18 (der Satan wird dort unkommentiert eingeführt); 5,1f. *Lipsius,* Gal, 16, verweist auf 2Kor 4,4 als Parallele. Für die Gegenüberstellung der beiden Äonen vgl. äthHen 91,15–17; 4Esr

an die Rettung im Endgericht als vielmehr an die im gegenwärtigen Leben bereits wirkende Herausnahme aus dem gegenwärtigen bösen Äon gedacht sein.[54] Dass auch die Tora zu den »Mächten« des gegenwärtigen Äons gehört, ist nicht explizit gesagt[55], im Blick auf die Charakterisierung dieses Äons als πονηρός eher unwahrscheinlich. Die Wendung κατὰ τὸ θέλημα τοῦ θεοῦ bezieht sich hier auf Gottes Pläne in der Geschichte.[56] Die Pragmatik der Wendung hier in Gal 1,4 ist der Verweis auf das eigentliche Heilsereignis, das die Galater – entgegen dem Einfluss der Fremdmissionare – in seiner Bedeutung nicht verkennen sollten.[57] καί ist hier καί *explicativum*. Ob die Vatermetaphorik die Adressaten an die Beziehung Gottes zu Israel nach Ex 4,22; Jes 63,15f. erinnern sollte, ist m. E. nicht zu sichern.[58]

5 Der Satz ist ohne Verbum gebildet[59] und kann deklarativ oder optativisch gemeint sein.[60] Sowohl die Doxologie[61] als auch das sie beschließende ἀμήν[62] haben traditionsgeschichtlich ihre Vorbilder in biblischem und frühjüdischem Sprachgebrauch. Die Doxologie in Gal 1,5 gilt vermutlich Gott Vater.[63] Das »Amen«, in den Paulusbriefen nur hier am Ende des Präskripts eingefügt, setzt eigentlich das Einverständnis der Empfänger voraus, erwartet, dass sie seiner schon in Gal 1,1–4 geäußerten impliziten Kritik zustimmen.[64]

7,12f.; 8,1; syrBar 14,13; 15,8; 44,8–15. *Kim*, Curse Motifs, 143, bestreitet apokalyptischen Hintergrund für Gal 1,4; Paulus rede nicht wie 4Esra 7,50 vom »kommenden Äon«. 1Thess 5,1f.; 2Kor 4,4; Röm 13,11–14 müssten allerdings berücksichtigt werden.

54 *Zahn*, Gal, 40.
55 Gegen *Bousset*, Gal, 35; *Das*, Gal, 84; *Keener*, Gal [2019], 55 *Kim*, Curse Motifs, 149 u. a. Richtig u. a. *Bendik*, Paulus, 193. Mindestens die Adressatinnen und Adressaten werden die Differenz zwischen dieser Aussage Gal 1,4 und der römischen Ideologie bemerkt haben, die eigene Zeit unter dem soeben begonnenen Prinzipat Neros als Heilszeit zu verstehen (vgl. dazu *Schreiber*, Weihnachtspolitik, 60 u. ö., mit Belegen, sowie *Barclay, Empire, 386f., bei unterschiedlicher Gesamtwertung politischer Bezüge bei Paulus).
56 So auch *Das*, Gal, 85. Andernorts bei Paulus stehen andere Inhalte im Vordergrund: äußere Lebensvollzüge (Röm 1,10; 15,32) wie (1Thess 4,13; 5,8; Röm 12,2) die Ethik im Allgemeinen (*Keener*, Gal [2019], 56).
57 Dass Paulus auch sein eigenes Bemühen um die Adressaten als Kampf gegen die »Macht des alten, verderbten Äons« betrachte (*von der Osten-Sacken*, Gal, 56), ist nicht explizit.
58 So aber *Wilson*, Wilderness, 554.
59 In den Hss. H (015) und 0278, vielleicht auch in 𝔓51, ist ἐστιν ergänzt.
60 Ersteres Zahn, Gal, 41; beides erwägt als Möglichkeit *deSilva*, Galatians. A Handbook, 5.
61 Vgl. TestAbr 14,7; 4Makk 1,12; 18,24.
62 Ps 40,14 LXX; 71,19 LXX; 88,53 LXX; 105,48 LXX (γένοιτο, γένοιτο).
63 *Matera*, Gal, 39.
64 Theophylakt, Gal, PG 124, 957 CD; *van Voorst, Why Is there No Thanksgiving Period in Galatians?, 171.

1,6–10 Prooemium*

(6) Ich wundere mich, dass ihr euch so schnell abbringen lasst von dem, der euch berufen hat in der Gnade (Christi) zu einem anderen Evangelium, (7) wo es doch kein anderes gibt, außer dass da einige sind, die euch verwirren und das Evangelium Christi verkündigen wollen. (8) Aber auch wenn wir selbst oder ein Engel aus dem Himmel etwas verkündigt an dem vorbei, was wir euch verkündigt haben, der sei verflucht. (9) Wie wir es im voraus gesagt haben, so sage ich es nochmals: Wenn jemand euch verkündigt anders als ihr es empfangen habt, der sei verflucht. (10) Will ich denn Menschen für mich gewinnen oder Gott? Oder suche ich, Menschen zu gefallen? Wollte ich noch Menschen gefallen, wäre ich nicht Diener Christi.

V. 6: Das Wort οὕτως vor ταχέως ist im Text zu belassen. Es mag in F G wegen Parablepsis (nach ὅτι) entfallen sein. Nach χάριτι bieten manche Textzeugen ($\mathfrak{P}$46^{vid} F* G H^{vid} a b) überhaupt kein Genitivattribut[65], HS 327 (13. Jh.) bietet θεοῦ, andere bieten Ἰησοῦ Χριστοῦ (D d 326 1241^s), wieder andere das einfache Χριστοῦ (P51 ℵ A B F^c K L P Ψ 33 81 104 365 630 1175 1505 1611 1739 1881 2464.[66] Mit gewisser Vorsicht kann Χριστοῦ im Text belassen werden, ohne dass man auf diese Entscheidung zuviel Gewicht legen darf. V. 9: Die LA προειρήκαμεν ist als *lectio difficilior* beizubehalten. Die LA προείρηκα (ℵ* 630 945 ar etc., in der lat. Tradition 61 262) ist glättende Korrektur.[67] Die Lesarten ἐλάβετε ($\mathfrak{P}$51) und εὐηγγελισάμεθα ὑμῖν (Ψ) sind zu gering bezeugt, um Anspruch auf die Nähe

---

* *Arnold, Clinton E.*, ›I Am Astonished That You Are So Quickly Turning Away!‹ (Gal 1.6): Paul and Anatolian Folk Belief, NTS 51 (2005), 429–449; *Arzt, Peter*, The Epistolary Introductory Thanksgiving in the Papyri and in Paul, NT 36 (1994), 29–46; *de Boer, Martinus C.*, The New Preachers in Galatia. Their Identity, Message, Aims, and Impact, in: *Rieuward Buitenwerf/Harm W. Hollander/ Johannes Tromp* (Hg.), Jesus, Paul, and Early Christianity, FS Henk Jan de Jonge, NT.S 130, Leiden 2008, 39–60; *Horn, Friedrich Wilhelm*, Wollte Paulus ›kanonisch‹ wirken?, in: *Eve-Marie Becker/ Stefan Scholz* (Hg.), Kanon in Konstruktion und Dekonstruktion, Berlin 2011, 400–422; *Lambrecht, Jan*, Paul and Epistolary Thanksgiving, EThL 88 (2012), 167–171; *Morland, Kjell Arne*, The Rhetoric of Curse in Galatians, Atlanta 1999; *Reed, Jeffrey T.*, Are Paul's Thanksgivings ›Epistolary'?, JSNT 61 (1996), 87–99; *Richardson, Peter*, Pauline Inconsistency: 1Cor 9,19–23 and Gal 2, 11–14, NTS 26[197/80], 347–362; *van Voorst, Robert E.*, Why Is There No Thanksgiving Period in Galatians? An Assessment of an Exegetical Commonplace, JBL 129 (2010), 153–172; *Vos, Johan S.*, Die Kunst der Argumentation bei Paulus. Studien zur antiken Rhetorik, WUNT 149, Tübingen 2002; *Wischmeyer, Oda*, Warum bleiben die Gegenspieler in den Schriften des Neuen Testaments namenlos? Beobachtungen zur anonymen Polemik, in *Michael Tilly/Ulrich Mell* (Hg.), Gegenspieler. Zur Auseinandersetzung mit dem Gegner in frühjüdischer und urchristlicher Literatur, WUNT 428, Tübingen 2019, 3–23.

65 $\mathfrak{P}$46 neigt aber auch sonst zu Auslassungen; so *Carlson*, Text, 145.
66 Zur textkritischen Diskussion vgl. *Carlson*, Text, 145–149, der die zuletzt genannte LA präferiert, den Gen. aber als Gen. der Zugehörigkeit interpretiert: »der euch in die Gnade berufen hat, zu Christus zu gehören«.
67 *Zahn*, Gal, 50.

zum Urtext erheben zu können. Erstere v.l. ist wohl ein Flüchtigkeitsfehler[68], letztere ist eine Angleichung an Gal 1,8; beide zeigen, dass der Charakter von παραλαμβάνω als Traditionsterminus wohl nicht mehr bewusst war.

Ob V. 10 zum vorangehenden oder zum Folgenden gehört, ist in alter wie neuer Zeit umstritten.[69] Es gibt gute Gründe, V. 10 noch zu V. 6–9 zu ziehen: Der Gegensatz Menschen – Gott/Christi greift den in V. 6–9 aufgestellten Gegensatz zwischen dem Evangelium Christi und einem anderen Evangelium nochmals auf. Auch kann man V. 10 wie folgt zu V. 8f. in Beziehung setzen: V. 8f. suchen die Autorität der Gegner zu untergraben, V. 10 bestärkt die Autorität des Paulus selbst.[70]

Dass angesichts der für Paulus gefährlichen Situation in Galatien eine Danksagung in dem bei Paulus sonst üblichen Stil unterbleibt, habt man schon früh wahrgenommen.[71] Allerdings entspricht der Befund im Corpus Paulinum nicht unbedingt dem papyrologischen Befund: Dass in jedem Brief eine Formel der Danksagung gegenüber den Göttern enthalten sein müsse, lässt sich von der Menge der erhaltenen Papyri nicht bestätigen.[72] Insofern konnten auch die Galater nicht mit einer Danksagung als üblichem Topos rechnen.[73] Allerdings wird ihnen die nunmehr erfolgende affektiv-abwertende Leserverpflichtung[74] nicht unbedingt plausibel sein. Paulus will in den Galatern Gefühle der Scham hervorrufen[75], um sie zur Loyalität ihm gegenüber zurückzuführen; er zieht eine deutliche Grenze zwischen den Adressaten und den Fremdmissionaren.

---

68 *Wachtel/Witte*, Das Neue Testament, LVII: Haplographie nach παρ' ὅ.
69 In Codex Sinaiticus, fol. 278b; Codex Alexandrinus, fol. 101v., Codex Claromontanus, fol. 256v findet sich der Neueinsatz erst zu V. 11.
70 *De Boer*, Gal, 45.
71 Orig, Rom 1,9, FC 2/1, 110–112. *Bengel*, Gnomon, 729 vermutet, dass Paulus aufgrund der Charakteristik des in Gal 1,6–10 Gesagten das Lob Gottes in Gal 1,5 vorausgenommen habe.
72 **Arzt*, Thanksgiving, 37; zustimmend **van Voorst*, Why Is there No Thanksgiving Period in Galatians?, 162f.
73 **Van Voorst*, Why Is there No Thanksgiving Period in Galatians?, 166. Allerdings wird den Galatern, so van Voorst, das Ungewöhnliche dieses Briefes nicht erst ab Gal 1,6 aufgefallen sein, sondern schon an der Selbstvorstellung, an der unüblichen Formel »alle Brüder mit mir« und an dem Segenswunsch, der keine formale Parallele in hellenistischen Privatbriefen besitzt (**van Voorst*, Why Is there No Thanksgiving Period in Galatians?, 167–171). **Lambrecht*, Thanksgiving, passim, stellt gegenüber van Voorst die Gegenfrage, ob es denn gar keine Bedeutung habe, dass Paulus in fünf von sieben echten Briefen solche Danksagungen (konstitutiv sind der Dank, das Gedenken und die Fürbitte) eingefügt hat. Erst späteren Lesern fällt u. a. aufgrund des Vergleichs mit den anderen Paulusbriefen das Fehlen dieses Elementes auf. Paulus fühlt sich offenbar frei, seinen Stil je nach Situation bzw. persönlicher Verfasstheit zu adaptieren.
74 *Mitternacht*, Forum, 107.
75 *DeSilva*, Letter, 100.

6 Das Verbum θαυμάζω »verweist die Leser auf die Diskrepanz zwischen dem Problembewusstsein der Galater und der Situationsbeurteilung des Paulus«[76], der von der Entwicklung möglicherweise selbst überrascht war.[77] In rhetorischer Literatur kann ein Ausdruck des Staunens als Bestandteil des Prooemiums empfohlen werden[78], wie das Verbum θαυμάζω auch in antiker Briefliteratur begegnet, aber auch in antiker Beschreibung politischer Vorgänge.[79] Es kann positiv, aber auch negativ[80] verwendet sein; Ähnliches gilt für das gleichbedeutende ἄγαμαι.[81] Man kann Gal 1,6 als ironischen[82] oder als nicht ironischen Tadel lesen: »Ich bin tief beeindruckt, wie schnell ihr es fertiggebracht habt, euch von dem abzuwenden«/»ich bin verwundert [...].«

Das Adverb ταχέως muss nicht auf einen bestimmten Termin bezogen sein (so schnell seit dem [letzten] Besuch des Paulus oder seit dem Auftreten der Gegner); es kann heißen »so bald«, aber auch »so leicht«[83]; möglicherweise liegt eine Anspielung auf Ex 32,8 LXX vor: παρέβησαν ταχὺ ἐκ τῆς ὁδοῦ ἧς ἐνετείλω αὐτοῖς (»sie sind schnell abgewichen von dem Weg, den du ihnen gewiesen hast«).[84] Die Worte οὕτως ταχέως haben unter rhetorischer Perspektive nur ein Ziel: Sie sollen die Galater beschämen. Die negative Evaluation erfolgt, bevor der kognitive Aspekt vorerst nur allgemein zur Sprache kommt. Das medial gebrauchte μετατίθεσθαι ist als *terminus technicus* für politische und militärische Parteiwechsel gebräuchlich, aber auch für Wechsel der Anschauungen.[85]

---

76 *Vouga*, Gal, 58.
77 *Zahn*, Gal, 43; *Bousset*, Gal, 36. Er hatte bis dato eine hohe Meinung von den Galatern (Theophylakt, Gal, PG 124, 957 D).
78 *Du Toit*, Alienation, 155. *Das*, Gal, 99, verweist auf Cic, Inv I 17,25, der eine ähnliche Kommunikationssituation als Verwendungszusammenhang für Äußerungen der Verwunderung voraussetzt.
79 Belege für Ersteres bei *Hansen*, Abraham in 27, 33–43; einen Beleg für Letzteres (Herod, Hist I 155) bietet *Klein*, Gal, 49.
80 CPJ II 424 sowie P.Oxy I 123: Ich wundere mich sehr, mein Sohn; ich habe bis heute keine Briefe von dir erhalten, die mir über dein Wohlergehen Auskunft geben könnten.
81 Ps.-Libanios, Ep. Styl. 56.
82 Vgl. die Definition des Sarkasmus durch Quint, Inst. VIII 6,55, 57: *laudis adsimulatione detrahere/tristia dicamus mollioribus verbis*. Luther, Gal, WA 40/I, 100f., fasst *miror* als Zurückhaltung auf, aber nicht als Sarkasmus, sondern als seelsorgerlich motiviert: mit den Gegnern werde Paulus anders umgehen.
83 Letzteres *Dunn*, Gal, 40. Denkbar sind beide Interpretationsmöglichkeiten auch für Ps.-Libanios, Ep. Styl. 56: Λίαν ἄγαμαι τὴν σὴν ἐπιείκιαν, ὅτι οὕτω ταχέως μεταβάλλῃ ἀπ εὐνομίας εἰς τὸ ἐνάντιον, ἐκνῶ γὰρ εἰπεῖν μοχθηρίαν (Ich wundere mich über deine Nachgiebigkeit, wie schnell du von einem wohlgeordneten Leben zu dessen Gegenteil, zur Liederlichkeit, dich hast hinwenden lassen).
84 Paulus würde das zu befürchtende Verhalten der Adressaten als Apostasie brandmarken. Weniger die Adressaten als vielmehr die Fremdmissionare könnten eine solche Anspielung sehr wohl durchschaut haben (*Das*, Gal, 100).
85 Vgl. Diog Laert VII 166f. von Διονύσιος Μεταθέμενος, der von den strengen Grundsätzen der Stoa zu hedonistischen Anschauungen abgefallen ist (für weitere Belege vgl. *Das*, Gal, 100); vgl. ferner 2Makk 7,24 μεταθέμενον ἀπὸ τῶν πατρίων (Abkehr von den väterlichen Gebräuchen = Abkehr

Das Präsens μετατίθεσθε kann implizieren, dass die Abkehr noch nicht endgültig vollzogen ist. Subjekt zu καλέω bei Paulus ist meist Gott[86], und das wird oft auch für Gal 1,6 vorausgesetzt.[87] Hier kann aber, ähnlich wie in Gal 5,8, auch ein Wortspiel vorliegen, das Paulus als Agenten Gottes mit einbezieht.[88] Mindestens die Galater können als Subjekt zu καλέσας[89] auch Paulus aufgefasst haben.[90] Allerdings gilt im Urteil des Paulus die letzte Loyalität nicht dem Apostel, sondern Gott selbst. Statt ὑμᾶς steht ganz selten ἡμᾶς[91]; diese LA, aus einem Itazismus entstanden, sichert im Endeffekt, dass Gott nicht nur an den Adressatinnen und Adressaten berufend gehandelt hat. Die Wendung ἐν χάριτι meint entweder das Mittel oder das Ziel der göttlichen Berufung.[92] Die Präpositionen ἐν und εἰς werden auch sonst öfters promiscue verwendet. Der Genitiv ist wohl deskriptiv: Gottes Gnade, die Christus repräsentiert bzw. Gnade, deren Inhalt Christus ist.[93] Möglicherweise haben die Fremdmissionare ihre Verkündigung selbst als εὐαγγέλιον bezeichnet.[94]

7 Die Relativpartikel ὅ ist wohl nicht auf V. 6 insgesamt, sondern speziell auf ἕτερον εὐαγγέλιον zu beziehen.[95] Die Adjektive ἕτερος und ἄλλος sind vielleicht zu unterscheiden: ἕτερος bezeichnet im aufzählenden Sinne eine auf gleicher Linie[96] liegende Alternative, für oder gegen die man sich entscheiden muss[97], ἄλλος einen qualitativen Unterschied – aber in der Koine verwischen sich manchmal schon diese Differenzierungen, wenn ἄλλο hier nicht überhaupt nur pleonastisch steht, um das folgende εἰ μή einzuleiten. Vielleicht liegt in V. 7 eine Selbstkorrektur des Paulus vor: Es kann ja gar kein Evangelium qualitativ anderer Art geben, d.h. ein Evangelium, in welchem nicht die Kraft Gottes wirkt, d.h. jenes andere, von den Gegnern gepredigte und auch so bezeichnete[98] Evangelium ist gar kein Evangelium, jedenfalls kein »Evangelium Christi« –

---

vom Judentum). Für die Wendung zum Negativen steht es auch in Sir 6,9, für die Wendung zum Positiven in Cornut, Compendium 11: für die Reue nach begangenem Unrecht.

86 Vgl. u. a. Gal 1,15; 1Kor 1,9; Röm 4,17; anders nur Röm 1,6 in der Wendung »Berufene Jesu Christi«.
87 Anders *Zahn*, Gal, 45, aufgrund von V. 7 (Subjekt ist Christus); *White*, Rhetoric and Reality, 326 (Subjekt ist Paulus selbst).
88 *Du Toit*, Alienation, 155f.
89 Das Partizip ist nicht restringierend (*Hayes*, Analysis, 167); die Berufung der Galater steht dem Apostel fest.
90 *De Boer*, Gal, 40.
91 𝔓46*, von zweiter Hand zu ὑμᾶς korrigiert, außerdem in H (015).
92 Ersteres *Usteri*, Gal, 14: Das Ziel der Berufung würde weggelassen, weil es sich von selbst verstehe. Allerdings dürfte sich die Deutung auf das Ziel wegen Gal 5,4 nahelegen.
93 Letzteres *Das*, Gal, 100, u. a. mit Verweis auf 1Kor 7,15.
94 *De Boer*, Preachers, 41f.: Andernfalls hätte Paulus den Begriff nicht verwendet.
95 So jedenfalls *Usteri*, Gal, 15; *Zahn*, Gal, 46; *Das*, Gal, 97.
96 *Das*, Gal, 103.
97 BDR § 306, S. 254: »attisch ist ἕτερος auf bestimmte Zweiteilung beschränkt«. Allerdings entspricht Gal 1,19 nicht diesem Sprachgebrauch.
98 Ps.-Oikumenios, Gal, PG 118, 1096 A; Theophylakt, Gal, PG 124, 960 A; *Das*, Gal, 103.

die auf den ersten Blick tautologisch wirkende Formel gewinnt kritischen Sinn. Mit dem »Evangelium Christi«[99] ist das Evangelium von der Heilstat Gottes in Tod und Auferweckung Christi gemeint. Wenn Paulus allerdings seine Verkündigung allein als »Evangelium Christi« anerkennen will, gerät er durchaus in eine gewisse Spannung mit den Beschlüssen des Apostelkonvents nach Gal 2,7, die für das eine Evangelium unterschiedliche missionarische Ausrichtungen vorsahen.[100]

Das Pronomen τινές ist rhetorisch gebraucht und soll die Bedeutsamkeit, aber auch die Zahl derer minimieren, die Paulus als Gegner ansieht.[101] Diese Kennzeichnung der Fremdmissionare mag dem Zweck dienen, ihnen nicht durch Nennung ihrer Namen ungewollt zur Öffentlichkeitswirksamkeit zu verhelfen[102], soll sie vielleicht auch als obskure Charaktere brandmarken.[103] Aus dem Präsensform εἰσιν + Part. kann man möglicherweise erschließen, dass sie noch in Galatien sind, was ihnen einen rhetorischen Vorteil verschafft[104]; θέλοντες impliziert im Verbund mit den anderen Belegen für dieses Verbum im Galaterbrief, dass ihr Bemühen noch nicht restlos erfolgreich war[105], signalisiert aber zugleich, dass Paulus ihr Wirken als bewusste Böswilligkeit betrachtet.[106] Er wertet ihr Wirken mit dem u. a. in der politischen Rhetorik gebräuchlichen Verbum ταράσσω ab, das ihnen eine böse Absicht unterstellen soll[107] – die Galater werden das kaum ähnlich beurteilt[108], vielmehr die Wertung des Paulus als Präjudiz ange-

---

99 Die Wortfamilie εὐαγγέλιον/εὐαγγελίζομαι ist in biblischer (vgl. u. a. Jes 40,9; 61,1 sowie Jes 52,7 und, davon abhängig, PsSal 11,1), aber auch in griechisch-römischer Tradition verständlich (vgl. die Inschrift von Priene mit der Würdigung des Geburtstags des *princeps* Octavianus Augustus als Beginn der εὐαγγέλια; solch profaner Gebrauch liegt auch in Philo, Jos 245; Joseph, Bell IV 618 vor). *Das*, Gal, 104, betont, dass in vorchristlicher Zeit der Gebrauch des Singulars εὐαγγέλιον nicht nachweisbar sei; die Belege für den Singular (u. a. Joseph, Bell II 420; Plut, Demetr. 17,5) seien erst nachchristlich. Mit dem Singular wollten die Christen betonen, dass es nur eine gute Botschaft gebe. Das Argument ist m. E. zu sehr von den Zufällen der Überlieferung antiker Texte abhängig.
100 *Horn*, Wollte Paulus ›kanonisch‹ wirken?, 411f.
101 *Du Toit*, Vilification, 49.
102 *Betz*, Gal, 107 Anm. 59; *Wischmeyer, Gegenspieler, 14.20.
103 *Du Toit*, Alienation, 157.
104 *Martyn*, Gal, 111.
105 *Sänger*, »Vergeblich bemüht?«, 123 Anm. 73.
106 *Holtzmann*, Das Neue Testament, 478.
107 So schon *Lipsius*, Gal, 17; dann u. a. *Sumney*, ›Servants of Satan‹, 137. *du Toit*, Alienation, 156, verweist auf Cic, Inv. I 16,22; Her I 5,8. Paulus versucht, Vorurteile gegenüber den fremden Missionaren zu wecken (*deSilva*, Letter, 99). Dass es kein anderes Evangelium neben dem eigenen gibt, ist Evaluation mit indirekter Steuerung der Affekte: Andere Positionen können nicht wahr sein, Paulus diskutiert diese Positionen nicht; er will sie bis zum Schluss auch gar nicht diskutieren (Gal 6,17a). Das soll den Gegnern wie ihren Anhängern in Galatien den Mut nehmen (*Mitternacht*, Forum, 107).
108 Insofern kann man Gal 1,6f. als ungültigen Syllogismus bezeichnen, da die Quantitätsregel nicht eingehalten ist: Wenigstens eine Prämisse muss allgemein anerkannt sein (*Mitternacht*, Forum, 302).

sehen haben.¹⁰⁹ Das Verbum μεταστρέφω kann negativ gebraucht sein, etwa in ethischen Kontexten¹¹⁰, ist aber nicht darauf festgelegt. Paulus beschreibt den Inhalt der Agitation an dieser Stelle nicht. Das hat Parallelen u. a. in CD I 14–19.¹¹¹

8 Die Konjunktion ἀλλά wendet den Blick von dem Treiben der Fremdmissionare zu der Beurteilung durch Paulus, die er in Gal 5,12 wiederholen wird; die Partikel καί wird hier im Sinne der Steigerung gebraucht. Die Konjunktion ἐάν + Konj. leitet einen eventualis ein. Es wird ein nicht sehr wahrscheinlicher, aber nicht unmöglicher Fall vorgelegt¹¹² – umso bedrückender soll es auf die Galater wirken, dass, so V. 9, das kaum zu Erwartende eingetreten ist. Der Plural »wir« sollte nicht einfach für »ich« genommen werden – er ist ein generischer Plural, der jeden Verkündiger¹¹³ betrifft, und es geht Paulus nicht um seine eigene Ehre.¹¹⁴ Bei dem hyperbolischen Ausdruck »Ein Engel vom Himmel« spielt Paulus damit, dass der Leser die landläufige Auffassung »hohe Autorität, Träger göttlicher Offenbarung« assoziiert.¹¹⁵ Implizit liegt eine *conclusio a maiore ad minus* vor: Wenn schon die Engel oder der Apostel selbst von dem Fluch betroffen wären, wie viel mehr trifft dies für die Fremdmissionare zu.¹¹⁶ Der Begriff ἀνάθεμα in Gal 1,8 folgt dem Sprachgebrauch der Septuaginta (ἀνάθεμα für חֵרֶם)¹¹⁷, doch erklärt Paulus diesen Hintergrund nicht.¹¹⁸ Was den Zorn Gottes herausfordert, darf nicht geduldet, muss vielmehr vernichtet bzw. dem menschlichen Gebrauch entzogen werden.

---

109 Vgl. *deSilva*, Letter, 99. Für den Apostel steht das Urteil fest; die Partizipien sind nicht restringierend (*Hayes*, Analysis, 167).
110 Vgl. Sir 11,31 vom hinterlistigen Menschen: τὰ γὰρ ἀγαθὰ εἰς κακὰ μεταστρέφων. – Statt *convertere* bieten die Hss. 58 262 *subvertere*, was den Gedanken verdeutlicht.
111 Darauf verweist *von der Osten-Sacken,* Gal, 60. Zu möglichen biblischen Vorbildern für den Gebrauch des Verbums ταράσσω vgl. *Ciampa*, Presence, 79.
112 Calvin, Gal, CR 50, 174; *Martyn,* Gal, 113; *Lipsius,* Gal, 18 (»blosse Hypothese«); *Lietzmann,* Gal, 5: »ohne ernsthafte Reflexion über die Möglichkeit einer solchen antichristlichen Engelspredigt nur zur rhetorischen Steigerung«.
113 In manchen Textzeugen (ℵ* A F G Ψ b) fehlt ὑμῖν; das verbreitert die Anwendungsmöglichkeit der Aussage (*Carlson*, Text, 150).
114 *Dunn,* Gal, 44, der zusätzlich auf den Plural εὐηγγελισάμεθα im Nachsatz verweisen könnte.
115 Ez 8,2f.; Dan 10,5f. etc. (*Das*, Gal, 106). Dass sich die Leser bei Gal 3,19 (δι' ἀγγέλων) an Gal 1,8 erinnern (*Das,* Gal, 106), ist nicht zwingend.
116 *De Boer,* Gal, 69; *Das,* Gal, 106. Schon Calvin, Gal, CR 50, 173, ist das große Selbstvertrauen des Paulus aufgefallen.
117 Z.B. Dtn 7,26. Auch in Dtn 13,16 ist die Wortgruppe mit dem Thema Apostasie verbunden (darauf verweist *Ciampa*, Presence, 83f.). 4Q286 VII 2–12 formuliert gerade im Kontrast zu den Lobpreisungen Gottes zu Beginn des Textes den Konsens einer Gruppe, die sich von anderen vermutlich im Bereich der Halacha unterscheidet.
118 *Das,* Gal, 108. Die Galater haben aus ihrer eigenen vorchristlichen Zeit um die Wirksamkeit von Fluchvorstellungen gewusst; vgl. *Arnold*, Paul and Anatolian Folk Belief.

Diese Verfluchung der Gegner entspringt dem ζῆλος des Paulus, wie er ihn sich auch nach seiner Berufung (vgl. 2Kor 11,2) als Eigenschaft zuschreibt.[119] Paulus dürfte, vermutlich anders als die Galater, den Konflikt als Grundsatzkonflikt gewertet haben, wie auch Gal 2,5 nahelegt.[120] In anderen Fällen weiß Paulus maßvoller zu urteilen (vgl. Röm 14,1–15,13). Man kann allerdings auch für Gal 1,8f. darauf verweisen, dass die Wahl der 3. statt der 2. Person das Statement weniger direkt erscheinen lässt und den potentiellen Lesern die Möglichkeit gibt, sich zu ändern, ohne dass Paulus sie speziell anredet, also ohne, dass sie ihr Gesicht verlieren.[121] Auch verwendet Paulus nicht das Argument der Unvergleichlichkeit, wie es bei Cicero begegnet *incredibile ... inauditum ... (audacia) singularis*.[122] Vermutlich hat die Schlussformel in Gal 1,8f. überhaupt weniger das reale Gebet[123] des Paulus, den Fluch auf seine Gegner herabzurufen, zum Inhalt als vielmehr die Warnung an die Adresse der Galater: Sie sollen den Fremdmissionaren keine Aufmerksamkeit widmen.[124] Nehmen die Galater diese Ansage des Apostels ernst, können sie nicht zugleich zu Paulus und zu den Fremdmissionaren engen Kontakt halten.[125]

9 Das Verbum προειρήκαμεν bezieht sich wohl nicht auf den Gründungsaufenthalt[126], sondern auf das eben in Gal 1,8 Gesagte.[127] Der Wechsel zwischen Singular und Plural

---

119 Zur Verwendung des Fluches als Stellungnahme gegen Andersdenkende vgl. 1QS II 5–17; 4Q280–282 u. a.

120 Man kann die Haltung des Paulus mit der Haltung Ciceros gegenüber dem Senat vergleichen, als er seine Beurteilung Catilinas zu rechtfertigen versucht: *Non est lenitati locus; severitatem res ipsa flagitat* (Cic, Cat II, 4/6: »Sanftmut ist jetzt nicht mehr am Platze, die Umstände fordern Strenge«; Übersetzung Kasten 189). Das gilt ungeachtet dessen, dass man auch Ciceros Wertung des eigenen Handelns während der Verschwörung Catilinas kritisch betrachten kann; dazu vgl. *Fuhrmann*, Cicero, 99.

121 *Fantin*, The Greek Imperative Mood, 229 mit Anm. 73. Das Stilelement des Fluches wird man sich kaum zu eigen machen; dem widerrät der Missbrauch in der Kirchengeschichte (für die christliche Antike ist er bei *Meiser*, Galater, 56 mit Anm. 106, nur angedeutet). Wohl aber wird man, gerade im politischen Bereich, auf die Notwendigkeit »klärender und befreiender Rede« (*von der Osten-Sacken,* Gal, 67) verweisen. Aber Fantins Auslegung hat ihren antiken Vorläufer. Nach Flavian von Antiochia, *De non anathematizandis vivis vel defunctis* 3, PG 48, 948, verfluchte Paulus nicht bestimmte Personen, und an dieses Vorbild sollten sich auch die Gläubigen halten. Leider steht Flavian von Antiochia mit dieser Auslegung in der Antike allein da.

122 Cic, Cluent 15; vgl. auch Cic, Cat III, 25.

123 Man mag einen Fluch als illokutionären Akt ansehen; die Verwirklichung dessen hat der Mensch jedoch nicht selbst in der Hand.

124 *McKay*, A New Syntax of the Verb, 85.

125 *Morland*, Rhetoric of Curse, 237.

126 Moo, Gal, 82; *von der Osten-Sacken*, Gal, 63.

127 Anders *Zahn,* Gal, 50, sowie *Das,* Gal, 109, mit Verweis auf das νῦν in Gal 1,9 und auf den Wechsel vom Singular in V. 8 zum Plural in V. 9, der, so *John*, Galaterbrief, 139; *Das,* Gal, 109f., die Präsenz weiterer Mitarbeiter beim Gründungsaufenthalt impliziert. Allerdings ist das mit Gal 4,12–20 nur schwer zu vereinbaren.

wird gelegentlich für bedeutungslos gehalten[128]; das ist jedoch umstritten. Das Verbum παραλαμβάνω ist Traditionsterminus; er impliziert hier die Forderung nach aktueller »Loyalität zum Evangelium«.[129] Die Wiederholung des Gedankens sichert, dass die Fluchdrohung nicht nur eine temporäre Überreaktion des Apostels darstellt[130]; der Eventualis von V. 8 wird (vgl. das εἴ τις) zur realen Verfluchung, wie der Wechsel vom Konjunktiv zum Indikativ anzeigt.[131] Affektives Drohen soll die Adressaten verpflichten, dass sie nicht auf die Fremdmissionare hören.[132] Die Intention der Strategie der Dramatisierung ist die Bindung der Adressaten für die eigene Position.[133] Damit will Paulus aber auch die Affekte der Gemeinde beeinflussen: Niemand will zu den Verfluchten gehören.

10 In Gal 1,10 wiederholt sich die eben genannte semantische Opposition aus Gal 1,1. Für das Verständnis der ersten Frage ist wichtig, dass πείθω in dem folgenden ζητῶ ... ἀρέσκειν[134] wiederaufgenommen wird und von daher, anders als in 2Kor 5,11, die negative Bedeutung »überreden« hat, nicht die positive »überzeugen«. Menschen[135] überredet man durch glänzende, aber sachlich nicht gedeckte Rhetorik, die Götter durch magische Praktiken.[136] Der Vorwurf, Menschen gefallen zu wollen, ist der Vorwurf Platons an die Rhetorik[137], der ἄρεσκος, der den Leuten nach dem Mund redet, ist »schon in der Antike eine gängige Figur«.[138] Dann kann man immer noch fragen: Ist πείθω Konjunktiv oder Indikativ? Im ersteren Sinne hieße das: Soll ich Menschen überreden/überzeugen wollen? Dann wäre γάρ die Begründung dafür, dass der Apostel

---

128 *Bousset,* Gal, 37.
129 *Vouga,* Gal, 24. An anderer Stelle kann er die Autorität des Apostels begründen (Gal 1,12) oder zum Ausdruck bringen (1Kor 15,1).
130 So auch *Morland,* The Rhetoric of Curse, 149.
131 So schon *Bengel,* Gnomon, 730.
132 *Mitternacht,* Forum für Sprachlose, 107; *McKay,* New Syntax, 85. Tatsächlich dürften in dem generischen Sg. τις in Gal 1,9 die τινες von Gal 1,7 gemeint sein (*Sänger,* Bekennendes Amen, 151 mit Anm. 97).
133 Man kann durchaus kritisch fragen, ob es Paulus nur um die Bindung an die Sache geht (*Rohde,* Gal, 54) oder nicht doch auch um die Bindung an seine Person (*Horn,* Wollte Paulus ›kanonisch‹ wirken, 413).
134 Das Verbum ist nicht typischer Bestandteil der Frömmigkeitssprache im Deuteronomium; eher findet man das Adjektiv ἀρεστόν (Dtn 12,8), mehrmals zusammengestellt mit καλόν (Dtn 6,18; 12,25; 13,18; 21,9).
135 Versteht man Gal 1,10 von der antirhetorischen Polemik her, ist es nicht nötig, in den ἄνθρωποι die Urapostel zu erkennen (so aber *Lipsius,* Gal, 18). Ps.-Oikumenios, Gal., PG 118, 1096 C; Theophylakt, Gal, PG 124, 961 C, zufolge gebraucht Paulus den generellen Ausdruck, um dem Einwand zu begegnen, er verkündige unterschiedlichen Adressaten gegenüber Unterschiedliches.
136 *Betz,* Gal, 116.
137 Gorg 462 C (im Kontext dieser Polemik steht auch πιστεύειν von der ungeprüft übernommenen Meinung!). ClemAl, Str. VII 71, 4, GCS 51, 17 deutet Gal 1,10b tatsächlich in dieser Richtung. Folgt man *Vos,* Kunst, 113f., würde der Tadel Platons gegen die Sophisten auch Paulus betreffen.
138 *Betz,* Gal, 117.

den Fluch von V. 8 in V. 9 wiederholt hat. Im letzteren Sinne hieße das: Was tue ich tatsächlich?[139] Dann wäre γάρ Verstärkung der Frage. Gelegentlich wurde in der Frage »suche ich etwa, Menschen zu gefallen«, ein Seitenhieb gegen die Fremdmissionare gesehen, denen es darum gegangen sei, sich »des Fleisches« der Angeredeten zu rühmen und Verfolgung wegen des Kreuzes zu vermeiden.[140] Erwogen wird aber auch umgekehrt, dass Paulus hier auf einen Vorwurf der Gegner eingeht, er habe »Menschen nach dem Mund geredet«, d. h. ihnen die Verpflichtung auf die Beschneidung bzw. volle Toraobservanz verschwiegen.[141] Rhetorisch betrachtet wartet Paulus mit einem Argument hinsichtlich seines ἦθος auf.[142] Man kann dazu 1Thess 2,4 vergleichen, wo ἀρέσκω ebenfalls negativ konnotiert ist. Möglicherweise liegen in V. 10 Anspielungen an gegnerische Vorwürfe vor, die die Galater durchschauen konnten, aber wir nicht mehr.[143] Geht es darum, dass Paulus den Hörern ein Christentum als »Judentum light« nahegebracht hat, das den Konvertiten die von griechisch-römischer Intelligenz mit Spott bedachte[144] Beschneidung ersparte, damit den Verzicht auf öffentliches Bekenntnis zu dem Gott Israels?[145]

Gal 1,10b macht einerseits klar, dass Paulus von Gott berufen ist, bietet andererseits einen Appell an das Ethos bei sich selbst, als Selbstdistanzierung von allen Versuchen, den Menschen zu gefallen.[146] Zusätzlich mag die Abgrenzung gegen entsprechende gegnerische Vorwürfe impliziert sein.[147] Die Partikel ἔτι[148] im Konditionalsatz signalisiert, dass dem Apostel das »den Menschen gefallen wollen« seit seiner Berufung

---

139 *McKay*, Syntax, 90: Als Frage nach Fakten und Intentionen stehen die Fragen in Gal 1,10 im Indikativ. Auch die Vetus Latina fasst Gal 1,10a als Indikativ auf (Nachweise bei *Houghton* u. a., Epistles, 391). Auf die Ambiguität der Konstruktion verweist schon Calvin, Gal, CR 50, 175.
140 Luther, Gal, WA 40/I, 123.
141 Gelegentlich wird betont, der Hintergrund dieses Vorwurfes lasse sich nicht klären (*Bousset*, Gal, 37).
142 Calvin, Gal, CR 50, 175; *de Boer*, Gal, 64. *Kim*, Curse Motifs, 92f. deutet Gal 1,10 als Verwahrung gegen den aus Gal 1,8f. resultierenden Einwand, Paulus bediene sich magischer Praktiken. Seine nur wenig gesicherte Interpretation von Gal 1,4 fungiert faktisch als Präjudiz.
143 *Dunn*, Gal, 48.
144 Zum pagan-antiken Spott über die Beschneidung vgl. Epikt, Diss II 20,17–20; Luc, Eunuch; Philo, SpecLeg I 325; Joseph, Ap II 137.
145 *Usteri*, Gal, 19.
146 *DeSilva*, Letter, 98. Wie ist Gal 1,10 auszugleichen mit 1Kor 9,19–23? Hat Paulus die in 1Kor 9,19–23 formulierte Überzeugung aufgegeben, als er den Galaterbrief schrieb (so *Richardson*, Pauline Inconsistency)? Röm 14,21 zeigt m. E., dass nicht eine innere Entwicklung des Apostels, sondern das zur Diskussion stehende Thema entscheidend dafür ist, ob Paulus verschiedene Ansätze nebeneinanderstehen lassen kann oder nicht.
147 Luther, Gal, WA 40/I, 125. Notwendig ist diese These aber nicht (*Vos*, Kunst, 97).
148 Die Partikel γάρ nach εἰ (D¹ K L P 104 1505 Byz) ist zu spät bezeugt, um als ursprünglich gelten zu können (vgl. dagegen das Gewicht der Zeugen 𝔓46 ℵ A B D* F G Ψ 0278 6 33 81 365 630 1175 1241 1739 1881 2464 latt), bringt aber deutlicher als das Asyndeton zum Ausdruck, dass Paulus deshalb nicht »den Menschen gefällig« sein kann, weil er sich als Diener Christi weiß (*Carlson*, Text, 229).

keine ernstzunehmende Option darstellt. Der Satz des Paulus erinnert an Plato, apol. 20 E: οὐ γὰρ ἐμὸν ἐρῶ τὸν λόγον ... μάρτυρα ὑμῖν παρέξομαι τὸν θεὸν τὸν ἐν Δελφοῖς. (»Denn es ist nicht meine Rede, die ich vorbringe ... als Zeugen werden ich euch den Gott in Delphi aufbieten«).[149] Der Gegensatz »einer jenseitigen Autorität gefallen« und »den Menschen gefallen« kann in griechisch-römischem Rezeptionshorizont in Analogie zur Selbstunterscheidung des Philosophen von der nicht reflektierenden Masse der unphilosophisch lebenden Menschen wahrgenommen werden[150], ist aber auch im Judentum bekannt. In PsSal 4 tit. wird die Frömmigkeit dem Anliegen, den Menschen gefallen zu wollen, entgegengesetzt; in Sir 44,16 wird der gottgefällig lebende Henoch[151] als ὑπόδειγμα μετανοίας (Beispiel an Umkehr) gepriesen. Der Autor des Jubiläenbuchs preist Abraham als »vollendet in seinem Tun gegenüber Gott und wohlgefällig in Gerechtigkeit alle Tage seines Lebens«. Funktional vergleichbar sind die Wendungen διὰ παντός und ἐν ὅλῃ καρδίᾳ[152]. Mit einer ähnlichen Gegenüberstellung wie in Gal 1,10 beschreiben jüdische Autoren die Differenz zwischen dem Judentum und dem unreflektierten Nichtjudentum.[153] Im Christentum fungiert der in Gal 1,10 thematisierte Kontrast andernorts als Appell an das Ethos der Adressaten des ignatianischen Römerbriefes: Sie sollen davon absehen, aus Mitleid das kommende Martyrium des Verfassers zu verhindern (IgnRom 2,1).

Von der Fortsetzung des Galaterbriefes her gesehen, wird man aufgrund von Gal 2,6 den Eindruck gewinnen, dass Paulus nichts weniger als die Analogie zu göttlichem Handeln behauptet. Man kann auch an Qumran erinnern, wo Gegner gelegentlich als diejenigen bezeichnet werden, »die nach glatten Dingen suchen«[154], wenngleich Paulus dies den Fremdmissionaren nicht vorwirft, auch nicht in Gal 6,12f. Die Wendung Χριστοῦ δοῦλος in Gal 1,10b »bezeichnet sowohl die Existenz und die Autorität der Apostel (Röm 1,1; Phil 1,1) als auch die Befindlichkeit des Glaubens (Röm 6,16; 1Kor

---

149 Plato, Apol. 20 E; cf. *Divjanovic*, Paulus als Philosoph, 95.
150 Vgl. Plato, Tim 28c; Diog Laert II 117; weitere Belege bei *Meiser*, Reaktion, 47f. Verwandt damit ist der Appell an das eigene, dem officium verpflichteten Ethos gegen die eigene Schwäche bei Cic, Rosc. Amer. 4/10, wo sich Cicero bei aller Klarheit über die mögliche Erfolglosigkeit seiner Bemühung, Sextus Roscius zu verteidigen, wie folgt präsentiert: *opprimi me onere offici malo quam id, quod mihi cum fide semel impositum est, aut propter perfidiam abicere aut propter infirmitatem animi deponere* (»Lieber will ich durch diese Last erdrückt werden, als das, was mir im Vertrauen einmal auferlegt wurde, entweder aufgrund von Treulosigkeit abzuschütteln oder aufgrund von Schwäche des Mutes niederzulegen«).
151 Zu dieser Wertung Henochs vgl. auch Weish 4,10. Zur Verbindung des Motivs der Umkehr mit Henoch vgl. auch Philo, QuaestGen I 8,2–5; Abr. 17–26; Praem 15–21.
152 Für Ersteres Wendung vgl. Ps 72[73]:23; cf. also PsSal 3,3; 4Q525 Frgm. 3 Kol. ii 3f., für Letztere vgl. Dtn 6,5; Ps 118[119],69; Tob 13,6; 2Makk 1,3; 1QS V 8f. etc.; vgl. auch 1Chr 28,9 (καρδία τέλεια); PsSal 6,4, ferner Ps 72[73],26 (ὁ θεὸς τῆς καρδίας μου); Ps 118[119],97 (Ὡς ἠγάπησα τὸν νόμον σου, κύριε).
153 Arist 152; Joseph, Ap II 143f.; 169f.
154 CD I 18; IQH X 15.32; XII 10f. Eine indirekte Charakterisierung der Fremdmissionare in Gal 1,10 erwägt *Das*, Gal, 113.

7,21–23).«[155] Deshalb kann sie hier auch als indirekte Selbstempfehlung des Apostels fungieren, zumal die Selbst- oder Fremdbezeichnung eines Frommen als δοῦλος durchaus frühjüdische Parallelen hat.[156] Der Appell Gal 1,10 ist somit ein indirekter Aufruf an die Galater, dieses ἦθος sich zu eigen zu machen.[157] Er lädt die Galater dazu ein, sich mit ihm zu identifizieren[158], der seine frühere, dem Pinhas vergleichbare Position verlassen hat.[159]

---

155 *Vouga*, Gal, 26.
156 Ps 118[119],65 u. ö.; Weish 9,5.
157 *Holmstrand*, Markers, 213f.
158 *Du Toit*, Alienation, 158.
159 Vgl. Num 25,13; Sir 45,23; 1Makk 2,54; 4Makk 18,12. Für die Darstellung seines eigenen Ethos kommt Paulus jedoch nirgends auf biblische Vorbilder zu sprechen.

Erster Hauptteil: Die Selbständigkeit des paulinischen Apostolates 1,11–2,14

Die ausführliche Beschreibung seiner offensichtlich bekannten Vergangenheit hat eine dreifache Funktion: Sie zeigt, dass Paulus weiß, wovon er spricht, worum es bei der Toraobservanz geht; sie führt seine Verfolgertätigkeit als Konsequenz dieser Toraobservanz vor Augen, und sie stellt klar, dass erst das Damaskuserlebnis sein Gottesverständnis neu bestimmt hat.[1] Paulus stellt durch den Verweis auf seine eigene Biographie klar, dass eine Mutmaßung, sein Evangelium sei dem der Jerusalemer Apostel unterlegen, gar nicht richtig sein kann. Er stellt sich selbst als Beispiel für den Erkenntnisweg hin, den er geführt wurde, um die Galater von der Übernahme der Position der Fremdmissionare abzuhalten, die er selbst eingenommen hatte (Gal 1,13f.), aber auf Gottes Initiative hin verlassen hat (Gal 1,15f.). Gal 4,12 wird das aufgreifen. Dass der antike Redner sich selbst als Vorbild stilisieren sollte, ist in der Lehrbuchtradition hinreichend belegt.[2]

---

1   *Paynter*, Evangelium, 226.
2   Belege bei *Das*, Gal, 122.
*   Literatur: *Bachmann, Michael*, Identität bei Paulus: Beobachtungen am Galaterbrief, NTS 58 (2012), 571–597; *Clarke, Andrew D.*, Equality or Mutuality? Paul's Use of »Brother« Language, in: *Peter J. Williams* u. a. (Hg.), The New Testament in Its First Century Setting, FS Bruce W. Winter, Grand Rapids 2004, 151–164; *Crook, Zeba A.*, Reconceptualising Conversion. Patronage, Loyalty, and Conversion in the Religions of the Ancient Mediterranean, BZNW 120, Berlin/New York 2004; *Dunn, James D.G.*, A New Perspective on the New Perspective, EC 4 (2013), 157–182; *Fredriksen, Paula*, Judaism, the Circumcision of Gentiles, and Apocalyptic Hope: Another Look at Galatians 1 and 2, JThSt 42 (1991), 532–564; *Lappenga, Benjamin J.*, Paul's Language of ζῆλος. Monosemy and the Rhetoric of Identity and Practice, BI.S 137, Leiden/Boston 2016; *Mason, Steve*, Jews, Judeans, Judaizing, Judaism. Problems of Categorization in Ancient History, in: *ders.*, Josephus, Judea, and Christian Origins. Methods and Categories, Peabody 2009, 141–184; *Müller, Ulrich Bernhard*, Die Lebenswende des Apostels Paulus, BZ NF 56 (2012), 161–187; *Pilhofer, Philipp*, Das frühe Christentum im kilikisch-isaurischen Bergland: die Christen der Kalykadnos-Region in den ersten fünf Jahrhunderten, TU 184, Berlin/Boston 2018; *Sänger, Dieter*, Ἰουδαϊσμός – ἰουδαΐζειν – ἰουδαϊκῶς. Sprachliche und semantische Überlegungen im Blick auf Gal 1,13f. und 2,14, ZNW 108 (2017), 150–185; *Sänger, Dieter*, Plurale Konfliktlinien. Theologische Konturen der Gegenspieler im Galaterbrief, in: *Michael Tilly/Ulrich Mell* (Hg.), Gegenspieler. Zur Auseinandersetzung mit dem Gegner in frühjüdischer und urchristlicher Literatur, WUNT 428, Tübingen 2019, 101–136; *Sänger, Dieter*, »Er wird die Gottlosigkeit von Jakob entfernen« (Röm 11,26). Kontinuität und Wandeln, in den Israelaussagen des Apostels Paulus, wiederabgedruckt in: *ders.*, Schrift – Tradition – Evangelium. Studien zum frühen Judentum und zur paulinischen Theologie, Neukirchen

1,11–24 Die von Gott her gegebene Selbständigkeit*

(11) Ich lasse euch nämlich wissen, Geschwister, dass das von mir verkündigte Evangelium nicht nach menschlicher Weise ist. (12) Ich habe es nämlich nicht von einem Menschen empfangen noch wurde ich darin unterrichtet, sondern durch eine Offenbarung Jesu Christi. (13) Ihr habt nämlich von meinem einstigen Wandel in jüdischer Lebensweise gehört, dass ich im Übermaß die Gemeinde Gottes verfolgte und sie bedrängte, (14) und Fortschritte machte in jüdischer Lebensweise über viele meiner Altersgenossen hinaus im übermäßigen Eifer für die väterlichen Überlieferungen. (15) Als es aber Gott wohlgefiel, der mich von Mutterleib ausgesondert und berufen hat durch seine Gnade, (16) mir seinen Sohn zu offenbaren, damit ich ihn verkündige unter den Heiden, besprach ich mich nicht sogleich mit Fleisch und Blut (17) und ging auch nicht hinauf nach Jerusalem zu denen, die vor mir Apostel waren, sondern ging weg in die Provinz Arabia und kehrte wieder nach Damaskus zurück. (18) Dann, nach drei Jahren, ging ich nach Jerusalem hinauf, um Kephas zu sehen, und blieb bei ihm 15 Tage. (19) Einen anderen der Apostel habe ich nicht gesehen außer Jakobus, den Bruder des Herrn. (20) Was ich euch schreibe – siehe, vor Gott ist es offenbar, dass ich nicht lüge. (21) Danach kam ich in die Gegenden Syriens und Kilikiens; (22) ich war aber persönlich unbekannt den Gemeinden in Judäa, die in Christus sind, (23) nur dass sie gehört hatten: »Derjenige, der uns einst verfolgt hat, verkündigt jetzt den Glauben, den er damals bedrängte«; (24) und um meinetwillen priesen sie Gott.

V. 11: Die Übergangspartikel ist textkritisch umstritten. 0278 bietet ουν, 𝔓46, ℵ*,[2] A D¹ K L P Ψ 81 104 365 630 1175 1241 1505 1739 1881 2464 bieten δέ[3], ℵ¹ D*,[2] F G 33 lat sa bieten γάρ.[4] V. 12b: Statt οὔτε (𝔓46 B D² K L 1505 Byz) wird von wichtigen Handschriften (ℵ A D*,c F G P Ψ 0278 33 81 104 365 630 1175 1241 1739 1881 2464) nochmals οὐδέ geboten[5], was sich aber als Angleichung an Gal 1,12a verstehen lässt. V. 15: Die Worte ὁ θεός (ℵ A D K L P Ψ 0278 33 81 104 365 630 1175 1241 1739 1881 2464 Byz) stellen das Subjekt zu ὁ ἀφορίσας klar. Die Auslassung in 𝔓46 B F G 629 1505 lat syᵖ ist lectio difficilior. Die Worte καὶ καλέσας διὰ τῆς χάριτος αὐτοῦ sind aufgrund eines homoioteleutons in 𝔓46 6 1739 1881 entfallen. V. 16: Der Konj. Aor. εὐαγγελίσωμαι (𝔓46 D*) statt des Konj. Präs.

2016, 175–199; *Schnelle, Udo*, Römische Religionspolitik und die getrennten Wege von Juden und Christen, EvTh 80 (2020), 432–443; *Schröder, Bernd*, Die »väterlichen Gesetze«. Flavius Josephus als Vermittler von Halachah an Griechen und Römer, TSAJ 53, Tübingen 1996; *Segal, Alan F.*, Paul the Convert. The Apostolate and Apostasy of Saul the Pharisee, New Haven/London 1990; *Stegemann, Wolfgang*, Religion als Teil von ethnischer Identität. Zur aktuellen Debatte um die Kategorisierung des antiken Judentums, KuI 25 (2010), 47–59; *Thurén, Lauri*, By Means of hyperbole (1Cor 12:31b), in: *Thomas H. Olbricht/Jerry L. Sumney* (Hg.), Paul and Pathos, Atlanta 2001, 97–113; *Wilk, Florian*, Die Bedeutung des Jesajabuches für Paulus, FRLANT 178, Göttingen 1998.

3   von *Carlson*, Text, 173, bevorzugt.
4   So auch NA²⁸. *Das, Gal*, 116, macht darauf aufmerksam, dass die Tendenz der Schreiber eher die ist, von γάρ nach δέ zu wechseln, als umgekehrt.
5   *Carlson*, Text, 104f., bevorzugt aus Gründen der äußeren Textkritik diese LA.

1,11–24 Die von Gott her gegebene Selbständigkeit

ist Abschreibfehler. V. 17: 𝔓46 bietet nur ἦλθον, andere Handschriften (𝔓51 B D F G 2464) bieten ἀπῆλθον, wohl als Angleichung an den Kontext. Die LA ἀνῆλθον bieten ℵ A K L Ψ 0278 33 81 104 365 630 1175 1241 1505 1739 1881 Byz sy^h. V. 18: Statt der Reihenfolge ἔτη τρία bieten ℵ A P 33 81 326 630 1241 1739 1881 2464 die umgekehrte Wortfolge τρία ἔτη. Steht ἔτη voran (𝔓46 B D F G Ψ 0278 104 365 1175 1505 Byz), wird der Kontrast zwischen den »Jahren« und den »Tagen« betont; steht die Zahl der Jahre vornean, dann die tatsächliche Dauer. Paulus kommt es hier jedoch auf Ersteres an; darum ist die Reihenfolge ἔτη τρία beizubehalten.[6] Die Namensform Πέτρος wird in ℵ² D F G K L P Ψ 0278 81 104 365 630 1175 1505 1739^mg 1881 2464 aufgrund des höheren Bekanntheitsgrades verwendet. Die Namensform Κηφᾶς hat aber etwas mehr an älteren Zeugen für sich (𝔓46.51 ℵ* A B 33 1241 1739^txt), verdient aber auch aus Gründen der inneren Textkritik den Vorzug. Das Beispiel der HS 1739 zeigt aber auch, dass man bei der Namensform Κηφᾶς Erklärungsbedarf empfinden konnte. V. 19: Die LA οὐχ εἶδον (𝔓46 B) ist wohl unabsichtliche Verkürzung aus οὐχὶ εἶδον; die Lesarten εἶδον οὐδένα (D* F G) und οὐκ εἶδον οὐδένα (𝔓51^vid) verstärkten die Emphase.[7]

Der Abschnitt lässt sich unschwer gliedern: V. 11 weist auf Gal 1,16b–21, V. 12 auf Gal 1,13–16a voraus.[8]

11 Mit γνωρίζω eröffnet Paulus häufiger besonders eindrückliche Belehrungen etwa über das Reden im Geist (1Kor 12,3), über die Auferstehungszeugen (1Kor 15,1), über die Kollektensammlung in den makedonischen Gemeinden (2Kor 8,1). Eine ironische Deutung ist unnötig.[9] Das Verbum wird auch in hellenistischen Briefen öfters zur Einleitung eines neuen Abschnittes verwendet[10], begegnet gelegentlich auch in apokalyptischen Texten für die Mitteilung göttlicher Geheimnisse.[11] Als Übergangspartikel werden in der handschriftlichen Tradition δέ wie γάρ bezeugt. Da, wo in der Kommentarliteratur γάρ bevorzugt wird, wird nicht selten betont, dass die Partikel ihre Begründungsfunktion häufig bereits verloren hat und nur noch dazu dient, einen neuen Gedanken einzuführen.[12] Die Anrede ἀδελφοί soll zeigen, dass Paulus ungeachtet der schroffen Warnung Gal 1,6–9 die Galater weiterhin als Kirche betrachtet, dass es noch Gemeinsames zwischen ihnen gibt. Paulus unterscheidet durchaus zwischen den Galatern und den Fremdmissionaren – diese würde er nicht als Geschwister anreden. Die Anrede betont hier weniger die Egalität als vielmehr die affektive Verbundenheit[13] und steht im Galaterbrief noch mehrfach, um die Leser von ihrem falschen Weg abzubringen.[14] Zugleich impliziert die Anrede, dass die gemeinsame Bindung an Christus die

---

6 *Carlson*, Text, 95f.
7 *Carlson*, Text, 107f.
8 *Keener*, Gal [2019], 71.
9 *Rohde*, Gal, 50, gegen *Zahn*, Gal, 54.
10 *Longenecker*, Gal, 22.
11 Dan 2,23.29f.45 Theod; 5,17 Theod.
12 *Moo*, Gal, 92.
13 **Clarke*, Equality or Mutuality?, 160 mit Anm. 28; vgl. Plut, de fraterno amore, Mor 478 A – 492 D.
14 Gal 3,15; 4,12.28.31; 5,11.13; 6,1.18 (*Rohde*, Gal, 49, vgl. *Borse*, Gal, 53).

Herkunft aus dem Judentum (so Paulus) und die Herkunft aus griechisch-römischem Kulturkreis überwölbt.[15]

Im Folgenden wird die bereits in Gal 1,1 angesprochene Unterscheidung wieder aufgenommen. Die Wendung κατὰ ἄνθρωπον meint nicht den Ursprung, sondern die Beschaffenheit, so gewiss die andersartige Beschaffenheit des paulinischen Evangeliums in seinem Ursprung begründet liegt (vgl. V. 12). Sofern man vermutet, Paulus setze sich hier mit gegnerischen Unterstellungen auseinander, kann man an die Unterstellung denken, Paulus habe im Gegensatz zu den anderen Aposteln den irdischen Jesus nicht selbst gehört, oder er lehre ja doch in der Art wie andere, z.B. Petrus oder Barnabas, das tun.[16] Allerdings ist nicht sicher, inwieweit Paulus auf Vorhaltungen der Fremdmissionare eingeht. Einerseits werden sie kaum die grundsätzliche Lebenswende des Paulus bestritten, andererseits werden sie kaum behauptet haben, Paulus sei in seinem beschneidungsfreien Evangelium durch andere belehrt worden – eher haben sie auf die Einmütigkeit der anderen Apostel in der Frage der Freiheit von der Beschneidung verwiesen.[17]

12 Die Partikel γάρ begründet den in V. 11 erhobenen Anspruch; das Personalpronomen ἐγώ signalisiert Emphase. Zu der Wendung οὐδέ ... παρέλαβον könnte man einen gewissen Widerspruch zu 1Kor 11,23 und 1Kor 15,3 statuieren. Der Ausgleich könnte gesucht werden über die These, dass Stellen wie 1Kor 11,23 und 1Kor 15 nur Verstärkungsfunktion in der konkreten Argumentationssituation haben, aber »genausowenig wie die Logia Jesu in 1Kor 7,10f und 1 Thess 4,16f die unmittelbare Grundlage für sein Verständnis des Christentums«[18] bilden, oder zusätzlich auf den Unterschied verweisen, dass in 1Kor 11,23 und 15,1.3 verbal fixierte Traditionen zugrunde liegen, in Gal 1,12 jedoch nicht.[19] Vielleicht genügt die Auskunft, der Traditionsempfang nach 1Kor 11,23; 15,3 sei der Berufung des Apostels zeitlich doch nachgeordnet.[20] Schließlich wird man den Verwendungszusammenhang der jeweiligen Aussage bedenken müssen: in 1Kor 11 und 1Kor 15 geht es um die Übereinstimmung des Paulus mit der urchristlichen Verkündigung, die die Korinther zum Einstimmen in diese Einhelligkeit und zu einem entsprechenden Handeln veranlassen soll, in Gal 1 geht es den Galatern gegenüber um die Unabhängigkeit des paulinischen Evangeliums von jeder menschlichen Autorität, die ja auch im Irrtum befangen sein könnte, denn die beschneidungsfreie Mission unter Nichtjuden war keineswegs *communis opinio* der apostolischen Tradition.[21] Der Versicherung Gal 1,12 zuliebe muss Paulus seine Bemerkungen über Petrus und den Herrenbruder Jakobus zurückhaltend formulieren.

---

15 *Sänger*, Bekennendes Amen, 155.
16 Ersteres etwa Ps.-Oikumenios, Gal, PG 118, 1097 C; Theophylakt, Gal, PG 124, 961 D; Letzteres *Rohde*, Gal, 50.
17 *Zahn*, Gal, 56.
18 *Vouga*, Gal, 27.
19 *De Boer*, Gal, 83.
20 *Keener*, Gal [2019], 72. – Die LA οὔτε lässt ἐδιδάχθην als Aspekt des παρέλαβον erscheinen (so *Carlson*, Text, 104f.).
21 Ersteres betont *Ewald*, Sendschreiben, 68, Letzteres betonen *de Boer*, Gal, 83f.; *Moo*, Gal, 94.

Die Wendung ἀποκάλυψις Ἰησοῦ Χριστοῦ kann als gen. subj. Jesus Christus als Quelle der Offenbarung bezeichnen (so von der Gegenüberstellung V. 11f. her sinnvoll[22]) oder als gen. obj.[23] Jesus Christus als Inhalt der Offenbarung (so von Gal 1,16 her sinnvoll, wo Gott als die offenbarende Instanz genannt wird) – vielleicht ist beides gemeint.[24] Der Inhalt der Berufungserfahrung war jedenfalls, so 1Kor 9,1, tatsächlich die Schau des Auferweckten.

13 Die nachfolgenden Ausführungen begründen den in V. 11f. erhobenen Anspruch. Paulus sagt nicht, woher die Galater das im Folgenden Berichtete überhaupt wissen können.[25] Das Wissen kann von Paulus bei seinem Gründungsaufenthalt vermittelt worden sein, aber auch von den Fremdmissionaren herrühren.[26] Die Darstellung seiner Vergangenheit, die den Adressaten vermutlich bekannt ist, hat eine dreifache Funktion: Sie bestätigt, dass Paulus weiß, worum es in der Tora geht; sie bezeichnet seine Verfolgertätigkeit als Konsequenz aus seiner Tora-Orientierung; sie stellt klar, dass nur seine Berufung sein Gottesverständnis verändert hat.[27]

Das mit dem Substantiv ἀναστροφή verwandte Verbum ἀναστρέφω ist gelegentlich die Übersetzung von הלך (3Reg 6,12; Spr 20,7). Der Begriff Ἰουδαϊσμός bezeichnet hier nicht die jüdische Religion im Gegensatz etwa zur christlichen (so erst aus christlicher Sicht IgnMg 10,3; IgnPhld 6,1), aber auch nicht die Zugehörigkeit zu einer bestimmten, etwa nationalistischen Gruppe[28], sondern die Lebensweise, die von Juden durch Erziehung (vgl. 4Makk 18,6–19) und eigenes Tora-Studium (vgl. Sir 39,1–11) internalisiert, sichtbar praktiziert (vgl. auch das Syntagma ἰουδαϊκῶς ζῆν sowie das Verbum ἰουδαΐζειν in Gal 2,14) und nach außen vertreten wird, in Abgrenzung zum Hellenismus und zu bestimmten Tendenzen innerhalb des Judentums, denen eine ungenügende Abgrenzung zum Nichtjudentum attribuiert wird (vgl. 2Makk 2,2; 8,1; 14,38).

> Die traditionelle Deutung des Begriffes, zumeist mit dem Aspekt der Religion verbunden, hat auf der Grundlage des neuen Ethnizitätsdiskurses Widerspruch erfahren; »Religion« sei kein geeigneter Begriff, das bisher damit Gemeinte in der Antike überhaupt sinnvoll zu fassen, und Ἰουδαϊσμός bezeichne die ethnisch-regional definierte Identität.[29] Doch lässt

---

22 *Usteri*, Gal, 21; *Zahn*, Gal, 55.
23 *Holtzmann*, Das Neue Testament, 480; *Crook*, Reconceptualising Conversion, 171; *Das,* Gal, 121f.
24 *Paynter*, Evangelium, 229. Das Wortfeld »Offenbarung« begegnet bei Paulus, so *Paynter*, Evangelium, 227f. in drei Kontexten: Eschatologie, Charisma, besondere Offenbarung (2Kor 12,17).
25 Vgl. nämlich umgekehrt Gal 1,22: Paulus war den Gemeinden in Judäa unbekannt; sie hatten nur von seiner Tätigkeit gehört. Dass die Galater davon wussten, ist, so Ps.-Oikumenios, Gal, PG 118, 1079 B; Theophylakt, Gal, PG 124, 964 A, die Folge der Intensität seiner Verfolgertätigkeit.
26 Ersteres *Usteri*, Gal, 21f.; *Burton*, Gal, 44; *Matera*, Gal, 62, Letzteres *Longenecker*, Gal, 26; *Martyn, Gal*, 153; *Winger*, Act one, 556, als Alternative auch von *Usteri*, Gal, 21f., erwogen. Warum benennt Paulus angesichts des Ἠκούσατε das in V. 13f. Gesagte? *Usteri*, Gal, 24, antwortet: Paulus will verdeutlichen, dass er nur durch Gottes Eingreifen von diesem Weg abgebracht wurde.
27 *Bauer*, Paulus, 321; *Paynter*, Evangelium, 226.
28 So mit Recht *Moo*, Gal, 100.
29 *Mason, Jews, Judeans, Judaizing, Judaism, bes. 143–158; *Stegemann, Religion, 50.

sich das religiöse Element nur gewaltsam aus dem mit diesem Begriff gemeinten Symbolsystem samt seiner dazugehörigen Praxis entfernen.[30] Der Begriff wird im 1. Jh. n. Chr. noch in 4Makk 2,56 gebraucht, sonst nicht. Paulus bekehrte sich nicht von einer Religion zur anderen, sondern von einer jüdischen Gruppe zu einer anderen.[31] Insofern kann man fragen, ob die These richtig ist, dass Paulus seine Existenz nach dem Berufungsereignis nicht mehr unter Ἰουδαϊσμός fassen würde[32], zumal Paulus in unpolemischem Kontext in Röm 9,4f. ein anderes Bild jüdischen Selbstbewusstseins formulieren kann und seine jüdische Identität auch nach seiner Berufung positiv zur Geltung bringt.[33]

Die drei folgenden Verben sind im Imperfekt gebraucht, bezeichnen also eine wiederholte oder andauernde (im Falle des πορθέω: intendierte[34]) Tätigkeit. Worin die Aktivität des διώκειν genau bestand und ob Anwendung physischer Gewalt inkludiert war[35], sagt Paulus nicht; wir sollten nicht ohne Weiteres Apg 9 in die Ausführungen des Paulus hineinlesen.[36] Doch legen der mögliche traditionsgeschichtliche Hintergrund[37] ebenso wie auktoriale Bewertungen[38] und Stellungnahmen seitens der Betroffenen (Gal 1,23) nahe, dass die Tätigkeit mit einschneidenden Konsequenzen für die Betroffenen verbunden war, mindestens z.B. in Gestalt der 39 Stockschläge bei (unterstelltem) vorsätzlichem Bruch der Tora, wenn nicht (zusätzlich) in Gestalt von Faustschlägen, Verfluchungen und Gefängnisstrafen.[39] Das Verbum πορθέω mag hier wie in Apg 9,21 »drangsalieren« bedeuten.[40]

---

30 *Sänger*, Ἰουδαϊσμός, passim.
31 *Dunn*, Gal, 57.
32 So aber *Hubing*, Crucifixion, 122; *Das*, Gal, 124.
33 Ersteres *von der Osten-Sacken*, Gal, 91, Letzteres *Niebuhr*, Heidenapostel aus Israel, passim.
34 Die Imperfektform ist hier wohl ein *Imperfectum de conatu* (*de Boer*, Gal, 85; *Das*, Gal, 124; *Hubing*, Crucifixion, 123). – Statt ἐπόρθουν bieten F G ἐπολέμουν.
35 Denkbar wäre etwa die Erwirkung synagogaler Prügelstrafe, wie sie Paulus selbst erfahren musste (2Kor 11,24; Verweis auf diese Stelle und auf Apg 7,54–60 durch *Vouga*, Gal, 31).
36 *Crook*, Reconceptualising Conversion, 173f.
37 *Keener*, Gal [2019], 79, verweist u. a. auf 1Makk 2,47; 3,5 (Maßnahmen gegen Übertreter der Tora); 1Makk 3,24; 5,22; 10,49 (Maßnahmen gegen äußere Feinde, die militärisch gegen Israel aktiv wurden).
38 Gal 1,13 (καθ' ὑπερβολήν); Phil 3,6 (κατὰ ζῆλος). Zu Gal 1,13 anders *Thurén*, By Means of Hyperbole, 101: Die Wendung καθ' ὑπερβολήν ist als Beschreibung seiner Rede von den Aktivitäten aufzufassen, nicht als Beschreibung dieser Aktivitäten selbst. Auf dem Hintergrund der gängigen moralphilosophischen Forderung, das rechte Maß einzuhalten und jedes Extrem zu vermeiden, ist eine negative Bewertung mitgesetzt (*Bauer*, Paulus, 322).
39 Ersteres *Fredriksen*, Another Look, 549 (καθ' ὑπερβολήν in Gal 1,13 bedeutet dann, dass Paulus die Maximalzahl stets voll ausgeschöpft hat, so *Fredriksen*, Another Look, 556), Letzteres *Hubing*, Crucifixion, 128, auf der Basis u. a. von 1Kor 4,11–13; 2Kor 4,9.11; 6,5; 11,23f.
40 Für Belege aus der paganen Gräzität vgl. *Sänger*, Konfliktlinien 104 Anm. 11. Das Verbum wird bei Philo, Flacc 54, von der intendierten Verwüstung der jüdischen Gemeinde in Alexandria gebraucht, bei Joseph, Bell IV 405, 534, von der Zerstörung jüdischer Städte und Dörfer, Ant X 135

1,11–24 Die von Gott her gegebene Selbständigkeit

Warum hat Paulus die Gemeinde Gottes verfolgt? Er erklärt es nicht. Deutlich ist nur, dass für ihn vor seiner Berufung die Gruppe der Jesusanhänger an einem fundamentalen Punkt jüdischer Identität so sehr widerspricht, dass er sich zu eigenständiger Agitation veranlasst sieht. In Gal 1,14 wie Phil 3,6a erscheint die Verfolgertätigkeit unmittelbar als Implikation seines Gesetzeseifers. Diskutiert wurden oder werden Konkurrenz auf dem Missionsfeld[41], Gesetzesfreiheit bei Jesus wie bei seinen Anhängern[42], Vernachlässigung der biblisch gebotenen Abgrenzung Israels von den Völkern und Hereinnahme von Nichtjuden[43], aber auch die Verkündigung des Gekreuzigten als Auferweckten bzw. des Gekreuzigten als Messias[44], vielleicht noch kombiniert mit einer enthusiastischen Predigt, das nahe Weltende betreffend, auch an die Adresse von Nichtjuden[45], generell die Hochschätzung Jesu seitens seiner Anhänger, die die Zentralstellung der Tora für jüdische Identitätsbildung unterlief.[46] Unter dem Eindruck von 1Kor 9,1 und Gal 1,16 mag man Letzteres favorisieren. Doch welche Relevanz hat der Verweis auf die früheren Aktivitäten für die Adressaten? Vielleicht will Paulus nur zeigen, dass er nicht von sich aus zum Verkündiger im Dienst derjenigen Gruppe wurde, die er bis dato drangsaliert hatte. Dass er die Galater zum standhaften Widerstand gegen die Aktivitäten der Fremdmissionare auffordert, was für diese einen Verfolgungsdruck auslöst[47], ist möglich, aber hier noch nicht expliziert.

Der Singular ἐκκλησίαν ist ungewöhnlich, weil Paulus sonst die einzelnen Gemeinden als lokale Verkörperungen des Leibes Christi ansieht; er verweist auf die Richtung als Ganze.[48]

Das Syntagma ἐκκλησία θεοῦ nimmt vielleicht die Selbstbezeichnung der Urgemeinde auf (קהל אל).[49] Das führt gelegentlich auf die Vermutung, Paulus habe speziell in Jerusalem die Anhänger Jesu bekämpft. Denkbar ist aber genauso gut, dass sich seine Verfolgertätigkeit auf Damaskus bezieht, zumal die Gemeinden in Judäa nur gerüch-

---

von der Zerstörung Jerusalems durch die Babylonier. Auch 4Makk 4,23; 11,4 inkludieren physische Gewaltanwendung.
41 *Von der Osten-Sacken*, Gal, 254.
42 Ersteres *deSilva*, Letter, 150, unter dem Vorbehalt, dass Texte wie Mk 2,23–28; 7,1–5 tatsächlich Traditionen wiedergeben, die auf Jesus zurückführbar sind, Letzteres *Vouga*, Gal, 31, mit Verweis auf Gal 2,12; *deSilva*, Letter, 143. *Sänger*, Konfliktlinien, 104, verweist auf »deviantes Verhalten«.
43 Ersteres *Dunn*, New Perspective on the New Perspective, 173, Letzteres *Müller*, Lebenswende, 171f. Nach *Fredriksen*, Another Look, 557f. wäre das in Analogie zur Akzeptanz der sog. »Gottesfürchtigen« in der Synagoge denkbar.
44 Ersteres *Martyn*, Gal, 161–163, Letzteres *Schnelle*, Religionspolitik, 438.
45 *Fredriksen*, Another Look, 556; *Hubing*, Crucifixion, 132f.
46 *Das*, Gal, 128.
47 *Hubing*, Crucifixion, 134.
48 *DeSilva*, Galatians. A Handbook, 15.
49 Neh 13,1; vgl. auch 1QM 4,10. Man kann der Näherbestimmung (ἐκκλησίαν) τοῦ θεοῦ die Implikation entnehmen, das Handeln des nachmaligen Apostels habe sich faktisch gegen Gott selbst gerichtet (*Usteri*, Gal, 22: Paulus wolle »die Größe der blinden Verwegenheit und des Frevels« hervorheben). Fraglich ist m. E. jedoch, ob Paulus das wirklich betonen wollte.

teweise von seiner Verfolgungstätigkeit gehört haben sollen, andererseits der Druck, jüdische Identität durch Abgrenzung von Abweichlern zu bewähren, in der Diaspora größer war als in Israel selbst.[50]

14 Das Verbum προκόπτειν ist gängiger Terminus des intellektuellen und moralischen Fortschritts, auch für Angehörige des griechisch-römischen Kulturkreises verständlich.[51] Das Imperfekt signalisiert einen kontinuierlichen Prozess. Die Wendung ἐν τῷ γένει μου bezieht sich nicht auf eine einzelne innerjüdische Gruppierung, sondern auf das jüdische Volk insgesamt (so auch Phil 3,5; 2Kor 11,26), dem, so das Personalpronomen μου, sich Paulus zugehörig weiß. Der Komparativ περισσοτέρως ist wohl als elativer Superlativ gedacht.

Die Selbstbezeichnung ζηλωτής impliziert nicht unbedingt, dass Paulus Anhänger der Partei der Zeloten war[52], sondern bezeichnet, da mit ζῆλος zusammengehörig, seinen Eifer[53], der ihn auch als christlichen Missionar kennzeichnen wird (2Kor 11,2), sodass er sich zu der in Ez 3,19 beschriebenen Haltung nicht frei weiß.[54] Die Eigenschaft des ζῆλος wird in jüdischer Tradition Pinchas[55], dem Propheten Elias[56] und dem Priester Mattathias nachgesagt[57] und ist Eifer für die Beibehaltung der Traditionen, die Israels Identität verkörpern[58] und deren genaue Kenntnis seitens der Pharisäer auch von anderen anerkannt war.[59] Das Partizip ὑπάρχων signalisiert die Intensität und Dauer dieser

---

50 *Fredriksen*, Another Look, 557f.
51 *Keener*, Gal [2019], 81f., verweist auf u. a. Isocr, Dem 12; Epikt, Diss II 17,39f.; Joseph Vit 8; Philo, SacrAbCain 7; vgl. auch *Engberg-Pedersen*, Paul and the Stoics, 70–72.
52 Der Begriff wird vermutlich vor 66 n. Chr. nicht als Name einer Partei gebraucht, so jedenfalls *Vouga*, Gal, 32.
53 *Paynter*, Evangelium, 218: Paulus war wohl vor seiner Lebenswende »jüdischer Fundamentalist«. *Portenhauser*, Identität, 411, wendet sich mit Hinweis auf die bekannte Traditionsgeschichte dagegen, diesen Eifer als eine nur menschliche Eigenschaft zu verstehen, blendet aber 2Kor 11,2 aus. In voraufklärerischer Exegese kann vermerkt werden, dass dieser Eifer, wenn auch im Irrtum befindlich, ein Eifer für Gott war (Theophylakt, Gal, PG 124, 964 B). – In der lat. HS 77 wird die übliche LA *abundantius aemulator* erweitert zu *abundantius zelotes id est aemulator*.
54 *Müller*, Konfliktlinien, 158, betont das Konflikte evozierende Potential des Eifers des Apostels nach seiner Lebenswende.
55 Num 25,13 LXX; Sir 45,23; 4Makk 18,12. Auch in LAB 47,7 wird als Normalerwartung geäußert, dass man eifern muss, wenn das Volk Israel zum Götzendienst verführt wird.
56 1Kön 18,40; 19,10.14; Sir 48,2; 1Makk 2,58. Nach *Lappenga, Paul's Language, 144f. ist in Gal 1,14 an Elia gedacht. Die Qualität seiner Argumente ist unterschiedlich: Richtig ist der Verweis auf Elia in Röm 11,2f.; weniger von Bedeutung ist die Tatsache, dass sowohl in 3Reg 19,14 LXX als auch im Galaterbrief begegnet; dass mit der Erwähnung des Χριστός im Galaterbrief auf 3Reg 19,15 (χρίω), mit der Erwähnung von Damaskus (Gal 1,17) auf den Gang des Elia nach Damaskus (3Reg 19,15) zurückverwiesen werde, ist wenig wahrscheinlich. Dass die paulinische Selbstbeschreibung in Gal 1,13f. nicht ausschließlich pejorativ gemeint sein soll (*Lappenga, Paul's Language, 142), ist immerhin diskutabel.
57 1Makk 2,23–28.50.54.58; Joseph, Ant XII 271.
58 Philo, SpecLeg II 253.
59 *Schnelle*, Paulus und das Gesetz, 248, mit Verweis auf Joseph, Vit 191; Ant XVII 149.

Motivation bei Paulus.[60] Von einem Wissen des nachmaligen Apostels um sein eigenes Unvermögen, das Gesetz zu erfüllen, kann keine Rede sein (vgl. Phil 3,6).[61] Es ist grundsätzliche Überzeugung im Judentum, dass man die Gebote der Tora auch tatsächlich halten kann.[62] Eine positive Prädisposition des Paulus für die Akzeptanz der in Gal 1,15f. beschriebenen Lebenswende lässt sich nicht erkennen. Bei der Wendung τῶν πατρικῶν μου παραδόσεων kann man diskutieren, ob das Personalpronomen μου einen Bezug zum Elternhaus einschließt oder nicht.[63] Von den Pharisäern wurden »die väterlichen Überlieferungen« als der Tora faktisch gleichzuachten betrachtet.[64]

15–17 sind ein einziger Satz. Gegenüber Gal 1,13f. wechselt das grammatische Subjekt: In Gal 1,13f. spricht Paulus von eigenem Tun, in Gal 1,15 von dem, was von höherer Seite an ihm geschieht. Das unterstreicht, dass Paulus seinen Weg nicht selbst gewählt hat. Der Hauptsatz, auf den die lange Einleitung V. 15–16a zusteuert, greift sachlich nochmals Gal 1,11f. auf, dass nämlich das Evangelium, das Paulus verkündigt, nicht von menschlicher Art und auch nicht durch menschliche Belehrung vermittelt ist. Auf seine Lebenswende kommt Paulus in dem vorangestellten Nebensatz zu sprechen; er führt das aber nur so weit aus, wie er es für die Argumentation gegenüber den Galatern braucht. Paulus rechnet wohl damit, dass die Adressatinnen und Adressaten auch um Einzelheiten seiner Berufung wissen.[65]

15 Der Verweis auf das Wohlgefallen dessen, der ihn berufen hat, unterstreicht die Autorität, die Paulus für sich beansprucht.[66] Gegenüber seinen Gegnern in Galatien ist es ihm wichtig zu betonen, dass die Berufung ausschließlich das für den nachmaligen Apostel völlig unvorhersehbare[67] Werk Gottes war, und dass sein nachmaliges Wirken aus seiner eigenen Sicht keine Eigenmächtigkeit darstellt. Das auch in Röm 1,1

---

60 *DeSilva*, Galatians. A Handbook, 16.
61 Schon *Löwy*, Lehre, Monatsschrift 47 (1903), 325, hat von daher gegen die Interpretation von Röm 7,7–25 als eines autobiographischen Berichtes eingewandt, es sei »unwahrscheinlich, dass ein Pharisäer der Schule den Zustand des Menschen unter dem Gesetze jemals derart empfunden haben sollte, wie dies bei Paulus der Fall gewesen sein soll.«
62 vgl. Dtn 30,11–16; Sir 15,11–20; PsSal 9,4f.; 4Esr 7,118–131; syrBar 54,15.19. Eine Nebenlinie in antiker jüdischer Tradition sagt, dass dies nur durch den Heiligen Geist möglich ist (1QH XII 24.29; diese Stelle ist die nächste Parallele zu Röm 8,4).
63 Ersteres *Niebuhr*, Heidenapostel, 34, Letzteres *Schröder*, Die »väterlichen Gesetze«, 244.
64 Joseph, Ant XIII 297.408; XVII 41; vgl. auch Mk 7,3f.
65 So jedenfalls *Bousset*, Gal, 38; zuvor *Zahn*, Gal, 61: nur deshalb »konnte er so wie v. 17 von einer Rückkehr nach Damaskus reden, ohne vorher Damaskus genannt zu haben.«
66 Das Verbum εὐδοκέω ist terminus der Patron-Klient-Konzeption (*Crook*, Reconceptualising Conversion, 175), »enthält stets den Begriff des Freiwilligen, Beliebigen, Ungezwungenen« (*Usteri*, Gal, 24). In 𝔓99 steht stattdessen εὐαρέστησεν. Die Worte ὁ θεός sind sekundäre Erläuterung, die aber den Sinn trifft.
67 *Klein*, Gal, 56: »ganz unerwartet«. Theophylakt, Gal, PG 124, 964 C, stellt klar, dass hier kein zufälliges Auslosen gemeint ist, sondern Gott aus seinem Vorherwissen um die Würdigkeit des nachmaligen Apostels gehandelt hat.

verwendete Verbum ἀφορίζω[68] umfasst Aussonderung, Abgrenzung und Neudefinition und verbindet in der LXX gelegentlich »die beiden Momente des konkreten Auftrages und der Aussonderung zur Heiligkeit«[69]. Es ist nicht zu sichern, dass Paulus mit dem Verbum auf das hebr. פרשׁ oder das aramäische פרישׁא und damit auf seine eigene Zugehörigkeit zu den Pharisäern angespielt hat[70] – die Galater hätten das ohnehin nicht verstanden. Die Wendung ἐκ κοιλίας μητρός μου mag eine Anspielung auf Jer 1,5f., ad vocem ἐκ κοιλίας (μητρός) auch auf Jes 49,1.5 darstellen. Genauso wichtig ist aber die Pragmatik dieser Wendung: Das hier benannte Geschehen erscheint als von höherer Hand bewirkt, noch bevor Paulus den Weg des Eiferers (Gal 1,13f.) beschritt.[71] Auf diese Weise soll dieser Weg des Eiferns – und damit die Position der Fremdmissionare – nochmals relativiert werden. Das Verbum καλέω steht, mit Gott als Subjekt, vom Gottesknecht bei Deuterojesaja (Jes 42,6; 49,1). Paulus sieht sich also selbst in der Rolle des Gottesknechtes.[72] Mit dem Begriff χάρις, der die ungeschuldete Huld bezeichnet, betont Paulus, dass er nicht durch Verweis auf eigene Qualifikationen die Berufung als Apostel nach menschlichen Maßstäben begründen will.[73] Aufgrund von Gal 1,6 ergibt sich, dass Paulus die Berufung der Adressaten in die Gemeinde und seine eigene Berufung zum Apostel mit demselben Ausdruck benennt.[74] Akzeptieren die Gemeindeglieder ihren eigenen Weg hin zur Gemeinde als Erweis der göttlichen χάρις, werden sie, so vielleicht die Hoffnung des Apostels, auch seinen Weg als Erweis der göttlichen χάρις akzeptieren.

16 Die Wortfamilie ἀποκαλύπτω gebraucht Paulus, auf die eigene Person bezogen, in Gal 1,16 und in 1Kor 12,7; beide Ereignisse sind nicht zu identifizieren.[75] Der Gottessohntitel ist wohl auf dem Hintergrund von 2Sam 7,12–14; Ps 2,7; 89,26f. zu verstehen und betont die spezielle, die Unterscheidung von der menschlichen Welt einschließende einzigartige Beziehung Jesu zum Vater.[76] Diese unterscheidet sich von der Gottessohn-

---

68 Es steht nie in der Beschreibung von Geburtsvorgängen (*Keener*, Gal [2019], 87).
69 *Vouga*, Gal, 34.
70 So aber *Zahn*, Gal, 61f. Nach *Bousset*, Gal, 38, liegt ein Wortspiel darin: zunächst war Paulus nach seinem eigenen Wollen ein Ausgesonderter, dann hat Gott ihn zu einer anderen Aufgabe ausgesondert.
71 Insofern relativiert sich auch die Frage, ob ἐκ auf den Zeitpunkt der Geburt oder auf einen Zeitpunkt davor referiert.
72 *Wilk, Bedeutung, 292–297.
73 Aus der Gegenüberstellung zu Apg 9,4, wo Christus den nachmaligen Apostel als »Gefäß der Auserwählung« bezeichnet, gewinnt Theophylakt, Gal, PG 124, 964 C, einen Verweis auf des Paulus Bescheidenheit. Calvin, Gal, CR 50, 178f., sieht ad vocem χάρις in Gal 1,15 auch eine Mahnung an die kirchlichen Amtsträger impliziert (*Riches*, Galatians, 89).
74 *Von der Osten-Sacken*, Gal, 82.
75 Es geht nicht um endzeitliche Geheimnisse, wohl aber um »die eschatologische Qualität seines Erlebnisses«, das für ihn vielleicht tatsächlich »mit einer Erschließung des endzeitlichen Gotteswillens einherging« (*Strecker*, Theologie, 102).
76 Das mag auch der Grund sein, warum Paulus hier den Sohnestitel verwendet, nicht den Christus-

schaft der Gläubigen: Sie sind Gottes Kinder nur *per adoptionem*.[77] Die präpositionale Wendung ἐν ἐμοί kann bedeuten »durch mich«, »in mir«[78] oder auch wie der einfache Dativ, als dessen Verstärkung sie dienen kann, »mir«.[79] Im Hinblick darauf, dass Paulus das Verbum ἀποκαλύπτω auch mit einfachem Dativ verbinden kann[80], werden auch die Deutungen »in meinem Wollen«[81] und »in meinem Lebenswandel, im Ἰουδαϊσμός«[82] vorgeschlagen. Vom Kontext her legt sich die Deutung als Instrumentalis (»durch mich«) am wenigsten nahe.[83] Für die beiden zuletzt genannten Deutungen auf das Wollen oder den Lebenswandel sind m. E. die Textsignale nicht eindeutig genug. Zwischen den beiden verbleibenden Deutungen zu unterscheiden ist schwierig, vielleicht aber auch unnötig.[84] Wichtiger ist, nach dem möglichen Inhalt der Offenbarung zu fragen.

Unbeschadet der Umwälzungen, die für Paulus mit diesem Ereignis verbunden waren, redet er doch nicht einem mystischen Erlebnis das Wort. Von langen Belehrungen über seine zukünftige Missionstätigkeit spricht Paulus ebenfalls nicht, schon gar nicht über eine Theologie, die er zukünftig vertreten soll. Paulus ist zurückhaltend, denn es geht ihm nicht um die Befriedigung menschlicher Neugier, nicht um seine eigene Aktivität, sondern um das, was ihm Gott geoffenbart, gezeigt hat.[85] Trotzdem kann man fragen, was diese Offenbarung beinhaltet hat. Sinnvoll erscheint eine möglichst sparsa-

---

titel (*Usteri*, Gal, 26; *von der Osten-Sacken*, Gal, 84f.).

77 *De Boer*, Gal, 94.
78 *Lietzmann*, Gal, 8, mit Bezug auf Gal 2,20; *Das,* Gal, 132, mit zusätzlichem Verweis auf 2Kor 4,6; *Müller, Lebenswende, 166f., zuvor Ps.-Oikumenios, Gal, PG 118, 1100 A: καὶ νῷ καὶ καρδίᾳ (in meinem Verstand und meinem Herzen); ähnlich Theophylakt, Gal, PG 124, 964 D: Paulus bekommt diese Erkenntnis so weit verinnerlicht, dass er sagen kann, dass Christus in ihm rede (2Kor 13,3).
79 *Rohde*, Gal, 61; *Martyn, Gal,* 158; *Oakes*, Gal, 57f.; *Strecker*, Theologie, 106, der auf die Parallele Gal 2,20 und die spiegelbildliche Umkehrung in Form der ἐν Χριστῷ-Vorstellung verweist.
80 1Kor 2,10; 14,30; Phil 3,15. Deshalb lehnt *de Boer,* Gal, 92, die Deutung i.S. des einfachen Dativs ab.
81 Nach *Dunn,* Gal, 64, hat die Wendung ἐν ἐμοί die völlige Verwandlung seines Planens, vom Zerstören zur Förderung der Gemeinde Jesu im Auge.
82 Dieser Lebenswandel ist durch das Eingreifen Gottes an ein Ende gekommen. Das ist das, was Paulus auch gegenüber den Galatern wichtig ist: Sein früheres Leben hat einen radikalen Bruch erfahren, und Paulus erlebt an seiner Person die radikale Differenz zwischen dem alten und dem neuen Äon. Paulus interpretiert damit seine Lebenswende als apokalyptisch-eschatologisches Ereignis, aber nicht nur als ein Privatereignis, sondern ein öffentliches Ereignis (*de Boer,* Gal, 92–94; ähnlich *Moo*, Gal, 104).
83 Philologisch ist die Deutung nicht ausgeschlossen; vgl. die Verwendung von ἐν als Instrumentalis in der Septuaginta (auf die Entsprechung zum hebr. בּ instr. verweist auch Calvin, Gal, CR 50, 179). In Gal 1,16 wäre der folgende ἵνα-Satz dann explikativ. Allerdings kann man mit *deSilva*, Galatians. A Handbook, 18; *ders.*, Letter, 148, darauf verweisen, dass Gal 1,15f. die Frage beantwortet, inwieweit aus der Sicht des Paulus seine Aussage von Gal 1,12 richtig ist, das Evangelium durch eine Offenbarung erhalten zu haben.
84 *Keener*, Gal [2019], 88.
85 *De Boer,* Gal, 91. 227f.

me Theorie. Was Paulus gesehen hat, war der Auferweckte (1Kor 9,1), den Paulus aber – wodurch auch immer[86] – als den Gekreuzigten identifizieren konnte. Die Schau des Auferweckten implizierte für den nachmaligen Apostel vermutlich die Rehabilitierung Jesu durch Gott selbst[87] und war für ihn der Anstoß zur Neubewertung der von ihm bisher abgelehnten Jesusbewegung.[88] Ab wann diese Schau des Auferweckten auch eine Relativierung des Geltungsanspruchs der Tora implizierte, wie sie im Galaterbrief zum Ausdruck kommt, muss jedoch offenbleiben.[89]

> Was ist das in Gal 1,15f. benannte Geschehen religionsphänomenologisch?[90] Diskutiert man Gal 1,15f. unter der Frage, ob man eher von einer Bekehrung oder von einer Berufung sprechen soll, sind zwei Missverständnisse fernzuhalten: 1. Paulus bekehrt sich nicht von einer Religion zur anderen; auch nach dem in Gal 1,15f. erwähnten Ereignis macht er seine jüdische Identität geltend[91]; der Vater Jesu Christi ist der Gott Israels; die Auslegung der Heiligen Schrift Israels erfolgt nach antiken jüdischen Grundzügen, und die Vorstellung einer leiblichen Totenauferweckung hat Paulus aus seiner pharisäischen Zeit in seine Theologie mitgebracht. Eher könne man von einem Wechsel von einer Denomination in eine andere sprechen.[92] 2. Erst recht bekehrt sich Paulus nicht von einem unreligiösen zu einem religiösen Lebenswandel[93]; dagegen spricht schon Gal 1,13f. Auch verwendet Paulus nirgends die Wortfamilie μετάνοια zur Beschreibung seiner Wende. Man wird allerdings feststellen, dass die Bindung an die Person Jesu eine Neubewertung auch des Handelns Gottes nach sich zieht[94] – diesen Aspekt der weitreichenden geistigen Umorientierung vermag der Ausdruck »Berufung« nicht recht zu integrieren. Der Begriff

---

86 Wie konnte Paulus Jesus eigentlich identifizieren, wenn er ihn doch nicht bei Leibesleben gesehen hat? Diese erzählerische Lücke wird in Apg 9 durch Jesu Selbstvorstellung gefüllt: »Ich bin Jesus, den du verfolgst«.
87 So auch *Schnelle*, Paulus und das Gesetz, 255. Gerade zu diesem Zweck eignete sich in Gal 1,16 von den verschiedenen Würdetiteln Jesu der Titel »Sohn« am ehesten, weil das enge vorauszusetzende Verhältnis zu Gott dem Vater auch den Galatern intellektuell nachvollziehbar war.
88 *DeSilva*, Letter, 154.
89 Zu diesbezüglicher Vorsicht mahnt auch *Strecker*, Theologie, 90.
90 Vgl. dazu u. a. *Strecker*, Theologie, 83–87.
91 Vgl. *Niebuhr*, Heidenapostel aus Israel; *Sänger*, Kontinuität, 180; *Bachmann*, Identität, 580.
92 *Segal*, Convert, 6.
93 Dieses im Pietismus wirksam gewordene Verständnis von Bekehrung hat seine Wurzeln in 1Tim 1,15f. Luther, Gal, WA 40/I, 137, konnte seine eigene Abwendung vom »Eifern« im Mönchtum mit der Lebenswende des Apostels in Analogie setzen.
94 Die Heilige Schrift auf die eigene Zeit, auf die eigene Situation, auf die eigene Gruppe zu deuten, hat Paulus mit den Autoren vieler Qumrantexte gemeinsam. Deren Wertesystem ist jedoch, was bei Paulus auf der Ebene der Begründung längst nicht immer erkennbar ist. auf die Tora konzentriert (vgl. z.B. 1QS V 8 u. ö.), welche Texte auch immer als Tora gegolten haben mögen (1Q22; 11QT und das Jubiläenbuch zeigen aber auch, dass sich das, was heute im Pentateuch als Text niedergelegt ist, vermutlich erst ab dem Ende des zweiten vorchristlichen Jahrhunderts als allein autoritativer Referenztext für jüdische Identität durchsetzt).

Bekehrung erscheint missverständlich, der Begriff Berufung greift zu kurz, im Deutschen ist die Nachahmung des englischen *conversion-call* philologisch nicht möglich; darum ist es sinnvoll, den zugegebenermaßen etwas blassen Begriff der Lebenswende zu verwenden.

Der mit ἵνα eingeleitete Satzteil bringt die Berufung des Paulus und sein Wirken unter[95] Nichtjuden in einen unmittelbaren ursächlichen Zusammenhang, wie der Apostel das Wirken unter Nichtjuden in Röm 1,6 als Inhalt des apostolischen Dienstes benennen wird.[96] Der Zusammenhang mit Jer 1,5 und Jes 42; 49 versteht sich auch inhaltlich: Nur Jeremia und Deuterojesaja begegnen in biblischer Tradition als Propheten für die Völker. Nichtjuden bekommen einen völlig anderen Stellenwert bei Paulus als bisher: Implizierte der Eifer für die väterlichen Überlieferungen zugleich die – biblisch gebotene!, vgl. Dtn 7,7–11 – Abgrenzung Israels von den Heiden, so sind die neuen Anschauungen des Paulus eher an Stellen wie Jes 42,6; 49,6 orientiert.[97] Gal 1,16 erzwingt aber nicht, dass Paulus sofort nach seiner Berufung den Nichtjuden, und auch nicht, dass er ausschließlich den Nichtjuden gepredigt hätte – Paulus hat sein gegenwärtiges Wirken im Auge.[98] Dass er diesen Aspekt seiner Berufung in Gal 1,16 hervorhebt, hängt mit der Konfliktlage des Galaterbriefes zusammen. In Wahrheit mag ihm manches erst in einem längeren Reifungsprozess klar geworden sein.[99]

Die Reaktion des Paulus auf das Ereignis wird nicht geschildert, stattdessen schreibt er – natürlich mit der in Gal 1,12 geäußerten Pragmatik, seine Unabhängigkeit von Menschen zu untermauern –, was er *nicht* tat. Die Konjunktion εὐθέως kann zu 16c, aber auch zu V. 17[100] gehören, und ist wohl mit Hinblick auf die dann doch erfolgten Reisen nach Jerusalem (Gal 1,18; 2,1) gesetzt.[101] Die Wendung σαρκὶ καὶ αἵματι ist

---

95 Wenn Paulus ausschließlich den Nichtjuden verkündigen sollte, dürfte die Präposition ἐν nicht gesetzt sein (*Das, Gal,* 134).
96 Ungeachtet aller apokalyptischen Einfärbung der Erstverkündigung (1Thess 2,18; 5,1; 1Kor 6,2) lässt sich bei Paulus auch die Anknüpfung an griechisch-römische Verständniskategorien beobachten, z.B. (!) in der Rede vom »Tempel« in 1Kor 3,16f.; 6,19, wo bereits das Wesentliche erfasst ist, wenn die antike Grundunterscheidung zwischen »heilig« und »profan« vor Augen steht. Für den Galaterbrief sind u. a. politische Terminologie (Gal 1,7; 5,10) und das Freundschaftsideal (Gal 4,12–16) namhaft zu machen.
97 *Dunn,* Gal, 66.
98 *Zahn,* Gal, 63; ähnlich *Bousset,* Gal, 39, der auf die entscheidende Maßnahme des Barnabas verweist, Paulus nach Antiochia zu holen.
99 *Klein,* Gal, 59. Implizit mag der Passus wiederum die Autorität des Apostels gegenüber den Adressaten betonen (*Bauer,* Paulus, 323).
100 Ersteres *de Boer,* Gal, 94 Anm. 147, Letzteres *Lietzmann,* Gal, 8: das Adverb »verlangt etwas Positives.«
101 *DeSilva,* Galatians. A Handbook, 18. Die auffällige Verknüpfung des εὐθέως mit zwei negativen Aussagen veranlasst *Zahn,* Gal, 66, zur Klarstellung hinsichtlich des Vorwurfes der Fremdmissionare, den Paulus abwehren will: Sie haben ihm nicht vorgehalten, er habe sein Evangelium ohnehin nur von den Uraposteln erlernt, sondern behauptet, Paulus sei nach anfänglichem Bemühen, in

Kennzeichnung der Kreatürlichkeit[102] und steht hier stellvertretend für »besprach ich mich nicht mit Menschen«.[103] Das Verbum προσανατίθεσθαι hat die Bedeutung »jemandem etwas zur Begutachtung vorlegen«[104]; diesem Gegenüber, dem man das vorlegt, kommt Autorität zu.

17 Auch V. 17 ist durch die zu V. 12 angesprochene Pragmatik bestimmt. Das Verbum ἀνέρχεσθαι[105] in Verbindung mit der Zielangabe »Jerusalem« ist traditionell, der Topographie Jerusalems geschuldet. Die Wendung »die vor mir Apostel waren« wird die Zwölf einschließen, ist aber nicht darauf festgelegt. Paulus erkennt an, dass es vor ihm Menschen im Missionsdienst gegeben hat; das πρὸ ἐμοῦ begründet aber nur einen zeitlichen Vorrang, keinen höheren Status.[106]

Die Konjunktion ἀλλά markiert einen starken Kontrast. Der Satzteil ἀπῆλθον εἰς Ἀραβίαν ist trotz des ἀπῆλθον wohl weniger auf einen Rückzug zur Kontemplation zu deuten[107], sondern ist wohl eher[108] der Hinweis auf eine (erfolglose) Missionstätigkeit[109] zunächst in der Arabia, d. h. vermutlich im (nördlichen[110]) Nabatäerreich mit seiner Hauptstadt Petra, das, s. 2Kor 11,32f., unter Aretas IV. (8/9–40 n. Chr.) zeitweise auch auf Damaskus Einfluss hatte (aber auch bis in die Sinai-Halbinsel und in die arabische Wüste hinein) und das 106 n. Chr. zur römischen Provinz Arabia wurde.[111] In der Arabia konnte Paulus tatsächlich keine Belehrung von Menschen empfangen haben[112], ebenso wenig in Damaskus, wo sich (vgl. das πάλιν ὑπέστρεψα) auch die Berufung abgespielt haben könnte (vgl. Apg 9). Wem und was hat er in der Arabia verkündigt? In 2Kor 11,32f. führt er

---

Jerusalem die Billigung seiner Verkündigung bestätigt zu bekommen, dann doch unzulässigerweise eigene Wege gegangen.

102 Sir 14,18; 17,31, bei Paulus noch 1Kor 15,50. In antiker antichristlicher Kritik wird in dieser Wendung gelegentlich eine Spitze gegen die anderen Apostel vermutet (Hieronymus, Gal., CC.SL 77 A, 31f.). Luther, Gal, WA 40/I, 143, weist die Auslegung zurück: Die anderen Apostel werden ja im Folgenden erwähnt.

103 Diese Nicht-Kommunikation hat ihre Ursache darin, dass für Paulus das Berufungserlebnis selbstevident war, weniger darin (so aber *Keener*, Gal [2019], 88), dass Mission unter den Nichtjuden in seinen Zuständigkeitsbereich fiel, nicht in den der Jerusalemer Autoritäten.

104 *Zahn*, Gal, 64 mit Anm. 78. In 𝔓99 ist ἀνεθέμην geboten.

105 Die LA ἀπῆλθον ist wohl Angleichung an den Kontext.

106 *Rohde*, Gal, 63; *Das*, Gal, 135f. Theophylakt, Gal, PG 124, 965 AB fragt nach dem Ausgleich zur Mahnung Spr 3,7 und begründet das Handeln des Paulus mit der Haltung derer, die der Ansicht waren, man müsse den Jerusalemer Aposteln folgen, nicht ihm.

107 *Lipsius*, Gal, 20; *Burton*, Gal, 63.

108 Vgl. aber *Zahn*, Gal, 68: Auch V. 17 ist noch von dem Anliegen geprägt, die Unabhängigkeit von Jerusalem zu erweisen. *Von der Osten-Sacken*, Gal, 90, erwägt unter der auf Gal 1,20 basierenden Annahme, Paulus biete in V. 17–24 »subjektiv gestaltete Wahrheit«, die Jesusanhänger in Damaskus hätten ihn erst einmal aus der Schusslinie nehmen wollen.

109 *Vouga*, Gal, 35. Anders *Bousset*, Gal, 39: Paulus missionierte unter Juden.

110 *Lietzmann*, Gal, 8.

111 *Moo*, Gal, 106, u.v.a. Zum arabischen Nabatäerreich vgl. u. a. *Keener*, Gal [2019], 93–96.

112 So auch *Usteri*, Gal, 29.

das nicht weiter aus. Die Flucht aus Damaskus ist möglicherweise einer Konfrontation mit den dort zahlreich ansässigen Juden geschuldet, bei denen er Unruhe erregt hat. Verkündigt hat er wohl die Inhalte der Missionspredigt der Urgemeinde, die er zuvor abgelehnt, und die er seit seiner Berufung neu zu bewerten gelernt hat.

18 Die Konjunktion ἔπειτα, im Allgemeinen historische Darstellungen gliedernd, besagt hier, dass Paulus den Besuch in Jerusalem nicht mehr unter die Zeitspanne des εὐθέως einrechnet.[113] Sie bezieht sich wohl nicht auf den Aufenthalt in der Arabia, sondern auf die Berufung zurück.[114] »Nach drei Jahren« kann auch bedeuten: im dritten Jahr, also zwei Kalenderjahre nach seiner Berufung. Bei der Wendung »zog ich nach Jerusalem hinauf« ist der Ausdruck »hinauf« in jüdischen Texten üblich, bedingt durch die topographische Lage Jerusalems.

> Kephas/Petrus »Fels« ist ein Spitzname. Beide Namensformen sind vor dem NT nirgends als Personennamen belegt[115], wenigstens nicht in vorchristlicher griechischer Literatur.[116] Die Namensform »Kephas« ist für das Land Israel auf einem Ostrakon aus Masada für die Zeit vor 73 n. Chr. nachgewiesen.[117] Der Name ist die Wiedergabe des aramäischen כפא, was als Eigenname nur einmal auf einem Elephantine-Papyrus von 416 v. Chr. belegt ist.[118] Der erstberufene (Mk 1,16f.) Kephas erscheint zu dieser Zeit tatsächlich noch als die führende Gestalt in der Urgemeinde.

Auch Gal 1,18 ist nach der in Gal 1,12 formulierten Textpragmatik zu würdigen. Paulus muss zugeben, dass er tatsächlich nach drei Jahren in Jerusalem gewesen ist, doch will er den Besuch bei Petrus in seiner Bedeutsamkeit herabspielen.[119] Den drei Jahren Unabhängigkeit von Jerusalem stehen 15 Tage Aufenthalt daselbst gegenüber.[120] Auch die Wendung πρὸς αὐτόν soll das unterstreichen.[121] Paulus betont die Unverbindlichkeit, aber auch den Konsens.[122] Worüber beide 14 Tage lang geredet haben können, bleibt Spekulation. Das Verbum ἱστορῆσαι kann heißen »Information einholen«, aber auch »besuchen«. Im ersten Fall ist die Verwendung nur sinnvoll, wenn Paulus nicht über das Evangelium, sondern über Petrus Informationen einholen wollte, weil vermut-

---

113 *Betz,* Gal, 151.
114 Ersteres *Longenecker,* Gal, 37; *Martyn,* Gal, 181, Letzteres *Moo,* Gal, 108; *Das,* Gal, 137.
115 *De Boer,* Gal, 98.
116 *Hartman,* Mark for the Nations, 139.
117 *Ilan,* Jewish Names I, 303.
118 *Collins,* Mark, 218.
119 So auch *deSilva,* Letter, 154; zuvor Oikumenios, Gal, PG 118, 1100 D: Es heißt »ich blieb«, nicht »ich wurde belehrt«; ähnlich Theophylakt, Gal, PG 124, 965 CD, der gleichwohl die ehrende Anerkennung des Petrus durch Paulus betont.
120 Diese Zeitdauer könnte von Paulus auch unter dem Aspekt genannt sein, dass die Adressaten von einem auch im Einzelnen begründeten Konsens zwischen Paulus und Petrus ausgehen sollten (*Das,* Gal, 138).
121 Ansonsten hätte man auch παρὰ αὐτόν im Sinne einer Anlehnung erwarten können (*Rohde,* Gal, 65).
122 Ersteres betont *Betz,* Gal, 152, Letzteres betont *Das,* Gal, 138.

lich auch dem Paulus die Tradition über Petrus als Erstberufenen bekannt war.[123] Ansonsten kann man am ehesten an Traditionen wie 1Kor 11,23–25 und 1Kor 15,3–5 denken, die Paulus selbst als Traditionen kennzeichnet. Von ausdrücklich als solchen gekennzeichneten Jesusworten macht Paulus bekanntlich sparsamen Gebrauch.

19 Paulus versichert, er habe von den anderen Apostel niemanden gesehen.[124] Ob er sie in Jerusalem nicht angetroffen oder gar nicht aufgesucht hat, sagt er nicht.[125] Vielleicht musste er sich, gerade als abtrünnig gewordener Pharisäer, vor den nicht an Jesus glaubenden Juden bereits versteckt halten[126], oder die Anhänger Jesu in Jerusalem waren ihrerseits zögerlich, allen voran Petrus und der Herrenbruder.[127] Zu εἰ μή wird diskutiert, ob Paulus mit dem Nachsatz auch Jakobus, den Herrenbruder, unter die Apostel rechnet.[128] Die Bezeichnung »Herrenbruder« soll den hier Gemeinten wohl u. a. von dem Zebedaiden Jakobus und dem Sohn des Alphäus (Mk 3,18) mit Namen Jakobus unterscheiden. Paulus erkennt Jakobus als Apostel an, betont aber durch die Wortwahl (εἶδον) wiederum seine Unabhängigkeit. Die anderslautende Darstellung nach Apg 9,26–28, Paulus habe lebhaften Kontakt mit der Urgemeinde gehabt, ist durch die darstellerische Absicht des Lukas bestimmt, die Einmütigkeit des Paulus und der anderen Apostel aufzuweisen. Paulus kann sich hier, nicht nur wegen Gal 1,20, keine Unwahrhaftigkeit erlauben, wenn er nicht das Ziel seiner brieflichen Intervention gefährden will.

20 Nicht selten verlässt Paulus mit γράφω die propositionale Ebene und wechselt auf die Ebene der Reflexion über die augenblickliche Kommunikation. In 1Thess 4,9; 5,1 zeigt das verneinte Verbum, dass Paulus nicht mit Unkenntnis oder Missverständnis rechnet; 1Kor 4,14 summiert das, was er bisher geschrieben hat, und möchte es vor Missverständnis bewahren; 1Kor 5,11 will Paulus ein Missverständnis im Vorbrief zurechtrücken, in 1Kor 9,15 ein Missverständnis, sein eigenes Verhalten betreffend. 1Kor 14,37 thematisiert die Beurteilung dessen, was Paulus geschrieben hat – für ihn ist eigentlich nur eine Beurteilung als κυρίου ... ἐντολή denkbar. Auch in 2Kor wählt Paulus das Verbum häufig, um potentielle (2Kor 1,13) oder wirkliche gegenwärtige (2Kor 13,10) oder vergangene (2Kor 2,3.4.9; 7,12) Missverständnisse zu beseitigen. Phlm 19 bekräftigt die Zusicherung, dass Paulus den Adressaten finanziell entschädi-

---

123 *Holtzmann*, Das Neue Testament, 480, der auf eine Sammlung von Herrenworten verweist; *de Boer*, Gal, 98.
124 *Luther*, Gal, WA 40/I, 147, hat eine mögliche Negativwirkung dieser Ausführungen im Auge: *Sed cur Paulus tam multis verbis hoc agit, ut ferme usque ad taedium inculcet se Evangelium suum non accepisse [...]? Ipse vult Ecclesias Galatiae iam per Pseudoapostolos eversas reddere certas, quod suum Evangelium sit divinum verbum* (»Aber warum betreibt Paulus das mit vielen Worten, dass er bald bis zum Überdruss beteuert, er habe sein Evangelium nicht von einem Menschen empfangen [...]? Er will die von den Pseudoaposteln bereits aufgewühlten Gemeinden der Galatia dessen gewiss machen, dass sein Evangelium göttliches Wort ist.«).
125 So zu Recht *Lipsius*, Gal, 21.
126 *Lietzmann*, Gal, 9.
127 Ersteres *Das*, Gal, 142 (als Erwägung), Letzteres *von der Osten-Sacken*, Gal, 90 (als Erwägung).
128 Im positiven Sinne votieren u. a. *Moo*, Gal, 110; *Keener*, Gal [2019], 100; *deSilva*, Letter, 161; *Das*, Gal, 141f., mit Verweis auf 1Kor 15,5–9.

1,11–24 Die von Gott her gegebene Selbständigkeit

gen wird. Neben der Funktion, Missverständnisse zu verhindern, steht γράφω mehrmals, wenn es um den Rückblick auf die soeben im Brief erfolgte Kommunikation geht (Gal 6,11; Phil 2,1; Röm 15,15).[129]

Paulus stellt mit der Schwurformel den Galatern sein eigenes ἦθος vor Augen[130]; sie sollten wissen, dass Paulus seine Ansprüche auch als wahr verteidigen könnte.[131] Die Beteuerung von Gal 1,20 ist insofern glaubwürdig, als Paulus gut daran tut, nichts zu schreiben, was sich als falsch herausstellt und den Fremdmissionaren Argumente gegen ihn liefert.[132] Inwieweit sich die Schwurformel nur auf Gal 1,18f.[133] oder auf Gal 1,11–19 oder auch auf das Nachfolgende[134] beziehen soll, bleibt offen. Wichtiger ist: Das paulinische Evangelium ist von der apostolischen Tradition unabhängig. Man kann diskutieren, ob sich Paulus gegen anderslautende Darstellungen seiner Vita verwahren will, als habe er die Verkündigung von Jerusalem übernommen, aber in seinem Sinne umgebogen und verfälscht.[135] Es muss aber nicht sein, dass anderslautende Interpretationen der vita des Paulus oder speziell seines ersten Besuches in Jerusalem widerlegt werden; die Argumentation hat »die Kürze einer Darstellung und nicht die detaillierte Ausführlichkeit einer Widerlegung«.[136]

21 Paulus arbeitet in Syrien (vielleicht das Gebiet südlich des Taurus) und Kilikien[137], also wieder fernab von Jerusalem.[138] Neben der Region um Tarsus (nach Apg 22,3

---

129 Paulus wählt an manchen Stellen jedoch lieber Ausdrücke direkter Kommunikation wie Gal 5,2 (ἐγὼ Παῦλος λέγω ὑμῖν) oder auch umgekehrt λέγετέ μοι (Gal 4,21).
130 Den in dieser Weise spezifizierten Appell an das eigene Ethos gibt es auch in der Rhetorik, vgl. Cic, Cluent 23/62, wo Cicero auffordert: *redargue me, si mentior* (»Widerlege mich, wenn ich lüge!«). Ciceros Status als *homo novus* verlieh ihm kaum die Autorität, seinen Standpunkt ohne unwiderleglichen Beweis zu formulieren – auch Paulus musste in der angespannten Situation gegenüber den Adressaten darauf achten, dass man ihm seine eigenen Worte nicht als unwahr nachweisen konnte.
131 *Das*, Gal, 142. – In der Handschriftentradition begegnet gelegentlich κυρίου statt θεοῦ (1505 1611 2495 sy^h).
132 *Longenecker*, Gal, lxxiii.
133 *Schlier*, Gal, 204. *Lipsius*, Gal, 21, bezieht die Wendung auf das in Gal 1,17–19 Gesagte.
134 *Calvin*, Gal, CR 50, 180; *deSilva*, Letter, 165.
135 Ersteres *von der Osten-Sacken*, Gal, 88, Letzteres *de Boer*, Gal, 99.
136 *Vouga*, Gal, 37.
137 Mindestens Κιλίκια ist als Landschaftsname gebraucht, wie auch das vorangestellte κλίματα signalisiert (*Moo*, Gal, 112; *Das*, Gal, 143). – In ℵ* 33 81 1505 1881 fehlt der Genitivartikel vor Κιλικίας. Vielleicht wurde er als unnötige Wiederholung empfunden.
138 Beide Gebiete mögen zwischen 25 v. Chr. und 72 n. Chr. in einer römischen Doppelprovinz vereinigt gewesen sein (*Das*, Gal, 143); weite Teile des Rauhen Kilikien standen aber unter der Herrschaft von Klientelkönigen, und von der Pax Romana kann man angesichts von Aufständen in dieser Region gerade nicht sprechen (*Pilhofer*, Christentum, 101–104). Dass Paulus zuerst Syrien nennt, dann Kilikien, lässt sich mit der aus Apg 9,30; 11,25f. gegebenen Reihenfolge nicht gut vereinbaren. Spricht man den Berichten der Apostelgeschichte einen gewissen Wert zu, kann man erwägen, ob Paulus die Gegenden nach dem Prinzip der zunehmenden Entfernung von Jerusalem anordnet, um nochmals seine Unabhängigkeit zu betonen (*Zahn*, Gal, 73), oder ob er

war Tarsus die Heimatstadt des Paulus) kommen auch Seleukeia[139] und Klaudiopolis in Frage, die einzige römische Kolonie in Kilikien.[140] Es ist umstritten, ob Gal 1,21 als Gegenstück zu Apg 13; 14 zu lesen ist oder nicht. Dass Paulus den in Apg 13; 14 genannten Gefährten Barnabas nicht erwähnt, mag mit der Überlegung zusammenhängen, dass es für Paulus den Galatern gegenüber seit dem Antiochenischen Zwischenfall unklug gewesen wäre, ihn zu erwähnen[141], wenngleich er damit rechnen müsste, dass – im Falle der nicht modifizierten südgalatischen Hypothese – die Galater ihm genau dies vorhalten könnten.

22 Das Imperfekt ἤμην ἀγνοούμενος drückt die Dauer eines Zustandes aus[142], der während seines Aufenthaltes in Syrien und Kilikien zu beobachten war. Die Wendung »den Gemeinden in Judäa« schließt wie 1Thess 2,14 auch Jerusalem mit ein.[143] Paulus will wohl erneut seine Unabhängigkeit betonen.[144] Doch wie kann er das schreiben angesichts seiner Verfolgertätigkeit[145] und angesichts seines in Gal 1,18 erwähnten Besuchs? Vielleicht ist, so legen das Syntagma τῷ προσώπῳ und das Adverb μόνον in Gal 1,23 nahe, nur gemeint, dass sie ihn längst nicht alle persönlich kannten.[146] Bei der Näherbestimmung τῆς Ἰουδαίας kann man fragen, ob Samaria und Galiläa eingeschlossen sind oder nicht, ferner, ob Jerusalem inkludiert ist[147] oder nicht.[148] Eine definitive Antwort wird sich nicht geben lassen. Die Formel ἐν Χριστῷ drückt die Zugehörigkeit und Bindung aus; ein Gegensatz zur Tora-Bindung muss hier noch nicht gemeint sein.[149]

---

den für ihn wichtigeren Aufenthalt voranstellt (*Bousset,* Gal, 40). *Usteri,* Gal, 32, verweist darauf, dass Apg 15,23 als Adresse des Begleitschreibens des Aposteldekretes eben jene Gegenden benennt, wo sich Paulus aufgehalten hatte.

139 Dafür sprechen die dortige auch mit Paulus verbundene frühe Thekla-Tradition und die Existenz von Juden in der Stadt (**Pilhofer,* Christentum, 112).
140 **Pilhofer,* Christentum, 113–118.
141 *Rohde,* Gal, 70.
142 *Lietzmann,* Gal, 9.
143 Anders *Zahn,* Gal, 74, aufgrund des Folgenden. Zahn zufolge gibt V. 23 eine Rede der Jerusalemer Gemeinde wieder, die die judäischen Gemeinden dann gehört haben.
144 *Usteri,* Gal, 33; zuvor schon Ps.-Oikumenios, Gal, PG 118, 1100 B.
145 Ob Apg 8,1 historischen Quellenwert beanspruchen kann, muss durchaus gefragt werden. – Von daher ist auch die Behauptung der »Gegner« des Paulus verkehrt, er habe in Judäa die Beschneidung gepredigt (Theophylakt, Gal, PG 124, 968 C, im Vorgriff auf Gal 5,11 [PG 124, 1013 A]).
146 So auch *Lietzmann,* Gal, 9; *deSilva,* Galatians. A Handbook, 22; *Moo,* Gal, 113. – Paulus sagt nicht, dass er vor seiner Berufung nie in Jerusalem gewesen sei (richtig *Sänger,* Konfliktlinien, 106 Anm. 21).
147 *Bousset,* Gal, 40 (welche Bedeutung sollte der Verweis auf die unbedeutenden Gemeinden Judäas für die Adressaten haben?); *Betz,* Gal, 158; *Moo,* Gal, 113, mit Verweis auf Röm 15,31 und 2Kor 1,16 als Parallelen.
148 Dass Paulus trotz seiner Verfolgertätigkeit den Gemeinden in Judäa unbekannt war, begründet *Das,* Gal, 144, mit der Erwägung, Paulus habe seine Verfolgertätigkeit auf städtische Zentren konzentriert, wie dann später seine Missionstätigkeit.
149 So aber *deSilva,* Galatians. A Handbook, 22.

23 Allerdings hat man in Judäa und Jerusalem durchaus seine Verfolgertätigkeit, dann aber auch deren Ende registriert. Dass Paulus darauf zu sprechen kommt, mag die Bedeutsamkeit seiner Lebenswende betonen[150], soll aber vor allem den Konsens auch der Gemeinden in Judäa betonen (und damit die Fremdmissionare isolieren[151]) und V. 24 vorbereiten. Der Artikel ὁ markiert in der von Paulus referierten Äußerung die entscheidende Information zur Identifizierung seiner Person.[152] Das Präsens διώκων mag ähnlich wie das durative Imperfekt ἐπόρθει[153] die Dauer signalisieren, aufgrund deren sich das entsprechende Wissen um Paulus überhaupt bilden konnte.[154] Das Personalpronomen ἡμᾶς, nach Gal 1,22 eigentlich nicht zu erwarten, referiert nicht auf die Gemeinde(n) in Jerusalem oder Damaskus[155], sondern steht für die Solidarität der Gemeinden untereinander.[156] In der Forschung hat man aufgrund des paulinisch unüblichen εὐαγγελίζεσθαι τὴν πίστιν eine alte Gemeindetradition finden wollen. Notwendig ist das nicht wirklich. Das Substantiv πίστις bezeichnet hier summierend das Sinn- und Symbolsystem der Bewegung, für Paulus jetzt aktiv ist, die Grundlehren der Bindung an Jesus Christus als den Gesandten des Gottes Israels und der daraus folgenden Ethik.[157] Man kann zwischen εὐαγγελίζεσθαι αὐτόν in V. 16 und εὐαγγελίζεσθαι τὴν πίστιν hier eine Parallelordnung statuieren, während sich das Verständnis der πίστις als *fides qua creditur* in Gal 1,23 (wie auch sonst) nicht nahelegt.[158]

24 Wenn die Gemeinden Gott angesichts des Schicksals und des Wirkens des Paulus (das ist gemeint mit dem ἐν ἐμοί[159]) preisen, steht damit für Paulus fest, dass die Gemeinden bestätigen, dass in Paulus tatsächlich Gott am Wirken war, der ihn berufen hatte. Die schon dadurch implizite Textpragmatik von Gal 1,21–24 insgesamt ist ein weiteres Mal aus der betonten Schlussstellung des Wortes θεόν am Ende von V. 24 zu folgern. Wenn die Gemeinden in Judäa – sie wirken gerade in ihrer jüdischen jesusgläubigen Identität als *testimonium externum* – Gott preisen, sind die Fremdmissionare von vornherein im Unrecht, vor allem dann, wenn sie sich zur Stärkung ihrer Position auf Paulus berufen.[160] Kann man umgekehrt erwägen, dass Paulus in seiner ersten Zeit

---

150 *Moo*, Gal, 114.
151 Luther, Gal, WA 40/I, 150.
152 *Peters*, article, 144.
153 In F G steht wie zu Gal 1,13 ἐπολέμει.
154 *DeSilva*, Galatians. A Handbook, 23.
155 Ersteres *Witherington*, Grace, 125, Letzteres *Martyn*, Gal, 177.
156 *Burton*, Gal, 64; *Hubing*, Crucifixion, 138.
157 *Schliesser*, Was ist Glaube?, 50; *Ulrichs*, Christusglaube, 97.
158 So zu Recht *Das*, Gal, 146.
159 So auch *Lietzmann*, Gal, 9; *Moo*, Gal, 115, der zusätzlich eine Anspielung an Jes 49,3 LXX vermutet, sodass sich Paulus als in der Tradition des Gottesknechtes stehend sieht (ähnlich *Das*, Gal, 130; *von der Osten-Sacken*, Gal, 88). – In D F G d b werden die Worte ἐν ἐμοί vor ἐδόξαζον gestellt; das verleiht dem Bezug auf Paulus größere Emphase (*Carlson*, Text, 186).
160 *Betz*, Gal, 158f.

noch nicht gesetzesfrei gepredigt hätte, weil diese Gemeinden das wohl kaum gebilligt hätten?[161]

2,1–10 Die von der Urgemeinde bestätigte Selbständigkeit*

(1) Danach, nach 14 Jahren, ging ich wiederum nach Jerusalem hinauf mit Barnabas; ich nahm aber auch Titus mit. (2) Ich ging hinauf gemäß einer Offenbarung, und ich informierte sie über das Evangelium, das ich unter den Heiden verkündige, im Besonderen aber denen, die in Ansehen standen, damit ich nicht vergeblich liefe oder gelaufen wäre. (3) Aber es wurde auch nicht Titus, der mit mir dort war, gezwungen, sich beschneiden zu lassen. (4) Wegen einiger heimlich eingeschlichener falscher Brüder aber, die sich einschlichen, um unsere Freiheit auszukundschaften, die wir in Christus Jesus haben, damit sie uns knechteten (5) – ihnen wichen wir auch nicht eine Stunde, damit die Wahrheit des Evangeliums bei euch bestehen bliebe. (6) Von denen aber, die in Geltung standen – was auch immer sie einmal waren, daran liegt mir nichts, denn Gott sieht die Person des Menschen nicht an – mir haben diejenigen, die in Geltung standen, nichts zusätzlich auferlegt, (7) vielmehr, als sie sahen, dass ich mit dem Evangelium für die Unbeschnittenheit beauftragt war gleich wie Petrus mit dem Evangelium für die Beschneidung – (8) der nämlich in Petrus zum Apostelamt für die Beschneidung wirksam ist, ist es auch in mir für die Heiden, – (9) und da sie die Gnade sahen, die mir gegeben ist, gaben Jakobus und Kephas und Johannes, die als Säulen in Geltung standen, mir und Barnabas die rechte Hand zur Gemeinschaft, dass wir zu den Heiden, sie aber zu den Juden (gehen sollten), (10) nur dass wir der Armen gedenken sollten, was ich mich auch bemüht habe zu tun.

V. 1: Die LA τεσσάρων (vier [Jahre]), nur in 1241 belegt, ist wohl Abschreibfehler. In D F G a b wird abweichend die Reihenfolge ἀνέβην πάλιν geboten; in C ἀνῆλθον statt ἀνέβην. Beide Varianten sind zu gering bezeugt, um Anspruch auf Ursprünglichkeit erheben zu können. V. 4: Die Verneinung μή vor dem Verbum (F G) ist zu gering bezeugt, um dem originalen Text nahezukommen; sie ist aber verständlich, wenn dieser Satzteil zum Folgenden gezogen wird (»wichen wir auch nicht eine Stunde«). Die v.l. καταδουλώσωσιν (𝔓46 33 1739) sowie καταδουλώσωνται (Ψ 1611 Byz) sind grammatische Korrektur, nämlich der Ersatz des nach ἵνα im klassischen Griechisch unüblichen Futur Indikativ καταδουλώσουσιν[162], damit aber als sekundär zu werten. V. 5: Statt οἷς οὐδέ wird

---

161 Betz, Gal, 158, Anm. 219.
* Berger, Klaus, Almosen für Israel. Zum historischen Kontext der paulinischen Kollekte, NTS 23 (1977), 180–204; *Georgi, Dieter*, Der Armen zu gedenken. Die Geschichte der Kollekte zu Jerusalem, Neukirchen ²1994; *Holl, Karl*, Der Kirchenbegriff des Paulus in seinem Verhältnis zu dem der Urgemeinde, in: ders., Gesammelte Aufsätze zur Kirchengeschichte. II. Der Osten, Tübingen 1928, 44–67; *Horn, Friedrich Wilhelm*, Der Verzicht auf die Beschneidung im frühen Christentum, in: ders., Paulusstudien, NETS 22, Tübingen 2017, 14–39; *Kim, Byung-Mo*, Die paulinische Kollekte, TANZ 38, Tübingen/Basel 2002; *Koch, Dietrich-Alex*, The Collection for Jerusalem. A Joint Action

von Markion nach Tertullian nur οὐδέ gelesen; beide Worte fehlen in D* sowie den lat. Hss. 75 76 89, aber auch in Teilen der frühen patristischen Tradition. Vom Gesichtspunkt äußerer Textkritik sind beide Varianten zu gering bezeugt, um Anspruch auf Ursprünglichkeit erheben zu können. Vom Gesichtspunkt innerer Textkritik her beseitigen beide Varianten die syntaktische Schwierigkeit, dass Gal 2,4f. keinen Hauptsatz enthält; vor allem aber vermeidet die letztgenannte v. l. jeden Widerspruch zu der in 1Kor 9,20–23; Apg 16,3 sichtbaren Haltung des Apostels.[163] Auch ein Widerspruch zu einer bestimmten Interpretation von Gal 2,3 – Titus wurde ja nicht gezwungen, die Beschneidung vornehmen zu lassen, sondern unterzog sich ihr freiwillig – wäre nicht gegeben.[164] Eben deshalb ist jedoch die Tilgung als erleichternde LA sekundär. Auch nimmt sie die Anstößigkeit weg, als sei es in der Urgemeinde damals zum Streit gekommen. Vor allem aber: Hätte Paulus damals tatsächlich nachgegeben, wäre es gegenüber den Galatern klüger gewesen, das Geschehen um Titus überhaupt nicht zu erwähnen, um nicht die Position der Fremdmissionare durch ein eigenes ungünstige Beispiel zu bestärken.[165] V. 6: Die äußere textkritische Bezeugung des Artikels vor θεός schwankt. Manchmal steht θεός ohne Artikel, wenn das Wort betont werden soll (z.B. 1Thess 2,5; Gal 2,19; 6,7). Man kann von daher eine Tilgung des Artikels als eher wahrscheinlich vermuten als die zusätzliche Setzung. Die Voranstellung von θεός vor πρόσωπον (D F G d b) lässt auf θεός ebenfalls zusätzliches Gewicht fallen.[166] V. 7: 𝔓46 C P bieten εἰδότες. Die LA ist zu schwach bezeugt, um als ursprünglich gelten zu können. V. 8: Manche Hss. bieten die Krasis

---

of Paul and Pauline Communities in Greece and Asia 53–56 AD, EThL 96 (2020), 603–622; *Lüdemann, Gerd*, Paulus, der Heidenapostel, Band I: Studien zur Chronologie, FRLANT 123, Göttingen 1980; *Nanos, Mark D.*, Intruding »Spies« and »Pseudo-Brothers«: The Jewish Intra-Group Politics of Paul's Jerusalem Meeting (Gal 2:1–10), in: *Stanley E. Porter* (Hg.), Paul and His Opponents, Pauline Studies 2, Leiden 2005, 59–97; *Nickle, Keith F.*, The Collection. A Study in the Strategy of Paul, London 1966; *Öhler, Markus*, Barnabas. Die historische Person und ihre Rezeption in der Apostelgeschichte, WUNT 156, Tübingen 2003; *Orchard, Bernard*, One Again the Ellipsis between Gal. 2,3 and 2,4, Biblica 57 (1976), 254–255; *Pratscher, Willi*, Jakobus und sein Kreis, EvTh 47 (1987), 228–244; *Pratscher, Willi*, Der Beitrag des Herrenbruders Jakobus zur Entstehung des Apostledekrets, in: *Markus Öhler* (Hg.), Aposteldekret und antikes Vereinswesen. Gemeinschaft und ihre Ordnung, WUNT 280, Tübingen 2011, 33–48; *Schwartz, Eduard*, Zur Chronologie des Paulus, in: Gesammelte Schriften V, Berlin 1963, 124–169; *Walter, Nikolaus*, Die »als Säulen Geltenden« in Jerusalem – Leiter der Urgemeinde oder exemplarisch Fromme, in: *Martin Karrer/ Wolfgang Kraus/Otto Merk* (Hg.), Kirche und Volk Gottes, FS Jürgen Roloff, Neukirchen 2000, 78–92; *Zeigan, Holger*, Aposteltreffen in Jerusalem. Eine forschungsgeschichtliche Studie zu Galater 2,1–10 und den möglichen lukanischen Parallelen, ABG 18, Leipzig 2005.

162 *Carlson*, Text, 214.
163 An der Historizität des in Apg 16,3 Berichteten zu zweifeln ist in altkirchlicher Tradition ausgeschlossen.
164 *DeSilva*, Galatians. A Handbook, 28. Vgl. schon *Marius Victorinus*, Gal, CSEL 83/2, 114f., der aber auch die Problematik dieser LA benennt: »Wir haben nicht zu dem Zweck nachgegeben, damit ihr (scil. ihr Galater) genauso handelt«.
165 Das Argument war schon bei *Hieronymus*, Gal, CC.SL 77 A, 44; Calvin, Gal, CR 50, 185, entscheidend zugunsten der LA mit οἷς οὐδέ.
166 *Carlson*, Text, 154.186.

κἀμοί (𝔓46 A C D* F G P 33). Der Gebrauch der Krasis ist nicht völlig unpaulinisch (Gal 4,12: κἀγώ). Doch ist die v. l. nicht allzu stark bezeugt. V. 9: Der Ersatz von Κηφᾶς durch Πέτρος ist als Ausgleich zu V. 8 (𝔓46 r) verständlich (zu Gal 1,18; 2,14 bietet 𝔓46 Κηφᾶς); die Umstellung zwischen Ἰάκωβος und Πέτρος in D F G 629 mag den größeren Bekanntheitsgrad des Letztgenannten widerspiegeln. Dass im Cod. A überhaupt nur Ἰάκωβος genannt ist, bleibt auffällig.

Nach dem Aufweis der Unabhängigkeit seines Apostolats kraft göttlicher Berufung verweist Paulus nunmehr auf die Anerkennung seines Wirkens auch seitens irdischer Autoritäten, auch gegen Gruppen, die die Legitimität seiner Verkündigung und Missionspraxis verneinten und sein Wirken zu untergraben suchten. Zunächst sind *Datierungsfragen* zu klären.

Die Wendung διά + Jahresangabe in Gal 2,1 wird von der Mehrheit der Kommentatoren mit »nach (14 Jahren)«, von einer Minderheit mit »während (des Zeitraums von 14 Jahren)« übersetzt.[167] Die Mehrheitsmeinung ist vorzuziehen; andernfalls müsste man fragen, warum die 14 Jahre überhaupt erwähnt werden. Stärker umstritten ist, ob sich die in Gal 2,1 genannten 14 Jahre auf die Berufung, auf den ersten Jerusalemaufenthalt oder auf den Aufenthalt in Syrien und Kilikien[168] zurückbeziehen. Mit Markus Öhler u. a. kann man die zweite Option favorisieren; Jerusalem stellt den Hauptbezugspunkt der Ausführungen von Gal 1,11–2,10 im Allgemeinen, aber auch der Zeitangaben im Besonderen dar.[169] Von der Bezugnahme auf den Aufenthalt in Syrien und Kilikien ergäben sich Probleme mit der absoluten Chronologie. Das Problem verkompliziert sich noch durch den mangelnden Konsens in der Frage, ob eher Apg 11,27–30[170] oder Apg 15[171] als Parallelbericht zu dem in Gal 2,1–10 berichteten Ereignis heranzieht. M. E. gibt es gute Gründe für die letztere These.[172]

---

167 *Schäfer*, Paulus, 163–167.
168 Auf die Zeit der Berufung wird die Angabe gedeutet bei *Das*, Gal, 163, auf den Jerusalemaufenthalt bei *Lietzmann*, Gal, 9; *Matera*, Gal, 71, mit Verweis auf 1Kor 15,6.7.23.48; *deSilva*, Gal, 171, auf den Aufenthalt in Syrien und Kilikien bei *Schäfer*, Paulus, 162f.
169 *Öhler*, Barnabas, 30.
170 Calvin, Gal, CR 50, 182; *Lietzmann*, Gal, 9; *Le Cornu/Shulam*, Commentary, xliii; *Moo*, Gal, 121. Eines der entscheidenden Argumente ist die Zahl der Jerusalemreisen des Paulus: Identifiziert man Gal 2 mit Apg 15, kommt man auf drei Jerusalemreisen, obwohl Paulus nur zwei Jerusalemreisen nennt.
171 *Keener*, Gal [2019], 108. In älterer Forschung wurde gelegentlich die Identifizierung mit der in Apg 18,23 erwähnten Jerusalemreise vertreten (Hinweis bei *Lipsius*, Gal, 27). Die langen Ausführungen bei *Usteri*, Gal, 34–40, zeigen, dass das Problem nicht erst heutige Kommentatoren beschäftigt.
172 Das in Gal 2,1–10 zentrale Thema wird in Apg 11,27–30 nicht erwähnt; umgekehrt erscheint die Hungersnot in Jerusalem in Apg 11 als Anlass der Reise, während in Gal 2 die Unterstützung der Gemeinde in Jerusalem lediglich als Zusatz zum eigentlichen Hauptthema erscheint. Paulus mag die in Apg 11,27–30 berichtete Reise unerwähnt gelassen haben, um den Fremdmissionaren nicht noch zusätzlich Argumente an die Hand zu geben (*Lagrange*, Galates, 23). Näheres s. die Einleitung, 5.1.

2,1–10 Die von der Urgemeinde bestätigte Selbständigkeit

Für die absolute Datierung des Jerusalemer Konvents werden sowohl eine Spätdatierung um 51 als auch eine Frühdatierung um 43/44 erwogen, während die Mehrheit der Exegeten mit einer Datierung 48/49 rechnet.

Die Spätdatierung ergibt sich für Robert Jewett aus einer Spätdatierung der Berufung des Paulus auf das Jahr 35. Nach Jewett fällt die in 2Kor 11,32f. genannte Flucht aus Damaskus in die Jahre zwischen 37 und 39 und ist noch vor der in Gal 1,18 erwähnten Jerusalemreise erfolgt, da Damaskus in Gal 1,21 nicht mehr erwähnt wird.[173] Doch ist Paulus nicht verpflichtet, in Gal 1,21 eine lückenlose Aufzählung seiner Aufenthaltsorte zu bieten; auch hatte er guten Grund, Auseinandersetzungen um seine Person gegenüber den Galatern eher zurückhaltend zu behandeln.

Die Frühdatierung ist nur möglich, wenn man die »14 Jahre« in Gal 2,1 von der Berufung an zählt. Aufgeführt werden i.W. drei Argumente: 1. Unstrittig ist die Identität des in Gal 2,9 genannten Zebedaiden Johannes. Sofern Mk 10,38f. ein zeitgleiches Martyrium beider Zebedaiden ergibt, muss also auch der Zebedaide Jakobus noch am Leben sein. Von seiner Hinrichtung durch Herodes Agrippa (gest. 44) berichtet Apg 12,2. Also muss der Jerusalemer Konvent früher stattgefunden haben. 2. Dazu passt, dass sich Petrus noch in Jerusalem aufhält, während in Apg 12,17 von seinem Weggang berichtet wird.[174] 3. Die Zeit zwischen dem Konvent und dem Aufenthalt des Paulus in Korinth ist zu kurz, um hier noch die Gemeindegründungen in Galatien, Philippi, Thessaloniki und Korinth unterzubringen.[175]

An Einwänden ist hier zu benennen: 1. Es ist altkirchliche Tradition, dass der Zebedaide Johannes in hohem Alter zwar nach Misshandlungen, aber nicht unmittelbar durch Martyrium in Ephesus verstarb. Mk 10,38f. ergibt nicht zwingend ein zeitgleiches Martyrium beider Zebedaiden. Auch spricht Paulus in Gal 1,19 explizit vom Herrenbruder Jakobus und lässt nicht erkennen, dass in Gal 2,1–10 von einem anderen Jakobus die Rede sein soll. 2. Nach dem Tode Agrippas I. kann Petrus durchaus wieder vorübergehend sich in Jerusalem aufgehalten haben. 3. Dass die galatischen Gemeinden während der sog. Zweiten Missionsreise (= der ersten Ägäismission) gegründet wurden, ist nicht sicher. In Philippi und Thessaloniki konnte sich Paulus nur kurze Zeit aufhalten (1Thess 2,2). So lässt sich auf diesem Wege eine Frühdatierung des Jerusalemer Konvents nicht erweisen.

Umstritten ist schließlich noch, ob man nicht mit Gerd Lüdemann den »antiochenischen Zwischenfall« vor den Jerusalemer Konvent datieren soll; Paulus habe sich, so Lüdemann, die Freiheit genommen, die Ereignisse nicht nach chronologischer Ordnung darzustellen. Das Phänomen der komplikationslos zusammenlebenden gemischten Gemeinde ist wohl nur vor dem Konvent denkbar. Eine Infragestellung der Tischgemeinschaft von Juden- und Heidenchristen erscheint nach dem Konvent nicht mehr als möglich.[176] Man wird aber gegen Lüdemann daran festhalten können, dass die Abfolge von Gal 2,1–10.11–14 auch die chronologische Abfolge darstellt. Wenn sich Paulus in Antiochia, was durchaus wahrscheinlich ist, nicht durchgesetzt hat, wäre es im Galaterbrief besser gewesen, die Darstellung Gal 2,1–10 an den Schluss dieser gesamten Einheit zu setzen.

---

173 *Jewett*, Paulus-Chronologie, 58.
174 *Schwartz*, Chronologie, passim.
175 *Pratscher*, Jakobus, 235.
176 *Lüdemann*, Paulus, 102.

Das *Thema* des Jerusalemer Konvents lässt sich präzise benennen: Müssen Menschen, die in die Gemeinde der Anhänger Jesu eintreten wollen und keine gebürtigen Juden sind, sich beschneiden lassen oder nicht? Auf einer ersten Ebene werden so die Zugangsbedingungen zum Gottesvolk diskutiert, auf einer zweiten Ebene aber zugleich dessen Identitätskonstruktion: Soll die biblisch begründete (!) Unterscheidung zwischen Israel und den Völkern oder die gemeinsame Zugehörigkeit zu Christus als Leitparadigma fungieren?

1 Das einleitende ἔπειτα liest sich am natürlichsten als Fortsetzung von Gal 1,18.21. Paulus achtet darauf, nichts für den Erzählfortgang wesentliches auszulassen. Die »14 Jahre« können auch auf einen Zeitraum von etwas mehr als zwölf Jahren verweisen, an deren Ende das im Folgenden zu berichtende Ereignis stattfand.[177] Die Partikel πάλιν weist auf Gal 1,18–20 zurück. Der Wortbestandteil ἀνά in ἀνέβην ist traditioneller[178], topographisch bedingter Sprachgebrauch: Man geht nach Jerusalem »hinauf« sowohl von der Meeresküste als auch vom Jordangraben aus. Die Wendung μετὰ Βαρναβᾶ – Paulus setzt sich hier an die erste Stelle, wie auch der Singular in der Wendung συγκαταλαβὼν καὶ Τίτον die alleinige Entscheidung des Paulus suggeriert – mag den mittlerweile erfolgten Bruch mit Barnabas signalisieren. Dass man Titus mitnahm (er wird in Apg 15 nicht erwähnt), ist wohl daran begründet, dass Titus als unbeschnittener Heidenchrist lebendiges Beispiel dafür sein sollte, dass man auch ohne Beschneidung sich dem Gott Israels zugehörig und verpflichtet wissen konnte. Der Name »Barnabas« war wohl als Zuname eines Leviten Joseph aus Zypern bekannt (Apg 4,36). Joseph Barnabas hatte wohl zeitweise Grundbesitz in Jerusalem (Apg 4,37). Er hatte offenbar die Funktion, eine Verbindung zwischen Jerusalem und Antiochia zu halten (Apg 11,22; 15,35). Er soll Paulus der Urgemeinde vorgestellt (Apg 9,27) und dann wieder aus Tarsus geholt haben (Apg 11,25). Die wenigen Erwähnungen des Barnabas bei Paulus werden der wirklichen Rolle des Barnabas in der Geschichte des Urchristentums wohl kaum gerecht; der Leiter im Missionsteam der Antiochener (Apg 13,1f.) und der führende Mann in der Delegation der Antiochener in Jerusalem war Barnabas, nicht Paulus. Barnabas hat das Programm der Öffnung der Gemeinde für Nichtjuden wohl mitgetragen, ist allerdings zu der paulinischen Relativierung mindestens der rituellen Teile der Tora (zunehmend?) auf Distanz gegangen. Titus sollte sich später für den Völkerapostel noch als nützlich erweisen.[179] Dass Titus in der Apostelgeschichte nicht erwähnt wird, ist auffällig – hat Lukas die Auseinandersetzungen in Korinth verschwiegen, um keinen Schatten auf die Anfänge des neuen Weges fallen zu lassen, oder fand er die Erwähnung des Titus nicht für notwendig, da er ja auch die Bedeutung der Kollekte aufgrund ihres Scheiterns herunterspielt (Apg 24,17)?

---

177 Moo, Gal, 121. Textkritisch ist die Variante τεσσάρων zu spärlich bezeugt (nur HS 1241), um ursprünglich sein zu können. Ist das eine Parablepsis aufgrund des anlautendenden δ (διά/δεκατεσσάρων) in der Vorlage?
178 Das Verbum wird auch in Ps 121[122], 4; Mk 10,33 in diesem Zusammenhang verwendet.
179 Vgl. 2Kor 2,13; 7,6.13f.; 8,6.16.23.

2,1–10 Die von der Urgemeinde bestätigte Selbständigkeit

2 Die Partikel δέ führt Hintergrundinformationen ein. Die Wendung κατὰ ἀποκάλυψιν ergibt scheinbar einen Widerspruch zu Apg 15.[180] Dort wird von einer Auseinandersetzung in der Gemeinde in Antiochia berichtet, aber diese Offenbarung nicht explizit erwähnt. Umgekehrt ist es möglicherweise Paulus, der die Auseinandersetzung verschweigt – er ist Partei, kein neutraler Berichterstatter.[181] Als er den Galaterbrief schreibt, ordnet er seine Anwesenheit beim Apostelkonvent »nicht mehr im Rahmen der antiochenischen Missionstätigkeit ein.«[182] Wenn man ausgleichen will, kann man so sagen: Möglicherweise hat es im Zuge einer Auseinandersetzung eine in der Gemeindeversammlung im Geist erfolgte Weisung an Paulus selbst oder an einen Propheten[183] oder auch eine private Offenbarung an Paulus[184] gegeben, die Paulus und Barnabas zu diesem Schritt veranlasst hat. Gegenüber den Galatern ergibt sich aber auch im Blick auf das ἦθος des Paulus, dass dieser nicht aufgrund menschlicher Veranlassung oder aufgrund seines subjektiven Bedürfnisses nach einer Bestätigung durch Jerusalem[185], sondern nur aufgrund göttlicher Initiative handelt[186] und somit seinem Grundsatz Gal 1,10b treu bleibt, aber auch, dass es verkehrt wäre, ihn nur als Lakaien der Jerusalemer Autoritäten anzusehen.[187] Vielleicht rechnet Paulus damit, dass die Fremdmissionare den Galatern von seinem Besuch in Jerusalem berichtet haben, und legt ihnen nunmehr seine Sicht des damaligen Geschehens vor.[188]

Das Verbum ἀνεθέμην impliziert aus der Sicht des Paulus keineswegs ein Moment der Billigung[189] durch Jerusalem[190], vielmehr nur das bloße »zur Kenntnisnahme«. Die

---

180 *Keener*, Gal [2019], 110f. bezieht die Wendung auf das Berufungsgeschehen, die Offenbarung des Evangeliums, und versteht κατά als »in Übereinstimmung befindlich«. Doch wäre dafür eher zumindest der bestimmte Artikel zu erwarten, also κατὰ τὴν ἀποκάλυψιν.
181 Vgl. *Ewald*, Sendschreiben, 70: Paulus will den Eindruck vermeiden, er sei lediglich durch die Pharisäer dazu gezwungen worden.
182 *Schnelle*, Heide, 93. Umgekehrt dürfte Apg. 15,1f. von der »lukanischen Geschichtsschau« geprägt sein (a. a. O., 94).
183 Ersteres *Ciampa*, Presence, 130f., mit Verweis auf Gal 1,15f., Letzteres als Erwägung bei *Matera*, Gal, 72. – Da, wo Gal 2,1–10 als Parallele zu Apg 11,27–30 gesehen wird (z.B. *Das*, Gal, 164), wird auf die an Agabus ergangene Prophetie verwiesen.
184 So *Lipsius*, Gal, 23, als Erwägung bei *deSilva*, Gal, 172.
185 So richtig *Lietzmann*, Gal, 9; *de Boer*, Gal, 110.
186 So auch *Fung*, Gal, 87; *Longenecker*, Gal, 47; *Moo*, Gal, 123.
187 *Lipsius*, Gal, 23; *deSilva*, Letter, 172; *von der Osten-Sacken*, Gal, 94f.
188 *Matera*, Gal, 79.
189 In 2Makk 3,9 wird das Verbum von einer Vorlage seitens des im Status höher Stehenden gebraucht, in Mi 7,5 ohne Bezug auf eine Statusdifferenz. *Bengel*, Gnomon, 731, kommentiert: *proposui, ut solent aequales* (Ich habe es vorgelegt, wie es Gleichgestellte zu tun pflegen).
190 So aber *von der Osten-Sacken*, Gal, 95, der später feststellt, »dass Paulus weniges so schwer gefallen ist wie das Angewiesensein auf die Jerusalemer Autoritäten, obwohl die Bindung an sie in seinem eigenen Evangelium begründet ist« (123). Dem widerspricht Gal 1,11–24, vgl. *de Boer*, Gal, 110, zuvor schon Theophylakt, Gal, PG 124, 969 BC.

Jerusalemer werden das wohl anders gesehen haben. Die mit αὐτοῖς als die (ersten) Adressaten sind wohl weniger die δοκοῦντες[191] selbst (κατ' ἰδίαν wäre dann eine Näherbestimmung zu αὐτοῖς[192]) als vielmehr ein größerer Kreis, vermutlich die Gesamtgemeinde, der gegenüber die δοκοῦντες extra hervorgehoben werden.[193] Mit ihnen wurden wohl gesonderte Verhandlungen »im Privaten« geführt.[194] Paulus sagt aber nicht, dass erst diese Verhandlungen aus seiner Sicht zum Erfolg geführt haben. Der Begriff εὐαγγέλιον referiert auf die Erstverkündigung des Paulus, die, wie 1Thess 1,9f. und der Erste Thessalonicherbrief insgesamt, aber auch 1Kor 6,2 erweisen, reichlich apokalyptisch geprägt gewesen sein mag.[195] Die 1. Ps. Sg. in dem Verbum κηρύσσω weist vielleicht wiederum auf den Bruch zwischen Paulus und Barnabas hin, kann aber auch als Fortsetzung der 1. Sg. in Gal 1,16 gelesen werden.[196] Das Präsens weist auf Fortdauer.

Mit den δοκοῦντες sind vielleicht Petrus, Jakobus und Johannes gemeint[197], möglicherweise zusätzlich weitere repräsentative Figuren.[198] Die Bezeichnung entstammt antiker politischer Rhetorik[199], kann anerkennend oder ironisch gemeint sein[200] und enthält bei Paulus einen ironischen Unterton[201], ein Moment der Distanzierung.[202]

Für die Wendung μή πως[203] sind vorgeschlagen 1. »ob nicht etwa« und 2. »damit nicht«.[204] Im ersteren Fall würde Paulus die Wahrheit seines Evangeliums von der

---

191 So aber *Das*, Gal, 165: Paulus entschlüsselt deren Identität erst nach und nach, um nicht durch deren Autorität einen Schatten auf seine Evangeliumsverkündigung fallen zu lassen.
192 *Moo*, Gal, 121. Die Wendung könnte als Gegensatz zu ἔμπροσθεν πάντων verstanden werden (*Usteri*, Gal, 41).
193 *Lietzmann*, Gal, 9; *von der Osten-Sacken*, Gal, 95, der auf die Parallele für dieses Gremium in Qumran verweist (1QS VI 8.11; VII 10.13). *Usteri*, Gal, 41, macht auf Parallelen für den absoluten Gebrauch von οἱ δοκοῦντες aufmerksam (Eurip, Hek 295; Troad 608 etc.).
194 *DeSilva*, Letter, 173; *Keener*, Gal [2019], 112. Allerdings äußert sich Paulus nicht zur Anzahl und zur Reihenfolge der Verhandlungen (*Das*, Gal, 166).
195 *Matera*, Gal, 73.
196 Ersteres *Dunn*, Gal, 92, mit Verweis auf Gal 2,11–14, Letzteres *Moo*, Gal, 124.
197 *Lipsius*, Gal, 23; *deSilva*, Galatians. A Handbook, 26.
198 *Matera*, Gal, 73: Die in Gal 2,9 als στῦλοι bezeichneten Jakobus, Kephas und Johannes haben vermutlich innerhalb der δοκοῦντες einen engeren Zirkel gebildet.
199 *DeSilva*, Galatians. A Handbook, 25f., verweist auf Eurip, Hek. 295; Troad. 613; Joseph, Bell III 453; IV 141.159.
200 *Betz*, Gal, 168. Für Platon verweist *de Boer*, Gal, 107, auf Apol. 2 B; 41 E; Gorg. 472 A. Anders *Lietzmann*, Gal, 10, mit Hinweis auf pagane Parallelen: Der Begriff ist nicht ironisch gemeint.
201 *De Boer*, Gal, 107. – In lateinischer Tradition wird *videbantur* einmal (HS 61) durch *existimabantur* ersetzt, vielleicht, um den Eindruck ironischen Redens zu vermeiden.
202 *Vouga*, Gal, 41. Bei neutraler Auffassung kann man darin auch einen Hinweis auf die fehlende Anerkennung des Apostels sehen (*Bengel*, Gnomon, 731).
203 Man kann überlegen, ob sich μή πως auf ἀνεθέμην oder auf den mit κατ' ἰδίαν beginnenden Teilsatz zurückbezieht; Paulus hätte dann dem Urteil der δοκοῦντες mehr zugetraut als dem Urteil der Jerusalemer Gemeinde insgesamt (*Keener*, Gal [2019], 112).
204 *Lipsius*, Gal, 23.

2,1–10 Die von der Urgemeinde bestätigte Selbständigkeit

Billigung durch Jerusalem abhängig machen, was anlässlich seiner in Gal 1,12 geäußerten Überzeugung, sein Evangelium nicht von Menschen, sondern durch eine Offenbarung Christi empfangen zu haben, kaum zu erwarten ist.[205] Im zweiten Fall gilt dieses Bedenken nur eingeschränkt: Paulus ist es – bei aller in Gal 1,12 betonten Unabhängigkeit seines Wirkens – um der Einheit der Kirche willen[206] durchaus um den Konsens mit anderen zu tun, vgl. Gal 1,2, aber auch 1Kor 15,1.11. Doch wessen Befürchtung gibt der Nachsatz wieder? Die Befürchtung des Paulus, was seine eigene subjektive Überzeugung betrifft, kann es nicht sein; sonst hätte er Gal 1 nicht schreiben müssen. Diskutiert werden die Befürchtung der Galater, »die aus dieser Sorge heraus Beschneidung und Befolgung der Tora in Betracht ziehen«,[207] die Befürchtung der Opposition, »die den Galatern erzählt haben, ohne Beschneidung und Tora ›liefen sie vergeblich‹«[208], oder die Befürchtung der Antiochener, ihre beschneidungsfreie Heidenmission sei illegitim[209] – oder die Befürchtung des Paulus, »ob die Richtigkeit seines bisherigen Weges auch von den Autoritäten in Jerusalem aus ihrer Sicht der Dinge bestätigt werden würde«[210] – nicht zufällig beginnt V. 3 mit ἀλλά. Die Fremdmissionare in Galatien mögen sich tatsächlich auf die Jerusalemer Autoritäten berufen haben.[211] In jedem Fall enthält dieser Schlussteil von V. 2 eine Selbstpräsentation des Paulus als eines konsensorientierten Apostels – dieser Verweis auf sein ἦθος soll die Unterstellung selbstsüchtiger Motive seitens der Galater unterbinden.[212] Das Verbum »laufen« dient bei Paulus auch sonst als Metapher für das Leben des Glaubenden insgesamt; der Akzent liegt auf dem Willen, durchzuhalten, und für das anvisierte Ziel alles einzusetzen.[213]

---

205 *DeSilva*, Letter, 173.
206 *Matera*, Gal, 73; *Das*, Gal, 166.
207 *Betz*, Gal, 170.
208 *Betz*, Gal, 170, als Erwägung; faktisch auch Ps.-Oikumenios, Gal, PG 118, 1104 B, der damit auch die Frage beantwortet sieht, warum Paulus das überhaupt öffentlich diskutiert.
209 *Martyn*, Gal, 193; *de Boer*, Gal, 110f.
210 *Rohde*, Gal, 77; ähnlich *Keener*, Gal [2019], 112; *von der Osten-Sacken*, Gal, 96. Der Ind. ἔδραμον blickt auf die vergangene tatsächliche Arbeit zurück; τρέχω bezeichnet, sofern die Interpretation als Konj. richtig ist, die Abwehr einer Besorgnis. Es geht wohl kaum um die Vergeblichkeit seiner Missionsarbeit im Sinne mangelnder Effizienz, wie es Paulus wohl in der Provinz Arabia erlebt habe (*Holtzmann*, Das Neue Testament, 482, mit Verweis auf Gal 1,17).
211 *Rohde*, Gal, 77.
212 Ähnlich charakterisiert Cicero die Führung seines Konsulats als konsensorientiert; vgl. neben Cic, Cat IV, 23 vor allem Cic, Pis 7: *Ita est a me consulatus peractus, ut nihil sine consilio senatus, nihil non approbante populo Romano egerim* (»Dabei habe ich mein Konsulat so geführt, daß ich nichts ohne Beratung mit dem Senat, nichts ohne ausdrückliche Billigung durch das Römische Volk unternommen habe«; Übersetzung Kasten II 245).
213 Vgl. Gal 5,7; 1Kor 9,24–26; Phil 2,16. *Ciampa*, Presence, 131f., vermutet eine Anspielung auf Jes 49,4. In autorenzentrierter Perspektive ist das möglich, rezeptionsästhetisch gesehen nicht zwingend.

3 Das einleitende ἀλλά ist stark adversativ.[214] Die Verneinung οὐδέ mag sich durch die Fortsetzung im Satz erklären: Die Jerusalemer Autoritäten verzichteten nicht nur gegenüber den Nichtjuden in der Ferne, sondern auch gegenüber dem anwesenden Titus, der hier exemplarisch[215] die Christusgläubigen aus den Völkern repräsentieren sollte, auf die Nötigung der Beschneidung.[216] Die Worte ὁ σὺν ἐμοί (statt ὁ σὺν ἡμῖν) bezeichnen wieder eine Distanzierung von Barnabas, signalisieren ferner, dass Paulus bewusst eine Entscheidung für das beschneidungsfreie Evangelium herbeiführen wollte.[217] Der Begriff Ἕλλην bezeichnet nicht unbedingt ethnisch einen Griechen, sondern aus der Sicht des Judentums die nichtjüdische Welt im Allgemeinen.[218] Der Name »Titus« ist römischen Ursprungs, aber auch Griechen und gelegentlich Juden haben ihn getragen. Die Beschneidung wurde spätestens seit der Religionsverfolgung unter Antiochus IV. Epiphanes zu einem Identifikationsmerkmal und zu Unterscheidungskennzeichen von Juden gegenüber Nichtjuden; wer seine Kinder gegen die Anordnungen des nichtjüdischen Königs beschneiden ließ, wurde mit dem Tode bestraft (1Makk 1,60f.; 2Makk 6,8–10).

Die Wendung οὐδέ ... ἠναγκάσθη περιτμηθῆναι (wurde nicht gezwungen, sich beschneiden zu lassen) ist prinzipiell vieldeutig. Gemeint sein kann: 1. Titus wurde nicht zur Beschneidung gezwungen, sondern unterzog sich ihr freiwillig[219]; 2. man hat gar nicht versucht, Titus zur Beschneidung zu veranlassen[220]; 3. man hat das versucht, hat sich aber damit nicht durchgesetzt.[221] Aufgrund von Gal 2,4f. ist die dritte Möglichkeit vorzuziehen; im Falle der zweiten Deutung wäre die Bemerkung unnötig, im Falle der ersten Deutung kontraproduktiv für die Argumentationssituation. Die Forderung ist aber wohl kaum von den δοκοῦντες oder gar von den drei »Säulen« ergangen, sondern von den i.F. genannten »falschen Brüdern«. Implizit ist damit aber auch eine Absage an das Ansinnen der Gegner gegeben – und sind die Galater zurechtgewiesen: Titus wurde nicht gezwungen, sich beschneiden zu lassen, und die Linie des Paulus ist prinzipiell durch die Autoritäten in Jerusalem bestätigt worden; so soll sich die Gemeinde

---

214 *DeSilva*, Galatians. A Handbook, 26.
215 *Matera*, Gal, 80. Paulus gibt keine Gründe für die Auswahl der Person des Titus an. Man kann vermuten, dass Titus in den Augen des Paulus durch ein einwandfreies ethisches Leben für die Aufgabe qualifiziert erschien (vgl. Gal 3,5a), die Christusgläubigen aus den Völkern zu repräsentieren; vgl. *Klein*, Gal, 70, der auf die »Ausstrahlung« des Titus verweist, die seine Herzensbeschneidung offenbar machte. Titus war, so Luther, Gal, WA 40/I, 154, der lebende Beweis dafür, dass der Heilige Geist den Nichtjuden noch vor aller Toraobservanz gegeben war.
216 *Moo*, Gal, 126f.
217 *Matera*, Gal, 74.
218 2Makk 4,36; 11,2.
219 So *Duncan*, Gal, 41–45, für den damit auch die Vorhaltung gegenüber Paulus nach Gal 5,11 verständlich ist, er habe früher doch selbst die Beschneidung gepredigt.
220 *Lagrange*, Galates, 28, mit dem Hinweis auf die Verwendung des Verbums in Gal 2,14; 6,12.
221 So richtig *Lipsius*, Gal, 23f.; *de Boer*, Gal, 110; *Das*, Gal, 169.

2,1–10 Die von der Urgemeinde bestätigte Selbständigkeit

nicht durch die Gegner beeindrucken lassen, die – möglicherweise unter Berufung auf Jerusalem – die Gemeinden nunmehr zur Beschneidung zwingen wollen.[222]

4f.[223] sind ein Anakoluth – das Hauptverbum fehlt, sofern man οἷς οὐδέ im Text belässt. Man kann das Anakoluth auf den Ärger des Paulus über das damalige Geschehen oder – was m. E. wahrscheinlicher ist – auf die momentane angespannte Situation zurückführen.[224]

4 Die »falschen Brüder« (Gal 2,4)[225] sind nicht die δοκοῦντες[226], vermutlich auch nicht außenstehende Juden, sondern Mitglieder der Gemeinde[227], vermutlich zu Jerusalem. Paulus identifiziert sie nicht namentlich und gibt ihre Position nur mit Umschreibungen wieder. Wahrscheinlich ist es, dass sie die Beschneidung des Titus herbeizuführen suchten.[228] Sie betrachten sich selbst als zugehörig (»Brüder«), und das wird von anderen anerkannt; Paulus jedoch stellt dies in Frage. Sie haben wohl nicht die Heidenmission insgesamt abgelehnt (vgl. dagegen Mt 10,5f.); ihre Ansicht war wohl, dass das Bekenntnis zu Jesus als dem Messias keineswegs aus einer Lebenspraxis herausführen könne oder gar müsse, die die Kontinuität zu Gottes bisherigem Handeln an Israel incl. der Gabe der Tora nicht mehr erkennbar macht.[229] Die allgemeinen zeitgeschichtlichen Entwicklungen, die zunehmende politische Radikalisierung in diesen Jahrzehnten konnten eine solche Argumentation durchaus als plausibel erscheinen lassen. Paulus jedoch lässt gegenüber den Galatern keine sachliche Würdigung ihres Anliegens erkennen, sondern zeichnet sie als schlechte Charaktere, um auf die Galater Druck auszuüben, sich von ihnen zu distanzieren und seiner Wertung zuzustimmen.[230]

---

222 So bereits Luther, Gal, WA 40/I, 161. Dasselbe Verbum ἀναγκάζω steht in 2,3 wie in 6,12. Ob sich diejenigen (incl. Paulus selbst), die es erreichten, dass Titus nicht beschnitten wurde, auf das in Dtn 10,16; Jer 4,4 etc. angesprochene Konzept der geistigen Beschneidung berufen und dieses als Alternative zur realen Beschneidung verstanden (*Ciampa*, Presence, 134f.), muss unsicher bleiben – Paulus deutet es nicht an.

223 Gelegentlich wird vermutet, Gal 2,4f. gäben Vorkommnisse in den paulinischen Gemeinden allgemein (*Lietzmann*, Gal, 11) oder speziell ein Ereignis in Antiochia (*Watson*, Paul, Judaism, and the Gentiles, 103–105) oder bei den Adressaten wieder (*Orchard, Once again, 254f.; *de Boer*, Gal, 113: Eher in Antiochia als in Jerusalem wurde die »Freiheit« gelebt, von der Paulus im Folgenden spricht). Dagegen spricht, dass Gal 2,4f. unmittelbar auf Gal 2,3 Bezug nehmen (*Das*, Gal, 170).

224 Ersteres *de Boer*, Gal, 112 sowie *Das*, Gal, 172 (als Erwägung); Letzteres *Keener*, Gal [2019], 117.

225 Im Vergleich zu ihnen sind die Adressaten immer noch wirkliche Geschwister (*Keener*, Gal [2019], 118, mit Verweis u. a. auf Gal 1,11; 4,12; 6,1.18).

226 Da passt das παρεισάκτους nicht (*Rohde*, Gal, 82).

227 *Nanos, Intruding »Spies«, 61–68, hält sie für Juden, die nicht an Jesus glauben. Allerdings ist trotz Röm 9,3 im Hinblick auf die Kommunikationssituation gegenüber den Galatern fraglich, ob Paulus diese als »Brüder« bezeichnet hätte.

228 Ähnlich wie *Bruce*, Gal, 115, erwägt *Horn, Verzicht, 16, dass sie »auf dem Konvent bewusst Informationen aus Antiochia in die Diskussion bringen.«

229 Vgl. auch *Matera*, Gal, 81.

230 *Du Toit*, Vilification, 49.55.

Die Verben παρεισέρχεσθαι²³¹ und κατασκοεῖν sind Polemik. Von dem folgenden κατασκοεῖν ist eine negative Nuancierung auch bei dem an sich neutralen παρεισέρχεσθαι gegeben.²³² Neutral gemein sein kann, dass diese Brüder darum baten und es auch erreichten²³³, bei den Beratungen des Paulus und Barnabas mit den δοκοῦντες dabei zu sein²³⁴; sie wollten wissen, ob gewisse Mindeststandards, die Identität Israels beizubehalten, auch bei Paulus garantiert werden würden, z.B. die Beschneidung.²³⁵ Bei einem aus der Sicht dieser Menschen unbefriedigenden Ergebnis hätte dies dazu führen können, dass sie die aus dem Judentum stammenden Jesusgläubigen dazu bringen, »entweder von den Heidenchristen die Unterwerfung unter Beschneidung und Gesetz zu fordern oder die kirchliche Gemeinschaft mit ihnen aufzukündigen.«²³⁶

Mit dem Begriff ἐλευθερία knüpft Paulus an die gemeinantike Hochschätzung der Freiheit an, um den Galatern seine Position ebenfalls als erstrebenswert zu präsentieren.²³⁷ Was Paulus konkret meint, ist unterschiedlich benannt worden: das in

---

231 Das attributiv gebrauchte Partizip παρεισάκτους kann passiv verstanden werden (dann wäre u.U. mit *Zahn*, Gal, 85; *Witherington*, Gal, 136, an Jakobus oder einen anderen der Apostel als Subjekt des Hineinführens zu denken), wird aber doch besser medial verstanden (so auch u. a. *Moo*, Gal, 128): Über Aktivitäten anderer, die die Genannten zu ihren Versuchen veranlassten, sagt Paulus nichts (so auch *Bruce*, Gal, 112). Die erste Vorsilbe mag das Heimliche, die zweite die Zielrichtung der Agitation betonen (*Usteri*, Gal, 47). – Das attributiv gebrauchte Partizip ist nicht restringierend, sodass es sich nur auf eine kleinere Gruppe innerhalb der »falschen Brüder« bezöge, sondern fügt dem Ausdruck »falsche Brüder« eine nähere Information hinzu (*Hayes*, An Analysis of the Attributive Participle, 167).

232 *Moo*, Gal, 129.

233 Möglicherweise gab es innerhalb der δοκοῦντες die Ansicht, dass auch die Stimme der Kritiker zu Wort kommen sollte (*Keener*, Gal [2019], 118).

234 *De Boer*, Gal, 114 hält dies für unwahrscheinlich; er lokalisiert die falschen Brüder in Antiochia (s.o.). *Matera*, Gal, 81, rechnet damit, dass die ψευδαδελφοί in Jerusalem aufgrund bestimmter Vorkommnisse in Antiochia, bei denen sie »unsere Freiheit auskundschafteten«, gegen Paulus aktiv werden wollten; dadurch ließen sich Gal 2 und Apg 15,1 harmonisieren (ähnlich *von der Osten-Sacken*, Gal, 98). Die Referenz des ἡμᾶς auf Barnabas und Paulus einzuschränken, ist nicht nötig (*Usteri*, Gal, 49).

235 *Holtzmann*, Das Neue Testament, 482, sowie *Dunn*, Gal, 99f., mit Verweis auf die Ermahnung an den noch unbeschnittenen Konvertiten Izates, das Gesetz nicht nur zur Kenntnis zu nehmen, sondern auch einzuhalten (Joseph, Ant XX 44f.).

236 *Georgi*, Kollekte, 16. Die sog. falschen Brüder hätten, so Calvin, Gal, CR 50, 184, jegliches Verhalten des Paulus gegen ihn wenden können: Gäbe er ihrer Forderung nach, könnte man ihn bei den Nichtjuden, käme er ihrer Forderung nicht nach, könnte man ihn bei den Juden in Misskredit bringen.

237 *Vollenweider*, Freiheit, 299, macht für Gal 2,4 die Anknüpfung an politisch/militärische Metaphorik namhaft. Paulus hat sein Leben vor seiner Berufung kaum als Stand der Unfreiheit gewertet, vgl. Gal 1,13f.; Phil 3,5f. Erst in der Rückschau mag es ihm so erscheinen (*Dunn*, Gal, 100, mit Hinweis auf Gal 4,1–3). *Ciampa*, Presence, 140–142, postuliert die Anknüpfung an das antike jüdische Verständnis des Exodus- und Landnahmegeschehens unter dem Stichwort Freiheit bei Joseph, Ant V 34; mSanh X 5. Dafür müssten m. E. die Textsignale deutlicher sein.

Gal 3,1–5,12 beschriebene Evangelium[238]; Freiheit von der Beschneidung und Freiheit zur Tischgemeinschaft bzw. von der Beschneidung und der Toraobservanz[239] oder Freiheit vom Gesetz und ähnlichen Mächten.[240] Das Präsens ἔχομεν zielt auf Fortdauer und schließt die Galater mit ein.[241] »ἐν Χριστῷ« kann beides meinen: »durch ihn« und »in seinem Herrschaftsbereich«.[242] Das Verbum καταδουλεύειν[243] bezieht sich wohl auf den Versuch, Beschneidung und Tora-Observanz auch bei Gruppenmitgliedern mit griechisch-römischer Herkunft durchzusetzen – Paulus knüpft an die negative Einschätzung der Sklaverei in der griechisch-römischen Antike an und wertet das Sein unter der Tora im Galaterbrief als Knechtschaft ab (Gal 3,23–4,11; 4,25)[244] – Paulus sieht in dem Handeln der »falschen Brüder« Analogien zu den Bestrebungen der Fremdmissionare gegenüber den Galatern.

5 Die sog. Falschbrüder konnten sich nicht durchsetzen. Paulus war »zur Rücksichtnahme auf im Glauben *schwache* Brüder bereit, niemals aber gab er *falschen* Brüdern nach.«[245] Das Syntagma πρὸς ὥραν bedeutet »für einen Moment«[246], ist aber streng auf das Verhalten des Paulus und – damals noch – des Barnabas zu beziehen; die »falschen Brüder« werden nicht so schnell nachgegeben haben. Im Folgenden hätte das Verbum εἴκω genügt; das Syntagma τῇ ὑποταγῇ soll die Idee zusätzlich akzentuieren und ist implizite Kritik an der Unterwerfung seitens der Adressaten.[247] Dass Paulus und Barnabas nicht nachgaben, sollte auf Seiten der Galater Loyalität und Dankbarkeit ihm gegenüber, nicht den Fremdmissionaren gegenüber evozieren[248], und ist Hinweis auf das eigene Ethos des Apostels.[249] Die Konjunktion ἵνα kann finalen oder konsekutiven Sinn haben.[250] Für die Deutung des Syntagmas ἀλήθεια τοῦ εὐαγγελίου[251] bestehen

---

238 *Vouga*, Gal, 45.
239 Ersteres *Rohde*, Gal, 83, Letzteres *Lipsius*, Gal, 24; *Lagrange*, Galates, 32; *de Boer*, Gal, 113.
240 *Moo*, Gal, 129.
241 *De Boer*, Gal, 113.
242 *De Boer*, Gal, 113.
243 Es ist umstritten, ob die Medium-Form Anpassung an den damals üblichen Sprachgebrauch enthält (*Longenecker*, Gal, 52) oder das Handeln der sog. »Falschbrüder« in einem nochmals verstärkten negativen Licht erscheinen lassen soll, sodass diese LA als antijüdisch zu werten ist (*Carlson*, Text, 221).
244 *Matera*, Gal, 75.
245 *Rohde*, Gal, 81 (Kursivierung J.R.). Mit demselben Grundsatz erklärt Calvin, Gal, CR 50, 184, das unterschiedliche Verhalten des Paulus im Fall des Titus und andererseits in dem des Timotheus (Apg 16,3).
246 Nach ἡμιώριον (halbe Stunde, Apk 8,1) stellt ὥρα die kürzeste Zeiteinheit in der Antike dar.
247 Ersteres *Moo*, Gal, 130, Letzteres Ps.-Oikumenios, Gal, PG 118, 1105 D. – Die Worte fehlen in 𝔓46.
248 *DeSilva*, Letter, 179. Paulus will in den Galatern Gefühle der Freundschaft aktivieren (*deSilva*, Letter, 100).
249 *DeSilva*, Letter, 98.
250 Ersteres *Das*, Gal, 175; Letzteres *de Boer*, Gal, 115; *Keener*, Gal [2019], 120.
251 𝔓46 bietet ἀλήθεια τοῦ θεοῦ (*Wachtel/Witte*, Das Neue Testament, 11).

kontextunabhängige Vorschläge wie »die Integrität des Evangeliums«[252] oder »das Ereignis der endzeitlichen rettenden Selbstoffenbarung Gottes« oder »Echtheit, göttliche Wirklichkeit«.[253] Kontextnäher sind Formulierungen wie »das wahre gegenüber dem falschen Evangelium«.[254] Man kann wohl mit de Boer wie folgt paraphrasieren: Vom Kontext her ist die Wahrheit des Evangeliums mit der in Christus gegebenen Freiheit von der Auferlegung der Tora zu verstehen.[255] Paulus appelliert an die Realität der eigenen Erfahrung seiner Leser als einer Erfahrung der Befreiung und kontrastiert dies mit der Alternative der gegnerischen Missionare, wo nur zum Schein Freiheit besteht. Er appelliert auch an die Vertrauenswürdigkeit des Evangeliums, das die Einlösung der Verheißung Gottes an Abraham darstellt.[256]

Die Präposition πρός in der Wendung πρὸς ὑμᾶς kann den Zweck oder den Adressaten des damaligen Vorganges bezeichnen oder dessen Konsequenz – die Galater waren ja zum Zeitpunkt der Apostelversammlung noch nicht evangelisiert.[257] Inhaltlich ist gemeint, dass die Wahrheit auch für Gläubige aus dem griechisch-römischen Kulturkreis, die erst später zum Evangelium fanden, gültig bleibt.[258] Wenn Titus beschnitten worden wäre, wäre ein Präzedenzfall für die Integration von Nichtjuden geschaffen worden, hätten sie ebenfalls beschnitten werden müssen.[259] Aus der Sicht des Paulus wäre dann der Tod Christi nichts nütze.[260] Man kann dem Nachsatz auch eine implizite Spitze gegen die Adressaten entnehmen: *Vestra causa defendimus quae vos repudiatis.*[261] Die Stellung der Wendung πρὸς ὑμᾶς am Ende will ihr Nachdruck verleihen.[262]

6–10 Innerhalb von V. 6–10 liegt wieder ein Anakoluth vor, vielleicht bedingt durch die Parenthese in V. 6[263], vielleicht bedingt durch das Bewusstsein, den Autoritäten in Jerusalem eigentlich zu viel an Autorität zuzugestehen[264]; ab V. 6b ist die Konstruktion jedoch planmäßig, nur durch eine Parenthese V. 8 unterbrochen.

---

252 *Burton*, Gal, 86.
253 Ersteres *Martyn*, Gal, 198, Letzteres *Vouga*, Gal, 46.
254 Luther, Gal, WA 40/I, 163; *Betz*, Gal, 177; *de Boer*, Gal, 114, mit Verweis auf Gal 1,6–9.
255 *De Boer*, Gal, 115. Luther, Gal, WA 40/I, 168, erörtert, wie die Definition, die Wahrheit des Evangeliums sei die Rechtfertigung des Menschen ohne Werke des Gesetzes, allein durch den Glauben (WA 40/I, 163) richtig sein könne angesichts des möglichen Einwands, dass das Gesetz göttlich und heilig ist, und antwortet: Das Gesetz lehrt wohl, Gott und den Nächsten zu lieben, sich von Sünden freizuhalten, bewirkt aber nicht, dass dies dem Menschen gelingt.
256 *Dunn*, Gal, 101.
257 *DeSilva*, Galatians. A Handbook, 28; anders *Burton*, Gal, 86; *Longenecker*, Gal, 53. In der lat. HS 61 steht *apud nos* statt *apud vos* – ob aufgrund einer dementsprechenden Reflexion oder aufgrund eines Schreibfehlers, wage ich nicht zu beurteilen.
258 *De Boer*, Gal, 114f.; *Moo*, Gal, 130.
259 *Matera*, Gal, 75.
260 Ps.-Oikumenios, Gal, PG 118, 1105 D.
261 *Bengel*, Gnomon, 732.
262 *Usteri*, Gal, 50.
263 *DeSilva*, Galatians. A Handbook, 29.
264 *De Boer*, Gal, 117.

2,1–10 Die von der Urgemeinde bestätigte Selbständigkeit

Vor allem der Namenswechsel von Κηφᾶς zu Πέτρος in Gal 2,7 und wieder zurück zu Κηφᾶς in Gal 2,9 und die Erwähnung des Petrus in Gal 2,7, die Voranstellung des Jakobus in Gal 2,9 haben zu Thesen geführt, denen gemäß entweder Paulus ein vorpaulinisches Traditionsstück zitiere oder ein späterer Ergänzer einen Zusatz zu Gal 2,1–10 implantieren wollte, um gegen Markion an der Gleichrangigkeit des Petrus mit Paulus festzuhalten. Der Text lässt sich jedoch schlecht aus dem Kontext herauslösen, da die Begründung von V. 7.9a notwendig ist, um die Entscheidung Gal 2,9b zu motivieren. Auch dürfte die Betrauung des Petrus mit dem Evangelium für die Beschneidung im zweiten Jahrhundert (für Nicht-Judenchristen) kaum mehr von Relevanz gewesen sein.[265] Aber auch die These, Paulus zitiere aus einem Protokoll einer Vereinbarung mit Jerusalem[266], hat mit Schwierigkeiten zu kämpfen: Paulus sagt nicht, dass er zitiert (was für ihn gerade gegenüber den Galatern vorteilhaft gewesen wäre[267]); von der Existenz eines solchen Protokolls ist nichts bekannt; kaum zu begründen ist, warum gerade in einem Jerusalemer Protokoll die Namensform »Petrus« statt »Kephas« gewählt sein sollte; auch wäre ein Traditionsstück nicht in 1. Sg. formuliert, Paulus nicht vorangestellt. Eine befriedigende Erklärung für den Namenswechsel ist bisher noch nicht gefunden. Vielleicht wird man es bei der von de Boer vorgeschlagenen Erklärung belassen: die Wahl der Namensform Petrus statt Kephas erkläre sich mit dem Verweis auf seine führende Stellung als Missionar in der Jerusalemer Gemeinde.[268] Paulus rechnet offenbar damit, dass die Adressaten wissen, dass die Namen »Kephas« und »Petrus« ein- und dieselbe Person bezeichnen. In jedem Fall zeigt sich: Paulus drückt sich hinsichtlich der Jerusalemer Autoritäten vorsichtiger aus als hinsichtlich der Falschbrüder – sonst könnte man ihm ja die Frage nach dem (wirklichen) Grund seines Besuches in Jerusalem entgegenhalten.[269]

6 Die Partikel δέ leitet eine neue Entwicklung in der Erzählung ein. Der Begriff δοκοῦντες dürfte nicht die Selbsteinschätzung der damit Gemeinten intendieren, sondern das Ansehen, das ihnen von der Gemeinde zugeschrieben wird.[270] Aus dem Imperfekt ἦσαν und der Vergangenheitspartikel ποτέ hat man geschlossen, Paulus habe den hier Gemeinten tatsächlich früher eine hohe Autorität zugebilligt[271], sei aber davon aufgrund des Antiochenischen Zwischenfalls abgerückt[272], oder Paulus relativiere ihre positiven (Nachfolge des irdischen Jesus im Gegensatz zu seiner erst nachösterlich

---

265 *De Boer*, Gal, 120.
266 *Longenecker*, Gal, 55f.; *Vouga*, Gal, 47. *Martyn*, Gal, 204, zufolge bezieht sich Paulus auf eine anlässlich des Besuches bei Petrus (Gal 1,18) getroffene Vereinbarung zurück. Aber es wäre doch klüger gewesen, das dann gleich bei Gal 1,18 zu erwähnen.
267 *Von der Osten-Sacken*, Gal, 100f.
268 *De Boer*, Gal, 121.
269 *Betz*, Gal, 178.
270 *Walter*, Säulen, 83.
271 Vermutlich ist εἶναί τι (»etwas Besonderes zu sein«) nicht auf Paulus, sondern auf die δοκοῦντες zu beziehen.
272 *DeSilva*, Letter, 180, als eine der Alternativen der Deutung auch bei *de Boer*, Gal, 117.

erfolgten Berufung²⁷³) Eigenschaften, um seine eigene Unabhängigkeit unter Beweis zu stellen²⁷⁴, oder er benenne den Gegensatz zwischen ihrem unbedeutenden vorösterlichen Leben in Galiläa und ihrer jetzigen gemeindlichen Leitungsfunktion²⁷⁵ oder er relativiere ihre negativen Eigenschaften (Treulosigkeit bei der Passion), oder die damals Beteiligten seien allesamt nicht mehr am Leben.²⁷⁶ Notwendig ist das alles nicht; Paulus erzählt ein Ereignis aus der Vergangenheit.²⁷⁷ Die Partikel ποτε mag um der Intensität willen hinzugefügt sein.²⁷⁸ Auch ist der Ausdruck δοκοῦντες wohl kaum ironisch gemeint²⁷⁹, denn es geht im Folgenden ja gerade um den Konsens mit den hier Genannten, deren Meinung viel galt, denen Paulus aber kein Weisungsrecht zugestand.²⁸⁰ In jedem Fall: der (damalige) Status der hier Gemeinten sollte kein Argument für die Galater sein, dem Apostel Paulus in der anstehenden Frage die Gefolgschaft aufzukündigen. Paulus erstrebt zwar einen Konsens, macht aber die Wahrheit seines Evangeliums nicht von der Zustimmung der drei angesehensten Apostel abhängig.²⁸¹

Die Relativierung des Ansehens dieser Personen begründet Paulus mit einer *Gnome vel sententia Theologica*,²⁸² die auch in der Tora und in weiterer biblischer bzw. jüdischer Literatur zu finden ist.²⁸³ Mit dieser Wendung, die dem antiken

---

273 *Burton*, Gal, 87; *Schlier*, Gal, 75f.; *Schreiner*, Gal, 126; *Das*, Gal, 180; *von der Osten-Sacken*, Gal, 99.
274 *Martyn*, Gal, 198f.
275 *DeSilva*, Letter, 180.
276 Vgl. dazu *Rohde*, Gal, 84; *Vouga*, Gal, 46f.
277 *Martyn*, Gal, 199; *Vouga*, Gal, 46.
278 *McKay*, A New Syntax of the Verb, 46.
279 So aber **Walter*, Säulen, 80; *Vouga*, Gal, 43. – Antike lat. Kommentatoren suchen durch *aestima(ba)ntur* oder *existimantur* statt *videbantur* (*Houghton* u. a., Epistles, 398) den Anschein des Ironischen zu vermeiden, weil es für sie – entgegen antiker antichristlicher Kritik – unmöglich ist, sich eine Distanzierung des Paulus von den »Säulen« vorzustellen.
280 *Klein*, Gal, 71.
281 *Ewald*, Sendschreiben, 71; *Lietzmann*, Gal, 12, der auf die Problematik des Zwischensatzes in der Kommunikationssituation gegenüber den Adressaten verweist: Wenn die δοκοῦντες im Gegensatz zu den Falschbrüdern mit ihrer Autorität Paulus gedeckt haben: »Wie kann er da in demselben Atem diese Autorität für wertlos erklären?« Oder aber man hält es, etwas harmonistisch, mit *Bengel*, Gnomon, 732: *Auctoritatem divinam asserit; non deprimit apostolicam* (»Er behauptet göttliche Autorität; apostolische Autorität drückt er nicht nieder«).
282 *Luther*, Gal, WA 40/I, 172. Außerhalb des Bereiches »vor Gott« gilt sie nicht (WA 40/I, 178). Die Problematik dieser Restriktion steht heute vor Augen.
283 Vgl. Dtn 10,17, sodann (*DeSilva*, Galatians. A Handbook, 30) 2Kön 3,14; Ps 82,2; Sir 4,22.27; 35,12f.; 42,1; Mal 2,9; Lk 20,21. *Lietzmann*, Gal, 12, verweist auf PsSal 2,12; äthHen 63,8. Als weiterer Beleg ist Dtn 1,17 zu nennen (so bereits Calvin, Gal, CR 50, 187), ferner TestHi 42,13. Der Gedanke begegnet dann auch in frühchristlicher Literatur, in Barn 4,12, ohne dass Abhängigkeit von Paulus vermutet werden dürfte.

honor-shame-Denken zuwiderläuft[284], bereitet Paulus seinen Tadel des Petrus in Gal 2,11–14 vor.

Die Begründungspartikel γάρ bezieht sich wohl nicht auf V. 6a, sondern auf V. 5 zurück.[285] »Mir haben sie nichts auferlegt«, d. h. keine zusätzlichen Forderungen erhoben. Eine solche Forderung hätte vermutlich die Beschneidung impliziert. In der Gemeinde der Anhänger Jesu für Menschen ohne jüdische Herkunft kann auch die beschneidungsfreie Lebensform als vollgültige Lebensform gelten. Dass Judenchristen weiterhin auf die Tora verpflichtet sind, legt sich nahe[286], wird aber nicht ausgesprochen. Paulus spricht nicht von einem Konsens, den man gemeinsam unter Gleichgestellten erreicht hätte; seine Argumentation, vermutlich auf dem göttlichen Ursprung seiner Berufung und auf seinem Missionserfolg, hat Anerkennung gefunden.[287] – Das sog. Aposteldekret hat Lukas wohl fälschlich mit dem Apostelkonvent verbunden. Paulus berichtet nichts davon, auch da nicht, wo es sachlich nahegelegen hätte.

Gelegentlich wird die Auskunft bemüht, das Dekret habe nur in den Gemeinden in Antiochia, Syrien und Kilikien gegolten. Dabei ist in Apg 15,23 das τοῖς κατὰ τὴν Ἀντιόχειαν καὶ Συρίαν καὶ Κιλικίαν ἀδελφοῖς nur die Angabe der Adressaten des Briefes, aber keine Angabe einer regional begrenzten Gültigkeit. Dass im antiken Judentum in der Diaspora bestimmte Fragen regional unterschiedlich geregelt wurden, lässt sich m. E. aus den Quellen nicht belegen. Unterschieden wird bei halachischen Fragen m.W. nur, ob sie innerhalb oder auch außerhalb des Mutterlandes gültig sind.

7 Die Wendung ἀλλὰ τοὐναντίον markiert emphatisch den Kontrast.[288] Die δοκοῦντες stellen fest, dass Paulus und Petrus gleichberechtigte und komplementäre Aufträge erhalten hätten; ἰδόντες impliziert zugleich auch den Missionserfolg, πεπίστευμαι als *passivum divinum* dessen göttlichen Ursprung[289], das Perfekt eine zurückliegende Aktion Gottes mit andauerndem Effekt.[290] Die beiden Genitive τῆς ἀκροβυστίας und τῆς περιτομῆς, rhetorisch als Synekdoche zu charakterisieren, weisen auf die verschiedenen Adressatenkreise, die wohl nicht geographisch, sondern religiös differenziert werden. Aus paulinischer Sicht ist mit dem εὐαγγέλιον das eine Evangelium des rettenden Handelns Gottes in Kreuz und Auferweckung Jesu Christi gemeint, das für Nichtjuden wie für Juden gültig sein soll und bei den Nichtjuden den Verzicht auf den Initiationsritus der

---

284 *Das*, Gal, 180. Calvin, Gal, CR 50, 186, sieht in Gal 2,6 einen Hinweis darauf, dass das göttliche Gericht auch diesen Autoritäten gilt, wenn sie von der mit ihrem Amt gegebenen Aufgabe abweichen.
285 *DeSilva*, Galatians. A Handbook, 30.
286 Paulus hat, so *Zahn*, Gal, 120, richtig, »nie die Gesetzesbeobachtung der jüdischen Christenheit in Palästina als unchristlich beurteilt.«
287 *Dunn*, Gal, 104; *Matera*, Gal, 86. Doch ist auch die Tragik zu benennen, dass diese Vereinbarung, die die Distanzierung der Jerusalemer Gemeinde von den Nichtjuden verhindern sollte, zur Distanzierung der nichtjüdischen Jesusgläubigen von Jerusalem beigetragen hat (*von der Osten-Sacken*, Gal, 104).
288 *DeSilva*, Galatians. A Handbook, 31. Das einfache ἀλλά hätte auch ausgereicht.
289 *Vouga*, Gal, 48. Der Charakter des *passivum divinum* legt sich von Gal 2,8 her nahe.
290 *DeSilva*, Galatians. A Handbook, 31; *Das*, Gal, 181.

Beschneidung enthält – bei den aus Israel stammenden Anhängern Jesu stellt sich in dieser Generation die Frage nicht.[291] Aus Jerusalemer Sicht dürfte das eine Evangelium von der Selbstoffenbarung Gottes in Jesus Christus anvisiert sein, das bei den aus Israel stammenden Anhängern Jesu vermutlich weiterhin die Toraobservanz vorsieht, bei Nichtjuden die Beschneidung jedoch nicht zur conditio sine qua non erhebt.[292] Die Anerkennung des Missionserfolges des Paulus muss nicht zwingend heißen, dass die δοκοῦντες auch die prinzipielle Überzeugung des Paulus, auf der sein Missionsverfahren ruht, für sich akzeptierten.[293]

8 Die Dative Πέτρῳ und ἐμοί werden öfters als dat. commodi verstanden[294]; die Wendung εἰς ἀποστολήν markiert den Zweck göttlichen Wirkens.[295] Die rhetorische Figur der σύγκρισις zwischen Petrus und Paulus innerhalb dieser Parenthese stellt in der rhetorischen Situation des Galaterbriefes angesichts des Ansehens des Petrus zumindest faktisch eine Aufwertung des Paulus dar.[296] Aus der Tatsache, dass man das Wort ἀποστολήν nur bei Petrus, aber nicht bei Paulus findet, hat man eine fehlende Anerkennung des paulinischen Apostolats durch Jerusalem erschließen wollen.[297] Nötig ist das nicht, wenn man V. 8 als abgekürzten Vergleich interpretiert; der Akzent liegt dann auf der Gleichwertigkeit.[298]

9 Sie erkannten: sie sahen nicht nur äußerlich den Erfolg des paulinischen Wirkens, sondern verstanden auch dessen innere Basis.[299] Der Partizipialausdruck τὴν χάριν τὴν δοθεῖσάν μοι hat die Funktion eines definierenden Relativsatzes[300], der nochmals bestätigt, dass Paulus von dem Wirken Gottes in ihm überzeugt ist. Man kann fragen, ob »Gnade« hier mit der Beauftragung zum apostolischen Dienst identisch ist oder nicht.[301] Betz will den Begriff der χάρις auch hier auf das Erlösungswerk in Christus beziehen. Aber Gal 2,9 handelt nicht von einem zuvor feststehenden Konsens, sondern von der Anerkennung des Paulus anhand seiner Berufung und seines Missionserfol-

---

291 *Matera*, Gal, 76; *deSilva*, Letter, 182, mit Verweis auf Gal 1,6–9; 2Kor 11,4: Paulus hätte die Existenz zweier inhaltlich verschiedener Verkündigungen, die als εὐαγγέλιον bezeichnet werden, nie akzeptiert.

292 Vgl. *Schnelle*, Heide, 100f., zu Gal 2,7: »Die Gleichrangigkeit, nicht aber die Identität beider Evangelien wurde auf dem Apostelkonzil festgestellt!«

293 *Lipsius*, Gal, 26.

294 *Vouga*, Gal, 48.

295 *DeSilva*, Galatians. A Handbook, 32. Als Subjekt zu ἐνεργήσας ist aufgrund von 1Kor 12,6; Phil 2,13 Gott zu denken (*Usteri*, Gal, 53).

296 *Keener*, Gal [2019], 126 mit Anm. 425, schon Luther, Gal, WA 40/I, 187.

297 So für das von ihm vermutete Traditionsstück *Dunn*, Gal, 107, als Erwägung auch bei *Martyn*, Gal, 202f.

298 *Matera*, Gal, 77; *Vouga*, Gal, 48; ähnlich *de Boer*, Gal, 122. Dass der Apostolat des Paulus nicht strittig gewesen sei, folgert *Das*, Gal, 188. Das lässt sich m. E. nicht sichern. Richtig ist, dass Paulus das Wirken Gottes betont, nicht das eigene Wirken.

299 *Dunn*, Gal, 108; *Das*, Gal, 189.

300 *Peters*, Article, 114, der auf Röm 1,3 als Analogie verweist (113).

301 Ersteres *Schlier*, Gal, 78; *deSilva*, Letter, 183, mit Verweis auf Röm 1,5; 15,15f., Letzteres *Betz*, Gal, 189.

ges. Der Begriff χάρις kommt hier dem Begriff χάρισμα nahe³⁰² und ist sachliche Wiederaufnahme des πεπίστευμαι.

Warum steht Jakobus voran? 1. Im Jahr 48 dürfte er tatsächlich die führende Gestalt der Urgemeinde gewesen sein (vgl. Apg 12,17) – doch vergleicht sich Paulus in Gal 2,7 mit Petrus, nicht mit Jakobus.³⁰³ 2. Die Darstellung des Antiochenischen Zwischenfalls soll vorbereitet werden; 3. Seine Autorität soll von den »falschen Brüdern« und von den Gegnern in Galatien dissoziert werden³⁰⁴ – und das gilt auch, wenn Jakobus seine Ansicht vor dem Antiochenischen Zwischenfall geändert haben sollte.³⁰⁵

Der Begriff der »Säulen« mag für »die beiden Ideen des Grundlegenden und der Individualität«³⁰⁶ stehen, aber auch für Verantwortlichkeit oder für hervorragende Frömmigkeit.³⁰⁷ Die Metapher ist vor allem in zeitgenössischen griechisch-römischen wie in jüdischen Quellen verwendet.³⁰⁸ Umstritten ist, ob man die Idee des neuen (äthHen 90, 28f.), des geistlichen Tempels (1 Kor 3,16f.) eintragen soll oder nicht.³⁰⁹ Man kann fragen, ob Paulus angesichts dessen, was er im Folgenden von Petrus wie von den Leuten von Jakobus berichten wird (Gal 2,11–14), nicht mit einer leisen Distanz von den Genannten als von den »Säulen« spricht.³¹⁰

Die rechte Hand zu geben ist schon in der griechischen Antike symbolisches Zeichen einer Freundschaft oder eines friedlichen Vertrages³¹¹, doch ist es umstritten, ob die Handlung die Gleichheit oder die Ungleichheit des hierarchischen Status voraussetzt.³¹² Das Motiv der κοινωνία, ursprünglich ein Motiv griechisch-römischer Ideologie der politischen Harmonie als Grundlage des Wohlergehens eines Staatswesens, schließt die Gleichrangigkeit im Status und die Gemeinschaft im Evangelium in sich.³¹³

---

302 *Dunn*, Gal, 108.
303 *Pratscher*, Jakobus, 237.
304 Letzteres Luther, Gal, WA 40/I, 182; *Rohde*, Gal, 90.
305 *De Boer*, Gal, 122.
306 *Vouga*, Gal, 49, mit Belegen aus der Gräzität.
307 Ersteres Burton, Gal, 96; *de Boer*, Gal, 123, Letzteres *Walter*, Säulen, 90. Er vermutet, dass die Fremdmissionare den galatischen Gemeinden gegenüber Jakobus, Petrus und Johannes als »Säulen« bezeichnet hätten; anderenfalls wäre der Begriff für die Adressatinnen und Adressaten unverständlich gewesen.
308 Vgl. Aesch, Agam 898; Eur, Iphigenie in Tauris, 57; Cic, In Verrem 2/3. 76/176; jüdische Belege bei *Keener*, Gal [2019], 128 Anm. 441.
309 Ersteres *Dunn*, Gal, 109, Letzteres *Vouga*, Gal, 49; *Keener*, Gal [2019], 129.
310 *DeSilva*, Letter, 184.
311 *Vouga*, Gal, 49, mit Belegen; *Klein*, Gal, 73.
312 *Keener*, Gal [2019], 130. *Das*, Gal, 190 nennt 1Chron 29,24 als Beispiel dafür, dass der Niedriggestellte den Handschlag gibt, Joseph, Ant XVIII 328f. als Beispiel für den Handschlag des Höherstehenden, Xenoph, Anab I 6,6 als Beispiel dafür, dass zwischen beiden kein Rangunterschied besteht. *von der Osten-Sacken*, Gal, 103, stellt heraus, dass es vor allem Paulus war, der sich als gleichrangig mit den Jerusalemer Autoritäten ansah.
313 An die Eucharistie muss nicht gedacht sein, so *Das*, Gal, 191, gegen *Esler*, Gal, 133f.

Die Konjunktion ἵνα mag hier weniger finalen als vielmehr explikativen Charakter haben.³¹⁴

Die Wendung »wir zu den Heiden, sie zu den Juden« meint wohl eher eine ethnische als eine geographische Aufteilung³¹⁵, wird aber im Unklaren belassen. Paulus hat ja auch vor Juden gepredigt (vgl. 1Kor 1,14–17 mit Apg 18; 2Kor 11,24) und Juden getauft (vgl. 1Kor 9,20). Außerdem: wie sollen sich Heidenchristen in Korinth dann auf Petrus berufen haben (1Kor 1,12)? Vielleicht war an unterschiedliche Missionsweisen gedacht: Barnabas und Paulus werden nicht auf die Beschneidung, die Jerusalemer nicht auf die Beschneidungsfreiheit verpflichtet.³¹⁶ Doch mag es sein, dass diese Aufteilung nach dem Antiochenischen Zwischenfall nicht mehr als bindend angesehen wurde³¹⁷, sodass sich Paulus auch zur Anwerbung von Juden freigestellt sah und sich eine Gruppe in Korinth auf Petrus berufen konnte. Inwieweit Paulus sich mit einer solchen Aufteilung nach ethnischen bzw. theologischen Prinzipien anfreunden konnte, mag man angesichts von Gal 3,28 in der Tat fragen.³¹⁸ Für die Galater, die aus griechisch-römischem Kulturkreis stammten, sollte klar sein: Sie fallen unter die Zuständigkeit des Apostels Paulus, nicht unter die Zuständigkeit Jerusalems.³¹⁹

10 Die Einleitung μόνον mag das im Folgenden Genannte Angelegenheit minderer Bedeutung oder als einzige zusätzliche Auflage kennzeichnen³²⁰; Paulus wusste sich gleichwohl daran gebunden, wie die sog. Kollektenkapitel 2Kor 8; 9 und die Abschnitte 1Kor 16,1–4 und Röm 15,25–32 zeigen.

> Gal 2,10a enthält einige Unklarheiten. Zwar ist deutlich, dass die Initiative zur Kollekte von Jakobus, Petrus und Johannes ausgeht, doch kann man fragen: Haben sie eine Bitte ausgesprochen, oder war die Kollekte Gegenstand einer Forderung, der sich Paulus und Barnabas nur um den Preis hätten widersetzen können, dass die in V. 9 gemachte, mit

---

314 *De Boer*, Gal, 124; anders *Das*, Gal, 191.
315 Auflistung älterer Vertreter beider Positionen bei *Rohde*, Gal, 91; Argumente für beide Positionen bei *de Boer*, Gal, 125f.
316 So *Berger, Almosen, 198 Anm. 73; *Kim*, Kollekte, 147; *Wolter*, Paulus, 41. Haben die Fremdmissionare im galatischen Konflikt den Konventsbeschluss so interpretiert, dass die freiwillige Übernahme der Beschneidung durch die nichtjüdischen Christusgläubigen als legitime Option gelten konnte, während Paulus in der Empfehlung der Fremdmissionare, die Adressaten des Galaterbriefes sollten die Beschneidung auf sich nehmen, einen Verstoß gegen den Konventsbeschluss vorliegen sah (*Sänger*, Konfliktlinien, 124)?
317 *DeSilva*, Gal, 184.
318 *Martyn*, Gal, 222.
319 *De Boer*, Gal, 126.
320 Ersteres *de Boer*, Gal, 126, Letzteres *Keener*, Gal [2019], 136: Paulus spricht nicht von weiteren, z.B. ethischen Auflagen, die ihm die Jerusalemer gemacht hätten. Vielleicht war dies ihm gegenüber auch nicht nötig. Dass er in der Materialethik Grundlinien des jüdischen Ethos lehrt, beweisen 1Kor 8–10 sowie 1Kor 6,12–20. Dass er sich längst nicht immer auf die Tora beruft, wo er sich auf sie berufen könnte, steht auf einem anderen Blatt.

Handschlag bekräftigte Vereinbarung und damit ihre Anerkennung des gesetzesfreien Evangeliums hinfällig geworden wäre? Wie haben die Jerusalemer diese Kollektenvereinbarung verstanden? War die Kollekte eine einmalige Aktion oder sollte sie wiederholt werden? Dass Paulus nach dem Apostelkonvent faktisch nur einmal in Jerusalem war, muss nicht seinem eigenen Wollen entsprechen, ist vor allem Folge seiner mehrfachen Gefangenschaft. Sind die Empfänger der Kollekte die Armen innerhalb der Jerusalemer Gemeinde oder ist es die Jerusalemer Gemeinde als Ganze? Methodisch ist zu bedenken, dass wir über diese Kollekte faktisch nur durch Paulus unterrichtet sind; Apg 24,17 lässt eher einen kritischen Blick auf deren spätere Akzeptanz in Jerusalem fallen.

Die Initiative ist wohl von Seiten der Jerusalemer ausgegangen. Paulus bezeichnet sie jedoch nirgends als Forderung. Dass die Jerusalemer sie als Ersatz für die Tempelsteuer verstanden haben sollten, ist nicht zu belegen.[321] Die von Paulus gesammelte Kollekte ist eine freiwillige Gabe, bei der Paulus keine Summe nennt, aber auf ein vorzeigbares Ergebnis hofft. Das Präsens μνημονεύωμεν bezeichnet fortdauernde Aktion.[322] In der Korintherkorrespondenz erscheint die Kollekte jedoch als eine einmalige Angelegenheit. Was den Begriff πτωχοί betrifft, wird man unterscheiden zwischen einer möglichen Selbstbezeichnung der Jerusalemer Gemeinde und dem Verständnis des Begriffs bei Paulus. Die Jerusalemer mögen, vielleicht gestützt auf Jes 14,30.32, diesen Begriff als Ehrenbegriff für sich reklamiert haben.[323] Für Paulus trifft das, wie Röm 15,26 zeigt, nicht zu.[324] »Die Armen« sind nicht die Mitglieder der Jerusalemer Gemeinde insgesamt, sondern die Armen unter ihnen.

1Kor 16,1 zufolge hatte Paulus die Kollekte auch ταῖς ἐκκλησίαις τῆς Γαλατίας angeordnet, wohl während seines Gründungsaufenthaltes; in Röm 15,26 sind nur die Gemeinden Makedoniens und Achaias als beitragende Gemeinden benannt. Im Galaterbrief erwähnt er das nicht.[325] Es wird nicht deutlich, ob diesem Bemühen in den im Galaterbrief angeredeten Gemeinden Erfolg beschieden war. Paulus spricht sie nicht auf ein mögliches Wissen um diese Aktion an.[326] Es steht zu vermuten, dass sich die im Galaterbrief Angeredeten nicht an der Kollekte beteiligt haben – erstaunlich ist, dass Paulus sie diesbezüglich nicht tadelt.

---

321 So aber *Nickle*, Collection, 87–89.
322 Vielleicht war das tatsächlich von den »Säulen« gefordert; so jedenfalls *Das*, Gal, 194; *Keener*, Gal [2019], 133. Unsicher muss bleiben, ob die Apostel in Jerusalem damit Vorstellungen im Sinne von Jes 45,14; 60,5–17 verbanden, dass Jerusalem Adressat der Huldigung seitens der Völker sein solle (*Keener*, Gal [2019], 135). – In D F G d b wird die Prolepsis von τῶν πτωχῶν aufgehoben und die übliche Anordnung im Satz (ἵνα τῶν πτωχῶν) hergestellt.
323 *Holl*, Kirchenbegriff, 60, mit Verweis auf das jüdische אביונים-Konzept (ohne Belege); *Georgi*, Kollekte, 26. Auch die Deutung der Kollekte als Analogie zur Tempelsteuer hat sich nicht durchgesetzt.
324 In der Wendung οἱ πτωχοὶ τῶν ἁγίων τῶν ἐν Ἰηρουσαλήμ in Röm 15,26 ist τῶν ἁγίων gen. partitivus (*Das*, Gal, 193).
325 *Koch*, Collection, 607.
326 *Georgi*, Kollekte, 32f.

Für die Armut mancher Gemeindeglieder lassen sich Gründe namhaft machen: Wer nach seinem Anschluss an die Gruppe der Jünger Jesu in Jerusalem blieb, lebte abgeschnitten von seinen bisherigen sozialen Netzwerken, die ihm im Fall der Verarmung ein Überleben ermöglicht hätten. Die Hungersnot 46–48 hatte materielle Ressourcen aufgebraucht. Auch spielte gemeinschaftliche Produktion gewisser Grundnahrungsmittel in der Gemeinde zu Jerusalem offenbar keine entscheidende Rolle.[327] Der Zustrom von Menschen an den Ort, wo man die Wiederkehr des Messias erwartete, mag ein weiterer Grund sein; der Erlös aus dem Verkauf von Ländereien (Apg 4,36f.) war vielleicht bald aufgebraucht.[328]

Die Semantik des Verbums μνημονεύω mag hebr. זכר (»für jemanden sorgen«) nachempfunden sein.[329] In der Kollekte sah Paulus wohl sicher eine diakonische Aufgabe mit dem Zweck materieller Hilfeleistung, bei der ihm durchaus an einem gewissen Ertrag gelegen war.[330] Doch sollte sie auch ein Zeichen der gegenseitigen Akzeptanz zwischen judenchristlichen und nichtjudenchristlichen Gemeinden darstellen.[331]

Dass Paulus in Gal 2,10b wiederum im Singular spricht, kann wieder seine Distanzierung von Barnabas oder die Distanzierung des Barnabas von ihm anzeigen.[332] Auch wirft der Schluss in Gal 2,10 wieder ein Licht auf das ἦθος des Paulus, seinen Willen zum Konsens und seine Verlässlichkeit.[333]

---

327 *DeSilva*, Gal, 188.
328 *Georgi, Kollekte, 25f.
329 *Usteri*, Gal, 55.
330 2Kor 8,14; 9,1.6f. Armenfürsorge ist schon in der Tora geboten (Dtn 15,11; 24,10–22) und galt als zentraler Bestandteil antiker jüdischer Frömmigkeit (Tob 1,3; 4,7–11; Sir 4,10; 7,10 etc.). Allerdings qualifiziert Paulus seine Bemühungen um die Kollekte nirgends als Erfüllung einer Mizwa.
331 *Kim, Kollekte, 148; *Koch, Collection, 604 u.v.a.
332 *Usteri*, Gal, 55 (Barnabas habe sich von Paulus distanziert). Anders *de Boer*, Gal, 127f.: Gal 2,10a bezieht sich nicht auf die in 1Kor 16,1–4; 2Kor 8; 9 etc. erwähnte Kollekte, sondern auf die in Apg 11,27–30 erwähnte Sammlung der Antiochener; die Notiz über die Jerusalemreise des Paulus in Apg 11,27–30 lässt sich, so *de Boer*, Gal, 127 Anm. 184, in der paulinischen Chronologie seiner Jerusalemreisen nicht unterbringen; nach dem Bruch mit Barnabas (Gal 2,11–14) habe er seine eigene Kollektensammlung begonnen (128). Noch anders *Moo*, Gal, 138 Anm. 27, der den Galaterbrief vor die in Apg 15 geschilderte Versammlung datiert: Paulus betont seine persönliche Verpflichtung.
333 *DeSilva*, Gal, 189.

2,11-14 Die Verteidigung des beschneidungsfreien Evangeliums*

(11) Als aber Kephas nach Antiochia kam, widerstand ich ihm ins Angesicht, denn es war Grund zur Anklage gegen ihn. (12) Denn bevor Leute von Jakobus kamen, aß er zusammen mit den Heiden; als sie aber kamen, zog er sich zurück und sonderte sich ab aus Furcht vor denen aus der Beschneidung. (13) Und mit ihm zusammen heuchelten auch die übrigen Juden, sodass auch Barnabas zu ihrer Heuchelei verleitet wurde. (14) Als ich aber sah, dass sie nicht nach der Wahrheit des Evangeliums wandelten, sprach ich zu Kephas in aller Öffentlichkeit: Wenn du, der du Jude bist, heidnisch und nicht jüdisch lebst, wie willst du die Heiden zwingen, jüdisch zu leben?

V. 11: Der Ersatz von Κηφᾶς durch Πέτρος (D F G K L 630 1505 1611 2464 b d sy^h) soll die Identität mit dem in Gal 2,1–10 Genannten klarstellen. Die LA Κηφᾶς bieten B ℵ 33 A C H P Ψ 0278 33 81 104 365 629 1175 1241 1739 1881 sy^{hmg}. Gerade der Korrekturvorgang in sy^{hmg} zeigt das Bemühen um korrekte Wiedergabe. V. 12: Statt τίνας wird gelegentlich in der Handschriftentradition der Singular τίνα geboten.[334] In der altlateinischen Handschrift g ist in diese Richtung korrigiert worden

---

* Literatur: *Avemarie, Friedrich*, Die jüdischen Wurzeln des Apostaldekrets: Lösbare und ungelöste Probleme, in: *Markus Öhler* (Hg.), Aposteldekret und antikes Vereinswesen. Gemeinschaft und ihre Ordnung, WUNT 280, Tübingen 2011, 5–32; *Dunn, James D.G.*, Jesus, Paul, and the Law: Studies in Mark and Galatians, Louisville 1990; *Hengel, Martin*, Der unterschätzte Petrus. Zwei Studien, Tübingen 2007; *Konradt, Matthias*, Zur Datierung des sogenannten antiochenischen Zwischenfalls, ZNW 102 (2011), 19–39; *Kraus, Wolfgang*, Zwischen Jerusalem und Antiochia. Die »Hellenisten«, Paulus und die Aufnahme der Heiden in das endzeitliche Gottesvolk, SBS 179, Stuttgart 1999; *Mason, Steve*, Jews, Judeans, Judaizing, Judaism. Problems of Categorization in Ancient History, in: ders, Josephus, Judea, and Christian Origins. Methods and Categories, Peabody 2009, 141–184; *Merk, Otto*, Adolf Jülicher als Paulusforscher – zu seinem 150. Geburtstag, in: *ders.*, Wissenschaftsgeschichte und Exegese, Bd. 2, Gesammelte Aufsätze 1998–2013, hg. v. *Roland Gebauer*, BZNW 206, Berlin/München/Boston 2015, 185–200; *von der Osten-Sacken, Peter*, Paulus und die Wahrheit des Evangeliums. Zum Umgang des Apostels mit Evangelium, Gegnern und Geschichte in Galater 1–2, in: *ders.*, Die Heiligkeit der Tora. Studien zum Gesetz bei Paulus, München 1989, 116–160; *Popkes, Enno Edzard*, »Bevor *einer* von Jakobus kam«: Anmerkungen zur textkritischen und theologiegeschichtlichen Problematik von Gal 2,21, NT 46 (2004), 253–264; *Sänger, Dieter*, Ἰουδαϊσμός – ἰουδαΐζειν – ἰουδαϊκῶς. Sprachliche und semantische Überlegungen im Blick auf Gal 1,13f. und 2,14, ZNW 108 (2017), 150–185; *Schwemer, Anna Maria*, Paulus in Antiochien, BZ NF 42 (1998), 161–180; *Stegemann, Wolfgang*, Religion als Teil von ethnischer Identität. Zur aktuellen Debatte um die Kategorisierung des antiken Judentums, KuI 25 (2010), 47–59; *Wechsler, Andreas*, Geschichtsbild und Apostelstreit. Eine forschungsgeschichtliche und exegetische Studie über den antiochenischen Zwischenfall, BZNW 62, Berlin/New York 1991; *Wedderburn, Alexander J.M.*, A History of the First Christians, London 2005.

334 Die LA wird als ursprünglich u. a. von *Popkes*, Bevor einer von Jakobus kam, passim, propagiert (in den Handschriften, die den Plural bieten, sei sekundär an Apg 15,1 angeglichen worden).

im Vorgriff auf die von ihr und von einigen weiteren Zeugen später geteilte singularische Variante ἦλθεν (statt ἦλθον). Beide Varianten begegnen außerdem in 𝔓46, der altlateinischen Handschrift d und in der lateinischen Irenaeus-Tradition, die Variante ἦλθεν zusätzlich in ℵ B D* F G 33. Vom Gesichtspunkt der äußeren Textkritik her sind beide Varianten als sekundär zu beurteilen, entstanden wahrscheinlich als Konsequenz aus den umgebenden Singularformen.[335] Auch Stephen Carlson hält den Plural τινας für ursprünglich, bevorzugt in der Folge, für Gal 2,12ba jedoch den Sg. ἦλθεν, als dessen Subjekt er Petrus denkt.[336] Das setzt das Verständnis des Sg. συνήσθιεν als eines unpersönlichen Sg. »man« mit Bezug auf die Gemeinde in Antiochia voraus.[337] V. 13: Das καί vor οἱ λοιποὶ Ἰουδαῖοι fehlt in 𝔓46 B 6 630 1739 1881, wird aber von ℵ A C D F G H K L P Ψ 0278 33 81 104 365 1175 1241 1505 2464 Byz b r geboten. Stephen Carlson argumentiert mit Gründen der inneren Textkritik für die Beibehaltung.[338] V. 14: Die Verkürzung des zweiten Teils der Protasis zu dem bloßen ζῇς (𝔓46 1881) ist zu schwach bezeugt, um dem Urtext nahezukommen. Die Anordnung des Verbums ζῇς vor der Phrase καὶ οὐχὶ Ἰουδαϊκῶς und der Ersatz von οὐχί durch οὐκ (F G 1739 u. a.) nehmen die Betonung ein wenig zurück.[339]

Die Frage, ob die Rede des Paulus gegen Petrus damals in Antiochia nur V. 14 oder auch den Abschnitt bis V. 21 umfasst, ist eine alte Streitfrage, die auch ihre Konsequenzen für das Problem nach sich zieht, ob die paulinische Rechtfertigungslehre erst ein Spätprodukt seiner Theologie ist oder nicht.[340] Einerseits verträgt die Situation in Antiochia »nur ein kurzes Strafwort«[341], andererseits ist formal keine Markierung eines Redeabschlusses in V. 14 gegeben, und man kann Gal 2,15–18 ebenfalls mit Bezug auf die Situation in Antiochia interpretieren.[342] Die Frage ist wohl so zu entscheiden: Formal sind V. 15–21 noch Teil der damaligen Rede, inhaltlich jedoch sind sie Hauptthese des Briefes gegenüber den Galatern; die Antwort des Paulus in Antiochia wird hier so formuliert, dass sie für die Situation in Galatien durchsichtig wird.

> Die Datierungsfragen erfordern eigene Aufmerksamkeit. Neben der von Gerd Lüdemann vorgenommenen Frühdatierung (s.o.) wird heute öfters auch eine Spätdatierung auf die Zeit zwischen der zweiten und der dritten Missionsreise vorgeschlagen; Gal 2,11–14 wird

---

335 *Metzger*, Textual Commentary, 524; *deSilva*, Galatians. A Handbook, 36.
336 *Carlson*, Text, 123.175; nach *de Boer*, Gal, war Gal 2,11 der Anlass der Genese dieser LA.
337 So mit Bezug auf den Plural συνήσθιον *Popkes*, Bevor einer von Jakobus kam, 258.
338 *Carlson*, Text, 109.
339 *Carlson*, Text, 230.234.
340 Letzteres schon Jülicher gegen Wrede (*Merk*, Jülicher, 195).
341 *Zahn*, Gal, 120f. In Codex Sinaiticus, fol. 279, wird ein Einschnitt zwischen Gal 2,14 und Gal 2,15 markiert, indem Gal. 2,15 in einer neuen Zeile beginnt. In Codex Vaticanus wird eine Entscheidung nicht sichtbar, ebensowenig im Codex Alexandrinus, fol. 102v. und im Codex Claromontanus, fol. 263v. Ps.-Oikumenios, Gal, PG 118, 1116 A sieht das Ende der Rede in Antiochia ebenfalls in Gal 2,14 erreicht.
342 So z.B. *Livesey*, Circumcision, 85 Anm. 28 (die Feststellung Gal 2,16 hätten wohl kaum alle Juden geteilt); *Keener*, Gal, 167. Bei Luther, Gal, WA 40/I, 243; Calvin, Gal, CR 50, 196, ist das Ende der Rede des Paulus in Antiochia mit Gal 2,16fine gegeben.

2,11–14 Die Verteidigung des beschneidungsfreien Evangeliums

mit Apg 18,22 korreliert. Lukas habe den Antiochenischen Zwischenfall nicht durch einen frei erfundenen Bericht von dem Streit wegen Johannes Markus ersetzt (Apg 15,36–41), sondern überhaupt verschwiegen.[343] So gab es zwei Zusammenstöße zwischen Paulus und Barnabas, deren erster lediglich bei Lukas (Apg 15,36–41), deren zweiter hingegen nur bei Paulus (Gal 2,11–14) erwähnt ist. Wenn es bei dem Jerusalemer Konvent nur um die Beschneidungsfrage ging, ist es wenig wahrscheinlich, dass man in Antiochia schon zuvor zur Tischgemeinschaft zwischen Juden- und Heidenchristen übergegangen war – das hätte man in Jerusalem ebenfalls diskutiert. Die offene Tischgemeinschaft in Antiochia sei möglicherweise erst unter dem Eindruck der korinthischen Verhältnisse eingeführt worden. Silas/Silvanus hat Paulus offenbar nur während der zweiten Missionsreise begleitet, später jedoch nicht mehr, wird dann aber im pseudepigraphen Ersten Petrusbrief als Mitarbeiter des Petrus benannt (1Petr 5,12). Auch setzt 1Thess 2,14f. noch ein ungetrübtes Verhältnis zwischen Paulus und den Christen in Judäa voraus.[344]

In Jerusalem war das Anliegen der beschneidungsfreien Mission unter Nichtjuden positiv beschieden worden. Die Frage, wie es überhaupt zu dem antiochenischen Zwischenfall kommen konnte, ist unter mehreren Prämissen zu diskutieren.

1. Darüber, dass man in Jerusalem die Frage der Tischgemeinschaft diskutiert hätte, berichtet Paulus nichts; ein mangelndes Problembewusstsein sollte man allerdings bei keinem der damaligen Gesprächspartner voraussetzen. Der Heidenchrist Titus wird in eine Tischgemeinschaft einbezogen worden sein, in der wohl jüdische Speisehalacha in Geltung stand.

2. Keiner der am antiochenischen Zwischenfall Beteiligten erhebt Paulus zufolge den Vorwurf, eine der Parteien habe die Ergebnisse des Jerusalemer Konventes missverstanden oder gar böswillig unterlaufen. Unbeschadet dessen kann faktisch eine Divergenz in der Interpretation der Jerusalemer Beschlüsse vorliegen.[345]

Für Antiochia kann es sich nahelegen, hinsichtlich der Frage der Tischgemeinschaft zwischen Juden- und Heidenchristen die Zeit vor dem Jerusalemer Konvent und die Zeit danach zu unterscheiden. Offenbar empfand man die vor dem Jerusalemer Konvent gegebene antiochenische Mahlpraxis als unanstößig. Mahlgemeinschaft zwischen Juden- und Heidenchristen wurde dann vermutlich in der Weise praktiziert, dass 1. nur koschere Speisen nach Lev 11 bzw. Dtn 14 verzehrt wurden, und dass 2. auch die Zubereitung den damals üblichen jüdischen Usancen entsprach.[346] Die Alternative wäre die Behauptung, bereits vor den Beschlüssen des Jerusalemer Konvents habe man im Bewusstsein dessen, dass allein der Glaube an Jesus als den Messias die einzig heilsnotwendige Bedingung sei,

---

343 *Hengel*, Petrus, 89 Anm. 182; *Wedderburn*, History, 103; *Schwemer*, Paulus, 175f.; *Konradt*, Datierung, passim.
344 *Konradt*, Datierung, 27.29.33.36.
345 *Wechsler*, Geschichtsbild, 299.
346 Matera, Gal, 89, erwägt eine Mahlpraxis der nichtjüdischen Gläubigen im Sinne der noachitischen Gebote (Verzicht auf Blutgenuss). Denkbar wäre auch die Fremdengesetzgebung Lev 17,10–16 als traditionsgeschichtlicher Hintergrund (dort wird zusätzlich der Verzehr von Kadavern oder gerissenen Tieren verboten).

auf die Orientierung an jüdischer Speisehalacha verzichtet.[347] Die Beschlüsse des Jerusalemer Konvents konnten in Antiochia als Bestätigungen des prinzipiellen Rechtes solcher Tischgemeinschaft aufgefasst worden sein. Spätestens jetzt muss es zur (partiellen) Missachtung jüdischer Usancen gekommen sein, sonst wäre die pauschale Charakterisierung dieser Mahlpraxis als ἐθνικῶς (Gal 2,14) ohne jeden Anhaltspunkt.

Hinsichtlich der Vorgeschichte des Zwischenfalls bleibt einiges im Unklaren. Paulus sagt nicht, warum Petrus kommt, ob es zwei Gemeinden gab oder eine, und welcher Gemeinde sich Petrus angeschlossen hat, und ob die Tischgemeinschaften sich spontan ergaben oder als Demonstrationen bewusst herbeigeführt wurden[348]; er sagt auch nicht, ob die Leute »von Jakobus« im Zuge einer anderweitig motivierten Reise nach Antiochia die dortigen Zustände kritisierten oder – auf wessen Initiative? – nach Antiochia kamen, um ihren Einfluss geltend zu machen. Ebenfalls ist nicht gesagt, dass Paulus bei all den in Gal 2,12f. geschilderten Vorgängen wirklich dabei gewesen ist. Erkennbar ist, dass mit dem Auftreten derer »von Jakobus« die Frage virulent war, nach welchen Prinzipien Tischgemeinschaften zwischen Juden- und Heidenchristen durchzuführen sind.[349] Konnte man von Judenchristen erwarten, dass sie in solchen Tischgemeinschaften auf die Darstellung ihrer jüdischen Identität verzichteten[350], zu der auch in der Außenwahrnehmung[351] die Vermeidung von Mahlgemeinschaften mit Nichtjuden gehörte? Es ist ja »nicht dasselbe, ob christusgläubige Juden Heidenchristen als Mitglieder der Bewegung akzeptieren oder ob sie im Verkehr mit diesen von ihrer eigenen jüdischen Lebensweise absehen«[352], und am Jerusalemer Konvent war das Verbleiben der Judenchristen unter den Lebensbedingungen des jüdischen Gesetzes nicht infragegestellt worden.[353] Sollten Heidenchristen deshalb dazu geführt werden, wenigstens aus Rücksichtnahme sich jüdischer Speisetora anzupassen, die ja immerhin ihre biblische Grundlage hatte?

---

347 Möglich erscheint das vor allem dann, wenn man annimmt, dass die Gemeinde(n) der Jesusanhänger in Antiochia nicht mehr im städtischen Synagogenverband integriert waren (*Wolter*, Paulus, 38f.). Zu prüfen bleibt dann, auf welcher Grundlage man sich das Eingreifen derer »von Jakobus« vorzustellen hat.
348 *Betz*, Gal, 200 – das Imperfekt συνήσθιεν deutet aber auf längerfristige übliche Praxis hin.
349 Zu bemerken ist, dass offenbar niemand der an der Diskussion Beteiligten sich auf ein Herrenwort berufen hat. Wäre ein Jesuswort bekannt gewesen, hätte Paulus immerhin darauf Bezug genommen (vgl. 1Kor 9,14f.), zumal er in anderen Fällen sehr wohl einen Unterschied der Wertigkeit zwischen seinem eigenen Wort und einem Herrenwort benennt (vgl. 1Kor 7,10–12). Das ist ein Argument gegen die Rückführbarkeit von Mk 7,15 auf Jesus.
350 *Wolter*, Paulus, 49.
351 Für die Außenwahrnehmung vgl. Tac, Hist V 5; Philostr, VitAp V 33.
352 *Konradt*, Datierung, 26.
353 *Wechsler*, Geschichtsbild, 299.

2,11–14 Die Verteidigung des beschneidungsfreien Evangeliums

11 Die Partikel δέ markiert hier einen starken Gegensatz.[354] Paulus erzählt nicht, warum Kephas nach Antiochia kommt, sondern steuert sofort auf die in der Wendung κατὰ πρόσωπον αὐτῷ ἀντέστην angezeigte persönliche Konfrontation zu.[355] Das Ansehen des Kephas soll den Galatern den Mut des Paulus vor Augen führen, wenn er ihm persönlich gegenübertritt; Gal 2,11 ist insofern wieder ein Verweis auf das ἦθος des Paulus.[356] Paulus sieht sich Petrus vom Range her als gleichgestellt; nicht alle in Antiochia müssen das ähnlich beurteilt haben. Sie werden das Verhalten des Paulus, antikem honor-and-shame-Denken zufolge, als Angriff auf die Ehre des Petrus aufgefasst haben. Dass Petrus nicht antwortete, bedeutete, wenn die Antiochener Paulus als gleichrangig anerkannten, einen Gesichtsverlust für Petrus, anderenfalls, wenn in den Augen der Antiochener Petrus die höhere Autorität darstellt, eine Beschämung für Paulus.[357] Maßstab des κατεγνωσμένος ist nicht die Vereinbarung von Jerusalem, sondern konkret die Wahrheit des Evangeliums nach des Paulus eigenem Verständnis.[358]

---

354 *DeSilva*, Galatians. A Handbook, 35.
355 Gemeint ist wohl Antiochia am Orontes, nicht Antiochia in Pisidien (Apg 13,14). Antiochia am Orontes, eine der größten Städte im Imperium Romanum (die Schätzungen über die Einwohnerzahlen liegen in der Antike wie in der modernen Forschung im sechsstelligen Bereich, vgl. Keener, Gal [2019], 143) hatte eine große jüdische Gemeinde (Joseph, Ap. II 39; Joseph, Bell VII 43). Petrus könnte im Verfolg der Judenmission nach Antiochia gekommen sein (*von der Osten-Sacken*, Gal, 109). Vielleicht lässt aber Apg 12,17 einen weiteren oder sogar den eigentlichen Grund erkennen: Petrus sah sich veranlasst, sich vor möglichen weiteren Nachstellungen des Herodes Agrippa I. in Sicherheit zu bringen.
356 *De Silva*, Letter, 98. Der Streit der beiden Apostel erschien im antiken Christentum anstößig, sodass man verschiedene Versuche zur Abmilderung unternahm (vgl. *Meiser*, Gal, 97–100). *Johann Ernst Christian Schmidt*, Über die Stelle I Kor 1,12 und die ursprüngliche Bedeutung des Namens Χριστιανοί, in: ders. (Hg.), Bibliothek für Kritik und Exegese des Neuen Testaments und älteste Christentumsgeschichte, Bd. 1, Gießen 1797, 86–100, hat die These von Ferdinand Christian Baur vorausgenommen, in 2Kor 1,12 nicht vier, sondern zwei Parteien genannt zu sehen, ebenso die andere These, dass Gal 2,12 den ersten Hinweis auf die in der Folgezeit grundlegende Differenz zwischen Petrus und Paulus darstellt (*Wechsler*, Geschichtsbild, 40–42).
357 Letzteres wäre auch der Fall gewesen, wenn ihm Petrus unter Voraussetzung seiner höherrangigen Autoritätsstellung eine negative Antwort gegeben hätte (*Das*, Gal, 205). In antiker antichristlicher Literatur werden Paulus für seine *procacitas* (Porphyrios, nach Hieronymus, Ep. 112,6, CSEL 55, 372; Hieronymus, in Gal., CC.SL 77 A, 8), Petrus für seinen *error* (Porphyrius, ebd.) oder seine ὑπόκρισις kritisiert (vgl. den Anonymus bei Makarios Magnes III 22, TU 169, 204). *Von der Osten-Sacken*, Gal, 123, kritisiert, dass Paulus die urchristliche Geschichte hin auf zwei herausragende Gestalten personalisiert.
358 Paulus lässt offen, wer als Subjekt der Verurteilung gemeint ist, er selbst (dagegen schon Theophylakt, Gal, PG 124, 976 B), die Heidenchristen in Antiochia oder Petrus (*Lipsius*, Gal, 29; *Lightfoot*, Gal, 103; *Burton*, Gal, 103; *Rohde*, Gal, 105; *Vouga*, Gal, 53; *de Silva*, Gal, 195; *Keener*, Gal [2019], 145) oder Gott (*Longenecker*, Gal, 72; *Martyn*, Gal, 232; *Das*, Gal, 206). Calvin, Gal, CR 50, 192, erörtert, ob sich Paulus nicht in Widerspruch zu seinem Grundsatz 1Kor 9,20f. begibt, und antwortet, Paulus habe unter Aufrechterhaltung der Freiheit diesen Standpunkt vertreten, während Petrus die Nichtjuden zur Übernahme des jüdischen Gesetzes gezwungen habe.

12 Die Leute »von Jakobus« (Gal 2,12) sind vermutlich Anhänger des Jakobus, agieren aber wohl kaum offiziell in dessen Auftrag[359]: Eine derartige Kontrollfunktion der Jerusalemer Gemeinde hätte Paulus wohl schon beim Treffen in Jerusalem nicht akzeptiert, und Paulus redet nicht davon, dass im Zuge der Anmaßung einer solchen Kontrollfunktion ein Bruch mit den Vereinbarungen von Jerusalem erfolgt sei.[360] Allerdings muss ihre Verbindung mit Jakobus in Antiochia Eindruck gemacht haben, und auch in der galatischen Krise wäre es für Paulus angenehmer, das nicht erwähnen zu müssen.[361] »Mit den falschen Brüdern aus Gal 2,4 sind die Leute des Jakobus nicht identisch, denn sie akzeptieren die Vereinbarungen des Apostelkonzils.«[362] Als ihre Position sind zwei Möglichkeiten denkbar:

1. Zwar ist das prinzipielle Recht der beschneidungsfreien Heidenmission anerkannt, doch ist die Tischgemeinschaft zu vermeiden[363], gerade unter den o.a. zeitgeschichtlichen Umständen.[364] Das wesentliche Argument zugunsten dieser Positionsbeschreibung liegt in dem Verhalten des Petrus, sich von der Tischgemeinschaft zurückzuziehen. Ein Gegenargument liegt mit der Beschreibung des Paulus vor: Wenn Petrus die Heiden »zwingt, jüdisch zu leben«, kann dies nicht bedeuten, dass Petrus, Jub 22,16 folgend, zukünftig überhaupt keine Tischgemeinschaft mit Heidenchristen verwirklichen wollte. Das hätte auch einen Bruch der Jerusalemer Vereinbarungen impliziert, was Paulus ebenfalls erwähnt hätte.

2. Zwar ist das prinzipielle Recht der beschneidungsfreien Heidenmission anerkannt und eine Tischgemeinschaft zwischen jüdischen und nichtjüdischen Christusgläubigen erlaubt, doch leitet sich für die Judenchristen daraus keineswegs das Recht ab, sich im Umgang mit Heidenchristen über die Beachtung der einschlägigen Vorschriften zur Auswahl oder (s. das Apostaldekret:) Zubereitung der gemeinschaftlich zu verzehrenden Speisen hinwegzusetzen.[365] Das stärkste Argument ist die Wortwahl ἰουδαϊκῶς/ἐθνικῶς ζῆν in Gal 2,14 sowie das Verbum ἀναγκάζειν: Petrus »zwinge« die Heidenchristen, jüdisch zu

---

359 So aber *Pratscher*, Jakobus, 239; *ders.*, Beitrag, 39 Anm. 28: Gesinnungsgenossen würde mit οἱ τοῦ Ἰακώβου bezeichnet; ἀπό ist Herkunftsformel. Zur Vorsicht hingegen mahnt *Keener*, Gal [2019], 146. Paulus kritisiert Gal 2,11.14 zufolge nicht Jakobus, sondern allein Petrus. Auf die bleibende Unsicherheit verweist auch *Klein*, Gal, 77.
360 *Rohde*, Gal, 106. *Esler*, Gal, 132, behauptet, Jakobus hätte sich von dem Jerusalemer Abkommen losgesagt und davon auch Petrus überzeugt. Paulus sagt das jedoch nicht explizit.
361 *Das*, Gal, 206.
362 *Schnelle*, Heide, 104 Anm. 36, wie schon *Usteri*, Gal, 60.
363 Hos 9,3; Ez 4,13; Jdt 10,5; Tob 1,10f.; Jub 22,16; JosAs 7,1 (dort ebenfalls συνήσθιε). Insgesamt vgl. *Keener*, Gal [2019], 152–155. *Livesey*, Circumcision, 83f., betont, dass wahrscheinlich nicht die Frage der Auswahl und Zubereitung der Speisen zur Debatte stand, sondern die Frage der Tischgemeinschaft überhaupt; Nichtjuden seien nicht per se als unrein gedacht, aber aufgrund der potentiellen Gefahr der Fremdgötterverehrung zu meiden.
364 *De Boer*, Gal, 135.
365 In Antiochia lebte eine große jüdische Bevölkerungsgruppe, sodass koscheres Fleisch, korrekt zubereitet, wohl auch verfügbar war (*Das*, Gal, 217f.).

leben – wenn sie dazu nicht bereit wären, müssten sie einen Riss der Gemeinde akzeptieren. Die Ekklesiologie ist dann so zu beschreiben, dass für die Leute »von Jakobus« die Unterscheidung zwischen Juden(-christen) und Heiden(-christen) einen höheren Stellenwert hat als die in Christus gegebene Einheit.[366] Allerdings muss betont werden, dass Gal 2,12 die Kriterien nicht explizit benennt, denen zufolge die antiochenischen Tischgemeinschaften als fragwürdig kritisiert werden.[367]

Vor dem Kommen der Leute[368] des Jakobus hielt Kephas Tischgemeinschaft[369] auch mit nichtjüdischen Anhängern Jesu; danach[370] zog er sich auf Dauer zurück, was nach antikem Empfinden bereits noch vor allen religiösen Implikationen Gemeinschaft beschädigt.[371] Das Imperfekt συνήσθιεν ist wohl iterativ bzw. durativ zu verstehen; dasselbe gilt von den Imperfektformen ὑπέστελλεν und ἀφώριζεν.[372] Als Motiv des Petrus gibt Paulus dessen »Furcht« oder »Respekt« vor »denen aus der Beschneidung« an. Sofern dies nicht der bloßen Polemik des Paulus entspringt, ist zu beachten: 1. Sie werden nicht als bestimmte, fest umrissene Gruppe eingeführt[373]; 2. Es ist nicht zwingend gesagt, dass Petrus konkrete Aktionen gegen ihn erwartet oder seine Stellung in Jerusalem gefähr-

---

366 *Kraus*, Jerusalem, 160f.
367 *Avemarie*, Wurzeln, 28 Anm. 103. Nach *Dunn*, Jesus, 139f., wäre es darum gegangen, dass die hier gemeinte Nahrung nicht ordnungsgemäß verzehntet wurde. Allerdings ist die Beweislage für die Annahme, die Gebote der Verzehntung hätten in dieser Zeit auch in der Diaspora gegolten, nicht günstig (*Das*, Gal, 219f.). Dass die Vorstellung, Nichtjuden seien *per se* rituell unrein, in der Zeit vor 70 noch nicht gegolten hätte (*Das*, Gal, 221–223), scheint mir im Blick auf Belege wie Jub 22,16f.; JosAs 7,1; Arist 139.142 nicht sicher; *Das*, Gal, 227f., nennt diese Stellen unter der Überschrift »Jewish-Gentile Social Relations« (223).
368 Gelegentlich begegnet auch der Sg. ἦλθεν (𝔓46 ℵ B D* F G 33 b d g); den Plural bieten A C D¹ H K L P Ψ 0278 81 104 365 630 1175 1241 1505 1739 1881 2464.
369 𝔓46 bietet συνήσθιον, vielleicht im Vorgriff auf V. 13, wo ebenfalls eine Gruppe vorausgesetzt ist, die diese Mahlgemeinschaften gehalten hat. In der lat. HS 75* ist *edebat* zu *sedebat* abgeschwächt; vielleicht liegt aber auch nur eine Haplographie des *s* vor (nach *gentilibus*).
370 Gelegentlich begegnet auch hier der Sg. ἦλθεν, der in der lateinischen Textüberlieferung in den Hss. 75 77 89 (*venisset*) seine Entsprechung hat. In der lateinischen Texttradition wird die ambigue Form ἦλθον zumeist mit *venissent*, einmal (HS 58) aber auch mit *venissem* wiedergegeben.
371 *Keener*, Gal [2019], 157, mit Belegen. Es geht nicht um die Eucharistie, sondern um normale Mahlzeiten, die aber in der Antike stets von sozialer Bedeutung sind (*Das*, Gal, 208f.). *Ciampa*, Presence, 165, vermutet eine Anspielung auf Jes 45,24, zumal Paulus Jes 45,23 in Röm 14,11 zitiere. Notwendig ist das nicht.
372 *Matera*, Gal, 86, vermutet einen graduellen Rückzug. – Das Verbum ἀφορίζω steht in Jes 52,11 LXX von der bejahten Selbstabsonderung der Israeliten, in Jes 56,3 LXX in Verneinung von dem unnötigen Selbstausschluss des Fremdstämmigen. Auf diesem Hintergrund könnte man aus der Sicht des Paulus formulieren: Petrus hätte sich faktisch für die Position von Jes 52,11 und gegen die Position von Jes 56,3 entschieden.
373 *Peters*, article, 222 mit Anm. 16. Der Artikel ist nicht im Sinne eines Demonstrativpronomens zu verstehen.

det sieht³⁷⁴; es könnte sich bei ihm auch um Respekt gegenüber den Adressaten seiner Mission handeln.³⁷⁵ Sofern man »die aus der Beschneidung« jedoch als Beteiligte an den Vorgängen in Antiochia ansieht, sind mehrere Zuordnungen denkbar³⁷⁶:

1. Es können Juden sein, die nicht an Jesus glauben und die Jesus-Bewegung, aus welchen Gründen auch immer, misstrauisch beäugen.³⁷⁷
2. Es können an Jesus glaubende Juden sein, die ihrerseits gegenüber anderen Juden unter Druck stehen, ihre jüdische Identität durch eine strikte Abgrenzung gegenüber Nichtjuden zu beweisen.
3. Es können speziell die Leute »von Jakobus« sein, die bei den Judenchristen auf die Einhaltung der ganzen Tora dringen.
4. Es können Menschen sein, die auch außerhalb von Antiochien gegen Petrus hätten Front machen können.
5. Es können zur jüdischen Lebensweise bekehrte eifrige (ehemalige) Heidenchristen gemeint sein.
6. Es kann eine bisher schweigende Minderheit in Antiochien sein.

Die Argumentation »derer von Jakobus« hat wohl überzeugend gewirkt, weil sie als Anknüpfung an jüdisches Selbstverständnis empfunden werden konnte. Denkbar ist der Vorwurf gegen Petrus, sein bisheriges Verhalten gefährde die Identität Israels, bringe andere an Jesus glaubende Juden in Gefahr und gefährde die Jerusalemer Missionsbemühungen, wie sie Gal 2,7–9 vereinbart worden waren. Dieser Vorwurf konnte für Petrus einen Gewissenskonflikt hervorrufen. Er und Barnabas sind vermutlich gar nicht hinter das Ergebnis des Apostelkonzils zurückgegangen und wollten wohl kaum die beschneidungsfreie Mission unter Nichtjuden in Frage stellen. Aber sie taktierten wohl vorsichtiger. »Sie waren wohl der Auffassung, daß sich grundsätzliche Bereitschaft zur und Anerkennung der beschneidungsfreien Heidenmission und eine gewisse Kompromißbereitschaft in Reinheitsfragen gegen über den Judenchristen, etwa im Sinne der ›Jakobusklauseln‹ (Apg 15,20f) durchaus vereinbaren lassen.«³⁷⁸

13 Das Verbum συνυπεκρίθησαν³⁷⁹ mag andeuten, dass – aus der Sicht des Paulus – Petrus und seine Gefolgsleute nicht aus innerer Gesinnung heraus ihre Haltung änderten³⁸⁰ – Paulus würde Petrus auf die Inkonsistenz in seinem Verhalten aufmerksam

---

374 Ersteres hatte *Hubing*, Crucifixion, 168 vermutet (vgl. das Verhalten des Paulus gegen Andersdenkende in Gal 1,13), Letzteres hatte *Keener*, Gal [2019], 148, erwogen.
375 *DeSilva*, Letter, 197; erwogen auch von *Keener*, Gal [2019], 149.
376 *Vouga*, Gal, 54. Auf die bleibende Unsicherheit verweist auch *Klein*, Gal, 77.
377 *Schreiner*, Gal, 143f.; *Das*, Gal, 207f.; *Hubing*, Crucifixion, 166. Ein Argument dafür ist, dass Paulus den Begriff vorzugsweise mit Juden verbindet, die nicht an Jesus glauben (*Hubing*, Crucifixion, 167).
378 *Dauer*, Paulus, 127; ähnlich *Sänger*, Konfliktlinien, 126–128.
379 In 𝔓99 ist im Griech. ὑπεκρίθησαν geboten, die lat. Übers. *consenserant* setzt den geläufigen Text voraus.
380 *DeSilva*, Galatians. A Handbook, 38; *ders.*, Letter, 203; *Keener*, Gal [2019], 158. Nach *Das*, Gal, 210,

2,11–14 Die Verteidigung des beschneidungsfreien Evangeliums

machen, auf den Widerspruch zu seiner Billigung des beschneidungsfreien Evangeliums nach Gal 2,9. Allerdings ist auch eine andere Interpretation nicht ausgeschlossen: Der werdende Märtyrer Eleazar bezeichnet die Durchführung des ihm angetragenen Vorschlags, durch den Verzehr von Schweinefleisch sein Leben zu retten, als ὑπόκρισις, die andere zur Gottlosigkeit verführen würde.[381] Auf diesem Hintergrund – der den Galatern freilich wohl kaum bekannt war – käme Petrus als ein Anti-Eleazar zu stehen.[382] Petrus selbst, den Paulus hier als den Hauptverantwortlichen hinstellt, dürfte sein Verhalten anders gewertet haben, vielleicht angesichts wachsender nationalistischer Strömungen als Versuch, die Jerusalemer Gemeinde gegenüber den nicht an Jesus glaubenden Juden nicht zu diskreditieren.[383] Das folgende Ἰουδαῖοι bezeichnet Christusgläubige aus den Juden. Die Konjunktion ὥστε steht mit Infinitiv dann, wenn der Nachsatz eine natürliche Folge des Vorangegangenen darstellt, mit Indikativ dann, wenn mehr Emphase hingelegt wird, wie das in Gal 2,13 der Fall ist.[384] Das adverbiale καί vor Βαρναβᾶς verstärkt im negativen Sinn die Denkwürdigkeit des damaligen Geschehens. Das Verbum συναπήχθη mag andeuten, dass Paulus das Handeln des Barnabas nicht als Ergebnis seiner eigenen Gesinnung, sondern als das Ergebnis des Einflusses anderer ansieht.[385] Dass Paulus nunmehr allein steht, mag indirekt den Verweis auf sein ἦθος in Gal 2,14 vorbereiten: Er ist bereit, für die Wahrheit einzustehen, auch wenn er auf sich allein gestellt ist. Der Dativ τῇ ὑποκρίσει kann Dativ der Assoziation oder Instrumentalis sein.[386]

14 Die Präposition πρός mag implizieren, dass die Getadelten nicht bereit waren, die logischen Konsequenzen aus dem auch von ihnen akzeptierten Evangelium zu ziehen.[387] Der Genitiv τοῦ εὐαγγελίου kann als Genitiv der Beschreibung (»welche Wahrheit durch das Handeln des Paulus bezeugt wird«) oder als epexegetischer Genitiv (»die Wahrheit, die das Evangelium selbst ist«) aufgefasst werden.[388] Der Bruch der Tischgemeinschaft lief der später von Paulus in Gal 3,28[389] formulierten, aber von ihm schon in Antiochia aufgrund seines Identitätskonzeptes verteidigten Wahrheit stracks zuwi-

---

hätten sie sich faktisch der Haltung schuldig gemacht, »Menschen zu gefallen« (Gal 2,10). Richtig ist das vom Standpunkt des Paulus aus, ebenso wie die Bezeichnung »Heuchelei« vom Standpunkt des Paulus aus eine indirekte Warnung an die Adressaten impliziert (*du Toit*, Vilification, 49).

381 2Makk 6,25; vgl. ὑποκριθῆναι in 2Makk 6,24.
382 *DeSilva*, Gal, 204.
383 *Matera*, Gal, 90.
384 *McKay*, A New Syntax of the Verb, 129.
385 *Matera*, Gal, 86f. – Liest man diesen Teilsatz aus Gal 2,13 ohne Übernahme der paulinischen Wertung, wird die Schwere des Problems deutlich (*Klein*, Gal, 80: »Es ging bei dieser Frage offensichtlich um mehr, als Paulus berichtet. Die Mission unter den Juden war in Gefahr.«).
386 *DeSilva*, Galatians. A Handbook, 38; *ders.*, Letter, 98.204 Anm. 233.
387 *Hubing*, Crucifixion, 162. – Gewöhnlich wäre κατά zu erwarten; aber hier steht πρός wie in 2Kor 5,10 (*Usteri*, Gal, 64).
388 *deSilva*, Galatians. A Handbook, 39.
389 So auch Ps.-Oikumenios, Gal, PG 118, 1113 C; Theophylakt, Gal, PG 124, 972 B, beide mit zusätzlichem Verweis auf 2Kor 5,17.

der. Man mag Gal 2,14 mit der Wertung des Konfliktes zwischen Cicero und Marcus Antonius vergleichen, bei dem Ersterer die Freiheit in der römischen Republik in Gefahr sieht: *agitur libertas populi Romani, quae est commendata vobis* (»Es geht um die Freiheit des römischen Volkes, die euch anbefohlen ist«).[390] Die Wendung ἔμπροσθεν πάντων impliziert, dass Petrus vor der ganzen Gemeinde öffentlich beschämt wird[391], kann aber auch als Hinweis auf das ἦθος des Paulus interpretiert werden, das im Bedarfsfall die öffentliche Konfrontation nicht scheut, das er auch gegenüber den Galatern praktiziert (Gal 4,16) und das er auch ihnen anempfiehlt, damit sie die Auseinandersetzung mit den Fremdmissionaren nicht scheuen.[392]

Die Kennzeichnung des Petrus als Ἰουδαῖος ὑπάρχων meint nicht nur die ethnische Herkunft, sondern, gerade wenn man den Gegensatz zwischen ἐθνικῶς und Ἰουδαϊκῶς bedenkt, die Orientierung an religiös begründeten, auch die jüdische Selbstunterscheidung von Nichtjuden implizierenden Normen, die Petrus nach seiner Ankunft in Antiochia in der Tischgemeinschaft mit Christusgläubigen aus dem griechisch-römischen Kulturkreis jedoch zunächst dauerhaft hintanstehen ließ. Das Präsens ζῆς verweist dem Verbalaspekt nach auf eine andauernde Lebenspraxis, während die absolute Zeitstufe hier offenbar nicht von Bedeutung ist – Petrus lebt in der Zeit nach dem Eintreffen »derer von Jakobus« gerade nicht mehr ἐθνικῶς. Hat Paulus das Präsens im Affekt gesetzt?[393]

Mit der Wahl des Verbums ἀναγκάζω schafft Paulus eine negative Inklusion zu Gal 2,3: Petrus hat in Antiochia getan, was er, zusammen mit Jakobus und Johannes, in Jerusalem nicht getan hatte. Man kann fragen, ob sich Petrus und Barnabas der theologischen Tragweite ihrer Verhaltensänderung bewusst waren[394], die den Christusgläubigen aus dem griechisch-römischen Kulturkreis faktisch dann doch einen kultisch minderen Status zuwies.[395] Das Verbum ἰουδαΐζειν ist Opposition zu ἐθνικῶς ζῆν und meint »jüdische Lebensweise annehmen«, wird also, anders als das Substantiv ἰουδαϊσμός, mit

---

[390] Cic, Phil. VI 20; vgl. auch Cic, Agr II 24; Cic, Phil IV 2, wo Cicero zuspitzt: Marcus Antonius ist entweder Konsul oder Feind der Republik. Natürlich kann man bei Cicero wie bei Paulus fragen, ob dies die einzig mögliche Sicht der Dinge ist (zur entsprechenden Anfrage bei Paulus vgl. Paulus und die Wahrheit des Evangeliums, passim).

[391] Paulus macht, entgegen Gal 6,1, offenbar nicht den Versuch, Petrus zuvor privat von seinem Standpunkt zu überzeugen. Dieses Vorgehen des Paulus mag aber auch durch die Stellung des Petrus und die Öffentlichkeitswirksamkeit seiner Verhaltensänderung bedingt sein (*deSilva*, Gal, 206; *Das*, Gal, 215). Auch mag Paulus die Situation als so drängend empfunden haben, dass er nicht zuerst das private Gespräch mit Petrus suchte (*Keener*, Gal [2019], 161). Für Luther war Gal 2,14 eine wesentliche Stelle, um die Unterscheidung zwischen Gesetz und Evangelium als zentral für die Theologie zu betonen: Die Gerechtigkeit des Evangeliums gilt vor Gott, die Gerechtigkeit des Gesetzes auf Erden vor den Menschen (vgl. Luther, Gal, WA 40/I, 209).

[392] *Matera*, Gal, 88.

[393] *Usteri*, Gal, 64f.

[394] Der Ersatz des πῶς durch τί im Koinetext kann den antijüdischen Effekt verstärken (*Carlson*, Text, 230).

[395] *deSilva*, Gal, 208f.

2,11–14 Die Verteidigung des beschneidungsfreien Evangeliums

Bezug auf Nichtjuden gebraucht.[396] Die Adressaten des Galaterbriefes dürften bei dessen Verlesung in den Hausgemeinden gemerkt haben, dass damit auch das bei ihnen selbst virulente Problem angesprochen war.[397]

Paulus berichtet nichts über eine Reaktion des Petrus oder auch des Barnabas. Vermutlich konnte sich Paulus bei dem antiochenischen Zwischenfall nicht durchsetzen.[398] In seinen Briefen erwähnt er die Gemeinde in Antiochia (außer in Gal 2,11–14) nicht. Im Gegenzug wurde der antiochenische Zwischenfall möglicherweise zu einer Initialzündung für eine antipaulinische Agitation, deren Einfluss Paulus in Galatien zu spüren bekam und selbst in Rom zu fürchten hatte.[399] Deutlich ist, dass sich die Wege des Paulus und des Barnabas trennten – Paulus tritt im Folgenden selbst als Protagonist einer Missionsbewegung hervor und wirbt neue Mitarbeiter an. Ob man hingegen von einem regelrechten Bruch mit Petrus reden kann, ist mit Hinblick auf 1Kor 9,5; 15,5 in Zweifel gezogen worden.[400]

---

396 *Sänger*, Ἰουδαϊσμός, passim, betont unter Verweis auf literarische (2Makk 9,17; Joseph, Ant XX 139) und epigraphische (CIJ I 537 = JIWE II 584; CIJ I 694) Belege gegen Steve Mason und Wolfgang Stegemann m. E. zu Recht, dass die religiösen Konnotationen dieses semantischen Feldes nicht geleugnet werden sollten. *Livesey*, Circumcision, 85, spitzt die Semantik speziell auf die Beschneidungsforderung zu. Zwingend ist das m. E. nicht.
397 *von der Osten-Sacken*, Gal, 112.
398 Anders *Ewald*, Sendschreiben, 73, sowie *Beyer/Althaus*, Gal, 49 (es wäre sonst unklug gewesen, den Vorfall in Antiochia gegenüber den Galatern zu erwähnen), heute *Das*, Gal, 203 (die Fremdmissionare hätten die Niederlage des Paulus gut auskosten können). Die Argumente werden relativiert durch die Überlegung, dass der Verweis auf das ἦθος des Apostels in Gal 2,11.14 eine Erwähnung des Vorfalls durchaus nahelegen könnte. Nicht ausgeschlossen ist, dass Paulus einerseits, die Antiochener andererseits das Ergebnis des antiochenischen Zwischenfalls unterschiedlich bewerteten (*Lietzmann*, Gal, 15).
399 Ersteres *deSilva*, Gal, 210, Letzteres *Konradt*, Datierung, 38. Vielleicht ist die antipaulinische Agitation aber auch auf die in Gal 2,4f. genannten »falschen Brüder« zurückzuführen, über deren Aktivitäten nach der in Gal 2,9f. erfolgten Einigung Paulus nichts berichtet (so auch *Keener*, Gal [2019], 121).
400 *Keener*, Gal [2019], 142f.

Zweiter Hauptteil: Die Rechtfertigung durch den Glauben 2,15–5,12

2,15–21 Die Hauptthese*

(15) Wir sind von Natur aus Juden und nicht Sünder aus den Heiden. (16) In dem Wissen, dass der Mensch nicht aus Werken des Gesetzes gerechtfertigt wird, sondern nur durch den Glauben an Jesus Christus, sind auch wir an Christus Jesus gläubig geworden, damit wir gerechtfertigt würden aus dem Glauben an Christus und nicht aus Werken des Gesetzes, denn aus Werken des Gesetzes wird kein Fleisch gerechtfertigt werden. (17) Wenn wir aber in dem Streben danach, in Christus gerechtfertigt zu werden, selbst als Sünder befunden werden, ist dann Christus ein Diener der Sünde? Das sei ferne! (18) Wenn ich, was ich aufgelöst habe, wieder aufbaue, erweise ich mich als Übertreter. (19) Ich bin nämlich durch das Gesetz dem Gesetz gestorben, damit ich für Gott lebe. Ich bin mit Christus gekreuzigt. (20) Ich lebe, aber nicht mehr ich, sondern Christus lebt in mir. Was ich aber jetzt lebe im Fleisch, lebe ich im Glauben an den Sohn Gottes, der mich geliebt und sich selbst für mich dahingegeben hat. (21) Ich erkläre die Gnade Gottes nicht für ungültig. Wenn nämlich durch das Gesetz die Gerechtigkeit kommt, so ist Christus umsonst gestorben.

V. 16: Die Partikel δέ fehlt in 𝔓46, den Majuskeln A und P, den Minuskeln 33, 1175, 1739, wird aber von anderen wichtigen Textzeugen geboten (D* F G b ℵ B C).[1] Die Tilgung des δέ lässt sich

---

* Literatur: *Bachmann, Michael*, Identität bei Paulus: Beobachtungen am Galaterbrief, NTS 58 (2012), 571–597; *Bachmann, Michael*, Sünder oder Übertreter? Studien zur Argumentation in Gal 2,15ff., WUNT 59, Tübingen 1992; *Dunn, James D. G.*, 4QMMT and Galatians, NTS 43 (1997), 147–153; *Gager, John G.*, The Origins of Anti-Semitism. Attitudes Toward Judaism in Pagan and Christian Antiquity, New York 1985; *Harrisville, Roy A.*, Πίστις Χριστοῦ: Witness of the Fathers, NT 36 (1994), 233–241; *Hoard, George*, On the Faith of Christ, HThR 60 (1967), 459–484; *Hooker, Morna D.*, ΠΙΣΤΙΣ ΧΡΙΣΤΟΥ, NTS 35 (1989), 321–342; *Klein, Günther*, Individualgeschichte und Weltgeschichte bei Paulus, in: *ders.*, Rekonstruktion und Interpretation. Gesammelte Aufsätze zum Neuen Testament, BEvTh 50, München 1969, 180–224; *Kümmel, Werner Georg*, »Individualgeschichte« und »Weltgeschichte« in Gal 2,15-21, in: *ders.*, Heilsgeschehen und Geschichte II, MThSt 16, Marburg 1978, 130-142; *Matlock, R. Barry*, The Rhetoric of Πίστις in Paul: Galatians 2:16, 3:22, Romans 3:22 and Philippians 3:9, JSNT 30 (2007), 173–203; *Peterman, Gerald W.*, Δικαιωθῆναι διὰ τῆς ἐκ Χριστοῦ πίστεως: Notes on a Neglected Greek Construction, NTS 56 (2010), 163–168; *de Roo, Jacqueline C.R.*, The Concept of ›Works of the Law‹ in Jewish and Christian Literature, in: *Stanley E. Porter/Brook W. Pearson* (Hg.), Christian-Jewish Relations Through the Centuries, JSNTS 192, Sheffield 2000, 116–147; *Schliesser, Benjamin*, Glaube als Ereignis. Zu einer vernachlässigten Dimension des paulinischen Glaubensverständnisses, ZThK 117 (2020), 21–45; *Schauf, Scott*, Gaals grammatische Glättung interpretieren. Doch sollte man angesichts der unsicheren Bezeugung keine interpretatorische Hypothese daraus folgern. Die Umstellung Χριστοῦ Ἰησοῦ in A B 33 ist zu schwach bezeugt, um dem Urtext nahekommen zu können. V. 17: Die Buchstabenfolge αρα (ursprünglich in Majuskelschrift APA) ist als Fragepartikel ἆρα, nicht als Folgerungspartikel ἄρα (so aber B² H 0278 365 945 1175 1739 1881 it) zu lesen. Ohne diakritische Zeichen findet sich die genannte Buchstabenfolge in 𝔓46 ℵ A B* C D F G. Das Verständnis als Fragepartikel ergibt sich aus dem folgenden μὴ γένοιτο. V. 20: Textkritisch ist wohl nicht θεοῦ καὶ Χριστοῦ², sondern υἱοῦ τοῦ θεοῦ als dem originalen Text am nächsten kommend zu betrachten.³

Die Gliederung des im Einzelnen nur schwer konsensfähig zu exegisierenden Textes lässt sich wie folgt vornehmen: V. 15 ist *argumentum concessionis*, V. 16 expliziert in mehreren Anläufen die These. V. 17 benennt eine von möglichen Gegnern geltend gemachte, von Paulus leidenschaftlich abgelehnte Konsequenz aus ihr. V. 18 formuliert demgegenüber, worin die neue Situation eigentlich verfehlt wird.⁴ Die Zäsur vor V. 19

---

latians 2.20 in Context, NTS 52 (2006), 86–101; *Thomas, Matthew J.*, Paul's ›Works of the Law‹ in the Perspective of Second Century Reception, WUNT II 468, Tübingen 2018; *Sierksma-Agteres, Suzan*, Πίστις and Fides as Civic and divine Virtues. A Pauline Concept through Greco-Roman Eyes, in: *Cilliers Breytenbach* (Hg.), Paul's Greco-Roman Context, BEThL 277, Leuven 2015, 525–543; *Sloan, Robert B.*, Paul and the Law: Why the Law cannot save, NT 33 (1991), 35–60; *Strecker, Christian*, Fides – Pistis – Glaube, Kontexte und Konturen einer Theologie der »Annahme« bei Paulus, in: *Michael Bachmann* (Hg.), Lutherische und Neue Paulusperspektive. Beiträge zu einem Schlüsselproblem der gegenwärtigen exegetischen Diskussion, WUNT 182, Tübingen 2005, 223–250; *Tiwald, Markus*, Das Frühjudentum und die Anfänge des Christentums: Ein Studienbuch, BWANT 208, Stuttgart 2015; *du Toit, Andrie*, »In Christ«, »in the Spirit« and Related Prepositional Phrases: Their Relevance for a Discussion on Pauline Mysticism, in: *ders.*, Focusing on Paul. Persuasion and Theological Design in Romans and Galatians, hg. v. *Cilliers Breytenbach/David S. du Toit*, BZNW 151, Berlin/New York 2007, 129–145; *Walker, William* Jr., Translation and Interpretation of ἐὰν μή in Gal 2:16, JBL 116, 1997, 515–520; *Wilckens, Ulrich*, Was heißt bei Paulus »Aus Werken des Gesetzes wird kein Mensch gerecht«, EKK V 1, 1969; *Winger, Michael*, »Being as a Jew and living as a Gentile.« Paul's storytelling and the relationship of Jews and Gentiles according to Galatians 2, in: *Lori Baron/Jill Hicks-Keeton/Matthew Thiessen* (Hg.), The Ways that often Parted. Essays in Honour of Joel Marcus, Atlanta 2018, 103–122; *Winger, Michael*, Unreal Conditions in the Letters of Paul, JBL 105 (1986), 110–112; *Ziesler, John A.*, The Meaning of Righteousness in Paul. A Linguistic and Theological Enquiry, Cambridge 1972.

1 *Carlson*, Text, 175, votiert für die Ursprünglichkeit der Partikel.
2 So aber *Carlson*, Text, 175. Die Variante wird u. a. von 𝔓46, B D* F G bezeugt. HS 330 bietet nur θεοῦ – später wären aufgrund des folgenden παραδιδόντος ἑαυτον ὑπὲρ ἐμοῦ die Worte καὶ Χριστοῦ ergänzt worden (*Ehrman*, Corruption, 86f.). *Ehrman*, Corruption, 87, versteht καί epexegetisch (»faith in God, even Christ«). Christi Göttlichkeit soll betont werden.
3 *DeSilva*, Galatians. A Handbook, 49. Die Variante wird bezeugt von ℵ A C D¹ K L P Ψ 0278 33 81 104 365 630 1175 1241 1505 1739 1881 2464 Byz.
4 Vorausgesetzt ist dabei, dass der Begriff παραβάτης nicht auf die Übertretung des Gesetzes, sondern auf die Verfehlung gegenüber der durch Christus neu gegebenen Situation referiert; dazu s.u. *Bachmann*, Sünder, 40, hatte einen Bruch zwischen Gal 2,17a und Gal 2,17b konstatiert, vor

lässt sich begründen; ab V. 19 ist bis V. 20 das Verbum ζῆν ein gewisses Leitwort; das Wortfeld ἁμαρτία begegnet nur in indirekter Verneinung in V. 19 (ἵνα θεω ζήσω). V. 21 ist *conclusio*.

15 Sofern δέ in V. 16 ursprünglich ist, ist V. 15 ein eigenständiger prädikatloser Satz.[5] Der Vers ist gedeutet worden als *argumentum concessionis*, ein Eingeständnis, dass dann durch andere gewichtige Argumente wettgemacht wird, als *captatio benevolentiae* oder auch als Prämisse der Argumentation[6], ohne dass hier Diskussionsbedarf empfunden würde. Die 1. Pl. ἡμεῖς bezeichnet hier wie in den beiden folgenden Versen[7] allgemein das »Wir« der Judenchristen, ohne dass speziell auf Petrus und Paulus bzw. Jakobus abgehoben wäre.[8] Der Begriff Jude hat einen auszeichnenden Sinn, vgl. Röm 9,4f.; 2,17–29; Phil 3,3f. Was in 1Thess 4,3–8 impliziert war (Heidentum = Sünde = Torheit), wird hier explizit gesagt. Das Wort φύσει ist nicht zu pressen: Es geht um die Abstammung[9] der Judenchristen aus dem Volk Israel, nicht um eine ontologisch zu verstehende »Natur«. Der Begriff ἁμαρτωλοί zielt nicht auf einzelne Sündentaten, sondern, biblischer Tradition folgend, darauf, dass Nichtjuden den in der Tora geoffenbarten Willen Gottes nicht kennen und deshalb *per se* diesen Willen nicht erfüllen können und deshalb Sünder sind, unabhängig von ihrem konkreten Lebenswandel.[10] Der Genitiv ἐξ ἐθνῶν ist nicht genitivus partitivus, als gäbe es Nichtjuden, die keine Sünder sind, sondern gibt im Sinne des eben Gesagten die Herkunft an.[11]

16 Man kann innerhalb dieses Verses eine zweifache Struktur finden, wobei die Zäsur vor ἵνα liegt. Die tragenden Elemente ἐξ ἔργων νόμου und διὰ πίστεως Χριστοῦ begegnen in Inversion. Hinsichtlich des Subjektes geht der Gedanke vom allgemein-

---

allem aber einen Bruch zwischen V. 15–17 und 18–21: im ersten Abschnitt geht es um das Christ-Werden, im anderen um das Christ-Sein. *Söding*, Befreiung, 272, setzt die entscheidenden Zäsuren vor V. 17 und V. 19.

5 𝔓46, der δέ nicht enthält, ergänzt ὄντες, koordiniert dadurch V. 15 mit V. 16a.
6 Für die Deutung als *argumentum concessionis* vgl. *Eckstein*, Verheißung, 7, in Aufnahme von *Lausberg*, Handbuch, § 856; *Moo*, Gal, 156, für die Deutung als *captatio benevolentiae* vgl. *de Boer*, Gal, 141f., für die Deutung als Prämisse der Argumentation vgl. *Borse*, Gal, 112; *Dunn*, Gal, 133; *Vouga*, Gal, 57.
7 Man kann allerdings mit *Keener*, Gal [2019], 172, fragen, ob die Fremdmissionare den argumentativen Schritt von V. 15 zu V. 16 mitvollzogen hätten.
8 *Lyu*, Sünde, 190f., ist der Auffassung, Gal 2,15 gebe eine These der Fremdmissionare wieder. Allerdings müsste man hierfür deutlichere Textsignale erwarten.
9 Zu dieser Verwendung des Begriffs in griechischer Literatur vgl. Plato, Menex 245 D (φύσει βάρβαροι, νόμῳ Ἕλληνες); Isokrates 4, 105 (φύσει πολίτης).
10 *Klein*, Gal, 83. Das Motiv, dass die Nichtjuden den Gott Israels nicht kennen, begegnet mehrfach im Alten Testament, z.B. Ps 78[79],6; Jer 10,25. Im Gegensatz heißt es von Israel in Bar 4,4: »Selig sind wir, Israel, denn was Gott gefällt, ist uns bekannt.« Zur Unterstellung allgemeiner Sündhaftigkeit von Nichtjuden vgl. Jub 22,16f.; 23,23; Arist 139–142; 1Makk 2,48; 2Makk 6,13–17.
11 *DeSilva*, Galatians. A Handbook, 41.

begrifflichen ἄνθρωπος hin zu dem konkreten ἡμεῖς und wieder zurück zu dem allgemeinen πᾶσα σάρξ.[12]

Das εἰδότες 16a kann aufgrund von Gal 1,13f.; Phil 3,6 kein vorchristliches Ahnen meinen[13], sondern ist ein Wissen, das aus dem Hören der Glaubensbotschaft entspringt.[14] Es bezeichnet nicht die subjektiven Beweggründe für den Wechsel zum Christusglauben, sondern die objektiven theologischen Voraussetzungen[15], meint das Ernstnehmen der neuen, durch das Christusgeschehen bewirkten heilsgeschichtlichen Situation, dass Gott nunmehr die Bedingungen des Zugangs neu geordnet hat: Auch Nichtjuden hat er einen positiven Zugang zu sich ermöglicht, und auch den Juden ist – in der Sicht des Paulus – der Weg des Glaubens an Christus gewiesen; für sie gelten keine anderen Bedingungen als für Nichtjuden.[16] Doch ist dieses Glaubenswissen in der im Galaterbrief gegebenen Formulierung[17] nicht einfach ein allgemein anerkannter Grundsatz und entstammt vermutlich auch nicht bereits der antiochenischen Tradition oder einer Formel[18] oder einer Einigung, die man in Jerusalem formuliert hatte[19], sondern ist mit seiner exklusiven Gegenüberstellung von πίστις und νόμος durch Paulus formuliert. Der Begriff ἄνθρωπος ist (wie dann auch in Röm 3,28) kategorial gebraucht und umschließt ähnlich wie das Syntagma πᾶσα σάρξ am Ende des Verses Juden und Nichtjuden gleichermaßen.[20] Die Wendung ἐξ ἔργων νόμου ist wohl Näherbestimmung zu δικαιοῦται, nicht zu ἄνθρωπος.

Das Verbum δικαιόω lässt Rechtfertigung als Gerechtsprechung im göttlichen Gericht denken, hat also forensischen Charakter.[21] Die Überzeitlichkeit des in V. 16a Gesagten ist durch den Verbalaspekt des Präsens nahegelegt; dass es der Sache nach um

---

12 *Matlock*, Rhetoric, 198.
13 So aber *du Toit*, Glaube, 344 Anm. 110: »Für Paulus hat das Gesetz immer die Funktion gehabt, dem Menschen seine Angewiesenheit auf Gottes Gnade deutlich zu machen ... Darum argumentiert Paulus in Gal 2,15f., dass die Judenchristen zum Christusglauben kamen ..., weil sie (als Juden! ἡμεῖς φύσει Ἰουδαῖοι) darum wussten (εἰδότες!), dass man nicht kraft der ἔργα νόμου gerecht wird, weil dies schriftgemäß ist: vgl. die Anspielung auf Ps 143,2 in der entsprechenden Kehrzeile des Chiasmus ...«. Vgl. allerdings Gal 1,13f.; Phil 3,5–11.
14 Nach *Butticaz*, La crise Galate, 133f. bezieht sich das »Wissen« auf den Schluss von Gal 2,16, wo Ps 142[143],2 eingespielt wird (dazu aber s.u.).
15 *Eckstein*, Verheißung, 14.
16 *Moo*, Gal, 157; *Schnelle*, Paulus, 302; *Ukwuegbu*, Emergence, 262.
17 Mindestens bei Paulus »traditionell« ist die Verwendung des Verbums δικαιόω für diesen Sachverhalt, vgl. die unkommentierte Einführung in 1Kor 6,11.
18 Ersteres *Becker*, Gal, 42, Letzteres *Keener*, Gal [2019], 172; *Klein*, Gal, 85.
19 Als Erwägung bei *Keener*, Gal [2019], 172.
20 *Gager*, Origins, 233, hat aufgrund der rein heidenchristlichen Adressatenschaft des Galaterbriefes den Begriff ausschließlich auf Heidenchristen bezogen. Die Einschränkung scheint mir nicht sachgemäß. – In der lat. HS 61 ist *omnis* vor *homo* dazugesetzt, was den kategorialen Charakter der Aussage unterstreicht.
21 *Wright*, Justification, 121. Insgesamt dazu vgl. *Ziesler*, Meaning of Righteousness, passim: das Verbum δικαιόω hat forensischen Sinn, das Substantiv δικαιοσύνη meint gelegentlich den Vorgang

das Endgericht geht, ist durch das Futur δικαιωθήσεται am Ende des Verses gegeben.²² Die Wortfamilie σῴζω, in Form des Substantives σωτηρία schon in 1Thess 5,8f. für die endzeitliche Rettung gebraucht, wird im Galaterbrief nicht verwendet.

Zu dem Syntagma ἔργα νόμου ist umstritten, ob damit die Vorschriften des Gesetzes, die Halakhot²³ gemeint sind oder deren Erfüllung.²⁴ In der neueren Exegese hat auch 4QMMT noch keinen Konsens ergeben.²⁵ Dass der Fluch des Gesetzes Gal 3,10 zufolge über diejenigen ergeht, die es nicht *tun*, widerrät einer strikten Trennung zwischen den Vorschriften und den ihnen entsprechenden Aktivitäten; Gal 5,3 widerrät der früher durch James D.G. Dunn und anderen²⁶ vorgenommenen einseitigen Konzentration auf identitätsstiftende Vorschriften wie Sabbat-, Speise-, Beschneidungs- und Reinheitshalacha.²⁷ Gleichwohl ist zu bedenken, dass die Notwendigkeit »guter Werke« weder seitens des Apostels noch seitens seiner Kontrahenten ernsthaft zur Debatte stand.²⁸

> Für die Frage, warum ἔργα νόμου nicht rechtfertigen, wurden in der Neuzeit verschiedene Antworten formuliert:
>
> 1. das Gesetz definiert »das Leben als Resultat des Tuns und damit dem Glauben schroff widersprechend«.²⁹

---

der Rechtfertigung, aber auch die Eigenschaft der Gerechtigkeit, das Adjektiv δίκαιος ein Leben gemäß dieser Eigenschaft.

22 Zur Bedeutung des Endgerichts bei Paulus vgl. 1Thess 5,1–11; 1Kor 3,13; 6,2; 2Kor 5,10; Röm 2,6–11 u.a., m.E. auch Gal 6,8. Gerade die ersten drei Stellen zeigen, dass das Thema Endgericht bei Paulus regelmäßig Bestandteil der Erstverkündigung war.

23 *Lipsius*, Gal, 31 sowie *Zahn*, Gal, 122: »Handlungen und Leistungen, welche durch ein Gesetz vorgeschrieben sind«. Ähnlich *Sieffert*, Gal, 8. Aufl. 137; *Lohmeyer*, Probleme, 200.205; *Bachmann*, Keil oder Mikroskop?, 139; *ders.*, Identität, 584f., sowie in zahlreichen weiteren Veröffentlichungen; *Sonntag*, ΝΟΜΟΣ, 221 Anm. 723; *deSilva*, Letter, 224–226; *Das*, Gal, 249.

24 *Usteri*, Gal, 72; *Lagrange*, Galates, 57: »par une vertu qui sortirait de l'exercice des oeuvres de la Loi«; *Burton*, Gal, 120: »deeds of obedience to formal statutes«; *Sänger*, Adressaten, 225; *Moo*, Gal, 158; *Roo*, Concept, passim; *Hagen Pifer*, Faith, 138.

25 Vgl. *Bachmann*, Schwierigkeiten, 53, einerseits, *de Boer*, Galatians, 146, andererseits.

26 *Dunn*, Die neue Paulus-Perspektive. Paulus und das Gesetz, 42 u.ö. Etwas aufgeweicht ist seine Position z.B. in *Dunn*, Yet once more, 103f.; vgl. aber schon Theodoret, Gal, PG 82, 472 B; in der Neuzeit *Markus Barth*, Volk Gottes, 99. Für weitere Vertreter s. *Keener*, Gal [2019], 184.

27 Luther, Gal, WA 40/I, 218; Calvin, Gal, CR 50, 194f.; *Eckstein*, Verheißung, 23; *Ukwuegbu*, Emergence, 248f.; *de Boer*, Gal, 145–147; *deSilva*, Gal, 226f.; *Tiwald*, Frühjudentum, 297, mit Verweis auf syrBar 57,2 als weitere Parallele. Auch der Kontext, innerhalb dessen die besagte Wendung in 4QMMT erscheint, legt die genannte Beschränkung nicht nahe (*Das*, Gal, 249).

28 *Thomas*, ›Works of the Law‹, 227; *deSilva*, Gal, 225. Zur Bedeutung guter Werke vgl. Gal 5,6. Dass die ἔργα τῆς σαρός ein negatives Schicksal im Endgericht erwarten lassen, dafür vgl. Gal 5,19–21; 6,7–10.

29 *Wilckens*, Was heißt bei Paulus, 57–63 u.ö.

2. Kein Mensch erfüllt faktisch alle Forderungen des Gesetzes.[30]
3. Seit dem Christusereignis gelten neue Bedingungen des heilvollen Zugangs zu Gott.[31]
4. die Tora soll nicht als »identity and boundary marker« gegenüber den Heidenchristen gebraucht werden.[32]
5. Das Gesetz wird durch die Sündenmacht vereinnahmt.[33]

Die erste Lösung kann man als apriorische, die zweite als faktische, die dritte als heilsgeschichtliche, die vierte als ekklesiologische, die fünfte als hamartologische Deutung bezeichnen. Im Hinblick auf Gal 3,10–13 empfiehlt sich für den Galaterbrief die These, dass Paulus im Lichte der heilsgeschichtlich neuen Situation das menschliche Verhalten als faktisch unzureichend ansieht, sodass jeder dem Fluch der Tora verfällt.[34] Erst im Römerbrief wird Paulus die faktische Antwort zur anthropologischen Antwort vertiefen und die heilsgeschichtliche Antwort als Konsequenz aus dieser anthropologisch basierten Wertung menschlichen Verhaltens benennen. Was in Gal 3,10–13 noch als unausgeglichenes Nebeneinander erscheint[35], ist in Röm 8,3f. in ein Kausalverhältnis gesetzt.[36] Die in diesem Kommentar favorisierte heilsgeschichtliche Antwort inkludiert im Galaterbrief, dass die Tora keinen Sonderstatus der Juden begründet – differenzierter wird Paulus in Röm 3,1–8; 9,4f. argumentieren.

Die Konjunktion ἐὰν μή ist aus Gründen des Kontextes hier nicht wie sonst bei Paulus als Ergänzung[37], sondern aus Ausschluss[38] zu deuten – anderenfalls würde nicht berücksichtigt, dass ἔργα νόμου und πίστις Χριστοῦ einander ausschließende Kriterien der

---

30 *Klein*, Gesetz, 68; *ders.*, Individualgeschichte, 206. – Heinrich Schlier zufolge ist die Abkehr des Apostels von der Tora Abkehr von dem Leistungsprinzip (*Schlier*, Gal, 56 Anm. 2, mit Verweis auf syrBar 2,2; 14,12ff.; 4Esr 7,77; 8,33.36). Diese Interpretation ist heute wissenschaftlich gesehen veraltet.
31 *Sanders*, Judentum, 504; *Bachmann*, Sünder, 90, der lediglich Sanders' These der »christologischen Unausgeglichenheit« des Paulus kritisiert; *deSilva*, Gal, 227; 241.
32 *Dunn*, Works, 531; vgl. zu manchem schon *Bousset*, Gal, 49f.
33 *Sloan*, Paul, 48, von Röm 7,7–13 her.
34 *Moo*, Gal, 159. Es geht, so *Betz*, Gal, 220 zu Recht, nicht darum, dass die Werke des Gesetzes nicht getan werden sollen, sondern dass sie nicht rechtfertigen.
35 So auch *Ewald*, Sendschreiben, 74: Erst der Römerbrief bringt »die volle Beweisführung, da hier [scil. im Galaterbrief] in 3,10–12. 21 nur eine sehr kurze und ungerade erfolgt.«
36 Die erste Lösung wird dem Umstand nicht gerecht, dass im Judentum bewusst ist, dass die Rechtfertigung von Gott kommt. *Mußner*, Gal, 168f., verweist auf 1QS XI 12–15; 1QH IV 30.36f. u. a.
37 So aber *Dunn*, New Perspective, 96.102f.; *Jegher-Bucher*, Gal, 175 mit Anm. 111. *De Boer*, Gal, 140, führt 1Kor 9,16; 13,1; 14,6f.; 9.11.28; 15,36; Röm 10,15; 11,23 als Belege für diesen Gebrauch von ἐὰν μή an (man kann Gal 1,19 ergänzen), entscheidet aber im Falle von Gal 2,16 gegen die von Dunn und Jegher-Bucher vorgetragene Deutung. Zur Kritik an Dunn vgl. *Walker* Jr., Translation, passim: Die Ausnahme bezieht sich nur auf »niemand wird gerechtfertigt«, nicht auf »niemand wird durch Werke des Gesetzes gerechtfertigt«.
38 In der lat. HS 135 ist *sed* statt *nisi* geboten, was dieses Verständnis unterstreicht.

2,15–21 Die Hauptthese

Rechtfertigung darstellen. Im Fall des Verständnisses als Ergänzung ergäbe sich auch kein Gegensatz zur Verkündigung der Fremdmissionare.[39]

Stand für das Syntagma πίστις Χριστοῦ die Interpretation als gen. obj. im Sinne des »Glaubens an Christus« bisher zumeist fest, so wächst gegenwärtig die Anzahl derer, die dieses Syntagma als gen. subj. im Sinne von »Treue Christi« deuten, sei es als Treue zu seiner Überzeugung[40] bzw. seinem Auftrag[41], sei es als Treue zu den Plänen Gottes für Israel oder zu den Menschen, denen sein Heilswirken zugutekommt[42]. Hauptargumente sind, dass eine überflüssige Doppelung innerhalb von Gal 2,16 und ein Widerspruch zum »Glauben Abrahams« vermieden[43], ferner, »dass die Gerechtmachung und die Sündenvergebung von einer ganz bestimmten menschlichen Verhaltensweise abhängig«[44] gemacht werden. Auch werde nur durch diese Deutung der Charakter von Gal 3,22 als einer bedeutungslosen Tautologie vermieden; Gal 3,22–25 fassen einen Offenbarungsvorgang ins Auge.[45] Auch auf die Wendungen πίστις θεοῦ in Röm 3,3 und ἐκ πίστεως Ἀβραάμ in Röm 4,16 sowie auf Röm 5,19[46] ist verwiesen worden.

Gelegentlich wird versucht, die Deutung als »Treue Christi« und die Deutung »Glaube an Christus« zusammenzunehmen; Letzteres sei nur dank Ersterem möglich.[47] Die Diskussion konnte nur deshalb entstehen, weil die Wortfamilie πίστις ähnlich wie die Wortfamilie אמן beides umfasst, eine bestimmte Erwartung wie die Erfüllung des mit der Erwartung Gemeinten[48], weswegen die Wortfamilie πίστις überhaupt als Äquivalent zur Wortfamilie אמן verwendbar war und dadurch zum Zentralbegriff des Gottesverhältnisses aufsteigen konnte. Der Blick auf andere frühjüdische Autoren ist instruktiv,

---

39 Darauf verweist *Das*, Gal, 253, der diese Deutung ebenfalls ablehnt.
40 *Paulus*, Lehr-Briefe, I, in der Überschrift des ersten Hauptteils »Ueberblick des Paulinischen Lehrbegriffs über göttlich gewollte Rechtschaffenheit aus Ueberzeugungstreue. Nach den Briefen an die Galater- und Römerchristen, als Harmonie des Evangeliums und der Denkgläubigkeit.« So gelingt es, Jesus im Sinne der Aufklärung als Vorbild zu charakterisieren (VIII).
41 *Martyn*, Gal, 251; *Hays*, Faith, XXX; *Matera*, Gal, 100f.; *de Boer*, Gal, 148–150 u.v.a.
42 Ersteres *Wright*, Justification, 117, Letzteres *Schumacher*, Entstehung, 379.
43 *DeSilva*, Gal, 230f.
44 *Schumacher*, Entstehung, 377.
45 Ersteres *Longenecker*, Gal, 87; *de Boer*, Gal, 149, letzteres *Schumacher*, Entstehung, 425. Das Wortfeld »Offenbarung« wird bei Paulus abgesehen von 1Kor 3,13 stets in Bezug auf Gott gebraucht: Geoffenbart werden Gottes Gerechtigkeit und sein Zorn (Röm 1,17f.), seine Weisheit (1Kor 2,10) und Herrlichkeit (Röm 8,18), sein Einwirken auf die Glaubenden (1Kor 14,30; Phil 3,15).
46 Auf Röm 3,3 verweist *Howard*, Faith, 425, auf Röm 4,16 verweist *de Boer*, Gal, 149, auf Röm 5,19 verweisen *Hooker*, ΠΙΣΤΙΣ ΧΡΙΣΤΟΥ, 337; *Livesey*, Circumcision, 86 Anm. 30: Es geht nicht um das Tun des Glaubenden, sondern um den Gehorsam Christi.
47 *Schliesser*, Was ist Glaube?, 97–99.
48 *Morgan*, Faith, 272: »Christ is therefore at the centre of a nexus of divine–human *pistis*. His *pistis* is simultaneously his faithfulness or trustworthiness towards both God and humanity, and his trustedness by both God and humanity.«

aber nicht dezisiv – auch bei ihnen ist πίστις im Sinne der Treue[49] wie des Vertrauens[50] bzw. auch der *fides quae*[51] gebraucht. Ferner werde Gal 2,16 im Kontext römischer Fides-Konzepte besser verständlich.[52]

Was Paulus angeht, wird man jedoch sachliche Einwände gegen das Verständnis als gen. subj. erheben. Es fehlen patristische Belege für dieses Verständnis.[53] Die genannte Wendung wird in Gal 2,16 mit πιστεύειν εἰς Χριστόν umschrieben[54]; außerdem gilt Jesus bei Paulus da, wo er Jesu Vorbildfunktion betont, nirgends als πιστός.[55] Paulus betont Christi Selbsthingabe (Gal 2,20), aber nicht seine πίστις.[56] Die Wendung οἱ ἐκ πίστεως in Gal 3,7 setzt im unmittelbaren Kontext den Glauben Abrahams als Bezugspunkt voraus (Gal 3,6), während Christus in Gal 3 nirgends als Vorbild der πίστις benannt wird.[57] Nicht Abraham und Christus, sondern Abraham und die Glaubenden stehen parallel, wenn es um πίστις geht.[58] Auch in Gal 5,6 kann aufgrund der Näherbestimmung δι' ἀγάπης ἐνεργουμένη die πίστις nur als der menschliche Glaube gemeint sein.[59] Eine Formulierung ἵνα δικαιωθῶμεν διὰ τῆς ἐκ Χριστοῦ πίστεως (vgl. Apg 2,24) hätte ebenso gut nahegelegen, um die Interpretation als gen. subj. zu stützen. Die im Zuge dieser Interpretation augenscheinlich gegebene Redundanz dient der Emphase.[60] Gal 2,17 (δικαιωθῆναι ἐν Χριστῷ) legt ebenfalls ein Verständnis von Gal 2,16 i.S. eines Gen. obj. nahe.[61]

In der Wendung καὶ ἡμεῖς ist καί elativ: auch »wir«, die Judenchristen, sind diesen

---

49 In Philo, VitMos I 34 bezeichnet der Begriff die Treue, dass man Asylsuchende nicht ausnützt oder schlecht behandelt, in VitMos I 63; Decal 172 die Treue i.S. von Redlichkeit, in Imm 101; Ebr 188 die Zuverlässigkeit. An vielen Stellen bei Philo bedeutet πίστις aber »Beweis«. In TestAss 7,7 markiert πίστις die Treue Gottes.

50 Vom Vertrauen auf Gott steht πίστις bei Philo, VitMos I 225; Somn I 68; Abr 268. Das Nebeneinander von πίστις als Treue und als Vertrauen begegnet bei Philo, Plant 101 sowie Jos 148.149 (das Vertrauen richtet sich jeweils auf Menschen).

51 Philo, Decal 15: πίστις ist die Überzeugung, dass die Gesetze der Tora keine Erfindungen der Menschen sind, sondern Offenbarungen Gottes.

52 Vgl. *Strecker*, Fides, 232.234f.; *Morgan*, Pistis, 272. *Sierksma-Agteres*, Πίστις, bietet auch Belege für den Begriffsgebrauch in der Diskussion von Gottesvorstellungen in griechisch-römischer Literatur (553–557), hält sich aber die Entscheidung der o.a. Frage offen (539).

53 *Harrisville*, Πίστις Χτριστοῦ, passim.

54 *Bengel*, Gnomon, 734; *Lietzmann*, Gal, 15; *Sänger*, Verkündigung 125, Anm. 305; *deSilva*, Galatians. A Handbook, 43; *von der Osten-Sacken*, Gal, 114. Vgl. Phil 1,29 (πιστεύειν εἰς αὐτόν) und dazu *Lindemann*, Paulus – Pharisäer und Apostel, 49 Anm. 8; *Ulrichs*, Christusglaube, 115.

55 *Haacker*, Römer, 87; *Keener*, Gal [2019], 180; *Das*, Gal, 250.

56 *Cosgrove*, Cross, 56; *Still*, Philippians and Philemon, 107; *Hagen Pifer*, Faith, 131f.

57 *Dunn*, Gal, 153; *Ulrichs*, Christusglaube, 106.

58 *DeSilva*, Letter, 231; *Schliesser*, Glaube, 33.

59 *Hunn*, Πίστις, 481f.: Die Deutung von Gal 5,6 auf die Treue Christi, die in seiner Liebe zu den Menschen sichtbar wird (*de Boer*, Gal, 319), passt aufgrund der Wiederaufnahme des Stichwortes ἀγάπη in Gal 5,13 nicht recht.

60 *Peterman*, Δικαιωθῆναι, 168.

61 *Ulrichs*, Christusglaube, 119.

Weg gegangen.⁶² Das folgende εἰς Χριστὸν Ἰησοῦν⁶³ ἐπιστεύσαμεν, ἵνα bezeichnet die Konsequenz aus dem zu Beginn des Verses genannten »Wissens«.⁶⁴ Bei dem Verbum wird man weniger den Aspekt des Vertrauens⁶⁵ als den des gehorsam Für-Wahr-Haltens zu berücksichtigen haben. Der Aorist ἐπιστεύσαμεν hat perfektiven Aspekt: Er schaut auf ein abgeschlossenes Ereignis (der Vergangenheit, s. den Indikativ), den Akt des Gläubigwerdens zurück, das, wie das folgende begründende ὅτι nahelegt, keiner Korrektur für nötig befunden wird.

Im Schlussteil des Verses⁶⁶ wird meist vorschnell fraglos eine Anspielung auf Ps 142[143],2 gesehen, wobei Paulus das Partizip ζῶν durch σάρξ ersetzt habe – vielleicht, weil er das Verbum ζῆν in Gal 2,15–21 nur für das »Leben« aufgrund der Heilstat Christi verwenden will.⁶⁷ Paulus macht eine mögliche Anspielung jedoch nicht kenntlich, obwohl ihm im galatischen Konflikt ein Schriftwort durchaus hätte nützen können.⁶⁸ So ist nicht gesichert, dass Paulus eine Anspielung auf die genannte Psalmstelle im Sinne hat.⁶⁹ Doch auch dann muss sich der Schluss-Satz in eine wie auch immer zu beschreibende Kohärenz des Gedankens einfügen lassen. Er wirkt dann wie eine Wiederholung dessen, was schon gesagt war, aber mit dem Unterschied, dass der Begriff σάρξ⁷⁰ das Menschlich-nur-menschliche, das Widergöttliche im Menschen akzentuiert und somit die faktische Antwort auf die Frage in sich schließt, warum die ἔργα νόμου nicht rechtfertigen. Das

---

62 *Hagen Pifer*, Faith, 142.
63 Die Reihenfolge der Elemente Χριστόν und Ἰησοῦν variiert, wie schon zuvor im Vers bei Ἰησοῦ Χριστοῦ. Dabei wird aber längst nicht immer vereinheitlicht.
64 Anders *deSilva*, Galatians. A Handbook, 44; *ders.*, Letter, 218: Die Konjunktion ist final zu verstehen; δικαιωθῶμεν bezieht sich auf das Endgericht.
65 So aber u. a. *Hagen Pifer*, Faith, 149, mit Verweis auf das diesem Verbum verwandte πείθομαι in 2Kor 1,9, ähnlich *Morgan*, Faith, 273. Richtig *Hagen Pifer*, Faith, 79, in Bezug auf 1Kor 15,3b–5. Den Aspekt hat das Verbum gelegentlich in griechischer Literatur, vgl. *Schliesser*, Was ist Glaube, 113f., mit Bezugnahme u. a. auf Plut, Alexander, 27.
66 *Keener*, Gal [2019], 189, betont, dass dieser Schlussteil eine Prämisse enthält, die nicht als kontrovers empfunden sein dürfte. Um die generelle Sündhaftigkeit wusste man auch im Judentum, wie 1Kön 8,46; 2Chron 6,36; Jub 21,21; 1QS XI 9f. nahelegen. Der Ersatz des ὅτι durch διότι mag unter dem Einfluss von Röm 3,20 zustandegekommen sein (*Carlson*, Text, 234).
67 *Keener*, Gal [2019], 189.
68 *Koch*, Schrift, 18; *Vouga*, Gal, 59; anders *Ciampa*, Presence, 182 (Paulus habe erwartet, dass die Leser diese Anspielung durchschauen). Auch im Codex Claromontanus, fol. 263v, ist der Satzteil nicht als Schriftzitat markiert, ebensowenig bei Ps.-Oikumenios, Gal, PG 118, 1116 B oder bei Luther, Gal, WA 40/I, 243 und Calvin, Gal, CR 50, 196.
69 Man kann zwar fragen, ob der Satzteil nicht überflüssig wäre, wenn er nicht als Zitat gemeint sein soll (*Mußner*, Gal, 174; *Smiles*, Gospel, 131 mit Anm. 57), aber das trägt dem genannten Einwand nicht Rechnung. Ebensowenig ist der Einwand dezisiv, dass Paulus auch in Gal 3,11 keine Einleitungsformel wie γέγραπται o. ä. verwendet (*Das*, Gal, 255).
70 Dass der Begriff auf die Empfehlung der Beschneidung durch die Fremdmissionare zielt (*Martyn*, Gal, 253; als Erwägung auch bei *Das*, Gal, 256), ist nicht recht überzeugend. Wenn Paulus von der περιτομή reden will, tut er es (vgl. Gal 5,6). Die von *Das*, Gal, 256, ebenfalls erwogene Nähe zu Gal 5,19–21 ist eher von Bedeutung.

Futur δικαιωθήσεται verweist auf das Jüngste Gericht; deshalb muss Paulus, wenn er eine Anspielung an die Psalmstelle intendiert, die Wendung ἐνώπιόν σου nicht wiederholen.[71]

17 Die eröffnende Frage insinuiert ein neues Thema[72], doch ist die Interpretation des Verses im Detail mit großen Unsicherheiten behaftet. Die Hauptfragen sind, ob der Vers als Irrealis[73] oder als Realis[74] verstanden werden muss, ob die Frage- oder die Folgerungspartikel zu lesen ist, was genau durch das μὴ γένοιτο verneint wird, nur der mit der Fragepartikel beginnende Satzteil »ist dann Christus ein Diener der Sünde« oder auch der zweite Teil des εἰ-Satzes (»in Christus als Sünder erfunden werden«), ob die Wendung εὑρέθημεν καὶ αὐτοὶ ἁμαρτωλοί sich, allgemein verstanden, auf die Zeit vor der Konversion (darauf könnte die Parallele zu V. 15 führen) oder auf die Zeit nach der Konversion bezieht und speziell auf die in Gal 2,11 angesprochene Tischgemeinschaft referiert[75], wer als logisches Subjekt zu εὑρέθημεν in Betracht kommt, das eigene Gewissen, andere Menschen oder Gott[76] – aus dem Sprachgebrauch des Paulus geht das nicht eindeutig hervor – oder ob das Verb einfach »sich erweisen«[77] heißt, sodass die Frage gegenstandslos wird.

Der Ausgangspunkt der in diesem Kommentar vertretenen Auslegung ist ein doppelter Konsens, dessen Verknüpfung die weiteren Leitlinien ergibt: 1. Das »Wir« in Gal 2,17 ist immer noch das judenchristliche »Wir«; Nichtjuden sind vom Standpunkt der Fremdmissionare ohnehin Sünder[78], müssen nicht erst als solche »erfunden«[79] werden. 2. Der eine starke Ablehnung ausdrückende Optativ des Wunsches μὴ γένοιτο als selbständiges Satzglied folgt nur auf Fragesätze (im Galaterbrief noch in Gal 3,21)

---

71 Deutet man die ἔργα νόμου auf die Halachot, wäre die isoliert genommene Passage Gal 2,16fin. keine anthropologische und soteriologische Spitzenaussage; vgl. jedoch Gal 2,17; 3,21–23.
72 *Holmstrand*, Markers, 203.
73 *Bultmann*, Zur Auslegung von Galater 2,15-18 (Exegetica, 396); *Mußner*, Gal, 176 mit 177 Anm. 46; viele altkirchliche Ausleger, vgl. *Meiser*, Gal, 107.
74 *Lipsius*, Gal, 32f.; *Beyer/Althaus*, Gal, 20; *Schlier*, Gal, 58; *Rohde*, Gal, 113; *Kümmel*. Individualgeschichte, 136 Anm. 32 und die dort Genannten; *Bachmann*, Sünder, 39f.; *Eckstein*, Verheißung, 33, mit dem Argument, sonst wäre das Imperfekt vonnöten; *Söding*, Glaube, der durch Liebe wirkt, 180; *Moo*, Gal, 165.
75 *Rohde*, Gal, 113, mit Verweis auf den Aorist statt des Präsens; *Moo*, Gal, 165; *de Boer*, Gal, 157; *Keener*, Gal [2019], 191.
76 Auf das eigene Gewissen verweist *Borse*, Gal, 115; die Deutung auf andere Menschen bevorzugen *Martyn*, Gal, 254 (anlässlich der Tischgemeinschaften), und *Dunn*, Gal, 141, an Gott als Referenzpunkt denkt *Eckstein*, Verheißung, 36.
77 *De Boer*, Gal, 157, mit Verweis auf Gal 5,4; PsSal 14,2.
78 καὶ αὐτοί bezeichnet den Gegensatz zu den Christen aus den Nichtjuden (so auch Calvin, Gal, CR 50, 197).
79 Zur Semantik vgl. *Usteri*, Gal, 75: »Εὑρίσκεσθαι ist ein hebraisirender Ausdruck von dem, was sich in der Erfahrung öffentlich zeigt, in der Prüfung und im Gericht erkannt, *erfunden* wird.« (Kursivierung Usteri).

und ist nur dann gebraucht, wenn aus einer richtigen Prämisse eine falsche Schlussfolgerung gezogen wird.[80] Er markiert eine *reductio ad absurdum*.[81]

Paulus greift einen gedachten oder realen Einwand[82] auf, der von tatsächlichem Verhalten, in Christus gerechtfertigt zu werden suchen, seinen Ausgang nimmt. Der Ausdruck ζητοῦντες[83] darf aufgrund des vorangegangenen εἰδότες (V. 16) nicht mit dem Aspekt der Unsicherheit behaftet werden.[84] Das Syntagma ἐν Χριστῷ kann instrumental oder lokativ, auf den Machtbereich verweisend, verstanden werden.[85] Die Opposition ζητοῦντες δικαιωθῆναι ἐν Χριστῷ/ἐν νόμῳ δικαιοῦσθε (Gal 5,4) legt nahe, dass es in der partizipialen Wendung im Konditionalsatz um eine grundsätzliche Lebensorientierung geht, sodass auch die Wendung εὑρέθημεν καὶ αὐτοὶ ἁμαρτωλοί nicht auf einen einzelnen Vorgang zu beziehen ist, z.B. die Tischgemeinschaft in Antiochia[86], sondern darauf, dass generell der Tora keine identitätsstiftende und abgrenzende Funktion mehr zukommt. Die Folgerung »Christus dann ein Diener der Sünde« ist zwar falsch, kann aber nur unter der Voraussetzung entwickelt werden, dass sich die Formulierung εὑρέθημεν […] ἁμαρτωλοί[87] auf die Bekehrung bzw. auf die Gegenwart, nicht auf die vorchristliche Vergangenheit bezieht. Paulus rechnet damit, dass nach Ansicht der Fremdmissionare[88] die Preisgabe der Unterscheidung von Juden und Nichtjuden – biblisch ist diese Preisgabe u. a. (!) durch Lev 20,22–26; Dtn 7,1–6 verwehrt – automatisch zu »defektiver christlicher Ethik«[89] führen müsse, zu einem Leben, das den ethischen Maßstäben der

---

80 So bereits *Lipsius*, Gal, 33; *Burton*, Gal, 127; *Söding*, Befreiung, 273.
81 *Hagen Pifer*, Faith, 154.
82 Letzteres *Lietzmann*, Gal, 16.
83 Das Partizip ist vermutlich nicht konzessiv (so aber *Vouga*, Gal, 51), sondern modal (*Burton*, Gal, 118; *Mußner*, Gal, 133.176; *Martyn*, Gal, 246; *de Boer*, Gal, 158; *Moo*, Gal, 156) oder explikativ (*Betz*, Gal, 223) zu deuten.
84 *Matera*, Gal, 95; *Das*, Gal, 234. Betont der lokative Sinn die futurische Dimension der Rechtfertigung (so *Martyn*, Gal, 254; *de Boer*, Gal, 156)?
85 Ersteres *Longenecker*, Gal, 89; *Vouga*, Gal, 60, Letzteres *Burton*, Gal, 124, aufgrund der häufigen Formel ἐν Χριστῷ bei Paulus; *Mußner*, Gal, 133; *Betz*, Gal, 223; *de Boer*, Gal, 157, mit Verweis auf Gal 5,4 (ἐν νόμῳ δικαιοῦσθε, wo ja die Rechtfertigung nicht durch das Gesetz selbst, sondern durch Gott erwartet wird); *Moo*, Gal, 165; *von der Osten-Sacken*, Gal, 116.
86 So auch *Söding*, Glaube, der durch Liebe wirkt, 180; (m. E. zu Unrecht) anders *Mußner*, Gal, 177, *deSilva*, Gal, 242; *Keener*, Gal [2019], 191. *Lietzmann*, Gal, 16f., hatte als Alternative diskutiert, ob von tatsächlich geschehener Sünde die Rede ist oder von der Gleichstellung der Juden mit den Nichtjuden. Sie ist im zweiten Sinn zu entscheiden. Bei tatsächlich geschehener Sünde bei den Galatern hätte Paulus anders vorgehen müssen (vgl. 1Kor 6,12–20 u. ö.). Auch ist in Gal 2,16 allgemein von den ἔργα νόμου die Rede, durch die der Mensch nicht gerechtfertigt wird.
87 *Bachmann*, Sünder oder Übertreter, 38.
88 Nach *Matera*, Gal, 102, könnten die »Leute des Jakobus« entsprechende Vorbehalte geäußert haben.
89 *Bachmann*, Sünder oder Übertreter, 68; ebenso *Söding*, Glaube, der durch Liebe wirkt, 181f.; zuvor bereits *Lietzmann*, Gal, 17; *Bultmann*, Zur Auslegung von Gal 2,15–21, 397. Auch die Formulierung des Lebensziels »Gott zu leben« in Gal 2,19 schließt aus, dass Christus als Diener der Sünde be-

Tora nicht entspricht⁹⁰, was er hier entschieden verneint und durch Gal 5,13–26 widerlegen wird. Der Ausdruck μὴ γένοιτο verneint nur den Nachsatz »ist dann Christus ein Diener der Sünde«, während die Wendung »als Sünder erfunden werden« im Vordersatz Richtiges, nicht Falsches bezeichnet⁹¹; sie meint »den Heiden gleichgestellt sein« und nimmt V. 15 auf.⁹²

18 Konsens der Auslegung der Stelle ist, dass sich ἅ und ταῦτα auf das Gesetz beziehen⁹³, das ähnlich wie in Eph 2,4 als Scheidewand zwischen Juden und Nichtjuden begriffen wird. Weithin Konsens ist auch, dass das γάρ von V. 18 die Wendung εὑρέθημεν καὶ αὐτοὶ ἁμαρτωλοί begründet.⁹⁴ Die Wendung παραβάτην ἐμαυτὸν συνιστάνω aus V. 18 nimmt die Wendung εὑρέθημεν καὶ αὐτοὶ ἁμαρτωλοί aus V. 17 wieder auf. Umstritten ist der Wechsel zur 1. Sg. und der Bezugspunkt des συνιστάνω.

Der Übergang zur 1. Sg. erklärt sich wohl weniger daraus, dass Petrus und Barnabas sich von Paulus distanziert haben.⁹⁵ Das »Ich« ist vielmehr das »Ich« des Paulus, aber weniger sein individuelles Ich⁹⁶ – er richtet ja das Gesetz gerade nicht wieder auf –, sondern das Ich, das sich aber auch die Adressatinnen und Adressaten zu eigen machen sollen, das also, anders als V. 15–17, auch die Heidenchristen einschließt⁹⁷; es ist »ausnahmslos Stilmittel, nicht (eigentlich) individuelles, sondern typisches Ich.«⁹⁸ Paulus stilisiert sich selbst als nachzuahmendes Vorbild.

Die Wendung παραβάτην ἐμαυτὸν συνιστάνω wird meist auf das Niederreißen bezogen⁹⁹: Das jetzige »Wiederaufrichten« der Tora zeige im Nachhinein, dass das »Niederreißen« eine Übertretung war.¹⁰⁰ Allerdings ist zu fragen, welche Aktualität der

---

griffen werden kann. So wird die Auffassung derer verständlich, die das γάρ in V. 19 als Begründung des μὴ γένοιτο von V. 17 interpretieren (z.B. *Martyn*, Gal, 256).
90 *Martyn*, Gal, 255. Der Einwand spiegelt sich auch in der rhetorischen Frage Röm 6,15, die ebenfalls mit einem entschiedenen μὴ γένοιτο beantwortet wird.
91 *Martyn*, Gal, 253.
92 So auch *Wright*, Justification, 119.
93 Der Konsens beruht auch darauf, dass die Verbindung καταλύειν νόμον auch in Mt 5,17 erscheint. Aber auch für den metaphorischen Gebrauch von οἰκοδομεῖν gibt es eine Parallele, nämlich bei Philo, Somn II 284f.: οἰκοδομεῖν δόγμα. Gelegentlich wird οἰκοδομῶ auf das Wiederaufrichten der Gesetzesschranke durch die Restriktionen bei den Tischgemeinschaften in Antiochia bezogen (*Fung*, Gal, 120).
94 So *Mußner*, Gal, 179; *Rohde*, Gal, 115; *Vouga*, Gal, 61. M.E. ist der Gebrauch von γάρ in Gal 3,10 zu vergleichen, wo Paulus ebenfalls einen neuen Gedanken, komplementär zum bisher Gesagten einträgt.
95 *De Boer*, Gal, 158. Auf zurückhaltenden Takt des Paulus gegenüber Petrus hatte auch *Shauf*, Galatians 2.20, 91, geschlossen. Mit dem »Ich« ist aber auch nicht Petrus gemeint (*Althaus*, Gal, 20).
96 So aber *Holtzmann*, Das Neue Testament, 487.
97 So auch *Eckstein*, Verheißung, 42.
98 *Bachmann*, Sünder, 44.
99 *Mußner*, Gal, 179 u. a. Zumeist wird die Parallele Röm 4,15 namhaft gemacht; auch sei es naheliegend, dass παραβάτης eine konkrete Bezugsgröße voraussetze.
100 So u. a. *Ewald*, Sendschreiben, 73; *Lipsius*, Gal, 33; *Matera*, Gal, 95; *Keener*, Gal [2019], 192.

2,15–21 Die Hauptthese

Aussage zukommen soll, wenn doch Paulus insgesamt »dem Gesetz gestorben« ist (Gal 2,19). Auch wäre die Bewertung des Niederreißens der Tora als Übertretung gerade der Standpunkt der Fremdmissionare, von dem sich Paulus abzugrenzen wünscht.[101] V. 18 ist als Realis gestaltet (εἰ + Ind.), zum Zweck des logischen Argumentes, bezeichnet aber nicht ein reales Verhalten des Paulus.[102] Vom Kontext her ist daher die Deutung auf οἰκοδομῶ, auf die Wiederaufrichtung des Gesetzes zu bevorzugen[103], zumal angesichts der Parallele zwischen V. 18aβ (εἰ γάρ [...] ταῦτα πάλιν οἰκοδομῶ) und V. 21bα (εἰ γὰρ διὰ νόμου δικαιοσύνη).[104] Auch die Formulierung des Lebensziels »Gott zu leben« in Gal 2,19 schließt in sich, dass das »sich als Übertreter erweisen« kein wünschenswerter Zustand ist. Ferner kann die Begründungspartikel γάρ in v. 19 die Deutung des παραβάτης auf οἰκοδομῶ unterstützen.[105] Gal 2,18 nimmt die inkriminierte These von Gal 2,17a wieder auf[106], und zwar in der Weise, dass formuliert wird, was eigentlich als Übertretung zu gelten hat, nämlich die Verkennung der Gnade Gottes.[107]

19 Paulus muss nunmehr zeigen, dass ein Grund für das »Niederreißen« zu Recht besteht.[108] Das »Ich« ist weiterhin nicht nur das Ich der Apostels selbst[109], sondern ein typisches »Ich«[110], für das sich Paulus als Paradigma hinstellt, das aber zum »Ich« auch der Galater werden sollte.[111] Dass Paulus »durch das Gesetz« dem Gesetz gestorben sei, meint nicht die Preisgabe seiner pharisäischen Lebensauffassung aufgrund der Einsicht in die eigene Unvollkommenheit.[112] Schon durch Phil 3,6 ist dies ausgeschlossen. Ferner kann, so Leonhard Usteri bereits 1833, aus dem Unvermögen der Gesetzes-

---

101 *Das*, Gal, 265.
102 *De Boer*, Gal, 158.
103 Letzteres *Sonntag*, ΝΟΜΟΣ, 225; *Althaus*, Gal, 20; *Borse*, Gal, 116; *Vouga*, Gal, 60; *Das*, Gal, 265; *von der Osten-Sacken*, Gal, 117, sowie *Bachmann*, Sünder, 56.67, aufgrund der Korrespondenz zwischen Gal 2,18b und Gal 2,21bβ. Den Verweis auf Röm 4,15 hält er für »textfremd« (13). Ferner verweist er auf die Notwendigkeit der Differenzierung sowohl im Sprachgebrauch der Septuaginta, wo παραβαίνειν häufig auf die διαθήκη bezogen ist (73).
104 *Bachmann*, Sünder oder Übertreter, 59; *deSilva*, Gal, 245; *Bachmann*, Identität, 586. Auch Gal 2,21bβ formuliert, ähnlich wie Gal 2,18b, einen für Paulus unmöglichen Gedanken.
105 So *Mußner*, Gal, 179; *Rohde*, Gal, 115.
106 *Bachmann*, Sünder, 53.
107 So auch *Eckstein*, Verheißung, 42.
108 *Usteri*, Gal, 78.
109 *Dietzfelbinger*, Berufung, 99.
110 Es schließt aber nicht nur Judenchristen ein (so aber *Shauf*, Galatians 2.20, 98); auch die Heidenchristen stehen ja nicht mehr unter dem Fluch des Gesetzes, der ja alle betrifft, die es nicht gehalten haben (Gal 3,10). Richtig ist bei Shauf aber gesehen, dass von Gal 2,18 bis Gal 2,21 die Argumentation des Apostels insofern immer allgemeiner wird, als der Unterschied von Juden und Nichtjuden in Gal 2,20 keine Rolle mehr spielt.
111 *Usteri*, Gal, 78; *Mußner*, Gal, 179; *Vouga*, Gal, 60; *Smiles*, Gospel, 165; *Williams*, Gal, 75; *Das*, Gal, 267.
112 So aber *Burton*, Gal, 135; *Duncan*, Gal, 70; *Beyer*, Gal, 20.

erfüllung noch kein Rechtsgrund hergeleitet werden, sich des Gesetzes zu entledigen.[113] Diskutiert wird, ob das einleitende γάρ V. 18[114] oder V. 17[115] begründet. Für die Interpretation der Wendung διὰ νόμου sind in der Neuzeit Röm 7,7–25 bzw. Röm 6,7.23; 7,4[116]; Gal 1,13f.[117]; Gal 3,10[118]; Gal 3,19–25[119] und – m. E. zu Recht – Gal 3,13[120] herangezogen worden, wo der Tod Jesu als in Übereinstimmung mit einem Schriftwort erfolgt benannt wird. Dem Gesetz gestorben sein meint vermutlich nicht nur, dass Paulus seinen Eifer für die Tora hinter sich gelassen habe[121], sondern aufgrund der Parallelen Röm 6,2.10[122] und Röm 7,2 am ehesten, dass die Fluchwirkung des Gesetzes den Glaubenden nicht mehr trifft. Die Partizipation am Tod Christi ist die Partizipation daran, dass Christus der Sünde abgestorben ist, und das wirkt sich im Leben des Glaubenden, das sich in diesem bösen Äon vollzieht (Gal 1,4), ebenfalls als Absterben gegenüber der Sünde und als Absage an diese Welt aus (Gal 5,24; 6,14).[123]

In der Wendung ἵνα θεῷ ζήσω ist der Dativ ist wohl als dativus commodi zu lesen.[124] »Leben für Gott« ist allen Konfliktparteien erstrebenswert und gilt Paulus auch andernorts als Ideal.[125] Hans Dieter Betz hat für die genannte Formulierung auf Parallelen bei Philo von Alexandria verwiesen.[126] Eine Parallele ist ferner gegeben, wenn in anderer frühjüdischer Literatur die εὐσέβεια eines Menschen benannt[127] und faktisch zur

---

113 *Usteri*, Gal, 80f. Gal 2,19 ist wohl Vorverweis auf Gal 3,13. Dtn 21,23 meint ursprünglich nicht einen Gekreuzigten (s.u. bei Gal 3,13).
114 *Legasse*, Galates, 188f.; *Longenecker*, Gal, 91; *Martyn*, Gal, 256; *Vouga*, Gal, 61; *deSilva*, Galatians. A Handbook, 47. – In der lateinischen HS 61 wird mit der Wendung *ego autem* ein Gegensatz zum Vorangegangenen markiert.
115 *Fung*, Gal, 122; *Matera*, Gal, 95.
116 Beides als Erwägung bei *Lietzmann*, Gal, 17; Ersteres Calvin, Gal, CR 50, 198.
117 *Dunn*, Gal, 143; *Rohde*, Gal, 116; *de Boer*, Gal, 160.
118 *Moo*, Gal, 144f.; in voraufklärerischer Exegese Theophylakt, Gal, PG 124, 980 B, der als Alternative erwägt, dass »die Reden des Mose und die Propheten« den Glaubenden zu Christus führen.
119 *Betz*, Gal, 228.
120 *Usteri*, Gal, 85; *Lüdemann*, Anthropologie, 191; *Sieffert*, Gal, 148; *Löwy*, Lehre, Monatsschrift 47 (1903), 543; *Schlier*, Gal, 100f.; *Amiot*, Galates, 151; *Fung*, Gal, 123; *Bruce*, Gal, 143; *Martyn*, Gal, 257; *Matera*, Gal, 103; *Vouga*, Gal, 61; *deSilva*, Letter, 307; *Das*, Gal, 268.
121 *Dunn*, Gal, 143; *de Boer*, Gal, 160.
122 *Mihoc*, Galatians 2:15–21, 171; *Keener*, Gal [2019], 193; *von der Osten-Sacken*, Gal, 119.
123 So auch *Keener*, Gal [2019], 195; vgl. schon Luther, Gal, WA 40/I, 267.
124 *Zimmermann*, Gott und seine Söhne, 54 Anm. 57.
125 Röm 6,11.13; 7,4.6. Klar ist auch aufgrund der genannten Parallelen, dass die Wendung nicht ein Leben für die Sünde nach sich zieht (so zu Recht Calvin, Gal, CR 50, 198), vielmehr auch die Ethik mit einschließt (*Betz*, Gal, 228); ebenso deutlich ist jedoch, dass die Tora bei diesen Formeln nirgends genannt wird. *Dunn*, Gal, 144 hat unter Verweis auf 4Makk 7,19; 16,25 den Ausdruck auf ein Leben jenseits der Todesgrenze gedeutet, das für Paulus schon in diesem Leben präsent sei. Von Röm 6,11.13; 7,4 her ist die Auslegung zu hinterfragen.
126 Philo, Her 111; Mut 213; vgl. Her 57; PostC 73; Det 48; 4Makk 6,18; 7,19; 16,25 (*Betz*, Gal, 228).
127 Sir 49,3 (Josia); 4Makk 13,12 (Isaak).

2,15–21 Die Hauptthese

fünften Kardinaltugend erhoben wird, die die anderen Tugenden zusammenfasst und in sich schließt.[128] Doch ist bereits hier eine differierende Akzentsetzung festzustellen: frühjüdische Autoren verbinden das mit Toraobservanz[129], während Paulus funktional analog nicht nur vom »Leben für Gott«[130] spricht, sondern auch davon reden kann, dass Christus »in den Galatern Gestalt gewinnen« möge (Gal 4,19).

Gal 2,19b (Χριστῷ συνεσταύρωμαι) hat schon früher als Hinweis auf das Mit-Sterben mit Christus die Deutung von διὰ νόμου mit Hilfe von Gal 3,13 unterstützt[131] und zählt heute ähnlich wie 2Kor 5,14 zu den Hauptbelegen der sog. partizipationistischen Terminologie und Theologie, in der das Eigentliche des Apostels gesehen wird.[132] Das Partizip kann als Medium oder als Passiv gedeutet werden; das Perfekt zielt auf den andauernden Effekt eines vergangenen Geschehens.[133]

20 Paulus gibt nunmehr die auf das christliche Individuum zugeschnittenen Konsequenzen des bisher Beschriebenen an und expliziert die Basis dessen, was in Gal 2,16 als Glaube benannt worden war. Das erste δέ führt den Gedanken weiter, das zweite ist adversativ.[134] Das »Ich« steht wohl, vgl. das οὐκέτι, nicht für den Eiferer für die Tora und den Verfolger der Gemeinde Jesu oder für den an der Toraobservanz orientierten Menschen oder allgemein für den alten sündhaften Menschen.[135] Es steht kategorial wie der Begriff ἄνθρωπος in Gal 2,16.[136] Die 1. Sg. soll die persönliche Aneignung evozieren: Das »Ich«, in dem Christus lebt, ist das Ich des Paulus, das auch zum Vorbild für die Galater werden soll.[137] Indirekt soll das bei den Galatern auch die Furcht auslösen, sich gegen Gott zu vergehen.[138] Der Begriff meint hier das vorläufig Irdische, nicht das Sündhafte.[139]

---

128 4Makk 5,22–24; Joseph, Ap II 170.
129 Auch die Gegner in Galatien würden diese Gegenüberstellung »dem Gesetz gestorben für Gott lebend« nicht gelten lassen, sondern Paulus der Blasphemie bezichtigen (*Martyn*, Gal, 257).
130 Warum das »Leben für Gott« nicht »durch das Gesetz« möglich ist, wird Paulus erst in Röm 7,7–25 entfalten.
131 *Lipsius*, Gal, 33; *Lüdemann*, Anthropologie, 191; *Holtzmann*, Das Neue Testament, 487; *Sieffert*, Gal, 148; *Löwy*, Die Paulinische Lehre vom Gesetz, Monatsschrift 47 (1903), 543; *Amiot*, Galates, 151; *Fung*, Gal, 123. Luther, Gal, WA 40/I, 280, betont, dass es nicht wie in 1Petr 2,21 um die *imitatio Christi* geht, sondern darum, dass dem Glaubenden als dem mit Christus Gekreuzigten Sünde, Tod und Teufel nichts anhaben kann, weil diese in Christus gekreuzigt werden.
132 *Sanders*, Paulus und das palästinische Judentum, 443.482.
133 *DeSilva*, Galatians. A Handbook, 47.
134 *Moo*, Gal, 171. In der lat. Textüberlieferung spiegelt *vivit ergo* (HS 58) ebenfalls ein konsekutives Verständnis. Luther, Gal, WA 40/I, 28 fasst V. 20 als Antwort auf einen Einwand auf, demgemäß es nicht äußerlich sichtbar ist, dass das Ich »gestorben« ist.
135 Für die Deutung auf den Eifer *Dunn*, Gal, 145; *de Boer*, Gal, 161, für die Deutung auf Toraobservanz *Usteri*, Gal, 86, für die Deutung auf die Sündhaftigkeit *Eckstein*, Verheißung, 71; *Moo*, Gal, 171.
136 *Martyn*, Gal, 258.
137 *Winger*, Being a Jew, 119.
138 *DeSilva*, Letter, 100.
139 Letzteres *Holtzmann*, Das Neue Testament, 487.

Dass Christus in mir lebt (vgl. noch 2Kor 13,5; Röm 8,10), ist im Terminus vielleicht[140] von der Mystik genommen, soll dartun, wie sehr mein Leben durch den Glauben an Christus bestimmt ist. Sachlich entsprechend kann Paulus von der Einwohnung des Geistes in den Gläubigen reden.[141] V. 20a soll die Intensität des Lebens aus dem Glauben bezeugen und die Wendung »damit ich für Gott lebe« (Gal 2,19a) näher erläutern.[142] Dieses Leben besteht in ethischer Konformität zum Kreuz Christi und in Vermeidung von Sünde, auf die der Fluch des Gesetzes treffen müsste.[143] Insofern bereiten Gal 2,19b.20 den paränetischen Abschnitt Gal 5,13–6,10 vor. Dass Christus in ihm lebt, ist auch eine Legitimation seines Zeugnisses gegenüber den Adressatinnen und Adressaten.[144]

Der folgende Nebensatz markiert eine Selbstkorrektur, da die vollkommene Vereinigung mit Christus noch bevorsteht.[145] Das Relativpronomen ὅ fungiert als adverbialer Akkusativ.[146] Die Wendung ἐν σαρκί meint hier die Endlichkeit und Sterblichkeit des irdischen Lebens[147], nicht die Sündhaftigkeit. Das Verbum ἀγαπάω mit Christus als Subjekt begegnet auch Röm 8,37. Traditionsgeschichtlich sind Stellen heranzuziehen, in denen die Beziehung Gottes zu Israel als Liebe beschrieben wird (u. a. Dtn 4,37; Jes 41,8; Jer 38[MT: 31],8).[148]

Der Schluss von V. 20bβ greift Gal 1,4 wieder auf. Zu dem Verbum παραδιδόναι, bezogen auf die Hingabe des Lebens Jesu, kommen im Neuen Testament drei Subjekte in Betracht: Judas (Mk 3,19), Gott (Röm 4,25; 8,32) und Jesus selbst (Gal 2,20). Der Nachsatz spricht wieder die Basis des Heils an.[149]

21 Das Verbum ἀθετέω heißt wie in 1Thess 4,8; 1Kor 1,19; Gal 3,15 »für ungültig erklären«. Umstritten ist, ob V. 21a einen Vorwurf möglicher Gegner an die Adresse des Paulus wiedergibt – der Begriff χάρις referiert dann auf die Gnadengabe der Tora Israels – oder umgekehrt einen Vorwurf des Paulus ihnen gegenüber.[150] Das begründende

---

140 Wie *du Toit*, »In Christ«, 142; *Keener*, Gal [2019], 196, allerdings richtig feststellt, bedeutet es keineswegs die Auslöschung der Persönlichkeit. Als Alternative könnte man mit *Keener*, Gal [2019], 194, auf die Märtyrertradition (4Makk 7,19; 16,25) verweisen.
141 Gal 3,2; Röm 5,5; 8,9.11. Calvin, Gal, CR 50, 199, hatte als Vergleich auf das Einwohnen der Seele im Körper verwiesen.
142 Zum Gedanken der »Annäherung an Gott« vgl. Plato, Theat. 176b; Gen 1,26 LXX ad vocem ὁμοίωσις. Dass die Götter als Vorbild für das eigene Leben fungieren, was als στοιχεῖον παιδείας zu gelten hat, dazu vgl. Cornut, Comp. 14,5.
143 Ersteres betont *Kremendahl*, Botschaft, 272, Letzteres *Lambrecht*, Paul's Reasoning, 166.
144 *Reinmuth*, Macht, 183.
145 *Usteri*, Gal, 87. Vgl. 2Kor 5,7.
146 *Moo*, Gal, 171.
147 Calvin, Gal, CR 50, 199; vgl. auch ParIer. 6,3.
148 Vgl. *Wischmeyer*, Liebe, 64; *Söding*, Liebesgebot, 56–67.
149 Vgl. Ps-Oikumenios, Gal, PG 18, 1117 C; Theophylakt, Gal, PG 124, 981 B: Der Nachsatz mahnt jeden einzelnen zur Dankbarkeit, als wäre Christus nur um seinetwillen Mensch geworden.
150 Ersteres *Burton*, Gal, 140 (er rechnet damit, dass Kritiker des Paulus seine anderslautende Gnadenverkündigung ablehnten); *Betz*, Gal, 234; *Martyn*, Gal, 259, Letzteres *Zahn*, Gal, 137; *Lietzmann*, Gal, 17; *Althaus*, Gal, 21; *de Boer*, Gal, 163.

γάρ in Gal 2,21b und die Wiederaufnahme des Verbums in Gal 3,15 lassen letztere Auslegung als wahrscheinlicher erscheinen, doch ist dann der Bezugspunkt des Begriffs χάρις zu klären. Er ist wohl trotz desselben Begriffes χάρις in Gal 1,15; 2,9 nicht das Berufungserlebnis des Apostels[151], sondern das Heilswirken Christi, das allen Glaubenden zugutekommt; Gal 2,21 nimmt darin Gal 2,20b auf.[152] Die Wendung εἰ [...] διὰ νόμου δικαιοσύνη gibt aus der Sicht des Paulus die Position der Fremdmissionare wieder, dass man als Glied des Gottesvolkes durch Toraobservanz ein gottgefälliges Leben führen soll (vgl. PsSal 14,2). Der Satz ist als Realis formuliert – in der Protasis fehlt ein Verb; die Partikel ἄν fehlt in der Apodosis[153] –, bezeichnet aber aus Sicht des Paulus etwas, was gar nicht der Fall sein kann.[154] Man kann fragen, ob der Begriff δικαιοσύνη rein eschatologisch-forensisch[155] zu verstehen ist oder auch in Bezug auf das Wirken Gottes in der Gegenwart, in der Gewinnung der Menschen für den Glauben an die Heilstat Christi, der ihnen einen neuen, positiven Zugang zu Gott verschafft.[156] Rezipientenorientiert wird man im Hinblick darauf, dass δικαιοσύνη eine der vier Kardinaltugenden war, die letztere Antwort favorisieren[157] – ob Paulus an diesen philosophischen Hintergrund gedacht hat, kann man jedoch fragen. Andererseits ist durch Gal 5,6 ein Missverständnis der δικαιοσύνη als einer ethisch folgenlosen Attribution ausgeschlossen. Partizipationistische Terminologie und Theologie einerseits und Theologie der Rechtfertigung andererseits sind nicht als alternative Beschreibungen des Zentrums paulinischer Theologie zu verstehen, sondern bilden einen Zusammenhang: Partizipation ist das, worauf das Geschehen der Rechtfertigung zielt.[158]

Die Konsequenz des δωρεάν hätten die Fremdmissionare vermutlich nicht geteilt; ihrer Meinung nach ist Christi Tod in der Tat ein Sühnetod, der aber die Gültigkeit der Tora als Gottes Rechtsforderung nicht tangiert[159] – für Paulus ist diese Konsequenz zentral. Gal 2,21b hat bei Ed Parish Sanders zu der These geführt, die Lösung (Christus ist Erlöser für alle Menschen, Nichtjuden wie Juden gleichermaßen) habe bei Paulus allererst das Problem evoziert (alle Menschen, Nichtjuden wie Juden gleichermaßen,

---

151 *De Boer*, Gal, 163. Kritisch zu dieser Auslegungslinie *Moo*, Gal, 173: Das wäre im Gesamtzusammenhang der Verse 15–21 unpassend und wird auch durch 2,21b nicht gedeckt.

152 *Mußner*, Gal, 184; *Moo*, Gal, 173. – Denkbar ist aber auch, dass Paulus mit einem rhetorischen Seitenhieb klarstellen will: Gottes Gabe ist nicht die Tora, sondern das Heilswirken in Christus; so jedenfalls *Winger*, Being as a Jew and living as a Gentile, 119.

153 *Lambrecht*, Second Thoughts, 259.

154 *Winger*, Unreal Conditions, 110–112, mit Verweis auf Gal 3,21 als Parallele. Möglich wäre auch der Verweis auf Gal 3,18, wo im Nachsatz das resultative Perfekt κεχάρισται die Unhintergehbarkeit des göttlichen Handelns feststellt.

155 *Betz*, Gal, 235.

156 *De Boer*, Gal, 164f.

157 *DeSilva*, Letter, 219. Paulus erklärt den Begriff nirgends näher (darauf verweist zu Recht *deSilva*, Letter, 220 Anm. 274).

158 *DeSilva*, Letter, 249f.

159 *Mußner*, Gal, 185; ähnlich *Borse*, Gal, 119: Petrus und seine Gefolgsleute haben nicht am Erlösungswert des Kreuzestodes Christi gezweifelt, haben aber die Konsequenz ihres Tuns nicht bedacht.

sind Sünder), auf das die Lösung eine Antwort gibt.[160] Man wird zweierlei bedenken müssen: 1. Die heilsgeschichtliche Zäsur, wie sie auch in Gal 4,4 benannt wird, ist nicht nur theoretische Konstruktion; Paulus schreibt unter dem Eindruck dessen, was er selbst erlebt hat (Gal 1,15f.), ohne dass deshalb schon seine ganze Theologie im sog. Damaskuserlebnis begründet und verortet werden darf; 2. im Römerbrief wird Paulus diese Sicht vertiefen, wohl aufgrund eines erneuten Bedenkens der Heiligen Schrift Israels (vgl. Röm 3,10–18).

---

160 *Sanders*, Paulus und das palästinische Judentum, 415; vgl. schon *Wernle*, Anfänge, 164.243; *Löwy*, Lehre, Monatsschrift 48 (1904), 411.

3,1 – 5,12 Die Beweisführung

Der argumentative Hauptteil des Briefes beginnt in Gal 3,1–5[1] als Beweis aus der eigenen Erfahrung, gefolgt in Gal 3,6–18 von einem Beweis aus der Schrift.[2] Paulus stellt den Galatern zunächst vor Augen, wer den – in ihren Augen offensichtlich hochrangigen – Status »Kind Abrahams« zu Recht beansprucht, Erbe der Verheißung zu sein[3], und welche Rolle in der Geschichte Gottes mit der Menschheit der Tora zukommt (Gal 3,6–29). Gal 4,1–7 zielt erneut auf eine Statusdifferenz zwischen dem Sohn, dem das Erbe zufallen wird, und dem Sklaven, der nichts erbt. Das in Gal 4,1–7 gegebene Crescendo (Paulus entwirft in Gal 4,4 nichts weniger als eine Periodisierung der Weltgeschichte!) zielt auf den folgenden Misston[4] Gal 4,8–11: Im Vergleich zu ihrem hohen Status verhalten sich, so Paulus, die Galater töricht. Die Abfolge Beweis aus der Erfahrung/Beweis aus der Schrift wird sich in Gal 4,12–20/4,21–31 wiederholen, bevor Gal 5,1–12 diesen Hauptteil abschließt.

3,1–5 Das Argument aus der Erfahrung*

(1) O ihr unverständigen Galater, wer hat euch behext, denen doch Christus vor Augen gestellt wurde als der Gekreuzigte? (2) Allein dies will ich von euch erfahren: Habt ihr aus den Werken des Gesetzes den Geist empfangen oder aus der Verkündigung des Glaubens? (3) Seid ihr so unverständig, wollt ihr, was ihr im Geist angefangen habt, im Fleisch vollenden? (4) Habt ihr solches vergeblich erfahren?

---

1 Gelegentlich wird aufgrund des rückweisenden καθώς in Gal 3,6 die Zäsur erst nach Gal 3,6 gesetzt (z.B. *deSilva*, Letter, 266; *Das*, Gal, 300; zuvor Ps.-Oikumenios, Gal, PG 118, 1121 A). Der folgende Kontext Gal 3,7–14 legt jedoch eher eine Anbindung von Gal 3,6 an diese letztere Passage nahe.
2 *Morland*, Rhetoric of Curse, 116f. beobachtet den Wechsel von induktiver Argumentation (aus Einzelbeispielen wird die generelle Gültigkeit der Regel erschlossen) zu deduktivem Beweis (aus vorgegebenen Prämissen werden Schlüsse gezogen). So ist Gal 3,1–7 induktiv, Gal 3,8–14 deduktiv.
3 Zu beachten ist, dass die Argumentation des Paulus in den Abschnitten Gal 3,26–29 und Gal 4,1–7 nicht schon in den auch anderweitig rezipierbaren Versen Gal 3,28 und Gal 4,6 zum Ziel kommt, sondern erst mit dem Motiv des κληρονόμος in Gal 3,29 und der κληρονόμοι in Gal 4,7.
4 Eine ähnliche Abfolge von Crescendo und Dissonanz bietet Paulus in Röm 5,14–21/6,1f.
* Literatur: *Neumann, Nils*, »Jesus Christus vor Augen zeichnen« (Gal 3,1): Die rhetorische Strategie des Paulus in Galatien, in: *Cilliers Breytenbach* (Hg.), Paul's Graeco-Roman Context, BEThL 277, Leuven 2015, 443–455; *Schreiber, Stefan*, Paulus als Wundertäter. Redaktionsgeschichtliche Untersuchungen zur Apostelgeschichte und den authentischen Paulusbriefen, BZNW 79, Berlin/New York 1996; *Wendt, Heidi*, Galatians 3:1 as an Allusion to Textual Prophecy, JBL 135 (2016), 369–389.

Wenn es vergeblich wäre! (5) Der euch nun darreicht den Geist und Wundertaten unter euch wirkt, tut er es aus Werken des Gesetzes oder aus der Verkündigung des Glaubens?

V. 1: Die Worte τῇ ἀληθείᾳ μὴ πείτεσθαι (C D² Ψ 0278 33ᶜ 104 365 1175 1241 1505 1881 2464 Byz), die auch in den lat. Überlieferung begegnen (Hss. 51 54: *non credere veritati*; HS 135: *veritati non oboedire*), sind ein aus Gal 5,7 herausgesponnener, aber sachlich zutreffender nachträglicher Zusatz. Sie fehlen in ℵ A B D* F G und den wichtigen griechischen Minuskeln 6 33* 81 630 1739. Das dortige Fehlen dieser Worte zeigt wieder die Tenazität der Textüberlieferung. Die Worte ἐν ὑμῖν (D F G K L 33ᶜ 1505 2464 Byz, lat. Hss. 51 54 75 76 77 89 135) nach προεγράφη sind wohl sekundär. Sie fehlen in ℵ A B C P Ψ 0278 33* 81 104 365 630 1175 1241 1739 1881 f r. Eine Nachahmung einer אשר-Konstruktion (οἷς ... ἐν ὑμῖν; vgl. Offb 3,8) ist wohl nicht im Blick. Dieser Zusatz sichert das Verständnis des Verbums als lokativ, auf den Bereich der öffentlichen Verkündigung bezogen, im Gegensatz zu einer temporalen Deutung (»vorher dargestellt«).[5] V. 3: Die LA ἐπιτελεῖσθαι (ℵ D* F G 33 1175 1241S) statt ἐπιτελεῖσθε vermeidet den asyndetischen Anschluss und ist deshalb *lectio facilior*.[6]

Paulus wendet sich zum ersten Mal im Brief seit 1,11 wieder in betonter Anrede an die Leser; er will hier den Galatern anhand ihrer eigenen Erfahrung verdeutlichen, wie absurd ihre gegenwärtigen Haltung den antipaulinischen Missionaren gegenüber ist; das Argument mit der eigenen Erfahrung ist auf unwiderlegliche Zustimmung ausgerichtet. Die Methode der fortgesetzten rhetorischen Fragen soll schockieren[7] und bedrängend wirken. Neben der affektiven Ebene ist jedoch immer auch die kognitive Ebene des Konfliktes von Bedeutung.

1 Erstmals seit Gal 1,11 und nach ihrer Erwähnung in Gal 2,5 werden die Adressaten wieder angeredet. Mit Hilfe einer eröffnenden Frage, die mit der konventionellen epistolaren formula valetudinis spielt[8], bringt Paulus eine für die Adressaten unvorteilhafte Stellungnahme zum Ausdruck.[9] Paulus will bei den Galatern das Gefühl der Scham erwecken.[10] Die Interjektion Ὦ dient der Emphase.

---

5   *Carlson*, Text, 188.
6   *Carlson*, Text, 158.
7   *Du Toit*, Alienation, 160.
8   *Bauer*, Paulus, 231, bietet zu τίς ὑμᾶς ἐβάσκανεν Antiparallelen aus antiker Briefliteratur, die unter Verwendung des Begriffs ἀβάσκαντος dem Wunsch des Absenders Ausdruck geben, die Adressaten mögen vor dem »bösen Blick« bewahrt bleiben.
9   *Holmstrand*, Markers, 203. Zu Klassifizierung als Apostrophe und als Ephiphonema (*Sänger*, »Vergeblich bemüht?«, 118 Anm. 53), vgl. Quintilian, Inst VIII 5,11.
10 *DeSilva*, Letter, 100. *Hietanen*, Paul's Argumentation, 84f., bezeichnet den Ausdruck als konventionell; er lasse über die tatsächliche Gemütsregung des Paulus nicht viel erkennen. Im Blick auf Gal 3,4f.; 4,11 etc. scheint mir das nicht recht glaublich. Die Charakterisierung einer Frage als rhetorischer Frage ist eine Aussage zu ihrer Funktion in der Textpragmatik, aber nicht zu den Empfindungen des Sprechers.

3,1–5 Das Argument aus der Erfahrung

Die Anrede ἀνόητοι[11] unterscheidet sich von der Anrede ἀγαπητοί, die Paulus den Korinthern selbst am Höhepunkt einer harten Auseinandersetzung noch entgegenbringt (2Kor 12,19). Sie bezeichnet das Verfehlen der Wahrheit[12] und appelliert an die menschliche[13] Einsicht.[14] Das Fragepronomen τίς ist nicht historisierend auf eine mögliche Einzelperson hin auszuleuchten, sondern literarische Strategie, die Fremdmissionare »zu isolieren und aus der Gemeinschaft der ›wir‹ auszuschließen.«[15] Wie das an sophistische Überredungskünste[16] oder gar an Schadenszauber[17] erinnernde (in diesem Fall aber metaphorisch gebrauchte) βασκαίνω in Gal 3,1 zeigt[18], spricht Paulus den Fremdmissionaren eine positive ethische Motivation rundweg ab. Die Frage will nicht autorzentriert daraufhin bedacht sein, ob Paulus mit dem Einfluss von Dämonen bei den Galatern oder bei den Fremdmissionaren rechnet[19], sie will rhetorisch zugespitzt den Galatern die Absurdität ihres Ansinnens verdeutlichen und die Gegner

---

11 Eine solche Anrede ist bei antiken Rhetoren unüblich, so *Keener*, Gal [2019], 206, der aber auch auf Ausnahmen verweist (u. a. Cic Phil 2, 12/29).

12 Vgl. den bei *Mußner*, Gal, 206 gebotenen Beleg aus Dio Chrys, Or. XI 1, wonach für den Unverständigen die Wahrheit bitter, die Lüge hingegen süß ist.

13 Ist die geistliche Einsicht gemeint (so *de Boer*, Gal, 170)? Angesichts des Rekurses auf die eigene Erfahrung der Galater ist der Punkt nicht zu sehr zu betonen.

14 Manchmal wird diese Anrede auf Gepflogenheiten der antiken Diatribe zurückgeführt (*Dunn*, Gal, 151). Vielleicht greift Paulus hier ein allgemeines Vorurteil gegen die »Galater«, d. h. Kelten auf, das er hier auf die Bewohner der ganzen Provinz überträgt; vgl. Kallimachos, Hymnus an Delos 184: Γαλατῇσι ... ἄφρονι φύλῳ (*Mitchell*, Anatolia II 4; *John*, Gal, 148–151). Valerius Maximus II 6 bemerkt von den Bewohnern von Marseille, dass die den Glauben an die Unsterblichkeit der Seele von ihren keltischen Nachbarn kennengelernt hatten, *dicerem stultos nisi idem bracati sensissent quod palliatus Pythagoras credidit* (»ich würde sie töricht nennen, wenn nicht diese Fremden dasselbe gefühlt hätten, was der mit dem [Philosophen-]Mantel bekleidete Pythagoras geglaubt hat«).

15 *Sänger*, Strategien, 297.

16 *Betz*, Gal, 240f.

17 *Calvin*, Gal, CR 50, 202 (*incantatio*); *Holtzmann*, Das Neue Testament, 488. In antiker antichristlicher Kritik konnte Gal 3,1 angesichts von Gal 5,3 als in einem Zustand der Trunkenheit gesprochen betrachtet werden (*Makarios Magnes*, Apocriticus III 33,1, TU 169, 256).

18 Das Verbum βασκαίνω kann heißen »mit bösem Blick behexen« (Theokrit 6,39). Das Substantiv βασκάνιον bedeutet »Amulett« (Strabo, Geogr XVI 4.17 § 775). Das Substantiv βασκανία kann »bösen Blick« bedeuten (Aristot, Problemata 926b4), ähnlich wie das Adjektiv βάσανος in der Verbindung βάσανος ὀφθαλμός (Plut, Mor 680 C). Das Substantiv βασκανία bezeichnet aber auch den Vorgang, dass jemand geistig auf Abwege gerät (Plato, Phaidon 95b). Dass unreine Dämonen verführende Wirkung haben, dazu vgl. Jub 10,1. Einen Überblick zur Magie in der Antike bietet *Keener*, Gal [2019], 208–212. *Vouga*, Gal, 66f., verweist auf den metaphorischen Gebrauch in rhetorischer Polemik. – In voraufklärerischer Exegese konnte das Verb offenbar als Abschwächung im Vergleich zu ἀπατάω empfunden werden (Ps.-Oikumenios, Gal, PG 118, 1120 A).

19 Zur Diskussion vgl. *Keener*, Gal [2019], 207f. Bei den an der Tora orientierten Fremdmissionaren ist eine Hinneigung zur Magie nicht zu erwarten, da diese in der Tora verboten ist (*Hubing*, Crucifixion, 171).

in ein schlechtes Licht rücken.[20] Die Frage erwartet keine Antwort, auch nicht hinsichtlich des Subjektes. Das Unverständnis des Paulus den Galatern gegenüber ist sicherlich auch durch die eigene umstürzende Erfahrung seiner Berufung und Neuorientierung (Gal 1,15f.; Phil 3,5–11) bestimmt. Προγράφειν kann »öffentlich darstellen« heißen, gerade wenn man die Forderung der Rhetorik bedenkt, die in Frage stehende Angelegenheit eindrucksvoll vorzutragen[21], aber auch »öffentlich bekanntmachen«; es ginge dann nicht um den Vorgang der Kreuzigung[22] – diesen kannte man aus eigener Anschauung –, sondern um die Bedeutung des Kreuzes Jesu als des entscheidenden Heilsereignisses[23], dessen Effekt die Galater zu verspielen drohen,[24] oder aber um die Verkörperung der Kreuzesexistenz in Paulus selbst[25] oder um die Erstverkündigung im Allgemeinen[26] oder speziell um die Erinnerung an die detailreiche ἔκφρασις der in Gal 1,15f. beschriebenen Vision, den Galatern in der Erstverkündigung präsentiert.[27] Paulus verwendet für das verbum finitum den Aorist, betont also den Aspekt des Abgeschlossenen der Handlung, während die Perfektform des Partizips ἐσταυρωμένος das Resultative betont: Gerade der Gekreuzigte ist der Messias Gottes.[28] Gal 3,1b berührt

---

20 So auch *deSilva*, Letter, 267. Luther, Gal, WA 40/I, 319, konnte bemerken: *Hic excusat Galatas, et transfert culpam in Pseudoapostolos* (»Hier entschuldigt er die Galater und überträgt die Schuld auf die Pseudoapostel«).

21 *Betz*, Gal, 241; *Keener*, Gal [2019], 212f., mit reichhaltigem Belegmaterial.

22 So aber *Eckey*, Gal, 184; *Dunn*, Galatians [Commentary], 182, denen zufolge Paulus den Galatern das Geschehen auf Golgatha sinnenfällig vor Augen gestellt habe; ebenso als Erwägung *Keener*, Gal [2019], 214.

23 *Lipsius*, Gal, 35; *Schlier*, Gal, 119f. Richard Hays und Heidi Wendt vermuten, dass Paulus den Galatern prophetische Texte nahegebracht habe, die auf das Kreuz Jesu vorausweisen (*Hays*, Gal, 250f., sowie **Wendt*, Galatians 3:1, 380f., mit Hinweis auf Hieronymus, Gal., CC.SL 77A 65f.; 388). Die passive Formulierung προεγράφη lässt das Subjekt offen; Röm 15,4 hat ebenfalls zu dieser Deutung veranlasst. Allerdings wird sie durch den Kontext Gal 3,1–9 nicht nahegelegt.

24 *DeSilva*, Letter, 269, mit Verweis auf Gal 2,21.

25 *Das*, Gal, 287; *Keener*, Gal [2019], 214, wie schon *Eastman*, Recovering, 103f., die auf die Notwendigkeit verweist, auch das visuelle Element zu betrachten: Paulus verkündigt den Galatern den gekreuzigten Christus und führt seine eigenen, im Missionsdienst erlittenen Verwundungen, als sichtbares Zeichen des Kreuzes an (Gal 6,17).

26 *De Boer*, Gal, 171. Die Erstverkündigung fungiert faktisch, ohne dass er es explizitiert, als Umsetzung des Auftrages aus Gal 1,16 den Galatern gegenüber (*Eastman*, Recovering, 103f.). Sie war apokalyptisch geprägt (1Thess 2,18; 5,1f.), aber auch durch das Wort vom Kreuz bestimmt (vgl. 1Kor 1,23; 2,2). *Winger*, Act one, 553–566 rekonstruiert als Elemente der Erstverkündigung die Verkündigung von Gott Vater und von Jesus Christus als seinem Sohn, die sündentilgende Bedeutung des Kreuzes, die Auferweckung Christi sowie die Geistmitteilung, die die Transformation der Glaubenden einschließt; was noch fehlte, war die radikale Gesetzeskritik.

27 **Neumann*, »Jesus Christus vor Augen zeichnen«, 450f., unter mit reichem Quellenmaterial belegter Deutung von προγράφειν als rhetorischen *terminus technicus*, der eine kleinschrittige, sinnenfällige (bei Paulus: 1Kor 9,1; 5,8; Gal 1,12.16) Darstellung eines Geschehens benennt. In der lat. Tradition begegnet gelegentlich *praescriptus* (77 88) statt des üblichen *proscriptus*.

28 *Dunn*, Gal, 152.

nach der emotionalen wieder die kognitive Ebene: Paulus nimmt mit dem Verweis auf Christus als den Gekreuzigten Gal 1,4 wieder auf und benennt die Basis ihrer Zugehörigkeit zur Gemeinde.

2 Die emphatisch vorangestellte Wendung τοῦτο μόνον fokussiert auf den einen, in der Sicht des Apostels entscheidenden Punkt; dass es noch andere wichtige Punkte bei diesem Stand des Konfliktes geben könnte, erscheint dadurch als ausgeschlossen.[29] Die auf den kognitiven Aspekt zielende Frage danach, in welchem Zustand sie den Heiligen Geist empfangen[30] haben, ist ein Appell, Vernunft anzunehmen. Paulus spricht indigniert, als müsste er sich selbst nunmehr als Schüler betrachten.[31] Subtil appelliert Paulus an das Urteil der Adressaten, was sie als unsinnig empfinden würden.[32] Aus seiner Sicht zielt der Verweis auf die eigene Erfahrung[33] der Galater auf unmittelbare Evidenz, der sie nichts entgegenzusetzen haben[34], auf den »Wirklichkeitserweis der Präsenz des Geistes Gottes.«[35] Dieser endzeitliche Gottesgeist ist Ausweis der Anerkennung der Galater als Söhne und Töchter Gottes.[36] Paulus rechnet damit, dass die Galater diesen Grundsatz teilen, der ihnen sozialpsychologisch gesehen einen hochrangigen, begehrenswerten Status zuweist, wendet ihn aber gegen ihr durch die Fremdmissionare gesteuertes Ansinnen. Die nachträgliche Übernahme von Tora-

---

29 So bereits *Lipsius*, Gal, 35. Vergleichbar hinsichtlich der summierenden Funktion ist der Imperativ στήκετε in Gal 5,1. – In D F G d werden θέλω und μαθεῖν umgestellt, sodass μόνον nunmehr μαθεῖν modifiziert. Erfolgte die Umstellung, weil θέλω als Aussage über Paulus im Galaterbrief doch noch mehr umschließt als den in Gal 3,2 genannten Inhalt (*Carlson*, Text, 189, mit Verweis auf Gal 4,20)?

30 Inkludiert ist hierbei das Verständnis des Geistes als einer Gabe Gottes, das Paulus mit der frühjüdischen Tradition quer durch alle Gruppen (Weish 8,21; 9,7 genauso wie 4Q427 fgm. 8 ii 17; Sib IV 46) teilt. Wie die Vermittlung des Heiligen Geistes vonstattenging, sagt Paulus hier noch nicht (*Schlier*, Gal, 121). Singulär ist die LA *Christum* in der lat. HS 61.

31 Luther, Gal, WA 40/I, 328.

32 *Oakes*, Gal, 103.

33 Der Aorist ἐλάβετε verweist auf ein einmaliges Ereignis (*Das*, Gal, 288). – Cicero versucht ebenfalls, durch die Erinnerung an (allerdings erst jüngst) vergangene Ereignisse die Senatoren zu beeinflussen (Cic, Phil V 2; XIII 5: *Non recordamini, per deos immortalis, quas in eos sententias dixeritis?* »Erinnert ihr, bei den unsterblichen Göttern, euch nicht, welche Beschlüsse ihr gegen sie gefasst habt?«).

34 Calvin, Gal, CR 50, 203, verweist auf Apg 11,17 als Analogie der Evidenz des Geistempfanges. *DeSilva*, Letter, 270, verweist auf 1Kor 2,1–5 als Parallele für das unwiderlegliche Erfahrungsargument.

35 *Reinmuth*, Macht, 178. – Paulus hatte den Geist bis dato im Galaterbrief noch nicht thematisiert (darauf verweist *Klein*, Gal, 100).

36 Paulus bindet auch unabhängig und vor den Kontroversen um die beschneidungsfreie Mission unter Nichtjuden Rechtfertigung und Geistempfang zusammen, vgl. 1Kor 6,11 (Rechtfertigung »im Namen unseres Herrn Jesu Christi und im Geist unseres Gottes«). Für den Zusammenhang von Konversion und Geisterfahrung vgl. 1Kor 2,12; 2Kor 11,4; Gal 3,14; Röm 8,15. Dass der Geistempfang mit der Taufe zusammenfällt, ist, so *Rabens*, Spirit, 216 Anm. 205, nicht zwingend gesagt.

Vorschriften könnte, so der Apostel, ihrem Status nichts mehr positiv hinzufügen, wäre überdies ein Votum des Misstrauens gegenüber dem Effekt der Heilstat Christi.[37] Paulus greift i.F. faktisch den in Gal 2,16 markierten Gegensatz wieder auf. Das Syntagma ἀκοὴ πίστεως ist hinsichtlich des Begriffes ἀκοή mehrdeutig: Bezeichnet ἀκοή den Akt des Hörens[38] oder die Botschaft, die man hört?[39] Im letzteren Fall ist zu fragen, ob die Wendung »die Botschaft des Glaubens«[40] bezeichnet oder »die Botschaft, die Glauben erweckt.«[41] Die beiden jeweils letztgenannten Möglichkeiten ergeben eine angemessene Deutung.

3 Die einleitende Frage kann signalisieren, dass Paulus doch noch die Hoffnung hegt, dass dieses Ausmaß der Unvernunft bei den Adressaten noch nicht gegeben ist.[42] In dem folgenden Chiasmus sind die Dative[43] πνεύματι und σαρκί koordiniert. Der Dativ σαρκί referiert wohl kaum auf die Beschneidung am »Fleisch«[44], aber wohl auch nicht auf den Gegensatz zwischen Sündlosigkeit und Sündhaftigkeit[45] (auch wenn diese als vergebliches Bemühen um eigene Gerechtigkeit begriffen wird[46]) oder den Gegensatz

---

37 Darauf verweist *deSilva*, Letter, 273.
38 *Zahn*, Gal, 141 (Es stehen sich ἔργα und ἀκοή gegenüber, νόμος und πίστις; ἀκοή ist rezeptives Verhalten, ἔργα sind produktives Handeln); *Burton*, Gal, 147; *Borse*, Gal, 123; *Dunn*, Gal, 152.
39 *Martyn*, Gal, 288.
40 *Lietzmann*, Gal, 18; *Mußner*, Gal, 207.
41 Im letzteren Sinne *Schlier*, Gal, 122; *Martyn*, Gal, 288f.; *Sänger*, Gesetz, 177; *deSilva*, Letter, 270; *Keener*, Gal [2019], 217; *Das*, Gal, 292. Insgesamt vgl. *de Boer*, Gal, 174–177.
42 *Hietanen*, Paul's Argumentation, 86.
43 Was sind das für Dative? Diskutiert werden die Deutungen als Dativus instrumentalis (*Burton*, Gal, 149; *Lietzmann*, Gal, 18) und Dativus qualitatis (*Mußner*, Gal, 209).
44 So aber *Holtzmann*, Das Neue Testament, 488; *Jewett*, Anthropological Terms, 99f., mit Verweis auf Gal 6,13; *Hansen*, Abraham, 110; *Das*, Gal, 294; *deSilva*, Letter, 273 mit Verweis auf Gen 17,11, ferner *Martyn*, Gal, 294; *Vouga*, Gal, 68; *de Boer*, Gal, 177 (er rechnet damit, dass die Adressaten, zumindest die Fremdmissionare eine Anspielung an Gen 17,10f.13 erkennen); *Keener*, Gal [2019], 218, jeweils als Erwägung, zuvor schon *Lipsius*, Gal, 35. Die Beschneidung als Entfernung des »bösen Triebes« konnte in Qumran (1QS V 4f.) als Absage an den verfehlten Weg der Herzenshärte verstanden werden (darauf verweist *Das*, Gal, 294). Allerdings ist in 1QS V 4f. der Begriff »Beschneidung« metaphorisch verwendet. Doch geht erst aus Gal 5 hervor, dass die Beschneidung den Hauptstreitpunkt im galatischen Konflikt darstellt (*von der Osten-Sacken*, Gal, 134).
45 *Keener*, Gal [2019], 218, mit Verweis auf Gal 5,16–23; 6,8, als Erwägung. Einen Überblick über die verschiedenen Deutungen bietet *de Boer*, Gal, 177–180. – In der Auslegung von Gal 3,3 ist die Warnung von *Burton*, Gal, 148f. zu beachten, dass Paulus im Galaterbrief die ἔργα νόμου keineswegs der σάρξ zuordnet. Beachtet man, dass Gal 5,19–21 teilweise typisch nichtjüdisches Verhalten von einem jüdischen Standpunkt aus in den Blick nimmt, ist es wenig wahrscheinlich, dass Paulus in Gal 3,3 darauf abzielt, dass die Öffnung der Adressaten gegenüber der Verkündigung der Fremdmissionare sie zu einem ethisch verfehlten Leben führen würde. Darum ist auch der Verweis auf die Parallele Philo, Her 57 (*Keener*, Gal [2019], 218) nicht hilfreich, ebenso wenig der Gedanke, dass die Übernahme der Beschneidung die Adressaten wieder unter ein Leben unter den Mäch-ten des gegenwärtigen bösen Äons führt (*Das*, Gal, 294).
46 *Althaus*, Gal, 20.

3,1–5 Das Argument aus der Erfahrung **139**

zwischen göttlichem Wirken und menschlichem Bemühen[47] und ist wohl auch nicht ironisch zu verstehen, sondern meint das Urteil von der Sphäre des Geistes bzw. des Fleisches aus[48], im Sinne von 2Kor 5,16 (»Christus nach fleischlicher Weise kennen«). Das Verbum ἐπιτελέσθαι[49] ist wohl nicht passivisch[50], sondern eher medial zu deuten[51]; das Präsens verweist auf den in der Gegenwart noch fortdauernden Vorgang. Zu beachten ist, dass weder die pneumatischen Erfahrungen als solche strittig sind noch die Frage, was unter »Geist« zu verstehen sei.[52]

4 Das Verständnis des ersten Satzteiles hängt i.w. von der Deutung des Verbums πάσχω ab. Es bezeichnet bei Paulus ansonsten[53], ähnlich wie sonst in der Septuaginta und im Neuen Testament, eine menschlich gesehen negativ gewertete Leidenserfahrung.[54] Gelegentlich wird von Gal 3,4 aus auf Gal 4,29 verwiesen[55], doch ist nicht sicher, dass Paulus hier konkrete Leidenserfahrungen der Galater anspricht. Im allgemeinen griechischen Sprachgebrauch kann es jedoch auch von positiven Erfahrungen verwendet werden.[56] Das Demonstrativpronomen τοσαῦτα, das ohne klaren Antezendenten steht, wäre bei einem positiven Verständnis von πάσχω auf die Erfahrung des Geistempfanges zu beziehen. Letztere Deutung legt sich vom Kontext her nahe[57], ebenso von dem Tempusaspekt des Aoristes ἐπάθετε im Sinne des Perfektiven. Der Nachsatz kann als Ausdruck der Skepsis[58] oder der Hoffnung aufgefasst werden, in dem Sinn,

---

47 *Moo*, Gal, 184f.
48 Ersteres *Dunne*, Persecution, 52, Letzteres *Betz*, Gal, 241; Ps.-Oikumenios, Gal, PG 118, 1120 C.
49 Das Präsens ist ein Präsens de conatu; vgl. *Sänger*, »Vergeblich bemüht?«, mit Verweis auf die Verwendung des Verbums θέλω zur Kennzeichnung der Bestrebungen der Fremdmissionare (Gal 1,7; 4,17; 6,13) und der Galater (Gal 4,9.21).
50 Als Argumente dafür benennt *de Boer*, Gal, 178f. die Idee der Vollkommenheit in Jub 15,3; 23,10. Er entscheidet sich aber doch für die mediale Bedeutung; die passivische Deutung setzt voraus, dass die Fremdmissionare die Erstverkündigung des Paulus ergänzen (so u.a. *Oepke*, Gal, 68; *Klein*, Gal, 101), nicht ersetzen wollten, was *de Boer*, Gal, 180, für unwahrscheinlich hält.
51 *Martyn*, Gal, 292f.; *Moo*, Gal, 184, mit Verweis auf Gal, 1,6, wo beide Verben ebenfalls verwendet werden. Hat Paulus ein Schlagwort der Gegner ironisierend aufgegriffen (*Schlier*, Gal, 123f.)? – Ps.-Oikumenios, Gal, PG 118, 1120 C, betont, dass die Adressaten sich »wie Schafe« das gefallen lassen, in Unwissenheit dessen was sie tun; ähnlich Theophylakt, Gal, PG 124, 984 C.
52 *Sänger*, »Vergeblich bemüht?«, 126.
53 1Thess 2,14; 1Kor 12,26; 2Kor 1,6; Phil 1,29.
54 Das betont *Dunne*, Persecution, 70f. mit Anm. 115 (Lit.!). Allerdings wird das Verbum dann stets erst durch den Kontext negativ konnotiert (*Das*, Gal, 296).
55 *Moo*, Gal, 185; *Hubing*, Crucifixion, 172. Allgemein auf πειρασμοί verweisen Ps.-Oikumenios, Gal, PG 118, 1120 C; Theophylakt, Gal, PG 124, 984 D.
56 So auch Joseph, Ant III 312.
57 *Usteri*, Gal, 94; *Lipsius*, Gal, 35; *Dunn*, Gal, 156; *Vouga*, Gal, 69; *de Boer*, Gal, 180; *deSilva*, Letter, 276; *von der Osten-Sacken*, Gal, 135; *Klein*, Gal, 102; anders *Keener*, Gal [2019], 219, für den das lexikalische Argument gegenüber dem kontextbasierten Argument den Vorrang verdient.
58 Dazu könnte Gal 4,11 veranlassen (vgl. das dortige εἰκῇ), wenngleich auch dort die appellative Funktion unverkennbar ist.

dass Paulus die Situation nicht für irreversibel hält[59], oder auch als Ausdruck der rhetorischen Drohung.[60]

5 Diskutiert wird, ob sich die δυνάμεις auf die Wunder beziehen, die die Galater aufgrund des Geistempfanges und zu dessen Erweis selbst tun können[61] oder auf die Wunder, die Paulus unter ihnen vollbracht hat oder allgemein auf Geistwirkungen, die nicht auf Wunder eingeschränkt sind, sondern kontinuierliches und durch die Christusbindung motiviertes ethisches Wohlverhalten einschließen.[62] Paulus lässt dies offen. Er nennt sich auch selbst nicht mit Namen. Dass er selbst Wunder getan hat, muss man nicht bezweifeln, aber man sollte Gal 3,5 nicht als Beweis dafür heranziehen.[63] Subjekt der beiden Partizipien ἐπιχορηγῶν und ἐνεργῶν ist Gott[64]; auch verweist die Wahl des Präsens eher auf die stetige, fortdauernde, bis in die Gegenwart anhaltende Wirkung des Geistes in den Gemeinden.[65] Dass Paulus die Erwägung unterlässt, dass zwar nicht der initiale, wohl aber der fortdauernde Geistempfang »Werke« voraussetzt, ist gelegentlich als argumentative Schwäche vermerkt worden; letztlich sei es die Interpretation des Geistempfanges durch Paulus, die er den Adressaten vorlege – sie müsse nicht mit ihrer eigenen Interpretation übereinstimmen.[66] Eine Differenz zwischen der Deutung des Geistempfanges durch Paulus einerseits, durch die Fremdmis-

---

59 *Mußner*, Gal, 210; *Longenecker*, Gal, 105; *Dunn*, Gal, 157; *Martyn*, Gal, 285; *Sänger*, Bekennendes Amen, 152f.; *de Boer*, Gal, 180; *Moo*, Gal, 186 sowie *Das*, Gal, 297, mit Verweis auf γε (in der Tat) καί. Allerdings enthalten die Worte des Apostels nach Das, a.a.O., auch die Warnung i.S. v. Hebr 6,4–6.

60 *Betz*, Gal, 247; *von der Osten-Sacken*, Gal, 135.

61 Theophylakt, Gal, PG 124, 984 C; *Schlier*, Gal, 126; *Dunn*, Gal, 158. Paulus hätte nach dieser Interpretationslinie hier, anders als gegenüber der korinthischen Überschätzung der pneumatischen Erfahrungen, keinen Grund zur Reserve. Auch die Problematik der Herkunft der Wunderkraft aus unrechter Quelle (vgl. Dtn 13,2–6; Mk 3,22–30 parr.) ist hier nicht im Blick.

62 Ersteres *Borse*, Gal, 123, im letzteren Sinne *de Boer*, Gal, 183; *Rabens*, Spirit, 109, in Abgrenzung von einem »infusion-transformation«-Konzept (das hellenistische πνεῦμα-Konzept, das πνεῦμα als feinstoffliche Materie versteht, ist, so *Rabens*, a.a.O., 78, in jüdischen Texten dieser Zeit nicht nachweisbar); *Scherer*, Geistreiche Argumente, 149 (Tugendkräfte). Dafür spricht m.E. Gal 5,22f., wo ekstatische Erfahrungen gerade nicht genannt sind. Nur aufgrund solcher Geist-Konzeptionen wie in Gal 5,22f. war die Botschaft überhaupt verallgemeinerungsfähig.

63 *Schreiber, Paulus, 196.

64 *Dunn*, Gal, 157, mit Verweis auf 1Kor 2,12; 2Kor 1,21f.: Bei Paulus ist es nicht Christus, sondern grundsätzlich Gott, der den Geist darreicht; *de Boer*, Gal, 181; *Moo*, Gal, 186. Anders *White*, Rhetoric and Reality, 333: Paulus sieht sich in Gal 3,5 selbst als Wohltäter, der die Galater mangelnder Ehrerbietung ihm gegenüber beschuldigt. Whites Auslegung steht unter der Prämisse, dass Paulus ein Motiv der Freundschaftstopik aufgreift und den Adressaten den Bruch ihrer Loyalität ihm gegenüber vorwirft (331).

65 *Bengel*, Gnomon, 736; *Usteri*, Gal, 95; *Moo*, Gal, 187; *Keener*, Gal [2019], 220. Unterstützt wird der Gedanke dadurch, dass οὖν nicht nur rhetorisch einen Gedankengang abschließen muss, sondern auch als Verbindungspartikel gebräuchlich ist (*Das*, Gal, 298). – Der Satz ist elliptisch; es ist wohl ἐνεργέω zu ergänzen.

66 *Hietanen*, Argumentation, 89f.

sionare andererseits könnte dann so beschrieben werden, dass Paulus sich an einem Grundsatz orientiert, der auch in Joh 9,3 wirksam ist, während die Fremdmissionare – in der Linie von Dtn 13,2–6? – die von Paulus benannten δυνάμεις nicht als Erfahrung des Geistempfanges zu deuten bereit wären. Die Konjunktion ἤ kennzeichnet das, was davor und was danach steht, als sich gegenseitig ausschließende Alternativen; ein »sowohl-als-auch« lässt Paulus nicht zu.[67] Er wird diese Dichotomie in dem Diptychon Gal 3,6–9.10–14 verdeutlichen.

3,6–14 Das Argument aus der Heiligen Schrift: Abraham als Modell des Glaubens*

(6) Wie *Abraham »Gott glaubte, und es wurde ihm gerechnet zur Gerechtigkeit«*. **(7) Erkennt also, dass die, die aus dem Glauben sind, Kinder Abrahams sind. (8) Indem aber die Schrift voraussah, dass aus Glauben Gott die Völker rechtfertigen werde, verkündigte sie zuvor dem Abraham:** »*Gesegnet werden sollen sein in dir alle Völker.*« **(Gen 12,3) (9) So werden die aus dem Glauben gesegnet zusammen mit dem gläubigen Abraham.**

(10) Welche nämlich aus den Werken des Gesetzes sind, stehen unter einem Fluch; denn es steht geschrieben: »*Verflucht ist jeder, der nicht bleibt an all dem, was geschrieben steht in dem Buch des Gesetzes, dass er es tue*« **(Dtn 27,26). (11) Dass aber in dem Gesetz keiner gerechtfertigt wird vor Gott, ist offensichtlich, denn** »*der Gerechte wird aus Glauben leben*«. **(12) Das Gesetz aber ist nicht aus dem Glauben, sondern** »*Wer es tut, wird darin leben*«. **(13) Christus hat uns losgekauft aus dem Fluch des Gesetzes, indem er für uns zum Fluch wurde, weil geschrieben steht:** »*Verflucht ist jeder, der am Holz hängt*« **(Dtn 21,23), (14) damit der Segen Abrahams den Heiden zuteilwerde in Christus Jesus, damit wir die Verheißung des Geistes durch den Glauben empfingen.**

V. 7: Manche Handschriften bieten εἰσιν υἱοὶ Ἀβραάμ (ℵ² A C D F G 0278 33 1739 1881), manche εἰσιν οἱ υἱοὶ Ἀβραάμ (L 630 1505). Die Wortstellung υἱοί εἰσιν Ἀβραάμ (𝔓46 ℵ* B P Ψ 81 326 1241 2464) betont υἱοί. Sie mag ursprünglicher sein, da weniger gegen Parablepsis gesichert.[68] V. 10: Die

---

67 Hansen, Abraham in Galatians, 109.

* Literatur: *Barrier, Jeremy W.*, Jesus' Breath: A Physiological Analysis of πνεῦμα within Paul's Letter to the Galatians, JSNT 37 (2014), 115–138; *Bergmeier, Roland*, »Welche Bedeutung kommt dann dem Gesetz zu?« (Gal 3,19a), ThZ 59 (2003), 35–48; *Chibici-Revneanu, Nicole*, Leben im Gesetz. Die paulinische Interpretation von Lev 18:5 (Gal 3:12; Röm 10:5), NT 50 (2008), 105–119; *Cover, Michael Benjamin*, Paulus als Yischmaelit? The Personification of Scripture as Interpretive Authority in Paul and the School of Rabbi Ishmael, JBL 135 (2016), 617–637; *Downing, F. Gerald*, Ambiguity, Ancient Semantics, and Faith, NTS 56 (2010), 139–162; *Espy, John M.*, Paul's ›Robust Conscience‹ Re-examined, NTS 31 (1985), 161–188; *Gombis, Timothy G.*, Arguing with Scripture in Galatia. Galatians 3:10–14 as a Series of Ad Hoc Arguments, in: Mark W. Elliott u. a. (Hg.), Galatians and Christian Theology. Justification, the Gospel, and Ethics in Paul's Letter, Grand Rapids

Präposition ἐν ist Zusatz in D F G d b, wohl Angleichung an den Septuaginta-Text von Dtn 27,26. Sie fehlt in 𝔓46 ℵ* B Ψ 0278 6 33 81 104 365 630 1175 1241 1739 1881 2464. V. 12: ἄνθρωπος ist in einigen Handschriften (D¹ K L 81ᶜ 630 1505 1611 1881 2464 2495 Byz) in Entsprechung zu Lev 18,5 LXX nacherganzt, während es in vielen älteren fehlt (𝔓46 ℵ B C D* F G P Ψ 0278 6 33 81* 104

2014, 82–90; *Horn, Friedrich Wilhelm*, Juden und Heiden. Aspekte der Verhältnisbestimmung in den paulinischen Briefen. Ein Gespräch mit Krister Stendahl, in: *Michael Bachmann* (Hg.), Lutherische und Neue Paulusperspektive. Beiträge zu einem Schlüsselproblem der gegenwärtigen exegetischen Diskussion, WUNT 182, Tübingen 2005, 17–39; *Koch, Dietrich-Alex*, Der Text von Hab 2,4b in der Septuaginta und im Neuen Testament, ZNW 76 (1985), 68–85; *Konradt, Matthias*, »Die aus Glauben, diese sind Kinder Abrahams« (Gal 3,7). Erwägungen zum galatischen Konflikt im Lichte frühjüdischer Abrahamtraditionen, in: *Gabriella Gelardini* (Hg.), Kontexte der Schrift, Bd. I: Text, Ethik, Judentum und Christentum, Gesellschaft; FS Ekkehard W. Stegemann; Stuttgart 2005, 25–48; *Kraus, Wolfgang*, Hab 2,3–4 in der hebräischen und griechischen Texttradition mit einem Ausblick auf das Neue Testament, in: *Thomas Scott Caulley/Hermann Lichtenberger* (Hg.), Die Septuaginta und das frühe Christentum/The Septuagint and Christian Origins, WUNT 277, Tübingen 2011, 153–173; *Lampe, Peter*, Reticentia in der Argumentation: Gal 3,10–12 als Stipatio Enthymematum, in: *Ulrich Mell/Ulrich Bernhard Müller* (Hg.), Das Urchristentum in seiner literarischen Geschichte, FS Jürgen Becker, BZNW 100, Berlin, New York 1999, 27–40; *Lohse, Eduard*, Theologie der Rechtfertigung im kritischen Disput – zu einigen neuen Perspektiven in der Interpretation der Theologie des Apostels Paulus, GGA 249 (1997), 66–81; *Mayordomo, Moisés*, Argumentiert Paulus logisch? Eine Analyse vor dem Hintergrund antiker Logik, WUNT 188, Tübingen 2005; *Reinbold, Wolfgang*, Gal 3,6–14 und das Problem der Erfüllbarkeit des Gesetzes bei Paulus, *ZNW* 91 (2000), 91–106; *Sänger, Dieter*, »Verflucht ist jeder, der am Holze hängt« (Gal 3,13b). Zur Rezeption einer frühen antichristlichen Polemik, in: *ders.*, Von der Bestimmtheit des Anfangs. Studien zu Jesus, Paulus und zum frühchristlichen Schriftverständnis, Neukirchen 2007, 99–106; *Schnelle, Udo*, Frühchristliche Identitätspolitik, in: *Esther Brünenberg-Bußholder* (Hg.), Das Neue Testament im Dialog, FS Söding, Freiburg 2021, 79–96; *Streett, Daniel R.*, Cursed by God? Galatians 3:13, Social Status, and Atonement Theory in the Context of Early Jewish Readings of Deuteronomy 21:23, Journal for the Study of Paul and His Letters 5 (2015), 189–209; *Theobald, Michael*, »Verflucht ist jeder, der am Holz hängt« (Dtn 27,26). Die Deutung des Todes Jesu nach dem Galaterbrief, BiKi 3 (2009), 158–165; *du Toit, David S.*, Christlicher Glaube als endzeitliche Variante des Glaubens Abrahams, in: *Paul-Gerhard Klumbies/David S. du Toit* (Hg.), Paulus – Werk und Wirkung. Festschrift für Andreas Lindemann zum 70. Geburtstag, Tübingen 2013, 325–350; *Trick, Bradley*, Abrahamic Descent, Testamentary Adoption, and the Law in Galatians, NT.S 169, Leiden 2016; *Young, Norman H.*, Who is Cursed – and Why? (Galatians 3,10–14), JBL 117 (1998), 72–92; *Wakefield, Andrew Hollis*, Where to Live. The Hermeneutical Significance of Paul's Citations from Scripture in Galatians 3,1–14, Atlanta 2003; *Westerholm, Stephen*, Paul's Anthropological Pessimism in its Jewish Context, in: *John M.G. Barclay/Simon J. Gathercole* (Hg.)(Hg.), Divine and Human Agency in Paul and his Cultural Environment, London 2006, 71–98; *Wischmeyer, Oda*, Wie kommt Abraham in den Galaterbrief?, in: *Michael Bachmann/Bernd Kollmann* (Hg.), Umstrittener Galaterbrief. Studien zur Situierung der Theologie des Paulus-Schreibens, BThSt 106, Neukirchen 2010, 119–163; *Witulski, Thomas*, Abraham als Beleg für die soteriologische Dysfunktionalität des νόμος, SNTU 39 (2014), 159–205.

68 *Carlson*, Text, 109f.

465 629 1175 1241 1739 b r vg). Der divergierende Befund in D* F G (Angleichung vs. Nicht-Angleichung) zeigt letztlich, wie wenig wir wissen. V. 14: Der Ersatz von ἐπαγγελία durch εὐλογία in Gal 3,14b in 𝔓46 D* F G b ist durch den vorangegangenen Halbvers bestimmt.[69] Die LA ἐπαγγελία hat mehr an wichtigen Zeugen, über verschiedene Traditionsströme verteilt, für sich (𝔓99 ℵ A B C D² K L P Ψ 0278 33 81 104 365 630 1175 1241 1505 739 1881 2464 Byz).

Unvermittelt setzt Paulus mit einem aus Gen 15,6 und Gen 12,3 genommenen Argument ein, um seine Position zu untermauern; unvermittelt wirkt die Erwähnung Abrahams (Gal 3,6) wie seiner Kinder (Gal 3,7), während die Erwähnung der ἔθνη (Gal 3,8) durch Gal 2,14 thematisch vorbereitet erscheint. Vermutlich haben die Fremdmissionare den Galatern zu vermitteln versucht, dass nicht schon die Akzeptanz der Erstverkündigung des Paulus, sondern allein die Beschneidung die Zugehörigkeit zu den »Kindern Abrahams« ermögliche[70], zumal Abraham das Gebot der Beschneidung explizit gegeben wurde (Gen 17).[71] Sozialpsychologisch lässt sich diese Argumentation so beschreiben: Die Fremdmissionare schrieben der Abrahamskindschaft einen hohen, erstrebenswerten Status zu und vermittelten den an Paulus orientierten Galatern eine negative Selbstkategorisierung im Sinne des Defizitären. Das kann die Galater zu sozialer Mobilität veranlassen, d. h. dazu, in die Gruppe der Fremdmissionare zu wechseln und zukünftig diese Gruppe als die Eigengruppe zu verstehen. Paulus muss sich deshalb der Frage stellen »Wer ist Kind Abrahams« – die mehrfach unterbrochenen Ausführungen zu dieser Frage finden erst in Gal 3,29 ihren Abschluss. Abraham ist nicht nur Vorbild, sondern Urbild der Rechtfertigung.

Es empfiehlt sich, das Diptychon Gal 3,6–14 als Einheit zu betrachten, innerhalb deren vor Gal 3,10 eine Zäsur besteht, aber Gal 3,6–9 und Gal 3,10–14 nicht separat zu kommentieren. Nach wie vor ist die Alternative ἐξ ἔργων νόμου versus ἐξ ἀκοῆς πίστεως aus Gal 3,5b leitend. Beide Motive werden in chiastischer Zuordnung zu der Frage von Gal 3,5b verhandelt.[72] Die Frage in Gal 3,9, wodurch die Segnung der ἔθνη möglich wird und worin sie besteht, wird erst in V. 14 beantwortet. Dort greifen die termini εὐλογία, ἔθνη und ἐπαγγελία auf Gal 3,8 zurück. Überdies schlägt Gal 3,14 den Bogen zu Gal 3,2 zurück. Die Erfahrung der Galater wird ihnen durch das Schriftzeugnis als wirkliche Erfahrung des Gottesglaubens erwiesen; sie kann entsprechend gegenüber den Gegnern nicht nur verteidigt, sondern als Erfüllung der in Gen 12,3 angekündigten Segnung der ἔθνη in Abraham proklamiert werden (Gal 3,14). Die Zäsur nach V. 14 ist insofern sachgemäß, als ab V. 15 das Leitwort διαθήκη die Gedankenführung bestimmt, das bisher im Galaterbrief noch nicht begegnet ist.

---

69 *Carlson*, Text, 190. Zu entsprechenden Tendenzen in der lat. Tradition vgl. *Houghton* u. a., Epistles, 409.
70 So zuletzt u. a. *Limberis*, Provenance, 402f.; *de Boer*, Gal, 186f.; *Wischmeyer, Abraham, passim; von der Osten-Sacken*, Gal, 137; anders *Trick, Abrahamic Descent, passim.
71 *Hansen*, Abraham, 113. Allerdings diskutiert Paulus das Thema der Beschneidung Abrahams im Galaterbrief nicht (vgl. dagegen Röm 4,9–12).
72 *Sänger*, »Vergeblich bemüht?«, 127.

Der Abschnitt Gal 3,6–14 ist mehrfach durch das Prinzip der Gezera schawa zusammengehalten, das innerhalb der semantischen Oppositionsreihe οἱ ἐκ πίστεως .... εὐλογία/οἱ ἐξ ἔργων νόμου ... κατάρα durchgeführt wird.[73] Gen 12,3 ist gemäß Gal 3,8 aufgrund von Gen 15,6 Vorankündigung der Rechtfertigung der Heiden aus dem Glauben. Die Opposition zur Rechtfertigung aus den Werken des Gesetzes ergibt sich daraus, dass in Hab 2,4 wie in Gen 15,6 die Wurzeln δικ- und πιστ - erscheinen, Hab 2,4 aber mit Lev 18,5 ad vocem ζῆν, Lev 18,5 mit Dtn 27,26 ad vocem ποιεῖν miteinander verbunden ist und dieses ποιεῖν mit den Worten πᾶσιν τοῖς γεγραμμένοις ἐν τῷ βιβλίῳ νόμου näher bestimmt wird. Dass der Kreuzestod Christi als Grund der Rechtfertigung benannt wird, ist wiederum nur ermöglicht durch das gemeinsame Stichwort κατάρα zwischen Dtn 21,23, das Paulus auf diesen Tod bezieht, und Dtn 27,26, wo der Fluch über alle ausgesprochen ist, die das Gesetz nicht tun. Die von der Schrift angekündigte Segnung der ἔθνη in Abraham erfüllt sich in den Heidenchristen, deren Geistempfang (s. Gal 3,2) zugleich als Wahrheitserweis für die paulinische Verkündigung gewertet wurde (Gal 3,5). Ferner stützt es Paulus auf das Gesetz, dass die Christen in der Kontinuität zu dem Verheißungsträger Isaak stehen (Gal 4,21–31).

Die Schriftzitate in Gal 3,10.13 sind markiert, die Zitate in Gal 3,11f. sind nicht markiert. Gal 3,12 lässt sich vielleicht damit erklären, dass der Apostel die Aussage als bekannt voraussetzt, zumal sich der in Gal 3,10 benannte Fluch über diejenigen erstreckt, die das Gesetz *nicht* tun. Eine Markierung des Zitates in Gal 3,11 wäre dem Apostel wohl nützlich gewesen, gerade im Gegenüber zu den Fremdmissionaren, die ihrerseits vermutlich mit der Heiligen Schrift argumentiert haben. Setzte Paulus das Zitat ebenfalls als bekannt voraus oder erachtete er es als logische Konsequenz aus Gen 15,6?

Die Beachtung des Tempusaspektes hilft, die Aussage des Apostels stärker zu konturieren. In Gal 3,6–14 dominieren der Aorist, der in allen vier Fällen einen abgeschlossenen, unveränderbaren Tatbestand markiert (von Bedeutung ist dieser Aspekt vor allem für Gal 3,8: Jede Argumentation der Fremdmissionare scheitert in der Sicht des Paulus an diesem unveränderbaren προευηγγελίσατο und dem ebenso unveränderbaren ἐξηγόρασεν [Gal 3,13]), und das Präsens, das zeitlose Gültigkeit in sich schließt (Gal 3,7.9.10–12). Perfektformen begegnen nur in dem zweimaligen γέγραπται (V. 10; 13); der Aspekt des Resultativen verleiht den Zitaten statuarischen Charakter. Bei den Futurformen bezeichnet ἐνευλογηθήσονται (Gal 3,8) einen vom Standpunkt des eigentlichen Sprechers aus zukünftigen Zustand, der sich in der Gegenwart des Paulus jedoch bereits erfüllt; das zweimalige ζήσεται (Gal 3,11f.) kann als logisches wie als eschatologisches Futur gedeutet werden. Den Präsensformen in Gal 3,14 eignet zeitlich unbestimmte Fortdauer.

6 Der Gebrauch der Konjunktion καθώς am Anfang eines Vergleiches mag ungewohnt sein, vgl. aber 1Kor 11,2. Einige Interpreten fassen καθώς als Abkürzung für καθὼς γέγραπται auf.[74] Zu fragen ist jedoch, warum Paulus diese ihm geläufige Formel

---

73 Das sollte bei den Untersuchungen zur Logik dieser Stelle beachtet werden.
74 *Dunn*, Gal, 160; *Vouga*, Gal, 71. Tatsächlich bieten einige lat. Hss. zusätzlich *scriptum est* (51 54 58 61 77 78 89 135).

nicht verwendet, wenn er das hätte sagen wollen.[75] Auch steht diese Formel bei Paulus immer erst »*nach* der zu begründenden Aussage.«[76] Denkbar ist aber auch eine andere Deutung: In Gal 3,6 ist die Reihenfolge der ersten beiden Wörter (Ἀβραάμ ἐπίστευσεν) gegenüber Gen 15,6 (ἐπίστευσεν Ἀβραμ) umgestellt; auch die Namensform variiert. Möglicherweise beginnt das unmarkierte Zitat erst mit dem Verbum ἐπίστευσεν[77]; wichtiger ist in Gal 3,6 Abraham als Autorität, weniger die Schrift als solche.[78] Die Formel »zur Gerechtigkeit angerechnet werden« ist traditionell.[79] Paulus sah sich im Galaterbrief offenbar nicht genötigt, zu erklären, inwiefern er Gen 15,6 in dem von Gal 2,16 her gegebenen Sinn verstehen kann.[80] In Röm 4 wird er anders verfahren.

Der Vergleich von Gen 3,6–9 mit dem biblischen und antiken jüdischen Abrahambild zeigt die singuläre Stellung des Paulus in der Rezeption der Abrahamgestalt. In der Heiligen Schrift wie in antiker jüdischer Literatur wird Abrahams Gehorsam gegenüber den Geboten Gottes gerühmt.[81] Abraham gilt als »menschenfreundlich« (Philo, Abr 107), als Gott verehrend (4Makk 15,28), als »gottgeliebt«, als »Freund Gottes«[82]. Seine Seelenstärke bei der Bindung Isaaks gilt als vorbildlich.[83] Biblische Prädikate wie ἄμεμπτος (in der Aufforderung Gottes in Gen 17,1) und τέλειος (Gen 17, 1^Aq) werden in ihm als erfüllt dargestellt (Weish 10,5).[84] Gen 15,6 wird bei Philo, Virt 211–219, auf Abrahams Bekeh-

---

75 *Moo*, Gal, 187.
76 *Mayordomo, Argumentiert Paulus logisch?, 135 (Hervorhebung Mayordomo).
77 So auch NA[28], wie bereits Codex Claromontanus, fol. 266v. Die Reihenfolge *credidit abraham* begegnet auch in der lat. Überlieferung (51 61 77 78 89).
78 *De Boer*, Gal, 189; *Klein*, Gal, 105.
79 Ps 106,31; 1Makk 2,52; Jub 30,17; 4QMMT 398, Frgm. 14 ii 7.
80 Ob der ursprüngliche Kontext von Gen 15,6, die Nachkommensverheißung, hier für Paulus von Bedeutung ist? Mindestens ebenso wichtig ist jedoch die Geistverheißung (*deSilva*, Letter, 277). Schon in voraufklärerischer Tradition wurde die genannte Lücke festgestellt (Luther, Gal, WA 40/I, 375f.) und geschlossen: Calvin, Gal, CR 50, 205 bezeichnet Gerechtigkeit als imputative Gerechtigkeit, d.h. als Akzeptanz durch Gott, nicht als inhärierende Qualität im Menschen, Glaube als die *causa instrumentalis*, als die Weise, durch die der Mensch zu jener Akzeptanz durch Gott gelangt.
81 Gen 26,5 LXX; aufgenommen in Jub 17,15–18; 24,11; Sir 44,20a; Philo, Abr 275; LAB 32,2. Die leichte Spannung zu dem Umstand, dass biblisch die Tora vollumfänglich erst am Sinai offenbart wurde, versuchte man durch die Vorstellung himmlischer Tafeln aufzulösen, auf denen die Tora bereits fixiert war (Jub 16,21–31), oder durch die Erwägung, Abraham habe sich an das ungeschriebene Gesetz gehalten (Philo, Abr 3–6). Philo gelingt es dadurch überdies, Abraham als Philosophen zu stilisieren, der sich nicht nur an die von der menschlichen Gemeinschaft festgelegten Gesetze gehalten habe, sondern auch an das ungeschriebene, natürliche Gesetz.
82 Ersteres 2Chr 20,7; Jes 41,8; Dan 3,35, Letzteres Jub 19,9; ApkAbr 9,6; 10,6; Philo, Sobr 56; CD III,2; Jak 2,23; zur Bezeichnung φίλος θεοῦ s. Weish 7,27.
83 Weish 10,5; 4Makk 14,20; 15,28; 16,20; 17,6.
84 Für Ersteres vgl. Weish 10,5, für Letzteres Jub 23,10; Jak 2,22. Die Sündlosigkeit wird auch in OrMan 8 betont.

rung bezogen[85], in 1Makk 2,52; 4Q225 Frgm. 2 I,3–II,14 wie in Jak 2,21–23 auf Abrahams Standhaftigkeit bei der Bindung Isaaks. Die Themen »Bund« und »Beschneidung« sind auch in Sir 44,19f. explizit miteinander verknüpft.

7 Erstmals begegnet ein Imperativ in 2. Pl. im Galaterbrief.[86] Die Partikel ἄρα wird normalerweise als Folgerungspartikel verstanden, obwohl zunächst eine zweite Prämisse zu erwarten ist, damit ein logisch gültiger Schluss entstehen kann; vorausgesetzt wäre, so Mayordomo, die unausgesprochene Prämisse »Alle Glaubenden sind Gerechtfertigte«. Versteht man sie im Sinne einer rhetorischen Hervorhebung, dann formuliert V. 7 die zweite Prämisse, während der logische Schluss nicht explizit gezogen wird.[87] Allerdings lässt sich V. 6a als erste, V. 6b als zweite Prämisse verstehen. Die Wendung οἱ ἐκ πίστεως bezeichnet eine konkrete, aber nicht individuell spezifizierte Gruppe, deren Lebensweise zur Prüfung für die Rezipienten angeboten wird.[88] Das Demonstrativpronomen οὗτοι ist restringierend.[89] Der Begriff πίστις referiert in Gal 3,7 wohl kaum auf die »Treue Christi«[90]; der Zusammenhang mit Gal 3,6 lässt dies als wenig wahrscheinlich erscheinen.[91] Inwiefern der »Glaube« an Christus dem Glauben Abrahams entspricht, wird von Paulus hier nicht entfaltet. Bradley Trick zufolge geht es im galatischen Konflikt jedoch nicht um die Frage, ob die Rechtfertigung durch Glauben oder Toraobservanz zuteilwird, sondern darum, ob rechtfertigender Glaube seinen Ausdruck in Werken des jüdischen Gesetzes finden muss. Paulus muss daher die Unterscheidung zwischen Glauben und Werken des Gesetzes erst etablieren, nicht einfach voraussetzen.[92] Die Wendung υἱοὶ Ἀβραάμ wird von Paulus ohne Erläuterung eingeführt – wahrscheinlich setzt Paulus voraus, dass die Galater aufgrund der

---

85 Das Verbum πιστεύειν kann im Zusammenhang der Bekehrung verwendet werden (Jdt 14,10; Weish 2,2; Philo, Abr 69f.; Joseph Ap II 169). – Paulus macht übrigens (anders als die Fremdmissionare?, so *Das*, Gal, 302) keinen Gebrauch von dem Motiv der Bekehrung Abrahams, der in Teilen jüdischer Tradition als ehemaliger Verehrer fremder Götter geschildert wird, der aber zunehmend am Sinn dieser Verehrung zweifelt (Jub 11–12; ApkAbr 1,1–8,3; Joseph Ant I 154–157). Auch die christliche Tradition kennt die Deutung des Auszugs als Trennung von der heidnisch gebliebenen Verwandtschaft (vgl. z.B. Didymus von Alexandria, Gen. 210, SC 244, 140).
86 Nach Gal 3,7 finden sich Imperative in 2.Pl. noch in Gal 4,12; 4,21; 5,1; 5,16; 6,1.2. Eine Deutung als Indikativ (*Longenecker*, Gal, 114; *Martyn*, Gal, 299; *Das*, Gal, 306) ist weniger wahrscheinlich; allerdings ist die lat. Tradition an dieser Stelle gespalten: *cognoscite* wird von 51 54 58 75 76 geboten, *intellegite* von 61 64 77; andere Hss. (78 88 89 135) bieten *cognoscitis*. Beide Deutungen werden bei Calvin, Gal, CR 50, 207, erwogen, der die Deutung als Imperativ vorzieht: *plus energiae habet*. Zugunsten der Deutung als Imperativ auch *Bengel*, Gnomon, 736: Einen Indikativ hätte weder die Begriffsstutzigkeit der Galater noch die folgende Abhandlung vertragen.
87 *Mayordomo, Argumentiert Paulus logisch?, 153 mit Anm. 305; 155.
88 *Peters*, Article, 222.
89 *Schlier*, Gal, 72; *Dunn*, Gal, 163.
90 *De Boer*, Gal, 191f.
91 *Hansen*, Abraham, 113; *Moo*, Gal, 197.
92 *Trick, Abrahams Descent, 30f.

Verkündigung der Fremdmissionare dies als positive Statuscharakterisierung verstehen. Die Metapher »Sohn« steht hier »im Sinne der Zugehörigkeit, die das Wesen des Menschen bestimmt.«[93] Als »Sohn Abrahams«[94] ist man innerhalb der Heilsgeschichte Gottes mit seinem Volk von den Heiden *per definitionem* unterschieden.[95] Allerdings ist bereits hier die erst Gal 4,21–31 ausdrücklich formulierte Unterscheidung zwischen den menschlichen und den theologischen Söhnen Abrahams vorausgesetzt[96], deren Sohnschaft nicht in natürlicher Zugehörigkeit, sondern in geistiger Verbundenheit vermittels Nachahmung seiner Haltung besteht.[97] So sucht Paulus den Adressaten, die möglicherweise in Sorge sind, ob sie sich als Kinder Abrahams wissen dürfen, die Sorge zu nehmen.[98] Abraham wird nicht als Stammvater Israels thematisiert, sondern als Modell der gelingenden Gottesbeziehung, des Glaubens.[99]

8 Paulus führt den Satz nicht als Begründung zu Gal 3,7 ein, sondern setzt eine weitere schriftbasierte Prämisse. In seiner Sicht ist Gen 12,3 schon auf die beschneidungsfreie Rechtfertigung der Nichtjuden[100] aus Glauben hin formuliert, was nicht als logisch nachvollziehbar gelten kann.[101] Das Partizip προϊδοῦσα mag kausal oder modal gedeutet werden.[102] Die Verwendung von προευαγγελίζεσθαι zeigt, dass die Aussage der Schrift die gleiche Qualität wie das Evangelium hat, das Paulus verkündigt.[103] Die zweimalige Vorsilbe προ- markiert die Entsprechung zwischen dem faktischen Geschehen

---

93 *Mayordomo*, Argumentiert Paulus logisch?, 137.
94 Die Wendung υἱοὶ Ἀβραάμ ist für Paulus auch insofern geeignet, als sie den Gedanken der Erbberechtigung impliziert (*Oakes*, Gal, 105). Die Wendung σπέρμα Ἀβραάμ (vgl. Gen 12,7; 15,18; 22,17; Ps 104[105],6) bezeichnet in 3Makk 6,3; PsSal 9,9; 18,3 die Israeliten schlechthin (eine andere Bezeichnung, Ἀβρααμ παῖδες, begegnet in 4Makk 6,17.22). Paulus wird in Gal 3,16 zu dieser Wendung wechseln, weil er den Singular für die christologische Engführung braucht. Ein übertragenes Verhältnis von »Sohnschaft« ist natürlich auch in der Formel »Abraham, unser Vater« (Jes 51,2; implizit auch in Jes 63,16) oder »Abraham, Isaak (Jakob), unsere Väter« (Tob 4,12^BA; Bar 2,34; Mi 7,20; OrMan 1) vorausgesetzt.
95 Vgl. Lk 3,8; Joh 8,33.37.
96 *Vouga*, Gal, 72; ähnlich *du Toit*, Glaube, 343f.: »Für Paulus zeigt Hab 2,4, dass das in der Abrahamgeschichte etablierte πίστις-Prinzip ... seit Abrahams Zeit grundsätzlich gilt – dementsprechend sind nach Gal 3,7 die οἱ ἐκ πίστεως (innerhalb Israels!) schon immer Abrahams eigentliche Kinder gewesen (und nicht schlicht die beschnittenen Nachkommen bzw. diejenigen, die ἔργα νόμου vorweisen)«.
97 Dieses metaphorische Verständnis von Kindschaft ist in beiden Kulturkreisen verständlich, vgl. die Belege bei *Keener*, Gal [2019], 228f. Calvin, Gal, CR 50, 207, bezeichnet Abraham als *commune exemplar, imo etiam regula* (»gemeinsames Vorbild, freilich zusätzlich Regel«).
98 Theophylakt, Gal, PG 124, 985 B.
99 *Wischmeyer*, Abraham, 158f.; *Butticaz*, Anthropologie, 514.
100 Paulus übernimmt die Worte τῆς γῆς aus Gen 12,3 nicht. Waren in seinem ἔθνη-Konzept die Israeliten nicht mit eingeschlossen (*Witulski*, Abraham, 163f.)?
101 *Hietanen*, Argumentation, 106.
102 Ersteres *Mußner*, Gal, 220, letzteres *Moo*, Gal, 198.
103 *Sieffert*, Gal, 179; *von der Osten-Sacken*, Gal, 142.

und dem Plan Gottes, der zuvor schon in der Heiligen Schrift Israels kundgetan worden war.[104] Dass »die Schrift«[105] als Autor genannt wird statt Gott selbst, mag rhetorisches Stilmittel sein[106], kann aber zusätzlich damit begründet werden, dass die Fremdmissionare ebenfalls die Schrift als Autorität geltend gemacht haben und Paulus ihnen ihre Vereinnahmung der Schrift zu entwinden sucht.[107] Das Verbum δικαιόω, am Ende von Gal 2,16 auf das Endgericht bezogen, referiert in Gal 3,8 auf die Gegenwart. Die Wendung ἐν σοί zielt auf Nachahmung und Ähnlichkeit des Glaubens der Christusgläubigen mit dem Glauben Abrahams.[108] Im Folgenden ersetzt Paulus die Wendung πᾶσαι αἱ φυλαὶ τῆς γῆς (Gen 12,3 LXX) durch πάντα τὰ ἔθνη (Gen 18,18), weil der Begriff ἔθνη besser für seine Argumentation passt.[109] Der semantische Wechsel von »rechtfertigen« zu »segnen« ermöglicht Paulus, eine Opposition zwischen Segen und Fluch einzuführen, während zu »rechtfertigen« eine solche Opposition nicht existiert.

---

104 Gal 3,8 hat, so *deSilva*, Letter, 283, eine Analogie zu dem jüdischen Gedanken, dass die Patriarchen schon vor der Offenbarung der Tora am Sinai ihr gemäß gelebt haben (Jub 24,11; Sir 44,20). Der Bezugspunkt des πρό ist das zur Zeit des Paulus gegenwärtige Geschehen, nicht ein Geschehen davor.

105 Die Begriffe γραφή und νόμος sind bei Paulus vermutlich nicht univok gebraucht (*Rohde*, Gal, 160 Anm. 39; mit Einschränkung auf Gal 4,21b; 5,14 auch *Smiles*, Gospel, 122). Die Unterscheidung zwischen νόμος als passivem Objekt und γραφή als aktiver Instanz (*Vouga*, Gal, 85) ist für γραφή richtig. Die Wahl des Begriffes γραφή in Gal 3,8 mag dadurch bedingt sein, dass auch die Fremdmissionare in diesem inhaltlichen Kontext von der γραφή sprachen; in Gal 4,21b ist die Wahl des Begriffes νόμος bedingt durch die Beschreibung der Intention der Galater in Gal 4,21a (ὑπὸ νόμον θέλοντες εἶναι). Man kann beobachten, dass Paulus im Kontext halachischer Erörterungen nie den Begriff γραφή verwendet (1Kor 9,9 ist keine wirkliche Ausnahme, denn es ist allegorische Interpretation einer Halacha; auch Gal 3,22 ist keine Diskussion der Tora unter halachischem Aspekt). M.E. umfasst γραφή Gesetz und Verheißungen, νόμος nur Ersteres (darum geht Paulus von νόμος in Gal 3,21 zu γραφή in Gal 3,22 über; vgl. *Sänger*, Gesetz, 181); γραφή benennt das autoritative Dokument, νόμος den theologischen Inhalt.

106 *Burton*, Gal, 160; *Keener*, Gal [2019], 229. *Vouga*, Gal, 72, weist für die Personifikation der Schrift auf Philo, LegAll III, 118 (Personifikation des λόγος, hier die Heilige Schrift meinend) als Analogie. *Cover, Paulus als Yischmaelit, 621–624 betrachtet Gal 3,8 wie überhaupt die Verwendung des Ausdrucks הכתוב/γραφή für Beispiele dafür, dass Paulus schon die später R. Ishmael zugeschriebenen Regeln befolgt und nicht als Hillelit (Jeremias) oder Schammait (*Wright*, Paul and the Faithfulness of God, II 415f.) zu gelten habe. Dasselbe gilt s.E. für Gal 3,22.

107 *De Boer*, Gal, 192. Vgl. schon *Lipsius*, Gal, 37: »Die Schrift ist hier personificirt [sic!] als göttliche Autorität oder Lehrerin«.

108 Ps.-Oikumenios, Gal, PG 118, 1121 B.

109 Paulus berücksichtigt hier nicht, dass auch die Mehrzahl der Nichtjuden Jesus nicht anerkennt. Wahrscheinlich argumentiert er kategorial, nicht auf empirischer Basis. Dass die an Abraham ergangene Segensverheißung für alle Völker in antiker jüdischer Tradition nur selten von Belang war, ist die These von *Keener*, Gal [2019], 230. Kontaktorientierte jüdische Literatur setzt die Möglichkeit einer positiven Beziehung von Nichtjuden zu dem Gott Israels voraus, doch wäre zu überprüfen, inwieweit dabei mit Gen 18,18 argumentiert wird.

3,6–14 Das Argument aus der Heiligen Schrift

In Gen 22,16–18 wird die abermalige Segenszusage an Abraham mit seinem Verhalten während der Bindung Isaaks (Gen 22,1–13) begründet. Paulus beachtet Gen 22,1–13 nicht explizit, wie er überhaupt sehr selten auf biblische *exempla* verweist. Eine Ausnahme ist in Gal 3,9 gegeben.

9 Der Vers zieht im paulinischen Sinne die Schlussfolgerung aus dem von V. 6–8 Gesagten. In der Wendung οἱ ἐκ πίστεως schließt der bestimmte summierende Artikel Juden wie Nichtjuden gleichermaßen zusammen und referiert der Begriff πίστις auf den aktiven Glauben der Glaubenden[110], nicht auf die Treue Christi, wie aus der Fortsetzung unmittelbar hervorgeht. Das Präsens εὐλογοῦνται zielt auf aktuelle Gegenwart. Das Adjektiv πιστός bezeichnet bei Paulus nicht selten eine Eigenschaft Gottes, die er in einer bestehenden Beziehung bewährt[111], dann eine geforderte Eigenschaft generell von Menschen, speziell von Mitarbeitenden in der Gemeinde.[112] Bei Paulus steht es nur in Gal 3,9 als epideiktisches Prädikat für eine biblische Figur, wie er biblische Figuren mit Ausnahme Abrahams überhaupt nur selten als *exempla* heranzieht.[113] Dass Abraham als πιστός bezeichnet wird, soll den Eindruck der Kontinuität des Paulus zur jüdischen Tradition erwecken.[114]

10 Auf der anderen Seite des Diptychons stehen in der Sicht des Paulus diejenigen[115], die ihr Leben aus »den Werken des Gesetzes« zu gewinnen suchen. Die als Begründung für das in Gal 3,9 Gesagte (γάρ) eingeführte Behauptung des Paulus, sie stünden unter einem Fluch[116], ist gewagt. Die hier unausgesprochene Prämisse[117], nie-

---

110 So auch *Downing, Ambiguity, 158.
111 1Thess 5,24; 1Kor 1,9; 10,13.
112 Ersteres 2Kor 6,15; Letzteres 1Kor 4,2.17, in Anwendung auf Paulus selbst 1Kor 7,25.
113 Die wichtigeren *exempla* sind Christus (Phil 2,5–11; 2Kor 8,9; Röm 15,2f.7) und er selbst.
114 *Vouga*, Gal, 72, mit Verweis auf Sir 44,20 (dort Bezug auf Gen 22,1–19); 1Makk 2,52 (dort Bezug auf Gen 22,1–19); 2Makk 1,2; Philo, PostC 173; vgl. auch 4Q226 Frg. 7,1; Jub 17,5f. In Hebr 11,17 wird die πίστις Abrahams auf sein Verhalten bei der Bindung Isaaks bezogen.
115 Der Ausdruck zielt nicht speziell auf die Fremdmissionare (so *Hansen*, Abraham, 119, mit Verweis auf Gal 6,13) und meint nicht einfach Judenchristen, sondern alle, die nicht zu den οἱ ἐκ πίστεως gehören (richtig *Sonntag*, ΝΟΜΟΣ, 228 Anm. 748) – nach Paulus stehen die nichtjüdischen Galater, sofern sie sich dem Einfluss der Fremdmissionare öffnen und die Beschneidung vollziehen, ebenfalls in der Gefahr, nicht mehr zu den οἱ ἐκ πίστεως zu gehören; vgl. Gal 5,2.4. Theophylakt, Gal, PG 124, 988 A, sieht in Gal 3,10 einen möglichen Einwand beantwortet, demgemäß das Prinzip der Rechtfertigung allein durch den Glauben nur für die Zeit vor der Offenbarung der Sinaitora gültig sei: Das Gesetz ist die Ursache nicht der Rechtfertigung, sondern der Sünde und des Fluches, da niemand seine Forderungen erfüllen könne.
116 Nach der Überzeugung einiger Exegeten statuiert Gal 3,10 keinen realen Fluch, sondern eine Fluchandrohung (*Williams*, Gal, 89 mit Verweis auf den Kontext Dtn 27–28 im Allgemeinen; *Reinbold*, Gal 3,6–14, 98; *deSilva*, Letter, 287; *Keener*, Gal [2019], 236). Mit Blick auf Gal 3,21 ist Skepsis angebracht, ebenso gegen die These, Gal 3,10 sei hinsichtlich des Motivs der Unerfüllbarkeit des Gesetzes auch für Juden mit Gal 1,8f. zu verbinden (*Lyu*, Sünde, 216).
117 Bei einem Enthymema ist das Fehlen der zweiten Prämisse stilgemäß (*Das*, Gal, 312). Nach *von der Osten-Sacken*, Gal, 145, liegt der Akzent »auf dem Umfang der Verpflichtung …, nicht aber auf

mand[118] halte die Tora so, dass er der Segensverheißung Dtn 28,1–14 teilhaftig werden könne, entspricht nicht der biblischen und seither im Judentum prinzipiell gültigen These, dass der Mensch grundsätzlich fähig ist, die Tora einzuhalten.[119] Diese These[120] ist natürlich auch da vorausgesetzt, wo allgemein von der Tora-Orientierung als Basis jüdischer Existenz die Rede ist[121], gerade im Unterschied zu den Nichtjuden, die von vornherein unter den Fluch fallen. Betont werden muss aber ebenso, dass im antiken Judentum die Einsicht in die menschliche Unvollkommenheit und das Angewiesensein des Menschen auf göttliche Vergebung auch innerhalb des Bundes Gottes mit Israel wiederholt thematisiert wurde[122] und in Form des »Opfers für die Sünde« und

---

der Unmöglichkeit, ihr nachzukommen.« Allerdings kann man den Schluss von Gal 2,16 für die hier unausgesprochene Prämisse namhaft machen; das gilt auch dann, wenn Paulus kein Interesse an einer Zitatmarkierung hat. Dass das Tun nur deshalb falsch sei, weil es nicht Glaube sei (*Sanders*, Paulus und das palästinische Judentum, 511), kann das von Paulus zusätzlich gesetzte πάντα nicht erklären. *Kim*, Curse Motifs, 173–183, bestreitet das Vorliegen der unausgesprochenen Prämisse, niemand halte die Tora ein, und erklärt Gal 3,10 lediglich mit dem Anliegen des Apostels, die Adressaten dem Einfluss der Fremdmissionare zu entziehen. Der in Gal 3,10 genannte Fluch ergehe über die als ὅσοι ... ἐξ ἔργων νόμου charakterisierten Menschen, weil sie der Glaubensregel Hab 2,4 nicht gehorchen.

118 Vgl. schon Luther, Gal, WA 40/I, 404; Calvin, Gal, CR 50, 208. Anders *deSilva*, Letter, 289 (wie schon u. a. *Young*, Who is Cursed?, 83; *Reinbold*, Gal 3,6–14, 99f.), demzufolge Paulus die These, man könne die Tora einhalten, trotz des in Röm 7,7–24 Gesagten durchaus teilt. Er sieht die Differenz des Paulus zu den Autoren von 4Makk und 4Esra faktisch in dem heilsgeschichtlichen Ansatz des Paulus gegeben, dass Christus einen neuen Zugang zur Gerechtigkeit vor Gott eröffnet habe und der Tora deshalb nur eine zeitlich befristete Funktion im Heilsplan Gottes zuzubilligen sei. Doch kann man von Gal 3,21b her skeptisch sein. Von ausschlaggebender Bedeutung ist, dass der in Dtn 27,26 angesprochene Fluch denen gilt, die das Gesetz nicht tun (*Bergmeier*, Bedeutung, 40).

119 Dtn 30,11–16; Sir 15,11–20; PsSal 9,5; 4Esr 7,118–131. Rabbinische Belege bei Bill. III 541f. Vgl. dazu auch *Westerholm*, Pessimism, 96f. Die Eigenschaften der Vollkommenheit und Sündlosigkeit werden in antiker jüdischer Literatur auch Noah (Jub 5,19) sowie Jakob (Jub 27,17), Lea (Jub 36,23), Joseph (Jub 40,8) und Mose (Philo, VitMos I 162) zugeschrieben. Dass man daraus (so *Das*, Gal, 314f.) stillschweigend folgern darf, man habe im antiken Judentum an der Erfüllbarkeit der Tora gezweifelt, scheint mir nicht schlüssig; im Jubiläenbuch sind Noah und Lea etc. nicht Ausnahme, sondern Vorbild.

120 *Dunn*, Gal, 171, hat diese Auslegung mit Verweis auf Dtn 30,11–14 etc. bestritten. Richtig ist, dass es nicht um »Werkgerechtigkeit« gehen kann. Dunns eigene Lösung, Paulus wende sich in Gal 3,10 gegen diejenigen, die die Unterscheidung zwischen Juden und Nichtjuden übertreiben, ist natürlich abhängig von seiner bekannten Auslegung des Syntagmas ἔργα νόμου von Gal 2,16 auf die identity markers und die boundaries. Von dem Wort πᾶς her ist diese Sicht zu kritisieren (so auch *Hansen*, Abraham, 118; *Das*, Gal, 313). Auf Defizite der Behandlung der Anthropologie und Hamartologie in der sog. *New Perspective on Paul* haben schon *Lohse*, Theologie, 70; *Horn*, Juden und Heiden, 31, hingewiesen.

121 Bar 4,4; Sir 24 etc.

122 PsSal 9,6f.; Sir 17,28f.; 21,6. – Lässt Paulus das außer Acht, weil Sühne seiner Meinung nach nur in Christus gegeben ist? So jedenfalls die Vermutung bei *Keener*, Gal [2019], 236. Aber auch so

allfälliger Gebete einen Teil jüdischer Lebenspraxis bestimmte, sodass Gal 3,10 aus (antiker) jüdischer Sicht wohl kaum einsichtig zu machen ist.[123]

Das Substantiv κατάρα und das Adjektiv ἐπικατάρατος begegnen bei Paulus überhaupt nur in Gal 3,10.13.[124] Das Gesetz spricht den Fluch aus, wie das zweimalige Adjektiv ἐπικατάρατος *in* den Schriftzitaten zeigt; das Gesetz ist nicht selbst der Fluch. Der Fluch, den das Gesetz ausspricht, gilt denen, die es *nicht* tun.[125] Jede Dämonisierung des Gesetzes ist von daher unangebracht.[126] Auch, dass die Präposition ὑπό mit Akkusativ im Galaterbrief nur vom Fluch (Gal 3,10), vom Gesetz (Gal 3,23.25[127]; 4,4f.21; 5,18 sowie in den Metaphern 4,2f.) und von der Sünde (Gal 3,22) gebraucht wird, kann eine solche Dämonisierung nicht rechtfertigen, denn es besteht ein logisches Verhältnis: Weil der Mensch unter der Sünde steht, steht er nicht nur unter den Forderungen, sondern auch unter dem Fluch des Gesetzes, weil er seine Forderungen nicht erfüllt. Allerdings ist, wie 2Kor 3,6.9 nahelegen, Gal 3,10 nicht einfach eine ad-hoc-Argumentation.[128]

Begründet wird die These Gal 3,10a durch das Schriftwort[129] Dtn 27,26, das Paulus vor allem durch die Einführung des Begriffes γεγραμμένα[130] aus Dtn 28,58; 30,10 verändert.[131] Die Funktion der Begründung kommt dem Schriftwort vor allem durch die Wendung (ἐν) πᾶσιν τοῖς γεγραμμένοις zu. Das Stichwort πᾶς in Gal 3,10b begründet das einleitende ὅσοι in V. 10a und kehrt im Schriftzitat Dtn 21,23 in Gal 3,13 wieder.[132]

---

brächte Paulus eine Voraussetzung ein, die ein nicht an Jesus glaubender Jude nicht teilt, könnte also seine These Gal 3,10a gegenüber einem nicht an Jesus glaubenden Juden nicht plausibilisieren.

123 *Mayordomo*, Argumentiert Paulus logisch?, 129.
124 Zusätzlich begegnet das Verbum καταράομαι im Prohibitiv Röm 12,14.
125 *Mußner*, Gal, 225f., der auf die verhängnisvollen Folgen der Gegenthese verweist, die einen gewichtigen Baustein des christlichen Antijudaismus darstellt; *Hansen*, Abraham, 118; *Williams*, Gal, 89; *Maschmeier*, Rechtfertigung, 207.
126 So auch *Sänger*, Gesetz, 177 mit Anm. 62.
127 Als Antiparallele, mit positiver Wertung, vgl. die Wendung ὑπὸ τοὺς αὐτοὺς ἡμῖν νόμους bei Joseph Ap II 210 (*Longenecker*, Gal, 117).
128 So aber *Gombis*, Arguing with Scripture, 82.
129 Die Auslassung von ὅτι nach γέγραπται γάρ ist wohl Angleichung an die auch sonst häufiger begegnende Form der Zitateinführung (*Carlson*, Text, 235).
130 Unwahrscheinlich ist m. E., dass Paulus hier den Gegensatz γράμμα – πνεῦμα betont (so aber *Schlier*, Gal, 132).
131 Die Worte πᾶς ἄνθρωπος fehlen auch in der Septuaginta-Handschrift 426, im Samaritanischen Pentateuch (so bereits *Bengel*, Gnomon, 737) und im Targum Onqelos. Paulus kann sie ausgelassen haben zum Zweck formaler Angleichung an die anderen Zitate (*Koch*, Schrift, 120). Die Worte ἐν τῷ βιβλίῳ erscheinen nur in christlicher Tradition.
132 Umstritten ist, inwieweit es auch jüdische Vorstellungen gibt, die die Unerfüllbarkeit der Tora betonen angesichts der Verpflichtung, alle Gebote zu halten. *Mayordomo*, Argumentiert Paulus logisch?, 144 Anm. 272 führt als positive Beispiele 1QS V 8 und Joseph Ant XX 45 an, m. E. zu Unrecht.

Dabei legen die Worte οἱ ἐξ ἔργων νόμου m. E. nahe, dass in Gal 3,10a die speziell antipaulinische judenchristliche Position anvisiert ist, so sehr angesichts von Gal 3,13f. daran zu erinnern ist, dass die nicht an Christus glaubenden Heiden gemäß 1Thess 1,9f. als Sünder ohnehin unter dem eschatologischen Zorn Gottes und damit unter seinem Fluch stehen. Streng genommen trifft die Konsequenz aus Gal 3,10 auf Paulus selbst gar nicht zu (vgl. Gal 1,11f.; Phil 3,6[133]). Konsens ist weithin, dass nicht das versuchte[134] oder gelingende Tun[135] des Gesetzes, sondern das Nicht-Tun zum Fluch führt.[136] Hat Paulus hier eine Aussage der Gegner aufgenommen, die den Galatern für den Fall der fehlenden vollen Unterstellung mit Konsequenzen dieser Art gedroht haben?[137] Oder kann man es bei der traditionellen Argumentation belassen: Das Gesetz stellt unter den Fluch, weil niemand es in Gänze einhält (die faktische Begründung der soteriologischen Insuffizienz soll demnach vor allem die Position Gal 2,15 erschüttern)[138] oder weil es »Tun« statt »Glauben« i.S. d. *fides quae* verlangt?

11 Ohne sichtbare logische Verbindung[139] folgt der faktischen Begründung für die Unwirksamkeit der Rechtfertigung aus den ἔργα νόμου (V. 10) die heilsgeschichtliche Begründung V. 11f.[140] Die Partikel δέ wird als adversativ oder als weiterführend[141] gedeutet; die Präposition ἐν kann instrumental wie als Lokativ, die Sphäre der grundsätzlichen Lebensorientierung benennend[142], verstanden werden. Die Worte παρὰ τῷ

---

133 Vgl. aber *Espy*, Conscience, 163f.: Natürlich ist nicht gemeint, dass Paulus vor seiner Berufung das Vorhandensein von Sünde in seinem Leben rundweg geleugnet hätte.
134 *Lagrange*, Galates, 69; *Schlier*, Gal, 134f.
135 *Boyarin*, Radical Jew, 139f. Er versteht die Wendung τοῦ ποιῆσαι αὐτά instrumental, als Modifikation des ganzen Satzes: »Everyone, who [precisely] by doing it does not uphold to all that is written in the book of the Law, is under a curse«. Allerdings ist die Wendung, wie der Genitiv nahelegt, eher final zu verstehen.
136 *Usteri*, Gal, 98; *Ewald*, Sendschreiben, 77; *Lüdemann*, Anthropologie, 178; *Burton*, Gal, 162; *Bousset*, Gal, 53; *Lietzmann*, Gal, 3. Aufl. 19, mit Verweis auf die unausgesprochene Prämisse: Kein Mensch kann das Gesetz je ganz halten; *Dunn*, Gal, 176.
137 *De Boer*, Gal, 200.
138 So u.u. *Holtzmann*, Das Neue Testament, 489.
139 Schon Luther, Gal, WA 40/I, 420, kommentierte: *Quasi sic dicat: Quid opus est longa disputatione* (»als wollte er sagen: Wozu noch eine lange Disputation«)?
140 *Mußner*, Galaerbrief, 226, vermutet, dass die faktische Insuffizienz Paulus zur Aussage über die heilsgeschichtliche Insuffizienz führe. Der Gedanke liegt nahe, ist aber nicht expliziert. Nach *Zeller*, Diskussion, 489 mit Anm. 51, verleitet »die formale Art der Argumentation in V. 11f. ... zu anthropologischer Überinterpretation«; vgl. dazu *Hübner*, Gesetz, 41f.: Nur auf der Argumentationsebene des Glaubens gilt die Opposition Gal 3,11f. – Dem bei Makarios Magnes genannten Kritiker ist der Widerspruch zwischen Gal 3,10 und Röm 7,14 nicht entgangen (*Makarios Magnes*, Apocriticus III 33,2, TU 169, 256).
141 Ersteres *Longenecker*, Gal, 118, Letzteres *Moo*, Gal, 205.
142 Ersteres *Mußner*, Gal, 228; *Moo*, Gal, 206; *Das*, Gal, 318, Letzteres *Hansen*, Abraham, 121; *Vouga*, Gal, 74.

θεῷ¹⁴³ bezeichnen die wesentliche Instanz, vor der das Urteil erfolgt. Die Worte οὐδεὶς¹⁴⁴ δικαιοῦται nehmen die Worte οὐ δικαιοῦται ἄνθρωπος aus Gal 2,16a wieder auf. Innerhalb von V. 11 ist das erste ὅτι explikativ, das zweite ὅτι kausal¹⁴⁵ – nicht umgekehrt¹⁴⁶, denn bei Paulus ist ein Schriftbeweis¹⁴⁷ stets *Probans*, aber nie *Probandum*¹⁴⁸; auch legt der logische Fortschritt die Charakterisierung des zweiten ὅτι als kausal nahe.¹⁴⁹ Eine gewisse Ausnahme stellt 1Kor 15,27 dar, doch folgt das darauf bezogene δῆλον¹⁵⁰ dort erst nach dem Schriftzitat.

In dem Satz ὁ δίκαιος ἐκ πίστεως ζήσεται können die Worte ἐκ πίστεως sowohl auf ὁ δίκαιος als auch auf ζήσεται bezogen werden.¹⁵¹ Hab 2,4^MT heißt wörtlich: Der Gerechte¹⁵² wird durch seine Glaubenstreue leben (אמונתו, so auch 1QpHab VI 17 – VIII 3). Die griechische Texttradition der Stelle ist gespalten (LXX^A; Hebr 10,38^txt: ὁ δὲ δίκαιός μου ἐκ πίστεως ζήσεται; LXX^B.S: ὁ δὲ δίκαιος ἐκ πίστεώς μου ζήσεται; 8HevXIIgr Kol. VII,30: καὶ δίκαιος ἐν πίστει αὐτοῦ ζήσεται). Paulus bietet an keiner möglichen Stelle das Personalpronomen. Weniger eine eigenhändige Streichung als vielmehr eine andere Texttradition wird dafür verantwortlich sein.¹⁵³ In 1QpHab VI 17 – VIII 3 wird die Rettung auf die Treue

---

143 Sie gehören nicht zum nachfolgenden δῆλον, sondern zum vorausgehenden οὐδεὶς δικαιοῦται (*Mußner*, Gal, 228 Anm. 81). Der Artikel τῷ fehlt in 𝔓46 B ℵ 33 A C 1739.

144 In den lat. Hss. 51 54 fehlt aus unerfindlichen Gründen *nemo*. Nach *Bengel*, Gnomon, 737, sucht Paulus, Einwänden wie den aus Röm 2,17.23 zu konstruierenden zuvorzukommen.

145 *Usteri*, Gal, 99; *Dunn*, Gal, 174; *Vouga*, Gal, 74; *Hagen Pifer*, Faith, 193. So haben es auch die Textzeugen verstanden, die vor das zweite ὅτι die Zitatmarkierung γέγραπται γάρ einfügen (D* F G f g syᵖ; *Carlson*, Text, 190).

146 So aber u. a. *Thielman*, Paul and the Law, 127f.; *Wakefield*, Where to live, 207–214, mit Verweis auf 1Kor 15,27; *de Boer*, Gal, 202 (δῆλον ὅτι ist geprägte Wendung); *Keener*, Gal [2019], 247; *Das*, Gal, 317.

147 In der lat. Überlieferung wird Gal 3,11b durch die Einleitung *scriptum est enim* (Hss. 61 77 78 135) als Schriftzitat markiert. Das Wort *scriptum* steht in den meisten dieser Handschriften statt *manifestum*, sodass der Satz unvollständig ist. letzteres ist allerdings in HS 135 vorausgenommen (*manifestum est autem quoniam in lege nemo iustificatur...*). Dass sich in Gal 3,11f. keine Markierungen als Schriftzitate finden, wird nur selten beachtet. *Usteri*, Gal, 99, meint, Paulus könne aufgrund des Bekanntheitsgrades der beigezogenen Stellen auf diese Markierungen verzichten.

148 *Reinbold*, Galater 3,6–14, 97 Anm. 17; ähnlich schon *Lipsius*, Gal, 38.

149 *DeSilva*, Letter, 291.

150 Ein auktoriales δεδήλωται (»ist deutlich gemacht«) begegnet auch bei Philo (Migr 57; Abr 167). Die Auslassung des δῆλον in F und G ist vermutlich der Versuch, die Konstruktion zu erleichtern.

151 Ersteres *Smiles*, Gospel, 204; *Watson*, By Faith (of Christ), 159–162; *Hagen Pifer*, Faith, 146f.; 191, Letzteres *de Boer*, Gal, 205; *Moo*, Gal, 206.

152 *Campbell*, Deliverance, 863, deutet die Verwendung des Habakuk-Zitates christologisch, mit Bezug auf Tod und Auferstehung. Allerdings muss es fraglich bleiben, ob, wie bei Campbell vorausgesetzt, es in antiker jüdischer Literatur je eine messianische Deutung von Hab 2,4 gegeben hat; kritisch dazu *Watson*, By Faith (of Christ), 155f.

153 Ersteres *Koch*, Text, 83; *Vouga*, Gal, 75; *Keener*, Gal [2019], 246; *Das*, Gal, 319, Letztere *de Boer*, Gal, 200, als Erwägung. Die verschiedenen Varianten des Zitates lassen sich alle dadurch erklären, dass die Suffixe der 1. und der 3. Sg. (י und ו) leicht verschrieben werden konnten.

zum Lehrer der Gerechtigkeit bezogen,[154] in Gal 3,11 auf die gehorsame Annahme der Botschaft[155], in Analogie zu Abraham, der gegen den Augenschein an das Eintreten der Zusage Gottes geglaubt hat.[156] Der Begriff »leben« kann in Gal 3,11 auf das »Leben in Christus« (Gal 2,20) bezogen werden oder eschatologisch gefasst sein.[157]

12 Das Gegenbild zu der Rechtfertigung aus Glauben wird nunmehr benannt. Gal 3,12a formuliert eine in der Sicht des Paulus, und nur in seiner Sicht unüberbrückbare Alternative[158], die weder in Hab 2,4 noch in Lev 18,5 (und ebenso wenig in Gen 15,6) schon ursprünglich vor Augen steht.[159] Paulus lässt bei der Wiedergabe von Lev 18,5 in Gal 3,12 das Wort ἄνθρωπος aus[160], während er es in Röm 10,5 bietet. Das Pronomen αὐτά greift auf πᾶσιν τοῖς γεγραμμένοις (Gal 3,10) zurück. Dass man durch die Erfüllung der Gebote Gottes Leben gewinnt, ist auch andernorts in der Bibel wie in jüdischer Tradition bezeugt.[161] Rabbinische Interpretation von Lev 18,5 schloss aus dem hebrä-

---

154 In rabbinischer Literatur wird der Glaube von Hab 2,4 als Inbegriff des Toragehorsams ausgelegt, sodass sich von Hab 2,4 mitnichten ein Gegensatz zwischen Gesetz und Glaube ergab: »613 Vorschriften sind Mose überliefert worden, 365 Verbote entsprechend den Tagen des Sonnenjahres und 248 Gebote entsprechend den Gliedern des Menschen ... Hierauf kam David und brachte sie auf elf ... Hierauf kam Micha und brachte sie auf drei, denn es heißt: Er hat dir gesagt, o Mensch, was gut ist! Und was fordert der Herr von dir außer Gerechtigkeit zu tun, sich der Liebe zu befleißigen und demütig zu wandeln vor deinem Gott ... Darauf kam Habakuk und setzte sie auf eine herab, denn es heißt (Hab 2,4): Der Gerechte wird durch seinen Glauben leben« (bMakkot 23b–24a).

155 Luther, Gal, WA 40/I, 422–426 polemisiert gegen ein Verständnis von *fides* im Sinne der *fides caritate formata* vs. *fides informata*; das Wesen der *fides* besehe in dem *assentiri*, der Zustimmung zur Verheißung der Gnade Gottes in Christus.

156 *Kraus, Hab 2,3–4, 170.

157 Ersteres *Mußner*, Gal, 227; *Wakefield*, Where to Live, 182f., Letzteres *Eckstein*, Verheißung, 142f.; *Keener*, Gal [2019], 249, mit Verweis auf entsprechende Traditionen im Judentum, Hab 2,4 betreffend (CD III 15–20; Keener erwägt auch PsSal 14,1f.; 4Esr 7,21 als Rezeption von Hab 2,4). Kritisch dazu *Sonntag*, ΝΟΜΟΣ, 229.

158 Haben die Fremdmissionare mit Lev 18,5 argumentiert (so als Erwägung *Das*, Gal, 322)? – *Lietzmann*, Gal, 19, verweist auf Röm 10,5 als Parallele für die thematische Gegenüberstellung; *von der Osten-Sacken*, Gal, 147f. auf Röm 9,30–10,4 insgesamt. Calvin Gal, CR 50, 209, weist auf Gal 3,21 voraus; so impliziert das Gegenbild keinen Gegensatz. Paulus habe um der speziellen Konfliktlage so reden müssen.

159 *Hietanen*, Argumentation, 110; 117f.

160 Es geht allerdings, so *Keener*, Gal [2019], 250 m. E. zu Recht, nicht um eine christozentrische Lektüre von Lev 18,5. Der Kontext von Gal 3,12 verlangt Ausführungen, die nicht nur auf Christus passen.

161 Ez 20,11; Sir 17,11; Bar 4,1. Das Judentum vertritt aber, wie *Mußner*, Gal, 231 Anm. 94 mit Recht energisch betont, kein »Leistungsprinzip«, vgl. dagegen den Spruch des R. Jochanan ben Zakkaj Ab II 8b: »Wenn du die Tora in reichem Maße gehalten hast, so tue dir nichts darauf zugute; denn dazu bist du geschaffen«. Philo, Congr 86, deutet ἐν αὐτοῖς kontextbedingt als Einschränkung »in ihnen«, d. h. den Geboten der Tora, im Gegensatz zu den Gebräuchen der Ägypter als Orientierungsmaßstab. Das so gedeutete ἐν αὐτοῖς ist auch eine Parallele zum paulinischen ἐν Χριστῷ.

ischen Äquivalent האדם, dass auch Nichtjuden durch die Befolgung der Tora in die Verheißung von Lev 18,5 integriert sein können.[162] Hat Paulus den Begriff ἄνθρωπος, den er in Gal 2,16 im selben Sinne kategorial gebraucht hat, hier ausgelassen, um den Fremdmissionaren die Stelle als Basis ihrer Argumentation zu entziehen?[163] Die Wendung ἐν αὐτοῖς kann verstanden werden als »durch sie«, aber auch als »in ihnen«, in dem durch das Gesetz markierten Bereich, der, so der ursprüngliche Kontext, Israel von den Völkern unterscheidet.[164] Geht es Paulus darum, die im ursprünglichen Kontext der Stelle gegebene Abgrenzung Israels von den gräulichen Sitten der Völker nicht für die eigene Verwendung der Stelle leitend sein zu lassen?[165] Das Futur ζήσεται in Gal 3,12 ist wohl ein logisches Futur.[166]

13 Paulus benennt nunmehr das entscheidende Ereignis, weshalb die Glaubenden überhaupt Leben gewinnen können aus dem Glauben (Gal 3,11) und sie der Fluch des Gesetzes nicht trifft.[167] Das Wort Χριστός ist betont vorangestellt.[168] Das Personalpronomen ἡμᾶς meint wie später ἡμῶν die Glaubenden aus Israel und den Völkern, die den ὅσοι ἐξ ἔργων νόμου gegenübergestellt werden.[169] Der Aorist ἐξηγόρασεν verweist auf das Kreuzesereignis als abgeschlossenes, nicht zu hintergehendes Ereignis. Die Metapher des Loskaufens meint »Abgelten, Forderungen eines Gläubigers zufriedenstellen«.[170]

---

162 *Martyn*, Gal, 316 sowie *Moo*, Gal, 221, mit Verweis auf bSanh 59a; bBQ 38a; Midr Teh 1,18.
163 *Longenecker*, Gal, 120f.; *Martyn*, Gal, 315f. Skeptisch bleibt *Moo*, Gal, 221.
164 Letzteres *Chibici-Revneanu*, Leben im Gesetz, 109.
165 Letzteres *Chibici-Revneanu*, Leben im Gesetz, 115, mit Betonung der Differenz zwischen ἐκ πίστεως und ἐν αὐτοῖς.
166 *Dunn*, Gal, 175, mit Verweis auf Bar 4,1; 1QS IV 6–8; Arist 127; Philo, Congr 86f. als Texte mit Lev 18,5 aufnehmender Motivik; *Chibici-Revneanu*, Leben im Gesetz, 111; *de Boer*, Gal, 208. Zwar gibt es auch im antiken Judentum Texte, die Lev 18,5 auf das eschatologische Leben beziehen (PsSal 14,3; in SifrDtn 48 [84b] sind beide Dimensionen eingeschlossen), doch kann das Verbum in Gal 3,12, so *du Toit*, Glaube, 343 Anm. 102, nicht auf die Christuszeit oder die Endzeit bezogen sein, da es sonst Gal 3,11a nicht begründen kann. Dass aus dem diesseitigen »Leben« nach Gal 3,12 auch ein positives eschatologisches Geschick resultiert, braucht damit nicht geleugnet zu werden.
167 Ps.-Oikumenios, Gal, PG 118, 1124 B–C, sieht in Gal 3,13 die Antwort auf einen impliziten Einwand: Dass Abraham durch Glauben gerechtfertigt werde, sei vor der Offenbarung der Tora am Sinai möglich, dann aber nicht mehr.
168 *Von der Osten-Sacken*, Gal, 150, zufolge ist Χριστός hier nicht Eigenname, sondern Titel, weil an den anderen christologisch zentralen Stellen (Gal 1,4; 2,20; 4,4f.) ebenfalls ein Titel steht.
169 *Hansen*, Abraham, 122; *von der Osten-Sacken*, Gal, 151. Die Referenz des ἡμᾶς auf Judenchristen (*Usteri*, Gal, 101; *Lietzmann*, Gal, 19, mit Verweis auf den Gegensatz ἔθνη in V. 14a; *Witherington*, Grace, 236), mag durch Gal 2,15–17 begünstigt sein, wird aber der Fortsetzung Gal 3,14b (*Schlier*, Gal, 137) und Gal 4,4f. nicht gerecht (*Moo*, Gal, 211–213; *Das*, Gal, 331). *Schlier*, Gal, 137, kritisiert zu Recht die fehlende Logik der gegenteiligen Position: »Wie sollte […] die Erlösung der Juden vom Fluch des Gesetzes den Heiden den Segen Abrahams in Jesus Christus bringen?«
170 *Mußner*, Gal, 232. Als Gläubiger kommen weder Gott noch gar der Teufel, sondern kommt nur das Gesetz selbst in Frage (*Lipsius*, Gal, 39). Allerdings hat Paulus kein nennenswertes Interesse, dies wirklich klarzustellen (*von der Osten-Sacken*, Gal, 150 Anm. 111). *Kim*, Curse Motifs, 148, verweist

Man kann fragen, ob der Loskauf für den Glaubenden dadurch wirksam wird, dass Christus den Fluch übernahm, den das Sündigen der Menschen evozierte, oder ob die befreiende Wirkung an der Partizipation des Glaubenden mit dem Geschick Christi hängt.[171] Der Loskauf ist Loskauf vom Fluch des Gesetzes, nicht vom Gesetz insgesamt.[172] Das instrumentale Partizip γενόμενος bezeichnet bei Christus (wie auch sonst) eine Veränderung, die bei ihm häufig mit dem Übergang von der göttlichen in die irdische Daseinssphäre zu tun hat.[173] »Er wurde für uns zum Fluch« ist ein *abstractum pro concreto*, das seine traditionsgeschichtlichen Vorbilder in der Bibel und im frühen Judentum hat.[174] Die Wendung ὑπέρ + Gen. kann bedeuten »um ... willen« (1Kor 15,3), »anstelle von« oder »zugunsten von«[175]. Doch wie kann Christus zum Fluch werden? Vielleicht so, dass der Sündlose als Repräsentant der Sünder zu stehen kommt, wie 2Kor 5,21 nahelegt.[176] Allerdings ist dies im Galaterbrief nicht explizit.

Das Schriftzitat hat, s. die Konjunktion ὅτι[177], begründende Funktion. Es ist gegenüber dem uns bekannten Septuagintatext von Dtn 21,23 in dreierlei Weise verändert: Die Septuaginta bietet κεκατηραμένος, Paulus bietet ἐπικατάρατος; vielleicht wollte er an Gal 3,10 angleichen. Ferner steht im Paulustext nach πᾶς der Artikel. Schließlich lässt Paulus die Worte ὑπὸ θεοῦ aus[178]; Gott soll wohl nicht als direkter Autor eines Fluches zu stehen kommen, schon gar nicht beim Kreuzestod Jesu.[179] Dtn 21,23 spricht ursprüng-

---

darauf, dass das Verbum nicht für den Loskauf aus der Sklaverei verwendet wird, sondern für den Wechsel des Eigentümers; die von Christus Freigekauften sind Slaven nicht mehr des alten Äons etc., sondern Christi.

171 Im letzteren Sinne *Hansen*, Abraham, 124: Der in Dtn 21,23 ausgesprochene Fluch trifft Christus aufgrund seines Gekreuzigtseins.
172 *Bendik*, Paulus, 184 Anm. 1282. Trotzdem ist die Formulierung zwischen Paulus und den Fremdmissionaren kaum konsensfähig (*Müller*, Konfliktlinien, 161).
173 *Borse*, Gal, 130, mit Verweis auf Gal 4,4; Phil 2,7; Röm 1,3.
174 Jer 24,9; 42,18b; Sach 8,13. Unbeschadet der Voraussetzung der Sündlosigkeit Jesu kann man fragen, wie sehr Paulus daran lag, aufgrund ihrer das abstractum κατάρα zu verwenden (*Sieffert*, Gal, 185; *Schlier*, Gal, 138). Eine andere Deutung dieser Beobachtung bietet Calvin, Gal, CR 50, 209f.: Paulus sage nicht, Christus sei verflucht worden, sondern: »Er ist zum Fluch geworden«, was stärker ist: Es impliziert, dass die Verfluchung aller bei ihm eingeschlossen sei.
175 Ersteres *Becker*, Gal, 38; *Borse*, Gal, 130, Letzteres *Vouga*, Gal, 76; *de Boer*, Gal, 213.
176 So *Lietzmann*, Gal, 19; *Schlier*, Gal, 138; *Keener*, Gal [2019], 255; *Klein*, Gal, 114. Die dortige Wendung δικαιοσύνη θεοῦ stand Paulus, als er den Galaterbrief schrieb, (noch?) nicht vor Augen.
177 Auch in der LA γέγραπται γάρ (1739 u. a.) wird diese begründende Funktion sichtbar (*Carlson*, Text, 215).
178 Anders *Moo*, Gal, 223, der die Veränderung für theologisch irrelevant hält und vermutet, dass Paulus den hebräischen Text zitiert, der, so Moo, die Wendung nicht enthielt.
179 *Streett, Cursed by God?, passim, zufolge sagt Paulus nicht, dass Jesus von Gott verflucht ist, sondern dass das Volk über ihn so geurteilt habe aufgrund seines Kreuzestodes. Nicht alle, die am Kreuz hängen, sind automatisch unter dem Fluch. Paulus zitiert Dtn 21,23, um Jesu tiefste Erniedrigung in den Augen des jüdischen Volkes zu kennzeichnen. So erkläre Gal 3,13 auch nicht den Mechanismus der Sühne.

lich nicht von einem Gekreuzigten, sondern von einem Gesteinigten, der tot an einem Pfahl aufgehängt wurde. 11QT 64,6-13 und 4QpNah 3–4 I 4–9 deuten diese Dtn-Stelle aber auf die Kreuzigung.[180] Möglicherweise haben anti*paulinische* Gegner Dtn 21,23 gegen die Anhänger Jesu ins Feld geführt[181]; sie haben die Deutung der Stelle auf die Kreuzigung aber keineswegs erst erfunden.

14 Das Kreuzesgeschehen bewirkt die Aufhebung der soteriologischen Differenz von Juden und Nichtjuden, indem auch den Nichtjuden die Segnung Abrahams zugutekommen kann.[182] Die beiden ἵνα-Sätze sind von Gal 3,13a abhängig und parallel konstruiert.[183] Das Substantiv εὐλογία begegnet in der LXX erst im Isaak- und Jakobzyklus, aber εὐλογητός begegnet schon in Gen 12,2, εὐλογέω in Gen 12,2f.; 22,17 (dort sind Segens- und Mehrungsverheißung miteinander verknüpft). Die Präposition ἐν kann instrumental wie als Verweis auf die Gültigkeitssphäre[184] verstanden werden. Das Wort ἐπαγγελία[185] begegnet im Galaterbrief hier zum ersten Mal und bezieht sich auf den Empfang des endzeitlichen Gottesgeistes.[186] Diese Verheißung des Gottesgeistes gilt

---

180 *Moo*, Gal, 223, führt auch 4Q169 Frg. 4 I,8 an, das aber nur unter Voraussetzung der Deutung auf Alexander Jannaeus passe, der einmal 800 Pharisäer kreuzigen ließ. Die Verwendung von 4Q169 wird abgelehnt bei *Sänger*, »Verflucht«, 102f. Auch wurde nicht jeder Jude, der die Kreuzesstrafe erlitten hatte, als verflucht angesehen (*deSilva*, Letter, 294; *Das*, Gal, 326, mit Belegen aus Philo und Josephus).

181 *Moo*, Gal, 223. Anders *Sänger*, »Verflucht«, 103, mit der Annahme, »die Fluchdeutung des Kreuzes sei als synagogales Argument dem frühchristlichen Messiasbekenntnis entgegengehalten worden.« *Keener*, Gal [2019], 254; *von der Osten-Sacken*, Gal, 152, und *Schnelle*, Identitätspolitik, 83, erwägen, dass Paulus selbst in der Zeit vor der Berufung Dtn 21,23 gegen die Verkündigung Jesu als des Messias eingewandt habe. Skeptisch bleibt *deSilva*, Letter, 294. Dass die Verkündigung des Gekreuzigten bei Juden wie Nichtjuden auf Unverständnis stieß, zeigt 1Kor 1,23.

182 So auch Calvin, Gal, CR 50, 210. Die Begründung für die Segnung Abrahams ist faktisch in Gal 3,6–9 gegeben. In 1Clem 31,2 wird als Begründung angegeben, Abraham habe »Gerechtigkeit und Wahrheit durch Glauben getan«. Zusammen mit Isaak, der sich gerne zum Opfer hinführen ließ (Gen 22), und mit Jakob, der »in Demut« das Land um seines Bruders willen verließ, steht Abraham als Beispiel für eine Haltung, die den Aufrührern innerhalb der korinthischen Gemeinde Vorbild sein soll (1Clem 30,8).

183 Ersteres *de Boer*, Gal, 214, Letzteres *Das*, Gal, 332–334. Eine andere Möglichkeit wäre, den zweiten ἵνα-Satz vom ersten abhängig sein zu lassen (*Witherington*, Grace, 239; *Schreiner*, Gal, 218); verständlicher wird der Satz gleichwohl nicht; vgl. *Moo*, Gal, 214.

184 Ersteres *Burton*, Gal, 175, Letzteres *Dunn*, Gal, 178.

185 Die Wortfamilie wird in der Septuaginta nicht mit Bezug auf die Erzelterngeschichten verwendet, bietet sich aber als Begriff der Metasprache an und begegnet auch nur einmal bei Philo von Alexandria in solchen Kontexten (Mut 201). Bei Josephus findet sich das Verbum als metasprachlicher Ausdruck für die Verheißungen an die Väter in Ant II 275, das Substantiv in Ant I 236; II 219; von den Verheißungen an Mose steht es Joseph, Ant III 24.77. Der Wechsel zwischen Singular und Plural im Galaterbrief ist durch die verschiedenen Bezugspunkte der biblischen Vorlage bedingt (*Das*, Gal, 350).

186 Luther, Gal, WA 40/I, 455, sah in der Wendung einen Hebraismus: *Promissio Spiritus*; *Id est*: *promissus Spiritus* (»Die Verheißung des Geistes«, Das ist: »Der verheißene Geist«); ähnlich Cal-

nach biblischer Tradition dem Messias (Jes 11,2f.) oder Israel (Jes 44,3; 59,21; Ez 36,26f. u.ö.)[187], andernorts auch den Völkern (Joel 3,1f.).[188] Paulus macht aber von all diesen Schriftstellen keinen Gebrauch, obwohl ihm das hätte nützlich sein können, zumal in Jes 44,3 LXX (ἐπιθήσω τὸ πνεῦμά μου ἐπὶ τὸ σπέρμα σου καὶ τὰς εὐλογίας μου ἐπὶ τὰ τέκνα σου) die Begriffe πνεῦμα, σπέρμα und εὐλογία verknüpft sind. Im Galaterbrief wird der Begriff ἐπαγγελία verwendet bei Abraham im Sinne der Sohnesverheißung (Gal 4,23) und der Verheißung, Erbe zu sein (vorausgesetzt in Gal 3,29), bei den Glaubenden aus Juden und Nichtjuden[189] im Sinne der Verheißung des endzeitlichen Gottesgeistes (Gal 3,14; 3,22) und der Verheißung, »Erben« (Gal 3,29) und »Kinder nach der Art Isaaks« zu sein (Gal 4,28). Die biblischen Abrahamsverheißungen als Geistverheißung zu interpretieren hat Anteil an der allgemeinen Tendenz der Spiritualisierung dieser Genesistexte (siehe zu Gal 3,18), die im wörtlichen Sinne teils obsolet, teils unrealistisch waren.[190] Die Verbindung von πνεῦμα und λαμβάνειν erinnert an Gal 3,2[191]; die Adressaten sollen den ihnen zuteil gewordenen Geistempfang als die sie betreffende Erfüllung der Abrahamsverheißung begreifen. Der Artikel τῆς vor πίστεως ist als Rückverweis auf das in Gal 2,16; 3,6–9 Erörterte gedacht.

---

vin, Gal, CR 50, 210. Die spezifischen Konturen des Begriffs ἐπαγγελία im Buch Genesis klingen im Galaterbrief nicht mehr an (*Oakes*, Gal, 119). – Den Übergang von der εὐλογία in Gal 3,14a zur ἐπαγγελία τοῦ πνεύματος in Gal 3,14b versucht *Barrier*, Breath, 125–127, durch ein physiologisches πνεῦμα-Konzept begreiflich zu machen; das bei Abraham über den Gehörsinn eingegangene πνεῦμα könne, so Barrier, mit Verweis auf Galen, durch sexuelle Zeugung übertragen werden, sodass die Segnung der Nationen durch das *pneuma-enriched sperm* (a.a.O., 127, Hervorhebung durch Barrier) erfolge, wodurch Gal 3,14–16 den Adressaten durchaus verständlich sei. – Ob Paulus die Weitergabe des Segens wirklich in dieser Weise materialisiert gedacht hat? Rezeptionsästhetische Exegese darf nicht dazu führen, dass der innere Zusammenhang der Gedanken eines Autors und seine theologische Vorprägung dermaßen außer Acht gelassen werden.

187 In Qumran werden einzelne Fromme (1QH IV 26; VIII 12; 1QS IV 21), aber auch hervorgehobene Personen (CD II 12; 1QH XX 12) als Empfänger benannt.

188 Ist bei Paulus über das Stichwort »Erbe« auch die im antiken Judentum eschatologisch wie übertragen gedeutete Landverheißung eingebunden? So jedenfalls *Keener*, Gal [2019], 259.

189 Trotz der Betonung der Aktivität Christi in Gal 3,13 referiert πίστις in Gal 3,14 nicht auf die Treue Christi (so *Hays*, Gal, 261), sondern auf den Modus des Heilsempfanges (*Das*, Gal, 335).

190 Eine alternative Deutung interpretiert τοῦ πνεύματος nicht als Inhalt der ἐπαγγελία, sondern als gen. auctoris, als die Kraft, mit Hilfe derer die Abrahamsverheißung wirksam wird. Die Mehrungsverheißung erfüllt sich dann in der Bekehrung von Gläubigen (*Das*, Gal, 350). Letzteres ist in Gal 4,27 im Blick, aber m.E. noch nicht hier.

191 *Ulrichs*, Christusglaube, 101.

3,15–18 Die Verheißung erging eher als die Offenbarung der Tora*

(15) Brüder, ich rede nach menschlicher Weise. Ein rechtskräftig gewordenes Testament eines Menschen setzt niemand außer Kraft oder versieht es mit einem Zusatz. (16) Dem Abraham waren die Verheißungen zugesprochen worden »und seinem Samen«. Es heißt nicht: »und den Samen«, als ob es sich um viele handelt, sondern um einen: »und deinem Samen«, welcher ist Christus. (17) Das aber meine ich: die Verfügung, die zuvor von Gott rechtskräftig ergangen ist, macht das 430 Jahre später gewordene Gesetz nicht unwirksam, dass es die Verheißung außer Kraft setzen könnte. (18) Wenn nämlich aus dem Gesetz das Erbe käme, dann nicht aus der Verheißung; dem Abraham aber hat sich Gott durch die Verheißung gnädig erwiesen.

Der Abschnitt ist mit dem Vorangegangenen durch den Begriff ἐπαγγελίαι verbunden, führt aber διαθήκη und κληρονομία als neue Leitbegriffe ein. Paulus behauptet die Dissoziation von διαθήκη und νόμος. Er beginnt in V. 15f. mit einer *conclusio a minore ad maius*; die Vergleichbarkeit zwischen einer menschlichen διαθήκη und der göttlichen Verheißung liegt in ihrer Unwiderruflichkeit.[192]

15 Die Tora macht den Bund mit Abraham nicht hinfällig (Paulus beweist das zunächst κατὰ ἄνθρωπον, noch nicht durch die Schrift, vgl. dann aber Gal 4,21), nicht die Verheißungen, die an ihn und an seinen Samen (= Christus und die Christen; Gal 3,16; 4,28) ergangen sind, Erbe der Welt zu sein.

Die Anrede »Geschwister«, erstmals wieder seit Gal 1,11 verwendet und zur Anrede »o ihr unvernünftigen Galater« in Gal 3,1 kontrastierend, ist Aufmerksamkeitssignal, das auch eine gewisse Verpflichtung der Adressaten in sich schließt.[193] Dass die Wendung κατὰ ἄνθρωπον λέγω in sich schon eine negative Nuance enthalten soll[194], ist nicht überzeugend, so gewiss das von Paulus gepredigte Evangelium nicht nach Menschenart ist (Gal 1,11f.); Paulus geht es um ein Argument *a minore ad maius*[195] oder schlicht um eine Analogie aus dem weltlichen Leben. Vielleicht signalisieren die Worte aber

---

* Literatur: *Bammel, Ernst*, Gottes ΔΙΑΘΗΚΗ (Gal. III.15–17) und das jüdische Rechtsdenken, NT 6 (1960), 313–319; *Ehrensperger, Kathy*, Narratives of Belonging: The Role of Paul's Genealogical Reasoning, EC 8 (2017), 373–392; *Murphy-O'Connor, Jerome*, The Irrevocable Will (Gal 3:15), RB 106 (1999), 224–235; *Sandmel, Samuel*, Philo's Place in Judaism: A Study of Conceptions of Abraham in Jewish Literature, New York 1971; *Trick, Bradley*, Abrahamic Descent, Testamentary Adoption, and the Law in Galatians, NT.S 169, Leiden 2016.

192 Wie Philo von Alexandria stand Paulus vor der Frage, wie Abraham noch vor der Offenbarung der Tora am Sinai gottgefällig leben konnte. Philo von Alexandria macht Abraham zur Norm und versucht die Konformität der Tora zu dieser Norm zu erweisen (*Sandmel, Philo's Place, 107). Paulus macht Abraham zur Norm, die die Gültigkeit der Tora ins zweite Glied rückt.

193 *Usteri*, Gal, 108.

194 So *Witherington*, Grace, 241; *von der Osten-Sacken*, Gal, 157f.

195 Calvin, Gal, CR 50, 211.

auch, dass sich Paulus dessen bewusst ist, dass seine Analogie nicht in allem passt.[196] Die Konjunktion ὅμως (oder ist ὁμῶς zu lesen[197]?) ist hier wohl nicht adversativ, sondern leitet den Vergleich ein. Das Partizip κεκυρωμένην ist wie das Partizip προκεκυρωμένην (Gal 3,17) resultativ wie restringierend.[198]

Im Folgenden spielt Paulus mit der Doppelbedeutung von διαθήκη (»Wille«; »Testament« im hellenistischen Griechisch, »Bund« in der Septuaginta[199]). Bei der Idee des »Bundes Gottes mit Israel/den Menschen« darf man nicht die Vorstellung zweier gleichberechtigter Bündnispartner eintragen, vielmehr: Gott setzt, der Mensch empfängt den »Bund«. Das Wort ἀθετέω[200] verwendet Paulus hier wie bereits in Gal 2,21. Die Präsensformen ἀθετεῖ und ἐπιδιατάσσεται[201] haben den Aspekt der zeitlosen Gültigkeit. Wie, so Paulus, niemand ein Testament nachträglich für ungültig erklären oder abändern kann, so erklärt auch Gott sein eigenes Versprechen nicht für unecht oder ändert es nachträglich um.[202] Impliziert ist damit auch: Ebensowenig ändert Paulus nicht nachträglich seine Haltung gegenüber der Gnade Gottes. Gal 3,15a hat dann den Nebensinn der Aufforderung an die Adressaten, den Bund Gottes nicht zu verwerfen oder etwas zu ergänzen.

> Welche Beweiskraft kommt diesem Vergleich aus dem weltlichen Leben zu?[203] Aus der griechisch-römischen Umwelt sind vergleichbare grundsätzliche Stellungnahmen zur Gültigkeit normaler Testamente nicht bekannt; dass verschiedene Willenserklärungen zu Konflikten führen konnten und Testamente, vor allem von Enterbten, angefochten wurden, ist hinreichend belegt.[204] Der Vorschlag von Ernst Bammel, Paulus beziehe sich hier auf einen jüdischen Ritus einer unwiderruflichen Eigentumsübertragung[205] hat sich nicht durchgesetzt – wie sollten die nichtjüdischen galatischen Christen dieses Rechtsinstitut kennen? Die These von Jerome Murphy-O'Connor, Paulus appelliere nicht an ein

---

196 DeSilva, Letter, 307.
197 De Boer, Gal, 219.
198 Hayes, Analysis, 294–296.
199 So 1Kor 11,25; 2Kor 3,6.14; Röm 9,4; 11,27. In der Anwendung auf das Verhältnis zwischen Gott und seinem Volk dominiert der Gedanke der bindenden Selbstverpflichtung dessen, der den Bund initiiert wie es biblischen Vorgaben, vor allem Dtn 4,13; 5,2; 8,18; entspricht.
200 Ist ἀθετέω im Hinblick auf Ps 89,35 (im dortigen Kontext begegnen auch die Begriffe διαθήκη, ὀμνύω und σπέρμα) und Ps 132[131],11 (οὐ μὴ ἀθετήσει αὐτήν [scil. ἀλήθειαν]) gewählt? Vgl. aber auch 2Makk 13,25.
201 Ist ἐπιδιατάσσεται ein Motiv in der Propaganda der Fremdmissionare gewesen (Martyn, Gal, 337)?
202 Zur funktionalen Nähe der Begriffe ἐπαγγελία und διαθήκη vgl. Luther, Gal, WA 40/I, 463: *Hic novo vocabulo promissiones Dei vocat Testamentum* (»Hier nennt er die Verheißungen Gottes mit einer neuen Vokabel Testamentum«).
203 Zur Forschungsgeschichte vgl. *Trick, Abrahamic Descent, 168–175.
204 Keener, Gal [2019], 264f. Vgl. den Abschnitt *de testamentis quae scissa sunt* bei Valerius Maximus VI 7.
205 *Bammel, ΔΙΑΘΗΚΗ, passim, aufgenommen von Betz, Gal, 280; Mußner, Gal, 237; skeptisch bleibt Moo, Gal, 227.

Rechtsinstitut, sondern an einen populären Konsens[206], ist nach Bradley Trick zu undifferenziert. Dieser verweist auf die Rechtspraxis einer testamentarischen Adoption *inter vivos*, die in der Tat nicht mehr rückgängig zu machen war, und die, sofern der Erblasser[207] es gestatte, auch den Antritt des Erbes vor seinem Tod als Möglichkeit bereithielt, sodass auch der Einwand nicht greift, das Bild sei schief, weil der Tod Gottes ja als Idee für Paulus nicht vorstellbar sei.[208]

16 Nunmehr[209] legt Paulus fest, dass nur Christus und die an ihn Glaubenden die Erben der Abrahamsverheißung sind. Der Aorist ἐρρέθησαν[210] zielt auf Faktizität. Die Wendung καὶ τῷ σπέρματί σου ist in Gen 13,15; 17,8; 24,7 jeweils mit der Landverheißung verbunden. Der Begriff σπέρμα, eigentlich ein Kollektivnomen, steht in Gal 3,16 allgemein zur Bezeichnung der Nachkommenlinie, die über »Verheißung«, »Glaube«, »Christus« definiert ist, und wird in Gal 3,29 auf die Galater appliziert, womit die kollektive Deutung mit neuer Referenz reaktiviert wird. Ermöglicht ist die christologische Engführung[211] durch den Singular σπέρμα schon in den genannten biblischen Vorlagen[212], die in Gal 3,29 explizit gemachte Ausweitung durch Gen 22,17 (πληθύνων πληθυνῶ τὸ σπέρμα

---

206 *Murphy-O'Connor*, Will, passim; *deSilva*, Letter, 308. Immerhin könnte man Cic, Phil II 42/109 anführen: *in publicis nihil est lege gravius, in privatis firmissimum est testamentum* (»Im Staatsleben bindet nichts stärker als ein Gesetz; im Privatleben ist ein Testament das stärkste Band«; Übers. Kasten III 89). Die Parallele kann das κατ᾽ ἄνθρωπον erklären. Natürlich gibt es Gegenbeispiele (*Keener*, Gal [2018], 146 Anm. 604)

207 Bei dem Argument, dass nur die nachträgliche Annullierung oder Änderung seitens eines Dritten ausgeschlossen ist (*de Boer*, Gal, 219; *Das*, Gal, 347), wäre zu bedenken, dass (gegen de Boer) die Vorstellung, das Gesetz sei von Engeln vermittelt (Gal 3,19), den mittelbaren göttlichen Ursprung nicht ausschließt. Auch kann ein Erblasser sein Testament sehr wohl ändern, während das von Gott auch nach Gen 17,7 (διαθήκην αἰώνιον) nicht zu erwarten ist.

208 *Trick, Abrahamic Descent, 172–174.

209 Die Auslassung der Partikel δέ in D* F G it mag versehentlich erfolgt sein.

210 Die Form ἐρρήθησαν (1739) ist Attizismus (*Carlson*, Text, 235).

211 Sie bedingt auch das grammatikalisch unpassende, in manchen Handschriften (D* Fᶜ 81 1505) zu ὅ korrigierte Maskulinum ὅς nach dem Neutrum σπέρμα. Die v.l. οὗ (F* G) betont noch stärker die Hinordnung der Patriarchen auf Christus im Sinne der »Gerechten des Alten Bundes« (*Ehrman*, Corruption, 241). – Auf Analogien der Formulierung »es heißt nicht ... sondern« zu anderen biblischen Texten in rabbinischer halachischer Argumentation macht *Keener*, Gal [2019], 266f. aufmerksam.

212 Bereits in Gen 22,16f.; 24,7 steht das *collectivum* σπέρμα von einer einzelnen Person (von Isaak als dem leiblichen Sohn Abrahams), ähnlich in 2Sam 7,12–14 (von Salomo als dem leiblichen Sohn Davids). Auch wird in Gen 22,2 Isaak als τὸν υἱόν σου τὸν ἀγαπητόν, ὃν ἠγάπησας gekennzeichnet, mit einer Vorzugsstellung versehen. Die christologische Deutung bei Paulus ist wohl auch dadurch ermöglicht, dass die Begriffe διαθήκη und σπέρμα in Ps 88[89],4f.35–37 in messianisch deutbaren Aussagen verbunden sind, Ps 88[89],4.36f. und Ps 131[132],11 (Gottes Eid hinsichtlich des/der Nachkommen Davids) und Gen 22,16 (Gottes Eid an Abraham) durch ὀμνύω – das Verbum wird allerdings im Galaterbrief nicht verwendet.

σου).²¹³ Die individuale Deutung des Singulars hat antike jüdische Parallelen²¹⁴ wie auch die Formulierung οὐ λέγει ... ἀλλά.²¹⁵ Vielleicht ist die streng singularische Deutung von σπέρμα in Gal 3,16 (anders als in Gal 3,29) als Kontrapunkt zur Haltung der »neuen Prediger« zu verstehen, die σπέρμα auf das empirische Israel beziehen²¹⁶, wohingegen Paulus diese Identifizierung gerade vermeiden will.²¹⁷ Dass Paulus, über die christologische Engführung hinüber, dann doch wieder eine Vielzahl von »Nachkommenschaft« Abrahams im Auge hat, zeigt Gal 4,27.²¹⁸ In Röm 4,13–17 ist diese Engführung auf den Singular denn auch völlig fallengelassen worden.²¹⁹

17 Paulus erläutert den Gedanken von V. 15 in einer *conclusio a minori ad maius*. Er erfasst die Verheißung Gottes an Abraham als Gottes διαθήκη mit ihm²²⁰ und nützt die Tatsache aus, dass die Tora erst 430 Jahre *nach* der Verheißung erging.²²¹ Auf sprachlicher Ebene lässt γεγονώς die Frage nach dem Subjekt offen; vielleicht will Paulus vermeiden, Gott als Geber des Gesetzes zu bezeichnen, weil dies seiner Argumentation gegenüber den Galatern abträglich gewesen wäre. Dass er den Begriff διαθήκη im Galaterbrief im Folgenden nicht mehr verwendet, mag damit begründet sein, dass nach traditionellem jüdischen Verständnis Bund und Tora incl. der Beschneidung untrennbar verknüpft sind. Allerdings ist in Gal 3,17 keineswegs die Negation der Forderung des Gehorsams gegenüber der Tora expliziert.²²²

Die 430 Jahre bezeichnen nach Ex 12,40 LXX·ᴬ die Aufenthaltsdauer der Israeliten in Kanaan und Ägypten.²²³ Das Perfekt in dem Partizip προκεκυρωμένην hat den Aspekt

---

213 Paulus intendiert die Inklusion von Nichtjuden in das universale Symbolsystem Israels als Menschen, die nicht zu Israel im strengen Sinne gehören, aber dennoch den Gott Israels auch als ihren Gott anerkennen (*Ehrensperger*, Narratives, passim). Vgl. auch *Wolter*, Ethnizität, passim.
214 *Das*, Gal, 351, verweist auf Jub 16,17f. und 4Q174 I 10–13.
215 *Keener*, Gal [2019], 266, verweist auf mSchab IX 2.
216 *Limberis*, Provenance, 409; *de Boer*, Gal, 222. Skeptisch bleibt *Keener*, Gal [2019], 268.
217 Theophylakt, Gal, PG 124, 989 C; *Kraus*, Volk Gottes, 210.
218 *DeSilva*, Letter, 310. Allerdings ermöglicht der Singular auch dann noch, einen Teil der physischen Abrahams-Nachkommenschaft, die Ismael-Linie, aus der Verheißung auszuschließen (Gal 4,30).
219 *Lipsius*, Gal, 40. Die Gegenüberstellung zwischen den vielen und dem einen ist ansonsten nur in den Adam-Christus-Typologien 1Kor 15,22.44 und Röm 5,15–19 reaktiviert (*Schlier*, Gal, 146).
220 Die Worte εἰς Χριστόν nach θεοῦ (D F G I K L 0176 0278 104 365 630 1505 1611 2495, in lat. Tradition 61 75 76 77 89 135) sind Zusatz mit folgenreichen Implikationen: Gottes Bund mit Abraham wäre von vornherein nur auf Christus ausgerichtet gewesen (*Ehrman*, Corruption, 241; *Das*, Gal, 338). *Carlson*, Text, 230, betont den antijüdischen Effekt. Die Worte fehlen jedoch in 𝔓46 ℵ A B C P Ψ 6 33 81 1175 1241 1739 1881 2464 r t. Christlicher Antijudaismus führte nicht immer zu Textveränderungen, was aber christliche Tradition nicht entlastet.
221 Die zeitliche Achse wird auch durch die Korrespondenz von προ... und μετά betont (*Schlier*, Gal, 147). Die Voranstellung von ἔτη vor die Zahlenangabe (Ψ 1505 1611 2495) lässt das Gewicht auf Letztere fallen (*Carlson*, Text, 236).
222 Darauf macht *Keener*, Gal [2019], 270, zu Recht aufmerksam.
223 Ex 12,40 bezieht die Zahl 430 nur auf den Aufenthalt Israels in Ägypten; Gen 15,13 und Apg 7,6 setzen dafür 400 Jahre an. Paulus folgt also »einer bestimmten traditionellen Chronologie, stellt

des unveränderbaren Resultates; das Präsens ἀκυροῖ mag zeitlos gemeint sein.[224] Was Paulus als einander ausschließende Alternativen betrachtet hat, werden die Fremdmissionare als komplementär gesehen haben; auch sie könnten οὐκ ἀκυροῖ formulieren, würden aber die Verheißung positiv mit der Toraobservanz verbinden.[225] Für die paulinische Wendung εἰς τὸ καταργῆσαι τὴν ἐπαγγελίαν hätten sie kein Verständnis.

Eine theologische Schwäche der explizit vorliegenden paulinischen Konstruktion[226] ist augenfällig: Nach biblischem Sprachgebrauch wird bereits der das Gebot der Beschneidung einschließende Bundesschluss Gottes mit Abraham als διαθήκη bezeichnet (Gen 17,8)[227], sodass der Verweis auf die 430 Jahre wenig geeignet erscheint, um eine Nachordnung der Tora[228] gegenüber den Verheißungen an Abraham biblisch zu untermauern. In Röm 4,10 wird Paulus erheblich umsichtiger argumentieren, wohl veranlasst durch Einsprüche von nicht an Jesus glaubenden Juden oder von Judenchristen.[229] Zwar bleibt es sein aus der Reihenfolge von Gen 15 und Gen 17 entwickeltes Hauptargument, dass das Gebot der Beschneidung erst *nach* der Zurechnung des Glaubens zur Gerechtigkeit gegeben wurde, doch ist von den 430 Jahren keine Rede mehr, und der Begriff διαθήκη verschwindet in Röm 4 aus der Diskussion, wird vielmehr in Röm 9,4; 11,27 als »Bund Gottes mit Israel« benannt, der für die Treue Gottes bürgt.

18 Zusammenfassend betont Paulus, dass Abraham aufgrund der Verheißung, nicht des Gesetzes Erbe ist – warum er es nicht aufgrund des Gesetzes sein könnte, wird Gal 3,21 erklären.[230] Die Struktur von Gal 3,18a erinnert an Gal 2,21b – ein Grundsatz wird statuiert, den die Fremdmissionare kaum anerkennen werden. Die Begriffe ἐπαγγελία und διαθήκη in Gal 3,16.17.18 referieren auf das »Erbe«. Die Wortfamilie κληρονομία, semantisch mit dem Begriff διαθήκη naheliegenderweise verbunden[231], begegnet innerhalb des Galaterbriefes in Gal 3,18 zum ersten Mal. In den Genesistexten besteht

---

aber nicht selbst Berechnungen an« (*Schlier*, Gal, 148).

224 *Moo*, Gal, 230. *Bauer*, Paulus, 258, biete Parallelen für den Gebrauch von κυροῦν und ἀκυροῦν in Testamentstexten aus Oxyrrhynchus etc.

225 So auch *deSilva*, Letter, 311. Sie hätten wohl eher 2Makk 2,17f. zugestimmt: ὁ δὲ θεὸς ὁ σώσας τὸν πάντα λαὸν αὐτοῦ καὶ ἀποδοὺς τὴν κληρονομίαν πᾶσιν ... καθὼς ἐπηγγείλατο διὰ τοῦ νόμου (*Das*, Gal, 356).

226 Auf das Defizit der Argumentation des Apostels – Gen 17,9–14 ist nicht berücksichtigt – haben auch *Sanders*, Paul, 119; *Das*, Gal, 349; *Keener*, Gal [2019], 271, aufmerksam gemacht. Ist dies damit erklärbar, dass bereits Gen 15,1–21 (Gen 15,18) von der διαθήκη spricht? Darauf verweist *Kraus*, Volk Gottes, 241. *De Boer*, Gal, 221, erinnert zusätzlich an die Wiedergabe des Beschneidungsgebotes in Lev 12,3, wo sich kein Bezug zu Abraham findet.

227 Das wird auch im antiken Judentum weitergetragen (Jub 15,26.34).

228 Ohnehin gilt Abraham in jüdischer Tradition als einer, der die Tora schon vor ihrer öffentlichen Promulgation am Sinai zur Gänze eingehalten hat (Jub 24,11; syrBar 57,2). Noch weniger ist Gal 3,17 mit dem jüdischen Motiv der Präexistenz und der Ewigkeit der Tora vereinbar.

229 *Becker*, Paulus, 315; *Roetzel*, Paul, 123. Auch wird Paulus in Röm 9,5, anders als im Galaterbrief, die unverbrüchliche Gültigkeit der Verheißung für Israel betonen (*Klein*, Gal, 120).

230 *DeSilva*, Letter, 312.

231 Tatsächlich hatten römische Juristen, wenn es um »Erbe« ging, meist mit Fragen der Eigentumsnachfolge zu tun (*Thate*, Paul and the Anxieties, 235 Anm. 174).

das »Erbe« zunächst im dauerhaften Besitz des verheißenen Landes. Die Genesistexte mussten jedoch aktualisiert werden, auch für Zeiten, in denen an Landbesitz Israels nicht zu denken war. Das Motiv des »Erbes« wird später (topographisch[232] bzw.) eschatologisch[233] ausgeweitet und dann metaphorisiert[234] bzw. ins Jenseits verlegt oder spiritualisiert.[235] Bei Paulus ist der Begriff des Erbens ansonsten an die βασιλεία τοῦ θεοῦ gekoppelt.[236] Der Aspekt des verheißenen Landes ist zurückgetreten, andererseits sind gegenwärtige und zukünftige Aspekte miteinander verschränkt.[237] Die Partikel οὐκέτι in Gal 3,18a kann temporal oder eher logisch verstanden werden.[238]

Das Verbum κεχάρισται aus der Wortfamilie χάρις[239] betont das Generöse, das Freiwillige der göttlichen Zuwendung an Abraham, ohne Anlass und ohne Vorleistungen Abrahams erfolgend.[240] Die Perfektform verweist auf die bleibende Gültigkeit des Geschehens an Abraham.[241] Dass Gal 3,18 auf Vergangenes referiert, wird nicht am Tempus, sondern an der Nennung bestimmter Personen (Abraham) und Ereignisse deutlich. Das Wort θεός ist betont an den Schluss gestellt.

Hängen also Teilhabe am oder Ausschluss vom Erbe allein an der Verheißung und am Glauben, so stellt sich unweigerlich die in 3,19–25 angeschnittene Frage nach der Funktion des Gesetzes überhaupt. Nicht nur Paulus musste diese Frage für sich klären. Auch die Galater mussten darüber den Fremdmissionaren zu antworten wissen.

---

232 Eine topographische Ausweitung ist in Sir 44,21–23 anhand der Näherbestimmung »von einem Meer bis ans andre und vom Euphrat bis an die Enden der Erde« nachweisbar. Unklar ist, ob Jub 17,3; 19,21 als sachliche Ausweitung gelten können, da ארץ sowohl das Land (z.B. Israel) als auch »Erde« bezeichnen kann.
233 Ez 47,14–23 (verbunden mit topographischer Ausweitung); Jes 60,21.
234 Vgl. 4Q171, 4I1f., in Auslegung von Ps 37,34.
235 Ersteres äthHen 39,8; Letzteres Philo, VitMos I 157f.: Das Erbe des Mose, des eigentlichen Weltbürgers, ist die erhabene Gemeinschaft mit dem Vater und Schöpfer des Alls. In QuaestEx II 13 deutet Philo die Landverheißung auf den Eintritt in die Philosophie. Allerdings ist Philos Rezeption der Genesistexte nicht einseitig als Spiritualisierung zu beschreiben; Leg 346f. lässt wieder an die konkrete Vorstellung des ungestörten Wohnens Israels im eigenen Land denken; vgl. dazu *Kraus*, Eretz Jisrael, 27f.
236 1Kor 6,9f.; 15,50; Gal 5,21.
237 *Kraus*, Volk Gottes, 231.
238 Letzteres *Das*, Gal, 354.
239 Für χάρις im Galaterbrief vgl. Gal 1,3.6.15; 2,9.21. Das Verbum χαρίζομαι ist in der Septuaginta nicht belegt, häufig hingegen bei Philo. Für Josephus ist auf Ant I 224 zu verweisen.
240 *Moo*, Gal, 232. Von daher wird auch, so *von der Osten-Sacken*, Gal, 160, verständlich, dass die Heilsteilhabe nicht auf dem Weg des »Tuns« (Lev 18,5 bzw. Gal 3,12) erfolgen kann.
241 *De Boer*, Gal, 225. Nach *Porter*, Verbal Aspect, 107, hat das Perfekt einen »stative« Aspekt.

3,19–25 Herkunft, Funktion und eingeschränkte Wirksamkeit der Tora *

(19) Was ist nun das Gesetz? Um der Übertretungen willen wurde es hinzugefügt, bis der Nachkomme käme, dem die Verheißungen gegeben wurden, verordnet durch Engel durch (wörtlich: in der Hand eines) Vermittler. (20) Der Vermittler ist Vermittler nicht eines einzigen, Gott aber ist einer. (21) Ist nun das Gesetz gegen die Verheißungen? Das sei ferne. Wenn nämlich ein Gesetz gegeben wäre, das Leben schaffen könnte, käme in der Tat aus dem Gesetz die Gerechtigkeit. (22) Aber die Schrift hat alles unter die Sünde eingeschlossen, damit die Verheißung aus dem Glauben an Jesus Christus den Gläubigen gegeben werde. (23) Bevor der Glaube kam, wurden wir von dem Gesetz bewacht, eingeschlossen hin auf den zukünftig offenbarten Glauben. (24) So ist nun das Gesetz unser Aufpasser geworden auf Christus hin, damit wir aus dem Glauben gerechtfertigt würden. (25) Da aber der Glaube kam, sind wir nicht mehr unter dem Aufpasser.

V. 19: Die Textüberlieferung am Anfang ist komplex. 𝔓46 bietet πράξεων. F G it bieten Τί οὖν ὁ νόμος τῶν πράξεων; ἐτέθη. Auch die lateinische Tradition ist gespalten zwischen *factorum causa* (135), *factorum gratia* (75 76) und *propter transgressionem* (51 54 78 88).[242] Der Genitiv πράξεων meint möglicherweise die Halachot, deren Gültigkeit auf die Zeit bis zum Kommen Christi beschränkt wird. D* bietet Τί οὖν ὁ νόμος; τῶν παραδόσεων χάριν ἐτέθη. Entweder ist das eine versehentliche Verschreibung, oder die Existenz der Halacha soll bezeugt, zugleich auf die Zeit bis zum Kommen Christi in ihrer Gültigkeit eingeschränkt werden. Diese textkritischen Varianten am Beginn des Verses lassen sich leicht als Versuch verstehen, dem sperrigen, von ℵ A B C D¹ K L P Ψ 0176^vid 0278 33 81 104 365 630 1175 1241 1505 1739 1881 2464 r t vg gebotenen Text seine Schwierigkeiten zu nehmen.[243] – Statt οὗ (𝔓46 ℵ A C D F G K L P Ψ 81 104 365 630 1241 1505 1739 1881 Byz) steht manchmal ἄν (B 0278 33 1175 2464). Trotz gewisser Tenazität dieser LA ist οὗ vorzuziehen. V. 21: Die Worte τοῦ θεοῦ fehlen in einigen wenigen, aber guten Handschriften (𝔓46 B d); in 104 ist τοῦ Χριστοῦ ergänzt; nur θεοῦ bieten F G. In der Tat kann man fragen, wie wahrscheinlich ihre Streichung

---

242 *Literatur: Bachmann, Michael*, Ermittlungen zum Mittler. Gal 3,20 und das paulinische Gesetzesverständnis, in: *ders.*, Von Paulus zur Apokalypse – und weiter. Exegetische und rezeptionsgeschichtliche Studien zum Neuen Testament, NTOA 91, Göttingen 2011, 53–69; *Bergmeier, Roland*, »Welche Bedeutung kommt dann dem Gesetz zu?« (Gal 3,19a), ThZ 59 (2003), 35–48; *Downing, F. Gerald*, Order and (Dis)order in the First Christian Century, NT.S 151, Leiden 2012; *Nordgaard, Stefan*, Paul and the Provenance of the Law: The Case of Galatians 3:19–20, ZNW 105 (2014), 64–79; *Lull, David J.*, »The Law was our pedagogue«: A Study in Galatians 3:19–25, JBL 105 (1986), 481–498; *Oepke, Albrecht*, Art. μεσίτης κτλ., ThWNT IV (1942), 602–629; *Schliesser, Benjamin*, Glaube als Ereignis. Zu einer vernachlässigten Dimension des paulinischen Glaubensverständnisses, ZThK 117 (2020), 21–45; *Young, Norman H.*, Paidagogos. The social setting of a Pauline metaphor [Gal 3, 24; 1Kor 4, 15], NT 29 (1987), 150–176.
   Weitere Varianten s. *Houghton* u. a., Epistles, 411.
243 *Vouga*, Gal, 82; *Moo*, Gal, 245.

ist.²⁴⁴ Die Worte τοῦ θεοῦ, bezeugt von ℵ A CD K L P Ψ 0278 33 81 365 630 1175 1241 1505 1739 1881 2464 Byz lat, sind nicht zwingend notwendig für die Argumentation, bekräftigen jedoch die Richtigkeit des in Gal 3,16 Gesagten. Auch neigt der gemeinsame Vorfahre von 𝔓46 und B zu zufälligen Omissionen.²⁴⁵ Im weiteren Verlauf des Verses ist ὄντως in F G durch ἀληθείᾳ ersetzt. Nur mit Gründen innerer Textkritik ist es zu entscheiden, dass die sprachlich ungewöhnliche Reihenfolge ἐκ νόμου ἄν ἦν (A C 81 1241 2464²⁴⁶) eher den Anspruch auf Ursprünglichkeit erheben kann als die Reihenfolge ἐκ νόμου ἦν ἄν (𝔓46 ℵ Ψ ⁽*⁾·ᶜ 0278 33 104 365 630 1175 1739) oder die Reihenfolge ἄν ἐκ νόμου ἦν (D¹ K L P 0176ᵛⁱᵈ 1505 Byz).²⁴⁷ Das Fehlen von ἄν in Ψ D* 1881 bzw. von ἄν ἦν in F G mag bloßer Zufall sein.²⁴⁸ V. 23: Statt συγκλειόμενοι (𝔓46 ℵ A B D* F G P Ψ 33 81 104 1241 1739 1881 2464) ist (C D¹ 0176 0278 365 630 1175 1505 Byz) συνκεκλεισμένοι bezeugt, was manchmal die Vorzeitigkeit des Ereignisses bei gleichzeitiger Andauer des Ergebnisses impliziert.

Innerhalb des größeren Abschnittes Gal 3,19–4,7²⁴⁹ ist die Zäsur vor Gal 4,1 meist unstrittig, während innerhalb des Unterabschnittes Gal 3,19–29 Zäsuren vor V. 23²⁵⁰ oder V. 26²⁵¹ vorgeschlagen werden. Für letztere Option gibt es einige Argumente: Gal 3,23–25 gehören »noch zur Antwort auf die Frage von V. 19a.«²⁵² In Gal 3,26 geht Paulus zur direkten Anrede in 2. Pl. über; Gal 3,26 und V. 28 sind durch πάντες verklammert, was in V. 28 durch die Aufhebung bestimmter partikularer Identitätsmerkmale erklärt wird, während der νόμος in Gal 3,26–29 nicht mehr thematisiert wird. Auffallend ist die mehrfache Betonung einer begrenzten Zeitspanne (Gal 3,19.23.24.25).

19 Gal 3,19 ist eröffnende Frage, die ein neues Thema einführt.²⁵³ Gerade gegenüber den Fremdmissionaren, die den Galatern faktisch die Übernahme jüdischer Identität anempfahlen, musste Paulus seine auf Verheißung und Glaube basierende Konstruktion der Identität der Christusgläubigen angesichts der jüdischen Hochschätzung der Tora gegen den zu erwartenden Einwand²⁵⁴ der völligen Abrogation des Gesetzes absichern.

---

244 *DeSilva*, Letter, 314.
245 *Carlson*, Text, 110–112.
246 B bietet die Untervariante ἐν νόμῳ ἄν ἦν.
247 *Carlson*, Text, 159–161.
248 *Carlson*, Text, 193.
249 *Mußner*, Gal, 244f., behandelt Gal 3,19–4,7 als große Einheit mit Verweis auf die Verklammerungen zwischen Gal 3,19; 4,4 (Kommen Christi); Gal 3,26; 4,5 (Motiv der Sohnschaft); 3,23 (Vorstellung der Knechtschaft unter dem Gesetz); Gal 3,29; 4,7 »Erbe«.
250 U. a. *Burton*, Gal, 198; *Borse*, Gal, 137; *Vouga*, Gal, 85; *deSilva*, Letter, 324, sowie *de Boer*, Gal, 237: Ab Gal 3,23 wird die aus Gal 2,15–21 bekannte Gegenüberstellung von πίστις und νόμος wieder aufgenommen.
251 *Betz*, Gal, 320; *Martyn*, Gal, 352; *Moo*, Gal, 248.
252 *Sänger*, Gesetz, 170.
253 *Holmstrand*, Markers, 203.
254 Zu dieser argumentativen Funktion des Abschnitts vgl. schon Theophylakt, Gal, PG 124, 992 A; Calvin, Gal, CR 50, 214.

3,19–25 Herkunft, Funktion und eingeschränkte Wirksamkeit der Tora

Die Wendung τῶν παραβάσεων χάριν ist eine *crux interpretum*. Die traditionelle Auslegung, das Gesetz solle Sünden eindämmen oder verhüten[255], wurde mit Hinweis auf Gal 3,22[256] oder auf die Parallelen aus dem Römerbrief abgelehnt[257], aber auch mit der Überlegung, Paulus habe das Gesetz als zur Eindämmung von Sünden gar nicht in der Lage gesehen.[258] Eduard Grafe schrieb einst 1884: »Das was das Gesetz *tatsächlich* gewirkt hat, *sollte* es auch wirken.«[259] Dass Paulus, wenn es um die Erkenntnis der Sünde gegangen wäre, τῆς ἐπιγνώσεως τῶν παραβάσεων χάριν hätte schreiben müssen, wurde behauptet, hat sich aber nicht durchgesetzt.[260] Eine zur Sünde provozierende Funktion[261] ist aber m. E. weder allgemein denkbar[262] noch jüdisch darstellbar[263] noch mit Gal 4,2[264] oder Gal 4,8[265] oder Gal 3,10–13[266].24[267] oder Gal 5,14 vereinbar noch

---

255 Luther, Gal, WA 40/I, 479; *Semler*, Beiträge, 941; *Paulus*, Lehr-Briefe, 14; *Ewald*, Sendschreiben, 80 Anm. 4: Dass Vergehungen schon vorher da waren, verstehe sich von selbst, s. das AT und nach Röm 5,12–14; »auch wird in Röm 5,20 nur gesagt, dass durch das Gesez die sünde sich mehrte« (gemeint: es wird nicht gesagt, dass sie durch das Gesetz überhaupt erst entstand). Für heute vgl. *deSilva*, Letter, 317.
256 *Usteri*, Gal, 115; *Lipsius*, Gal, 42; *Lagrange*, Galates, 82; *Burton*, Gal, 188.
257 *Lipsius*, Gal, 41f.
258 *Usteri*, Gal, 114; *Zahn*, Gal, 173, mit Verweis auf Gal 2,16; 3,10–12.21; Röm 3,20; 4,15; 5,2ß; 7,4–13; 8,3; 1Kor 15,56; 2Kor 3,6–9.
259 *Grafe*, Lehre, 16; *Rohde*, Gal, 154 mit Anm. 6; *Räisänen*, Paul and the Law, 144f.
260 Die These findet sich bei *Sieffert*, Gal, 193; *Lagrange*, Galates, 82. Zur Kritik vgl. bereits *Burton*, Gal, 188.
261 *Usteri*, Gal, 114; *Althaus*, Gal, 29f.; *Schlier*, Gal, 152f.; *Hübner*, Gesetz, 27; zuletzt wieder *Martyn*, Gal, 354. Bei solcher Auslegung sollte man wenigstens zwischen Intention und Effekt unterscheiden (so zu Recht *Witherington*, Grace, 256; *Keener*, Gal [2019], 280). Sie lässt sich auch nicht dadurch rechtfertigen, dass erst bei solcher provokativen Schärfe Gal 3,21 verständlich wird (so aber *Hübner*, Gesetz, 30). Es geht in Gal 3,21 um das δυνάμενος ζωοποιῆσαι, das aufgrund des faktischen Sünderseins der Menschen (s. zu Gal 3,10) nicht gegeben ist, nicht um die Intention des νόμος.
262 *Amadi-Azuogu*, Paul, 187. Welches Interesse sollte Gott an einer Vermehrung der Sünde gehabt haben? So fragen zu Recht *Longenecker*, Gal, 138; *Brawley*, Contextuality, 106 Anm. 29. Ähnlich fragt *Das*, Gal, 360: Soll das Gebot »du sollst nicht töten« zum Mord veranlassen!?
263 *Sieffert*, Gal, 193, zufolge widerspricht diese Auslegung dem Gottesbild des antiken Judentums, das ein Vorauswissen Gottes impliziert. Vgl. außerdem *Moo*, Gal, 233: »Gott« ist das implizite Subjekt zu προσετέθη. Dieses ist, so 1833 bereits *Matthies*, Erklärung, 73, funktional dem παρεισῆλθεν von Röm 5,20 gleichzuordnen. *Hofius*, Gesetz, 63, aufgenommen von *Sänger*, Gesetz, 171, verweist darauf, dass es der Mensch auch unter dem Gesetz »immer schon mit *Gott selbst* zu tun« hat (Hervorhebung Hofius).
264 Gal 4,2 erhellt nachträglich, dass auch das in Gal 3,23 ausgesagte »Sein unter dem Gesetz« nach göttlicher Verfügung Realität ist bzw. war.
265 *Zahn*, Gal, 207, bemerkt richtig zu Gal 4,8: Es heißt nicht, die Galater seien versklavt gewesen, sondern, sie hätten fremden Göttern gedient, was sie nicht hätten tun sollen.
266 So auch *Bergmeier*, Bedeutung, 40; *Bachmann*, Sünder, 74 mit Anm. 244.
267 *Dunn*, Theology, 90, wie *Söding*, Verheißung, 156; *Brawley*, Contextuality, 107, betonen zu Recht

anschlussfähig für antike griechisch-römische Gesetzesdebatten.[268] Das Gesetz lehrt Sünde erkennen und will dadurch sehr wohl Sünde eindämmen[269]; προσετέθη hat nicht die Wirkung oder Wirkungslosigkeit (davon handelt Gal 3,10), sondern die Intention im Auge. Religionsgeschichtlich plausibilisieren lässt sich diese Auslegung mit dem Verweis auf Arist 139–142, wonach auch die Speisegebote der ethischen Belehrung und damit der Eindämmung von Sünde dienen.[270] Gerade hier sollte man auf Stimmen jüdischer Paulusforschung hören.[271] Auch die divergierende lat. Texttradition legt ein solches Verständnis nicht nahe. Der methodisch unabdingbare Verzicht[272] darauf, Gedanken aus dem Römerbrief in die Galaterexegese einzutragen[273], rechtfertigt nicht alles, was hin zum Marcionitismus führen könnte. Kontextuell ist auf die Metapher des παιδαγωγός zu verweisen.[274]

---

die positive Funktion des παιδαγωγός in der Antike, ungeachtet seines nicht selten negativen Ansehens (dazu s.u.). Der Ausdruck »repressiv« bei *Pollmann*, Motive, 188, ist m. E. zu modernistisch gedacht.

268 Vgl. *Vouga*, Gal, 82, der auf die politisch-philosophische Tradition verweist, »die das Gesetz als notwendige Regelung der sozialen Ordnung betrachtet.« Dazu vgl. insgesamt *Schnelle*, Paulus und das Gesetz, 249–252; *Sonntag*, ΝΟΜΟΣ, 300, dessen Auslegung zu Gal 3,19 (230 mit Anm. 762) ich nicht nachvollziehen kann. Nach Sen, Ep 90,5–14 ist nach dem Ende des goldenen Zeitalters das Gesetz notwendig geworden, um menschliches Fehlverhalten einzudämmen. In Diog Laert VI 72 findet sich der Gedanke, dass eine Gesellschaft nicht ohne Gesetz existieren kann. Dio Chrys, Or. 75,1 zufolge ist das Gesetz τοῦ βίου ἡγεμών. Zur kynischen Abrogation des Gesetzes vgl. Antisthenes (Diog Laert I 58) und Diogenes (Diog Laert VI 56; VI 71). Auf diesem Hintergrund sucht *Downing*, Order, 213.217 die Aussagen des Paulus in Gal 3,21 zu erklären. So wenig ich das teile, so richtig ist doch der Hinweis, dass bei Paulus nicht das Gesetz (so Dio Chrys, Or. 75) das Entscheidende bewirkt, sondern der Heilige Geist (Gal 5,22).

269 Calvin, Gal, CR 50, 215.

270 *Gordon*, Problem, 41; *Tiwald*, Frühjudentum, 302f., mit zusätzlichem Verweis auf Joseph, Ap II 171–174.

271 *Löwy*, Lehre, 535, verweist auf ARN II und Pesiktha Rabb. (Friedmann 107a). Vgl. auch die Mahnung von *Le Cornu/Shulam*, Gal, 223 Anm. 237: »It must be reiterated here, once again, that Paul is not dismissing Torah-observance (and/or Judaism) out of hand, as so frequently contended by Christian commentators. Here he is merely defining the criteria upon which Jewish identity is properly predicated: observance to the ›weighty provisions of the Torah: justice and mercy and faithfulness‹.«

272 Richtig hier bereits *Lüdemann*, Anthropologie, 183. Auf die Situationsgebundenheit der Aussage Gal 3,19 verweist Calvin, Gal, CR 50, 215.

273 Mit Recht mahnt *Das*, Gal, 361, zur prinzipiellen Vorsicht. Wenn man den Römerbrief heranziehen will, ist neben Röm 4,15; 5,20 auch Röm 3,20 zu beachten und zu Röm 7,7–25 zu betonen, dass es nicht die Intention, sondern die faktische Wirkung des Gesetzes ist, zum Widerspruch zu reizen. Dass das Gesetz die menschliche Sündhaftigkeit nicht eindämmt, hängt, so Paulus in Röm 8,3f., nicht an seiner eigenen minderen Qualität, sondern an der Schwäche des Fleisches. Tatsächlich ist der Mensch ohne den Heiligen Geist nicht in der Lage, den Willen Gottes zu erfüllen. Hierin trifft sich Paulus mit 1QH XII 24–32.

274 So auch *Thurén*, Derhetorizing Paul, 84.

3,19–25 Herkunft, Funktion und eingeschränkte Wirksamkeit der Tora 169

Als implizites Subjekt zu dem Passiv προσετέθη[275] sind weniger die Engel als vielmehr Gott selbst zu denken.[276] Die Präposition διά verweist wohl nicht auf den Urheber, sondern ist instrumental zu verstehen.[277] Die Wendung ἄχρις οὗ steht faktisch jüdischen Traditionen entgegen, die von der ewigen Gültigkeit der Tora ausgehen.[278] Man wird aber auch hier zu bedenken haben, dass Paulus keine theoretische Neukonstruktion vorlegt, sondern aus eigenem Erleben heraus schreibt (Gal 1,15f.). Der Relativsatz[279] ᾧ ἐπήγγελται ist Wiederaufnahme von Gal 3,16, weist aber schon auf V. 29 voraus, als die Verheißung ja nicht nur Christus gilt, sondern denen, die zu ihm gehören. Das Perfekt betont den bleibenden Effekt.

Mit der folgenden, V. 19b.20 umfassenden *Digressiuncula*[280] will Paulus den Unterschied zwischen Evangelium und Gesetz verdeutlichen. Das Verbum διατάσσω steht nicht in der Septuaginta, wohl aber in jüdischer Tradition für die Anordnung der Tora.[281] Die Vorstellung der Anwesenheit von Engeln bei der Promulgation der Tora ist auch in jüdischer Tradition bekannt.[282] Sind sie »Anwälte der göttlichen Heiligkeit und ... der strengen richterlichen Gerechtigkeit Gottes«?[283] Dann wäre mit dem Gedanken nicht die sonst üblich angenommene Abwertung der Tora[284] verbunden. Das Syntagma ἐν χειρί steht in literalen Übersetzungstexten der Septuaginta für ביד (»durch die

---

275 Gelegentlich findet sich das Verbum simplex ἐτέθη (D* F G d f g), das mit Gal 3,15 besser harmoniert (*Bengel*, Gnomon, 739, der es deshalb als Urtext präferiert) und den objektiven Gang der Heilsgeschichte beizubehalten sucht.
276 Ersteres *de Boer*, Gal, 228f., Letzteres *Mußner*, Gal, 247 Anm. 17; *Moo*, Gal, 233. Nach *Das*, Gal, 357, vermeidet Paulus eine aktive Formulierung, da dies den Fremdmissionaren in die Hände gespielt hätte.
277 *Moo*, Gal, 235; *Zimmermann*, Gott und seine Söhne, 71 Anm. 8. – Paulus denkt wohl kaum an böse Engel (so richtig *Das*, Gal, 362). Dass er diese an anderer Stelle explizit als Dämonen bezeichnet (*Witherington*, Grace, 257), lässt sich m. E. nicht belegen (so auch *Lyu*, Sünde, 219).
278 Bar 4,1; Weish 18,4; Jub 1,17; Philo, VitMos II 14; Joseph, Ap II 277; 4Esr 9,27; syrBar 77,15.
279 *McKay*, Syntax, 150f. zufolge ist der Satzteil ein partikularer Relativsatz mit definitivem Antezedenten und fügt diesem nicht nur Information zu, sondern hat ein Verb, das eine weitere, zu einer bestimmten Zeit erfolgende Handlung markiert.
280 Luther, Gal, WA 40/I, 493.
281 Arist 147.162; Joseph, Ant IV 308; V 91.98. *Schumacher*, Sprache, 415f., hat vom profangriechischen Sprachgebrauch von διατάσσω (es kann auch heißen »an seinen Platz stellen«) und aus der Nachordnung der διαταγαὶ ἀγγέλων gegenüber dem Motiv des Empfangens in Apg 7,53 das Verbum auch in Gal 3,19 auf die Hilfestellung der Engel gedeutet, die es den Menschen ermöglichen soll, die Tora zu erfüllen. Mit Blick auf die genannten Belege sowie auf Gal 3,21 ist diese Deutung zu hinterfragen.
282 Dtn 33,2 LXX; Jub 1,27; Joseph, Ant XV 136. Paulus baut, so *Nordgaard*, Paul, 79, auf einer Tradition auf, die sich in Philo OpMund 75 findet. Nordgaard kommentiert die Stelle wie folgt: »the law had been ordained by a group of angels whom God had commissioned for this task so that he himself could both have the law and also remain unblemished by its fundamental imperfection.«
283 *Hofius*, Gesetz des Mose, 274.
284 So z.B. *Schlier*, Gal, 158.

Hand«), auch da, wo inhaltlich nicht an eine Hand gedacht werden kann.[285] Wichtiger aber ist, dass es u. a. in Lev 26,46; Num 15,23 von der Vermittlung des Gesetzes durch Mose verwendet wird (ἐν χειρὶ Μωυσῆ). Als μεσίτης gilt Mose in dem hier interessierenden Zusammenhang auch in AssMos 1,14.

20 Paulus will nunmehr begründen, warum es eines »Mittlers«[286] bedurfte, und zwar anhand der Frage, wann eigentlich ein »Mittler« tätig sein muss. Im Einzelnen ist der Satz mit reichlichen Unsicherheiten des Verstehens behaftet. Der in der Wendung ἑνὸς[287] οὐκ ἔστιν implizierte Plural als Referenzrahmen der vermittelnden Tätigkeit hat verschiedene Deutungen erfahren, auf die Zweiheit der Parteien[288], auf die Inferiorität der Vermittlung im Vergleich zur direkten Kommunikation[289], auf die Vielen, die das Volk Israel bilden, auf die Mehrzahl der Nationen[290], auf die Mehrzahl der Engel, die das von Gott gegebene Gesetz vermitteln.[291] Die letztere Deutung ist aufgrund der Fortsetzung Gal 3,20b m. E. vorzuziehen. Gelegentlich wird in Gal 3,20b ein Bekenntnis zum Monotheismus Israels oder eine Anspielung auf Dtn 6,4 vermutet.[292] Gal 3,20b ist nicht als Schriftzitat markiert. Trotzdem sollte man das Inferioritätsmoment nicht überbetonen.[293] Eine Interpretation von Gal 3,20 auf der Linie von Röm 3,29f., wonach die Frage beantwortet werden muss, wie der eine Gott der Gott sowohl für Juden als auch für Nichtjuden sein kann[294], legt sich vom Kontext her nicht nahe; die Textsignale sind m. E. nicht eindeutig genug.

21 Paulus versucht in Gal 3,21f., seine Aufstellungen von Gal 3,19 gegen das Missverständnis einer völligen Nutzlosigkeit des Gesetzes abzusichern[295], ohne dass er die

---

285 3Reg 2,25; 16,1.
286 Der Mittler ist Mose (vgl. AssMos I 14); zu dessen Charakterisierung als μεσίτης vgl. Philo, VitMos II 166.
287 Dass sich ἑνός auf Gal 3,16 zurückbezieht (so *Cosgrove*, Cross, 66; *Wright*, Climax, 168–172), ist, so *Das*, Gal, 363f., wenig wahrscheinlich: Erst in Gal 3,28 wird aus dem in Gal 3,16 auf das Individuum Christus gedeuteten Singular σπέρμα wieder das kollektive Verständnis gefolgert.
288 *Esler*, Gal, 199; *Longenecker*, Gal, 141; *Moo*, Gal, 236f.
289 *Betz*, Gal, 306; *Hansen*, Abraham, 132, mit Verweis auf die analoge Gegenüberstellung in Gal 4,6.8–10; *Dunn*, Gal, 193; *Vouga*, Gal, 83; *Das*, Gal, 366; *deSilva*, Letter, 318. Zusätzlich verweist *Usteri*, Gal, 121, darauf, dass die Verheißung, in der Gott ohne Mittler handelt, freies Geschenk Gottes sei, während die Wirkung des Gesetzes von dem Gehorsam der Menschen abhängig sei.
290 Ersteres *Bachmann*, Ermittlungen, passim, Letzteres *Brawley*, Contextuality, 104.
291 *De Boer*, Gal, 228; *Keener*, Gal [2019], 283; *von der Osten-Sacken*, Gal, 165; *Klein*, Gal, 123.
292 Ersteres *de Boer*, Gal, 228, Letzteres *Martyn*, Gal, 357f.; *Moo*, Gal, 237; *von der Osten-Sacken*, Gal, 165. Zur Wirkungsgeschichte von Dtn 6,4f. im antiken Judentum vgl. *Keener*, Gal [2019], 284 Anm. 682. *Betz*, Gal, 306f., vermutete eine Anspielung an die berühmte Akklamation Εἷς θεός.
293 So zu Recht *Becker*, Paulus, 316. Anders *Hübner*, Gesetz, 28, der die Engel gar als dämonische Wesen sieht.
294 So *deSilva*, Letter, 319f., der aber das Riskante dieser Auslegung betont.
295 Schon voraufklärerische Exegese rechnet damit, dass Paulus einen gedachten Einwand abwehren will, sei es, dass das Gesetz aufgrund seiner verfluchenden Funktion die Verheißungen nicht Wirklichkeit werden lässt, sei es, dass das Gesetz den Verheißungen ihre Rechtsgrundlage, ihr δικαί-

3,19–25 Herkunft, Funktion und eingeschränkte Wirksamkeit der Tora   171

in Gal 2,16; 3,5 benannte Differenz von Gesetz und Glauben aufgeben müsste. Die richtige Prämisse, zu der die Anfangsworte aus Gal 3,21a die falsche, durch das μὴ γένοιτο abgewiesene Folgerung bilden, ist der Schluss von Gal 3,19 (διαταγεὶς δι' ἀγγέλων ἐν χειρὶ μεσίτου). Das Gesetz kann schon deshalb nicht gegen die Verheißung stehen, weil diese, als διαθήκη qualifiziert, nicht geändert werden kann (Gal 3,15–18)[296]; einen Widerspruch in Gott selbst kann Paulus nicht denken.[297] Das Partizip δυνάμενος in Gal 3,21b ist restringierend[298]; es bezeichnet die faktische Verfehlung des Ziels, nicht, wie man aus ἐδόθη herauslesen könnte, die Intention.[299] Man sollte beides nicht miteinander verwechseln.[300] Das Verbum ζωοποιέω hat bei Paulus soteriologisch-eschatologische Bedeutung (1Kor 15,22; Röm 4,17; 8,11). Betont ζωοποιέω[301] den Prozess, so benennt δικαοσύνη die Wirkung.[302] Dass aus der Sicht des Paulus – die Fremdmissionare werden das anders gesehen haben – dem Gesetz die Fähigkeit, lebendig = gerecht zu machen, nicht zukommt[303], ist darin begründet, dass *faktisch*[304] (zur anthropologischen Antwort findet Paulus erst in Röm 8,3f.), wie auch in Gal 3,10 vorausgesetzt ist, kein Mensch seinen Forderungen zur Gänze nachkommt. Gal 3,21f. ist kein erfahrungsbasiertes Element, das sich als Resultat einer Analyse realer Beobachtungen anbieten würde, sondern ist ähnlich wie die analog formulierte Aussage Gal 2,21b vom Christusereignis her gedacht.[305] Ez 20,25 hat in den paulinischen Schriften keinen Widerhall gefunden.

ωμα, entzieht, weil es selbst das Leben vermitteln kann (Ps.-Oikumenios, Gal, PG 118, 1129 A–B).
296 Der Plural mag rhetorisch bedingt sein. Faktisch hat Paulus *eine* spezifische Verheißung im Auge (*Keener*, Gal [2019], 286).
297 Insofern ist, wie auch *de Boer*, Gal, 232 mit Verweis auf Gal 3,21b.22 feststellt, Gal 3,21a in der Tat keine Konzession an die Fremdmissionare.
298 So auch *Peters*, Article, 98.
299 *Lambrecht*, Second Thoughts, 263. Andernfalls wäre hier im Übrigen ein ernstes Theodizeeproblem gegeben. Allerdings weicht Paulus hierin von der jüdischen Anschauung ab, das Gesetz sei nicht nur zu dem Zweck gegeben, sondern auch dessen fähig, Leben zu vermitteln (Dtn 6,24; Ps 119,93; Sir 17,11; 45,5 u.ö.). Dass ἐδόθη nicht die Intention anspricht, begründet *Bengel*, Gnomon, 740, zu Recht mit Gal 3,12.
300 So kann *Usteri*, Gal, 124, Röm 7,9–13 als Parallele zu Gal 3,21 beiziehen.
301 𝔓46 bietet ζωοποιηθήσεται.
302 *Moo*, Gal, 238. In der lat. HS 61 steht statt *vivificare* das Verbum *iustificare*, ob aus Versehen oder als Anpassung an den Gedankengang, sei dahingestellt.
303 *DeSilva*, Letter, 321, ist der Meinung, Paulus hätte sich durch die Katastrophen der Geschichte Israels von 722 v. Chr., 587 v. Chr., 167 v. Chr. und 64 v. Chr. bestätigt fühlen können. Voraufklärerische Exegese hat häufig so argumentiert, vor allem mit Blick auf die Katastrophen von 70 und 135. Speziell zu Gal 3,21 ist dieses im antiken Christentum so häufige Argument m. E. nirgends nachzuweisen; vgl. *Meiser*, Gal, z. St. – Der Ersatz von ἐκ νόμου durch ἐν νόμῳ (𝔓46 B) ist wohl Angleichung an Gal 3,11 (*Carlson*, Text, 113).
304 Bei dem Ersatz von ὄντως durch ἀληθείᾳ in F G wird das Moment der faktischen Unwirksamkeit verstärkt.
305 Vgl. *Sanders*, Paulus und das palästinische Judentum, 415 (»From Solution to Plight«); *von der Osten-Sacken*, Gal, 166f. Die Wendung »Der Buchstabe tötet, der Geist aber macht lebendig« in 2Kor 3,6b zielt ebenfalls auf die verurteilende Funktion des Gesetzes.

22 Paulus benennt nunmehr[306] die eigentliche, logisch gesehen bleibende Funktion des Gesetzes. Hatte V. 21 die Irrealität gedachter Möglichkeit, so hat V. 22 die Realität – aus der Sicht des Paulus – zum Inhalt.[307] Für das Verständnis der Verse 22–24 sind die Entsprechungsverhältnisse zu beachten: ἵνα ἡ ἐπαγγελία δοθῇ wird durch πρὸ τοῦ ἐλθεῖν τὴν πίστιν, dieses durch ἵνα ἐκ πίστεως δικαιωθῶμεν wieder aufgenommen, συγκλείειν und φρουροῦσθαι durch παιδαγωγός (Gal 3,24). Die Personifizierung ἐλθεῖν τὴν πίστιν mag als Verweis auf das Christusereignis gedacht sein.[308]

Bei dem Verbum συγκλείω sollte man weniger an ein Gefängnis unter einer feindlichen Macht denken[309]; gemeint ist, dass die Schrift festhält, dass alle Menschen Sünder sind, wie Paulus das in Röm 3,10–18 anhand von Schriftzitaten konstatieren wird.[310] Gal 3,22 ist Wiederaufnahme von Gal 3,10. Der Begriff γραφή benennt hier wohl das autoritative Dokument, das die faktische Sündhaftigkeit aller Menschen festhält[311], kann aber auch gewählt sein, weil sich die Fremdmissionare auf die »Schrift« als Beurkundung des autoritativen Gotteswillens berufen haben.[312] Dass Paulus die in V. 22 aufgestellte Behauptung nicht mit weiteren Schriftzitaten begründet, mag auf eine Erwägung seinerseits zurückzuführen sein, dass die Zitierung von Dtn 27,26 in Gal 3,10 ausreichend war.[313] Die Wahl des Ausdrucks

---

306 Die Konjunktion ἀλλά setzt V. 22 von V. 21b ab.
307 *Das*, Gal, 367.
308 *Wright*, Justification, 128, unter Voraussetzung der Interpretation des Syntagmas πίστις Χριστοῦ als gen. subj.
309 So *Das*, Gal, 373, aufgrund der Verwendung von συγκλείω in Jer 21,4 LXX; Ps 77[78],62; 1Makk 4,31; 5,5; 15,25.
310 So auch Ps.-Oikumenios, Gal, PG 118, 1132 A; Theophylakt, Gal, PG 124, 993 A; *Usteri*, Gal, 126 (er fasst den Satz als Breviloquenz auf: Alle Menschen sind Sünder, und die Schrift bezeichnet sie als solche); *Ewald*, Sendschreiben, 82; *Mußner*, Gal, 253; de Boer, Gal, 235; *von der Osten-Sacken*, Gal, 169; *Klein*, Gal, 124; *Schnelle*, Paulus und das Gesetz, 263. Die Präposition ὑπό hat bei Paulus verschiedene Bezugspunkte: den Fluch (Gal 3,10), das Gesetz (Gal 3,23; 4,4f.21; 5,18, metaphorisch auch Gal 3,24f.; 4,2), die »Elemente der Welt« (Gal 4,3). Allerdings sind »unter dem Gesetz stehen« und »unter dem Fluch stehen« nicht dasselbe, weil die Intention des Gesetzes beachtet werden muss.
311 *Mußner*, Gal, 253; *Becker*, Gal, 55. Abgesehen von Gal 3,22 steht γραφή bei Paulus immer im Zusammenhang mit einer bestimmten Schriftstelle. Das Problem, warum Paulus hier von der Schrift spricht, nicht vom Gesetz, hat schon *Bengel*, Gnomon, 740, beschäftigt, und er antwortet: Zu seinen Verheißungen steht Gott auch ohne dass etwas geschrieben steht; dem Sünder muss sein Fehlverhalten durch die Schrift vor Augen geführt werden. Wichtiger als die Antwort ist die Beobachtung des Problems.
312 *De Boer*, Gal, 234. Außerdem: Das Gesetz vermittelt nicht mehr die Rechtfertigung; die Schrift aber bleibt weiterhin gültig (*Winger*, Act one, 560).
313 Vgl. Luther, Gal, WA 40/I, 513; *Keener*, Gal [2019], 286f. Hätte Paulus zu Gal 3,21f. die Argumentation der Fremdmissionare widerlegen wollen, wären weitere Schriftzitate von Vorteil gewesen.

3,19–25 Herkunft, Funktion und eingeschränkte Wirksamkeit der Tora

τὰ πάντα³¹⁴ anstelle von τοὺς ἀνθρώπους³¹⁵ mag auf die in frühjüdischer Tradition breit belegte Vorstellung zurückweisen, die auch Paulus teilt (Röm 8,18–23), dass die Versündigung Adams Konsequenzen nicht nur für ihn selbst hatte, sondern für die ganze Schöpfung.³¹⁶ Denkbar ist auch, dass in Gal 3,22 implizit die im Judentum gelegentlich geäußerte, vielleicht auch von den Fremdmissionaren vorgetragene Gewissheit bestritten wird, Israel sei aufgrund des Besitzes der Tora generell von den Nichtjuden unterschieden.³¹⁷ Man kann überlegen, ob die Konjunktion ἵνα als finale Konjunktion das intendierte Ergebnis des göttlichen Handelns einführt³¹⁸ oder ob man eher eine konsekutive Deutung bevorzugt.³¹⁹ Die Funktion dieser Konjunktion ist nicht unabhängig von der argumentativen Notwendigkeit gegenüber den Adressaten zu bestimmen, so sehr in Röm 11,32 ein ähnlicher Gedanke wiederkehrt. In Gal 3,22 will Paulus im Sinne von Gal 2,21b festhalten, dass erst und allein der Glaube an Christus den Empfang der Verheißung ermöglicht. Deren Gegenstand ist die Gerechtigkeit (Gal 3,21)³²⁰ bzw. der Geist, kraft dessen die Glaubenden solche Gerechtigkeit überhaupt nur verwirklichen können. Ferner wird man überlegen, ob die Wendung ἐκ πίστεως Ἰησοῦ Χριστοῦ eher zu ἐπαγγελία oder zu δοθῇ zu ziehen ist.³²¹

23 Dieser wie der folgende Vers werden sowohl individualgeschichtlich als auch, dieses u.U. umgreifend, universal-heilsgeschichtlich gedeutet.³²² Πρὸ τοῦ ἐλθεῖν τὴν πίστιν weist auf ἄχρις οὗ (V. 19) zurück. Das einfache τὴν πίστιν ist anaphorischer Rückverweis auf V. 22b (ἡ ἐπαγγελία ἐκ πίστεως Ἰησοῦ Χριστοῦ).³²³ Gemeint ist nicht eine πίστις, die Christus selbst bewährt hat, sondern der Glaube an Christus³²⁴ als umfassender Ausdruck für das eigene Daseins- und Handlungsverständnis, ähnlich wie in Gal 1,23.³²⁵ Dass

---

314 Soll ad vocem πάντα ein Gegenbild zu πάντα τὰ ἔθνη in Gal 3,8 impliziert sein? So als Erwägung *Keener*, Gal [2019], 288. Dass πάντα vornehmlich das Gesetz im Blick haben soll (*Lyu*, Sünde, 220), leuchtet mir nicht ein. Das Neutrum kann stehen, »wenn es nicht auf die Individuen, sondern auf eine generelle Eigenschaft ankommt« (BDR § 138,1*).
315 *Mußner*, Gal, 252; *Becker*, Gal, 55, rechnen damit, dass beide Ausdrücke promiscue gebraucht werden.
316 Es gibt eine reiche frühjüdische Legende zum Thema: gLAE (ApkMos) 11,2; Jub 3,28; slavHen 58,4; bBer 33a; bPes 112b; für die Schlange auch Joseph, Ant 1,50.
317 *Hansen*, Abraham, 131.
318 *De Boer*, Gal, 236; *Moo*, Gal, 240; *Das*, Gal, 369.
319 *Keener*, Gal [2019], 286.
320 *Moo*, Gal, 240.
321 Ersteres *de Boer*, Gal, 232, im Rahmen seiner Deutung von πίστις Χριστοῦ als gen. subj.; Letzteres *Ulrichs*, Christusglaube, 143; *deSilva*, Letter, 323; *Keener*, Gal [2019], 286.
322 Für Ersteres vgl. die Ansätze bei *de Boer*, Gal, 241, für Letzteres vgl. *Bruce*, Gal, 181. Im letzteren Sinne jedenfalls *Hagen Pifer*, Faith, 201; *Das*, Gal, 376 mit Anm. 228; *Keener*, Gal [2019], 289. *Schliesser*, Was ist Glaube?, 36; *ders.*, Glaube als Ereignis, 38, fasst beide Aspekte unter der Formel »Glaube als Ereignis« zusammen.
323 *Du Toit*, Glaube, 344.
324 Richtig u. a. *Hansen*, Abraham, 134; anders *Hays*, Faith of Jesus Christ, 231.
325 *deSilva*, Letter, 326f.

Paulus vom Kommen des Glaubens statt vom Kommen Christi spricht, kann als Antithese zu der Zeit der Tora verstanden werden.[326] Umstritten ist, ob die 1. Pl. speziell auf die Situation der Judenchristen referiert, während Gal 3,26–29 die Situation der Heidenchristen anspricht, oder ob schon in Gal 3,23–25 ist die Situation der Juden- wie der Heidenchristen anvisiert ist.[327] Die ambigue Semantik des Verbums φρουρέω (es kann »bewachen«, »in Haft halten« [V. 22] wie »beschützen« bedeuten)[328] ist für Gal 3,23 aufgrund der Metapher des παιδαγωγός (Gal 3,24) im Sinne des »Bewachens«, des Überwachens zu bestimmen.[329] Legt man aufgrund von Gal 3,21b die verfluchende Funktion der Tora gemäß Gal 3,13 zugrunde, so würde gesagt: Niemand unter den Menschen erreichte faktisch das *posse non peccare*, also die Fähigkeit, sich von der Sünde fernzuhalten. Das Gesetz stellt Sünde als Sünde fest, ermöglicht, ein bestimmtes Verhalten als Sünde zu qualifizieren. Man kann erwägen, ob Paulus mit der ὑπό-Formel die Sprache der Fremdmissionare aufgreift, der genannten Formel allerdings eine negative Nuance verleiht[330]; sicher ist das jedoch nicht. Die Präposition εἰς mag das Folgende als Zielpunkt einer längeren Serie von Ereignissen kennzeichnen[331]; das Partizip μέλλουσαν ist von einem Zeitpunkt der Vergangenheit aus gedacht. Dass Paulus von dem »Geoffenbartwerden des Glaubens« spricht, mag angesichts des in Gal 3,6–9 Gesagten verwundern. Die Wendung fasst nicht das individuelle zum-Glauben-Kommen in Worte, sondern bezieht sich wohl darauf, dass nunmehr kundgetan wird, dass als Prinzip des heilvollen Zugangs zu dem einen Gott, dem Gott Israels, nunmehr die πίστις gilt.[332]

24 Der ὥστε-Satz bezeichnet hier eine koordinierende Konsequenz.[333] Der Begriff παιδαγωγός erklärt faktisch das Verbum φρουρέω von V. 23 näher. Die Aufgabe eines παιδαγωγός ist von der eines διδάσκαλος unterschieden.[334] Der παιδαγωγός hatte den heranwachsenden Knaben, wenn er ihn zum διδάσκαλος brachte, zu beschützen, zu überwachen, vor Fehlverhalten zu bewahren und ihn die Konsequenzen seines Fehlverhaltens u.U. drastisch spüren zu lassen[335], er hatte nicht die Aufgabe intentionaler positiver

---

326 *deSilva*, Letter, 326.
327 Ersteres *Lipsius*, Gal, 44, u. a.; *Betz*, Gal, 320; Letzteres Calvin, Gal, CR 50, 219; *Sänger*, Gesetz, 170; *Das*, Gal, 371, aufgrund von Gal 3,22.
328 Dem Verbum φρουρέω kommt eine ähnliche Ambiguität zu wie dem Verbum φυλάσσω. Wie nahe ein positives und ein negatives Verständnis von φυλάσσω nebeneinanderstehen können, zeigt TestJos 9,2f.: ὁ θεὸς Ἰσραὴλ τοῦ πατρός μου ἐφύλαξέ με ἀπὸ φλογὸς καιομένης. ἐφυλακίσθην, ἐτυπτήθην, ἐμυκτηρίσθην ... (»Der Gott Israels, meines Vaters, bewahrte mich vor der brennenden Flamme [der Versuchung durch Potiphars Frau, vgl. Gen 39,7]. Ich wurde eingekerkert, geschlagen, verspottet...«). *deSilva*, Letter, 328, weist auf Arist 139.142 als nächste Parallele.
329 Das Verbum selbst ist hier wohl als Metapher zu verstehen (Luther, Gal, WA 40/I, 518).
330 *Keener*, Gal [2019], 289.
331 *Moo*, Gal, 242f.
332 *Usteri*, Gal, 129, zieht zum Vergleich Röm 1,17 heran (δικαιοσύνη [...] θεοῦ [...] ἀποκαλύπτεται).
333 *McKay*, Syntax, 130.
334 Paulus verwendet die Wortfamilie διδάσκω von der eigenen Tätigkeit (1Kor 4,17; Röm 6,17; 16,17) wie von der Lehre »der Natur« (1Kor 11,14), aber nicht von der Tora.
335 *Vouga*, Gal, 88, verweist auf Plato, Lysis, 208c. *Keener*, Gal [2019], 290–293 bietet eine reiche

3,19–25 Herkunft, Funktion und eingeschränkte Wirksamkeit der Tora

Wissensvermittlung.³³⁶ Seine Funktion war zeitlich begrenzt.³³⁷ Man sollte aber das negative Ansehen mancher antiker Pädagogen³³⁸, nicht selten begründet in der Herkunft aus dem Sklavenstand und/oder in ihrem Verhalten, nicht mit ihrer positiven Rolle verwechseln.³³⁹ Zudem mag Paulus bei der Rolle des Gesetzes als des παιδαγωγός an das in der Septuaginta mehrfach begegnende Konzept der göttlichen παιδεία gedacht haben.³⁴⁰ Insofern hat auch das Gesetz die Funktion, falsches Verhalten als solches fühlbar zu machen und dadurch einzudämmen.³⁴¹ Das Attribut ἡμῶν ist wieder auf Glaubende aus Juden *und* Nichtjuden zu beziehen. Die Wendung εἰς Χριστόν ist temporal zu verstehen³⁴², was auch durch das οὐκέτι in Gal 3,25 bestätigt wird. Die Konjunktion ἵνα wird konsekutiv gemeint sein.³⁴³ Das Verbum δικαιωθῶμεν impliziert, dass die Glaubenden nicht mehr unter dem Urteil stehen, das die Heilige Schrift über das Leben der Nichtglaubenden fällt.

25 Das Partizip ἐλθούσης bezeichnet »den terminus ad quem des ὑπὸ νόμον ἐφρουρούμεθα von 3,23.«³⁴⁴ Die Partikel δέ ist adversativ gebraucht und markiert ebenfalls das Ende des in Gal 3,24 genannten Zustandes. Der Begriff des Glaubens ist als Synekdoche gedeutet worden.³⁴⁵ Das Wort οὐκέτι grenzt Phasen ab; wie das Kind nicht mehr unter dem Pädagogen steht, wenn es ethische Normen hinreichend internalisiert hat, so stehen auch die Glaubenden, die ihr Leben unter der Leitung des Geistes führen

---

Sammlung von Belegen, bestätigt aber die in diesem Kommentar vertretene Einschätzung. Der Unterschied der Aufgaben des παιδαγωγός und des διδάσκαλος ist voraufklärerischer Exegese geläufig (Ps.-Oikumenios, Gal, PG 118, 1132 D, der als Aufgabe des Gesetzes benennt: γνωρίζειν ... ἡμῖν τὰ ἁμαρτήματα); festgehalten wird, dass beide nicht gegeneinander wirken (ebenso Theophylakt, Gal, PG 124, 993 C). Von daher geht es weder in Gal 3,24 noch in Gal 5,23 um einen Antinomismus bei Paulus (Theophylakt, Gal, PG 124, 1021 A).

336 Vgl. jedoch das Konzept des Clemens von Alexandria, wonach die Tora und die von ihr abhängige griechische Philosophie auf Christus hin erziehen (ClemAl, Str. I 28,2, GCS 15, 17f.; Str. VII 11,2, GCS 17, 9). Selbst wenn Clemens zu viel in Gal 3,24 hineingelegt hat, bleibt doch festzuhalten, dass das antike Bild des παιδαγωγός nicht dermaßen negativ war, dass es Clemens an diesem Konzept gehindert hätte. Das Motiv der Furcht, die der Erzieher auslöst, kennt natürlich auch Clemens (Str. II 35,2, GCS 15, 131).

337 Die LA ἐγένετο (𝔓46 B) betont eher die zeitliche Dimension, die LA γέγονεν die Zieldimension der Wirksamkeit der Tora (*Carlson*, Text, 113).

338 Vor einer einseitigen Betonung einer Plutarch-Stelle warnt zu Recht *Lull*, Law, 486–495, mit zahlreichen weiteren antiken Belegen, den παιδαγωγός betreffend.

339 Richtig bereits *Usteri*, Gal, 128; *Duncan*, Gal, 121.

340 Hos 5,2 LXX (Gott als παιδευτής) u. ö.; Joseph, Ap II 174f.; 4Makk 5,22–24 (die Tora vermittelt die Kardinaltugenden). Auch Speisegebote können in allegorischer Auslegung als pädagogisch motiviert gelten, vgl. Arist 139.142.

341 *Stegemann*, Thesen, 394; *Nordgaard, Paul, 77.

342 *Mußner*, Gal, 256–260; *Bruce*, Gal, 183; *Martyn*, Gal, 362; *deSilva*, Letter, 331. – Lat. Tradition divergiert zwischen *in Christum Iesum* (75 76) und *in Christo* (54 61 77 78 89 135).

343 *De Boer*, Gal, 241; *Das*, Gal, 375.

344 *Sänger*, Gesetz, 177 Anm. 60.

345 Calvin, Gal, CR 50, 220 (Offenbarung der Gnade).

(Gal 5,22f.), nicht mehr unter dem Gesetz (so auch Röm 6,14). Das Präsens ἐσμεν bezeichnet die weitergehende Gültigkeit. Die 1. Pl. referiert wohl nicht nur auf die Glaubenden aus den Juden[346], obwohl strenggenommen nur für sie gilt, dass sie unter dem Gesetz gelebt haben. Allerdings hat das Gesetz für die Nichtjuden eo ipso verdammende Funktion. Ist jedoch die Verheißung Abrahams an den Nichtjuden erfüllt (Gal 3,14), d.h. sind sie des Geistes teilhaftig und leben aus ihm, so hat die verdammende Funktion des Gesetzes auch ihnen gegenüber ihr Ende gefunden.[347]

3,26–29 Ekklesiologische Konsequenzen*

(26) Alle nämlich seid ihr Söhne Gottes durch den Glauben in Christus Jesus. (27) Wieviele ihr auf Christus getauft seid, habt ihr Christus angezogen. (28) Hier ist nicht Jude noch Grieche, hier ist nicht mehr Sklave noch Freier, hier ist nicht mehr Mann noch Frau; alle nämlich seid ihr einer in Christus Jesus. (29) Wenn ihr aber zu Christus gehört, seid ihr Nachkommenschaft Abrahams, gemäß der Verheißung Erben.

V. 26: Die in 𝔓46 6 1739 1881 alternative Variante ohne ἐν nach πίστεως, die statt des folgenden Dativs den Genitiv Χριστοῦ bietet, wird von Thomas Schumacher als Basis seiner Interpretation der Stelle zugrunde gelegt[348], gilt jedoch nicht selten als Angleichung an Gal 3,22 bzw. als erleichternde LA.[349] Die Tilgung der Wendung ἐν Χριστῷ Ἰησοῦ in P lässt sich als Mutmaßung erklären, nach all dem bisher zur πίστις Gesagten sei sie unnötig. Die *lectio difficilior* διὰ τῆς πίστεως ἐν Χριστῷ Ἰησοῦ lässt sich erklären, wenn man mit Udo Schnelle mit dem paulinischen Einschub διὰ τῆς πίστεως

---

346 *Moo*, Gal, 244.
347 *Keener*, Gal [2019], 294.
* Literatur: *Heckel, Ulrich*, Heiden, Völker und Nationen. Paulinische Einsichten und heutige Perspektiven, ThBeitr 51 (2020), 407–423; *Herzer, Jens*, »Alle einer in Christus« – Gal 3,28b und kein Ende? Ein Vorschlag, in: *Michael Labahn* (Hg.), Spurensuche zur Einleitung in das Neue Testament. Eine Festschrift im Dialog mit Udo Schnelle, FRLANT 271, Göttingen 2017, 125–142; *Horn, Friedrich Wilhelm*, Putting on Christ. On the Relation of Sacramental and Ethical Language in the Pauline Epistles, in: *Ruben Zimmermann/Jan G. van der Watt* (Hg.), Moral Language in the New Testament. The Interrelatedness of Language and Ethics in Early Christian Writings / Kontexte und Normen neutestamentlicher Ethik/Contexts and Norms of New Testament Ethics II, WUNT II 296, Tübingen 2010, 232–244; *Hunn, Debbie*, The baptism of Galatians 3:27: A contextual approach, Expository Times 115 (2004), 372–375; *Kuo-Yu Tsui, Teresa*, »Baptized into His Death« (Rom 6,4) and »Clothed with Christ« (Gal 3,27). The Soteriological Meaning of Baptism in Light of Pauline Apocalyptic, EThL 88 (2012), 395–417; *Sänger, Dieter*, Antikes Judentum und die Mysterien, WUNT II 5, Tübingen 1980; *Witherington, Ben*, Rite and rights for women – Galatians 3.28, NTS 27 (1981), 593–604.
348 *Schumacher*, Sprache, 429f.
349 Ersteres *Mußner*, Gal, 261 Anm. 83, Letzteres z. B. bei *Dunn*, Gal, 200 Anm. 1; *de Boer*, Gal, 237f.

3,26–29 Ekklesiologische Konsequenzen

in einer vorpaulinische Tauftradition rechnet.³⁵⁰ V. 28: Statt εἷς bieten F G 33 ἕν ἐστε ἐν Χριστῷ als erleichternde LA. 𝔓46 und A bringen mit εστε Χτριστου eine einfache Formel der Zugehörigkeit zu Christus zum Ausdruck. Diese Lesarten sind wohl nicht als mechanische Verschreibungen entstanden³⁵¹; eher wurde die Kurzformel εστε Χριστου erweitert.³⁵² Die ungewöhnliche Wortfolge ΕΣΤΕ ΕΝ ΧΡΙΣΤΟΥ (ℵ*) ist entweder Verschreibung aus ΕΝ (ἐν) ΧΡΙΣΤΩ, oder sie versteht den Genitiv Χριστου in der Wendung ἐν Χριστοῦ als genitivus qualitatis. Die LA εἷς ἐστε ἐν Χριστῷ wird geboten von ℵ² B C D K L P Ψ 0278 81 104 365 630 1175 1241 1505 1739 1881 2464 Byz.

Der Abschnitt spitzt, wie der Übergang zur 2. Pl. zeigt, das bisher Gesagte auf die Galater zu und erinnert sie an ihre Identität in Christus. V. 26 benennt einen hochrangigen Status, V. 27 dessen biographisch erfahrene Begründung, V. 28 dessen Konsequenzen, während V. 29 den Gang der Argumentation seit Gal 3,6 insgesamt abrundet.³⁵³

26 Der Wechsel von der 1. Pl. in die 2. Pl.³⁵⁴ und die unmittelbare Anrede an die mehrheitlich heidenchristlichen Leser sollen diese der vollen Gültigkeit des ihnen performativ zugesprochenen Heils (und damit der Richtigkeit der paulinischen Verkündigung) gewiss machen.³⁵⁵ Dieselbe Funktion hat das emphatisch vorangestellte πάντες, das ein Gegenbild zu dem πάντες in Gal 3,22 darstellt. Die Partikel γάρ begründet das οὐκέτι von V. 25.

Der Status des Sohnesverhältnisses³⁵⁶ zu Gott, im Galaterbrief bisher nur Christus zugesprochen (Gal 2,20), wird nunmehr auf diejenigen ausgeweitet, »die zu Christus gehören« (Gal 3,29; dann auch Gal 4,6). Paulus rechnet damit, dass die Galater diesen Status ebenso als hochrangig empfinden wie er. Sozialpsychologisch gesehen soll ihnen dieses Motiv eine hohe Selbsteinschätzung der bisherigen Eigengruppe vermit-

---

350 *Schnelle*, Gerechtigkeit, 58.
351 So mit Recht *Portenhauser*, Identität, 343 Anm. 34.
352 *Herzer*, Gal 3,28b, 134–139, mit instruktivem Aufweis der komplexen Korrekturvorgänge im Codex Sinaiticus.
353 Es mag sein, dass in Gal 3,27f. (u.a. *Hansen*, Abraham, 136, mit Verweis auf den bruchlosen Übergang von V. 26 zu V. 29) oder nur in Gal 3,28 eine vorpaulinische Formel vorliegt. Durch diese These ließe sich auch die nicht recht motivierte Erwähnung der beiden letzten semantischen Oppositionen in Gal 3,28 erklären. Letzte Sicherheit ist jedoch nicht zu gewinnen.
354 In der lat. HS 61 steht *sumus*.
355 Den Charakter des Performativen betont zu Recht *Reinmuth*, Macht, 178.
356 Natürlich sind, wie Gal 3,28 klarstellt, Menschen jedes Geschlechtes gemeint. Der im Deutschen naheliegende zusammenfassende Ausdruck »Kinder« kann aber nicht vermitteln, dass es hier wie im Folgenden um erwachsene Töchter und Söhne geht, die nicht mehr unter dem παιδαγωγός stehen (Gal 3,24) und, im Gegensatz zu den Sklaven, erbberechtigt sind (Gal 4,1–3). Dass Paulus den Terminus »Söhne« wählt, mag auch darin begründet sein, dass nach damaligem Erbrecht in Israel nur Söhne erbberechtigt waren (*Keener*, Gal [2019], 295) und auch der in Gal 4,1–7 vorausgesetzte Adoptionsvorgang bei Söhnen anders als bei Töchtern bezeichnet wurde (*Das*, Gal, 398). Aber auch von griechischer Tradition her ist υἱοί inklusiv zu verstehen. Schließlich ist die Rede von den υἱοί anschlussfähig für die Rede von dem einen υἱός, sodass das besondere Verhältnis zu Gott als durch Christus vermittelt auch terminologisch analog aussagbar ist.

teln. Neben dem Gottesbezug ist ein weiteres Moment von Belang, die Unterscheidung des erbberechtigten Sohnes von dem Sklaven, der nichts erben wird (vgl. Gal 4,1–3).[357]

Die Traditionsgeschichte des Motivs lässt den zumindest in den Augen des Paulus gegebenen hohen Rang dieses Status sichtbar werden. Im Speziellen ist Israel Sohn Gottes, d. h. es ist erwählt, und ihm gilt die Fürsorge des Vaters.[358] Im frühen Judentum wird die Sohnschaft Israels häufig im Kontrast zu den Heidenvölkern ausgesagt[359], aber auch von einzelnen Frommen oder den Proselyten.[360] Der Begriff πίστις erscheint hier vorerst, bis Gal 5,6, zum letzten Mal.[361] Hier ist wohl weniger der Glaubensvollzug gemeint als vielmehr, von Gal 3,25 her, die Offenbarung des Glaubens, das In-Erscheinung-Treten der neuen (und nach Paulus einzig möglichen) heilvollen Gottesbeziehung.[362] Die Formulierung ἐν Χριστῷ Ἰησοῦ steht nicht als Ersatz für εἰς Χριστόν[363], sondern ist neben διὰ τῆς πίστεως eine weitere Bestimmung dessen, wie die Prädikation υἱοὶ θεοῦ zu verstehen ist. Sie bezeichnet die Sphäre, innerhalb der das bisher in Gal 3,26 Gesagte gilt.[364]

27 Das einleitende ὅσοι nimmt πάντες von V. 26 wieder auf.[365] Die Partikel γάρ begründet Gal 3,26 insgesamt. Heißt βαπτίσθεσθαι »getauft werden« oder wie in der Profangräzität »hineingetaucht werden«[366], was für den »Weg zum ἐν Χριστῷ«[367]-Sein steht? Ob man im ersteren[368] oder im zweiten Sinn entscheidet – die energische Stellungnahme von Norbert Baumert und Thomas Schumacher für die zweite Option sollte nicht

---

357 Gal 3,26 ist insofern schon durch den Vorgriff auf das Folgende geprägt, als ja gerade die Söhne, aber nicht die Sklaven dem παιδαγωγός unterstanden. Auf diese Verschiebung im Bild verweist *Schlier*, Gal, 171.

358 Ex 4,22; Dtn 14,1; Jes 43,6; Jer 31,10; Hos 11,1; Jub 1,24f.; Sir 36,17 etc.

359 Jdt 9,13; 4QDibHam (504) III,3-7; 3Makk 6,28; PsSal 17,27.

360 Ersteres Weish 2,18; 5,5; Sir 4,10; 2Makk 7,34; PsSal 13,9, Letzteres JosAs 19,8.

361 Das Fehlen des Artikels in 𝔓46 P 2464 mag bloßer Zufall sein.

362 *Schlier*, Gal, 171.

363 Erst in nachpaulinischer Literatur wird mit ἐν das Objekt des Glaubens eingeführt (Kol 1,4; Eph 1,15; 1Tim 3,13). In Gal 3,26 legt sich das Verständnis als instrumentalis aufgrund des vorangegangenen διὰ τῆς πίστεως nicht nahe.

364 *DeSilva*, Letter, 335.

365 *Mußner*, Gal, 262. In 𝔓46 wird zunächst ἐβαπτίσθημεν geboten, dann aber die 2. Pl. ἐνεδύσασθε.

366 *Schumacher*, Sprache, 151–168.431: Das Verbum simplex βάπτω bedeutet »Eintauchen«, beschreibt also die Bewegung in etwas hinein, während βαπτίζω auch »Übergießen« meinen kann (153). In Gal 3,27 kann βαπτίζειν εἰς nicht ohne Weiteres als Kurzform für βαπτίζειν εἰς τὸ ὄνομα gedeutet werden (156), zumal Paulus diese Wendung durchaus kennt (1Kor 1,13.15) und sie gebrauchen könnte, wenn er wollte (157).

367 *Schumacher*, Sprache, 163, in Aufnahme von *Baumert*, Charisma – Taufe – Geisttaufe, Bd. 2, 54.

368 Ob sich in dieser Frühzeit der Taufritus schon so weit verfestigt hat, dass die Adressaten des Galaterbriefes die Wendung »Christus anziehen« in Gal 3,27 schon mit diesem Ritus in Beziehung setzen konnten, ist fraglich. Jedoch kann dies nicht über das Verständnis des Verbums βάπτω entscheiden; auch der Sinn des »Hineingetauchtwerdens« müsste ja expliziert werden.

3,26–29 Ekklesiologische Konsequenzen

vergessen lassen, dass der Ritus[369] auch nach dem Verständnis der traditionellen Auslegung lediglich den Kulminationspunkt der Eingliederung in den Heilsbereich Christi darstellt. Der »Schritt in die Christusbeziehung hinein«[370] war, was schon bisheriger Forschung vor Augen stand, eine freiwillige, einschneidende Entscheidung, die die Ausgliederung aus ihrer bisherigen »heidnischen« = im Urteil des Paulus sündhaften Lebenswelt (vgl. 1Thess 4,1–8) und Eingliederung in die Gottes- und Christusgemeinschaft zur Folge hatte, und in Gal 3,27 geht es nicht um den Ritus als solchen, sondern um die damit gegebenen Implikationen.

Man kann überlegen, ob ἐνεδύσασθε Medium[371] ist oder Passiv. Vom Tempusaspekt her zielt der Aorist auf eine abgeschlossene Handlung. Die Metaphorik des Ankleidens charakterisiert in biblischer Tradition eine (neu gewonnene, jetzt) bestimmende Eigenschaft des Handelns Gottes bzw. des Menschen[372] oder des Status einer Person[373] in Ehre oder Schande, wie Kleidung nach allgemeinem antiken Empfinden die Identität und den Status eines Menschen zur Anschauung bringt.[374] In Gal 3,27 bezieht sie sich wohl auf die Neugewinnung der Identität in Christus, auf die Transformation der Persönlichkeit[375], auf das nunmehr Lebensbestimmende der Christusbeziehung.[376] Die

---

369 Umstritten ist der religionsgeschichtliche Hintergrund. Griechisch-römische und jüdische Lustrationsriten ergeben, wenn sie wiederholt durchgeführt werden, nur eine allgemeine Wertschätzung, die Differenz von Reinheit und Unreinheit rituell abzubilden und die Absonderung von Unreinheit rituell zu vollziehen. Belege für die Proselytentaufe (mPesach VIII 8; Sib IV 465; Epikt, Diss II 9,20f. [dazu Vollenweider, Lebenskunst, 125, Anm. 21: von jüdischer, nicht von christlicher Praxis ist die Rede]) stammen aus nachpaulinischer Zeit. Philo und Josephus scheinen die Proselytentaufe als »Einlaßbedingung zum jüdischen Volk ebenfalls nicht zu kennen« (*Sänger, Judentum, 164). Keener, Gal [2019], 301 hält die Proselytentaufe trotzdem für einen möglichen Hintergrund; Juden im zweiten Jahrhundert werden nicht die Riten der Jesusanhänger nachgeahmt haben.

370 Schumacher, Sprache, 431.

371 Mußner, Gal, 263; De Boer, Gal, 243; Moo, Gal, 252.

372 Ersteres Ps 92[93],1; 103[104],1f.; Jes 51,9; 59,17; Weish 5,18, Letzteres Ps 131[132],9; Sir 17,3f.

373 Man kann an Jes 61,10 denken (Mußner, Gal, 263, der zahlreiche weitere mögliche traditionsgeschichtliche Vorbilder benennt. Skeptisch ist auch Moo, Gal, 252) oder an das apokalyptische Motiv der Neueinkleidung der Gerechten mit einem himmlischen Gewand, das für sie einen engelgleichen Stand symbolisiert. Einen Einfluss dieses Motives auf Gal 3,27 vermutet *Kuo-Yu Tsui, »Baptized into His Death«, 410, mit Verweis auf gLAE 20–21; äthHen 62,15f.; slavHen 22,8–10; syrBar 51,3–10. Denkbar wäre auch die »Bekleidung« mit dem Heiligen Geist (LAB 27f.; Philo, Virt 217), worauf Keener, Gal [2019], 304 Anm. 838 verweist.

374 Das, Gal, 382; Klein, Gal, 129f., mit Verweis auf Apuleius, Metam. XI 24.

375 Ersteres Vouga, Gal, 91, Letzteres Dunn, Gal, 205; zuvor schon Burton, Gal, 204, mit Verweis auf 1Thess 5,8. Lietzmann, Gal, 23, dachte an das Anziehen des pneumatischen Leibes, in Parallele zu Röm 8,14f.

376 Schlier, Gal, 173; *Horn, Putting on Christ, 232–244; Bachmann, Identität, 592. Schon in der Patristik wurde die Stelle so verstanden, vgl. Meiser, Gal, 168f. Dass Paulus das Verbum auch im Imperativ verwenden kann (Röm 13,14), zeigt das Ineinander von Gabe und Forderung. Luther, Gal, WA 40/I, 539f., sieht in Gal 3,27 die neue Schöpfung, in Röm 13,14 die Nachahmung Christi

Adressaten konnten u.U. auch an den Kleiderwechsel der Galloi nach ihrer Selbstkastrierung im Kybele-Kult denken.[377]

28 Nach der Begründung des hohen Status benennt Paulus nunmehr in einem asyndetisch anschließenden Satz die Konsequenzen. Die neue[378] Gemeinschaft der Christinnen und Christen überwölbt bisherige soziale Grenzziehungen und stellt das antike honor-and-shame-Denken in Frage.[379] Im Hinblick auf die galatischen Auseinandersetzungen ist sicherlich das erste Beispiel (»weder Jude noch Grieche«) von besonderem Gewicht (vgl. aber auch 1Kor 12,13; Röm 10,12). Dass Ἕλλην steht und nicht ἐθνικός (vgl. Mt 5,47; 6,7), hat zu verschiedenen Deutungen geführt[380], ohne dass Kriterien für ein sicheres Urteil benannt werden könnten. Deutlich ist: Beide Begriffe »sind artikellos und im kollektiven *Singular* als Typus gekennzeichnet.«[381]

Warum die beiden anderen Beispiele stehen, ist schwieriger zu begründen, wenn man nicht auf einen gewissen Traditionsstrom verweisen will, der die Einheit der Menschheit jenseits aller sozialer Unterscheidungen betont.[382] Entweder man vermutet aufgrund der relativen Nähe zu 1Kor 12,13; Kol 3,11 vorpaulinischen Ursprung[383], oder man sieht durch diese Beispiele die Intensität des neuen Gemeinschaftslebens betont, was wiederum die Leserinnen und Leser von der vollen Gültigkeit der paulinischen Heilsverkündigung überzeugen soll. Man kann fragen, ob Paulus bei der Wendung »Freier oder Sklave« an die griechische Tradition der Kritik an der Institution der Sklaverei anknüpft, die auch im antiken Judentum nicht ohne Widerhall geblieben ist.[384]

---

angesprochen.
377 So jedenfalls *Zimmermann*, Gott und seine Söhne, 76, mit Anm. 4.
378 *Butticaz*, Anthropologie, 518 zufolge vermittelt Paulus den heidenchristlichen Galatern nicht die bereits bestehende jüdische Identität, sondern eine neue, apokalyptische, in Jesus Christus.
379 Calvin, Gal, CR 50, 223; *Das*, Gal, 383. Allerdings hat Paulus, so *Das*, Gal, 385, mit Verweis auf Röm 3,2 und Röm 9–11 mit seiner Ölbaum-Metaphorik, die Unterschiede zwischen Juden und Nichtjuden nicht einfach verwischt und seine jüdische Identität keineswegs preisgegeben.
380 Genannt wurden die alles durchdringende hellenistisch-mediterrane Kultur (*Dunn*, Gal, 205), die Privilegierung der Griechen in der politischen Führung der hellenistischen Städte (*Vouga*, Gal, 91). Ein Teil der Kommentatoren behandelt den Ausdruck »Grieche« als gleichbedeutend mit dem Ausdruck »Nichtjude« (*Burton*, Gal, 207, mit Verweis auf Gal 2,4; *Mußner*, Gal, 264 Anm. 93; *Betz*, Gal, 335). Vielleicht ist Ἕλλην aufgrund des Singulars gewählt (*von der Osten-Sacken*, Gal, 178), der als generischer Singular fungiert.
381 *Heckel*, Heiden, 414.
382 *Boyarin*, Jew, 7; *Strecker*, Theologie, 353f.
383 *Schnelle*, Gerechtigkeit, 58 (διὰ τῆς πίστεως ist paulinisches Interpretament); *Martyn*, Gal, 375; *de Boer*, Gal, 245–247; *Klein*, Gal, 126. Eine Alternative wäre, Gal 3,28 als Kontrapunkt zu Diog Laert I 33 mit seiner Gegenüberstellung von Mensch und Tier, Mann und Frau sowie Grieche und Barbar zu lesen.
384 Belege bei *Betz*, Gal, 341, der für den jüdischen Bereich auf Philo, VitCont 9.70 (Verzicht auf Sklavenbesitz bei den Therapeuten); Prob. 79; Joseph, Ant XVIII 21 (Verzicht auf Sklavenbesitz bei den Essenern; allerdings kennt CD XI,12; XII 6,10ff. Vorschriften für die Behandlung von Sklaven) verweist. Schnelle verweist auf Philo, SpecLeg II 69 (ἄνθρωπος γὰρ ἐκ φύσεως δοῦλος οὐδείς).

3,26–29 Ekklesiologische Konsequenzen

Man wird im Lichte von 1Kor 7,17–24[385] und des Philemonbriefes allerdings fragen müssen, ob Paulus real an eine Aufhebung des Instituts der Sklaverei gedacht hat, zumal auch in Gal 4,1–7 die Vorstellung, dass ein Sklave im Gegensatz zum Sohn nichts erbt, als selbstverständlich vorausgesetzt ist.

Die Formulierung ἄρσεν καὶ θῆλυ mag auf Gen 1,27 (ἄρσεν καὶ θῆλυ ἐποίησεν αὐτούς) zurückweisen.[386] Dass Paulus dieses Beispiel anführt, mag auch darin begründet sein, dass Frauen nach römischem Erbrecht durchaus erbberechtigt waren.[387] Der Widerspruch zu 1Kor 11,3–16 wird in der Neuzeit gelegentlich notiert.[388] In der Zeit der Patristik, aber nicht nur in dieser Epoche, hat Gal 3,28, auch aufgrund von 1Kor 14,34–36 und 1Tim 2,8–15, nur bei den Quintilianern emanzipatorische Wirkung entfaltet: Bei ihnen konnten auch Frauen das Bischofsamt ausüben.[389] Nicht im Galaterbrief, wohl aber in anderen Briefen spricht Paulus von der leitenden Tätigkeit von Frauen in den christlichen Gruppen.

Der Abschluss des Verses betont, wenn man bei der LA εἷς bleibt, nochmals die alle umgreifende Einheit.[390] Das maskulinische εἷς hat verschiedene Deutungen auf sich gezogen. Es ist aufgrund der Opposition zu den zuvor genannten Differenzkategorien (vgl. das γάρ) inklusiv, nicht distributiv gemeint.[391] Gelegentlich wird auf das Getauftsein auf denselben Christus oder aber auf die Leib-Christi-Vorstellung verwiesen oder gar eine Einheit mit Christus[392] oder eine Entsprechung zu Gal 3,20 vermutet: der

---

Auch in Seneca, Ep. 47,1.10 wird die Institution nicht aufgehoben, wohl aber in dem Bewusstsein, dass Freie und Sklaven gleichermaßen den Bedingungen des Menschseins unterworfen, aber auch zu einem philosophischen Leben fähig sind, zum mitmenschlichen Umgang mit den Sklaven gemahnt.

385 Bekanntlich ist umstritten, ob in 1Kor 7,21b die abschließenden Worte μᾶλλον χρῆσαι auf den Gebrauch der Freiheit oder auf den Verbleib im Sklavenstande zielen. Mindestens spätere Texte lassen keine Grundsatzkritik an dem Rechtsinstitut der Sklaverei erkennen (vgl. neben Kol 3,22–25 und Eph 6,5–8 auch Did 3,11, wo die Sklaven gemahnt werden, den Herren als τύπος θεοῦ Gehorsam zu leisten). Man wird das Bestreben in Rechnung stellen müssen, angesichts des zunehmend kritischen Beäugtwerdens durch die nichtchristliche Gesellschaft die Gruppen der Anhänger Jesu nicht als Sozialrevolutionäre erscheinen zu lassen. Der relative Erfolg des frühen Christentums gerade in den Unterschichten lässt sich aber am ehesten u. a. mit (nicht immer gegebenen, aber auch möglichen) positiven sozialen Erfahrungen innerhalb christlicher Gruppen erklären.
386 *Moo*, Gal, 254. Das Begriffspaar begegnet auch bei Aristot, Metaph, 986a (*Martyn*, Gal, 376).
387 *Keener*, Gal [2019], 305.
388 *Borse*, Gal, 139.
389 *Meiser*, Gal, 173.
390 Manche Hss. (ℵ A B²) bieten ἅπαντες statt πάντες.
391 *Mußner*, Gal, 264.
392 Ersteres Ps.-Oikumenios, Gal, PG 118, 1133 C; *Dunn*, Gal, 207; *Portenhauser*, Identität, 344, Letzteres *Das*, Gal, 384, aber bereits *Schlier*, Gal, 175: dass alle »in Christus Jesus *Einer* sind, nämlich Christus selbst«. *Vouga*, Gal, 92, hält beide Möglichkeiten offen. – *Mußner*, Gal, 265, dagegen: Man muss die gesamte Wendung εἷς ἐν Χριστῷ betrachten, darf nicht das εἷς isolieren.

Einheit Gottes entspricht die Einheit der Gemeinde.[393] Nicht selten wird eine Ergänzung durch ἄνθρωπος vorgeschlagen.[394] Möglicherweise ist eher die neue Identität als Voraussetzung der Einheit denn die Einheit selbst im Blick.[395] Das würde auch die Näherbestimmungen δοῦλος οὐδὲ ἐλεύθερος und ἄρσεν καὶ θῆλυ verständlich machen, nämlich als Kennzeichnungen dessen, wodurch die Identität nicht mehr konstituiert ist.[396] Die Wendung ἐν Χριστῷ meint wieder die Heilssphäre, wie in Gal 3,26 und Gal 5,6.[397] Entscheidet man sich mit Jens Herzer für die LA ἐστε Χριστοῦ, so würde, was dem Kontext durchaus entspricht, die Gleichheit des Status aller Gemeindeglieder betont.[398]

29 Gal 3,29 lenkt mit allen seinen tragenden Begriffen[399] wieder auf Gal 3,15–18 zurück. »Wenn ihr aber zu Christus gehört, dann seid ihr folglich[400] Abrahams Samen«[401], d.h. dann gilt für euch das, was in 3,16 etc. gesagt ist, d.h. »gemäß der Verheißung Erben«. Die Frage »Wer ist Erbe«? ist beantwortet. Nicht erst durch Beschneidung und Tora, sondern durch Glauben an Christus ist man Erbe. Zu beachten ist, dass erst Gal 3,29 den gegenüber den Fremdmissionaren gewiss notwendigen Zielpunkt der Argumentation darstellt. Die Partikel δέ ist nicht adversativ, sondern führt einen neuen Gedanken ein. Dass die Wörter σπέρμα und κληρονόμοι ohne Artikel bestehen, meint, dass die Galater natürlich nicht die Einzigen sind, auf die diese Prädikate zutreffen.

4,1–7 Der von Gott initiierte hohe Status der Galater*

(1) Ich meine aber, so lange der Erbe noch ein Kind ist, unterscheidet er sich in nichts von einem Sklaven, obwohl er der Herr über all seinen Besitz ist, (2) sondern er steht unter Vormündern und Verwaltern bis zu dem von seinem Vater festgesetzten Termin. (3) So waren auch wir, solange wir Unmündige waren, unter die Elemente der Welt versklavt. (4) Als aber die Fülle der Zeit kam, sandte Gott seinen Sohn, gekommen aus einer Frau, gekommen unter das Gesetz, (5) damit er die un-

---

393 *DeSilva*, Letter, 339; *Portenhauser*, Identität, 344, die zusätzlich auf die Parallele Gal 3,16 verweist.
394 *De Boer*, Gal, 244; *Moo*, Gal, 254; *Keener*, Gal [2019], 311; faktisch auch *Mußner*, Gal, 264: gemeint sei der »eschatologische Einheitsmensch«; ähnlich Klein, Gal, 132, mit Verweis auf Philo, LegAll I 31; OpMund 134.
395 *Heckel, Heiden, 414.
396 *Portenhauser*, Identität, 346.
397 *Mußner*, Gal, 264, der auf die Differenzen dieser Stellen zu Gal 1,22 (ἐν Χριστῷ = einfach »christlich«); Gal 2,4.17 (auf die Person Christi bezogen) aufmerksam macht; *Butticaz*, Anthropologie, 517.
398 *Herzer*, Gal 3,28b, 141.
399 In manchen Handschriften wird der Schluss von Gal 3,28 wiederholt: εἷς (D*)/ἕν (F G d) ἐστε ἐν Χριστῷ Ἰησοῦ (*Carlson*, Text, 194).
400 Die Einfügung von OYN nach APA (D* F G) klärt, dass APA als Folgerungs-, nicht als Fragepartikel zu lesen ist (*Carlson*, Text, 194).
401 Die Wendung »Abrahams Samen« ist in biblisch-jüdischer Tradition auf Israel bezogen, vgl. 2Chron 20,7; Ps 104[105],6; Jes 41,8.

4,1–7 Der von Gott initiierte hohe Status der Galater

ter dem Gesetz freikaufte, damit wir die Sohnschaft empfingen. (6) Weil ihr nun Söhne seid, sandte Gott den Geist seines Sohnes in unsere Herzen, der »Abba, Vater« ruft. (7) So bist du nun nicht mehr Sklave, sondern Sohn, wenn aber Sohn, dann auch Erbe durch Gott.

V. 3: Die LA ἦμεν² (A B C D¹ K L P Ψ 81 194 630 1241 1505 1739 1881 2464 Byz) ist Angleichung an den Vordersatz. Die häufig präferierte LA ἤμεθα ist bezeugt durch 𝔓46 ℵ D* F G 0278 33 365 1175. Die Form ἦμεν wird eher im klassischen, die Form ἤμεθα eher im hellenistischen Griechisch bevorzugt.[402] V. 6: Der Zusatz θεοῦ nach υἱοί (Marc D F G d 51 58 75 76 77 78 88 89 135) ist zu selten und zu spät bezeugt, um als ursprünglich gelten zu können, ist aber sachlich richtig. Er ist wohl Angleichung an Gal 3,26.[403] Die LA ὑμῶν (D² K L Ψ 33 81 365 630 1505 2464 Byz) statt ἡμῶν (𝔓46 ℵ A B C D* F G P 0278 104 1175 1241 1739 1881 lat) erweist sich als nachträgliche Glättung des Gedankens. V. 7: Statt διὰ θεοῦ bieten manche Handschriften διὰ θεόν (F G 1881) oder διὰ Χριστοῦ (81 630 pc sa) oder διὰ Ἰησοῦ Χριστοῦ (1739ᶜ). Gelegentlich wird noch genauer unterschieden: κληρονόμος θεοῦ διὰ Χριστοῦ (ℵ² C³ D K L 0278 104 465 1175 1241 2464 Byz a sy sowie einige Zeugen, die Ιησου vor Χριστοῦ ergänzen: P 6 326 1505) oder κληρονόμος μὲν θεοῦ, συγκληρονόμος δὲ Χριστοῦ (Ψ pc). Das ist nicht Pedanterie im Vergleich zu dem wohl näher an den Urtext kommenden Wortlaut διὰ θεοῦ (𝔓46 ℵ A B C* 33 1739*ᵛⁱᵈ), sondern Bemühen um die Einbindung der Aussage in eine widerspruchsfreie Dogmatik. Stephen Carlson macht für die Unterscheidung zwischen Gott und Jesus die Schwierigkeit verantwortlich, διά + gen. mit dem Urheber statt wie sonst mit dem Vermittler zu verbinden, weist aber auch auf einen möglichen antijüdischen Effekt dieser LA hin.[404]

Das Stichwort »Erbe« aus Gal 3,29, nach jüdischem Selbstverständnis zentral, veran-

---

* Literatur: *Arnold, Clinton E.*, Returning to the Domain of the Powers: ›Stoicheia‹ as Evil Spirits in Galatians 4:3, 9, NT 38 (1996), 55–76; *Barrier, Jeremy W.*, Jesus' Breath: A Physiological Analysis of πνεῦμα within Paul's Letter to the Galatians, JSNT 37 (2014), 115–138; *Blinzler, Josef*, Lexikalisches zu dem Terminus τὰ στοιχεῖα τοῦ κόσμου bei Paulus, AnBib 17/18 (1963), 429–443; *de Boer, Martinus C.*, The Meaning of the Phrase τὰ στοιχεῖα τοῦ κόσμου in Galatians, NTS 53 (2007), 203–224; *Doering, Lutz*, God as Father in Texts from Qumran, in: *Felix Albrecht/Reinhard Feldmeier* (Hg.), The Divine Father. Religious and Philosophical Concepts of Divine Parenthood in Antiquity, Themes in Biblical Narrative 18, Leiden/Boston 2014, 107–135; *Gaston, Lloyd*, Paul and the Torah, Vancouver 1987; *Goodrich, John K.*, »As long as the heir is a child«: The Rhetoric of Inheritance in Galatians 4:1–2 and P.Ryl. 2.153, NT 55 (2013), 61–76; *Rusam, Dietrich*, Neue Belege zu den στοιχεῖα τοῦ κόσμου (Gal 4,3.9; Kol 2,8.20), ZNW 89 (1992), 119–125; *Strotmann, Angelika*, »Mein Vater bist Du!« (Sir 51,10). Zur Bedeutung der Vaterschaft Gottes in kanonischen und nichtkanonischen frühjüdischen Schriften, FThSt 39, Frankfurt (Main) 1991; *Wilson, Todd A.*, Wilderness, Apostasy and Paul's Portrayal of the Crisis in Galatia, NT 50 (2004), 550–571; *Woyke, Johannes*, Götter, »Götzen«, Götterbilder. Aspekte einer paulinischen »Theologie der Religionen«, BZNW 132, Berlin/New York 2005; *Woyke, Johannes*, Nochmals zu den »schwachen und unfähigen Elementen« (Gal 4.9): Paulus, Philo und die στοιχεῖα τοῦ κόσμου, NTS 54 (2008), 221–234.

402 *Carlson*, Text, 212.
403 *Carlson*, Text, 177; 194.
404 *Carlson*, Text, 222.

lasst Paulus dazu, mit Hilfe eines weltlichen Beispiels, nämlich des Erbrechtes, den Galatern die Gültigkeit ihres jetzigen Heilsstandes zu verdeutlichen. Vergleichspunkte sind der Kontrast zwischen vormaliger Unterordnung und nachmaliger Mündigkeit[405] sowie die zeitliche Befristung des untergeordneten Status. Die Gliederung des Abschnittes ist deutlich: V. 1f. bieten einen Vergleich aus dem Familien- und Erbrecht, der ab V. 3 auf die allgemeine Situation der Glaubenden hin appliziert und ab V. 6 für die religiöse Statusbestimmung der Galater fruchtbar gemacht wird. Dabei fällt in V. 1f. alles Gewicht auf die Zeit der Unmündigkeit, im Folgenden alles Gewicht auf die Zeit danach.[406]

1 Der Anschluss an das Vorangegangene ist, dass das Sein »unter den Vormündern und Verwaltern« dem Sein unter dem Gesetz (Gal 3,24) entspricht. Λέγω δέ verweist auf Erklärungsbedarf[407] und will die Aufmerksamkeit auf etwas lenken, was besonders herausgestellt werden soll[408]; die Präposition ὑπό + Akk. verbindet Gal 4,2 mit Gal 3,23.25; ἐφ' ὅσον χρόνον formuliert die Periode, die mit dem οὐκέτι von Gal 3,25 abgeschlossen ist[409]; der Artikel ὁ vor κληρονόμος ist anaphorisch.

Die griechische Sprache kennt unterschiedliche Bezeichnungen dessen, was im Deutschen als »Kind« wiederzugeben ist, wobei grob gesagt τέκνον auf das Verwandtschaftsverhältnis, βρέφος auf das Lebensalter, νήπιος auf die Unreife, παιδίον wie παιδάριον auf die Rechtsstellung, μειράκιον auf das Lebensalter fokussiert. Das in Gal 4,1 verwendete Wort νήπιος bezeichnet in der paganen Gräzität das noch unreife Kind, kann aber auch zur juristischen Bezeichnung des noch nicht rechtsfähigen Menschen verwendet werden, zuvor aber schon zur Bezeichnung eines Menschen, der sich der Realität nicht stellt.[410] In frühjüdischer Literatur kann der Begriff das Kleinkind kennzeichnen, das getäuscht werden kann[411] oder sich fürchtend zum Vater flüchtet[412], sowie das unreife Kind, das erzogen, erst noch durch ἄσκησις an die Tugend gewöhnt werden muss[413], ebenso aber generell den Unreifen, der noch dessen bedarf, dass die

---

405 Wie fast jeder Vergleich, hat auch dieser seine Grenzen: Die Mündigkeit im Erbrecht ist Rechtsanspruch, die Gotteskindschaft ist Gabe; die Funktion von ἐπίτροποι und οἰκονόμοι ist vor allem für den Fall gedacht, dass der Vater vor der προθεσμία stirbt, was in der Sachseite keine Parallele hat; auf der Bildseite ist das Kind einem Sklaven gleichgestellt, auf der Sachseite ist von tatsächlicher Versklavung die Rede (*de Boer*, Gal, 259f.).
406 *Von der Osten-Sacken*, Gal, 185.
407 *Matera*, Gal, 148.
408 *Von der Osten-Sacken*, Gal, 183f.
409 Ähnlich in Röm 7,1; νυνὶ δέ in Röm 7,6 entspricht dem οὐκέτι in Gal 3,25, ist aber individual.
410 Für Ersteres vgl. den Beleg bei Bauer/Aland, Wörterbuch, 1088; für Letzteres vgl. Hom, Il II 28; XVI 46; Aesch, Prom 443.
411 Weish 12,24; in Analogie dazu lassen sich die Ägypter zur kultischen Verehrung von Tieren verführen.
412 So in dem in Buße und Selbstminderung vollzogenen Vergleich Aseneths in JosAs 12,8.
413 Ersteres Ps 18[19],7 (für פתי); Spr 23,13 LXX (sachgemäß präzisierend für נער), Letzteres Philo, Migr 46 (Gegensatz: τέλειος); SpecLeg II 32; Sobr 9.

göttlichen Zeugnisse ihn weise machen (σοφίζω).[414] Letztere negative Konnotation wird in 1Kor 3,1 gegen die Adressaten gewendet[415], aber nicht im Galaterbrief.

Die Präsensformen in V. 1f. formulieren einen zeitlos gültigen Tatbestand.[416] Das noch unmündige Kind ist de iure Sohn, de facto aber nicht mehr als ein Sklave[417]; der Genitiv δούλου ist genitivus comparationis. Vergleichspunkt ist die untergeordnete Stellung, die man – das ist die nicht ausgesprochene, aber naheliegende Prämisse – als defizitär empfindet[418], die mit menschlichen Maßstäben eine Veränderung zum Positiven derzeit nicht erkennen lässt, von der man sich aber zu lösen wünscht. Die Formulierung κύριος πάντων hat die These der Anspielung auf Jub 22,14f.; 32,19 (Jakob bzw. seine Nachkommen sind Erben der ganzen Welt) evoziert[419], doch ist dabei der Charakter des Vergleichs nicht berücksichtigt; Paulus macht das Motiv jedenfalls nicht explizit kenntlich. Das Wort οὐδέν ist adverbial[420], das Partizip ὤν ist konzessiv gebraucht.

2 Die Präposition ὑπό drückt ein Herrschaftsverhältnis aus.[421] Anspielungen auf das biblische Exodusmotiv sind mit dem Hinweis auf den narrativen Fluss und die Verwendung einzelner Termini vermutet worden, ebenso Anspielungen auf die Zeit der Wüstenwanderung mit der Versuchung, wieder zur Sklaverei in Ägypten zurückzukehren.[422] Wichtiger ist die Betrachtung des expliziten Wortlautes. Unter Vormünder und Verwalter wird das Kind entweder bei Tod oder bei Abwesenheit des Vaters gestellt. Auffällig ist an diesem Vers die Nebeneinanderstellung von »Vormündern und Verwaltern«[423] mit dem doppelten Plural[424] sowie die Schlusswendung »bis zu dem vom Vater festgesetzten Termin«. Das genannte Nebeneinander kann von der Sach-

---

414 Ps 18[19],8, für פתי.
415 Auf sich selbst wendet Paulus den Begriff in 1Kor 13,11f. an, um seinen geistlichen Fortschritt als *exemplum* zu offerieren. In 1Thess 2,7 ist die Selbstbezeichnung der Absender als νήπιοι (so zu lesen; andere Handschriften bieten ἤπιοι) Teil des in 1Kor 9,21 benannten Anliegens, dem Adressaten der Missionsarbeit entgegenzukommen.
416 *Das*, Gal, 397.
417 *Keener*, Gal [2019], 321, benennt Parallelen für den Kontrast zwischen Kindern und Sklaven bei Dio Chrys, Or. 64, Philo, Det 13f. Zur vergleichbaren Subordination vgl. Philo, Ebr. 131.
418 *Hietanen*, Argumentation, 140; *deSilva*, Letter, 346.
419 *Keesmaat*, Paul, 307.
420 *Das*, Gal, 397.
421 Dass die Stellung des παιδαγωγός und des διδάσκαλος gegenüber dem freigeborenen Kind (ἐλεύθερον ὄντα) als ἐπιτρέπειν ἄρχειν formuliert werden kann, dafür vgl. Plato, Lys 208 C (*Lietzmann*, Gal, 24).
422 Ersteres *Keesmaat*, Paul, 302f., mit Verweis auf die termini νήπιος, ἐπίτροπος, οἰκονόμος, προθεσμία (ohne Belege), Letzteres *Wilson, Wilderness Apostasy, 552–553; 561–563. *Das*, Gal, 403, bleibt skeptisch.
423 *Matera*, Gal, 149, verweist aufgrund von 2Makk 11,1 darauf, dass ein ἐπίτροπος häufig aus derselben sozialen Schicht wie der Vater stammt, im Gegensatz zum οἰκονόμος, der häufig ein Sklave oder Freigelassener ist. Nach *deSilva*, Letter, 345, müssen die ἐπίτροποι und die οἰκονόμοι nicht verschiedene Personen sein; es geht um die verschiedenen Funktionen gegenüber dem noch unmündigen Erben.
424 Nur in den lat. Hss. 75 76 begegnet an der ersten Stelle der Sg. *curatore*.

seite her bedingt sein, d. h. die Tora und die Weltelemente in ihrem Nebeneinander als Aufsichtspersonen bezeichnen, denn eine Mehrzahl und Doppelung verschiedener Aufsichtspersonen ist in der Antike unüblich.[425] Was die »Terminsetzung« angeht, so hat man auf römisches Erbrecht verwiesen, das ein zeitliches Nacheinander eines Tutors (bis zum 14. Lebensjahr; vom Vater zu bestimmen) und eines Kurators (bis zum 25. Lebensjahr; von dem *praetor urbanus* zu bestimmen) vorsehe.[426] Andere haben auf griechisches, semitisches oder auch phrygisches Erbrecht verwiesen; in Letzterem ist es der Vater selbst, der den Kurator bestimmt.[427] Allerdings stammen die jeweils herangezogenen Texte aus viel späterer Zeit.[428]

Normalerweise war während der Prinzipatszeit ein Mädchen mit 12, ein Knabe mit 14 erbberechtigt, einer gesonderten Festlegung durch den Vater bedurfte es nicht. Vielleicht zielt Paulus auf eine Praxis, bei der die Volljährigkeit noch empirisch festgestellt wurde oder bei der der Vater das Recht hat, den Termin zu bestimmen[429], oder er hat Situationen im Blick, wo ein lebender Vater für die Zeit seiner Abwesenheit einen Vormund für seinen Sohn einsetzt.[430] Möglich ist aber auch, dass die juristischen Unstimmigkeiten durch die Sachhälfte bedingt sind, d. h. durch die Spannung zwischen der Kontinuität der Verheißung und der durch das Christusereignis eingeführten, eschatologischen Diskontinuität und sich Paulus nicht wirklich um juristische Details bekümmerte.[431] Vielleicht reicht es aus, als den allgemeinen Vergleichspunkt die Unmündigkeit des Kindes, das doch erben wird, zu benennen.[432]

3 Wer ist das »Wir« in Gal 4,3 (das explizite ἡμεῖς markiert Emphase)? Man hat an Judenchristen wie an die heidenchristlichen Galater gedacht.[433] Näher liegt jedoch der Bezug auf alle Glaubenden.[434] Spricht Paulus von Individualgeschichte oder von Menschheitsgeschichte? Ein individualgeschichtlicher Aspekt ergibt sich durch die Präposition ὑπό + Akk., die auch in Gal 3,23.25; 5,18 erscheint; ein menschheitsge-

---

425 *Moo*, Gal, 259; *Klein*, Gal, 134. Dass der Begriff οἰκονόμος im Erbrecht durchaus begegnet, hat *Goodrich*, Rhetoric of Inheritance, 69, anhand von P.Ryl. 2.153 gezeigt, wo es ebenfalls um einen noch minderjährigen zukünftigen Erben geht und wo mehrere terminologische Parallelen zu Gal 4,1f. begegnen (ἀφῆλιξ, κύριος als den Besitzer des Erbes, ἄχρι οὗ, ἐφ' ὃν χρόνον).

426 *Longenecker*, Gal, 163; *Betz*, Gal, 355. *Das*, Gal, 405, verweist auf P.Oxy 491,8–10, wo ein Vater für den Fall seines Todes, bevor die Söhne das Alter von 20 Jahren erreicht haben, ihren Großvater mütterlicherseits zum ἐπίτροπος einsetzt.

427 *Ramsay*, Gal, 391–393.

428 Kurze Darstellung der Diskussion bei *Longenecker*, Gal, 163f.

429 So *deSilva*, Letter, 345.

430 1Makk 3,32f.; 6,17; 2Makk 10,11; 11,1; 13,2; 14,2.

431 Ersteres *Vouga*, Gal, 99, Letzteres *Longenecker*, Gal, 164.

432 So *deSilva*, Letter, 345.

433 Ersteres *Usteri*, Gal, 140; *Zahn*, Gal, 195; *Longenecker*, Gal, 164; *Matera*, Gal, 194, jeweils unter der Maßgabe, dass Gal 4,6–11 auf die galatischen Heidenchristen bezogen wird; Letzteres *Gaston, Paul and the Torah, 77.

434 *Lipsius*, Gal, 46; *Lightfoot*, Gal, 166f.; *Burton*, Gal, 215; *Holtzmann*, Das Neue Testament, 493; *Bonnard*, L'Épître, 84; *Mußner*, Gal, 268; *Betz*, Gal, 357.

schichtlicher Aspekt legt sich von Gal 3,23.25 her nahe. Die *coniugatio periphrastica* ἤμεθα/ἤμεν δεδουλωμένοι (statt des Plusquamperfektes) dient der Emphase und markiert eine abgeschlossene Aktion mit langdauernden Konsequenzen für die Betroffenen. Das Passiv δεδουλωμένοι mag auf das Gesetz oder Gott selbst als logisches Subjekt verweisen.[435]

Die Wendung στοιχεῖα τοῦ κόσμου[436] ist eine *crux interpretum*, weil der lexikalische Befund und die Kontexteinbindung nicht miteinander harmonieren.[437]

> Zusammenfassende Erörterungen der Problematik bieten nicht selten eine vierfach gegliederte Auflistung bisheriger Interpretationen.
>
> 1. Vor allem früher wurden die στοιχεῖα auf die Anfangsgründe der Erziehung gedeutet.[438] Von der Funktion des Gesetzes als παιδαγωγός (Gal 3,24) her könnte sich diese Deutung anbieten, zumal im antiken Judentum die Tora auch als den einsichtsfähigen Nichtjuden plausibles Weltgesetz verstanden werden konnte.[439] Im Neuen Testament begegnet der so verstandene Begriff in Hebr 5,12. Zu Gal 4,3 ist diese Deutung vornehmlich in älterer Literatur vorgetragen worden, begegnet aber noch in jüngeren Kommentaren.[440] Doch ist sie in antiken Texten nur für den Begriff στοιχεῖα belegt, nicht für die komplette Wendung στοιχεῖα τοῦ κόσμου.
>
> 2. Ebenfalls vor allem früher populär war die Deutung auf belebte Geister.[441] Von Gal 4,8–11 her legt sie sich nahe. Doch ist auch sie in antiker Literatur für die komplette Wendung στοιχεῖα τοῦ κόσμου nicht belegt.[442]
>
> 3. Gelegentlich wird Gal 4,3 auch auf belebt gedachte Himmelskörper gedeutet, die

---

435 *Longenecker*, Gal, 165.
436 In der lat. Textüberlieferung zu Gal 4,3 ergibt der Zusatz *huius* (58 61 75 76 77 88* 88ᶜ 89 135) eine größere Nähe zu einem Sprachgebrauch von κόσμος, der die Unterscheidung zwischen dieser Welt und dem Jenseits im Auge hat.
437 Überblicke in neuerer Literatur bei *de Boer*, Gal, 252–257; *Das*, Gal, 439–445; *deSilva*, Letter, 348–353; *Keener*, Gal [2019], 326–333.
438 Antike Belege sind u. a. Xenoph, Mem II 1,1; Isocr 2,16 (Bauer/Aland, Wörterbuch, 1534). Aristoteles verwendet den Begriff an zentraler Stelle (Metaph I 986a 22–27) von den zehn sog. Kategorien (Begrenztes/Unbegrenztes etc.).
439 *Usteri*, Gal, 141f. Theophylakt, Gal, PG 124, 996 D, hatte auf den Sabbat und das Neumondfest verwiesen. Zur Deutung auf das Gesetz vgl. Luther, Gal, WA 40/I, 551, der sich im Weiteren (WA 40/I, 553) ausdrücklich gegen die Deutung auf Feuer, Luft, Wasser und Erde wendet. Der Hintergrund dieser Auslegung ist das mit dem Stichwort πάλιν (Gal 4,9) gegebene Problem.
440 *Burton*, Galatinas, 518; *Matera*, Gal, 150.
441 *Lohse*, Kolosser, 147; vgl. *Schlier*, Gal, 192 (»elementare[n] Kräfte der Gestirne«); *Hübner*, Gesetz, 35 (»dämonisch-heidnischer Machtcharakter«), und zuletzt wieder *Arnold, Returning; Lyu, Sünde, 225; *Kim*, Curse Motifs, 167–171 (letzterer mit Verweis auf Gal 1,4; 5,4). Zur Kritik an diesem Modell der Interpretation vgl. *Witulski*, Adressaten, 84–94. Wenn Paulus von Engelmächten spricht (Röm 8,38f.), fehlt der Begriff στοιχεῖα (*Das*, Gal, 442; der Verweis auf Gal 1,4; 6,14 [a. a. O., 443] trägt für das Verständnis von Gal 4,3.9 nichts aus).
442 Darauf verweist *Rusam, Belege, 125.

nach astrologischen Vorstellungen Einfluss auf das menschliche Schicksal haben und wozu sich auch Kalenderobservanzen gut fügen. Doch sind die Belege spät und betreffen wieder nur den Begriff στοιχεῖα.[443]

4. Die Grundelemente der Welt, zumeist Feuer, Wasser, Luft und Erde. Belege finden sich bei Empedokles, Platon, Diogenes Laertios, dann aber auch bei Philo von Alexandria.[444] Auch der Mensch ist aus diesen Weltelementen zusammengesetzt und bildet gewissermaßen den Kosmos im Kleinen ab.[445] Die entsprechenden Aufstellungen u. a. bei Josef Blinzler, Eduard Schweizer, Dietrich Rusam haben in der neueren Galaterexegese einen breiten Konsens begründet.[446]

Doch wie kann man unter die so verstandenen Weltelemente versklavt sein? Inwiefern haben sie eine das Leben normierende Funktion, die in möglicher bisheriger religiöser Praxis der Angeredeten eine Bedeutung hatte, die sie aber auch – das sei in Blick auf 4,8f. vorweggenommen – der Tora funktional vergleichbar macht, sodass auch das in Gal 4,9 gegebene πάλιν verständlich wird? Wichtig ist, dass Paulus aus christusgläubiger, aber jüdischer Perspektive spricht. Einen Zusammenhang zwischen den Weltelementen und Kalenderobservanz bei Nichtjuden hat schon der Autor von Weish 13,1–3 formuliert.[447] Auch nach Philo, VitCont 3, sind die Nichtjuden diesen Urelementen ergeben. Dies braucht nicht speziell einen Gestirnsdienst zu meinen, sondern setzt bei Philo die vor allem in der Stoa betriebene Allegorese voraus – die Nichtjuden hätten das Feuer Hephaistos, die Luft Hera, das Wasser Poseidon, die Erde Demeter genannt.[448] Impliziert ist damit wohl die biblisch vorgegebene Fremdgötterpolemik – »die Elemente [...] sind leblos, aus sich selbst unbewegte Materie, die dem Künstler als Substrat vorgegeben ist für alle Arten von Gestalten und Qualitäten« (VitCont 4), u. a. eben als Substrat für die Götterbilder.

Inwiefern passt das alles in die anzunehmende Lebenswirklichkeit der Adressaten? Für Pessinus berichtet Apuleius von einem Kybele-Tempel, in dem die Phrygier die Göttin Isis als *elementorum omnium domina* verehrten[449] – bei der hier vorausgesetzten modifizierten südgalatischen Hypothese ist die Stelle von Belang, wenn

---

443 Justin, Dial. 23,3; Diog Laert VI 102 (von den Sternbildern des Tierkreises); PGM IV 1303.
444 Empedokles, Fragm. 7; 17, Diels/Kranz I 312.316. Zu Empedokles vgl. *Sänger*, Konfliktlinien, 117. Empedokles sprach noch von den τέσσαρα πάντων ῥιζώματα (Ps.-Plut, Placita Philosophorum, Mor. 878 A); die Bezeichnung στοιχεῖα findet sich dann bei Plato, Theaet 201 E; Soph. 252 B; Tim 48 B (στοιχεῖα τοῦ παντός); Tim 57 C; Diog Laert VII 137 (in stoischer Kosmologie); Philo, Aet 109; VitCont 1,3. Allein der Begriff στοιχεῖα steht in dieser Verwendung in Weish 7,17; 19,18.
445 *Sänger*, Konfliktlinien, 117, verweist auf Plato, Tim 73 E; 78b; Cic, Nat. Deor 2,18; Epikt, Diss III 13,14f.; Marcus Aurelius, Solil. II 3,1; VIII 8,1. Auch diese Vorstellung wurde im antiken Judentum gelegentlich übernommen, vgl. Philo, OpMund 146; 2Makk 7,22; 4Makk 12,13.
446 *Rusam*, Belege, passim.
447 De Boer, Gal, 254f. Dass es vor allem um die *Lehre* von den Weltelementen geht, betont *Klein*, Gal, 136.
448 U. a. Cornut, Comp 3.4.19; vgl. auch Philo, Decal 53f.
449 *De Boer*, Gal, 255, mit Verweis auf Apul, Metam XI 5.25.

dieser Tempel auch von den Bewohnern der Landschaften um Laodikeia Katakekaumene als Wallfahrtsort aufgesucht worden wäre. Bei Nichtjuden ließe sich an die Verehrung u. a. von Helios, Men, Gaia, Demeter denken, deren Kulte in dem hier vorausgesetzten geographischen Großraum der »galatischen« Adressatenschaft gut bezeugt sind.[450]

4 Der Satz expliziert, was in Gal 3,23–25 (bevor der Glaube kam/bis Christus/als der Glaube kam) nur angedeutet war, und ist in sich chiastisch um die Begriffe »Sohn« (am Anfang und am Ende der Phrase) und »Gesetz« (zweimal in der Mitte der Phrase) herum konstruiert.[451]

Die Partikel δέ markiert einen echten Gegensatz zum Vorigen. Die Wendung »Als aber die Fülle der Zeit kam« nimmt den zeitlichen Aspekt des Schlusses von V. 2 wieder auf – »bis zu dem von seinem Vater festgesetzten Termin«. Der Ausdruck »Fülle der Zeit« referiert nicht auf empirische Daten, etwa auf Erwägungen derart, dass aufgrund der äußeren Umstände[452] die Sendung des Sohnes besonders effizient, d. h. viele Menschen zum Glauben führend sein könnte. In autorzentrierter Perspektive wird man an die Vollendung und heilsgeschichtliche Sinngebung der Alten Zeit denken.[453] Tatsächlich ist Paulus der Meinung, die Sendung des Gottessohnes sei »das Ereignis, das die Menschengeschichte strukturiert«[454], wie schon Gal 3,24 (»als der Glaube kam«). In dem Begriff »Fülle« kann auch eine zumindest implizite Distanz des Apostels von römischer Kaiserideologie beschlossen sein, die unter Verwendung des Motivs des »Füllhorns« den Regierungsantritt des neuen Princeps als Beginn einer neuen Heilszeit zu feiern pflegte.[455] Die Sendung des Sohnes kann traditionsgeschichtlich an

---

450 *Zimmermann*, Gott und seine Söhne, 95.
451 *Lightfoot*, Gal, 168.
452 Eusebius von Caesarea, HE I 2,23, GCS 9/1, 24, dachte an die sittliche Besserung zunächst der Juden, dann auch der anderen Völker, wodurch der Erdkreis darauf vorbereitet wurde, Gotteserkenntnis anzunehmen.
453 So auch *Schlier*, Gal, 195; vgl. bereits Calvin, Gal, CR 50, 226: ... *tempus illud, quod Dei providentia ordinatum erat* ... (»jene Zeit, die durch die Vorsehung Gottes festgesetzt wurde«). Gelegentlich wird eher pauschal auf apokalyptische Terminologie verwiesen; doch sind die Belege nicht allzu reichlich gesät (schon Ps.-Oikumenios, Gal, PG 118, 1136 D verwies allgemein auf Daniel). Die Wortfamilie πλήρωμα ist in apokalyptischen Kontexten nur in Form von πλήρωσις in Dan 10,3Theod. und in Form des Verbums in Tob 14,5 präsent; für χρόνος vgl. einzig Jer 38[31],1; Tob 14,5^S in einem eschatologischen Kontext; beide Wortfamilien fehlen in Dan 8,19; 9,24–27. Der Sache nach kann freilich mit *Keener*, Gal [2019], 336 mit Anm. 1135; 1136 auf OrSib III 570–572; 4Esra 7,7 verwiesen werden, ferner auf syrBar 40,3; 4Esr 11,44. Auch in Mk 1,15 mag man eine Parallele des Gedankens erblicken (*Usteri*, Gal, 142).
454 *Vouga*, Gal, 101. Auf das punktuelle Ereignis zielt auch der Aorist ἐξαπέστειλεν. Von dieser einen zeitlichen Strukturierung her werden faktisch die in Gal 4,10 genannten zeitlichen Strukturierungen relativiert (*de Boer*, Gal, 267).
455 *Schreiber*, Weihnachtspolitik, 39–42.

die Sendung der Weisheit (Weish 9,10) erinnern[456], um die der Autor bittet, um ein gottkonformes Leben führen zu können. Alternativ ist auf Mk 12,6 verwiesen worden, nicht selten verbunden mit der These, Jesus habe von sich selbst als dem/einem Sohn Gottes gesprochen[457] – allerdings lässt Paulus in Gal 4,4 eine Kenntnis dieser Tradition nicht explizit erkennen. Man kann fragen, ob die der Sendungsaussage folgenden partizipialen Bestimmungen die Voraussetzungen der Sendung Jesu thematisieren oder deren nähere Umstände.[458] Die Sendungsaussage als solche erzwingt, wie Jes 6,8; Jer 7,25 zeigen, nicht den Gedanken der Präexistenz, der im antiken Judentum durchaus bekannt ist.[459] Paulus geht es hier in Gal 4,4 nicht um die Präexistenz Christi als ein selbständiges Motiv; er kennt den Gedanken freilich sehr wohl (1Kor 8,6; Phil 2,6f.). Auch kann die Wahl des Doppelkompositums ἐξαποστέλλω hier wie in Gal 4,6 implizieren, dass Paulus an eine Sendung aus der göttlichen Welt hinweg in einem separativen Sinn denkt (s.u.).

Eine Form von γίνομαι kann auch in jüdischer Literatur als Passiv von γεννάω verwendet werden.[460] Der Vermerk »geboren aus einer Frau« soll die Wahrheit der Menschwerdung Christi, seiner (fast[461]) uneingeschränkten Teilhabe an der *conditio humana* unterstreichen.[462] Der Gedanke einer Jungfrauengeburt ist bei Paulus nicht nachweisbar, ebenso wenig im Markus- und im Johannesevangelium.

Worauf bezieht sich »und unter das Gesetz getan«? Aufgrund des folgenden V. 5 wird man an den Kreuzestod zu denken haben (in Gal 4,4 wäre dann Gal 3,13 wieder aufgenommen[463]), vielleicht aber[464] aufgrund der Parallelität des γενόμενον in den Verbindungen γενόμενον ἐκ γυναικός und γενόμενον ὑπὸ νόμον auch an die generelle Unterstel-

---

456 *Das*, Gal, 408, benennt aber auch die Grenze dieser Analogie: In Weish 9,10 geht es um Salomo persönlich, nicht um eine menschheitsgeschichtliche Betrachtung. Dass Paulus in Gal 4,4 eine vorpaulinische Formel aufgenommen haben soll, ist möglich, aber nicht beweisbar (*Das*, Gal, 407f.).
457 *Longenecker*, Gal, 168. Der Begriff υἱόν (statt Χριστόν) mag um des folgenden Motivs der υἱοθεσία willen gewählt sein (*Usteri*, Gal, 143).
458 Vgl. *Moo*, Gal, 167, der Letzteres für wahrscheinlicher hält. Gelegentlich wird eine vorpaulinische Tradition vermutet (*Klein*, Gal, 138f.).
459 Vgl. *Longenecker*, Gal, 265, mit Verweis auf Philo, Agric 51; ConfLing 145–148; *Das*, Gal, 410, mit Verweis auf Ri 6,8; Jer, 7,25; Ez 2,3; Hag 1,12.
460 Sir 44,9; 1Esdr 4,16; Tob 8,6; Weish 7,3. Allerdings lässt sich Gal 4,4 auch von der Grundbedeutung von γίνομαι her erklären (*deSilva*, Letter, 355). *Ehrman*, Corruption, 239, betrachtet die in NA[28] nicht erwähnte v.l. γεννώμενον (anstelle von γενόμενον), bezeugt in K f¹ u.a., als antidoketische Korrektur.
461 Der Gedanke der Sündlosigkeit Jesu ist im Galaterbrief nicht explizit, wird aber in 2Kor 5,21 keineswegs als Neuerung bezeichnet oder begründet.
462 *Von der Osten-Sacken*, Gal, 191, verweist auf Hi 14,1–4; 1QH XIII 14–16 als traditionsgeschichtlichen Hintergrund. Betont würde dann die kreatürliche Hinfälligkeit. An den Fluch Evas nach Gen 3,16 (so *Holtzmann*, Das Neue Testament, 494) muss nicht gedacht sein.
463 *Schlier*, Gal, 196; *deSilva*, Galatians. A Handbook, 81.
464 So *Moo*, Gal, 266.

lung Jesu unter die Tora durch Geburt aus einer (jüdischen) Frau und die Beschneidung, durch die Jesus erst wirklich Jude[465] und damit Teilhaber an der Abrahamsverheißung nach jüdischem Verständnis wurde – oder aber (vgl. wieder die Präposition ὑπό wie schon in Gal 3,23.25; 4,2.3) die Unterstellung Jesu unter die allgemeinen Bedingungen der Menschheit insgesamt.[466]

5 Die erste finale Konjunktion ἵνα formuliert den Zweck der Sendung Jesu. Wie in Gal 3,13 verwendet Paulus ἐξαγοράζω, loskaufen, in Gal 3,13 vom Fluch des Gesetzes, hier vom Sein unter dem Gesetz. Es geht aber nicht darum, dass Christus vom Gesetz überhaupt entlasten wollte.[467] Die Wendung »unter dem Gesetz« ist ähnlich zu verstehen wie die »Ausrichtung am Geist« in Gal 5,18: »Wenn ihr euch vom Geist leiten lasst...«, ein Aspekt, der bereits in 4,6 anklingt. Die »unter dem Gesetz« sind aufgrund der Universalität des Erlösungswerkes Christi nicht nur Juden[468], sondern *de facto* auch Nichtjuden. Diese waren nach ihrer eigenen Sicht nie »unter dem Gesetz« (was von jüdischem Standpunkt aus[469] als defizitär zu gelten hat), wohl aber nach der Sicht des Paulus (vgl. Röm 3,9–20, wo die überführende Funktion des Gesetzes für beide Menschengruppen festgehalten wird).

Zu dem zweiten ἵνα kann man ähnlich wie zu Gal 3,14 überlegen, ob die beiden ἵνα-Sätze parallel koordiniert sind oder – m. E. eher wahrscheinlich – der zweite die intendierte Konsequenz des ersten formuliert.[470] Das »wir« in Gal 4,5*fine* ist das allgemein christliche Wir, nicht auf Heidenchristen oder Judenchristen einzugrenzen. Bei einer Einschränkung auf Judenchristen würde der Anschluss in Gal 4,6 nicht recht passen. Bei dem Moment der Einsetzung in den Status der Kindschaft[471] durch Adoption ist in V. 5 die Erbberechtigung (im Vergleich zum Status eines Sklaven, wie Gal 4,1f.) ausschlaggebend. Das Bild hat sich verschoben; nicht mehr die Zukunftsperspektive des noch unmündigen Kindes im Vergleich zum Sklaven ist maßgeblich, sondern die Einsetzung in einen Status, der zuvor nicht gegeben und auch nicht zu erwarten war.[472] Dass er nicht wieder in den Sklavenstatus zurückverwandelt werden konnte[473], konnte

---

465 *Longenecker*, Gal, 171.
466 *Bonnard*, L'Épître, 86; *de Boer*, Gal, 263, der auf das zweimalige γενόμενος in Phil 2,7f. als Analogie hinweist.
467 In diesem Sinne richtig u. a. auch *Söding*, Verheißung, 157; *de Boer*, Gal, 264.
468 So aber *Betz*, Gal, 364; *Mußner*, Gal, 270f.; *Longenecker*, Gal, 172; *Dunn*, Gal, 216; *Matera*, Gal, 210.
469 Nach Joseph, Ap II 174, kann man »unter dem Gesetz leben wie unter einem Vater« (ὥσπερ ὑπ' πατρὶ καὶ δεσπότῃ ζῶντες).
470 So auch *de Boer*, Gal, 264.
471 Diese Relationalität ist bei Paulus Folge des Christusereignisses, nicht wie bei Epiktet durch das Eingebundensein des Menschen in den Kosmos bedingt. Eine wichtige Analogie besteht aber darin, dass bei beiden diese Relationalität Konsequenzen für die Ethik hat (für Epiktet vgl. Diss II 8,11–29; für Paulus vgl. Gal 5,13–26); vgl. insgesamt *Vollenweider*, Lebenskunst, 147f.
472 Die in Gal 4,1f. Genannten waren νήπιοι, aber keine fremden Kinder (*Usteri*, Gal, 145). 𝔓99 bietet *optionem filiorum*. Zum Verständnis von Gal 4,1–7 die Exodustraditionen heranzuziehen (*Wilson*, Wilderness, 560), ist m. E. nicht durch Textsignale angezeigt.
473 *Matera*, Gal, 151.

den Vergleich aus der Sicht des Paulus umso wirksamer machen. Die Adressaten konnten sich dabei möglicherweise an profane Vorgänge wie die Adoption des Octavianus durch Gaius Iulius Caesar erinnern, die für Octavian auch bedeutete, das politische Erbe Caesars zu übernehmen.[474] Das kann zugleich Assoziationen auslösen, die den Bereich der Politik berühren: Sie alle sind nunmehr Kinder Gottes; das Attribut *divus filius* bleibt nicht auf den römischen *Princeps* beschränkt.

6 In Gal 4,6a spitzt Paulus durch den Übergang in die 2. Pl. die Aussage der Sohnschaft auf die Galater zu, wie schon in Gal 3,26 der Übergang in die 2. Pl. vor der Statuszuweisung zu beobachten war. Die Konjunktion ὅτι zu Beginn ist wohl kausal zu verstehen.[475] Jenseits der Gegenüberstellung zwischen Sklaven und frei geborenen, später erbberechtigten Kindern[476] spricht Paulus den Adressaten einen hohen Status zu; Tochter oder Sohn Gottes zu sein, ist »ein in der Welt der paganen Galater bislang unter Menschen nur dem deifizierten Kaiser zukommendes Privileg.«[477]

Die Sendung des Geistes, die den Bogen zu Gal 3,2 schließt, wird mit demselben Wort wie die Sendung des Sohnes benannt.[478] Paulus versteht diese Sendungsaussage nicht als Begründung, warum oder wodurch die Christen Gottes Kinder sind, sondern als Bestätigung dessen, dass sie es sind.[479] Wollte Paulus zwischen dem Doppelkompositum ἐξαποστέλλειν und dem Kompositum ἀποστέλλειν unterscheiden, um mit Hilfe der Präposition ἐξ das Heraustreten der göttlichen Gesandten (Christus und der Geist) aus dem himmlischen Bereich zu markieren?[480] Fraglich ist, warum Paulus nicht einfach

---

474 *DeSilva*, Letter, 354.

475 Ein Widerspruch zu Röm 8,14 ist m. E. nicht gegeben. In Gal 4,6 erscheint die Sohnschaft als Seinsgrund der Geistmitteilung, in Röm 8,14 die Führung durch den Geist als Erkenntnisgrund der Sohnschaft. Fasst man ὅτι als Einleitung zu dem zu erklärenden Sachverhalt auf, muss man gedanklich δῆλον o. Ä. ergänzen. Auch geht es Paulus in Gal 4,6 nicht um einen *ordo salutis*, sondern um einen logischen Zusammenhang (*Matera*, Gal, 151; *deSilva*, Letter, 358), faktisch, trotz des beizubehaltenden ἡμῶν, um ein auch für die Adressaten unwiderlegliches Erfahrungsargument, wie in Gal 3,2.

476 Paulus bevorzugt in Gal 4,6 den Begriff υἱός gegenüber dem Begriff τέκνον (Röm 8,16). Mit ersterem Begriff kann er die Gotteskindschaft der Gläubigen zur Gottessohnschaft Christi in Bezug setzen (*Portenhauser*, Identität, 549 Anm. 77). Außerdem bringt υἱός den Gegensatz zum Sklavenstatus, τέκνον das Gewordensein der Sohnes-Identität besser zum Ausdruck.

477 *Zimmermann*, Gott und seine Söhne, 79.

478 Die Subjektangabe in Gal 4,6a (ὁ θεός) fehlt in B 1739 sa. Aufgrund von Gal 4,4 ist der Sinn jedoch klar.

479 *Calvin*, Gal, CR 50, 228; *Usteri*, Gal, 147. *Barrier, Breath, 124, versteht in Aufnahme und Weiterführung neuerer Forschung zu antiken physikalischen und medizinischen πνεῦμα-Konzepten die Übertragung des Geistes als übertragbares physiologisches Phänomen; Jesu Ruf »Abba, Vater«, am Kreuz sei vorausgesetzt. Letzteres ist mir angesichts der Kürze der dortigen Ausführungen Barriers nicht verständlich geworden.

480 *DeSilva*, Galatians. A Handbook, 81; *Zimmermann*, Gott und seine Söhne, 77 mit Anm. 9. Paulus verwendet dieses Doppelkompositum überhaupt nur im Galaterbrief. Die Sendung von Aposteln wird in der Tat in 1Kor 1,17; Röm 10,15 mit dem einfachen Kompositum formuliert (2Kor 12,17

vom »Geist« spricht[481], sondern vom »Geist seines Sohnes«. Man kann darauf verweisen, dass es im Kontext um die Gotteskindschaft der Christen geht, oder als Parallelen Phil 1,19; Röm 8,9 beiziehen.[482] Dieser Geist, der in uns »Vater«[483] ruft, ist derselbe göttliche Geist, der Jesus in seiner Gewissheit der Gottesgemeinschaft und seinem stets an Gottes Willen orientierten Handeln bestimmt hat[484] und die Glaubenden in Orientierung an der Gottesgewissheit und dem Handeln Jesu (vgl. Gal 6,2) bestimmen soll.[485]

Dass in V. 6b wieder das gemeinchristliche »Wir« der 1. Pl. verwendet wird, soll die Allgemeingültigkeit des Gedankens unterstreichen. Die καρδία ist zentrale Instanz des Verständnisses und des Willens, gemäß Jer 31,31–34 und Ez 36,26f. für die Realisierung der von Gott her neu ermöglichten Gottesbeziehung von Relevanz.[486] Das Verbum κράζειν wird in LXX oft für das Gebet gebraucht[487]; das Präsens bezeichnet dem Verbalaspekt nach das Habituelle.[488] Auffällig ist die aramäisch-griechische Doppelformulierung αββα, ὁ πατήρ. Offensichtlich war die aramäische Form auch in griechisch-sprechenden nichtjüdischen Jesusgruppen außerhalb des paulinischen Einflussbereiches bekannt (ähnlich μαράνα θά, 1Kor 16,22).[489] Möglicherweise wollte Paulus in dieser Doppelung gegenüber

---

ist hier nicht zu berücksichtigen). Von der »Sendung« Christi und des Geistes spricht Paulus ansonsten nicht unter Verwendung dieser Komposita.
481 𝔓46 bietet die Worte τοῦ υἱοῦ nicht, ist allerdings offenbar für diese kürzere und erleichternde LA in der Handschriftentradition der einzige Zeuge. Auch fällt er öfters durch Kürzungen auf, sodass er nicht als Zeuge einer eigenständigen kontinuierlichen Texttradition zu betrachten ist. Aber auch die mehrheitlich bezeugte Wendung πνεῦμα τοῦ υἱοῦ αὐτοῦ ist insofern paulinisch, als Paulus in Röm 8,9–11 den Geist Gottes und den Geist Christi parallelisiert (*Zimmermann*, Gott und seine Söhne, 77f.).
482 Ersteres *Usteri*, Gal, 147, Letzteres *Moo*, Gal, 269.
483 Den Rückbezug der Vatermetaphorik auf Gal 1,1–5 betont *Thate*, Paul and the Anxieties, 234.
484 Vgl. Lk 4,18–21 unter Aufnahme von Jes 61,1f.
485 Vgl. *Vollenweider*, Lebenskunst, 147: »Zum einen nimmt der Geist so Wohnung in den Glaubenden, dass er eine fremde Macht bleibt, zum anderen wird der göttliche Geist geradezu zu ihrem eigentlichen Selbst und zum Ursprung ihres Tuns.« Die Differenz zwischen τὸ αὐτὸ πνεῦμα und πνεῦμα ἡμῶν in Röm 8,16 bestätigt beides, die Vorordnung des vom Menschengeist unabhängigen Heiligen Geistes als Gegenübers des Glaubenden und die tatsächliche Einwirkung des Gottesgeistes, dessen Impuls der göttliche Geist im Menschen aufnimmt und in Handlungsentscheidungen umsetzt (Röm 12,1f.).
486 *Rabens*, Spirit, 230f.; *de Boer*, Gal, 265.
487 *Schlier*, Gal, 198 Anm. 2, verweist u. a. auf Ex 22,23; Ri 3,9.15; 4,3 und auf Jos, Ant II 117; Plut, Defec. orac (Mor 438b), aber auch die Verwendung im Kontext dämonisch beeinflusster Rede oder der Rede des Dämons selbst (Mk 1,23; 3,11). Für Calvin, Gal, CR 50, 228, bringt dieses Verbum die unbedingte Gewissheit des Glaubenden zum Ausdruck.
488 *DeSilva*, Galatians. A Handbook, 82.
489 Dieses Nebeneinander begegnet auch in Mk 14,36; Röm 8,15, aber nicht in Lk 11,2 par. Mt 6,9. Dass die in Mk 14,36 erinnerte Gebetspraxis traditionsgeschichtliches Vorbild für die Vateranrede im Neuen Testament und speziell für Paulus war (*Rabens*, Spirit, 234), ist möglich, aber mangels eindeutiger Textsignale nicht zwingend zu erweisen. Die Anrede »Vater« begegnet auch in jüdischen Texten (Sir 51,10 sowie im Bittgebet 4Q372 I 16 und im Dankgebet 4Q460, 9 i 6; vgl.

den Adressaten die Gleichberechtigung von jüdischen und nichtjüdischen Jesusgläubigen darstellen[490], zumal die Bezeichnung der obersten Gottheit als Vater auch eine reiche Tradition im griechisch-römischen Kulturkreis aufzuweisen hat.[491] Nach Gal 4,6 ist es der Geist in den Gläubigen, der »Abba, Vater«[492] ruft, nach Röm 8,15f. sind es die Gläubigen selbst. In Gal 4,6 soll betont werden: Es ist das Werk des Geistes Gottes, dass sich die Glaubenden ihrer engen Verbindung zu Gott gewiss werden[493] – indirekt wird den Galatern wiederum ihr beschneidungsfreier Status, von dem sie sich verabschieden wollen, als göttlich legitimiert erwiesen. Für die Sohnschaft der Glaubenden ist in V. 6 der Aspekt der ungebrochenen Vater-Beziehung entscheidend[494], in der auf die Situation der Adressaten hin appliziert wird, in der Schlussfolgerung (ὥστε) V. 7 wieder die Erbberechtigung (im Vergleich zum Status eines Sklaven, wie Gal 4,1f.).

7 Die Konjunktion ὥστε formuliert das Resultat.[495] Die Partikel οὐκέτι verknüpft Gal 4,7 mit Gal 3,25; der Eintritt der Erbberechtigung ist zugleich das Ende des Sklavenstatus unter den »Elementen der Welt« bzw. des Status »unter dem Gesetz« in seiner das Fluchurteil über die Sünde sprechenden Funktion. Die Anrede in 2. Sg. stellt eine weitere Zuspitzung dar, ist vielleicht parakletisch motiviert.[496] Dass die υἱοί und der einzelne υἱός »Erben« sind, knüpft an Gal 3,18 an. Die betonende Schluss-Stellung von διὰ

---

zu der Vorstellung von Gott als Vater in den Qumrantexten insgesamt *Doering*, God as Father), die Prädikation Gottes als des Vaters ist ohnehin biblisch (Ps 103,13; weitere Belege bei *von der Osten-Sacken*, Gal, 198) und wird auch im antiken Judentum weitergetragen (JosAs 12,8; TestMos 4,2; Jub 1,24; 2,19; 19,29; metaphorisch bei Philo, MutNom. 137; Her. 62). Dabei steht die von Gott gewollte und geförderte Kontinuität einer heilvollen Beziehung der Menschen zu ihm im Vordergrund (*Strotmann*, Mein Vater bist Du, 370.378).

490 *Das*, Gal, 415.
491 Vgl. die erschöpfende Belegsammlung bei *Keener*, Gal [2019], 348–352. Darauf hat (ohne Angabe von Belegstellen) bereits Calvin, Gal, CR 50, 228, verwiesen.
492 Dass das aram. Abba eine besondere Nähe und Intimität bezeichnet, wird durch die griechische Übersetzung πατήρ nicht bestätigt; hierfür hätte sich πάπας oder πάππας angeboten (*Das*, Gal, 417). Dass der Nominativ mit Artikel statt des Vokativs steht, ist nicht ungewöhnlich (*Usteri*, Gal, 148).
493 *De Boer*, Gal, 266.
494 Man kann mit *Zimmermann*, Gott und seine Söhne, 79, noch etwas weiter gehen: Während die Fremdmissionare neue Aufnahmebestimmungen formulieren, spricht Paulus den Adressaten das Sein in der Gottesbeziehung zu. Die Vater-Metaphorik impliziert, dass, ungeachtet des Adoptionsvorgangs, »sich die Teilhabe an der Familie nicht über äußere Kriterien herstellen lässt.« Für die positive Prädikation (eines) Gottes als des fürsorglichen Vaters vgl. Cic, Nat. deor II 64 (*Zimmermann*, Gott und seine Söhne, 82 Anm. 28). Auch der Titel πατὴρ πατρίδος für einen verdienten Staatsmann (Cic, Pis 6) bzw. den römischen *Princeps* (*Res gestae div. Aug.* 35.1; die *Res gestae* waren in Ancyra, Apollonia in Pisidien und dem pisidischen Antiochia aufgestellt) spiegelt wenigstens in der Ideologie die Fürsorgepflicht des *Princeps* wider (*Zimmermann*, Gott und seine Söhne, 83). Biblisch ist das Motiv der Fürsorge als Teil der Vaterkonzeption in Ps 103[102],13 belegt.
495 Das Prädikat εἶ fehlt in F G; in lat. Tradition steht nicht selten *est* (51 58 64 75 76 78 87 88^C 89 135).
496 *Bengel*, Gnomon, 742 (*suaviter*); *von der Osten-Sacken*, Gal, 195. In der lat. HS 61 steht der Plural *filii*.

θεοῦ weist nochmals zurück auf das in Gal 4,4–6 beschriebene Wirken Gottes und soll zugleich den Galatern nochmals den gottgesetzten Status ihres durch das Wirken des Apostels gegebenen Identitätskonzeptes verdeutlichen.[497] Mindestens implizit wird deutlich, wie unmöglich in den Augen des Paulus das im Folgenden wieder aufgegriffene Ansinnen der Adressaten ist.[498]

4,8–11 Die Verkennung dieses Status durch die Galater*

(8) Aber damals, als ihr Gott nicht kanntet, dientet ihr (Wesen), die von Natur aus keine Götter sind. (9) Nun aber, da ihr Gott erkannt habt, ja vielmehr, von Gott erkannt worden seid, wie (könnt) ihr euch wiederum zu den schwachen und erbärmlichen Elementen der Welt wenden, denen ihr von Neuem dienen wollt? (10) Tage haltet ihr und Monate und Festzeiten und Jahre. (11) Ich fürchte um euch, dass ich mich vergeblich um euch abgemüht habe.

Der Abschnitt lässt sich wie folgt gliedern: V. 8 benennt den einstmaligen Irrtum, V. 9f. die jetzige Gefahr, V. 11 äußert eine Befürchtung des Paulus. Die Funktion des Abschnittes vor den Argumenten aus der Erfahrung (4,12–20) und der Schrift (4,21–31) ist der Situationsaufweis analog Gal 3,1f. (dort im Argument der Erfahrung). Wichtig ist, dass wiederum Paulus es ist, der die Alternativen so scharf benennt.

8 Das einleitende ἀλλά hat wohl den Gegensatz zwischen dem von Paulus den Galatern zugeschriebenen Status und ihrem aus seiner Sicht davon abweichenden Verhalten im Auge. Die Partikel τότε fasst den in Gal 4,7 mit οὐκέτι als vergangen benannten Zustand in Worte. Das Partizip εἰδότες[499] kann kausal oder temporal gedeutet werden. Gott nicht zu kennen ist nach jüdischer Auffassung Kennzeichen der Nichtjuden und Ursache ihres Unverstandes (Weish 13,1.10).[500] Gal 4,8 setzt dtjes Götzenpolemik fort,

---

497 Auf den Kontrast zwischen διὰ θεοῦ und διὰ νόμου (Gal 2,21) verweist *de Boer*, Gal, 267.
498 Ps.-Oikumenios, Gal, PG 118, 1137 B; Theophylakt, Gal, PG 124, 997 D.
* Literatur: *Schmid, Ulrich Bernhard*, Marcion und sein Apostolos. Rekonstruktion und historische Einordnung der marcionitischen Paulusbriefausgabe, ANTT 25, Berlin/New York 1995; *Vielhauer, Philipp*, Gesetzesdienst und Stoicheiadienst im Galaterbrief, in: Johannes Friedrich u.a. (Hg.), Rechtfertigung. FS Ernst Käsemann, Tübingen/Göttingen 1976, 543–555; *Woyke, Johannes*, Götter, »Götzen«, Götterbilder. Aspekte einer paulinischen »Theologie der Religionen«, BZNW 132, Berlin/New York 2005.
499 Die Wahl des Verbums οἶδα wird die mehrheitlich nichtjüdisch vorgebildeten Leser vielleicht gewundert haben. Der Glaube an die Existenz von Göttern wird in der klassischen Gräzität nicht selten mit dem Verbum νομίζειν formuliert (Plato, Eut 3b; Aesch, Pers 497f.; Aristoph, Nub 819). Die Belege bei Paulus (1Kor 7,26.36) begegnen nicht in diesem Zusammenhang. Die Konstruktion οὐκ εἰδότες (statt μὴ εἰδότες) ist klassisch (BDR § 430,3).
500 Vgl. Ps 147,20; 78[79],6 LXX (ἔθνη τὰ μὴ γινώσκοντά σε); Jer 10,25 (ἔθνη τὰ μὴ εἰδότες σε); 1Thess 4,5. *Woyke*, Götter, 328.331f., verweist auf Jer 2,11; 16,20 sowie Philo, VitMos II 165 (οὐ θεὸν προσκυνοῦσι) in der Wiedergabe von Ex 32. Das Wort θεόν ist hierbei prädikativ gebraucht.

in der die Materie des Bildes schon besagt, dass die in dem Bild dargestellte Wesenheit nichtig ist.⁵⁰¹ Im Verein mit griechischer philosophischer Theologie konnte das Judentum erfolgreich bei aufgeklärten Zeitgenossen für den Monotheismus werben⁵⁰²; seine Bildlosigkeit wurde gelegentlich sogar von Nichtjuden als positiv beurteilt.⁵⁰³ In Gal 4,8 mag das Bekenntnis zur Einzigkeit Gottes nach Dtn 6,4 vor Augen stehen; die nichtjüdischen Adressaten konnten ad vocem φύσει⁵⁰⁴ zusätzlich erinnert werden an die Unterscheidung zwischen Göttern, die der Natur nach existieren und denen, die nur aufgrund menschlicher Satzung dafür gehalten werden.⁵⁰⁵ Zusätzlich können sie Gal 4,8f. auch als Absage des Paulus an den Kaiserkult aufgefasst haben.⁵⁰⁶

Judentum und Christentum haben die heidnischen Götter teilweise für ohnmächtig und dann für nichtexistierend erklärt (1Kor 8,6), teilweise als Dämonen gewertet. In letzterem liegt zweierlei: Sie sind Gott unterlegen und sind gleichwohl eine Gefahr, weil der Mensch in falsche Lebensorientierung gerät.⁵⁰⁷ Darum soll man als Christ keine Gemeinschaft haben mit den Dämonen (1Kor 10,19), nicht Anteil haben an ihrem Tisch (1Kor 10,20). Es geht letztlich um die alleinige Bestimmung des Christen durch Christus, die durch die Gemeinschaft mit den Dämonen gestört wird.

9 Das einleitende νῦν⁵⁰⁸ δέ kontrastiert mit τότε μέν von V. 8, um den Zustand der Galater vor⁵⁰⁹ und nach ihrer Bekehrung zu benennen, ähnlich wie in Röm 6,17.19. Das Partizip γνόντες kann konzessiv gemeint sein; das doppelte πάλιν betont die Emphase; πάλιν und ἄνωθεν verstärken sich gegenseitig. Das Präsens ἐπιστρέφετε kann signali-

---

501 Jes 44,9–20; vgl. Ps 135,15: »Der Heiden Götzen sind Silber und Gold.« Vgl. ferner EpJer 14.22 etc.
502 Cf. Joseph, Ap II 238–257.
503 Strabo, Geogr XVI 2, 35f. § 761.
504 Das Wort φύσει fehlt in einigen Handschriften (K 1319 d b). Vielleicht haben die christlichen Abschreiber den o.a. philosophischen Gedanken nicht mehr gekannt. Die Nachstellung des Verbums ἐδουλεύσατε in D F G d b verstärkt den antipaganen Affekt (*Carlson*, Text, 194).
505 *Betz*, Gal, 372f., verweist auf Kritias (460–403 v. Chr.). und auf Euhemeros (4./3. Jh. v. Chr.) als die Urheber dieser Unterscheidung, die man sich auch im griechischsprachigen Judentum zu eigen gemacht hat. *Woyke*, Götter, 335, verweist auf Plato, Leg I 889 E: θεούς […] εἶναι […] τέχνῃ, οὐ φύσει ἀλλὰ τισιν νόμοις (»Götter, … die aufgrund menschlicher Produktion existieren, nicht von Natur aus, sondern durch irgendwelche Gesetze«). Für die frühjüdische Rezeption vgl. Philo, Ebr 45.
506 Wo waren Zentren des Kaiserkultes in jener Zeit? *Das*, Gal, 420, verweist u. a. auf den Augustustempel in Antiochia in Pisidien (er war von der Via Sebaste aus schon von weitem sichtbar, so *Keener*, Gal, [2019], 353; eine Baubeschreibung gibt *deSilva*, Letter, 370f.) und auf die Umbenennung von Derbe in Claudioderbe.
507 Die Umstellung des Verbums ἐδουλεύσατε an das Ende (D F G d b) mag die antipagane Polemik verstärkt haben (*Carlson*, Text, 194). Der Ausfall von μή bei Markion (nach Tertullian, Marc. V 4,5: *si ergo his, qui ›in natura sunt‹ dei, servitis*) ist innergriechische Korruptel von τοῖς μὴ φύσει zu τοῖς τῇ φύσει (*Schmid*, Marcion, 116).
508 Die LA νυνί (D* F G Ψ) ist sekundär und verstärkt den Kontrast.
509 *Zimmermann*, Gott und seine Söhne, 87. Sie gibt S. 88f. einen Überblick über die in der Provinz Galatia, vor allem in deren Südteil, verehrten lokalen Gottheiten.

4,8–11 Die Verkennung dieses Status durch die Galater

sieren, dass der Prozess noch nicht abgeschlossen ist. Das Verbum θέλετε steht betont am Schluss.

Gott zu kennen, ist Vorzug der Juden.[510] Dass, gemessen an der Erkenntnis des wahren Gottes, der Dienst an diesen Pseudo-Gottheiten verfehlt war, werden die Galater, so kann Paulus vermuten, ähnlich wie er beurteilen; darin besteht auch kein Gegensatz zu den Fremdmissionaren. Paulus behaftet die Galater bei dieser Gotteserkenntnis, vertieft diese noch um das Motiv des »Erkanntseins« – der Satz ist von Paulus als vertiefende Selbstkorrektur, als ἐπανόρθωσις[511] eingebracht –, der wie in 1 Kor 13,12 die vorauslaufende Erwählungsinitiative durch Gott bezeichnet.[512] Das soll die dringliche und emotional aufgeladene eröffnende Frage V. 9b vorbereiten.[513] Paulus will den Galatern verdeutlichen, wie unmöglich – weil die neue Zeit verkennend[514] – der von ihnen ernsthaft vorgesehene Schritt der erneuten (πάλιν) »Bekehrung«[515] im Sinne der Unterstellung unter die »schwachen und armseligen« Elemente ist.[516] Paulus identifiziert keineswegs Toraobservanz mit Heidentum, stellt aber einen Vergleich her. Die Vergleichbarkeit zwischen Toraobservanz und Dienst[517] an den Weltelementen ist mehrfach zu begründen. Nach Paulus werden beide Haltungen der durch Gott neu gesetzten Situation nicht gerecht, dass er nur in Christus erkannt sein will.[518] Im Kontext

---

510 1Sam 3,7; Jes 43,10; Hos 8,2; Mi 6,5; Weish 2,13.
511 *DeSilva*, Galatians. A Handbook, 84.
512 Traditionsgeschichtliche Grundlagen sind u. a. Am 3,2; Jer 1,5; Weish 8,21. Für Paulus vgl. noch Röm 8,28f., dort aber nicht in derselben rhetorischen Figur formuliert.
513 Zur Kennzeichnung von Gal 4,9b als eröffnender Frage vgl. *Holmstrand*, Markers, 203. Unter emotionalem Aspekt kommt Gal 4,9 faktisch Gal 3,1 gleich. Calvin, Gal, CR 50, 229, sieht die Schwere der Schuld betont, wenn die Adressaten von der Verkündigung des Paulus abfallen.
514 *Martyn*, Gal, 418. Die Argumentation mit einer neuen Offenbarung Gottes ist biblisch (Jes 43,18f.) und antik-jüdisch, wurde aber dann im Zuge des *parting of the ways* zum antijüdischen Argument.
515 Das Verbum wird in anderen Zusammenhängen positiv von der Bekehrung gebraucht (1Thess 1,9; 2Kor 3,16). Im paganen Griechisch bedeutet es meistens »sich mit etwas beschäftigen«, steht aber bei Epikt, Diss II 20,22 ebenfalls von der Bekehrung. In Ps 77[78],41 steht es von der Apostasie, was dem Begriffsgebrauch in Gal 4,9 am nächsten kommt. *Wilson*, Wilderness, 561, verweist auf 2Esdr 19,17 (ἐπιστρέψαιεις δουλείαν αὐτῶν ἐν Αἰγύπτῳ). Die Parallele ist bemerkenswert, auch wenn Wilsons Hauptthese, Paulus erfasse die Situation der Galater unter dem Konzept des Abfalls in der Wüstenwanderungszeit, nicht zwingend ist.
516 Wiederum ist auf biblisch-jüdische Götzenpolemik angespielt (so *Bormann*, Kolosser, 130). So erscheint ἀσθενές, bezogen auf das Götterbild, in Weish 13,17. Den Zusammenhang zwischen Unkenntnis des Gottes Israels und göttlicher Verehrung von Feuer, Geist, Luft etc. belegt *von der Osten-Sacken*, Gal, 203, an Weish 13,2. Von einer Erkenntnis, dass die Götterbilder stumm und tot sind, berichtet auch Aseneth in JosAs 13,11; Ähnliches wird von Abraham in Jub 11,16 erzählt.
517 An einen speziellen Kultus muss nicht gedacht sein. Die Wortwahl δουλεύω wird den nichtjüdischen Adressaten ungewohnt sein; λατρεύω wäre ihnen eher geläufig (*Das*, Gal, 422).
518 Luther, Gal, WA 40/I, 602.

des Galaterbriefes lässt sich auf die Anforderung des δουλεύειν verweisen,[519] andererseits darauf, dass der Toraobservanz wie dem Dienst an den »Elementen der Welt« nach Paulus keine lebensspendende Kraft innewohnt – deswegen gelten sie eben als »schwach und armselig«.[520] Diese Charakterisierung durch Paulus ist kein erfahrungsbasiertes Evidenzurteil, sondern theologische Wertung des Apostels auf der Linie von Gal 3,21f. Zugleich ist die nicht ausgesprochene, aber sozialpsychologisch einleuchtende Prämisse vorausgesetzt, dass normalerweise niemand freiwillig und gerne wieder in den unattraktiven Sklavenstand wechselt – für viele der Gemeindeglieder ist dieser Stand die für sie entscheidende Lebenswirklichkeit –, nachdem er einmal die Freiheit erlangt hatte.[521]

10 Das Verbum παρατηρέω meint religiöse Observanz.[522] Umstritten ist jedoch, welcher Festkalender gemeint sein soll.

> Thomas Witulski hat gegen die übliche Bezugnahme auf den jüdischen Festkalender den Begriff ἐνιαυτούς sowie das Fehlen des terminus »Sabbat« geltend gemacht – die Abhaltung eines Sabbatjahres sei außerhalb des heiligen Landes nicht belegt; umgekehrt ist gerade der Sabbat das Identitätskennzeichen, das auch in der kleinasiatischen Diaspora bekannt war. Vielmehr seien die ἡμέραι auf Tage wie den Kaisergeburtstag, die μῆνες auf die Monate Julius und Augustus oder der Einführung des julianischen Kalenders, die καιροί auf die diversen mehrtägigen Feste, die ἐνιαυτοί auf die im Mehrjahresrhythmus zu begehenden Gebetsfeiern für das Wohl des Kaiserhauses zu beziehen.[523]
>
> Witulskis Deutung ist verbunden mit der These, Gal 4,8–20 sei ein separater paulinischer Text, an die Gemeinde in Antiochia bei Pisidien gerichtet, der später dem Galaterbrief einverleibt worden sei. Der Eindruck zirkulärer Argumentation lässt sich nicht ganz vermeiden.[524] Aber auch hinsichtlich der historischen Rekonstruktion der Lebenswelten

---

519 So auch *Bengel*, Gnomon, 742; *Bruce*, Gal, 203; *Lyu*, Sünde, 226; *Hietanen*, Argumentation, 139. – Die Aufforderung »dienet dem Herrn mit Freuden« (Ps 99[100],2 LXX: δουλεύσατε ...) kommt dem Apostel offenbar nicht in den Sinn. Ohne Bedeutungsunterschied steht in ℵ B statt des Ind. Praes. der Inf. Aor. δουλεῦσαι. Die LA δουλεύειν wird geboten von 𝔓46 A C D F G K L Ψ 0278 33 81 104 365 630 1175 1241 1505 1739 1881 2464 Byz.
520 Dass Calvin, Gal, CR 50, 230, den Bezugspunkt dieser Rückwendung als *pravas superstitiones* kennzeichnet, klingt heute antijüdisch. Allerdings ist nicht ausgeschlossen, dass Paulus mit dem Motiv des zu vermeidenden Rückschrittes operiert, um die Adressaten von ihrem Vorhaben abzubringen.
521 So auch *Hietanen*, Argumentation, 144f. Vgl. bereits *Bengel*, Gnomon, 742: *indigne liberis*.
522 Nach *Das*, Gal, 424, begegnet das Verbum παρατηρέω in der Septuaginta und im Neuen Testament nirgends für religiöse Observanz, wohl aber bei Josephus, vgl. Ant III 91; XI 294; XIV 264. In paganer Literatur steht es vom Beachten der Gebote und Verbote bei Dio Cass LIII 10,2. Durch die Wahl des Partizips παρατηροῦντες ist in 𝔓46 Gal 4,10 noch deutlicher an Gal 4,9 angebunden.
523 *Witulski*, Adressaten, 152–157; *ähnlich Hardin*, Galatians and the Imperial Cult, 123f. Schon in voraufklärerischer Exegese begegnet gelegentlich die Deutung auf nichtjüdische Religiosität incl. magischer Praktiken (*Meiser*, Gal, 201f.).
524 Skeptisch sind *Sänger*, Konfliktlinien, 114 Anm. 43; *Lémonon*, Galates, 50.

4,8–11 Die Verkennung dieses Status durch die Galater

von Christinnen und Christen im fraglichen Zeitraum her ist Kritik geübt worden: Eine flächendeckende Erfassung, wer an den Loyalitätsbekundungen teilnimmt oder nicht, war nicht vorgesehen und wäre auch nicht durchzuführen gewesen. Die Situation nach der Kriminalisierung des Christentums zu Beginn des 2. Jh. n. Chr. (vgl. Plin. Epist. X 96) darf nicht in die Lebenswelt der zahlenmäßig kleinen christlichen Hausgemeinden zur Zeit des Paulus rückprojiziert werden.[525]

Die vermutete Einhaltung der hier anvisierten jüdischen Festzeiten[526] durch die Galater ist von der Überzeugung der inneren Zusammengehörigkeit von Schöpfungs- und Weltordnung und Festkalender bestimmt, wie sie auch in Jub 1,13; 1QM 10,15f.; äth-Hen 79,2–6; 82,7.9f.; 1QS IX 1–5 zum Ausdruck kommt.[527]

Kalendarische Ordnungen sind im antiken Judentum nicht eine Sache der Beliebigkeit, sondern eine Frage der Übereinstimmung mit dem Willen Gottes, in der Überzeugung, dass Tora und Weltordnung letztlich harmonieren.

Die Frage, wer über den richtigen Kalender verfüge, ob Qumran oder Jerusalem, wurde heftig diskutiert. Die Jerusalemer hatten sich für einen am Mondlauf orientierten Kalender, einen lunaren Kalender, entschieden, während die Qumrangemeinschaft einen i.w. am Lauf der Sonne orientierten, also einen solaren Kalender als den einzig schöpfungsgemäßen Kalender verfocht. Der solare Kalender sieht 12 Monate zu je 30 Tagen vor, am Ende jedes Quartals einen zusätzlichen Tag. Dieses 364 Tage ergebende Jahr ist nun freilich nicht völlig deckungsgleich mit dem Sonnenjahr, wo selbst die neuzeitliche Regelung mit 365 Tagen bekanntlich alle vier Jahre aufgebrochen werden muss. »Wie die daraus entstehende Diskrepanz zur astronomischen Realität (etwa durch Interkalationen) bereinigt wurde, ist nicht bekannt. Erklärt wurde die Abweichung jedenfalls als eine solche des Gestirns- und Naturlaufs im Sinne einer Folge der Sünde der Menschen, das heißt: Der Kalender ist richtig, die Gestirne laufen infolge der Sünde falsch.«[528]

Der Begriff ἡμέρας dürfte auf den Sabbat und den großen Versöhnungstag referieren, der Begriff μῆνας auf den Neumondtag (Num 10,10; 28,11–15), der Begriff καιρούς (für מועדים) auf die Festzeiten, der Begriff ἐνιαυτούς könnte sich auf das Sabbatjahr beziehen,

---

525 *John*, Gal, 210.
526 Erstaunlich ist, dass Paulus nicht von Beschneidungs-, Speise- und Reinheitsvorschriften spricht. Soll mit den Festzeiten von Gal 4,10 als Synekdoche auf den νόμος in seiner Gesamtheit verwiesen sein (*Vielhauer, Gesetzesdienst 552)?
527 Auf diese Belege verweist *Sänger*, Konfliktlinien, 115. Haben die Fremdmissionare das Syntagma στοχεῖα τοῦ κόσμου in die Diskussion eingeführt, um Toraobservanz und Festkalender auch kosmologisch zu begründen (*Sänger*, Konfliktlinien, 119)? Die Reihenfolge der letzten beiden Glieder καὶ καιρούς und καὶ ἐνιαυτούς divergiert in der Handschriftentradition. Die Voranstellung von ἐνιαυτούς in D F G d b könnte signalisieren, dass den Abschreibern der Zusammenhang der ursprünglichen LA mit dem jüdischen Festkalender nicht mehr geläufig war (*Carlson*, Text, 195).
528 *Maier*, Qumran-Essener I, XV. Manche Qumran-Texte bemühen sich genau um eine Synchronisation des Sonnen- und des Mondkalenders.

wenn er sich nicht eher dem – freilich in Gal 4,10 in veränderter Weise wiedergegebenen – möglichen Referenztext Gal 1,14 verdankt.[529] Doch ist zu fragen, welche Feste in der kleinasiatischen jüdischen Diaspora in welcher Weise gefeiert wurden.

Die äußerlichen Besonderheiten des Sabbats waren auch in nichtjüdischer Umgebung bekannt.[530] Sabbatobservanz ist wenigstens für Ephesus und Laodikeia belegt,[531] dürfte aber auch in den hier in Frage kommenden Gegenden normal gewesen sein. Die bei Josephus genannten Edikte, nichtjüdischen Autoritäten attribuiert, setzen weitere, nicht näher spezifizierte Versammlungstage voraus.[532]

> Warum Paulus diese jüdischen besonderen Zeiten nicht mit Namen nennt, ist verschieden begründet worden. Geht es um Deskriptionssprache[533], geht es darum, dass die Fremdmissionare diese Kalenderobservanz als Vorzug gegenüber den nichtjüdischen Kalenderobservanzen anempfohlen haben[534], während Paulus die Adressaten durch die neutrale Terminologie an ihre praekonversionale Kalenderobservanz erinnern[535] und durch Aufweis der Gleichartigkeit jüdischer wie nichtjüdischer kalendarischer Observanz schocken wolle?[536]

11 Nach der kognitiven wird nun wieder die emotionale Dimension angesprochen. Das Wort ὑμᾶς ist zweimal gesetzt. Das erste ὑμᾶς ist wohl nicht direktes Objekt zu φο-

---

529 εἰς σημεῖα καὶ εἰς καιροὺς καὶ εἰς ἡμέρας καὶ εἰς ἐνιαυτούς. Auf Gen 1,14 verweist *Sänger*, Konfliktlinien, 114.
530 Für Rom vgl. Juv, Sat XIV 96; für die Attraktivität des Sabbats für Nichtjuden vgl. Joseph, Ap II 282.
531 Joseph, Ant XIV 226.241 (es wird nicht deutlich, welches Laodikeia gemeint ist).
532 Joseph, Ant XIV 242.261. – Paulus setzt wenigstens in Korinth das Passafest und das Wochenfest prinzipiell als bekannt voraus (1Kor 5,7; 16,8). Apg 20,16 zeichnet den Apostel als jemanden, der das biblische Wallfahrtsgebot erfüllen will, was sich gut in die apologetische Tendenz des lukanischen Doppelwerkes einfügt (zu fragen wäre, ob das biblische Wallfahrtsgebot zur Zeit des Paulus wie des Lukas auch für Juden in der Diaspora gegolten hat und inwieweit dem Verfasser der Apostelgeschichte diese Detailfrage überhaupt vor Augen stand). Paulus berichtet in 1Kor 16,8 jedenfalls nicht von einer geplanten Reise nach Jerusalem. In der Toraparaphrase bei Joseph, Ant IV 203 legt sich aufgrund der Formulierung γῆς ἧς ἂν Ἑβραῖοι κρατῶσιν nahe, dass Josephus von der Wallfahrtspflicht der im Lande Israel Wohnenden ausgeht.
533 *Le Cornu/Shulam*, Gal, 278.
534 *DeSilva*, Letter, 366f., mit Verweis auf Abraham als Vorbild, der für die korrekte Kalenderobservanz auch belohnt wurde und in dessen Nachahmung die Israeliten sieben Tage das Laubhüttenfest feiern sollen (Jub 16,28f.).
535 *Keener*, Gal [2019], 359f. Rezeptionsorientiert ließe sich erwägen, dass μῆνας die Adressaten an die Verehrung des Mondgottes Men erinnern konnte (als Erwägung auch bei *Breytenbach*, Paulus und Barnabas, 161 mit Anm. 116).
536 *Das*, Gal, 424f. Auf die theologische Problematik von Gal 4,8–11 verweist *von der Osten-Sacken*, Gal, 204. Bereits *Holtzmann*, Das Neue Testament, 495, konstatierte einen inneren Widerspruch zwischen Gal 4,10 und 1Kor 16,2.

βοῦμαι, sondern eher im Sinne eines Akkusativs der Beziehung zu verstehen und blickt nicht auf den Misserfolg des Paulus, sondern auf den Stand der Galater: Ich fürchte, dass *euch* die Frucht meiner missionarischen Arbeit[537] verlorengeht. Gal 4,11 bezeugt insofern die Liebe des Apostels zu den Adressaten[538], ist aber vor allem als eindringlicher Appell an die Galater zu verstehen, bei der von Paulus vorgetragenen Verkündigung zu bleiben, zumal, wenn der Indikativ κεκοπίακα nach μή signalisiert, dass Paulus das Geschehen nicht mehr in der Hand hat.[539] Das zweite ὑμᾶς ist betont an den Schluss des Satzes gestellt. Gal 4,11 und Gal 3,4 sind durch εἰκῇ miteinander verbunden. Indirekt sind dadurch die Geistmitteilung an die Galater und die Arbeit des Paulus für sie koordiniert.

Weil im Urteil des Paulus die Galater ihren hohen Status vor Gott nicht realisieren, setzt Paulus erneut zu einem doppelten Argumentationsgang an, auf der Erfahrung (Gal 4,12–20) wie auf der Heiligen Schrift Israels basierend (Gal 4,21–31).

4,12–20 Vergangenheit und Gegenwart der Gemeinden*

(12) Werdet wie ich, denn auch ich wurde wie ihr, Geschwister, ich bitte euch. Ihr habt mir kein Unrecht getan. (13) Ihr wisst aber, dass ich in Schwachheit des Fleisches euch beim ersten Mal das Evangelium verkündigt habe, (14) und eueren Anstoß an meinem Fleisch habt ihr nicht zum Anlass zur Verachtung genommen, oder um vor mir auszuspucken, sondern wie einen Engel Gottes habt ihr mich aufgenommen, wie Christus Jesus. (15) Wo ist nun euere Seligpreisung? Ich bezeuge euch nämlich, dass, wenn es möglich gewesen wäre, ihr sogar euere Augen ausgerissen und für mich gegeben hättet. (16) Bin ich euch folglich zum Feind geworden, weil ich euch die Wahrheit sage? (17) Die um euch eifern, eifern nicht gut, sondern wollen euch ausschließen, dass ihr um sie eifert. (18) Es ist aber gut, stets im Guten zu eifern und nicht nur dann, wenn ich bei euch bin. (19) Meine Kinder, mit denen ich nun erneut schmerzhaft in Wehen bin, bis Christus in euch Gestalt gewinne. (20) Ich wollte, ich könnte wieder bei euch sein und meinen Ton ändern, denn ich bin ratlos euretwegen.

---

537 Für die Wortfamilie κόπος in diesem Sinne vgl. 1Thess 5,12; 1Kor 16,15f. (bezogen auf die Mühen anderer); 1Kor 15,10; Phil 2,16; Röm 16,6.12 (bezogen auf die eigenen Mühen).

538 DeSilva, Letter, 98. Gal 4,11 ist insofern auch ein Appell an das Ethos des Apostels. Luther, Gal, WA 40/I, 624, deutete das Verbum auf die Furcht des Apostels, durch einen allzu harten Ton die Adressaten vollends zu verstören.

539 DeSilva, Galatians. A Handbook, 86. Die Konstruktion μή πως + Ind. ist eher literarisch als volkstümlich (BDR § 370,1). Das Perfekt betont vom Tempusaspekt her das Resultat, die schwach bezeugte v.l. ἐκοπίασα (𝔓46 1739 1881) betont die einmalige abgeschlossene Handlung. – Allerdings ist der Vers früher auch als Ausdruck letzter Hoffnung des Apostels gedeutet worden (Theophylakt, Gal, PG 124, 1000 C).

V. 15: Die Fragepartikel ποῦ (𝔓46 ℵ A B C F G P Ψ 0278 6 33 81 104 365 1175 1241 1739 1881 2464 lat.) wird in D K L 630 1505 Byz durch τίς ersetzt. Der Satz wird in manchen Handschriften (D K 630, Byz, b r) mit ἦν, in F und G mit ᾖ, in der Minuskel 103 mit εστιν ergänzt. Keine Ergänzung findet sich in 𝔓46 ℵ A B C L P Ψ 0278 6 33 81 104 365 1175 1241 1505 1739 1881 2464 sy. Der Ausfall des Verbums ἐκπτύω in 𝔓46 dürfte durch Homoioteleuton bedingt sein, vielleicht aber auch, weil es der Schreiber als Synonym zu ἐξουθενέω empfunden hat.[540] V. 18: Die LA ζηλοῦσθε (ℵ B 33 pc lat) statt ζηλοῦσθαι, durch Itazismus bedingt[541], favorisiert das Verständnis als Medium statt einer passivischen Interpretation. Die Zufügung des Artikels τό in anderen Handschriften (D F G K L P 104 1505 Byz) stellt klar, dass ein Infinitiv zu lesen ist. Der in NA[28] präferierte Text wird geboten von A C 062 0278 6 81 326 365 1175 1241 1739 1881 2464.

Den Abschnitt prägt insgesamt wohl weniger ein emotionaler Kontrollverlust des Apostels als vielmehr der gezielte Einsatz des antiken Freundschaftstopos[542], um die Galater nach den harten Worten Gal 1,6; 3,1; 4,11 doch noch für den Verbleib bei seiner Verkündigung zu gewinnen.[543] Aber auch der Tadel ist deutlich[544] und der Verweis auf das Ethos des Apostels.[545] Zur Gliederung: V. 12 ist Appell des Paulus; V. 13f. hat die ungetrübte Vergangenheit, V. 15f. die getrübte Gegenwart der Beziehung der Galater zu Paulus im Auge; V. 17 ist *vituperatio* der Fremdmissionare; V. 18 spricht das Ethos der Galater an, V. 19f. das Pathos des Paulus.

12 Der Vers bietet nach Gal 3,7 den nächsten Imperativ, der an die Galater gerichtet ist; er appelliert an Ethos wie Pathos gleichermaßen. Was ist der Sinn des wechsel-

---

* Literatur: *Gerber, Christine*, Paulus und seine »Kinder«. Studien zur Beziehungsmetaphorik der paulinischen Briefe, BZNW 136, Berlin/New York 2005, 437–495; *von der Goltz, Dagny*, Krankheit und Heilung in der neutestamentlichen Forschung des 20. Jahrhunderts, Diss. Erlangen–Nürnberg 1999, HD MF 62; *Lappenga, Benjamin J.*, Paul's Language of ζῆλος. Monosemy and the Rhetoric of Identity and Practice, BI.S 137, Leiden/Boston 2016; *Martin, Troy*, Whose Flesh? What Temptation? (Galatians 4:13–14), JSNT 74 (1999), 65–91; *Reece, Steve*, Paul's Large Letters. Paul's Autographic Subscriptions in the Light of Ancient Epistolary Conventions, LNTS 61, London/New York 2017; *White, L. Michael*, Rhetoric and Reality in Galatians. Framing the Social Demands of Friendship, in: *John T. Fitzgerald/Thomas H. Olbricht/L. Michael White* (Hg.), Early Christianity and Classical Culture. Comparative Studies in Honor of Abraham J. Malherbe, NT.S 110, Leiden/Atlanta 2003, 307–349.

540 *Das*, Gal, 447.
541 Auch die lat. Tradition ist gespalten; vgl. *Houghton* u. a., Epistles, 418.
542 Ersteres *Schlier*, Gal, 208, Letzteres *Betz*, Gal, 383. Bezüge auf den Freundschaftstopos sind unbestritten, wenngleich sich Paulus nie als Freund der Gemeinden bezeichnet. Die Metaphorik in V. 19f. betont nicht die Egalität, sondern inkludiert Autorität.
543 *Matera*, Gal, 163. Anders Luther, Gal, WA 40/I, 629f.; Calvin, Gal, CR 50, 231f.: Es gehe nicht um die Lehre, sondern um die affektive Verbundenheit des Apostels mit den Adressaten.
544 *White, Rhetoric and Reality, 325. *Mitternacht*, Forum, 107, spricht bei Gal 4,12–20 ähnlich wie bei Gal 1,6f. und Gal 6,11–13 von einer affektiv-abwertend erfolgenden Leserverpflichtung. Für ihn ist Gal 4,12 Zentrum des Galaterbriefes, den er als Petitionsbrief kennzeichnet (316).
545 *Hietanen*, Argumentation, 148.

seitigen »Werdens wie der andere« in Gal 4,12? Paulus mag Freundschaftstopik, speziell den Topos der erstrebten Gleichheit, aufgegriffen haben[546], um bei den Adressaten Gefühle der Freundschaft zu evozieren[547]; wichtiger ist die sachliche Klärung, worin diese Gleichheit bestehen soll. Aufgrund des Vorangegangenen, demzufolge die Hinwendung der Galater zur Tora einer Rückkehr in den präkonversionalen Status gleichkommt, wird man die Aufforderung »Werdet wie ich« als Aufforderung verstehen, dem Gesetz abzusterben, wie der Apostel dem Gesetz abgestorben ist (2,19a), und sich aufgrund des Glaubens an Christus nicht als Jude im Vergleich zu Nichtjuden in einer Sonderstellung vor Gott zu verstehen[548], die dementsprechenden Praktiken zu vollziehen[549] oder zu verlangen. Zu dem »Denn ich wie ihr« ist wohl am ehesten ἐγενόμην[550] oder γέγονα zu ergänzen, aber nicht unbedingt als Hinweis auf die Strategie des Paulus, den ἄνομοι ein ἄνομος zu werden (1Kor 9,21)[551], sondern, im Ergebnis ähnlich wie ein ergänztes εἰμί, auf die neue Haltung gegenüber dem Gesetz[552], die Paulus einzunehmen gelernt hat.[553] Ferner kann man überlegen, was im Folgenden[554] zu ergänzen ist: »Ich

---

546 *Keener*, Gal [2019], 369f. Er verweist zusätzlich auf das Motiv der Nachahmung des Lehrers durch den Schüler, wie auch Paulus zur Nachahmung seiner selbst auffordert (1Thess 1,6; 1Kor 4,16; 11,1; Phil 3,17).
547 *DeSilva*, Letter, 100.
548 *Moo*, Gal, 281; *deSilva*, Letter, 377; *Keener*, Gal [2019], 370.
549 *Matera*, Gal, 159.
550 *Lipsius*, Gal, 50; *Moo*, Gal, 281.
551 *Mußner*, Gal, 306; *deSilva*, Galatians. A Handbook, 87; *Keener*, Gal [2019], 370; *von der Osten-Sacken*, Gal, 208; *Klein*, Gal, 144. Dagegen *Becker*, Gal, 51.
552 So stellt *Vouga*, An die Galater, 107, die Alternativen dar. Man kann fragen, ob wirklich eine Alternative vorliegt (vgl. *Merk, Beginn, 243f.). Auch *de Boer*, Gal, 277f., ergänzt εἰμί.
553 Von Gal 4,19b; 3,1; 6,14 her deutet *Eastman*, Recovering, 108, die Stelle als Aufforderung, die Kreuzeskonformität der Existenz des Paulus zu übernehmen. Die Deutung ist theologisch tiefgehend, legt sich aber vom unmittelbar vorausgehenden Kontext Gal 4,8–11 nicht recht nahe. Dass Beispiele mehr überzeugen als vernünftige Überlegungen, betont Theophylakt, Gal, PG 124, 1000 D, zur Stelle.
554 Für das Folgende hat *Das*, Gal, 451–454, eine Neugliederung des Satzes vorgelegt, indem er ὅτι als Einleitung des mit δέομαι gebildeten Satzes auffasst, κἀγὼ ὡς ὑμεῖς als Parenthese nimmt, οὐδέν zu δέομαι zieht und με ἠδικήσατε als Aussage über ein tatsächliches Unrecht der Adressaten gegenüber dem Apostel auffasst. Eines seiner Hauptargumente ist, dass Ergänzungen in einem anderen Tempus als dem der explizit verwendeten Verben in sonstiger Literatur nicht erwartet würden und auch hier angezeigt hätten werden müssen. Ferner hätte das direkte Objekt zu δέομαι unmittelbar vor dem Verb stehen müssen. So sei es wahrscheinlicher, οὐδέν als Objekt zu δέομαι aufzufassen. Die bejahende Aussage begründet *Das*, Gal, 454, mit Hinweis auf Gal 4,16–20. Für die Zuordnung von οὐδέν zu δέομαι habe ich in patristischer Exegese keine Parallele gefunden (*Meiser*, Gal, 203). Johannes Chrysostomus, Gal, PG 61, 658f., und Theodoret, Gal., PG 82, 488 C, lassen erkennen, dass patristischen Kommentatoren im Vordersatz die Ergänzung mit dem Hinweis auf Paulus' Vergangenheit keineswegs unmöglich erschien; im Gegenteil: Johannes Chrysostomus, Gal, PG 61, 658, bezeichnet Paulus mit seiner Lebenswende explizit als ὑπόδειγμα für die Adressaten. Auch verstehen beide οὐδέν με ἠδικήσατε als Vorgriff auf das Folgende.

bin wie ihr seid?«[555] Oder: »Ich bin, wie ihr wart (vor euerem Rückfall)«.[556] Die Anrede ἀδελφοί, Menschen beiderlei Geschlechts umfassend (erstmals wieder nach Gal 3,15), stellt nochmals die Verbundenheit des Apostels mit den Adressaten heraus.

Gal 4,12c ist Übergang zur folgenden Erinnerung an den (ersten) Missionsaufenthalt (V. 13–15). Das Verbum δέομαι mag nach dem harten Tadel in Gal 3,1 unpassend erscheinen, zeigt aber, wie sich der Apostel um Akzeptanz bei den Adressaten bemüht. Im Folgenden liegt der Ton auf dem ἠδικήσατε am Ende, nicht auf dem enklitischen με zuvor. Die Galater haben in der Zeit der Erstverkündigung[557] das Freundschaftsideal der Harmonie verwirklicht. Sie haben Paulus nicht zurückgewiesen wegen seiner beschneidungsfreien Verkündigung und seiner Lebensweise.[558] Angesichts der folgenden *laudatio*[559] mag die Wendung οὐκ ἠδικήσατε als *understatement* bezeichnet werden.[560] Zugleich mag ein Kontrast zu dem jetzigen negativen Verhalten der Gemeinden mitgesetzt sein.[561] Indirekt geht es auch um das Ethos des Apostels: Es soll nicht aussehen, »als wolle er nur um seiner Person, nicht um der Sache willen ihr Festhalten an seinem Evangelium.«[562]

13 Der Beginn (οἴδατε) ist wieder auf Unwiderleglichkeit ausgelegt. Solchem Evidenzargument kommt nach antiker rhetorischer Theorie ein hoher Stellenwert zu.[563] Die Konjunktion δέ führt einen neuen Gedanken ein.[564] Das Syntagma ἀσθενεία τῆς σαρκός ist gelegentlich auf den anfänglichen Zustand der Galater bezogen worden[565]; näher liegt jedoch die Bezugnahme auf Paulus selbst.[566] Dass er unter krankheitsbedingten Einschränkungen gelitten hat, sagt er 2Kor 12,9; auch die in 2Kor 11,24.25a gegen ihn angewandten Strafmaßnahmen – jede der fünf jüdischen und der drei römischen Prügelstrafen hätte tödlich enden können – werden ihre Spuren hinterlassen haben.[567] Weitergehende Spekulationen über die Eigenart der Krankheit sind nicht im

---

555 *DeSilva*, Galatians. A Handbook, 87; *de Boer*, Gal, 277f.

556 **Lappenga*, Paul's Language, 136, von Gal 4,13f. her, in dessen Licht auch Gal 4,18a zu verstehen ist.

557 Gelegentlich wird der Satzteil aber auch auf den gegenwärtigen Konflikt bezogen (*Klein*, Gal, 144). Indirekt entsteht dadurch ein Appell an das Ethos des Apostels, dass ihm die Sache wichtiger ist als die Person (*Klein*, Gal, 145).

558 *Moo*, Gal, 282.

559 *Du Toit*, Alienation, 162.

560 *De Boer*, Gal, 279.

561 *von der Osten-Sacken*, Gal, 209.

562 *Holtzmann*, Das Neue Testament, 495. Vgl. schon Theophylakt, Gal, PG 124, 1001 A: Paulus will klarstellen, dass das, was er sagt, nicht im Zorn gesprochen ist.

563 *Sänger*, Literarische Strategien, 284f.

564 Die Partikel δέ fehlt in D* F G d b. Dadurch wird der Anschluss zu V. 12 noch enger (*Carlson*, Text, 195).

565 **Martin*, Whose Flesh, 78–82.

566 Calvin, Gal, CR 50, 232; *Eastman*, Recovering, 102.

567 Zur Bezugnahme auf die Verfolgungen gegen Paulus vgl. Ps.-Oikumenios, Gal, PG 118, 1140 C; Theophylakt, Gal, PG 124, 1001 A; *Eastman*, Recovering, 102; *Hubing*, Crucifixion, 180. Man kann

Sinne des Apostels; an der Befriedigung menschlicher Neugier ist ihm nicht gelegen. In 1Kor 2,3 dient die Schwäche des Apostels dazu, die göttliche Erwählung des Geringen gegenüber dem pneumatisch Perfekten am eigenen Beispiel zu illustrieren und die in 1Kor 1,18–31 bezeugte göttliche Umwertung aller Werte auch als verpflichtende Kreuzeskonformität für den Apostel zu erweisen. Die Adressaten hatten offenbar keinen Zusammenhang hergestellt zwischen der unbestreitbaren Schwäche und einer Strafe Gottes, welche aufgrund der Schwäche des Fleisches die Verkündigung des Paulus als illegitim deklarieren würde.[568] Hat Paulus ihnen vermitteln können, was es heißt, dass in der Schwachheit die Kraft Christi mächtig ist (2Kor 12,9)?[569] Das Wort πρότερον, ursprünglich das erste von (mindestens) zwei bezeichnend, hat diese Bedeutung zur Zeit des Paulus längst verloren, lässt sich also für Datierungsfragen den Galaterbrief betreffend nicht auswerten, zumal es dem implizierten νῦν in V. 16 kontrastiert[570] und Paulus es in 2Kor 1,15 ebenfalls in dem allgemeinen Sinn von »früher« gebraucht.

14 Man kann überlegen, ob der πειρασμός der ist, den die Galater an Paulus aufgrund seiner körperlichen Konstitution nahmen, oder der, den er ihnen gab[571] – viel ändert sich dadurch nicht.[572] Wegen des folgenden Verbums ἐξουθενήσατε scheint mir das Letztere wahrscheinlicher. Die Wendung ἐν τῇ σαρκί μου[573] ist gelegentlich auf die Tatsache der Beschneidung des Apostels bezogen worden – die Galater hätten ihn deswegen nicht verspottet, wie es sonst auch in der Antike vorkam.[574] Allerdings ist nicht erkennbar, dass die Beschneidung des Apostels für seinen missionarischen Dienst sonst irgendwo ein Problem dargestellt hätte – anders als die Schwäche seines persönlichen Auftretens.[575] Das Verbum ἐκπτύω mag auf Abwehr dämonischer Beeinflussung zielen[576] – sicher ist das m. E. freilich nicht. Auf dem allgemeinen kulturgeschichtlichen Hintergrund griechisch-römischer Antike, körperlicher Anomalie mit Spott und

---

unter Voraussetzung der unmodifizierten südgalatischen Hypothese auch an die Erfahrungen des Paulus nach Apg 13,50; 14,5.19 denken (*Keener*, Gal [2019], 376). Allerdings ist eine ursächliche Verknüpfung der Krankheit mit den Verfolgungserlebnissen nicht explizit (so zu Recht *Das*, Gal, 460). Eine unvollständige Übersicht über verschiedene (vor allem ältere) Versuche bietet *Keener*, Gal [2019], 374f.

568 Auch ist nicht zu erweisen, dass ein möglicher Anstoß an der σάρξ des Paulus aufweise, dass dieser in den Augen der Urteilenden kein Pneumatiker sei; so richtig *Merk, Beginn, 246.
569 *Klein*, Gal, 146.
570 *Longenecker*, Gal, 190.
571 Textkritisch haben Überlegungen dieser Art zur Variante πειρασμόν μου ($\mathfrak{P}$46 C*vid D¹ K L P Ψ 365 630 1175 1505 Byz ar) statt πειρασμὸν ὑμῶν geführt. Der zusätzliche Artikel τόν nach dem Personalpronomen (nach μου C*vid D¹ K L P Ψ 365 630 1175 1949 Byz/ nach ὑμῶν 6 1739 1881 pc) oder anstelle dessen (ℵ² 0278 81 104 326 1241ˢ 2464) klärt, dass die Wendung ἐν τῇ σαρκί μου zum Vorigen zu ziehen ist. Das einfache ὑμῶν wird geboten von ℵ A B C² D* F G 33.
572 Ebenso *Moo*, Gal, 284.
573 Die v. l. *carne vestra* (61) verschiebt den Gedanken ins Allgemeine.
574 *Martin, Whose Flesh, 87–90, mit Verweis auf Strabo, Geogr XVI 2,37 § 761.
575 *Das*, Gal, 462, mit Verweis auf 2Kor 10,10.
576 *Betz*, Gal, 389; *Dunn*, Gal, 234; *Martyn*, Gal, 421; erwogen auch von *Moo*, Gal, 284.

Verachtung zu begegnen, genügt es, einen Gestus der definitiven Verachtung darin zu vermuten.[577]

Ebenso wenig verändert es den Gesamtduktus, ob ἄγγελος auf den menschlichen oder auf einen himmlischen Boten gedeutet wird. Auch ist »wie Christus Jesus« wohl nicht als Apposition zum Vorangegangenen zu verstehen – Paulus nennt Christus nirgends »Boten Gottes«; an anderer Stelle kann Paulus auch von einem Engel des Satans reden (2Kor 12,7). Der Schluss von V. 14 formuliert vielmehr das Höchstmaß der einstigen möglichen Wertschätzung des Apostels durch die Galater. Das Verbum δέχομαι bedeutet »gastlich aufnehmen, willkommen heißen« – die Galater haben den Apostel wohl auch bei sich zuhause beherbergt, trotz seines körperlichen Zustandes. Ob Paulus damals seinen körperlichen Zustand den Galatern willentlich oder faktisch als Hinweis auf den Gekreuzigten plausibel gemacht hat[578], ist m. E. nicht sicher. Der Schluss von V. 14 ist m. E. rhetorisch bedingt und nicht unbedingt auf das ureigene Verständnis des Begriffs ἄγγελος bei Paulus zu befragen.[579] Anerkannte Autorität und enthusiastische Aufnahme des Verkünders einer neuen, rettenden Botschaft sind die leuchtenden Farben, in denen Paulus die Vergangenheit zeichnet, um die Gegenwart umso deutlicher davon abzusetzen und die Adressaten zu einer Erneuerung ihrer positiven Einstellung ihm gegenüber zu motivieren.[580] Implizit mag der Schluss von Gal 4,14 auch das Selbstverständnis des Paulus als eines Apostels Jesu Christi den Adressaten in Erinnerung rufen[581] und damit seinen auch jetzt noch geltenden Autoritätsanspruch unterstreichen.

15 Der Satz hat schon in der Antike Schwierigkeiten des Verstehens nach sich gezogen, wie der Ersatz der Fragepartikel ποῦ durch das Personalpronomen τίς und die verschiedenen Ergänzungen des prädikatlosen Fragesatzes signalisieren.

Die eröffnende Fragepartikel ποῦ blickt m. E. auf die Gegenwart, die als defizitär gegenüber der Vergangenheit wahrgenommen wird[582], die Folgerungspartikel οὖν fragt nach der Logik im Verhalten der Adressaten.[583] Die Wendung μακαρισμὸς ὑμῶν bezeichnet wohl weniger die damalige Seligpreisung der Galater durch Paulus[584] oder durch andere[585] als vielmehr – das legt sich vom Kontext V. 14 und V. 15b her nahe –, dass die

---

577 *Matera*, Gal, 160; *de Boer*, Gal, 280; *Keener*, Gal, 377. *Ewald*, Sendschreiben, 87, verweist auf die parallele Verwendung des Verbums in Offb 3,16, was das Definitive dieses Gestus verdeutlicht.
578 *De Boer*, Gal, 280f., mit Verweis auf Gal 3,1.
579 Plausibel ist der Verweis auf 2Sam 14,17.20; 19,27 bei *Keener*, Gal, 380 Anm. 1590.
580 *Tolmie*, Alienation, 162. *von der Osten-Sacken*, Gal, 211, verweist auf Gal 3,5 und nennt als Beispiel für einen begeisterten Empfang Apg 14,8–18. Auch Luc, Alex 13f., ist als Illustration geeignet.
581 Unsicher scheint mir hingegen, ob Paulus wirklich an Gal 2,20 erinnern will (*Keener*, Gal, 382).
582 *Vouga*, Gal, 111f.; *de Boer*, Gal, 281. Zur Kennzeichnung von Gal 4,15 als eröffnender Frage, die eine unvorteilhafte Stellungnahme einleitet, vgl. *Holmstrand*, Markers, 203.
583 *DeSilva*, Galatians. A Handbook, 89; ders., Letter, 381.
584 Ps.-Oikumenios, Gal, PG 118, 1141 A.
585 Theophylakt, Gal, PG 124, 1001 B.

Adressaten damals den Apostel[586] priesen oder sich selbst[587] angesichts seiner Verkündigung. Das solenne μαρτυρῶ dient der Emphase und soll den Adressaten ihr gegenwärtiges Verhalten als umso unverständlicher erscheinen lassen. Die Wendung εἰ δύνατον mag das Hyperbolische des im Folgenden Gesagten markieren.[588] V. 15b thematisiert nochmals die Vergangenheit, um den Kontrast zur Gegenwart zu unterstreichen und die Galater zu beschämen. Der Hinweis auf die Augen ist als Metapher für das Wertvollste zu verstehen[589] – die Bereitschaft, das Beste zu opfern, kennzeichnet die Freundschaft[590] – und erlaubt keinen Rückschluss auf die Krankheit des Apostels.[591]

16 Man kann den Satz als Frage lesen[592], aber auch als Aussage indignierter Entrüstung.[593] Die Konjunktion ὥστε ist als Einleitung einer rhetorischen Frage ungewöhnlich.[594] Das resultative Perfekt γέγονα bezeugt, dass Paulus die Zeiten ungetrübter Beziehung als vergangen ansieht; sie ist zur feindseligen Beziehung geworden.[595] Für ihn scheint die Erinnerung an die gemeinsame positive Vergangenheit, die die Adressaten nicht leugnen können, geeignet, um die gegenwärtige Konfliktlage als zugespitzt den Galatern begreiflich zu machen. Manch einer unter den Galatern wird das nicht in derselben Schärfe beurteilt haben.[596] Das Wort ἐχθρός ist Wertung des Paulus und erzwingt nicht den Rückschluss auf entsprechende Vorhaltungen der Adressaten

---

586 *Holtzmann*, Das Neue Testament, 496, mit Verweis auf Plato, Rep. IX 591 D; Plut, Mor 471 C; Aristot, Rhet I 9,34; *Moo*, Gal, 286; *deSilva*, Galatians. A Handbook, 89. Ein μακαρισμός dient auch nach griechischer rhetorischer Tradition der Würdigung einer Person als von den Göttern gesegnet und privilegiert und geehrt (*deSilva*, Letter, 381, mit Verweis auf Aristot, Rhet I 9,34).

587 *Althaus*, Gal, 36; *Matera*, Gal, 160; *von der Osten-Sacken*, Gal, 211.

588 *DeSilva*, Galatians. A Handbook, 89f.

589 *Bruce*, Gal, 210; *Vouga*, Gal, 111f.; *de Boer*, Gal, 281; zuvor schon *Usteri*, Gal, 157; *Lietzmann*, Gal, 29, mit Verweis u. a. auf Terenz, Adelph 701; Catull, Carm. 14,1; Horat, Sat. II 5, 35; Luc, Tox 40f.; Philo, VitMos I 227; weitere Belege (Kallimachos, Hymnus 3 [an Artemis], 210f.; Catull, Carm. 3,5) bei *Reece, Letters, 89f.

590 Platon, Lys, 219 D; Aristot, EthNic IX,8, 1169a; Luc, Tox 40f.

591 *von der Goltz*, Krankheit und Heilung, stellt auch die problematischen Seiten der Forschung zur Krankheit des Paulus in gewissen Jahren heraus.

592 *DeSilva*, Letter, 382.

593 *Longenecker*, Gal, 193 sowie *de Boer*, Gal, 281; *Das*, Gal, 447: ὥστε leitet bei Paulus sonst nie einen Fragesatz ein.

594 Der handschriftliche Zusatz ἐγώ (D* F G d b) verschiebt das Schwergewicht des Satzes von der Formulierung ἐχθρὸς ὑμῖν hin zu Paulus (*Carlson*, Text, 196).

595 *DeSilva*, Galatians. A Handbook, 90.

596 Vgl. *Thurén*, Derhetorizing Paul, 70: Paulus ist es möglicherweise, der polarisiert und dramatisiert. Allerdings wird man auch die Warnung Ciceros bedenken: … *cum quiescunt, probant, cum patiuntur, decernunt, cum tacent, clamant* (Cic, Cat I 8/21; »Da ist Ruhehalten so gut wie Billigung, Geschehenlassen so gut wie Beschließen; Schweigen so gut wie zustimmendes Rufen«; Übersetzung teilweise nach Kasten I 177). Außerdem appelliert der Galaterbrief nicht nur an Ethos und Pathos, sondern auch an den Logos, wie das 36-mal verwendete γάρ zeigt (*deSilva*, Galatians. A Handbook, 100).

oder der Fremdmissionare.[597] Die Referenz des ἀληθεύων ὑμῖν ist vermutlich das bisher im Brief Gesagte, das aus der Sicht des Paulus die »Wahrheit des Evangeliums« (Gal 2,5.14) unterstreicht[598], vor allem aber – unter rhetorischem Gesichtspunkt eher wahrscheinlich – das Geltendmachen der Differenz zwischen seiner und ihrer, der Galater, Beurteilung der Situation, etwa in Gal 4,8–11. Schon altkirchliche Ausleger haben auf antike Parallelen des Gedankens verwiesen.[599] Der Vers ist ein Verweis auf das eigene Ethos, wie er auch in der antiken Rhetorik begegnet,[600] und impliziert, dass die Adressaten ihn als einer Freundschaftsbeziehung wahrhaft würdig anerkennen sollen[601], die bei aller gegenseitigen Loyalität auch freimütige Rede zulässt[602], die aber offenbar, so V. 16, nicht mehr besteht. Unter sozialpsychologischer Perspektive lässt Gal 4,16 das Urteil des Paulus erkennen, dass er sich offenbar über den Stand der Gruppenkohäsion getäuscht hatte.[603]

17 Paulus suggeriert ein Wissen um die Motivation der Fremdmissionare, dem im Lichte des vorausgegangenen ἀληθεύων ὑμῖν (V. 16) erhöhte Evidenz zukommen soll. Wenn Paulus ihnen einen ζῆλος[604] bescheinigt, wird man sich an seinen eigenen ζῆλος vor (Gal 1,14) und nach seiner Lebenswende (vgl. 2Kor 11,2) erinnern; den dort genannten ζῆλος θεοῦ, der Grundlage jedes Handelns sein sollte, würde Paulus, so die Wendung οὐ καλῶς, den Fremdmissionaren nie zubilligen; Gal 4,17 ist somit Kontrast zu Gal 1,10.[605] Unklar ist der Bezugspunkt des ἐκκλεῖσαι. Die nachfolgende Opposition ἵνα αὐτοὺς ζηλοῦτε legt den Bezug auf Paulus nahe; der Ausdruck ist trotzdem ungewöhnlich. Geht es um den Ausschluss vom Einflussbereich des Paulus, geht es um den Ausschluss

---

597 So aber *Lightfoot*, Gal, 176; *Martyn*, Gal, 420f.; *Fung*, Gal, 199.
598 *Von der Osten-Sacken*, Gal, 212.
599 Hieronymus, Adv. Pelag I, 27 CC.SL 80, 35, mit Verweis auf Aristot, EthNic. 1107a, 27ff.; Terenz, Andr. 68 (Kauer/Lindsay). Man kann auch auf Demosth, Phil. 3,2 verweisen (dass die Athener den Schmeichlern glauben, nicht denen, die ihnen das Beste raten, ist Grund für die derzeitige schwierige Lage) oder auf Dio Chrys, Or XI,1 (Den Unverständigen ist die Wahrheit bitter, die Lüge hingegen süß).
600 *DeSilva*, Letter, 98. Vgl. z.B. Cic., Pro A. Cluentio 1/1: Er, Cicero, habe nichts ausgelassen, nichts verdunkelt durch seine Rede. In Gal 4,16 kann mit der Wendung implizit auch ein Angriff gegen die Fremdmissionare vorliegen, die nach Paulus nicht die Wahrheit sagen (*Das*, Gal, 467).
601 *Du Toit*, Alienation, 162.
602 *DeSilva*, Letter, 383 mit Anm. 27, verweist auf Plut, Mor 48E–49B.
603 Gruppenkohäsion kommt durch die Intensität und emotionale Qualität dessen zustande, wie Gruppenmitglieder miteinander kommunizieren (*Stefan Stürmer*, Sozialpsychologie [UTB basics], München/Basel 2009, 133).
604 Das Verbum wird u. a. für das Bemühen von Lehrern verwendet, Schüler zu gewinnen (*Longenecker*, Gal, 193f., u. a. mit Verweis auf Plut, Mor 448 E).
605 *Mitternacht*, Forum, 298. Nach Paulus handeln die Gegner aus selbstsüchtigen Motiven heraus (*deSilva*, Letter, 99). Zur theologischen Problematik vgl. auch *von der Osten-Sacken*, Gal, 213. Die Ambivalenz des Begriffes ist bereits bei Ps.-Oikumenios, Gal, PG 118, 1141 B; Theophylakt, Gal, PG 124, 1001 D festgehalten. Dass Paulus ihre Namen nicht nennt, macht seine Missbilligung nur umso eindrücklicher (Calvin, Gal, CR 50, 234).

vom Volk Gottes⁶⁰⁶, von der Nachkommenschaft Abrahams⁶⁰⁷, von der Gemeinschaft mit gesetzesfrei lebenden Jesusgläubigen⁶⁰⁸, von Christus, von der Wahrheit des Evangeliums⁶⁰⁹, vom Heil?⁶¹⁰ Das Verbum θέλειν impliziert wieder, dass das Abrücken der Galater von der Verkündigung des Paulus noch nicht zur Gänze erfolgt ist. Man kann überlegen, ob der ἵνα-Satz vom Hauptsatz ζηλοῦσιν ὑμᾶς abhängig ist oder von ἐκκλεῖσαι.⁶¹¹ Ersteres würde eine Anti-Parallele zu V. 12 ergeben (Γίνετε ... ὅτι κἀγώ/ζηλοῦσιν ὑμᾶς ... ἵνα αὐτοὺς ζηλοῦτε)⁶¹²; natürlicher ist m. E. jedoch der Anschluss an ἐκκλεῖσαι. Es ist zu vermuten, dass die Adressaten die Einflussnahme der Fremdmissionare längst nicht in derselben Schärfe als gleichzeitige Loslösung von Paulus verstanden haben.⁶¹³

18 Man kann fragen, ob das einleitende καλόν Subjekt ist oder Prädikatsnomen⁶¹⁴ und ob der Infinitiv ζηλοῦσθαι passivisch »umworben werden« heißt (gemeint dann: durch Paulus⁶¹⁵ oder durch andere, im Sinne des Paulus wohlmeinende Missionare⁶¹⁶) oder medial »eifern«⁶¹⁷, was m. E. von V. 18b her nahe liegt (Subjekt dann: die Adressaten).⁶¹⁸ Die Wendung ἐν καλῷ steht in Opposition zu οὐ καλῶς in V. 17. Was besagt die Gegenüberstellung »jederzeit – nicht nur, wenn ich bei euch bin«, die schon auf V. 20a vorausweist? Man kann hier ein Motiv der Freundschaftstopik erkennen, das Motiv der steten Loyalität⁶¹⁹, wenngleich sich Paulus nirgends als Freund der Gemeinde(n) bezeichnet. Der in V. 18b zutage tretende Autoritätsanspruch ist aus der

---

606 Ersteres Luther, Gal, WA 40/I, 643; Calvin, Gal, CR 50, 234; *Moo*, Gal, 287, Letzteres *deSilva*, Letter, 384.
607 Eine Variante dieser Deutung besagt, dass die Adressaten sich von Sozialkontakten mit Nichtjuden zurückziehen und mit dem Volk Israel identifizieren sollen (*Das*, Gal, 468).
608 *Holtzmann*, Das Neue Testament, 496; *Klein*, Gal, 147; ferner *Matera*, Gal, 161, als Erwägung.
609 Ersteres *de Boer*, Gal, 283; als Erwägung auch *Matera*, Gal, 161, mit Verweis auf Gal 5,4, letzteres *von der Osten-Sacken*, Gal, 213.
610 Ein allgemein bibelkundiger, aber in das Verständnis von Gal 4,17–20 nicht recht eingedrungener Leser hat, wohl unter dem Eindruck des folgenden καλὸν δὲ ζηλοῦσθαι, am Ende aus 1Kor 12,31 die Aufforderung ζηλοῦτε δὲ τὰ κρείττω χαρίσματα (»Strebet nach den besten Geistesgaben«) eingefügt, was dann sogar noch mehrfach abgeschrieben wurde (D* F Ga 61 75 76 77 89 Ambst). Auch angesichts dieses unerleuchteten ζῆλος ist der Stoßseufzer 2Petr 3,16 offenbar schon für die Zeit vor der Aufklärung durchaus berechtigt.
611 *Das*, Gal, 468.
612 *DeSilva*, Letter, 384, mit Verweis auf den fehlenden Artikel.
613 *Sumney*, ›Servants of Satan‹, 138.
614 Ersteres *Longenecker*, Gal, 194; **Lappenga*, Paul's Language, 126, der sachlich gesehen ein δεῖ einträgt, Letzteres *deSilva*, Letter, 385.
615 *Sänger*, Literarische Strategien, 286; *de Boer*, Gal, 283; *deSilva*, Letter, 384. Die Alternative wäre, dass Paulus selbst umworben wird (*Holtzmann*, Das Neue Testament, 496).
616 *Matera*, Gal, 166.
617 Theophylakt, Gal, PG 124, 1004 A; *Das*, Gal, 468–470.
618 Calvin, Gal, CR 50, 234, der aber auch auf die Unklarheit des Satzes verweist. Allerdings hätte, wenn Paulus eine aktive Aussage hätten treffen wollen, eine aktive Verbform nähergelegen (*Moo*, Gal, 288).
619 **White*, Rhetoric and Reality, 323.

Sicht des Paulus durch seine Funktion als Gemeindegründer abgedeckt[620], die im Folgenden mit dem Bild der gebärenden Frau umschrieben wird. Die Adressaten sollen also stetig um Paulus eifern, wie sie es faktisch Gal 4,13f. zufolge in der Anfangszeit getan haben, wo der äußere Zustand des Apostels eigentlich keinen Anreiz des »Eiferns um ihn« geboten hätte.[621]

19 Der Vers betont die trotz allem gegebene emotionale Verbundenheit mit den Adressaten[622], ist aber mindestens implizit ein Verweis auf das eigene Ethos des Apostels und führt insofern den passivisch gedeuteten Imperativ ζηλοῦσθαι in Gal 4,18 weiter. Paulus kann sich als Mutter (Gal 4,19, vgl. auch 1Thess 2,7) wie als Vater (1Thess 2,11; 1Kor 4,14) der Gemeinde bezeichnen; die Metaphern implizieren Fürsorge[623] und, daraus resultierend, Autoritätsanspruch, ein hierarchisches Gefälle.[624] Das Bild der Wehen umfasst mehreres, die Schmerzen[625] und die Anstrengung der Geburt, die Verwundbarkeit, aber auch die Zielgerichtetheit des Vorgangs.[626] Ob biblische Metaphorik für das Handeln Gottes (Jes 45,10)[627] oder der apokalyptische Verwendungszusammenhang der Wehen bei Paulus (1Thess 5,3; Röm 8,22f.) auch hier vorliegt bzw. von den Adressatinnen und Adressaten wahrgenommen werden sollte[628], ist ungewiss.

Das πάλιν steht spiegelverkehrt zu dem anderen πάλιν in Gal 4,9. Was die Galater sind, müssen sie wieder werden; die Wirkung der Taufe (vgl. Gal 3,27) droht zumindest verloren zu gehen.[629] Zugleich erinnert der Apostel an die Erstverkündigung

---

620 Vgl. das πάλιν, was nochmals auf den Gründungsaufenthalt zurückweist, zugleich aber die Konsequenz aus dem anderen, in Gal 4,9 genannten πάλιν formuliert. Cicero bekundet in Ep. Fam. II 1,2 (ed. Watt, 50) seine Freude darüber, dass der Adressat, C. Curio, auch in seiner Abwesenheit von Cicero dessen Ratschläge beherzigt hat. Auch hier ist nicht ein Verhältnis unter Gleichen, sondern ein Autoritätsverhältnis vorausgesetzt.

621 *Lappenga*, Paul's Language, 135.

622 Ps.-Oikumenios, Gal, PG 118, 1141 D; *deSilva*, Galatians. A Handbook, 92.

623 Die Variante τέκνια (ℵ² A C D1 K L P Ψ 0278 33 81 104 365 630 1175 1241 1505 1881 2464 Byz lat) statt τέκνα (ℵ* B D* F G 062 323 1739) unterstreicht diesen Aspekt besonders. – Paulus fühlt sich nicht frei, die Haltung einzunehmen, die Ez 3,19 beschreibt.

624 *Gerber*, Paulus und seine »Kinder«, 493. Dass Gehorsam gegenüber einer Mutter gefordert werden kann, findet sich auch in LAB 31,1. Wenn Valerius Maximus das Gebot der Elternliebe als erstes Gesetz der Natur bezeichnet (V 4,7), geht es im Kontext ebenfalls um die Autorität der Mutter. Der Begriff τέκνα in der Anrede rekurriert ferner auf das Lehrer-Schüler-Verhältnis (*Bauer*, Paulus, 135.251).

625 Die Wortfamilie kann gelegentlich die Schmerzen unabhängig vom biologischen Geschlecht bezeichnen, so in Ex 15,14; Dtn 2,25. In Ps 47,7; Jes 13,8 wird jedoch die bildspendende Seite deutlich.

626 Die Metapher ist »kein umfassendes Beziehungskonzept, sondern beschreibt das augenblickliche briefliche Bemühen.« (*Gerber*, Paulus und seine »Kinder«, 495).

627 Auf diese Erwägung verweist *Das*, Gal, 472.

628 *de Boer*, Gal, 284.

629 Ps.-Oikumenios, Gal, PG 118, 1141 D; Theophylakt, Gal, PG 124, 1004 B.

(Gal 4,13). Der Schlussteil μέχρις⁶³⁰ οὗ μορφωθῇ Χριστὸς ἐν ὑμῖν zielt wie Gal 2,20 Χριστὸς ἐν ἐμοί und Gal 3,27 auf die Intensität der Christusbindung, die im Leben jedes einzelnen Gemeindegliedes⁶³¹ ähnlich wie im Leben des Apostels (Gal 2,20) beherrschend sein sollte.⁶³² Paulus erstrebt letztlich nicht (oder: nicht nur) die Konformität zu sich selbst, wie man es nach Gal 5,12 und 1Kor 4,15 meinen könnte, sondern die Bindung an Christus.⁶³³ Die Wendung bezieht sich konkret am ehesten auf eine umfassende (vgl. auch Röm 8,29; Phil 3,10) Verwirklichung dessen, was in Gal 5,6 angezeigt ist, dass der Glaube, unabhängig von der Herkunft aus dem Judentum und aus den Völkern, sich durch Liebe, gegenseitige Nächstenliebe, als wirksam erweist und somit das »Gesetz Christi« erfüllt wird. Die Einleitung dieses Schluss-Satzes μέχρις οὗ spiegelt das fortgesetzte Bemühen des Apostels, bis das Ziel erreicht ist. Der Verweis auf die Mühen des Apostels schließt nicht aus, dass μορφωθῇ als *passivum divinum* gedeutet werden kann.⁶³⁴ Der Plural ἐν ὑμῖν erklärt sich durch Gal 3,26–29.

20 Der Vers ist aufgrund des δέ wohl nicht die Fortsetzung von V. 19, sondern als Neueinsatz zu verstehen.⁶³⁵ Das Impf. ἤθελον ist wohl ein *impf. de conatu* und drückt einen Wunsch aus. Warum Paulus nicht kommen kann, sagt er nicht. Denkbar ist die Situation der Gefangenschaft, eine Krise am derzeitigen Aufenthaltsort, sein Plan, in Richtung Westen zu ziehen. Die Fähigkeit, in der Stimmgebung zu wechseln, wird auch in griechisch-römischer Literatur als eines der Kennzeichen eines guten Redners oder Lehrers erachtet.⁶³⁶ Umstritten ist, in welche Richtung Paulus seine Stimme ändern will, ob in Richtung Tadel oder in Richtung Freundschaft.⁶³⁷ Das Eingeständnis der eigenen Ratlosigkeit kann die emotionale Wirkung einer Rede verstärken.⁶³⁸ Der sachliche Grund für die Ratlosigkeit des Apostels über die Adressaten (ἐν ὑμῖν steht betont am Schluss des Verses) wird durch das Folgende erkennbar: Die Galater wollen wieder unter dem Gesetz sein statt unter dem Geist⁶³⁹; der emotionale Anteil dieser Ratlosigkeit mag aus der Erwägung resultieren, dass niemand freiwillig Sklave zu sein wünscht, aber auch aus der Sorge des Apostels, vergeblich gearbeitet zu haben.

---

630 Die Entscheidung zwischen den gleichbedeutenden Konjunktionen μέχρις und ἄχρις lässt sich vom paulinischen Sprachgebrauch mangels an Belegen nicht wirklich gesichert treffen (*Carlson*, Text, 162f., der ἄχρις einen leichten Vorzug gibt).
631 Zur Diskussion, ob Paulus auf den Einzelnen oder auf die Gemeinde oder auf beides zielt, vgl. *Moo*, Gal, 289.
632 Vgl. auch Phil 3,8–11; 2Kor 3,18 als Parallelen (*deSilva*, Galatians. A Handbook, 90).
633 Luther, Gal, WA 40/I, 650; *Ewald*, Sendschreiben, 89.
634 So *Das*, Gal, 473, sowie *Eastman*, Recovering, 94f. mit Verweis auf die Komposita μεταμορφοῦσθαι (2Kor 3,18) und συμμορφοῦσθαι (Phil 3,10), bei denen ebenfalls an Gott als Subjekt zu denken ist.
635 *Moo*, Gal, 289.
636 Cic, Orator 56; 59; Sen, Ep 38,1; weitere Belege bei *Keener*, Gal [2019], 398.
637 Ersteres *Usteri*, Gal, 161, Letzteres *de Boer*, Gal, 285; *Moo*, Gal, 290; *deSilva*, Galatians. A Handbook, 91. Einen Überblick über die Deutungen bis zur Mitte des 20. Jh.s gibt *Schlier*, Gal, 215.
638 Quintilian, Inst. IX 2,19, 60.
639 *De Boer*, Gal, 285.

4,21–31 Der Abrahamzyklus als Vorausdarstellung der Heilsgeschichte*

(21) Sagt mir, die ihr unter dem Gesetz sein wollt, hört ihr das Gesetz nicht? (22) Es steht nämlich geschrieben, dass Abraham zwei Söhne hatte, einen von der Sklavin und den anderen von der Freien. (23) Aber der von der Sklavin ist nach dem Fleisch gezeugt, der von der Freien aufgrund der Verheißung. (24) Das ist allegorisch gemeint: Diese sind nämlich zwei Bundesschlüsse, einer vom Berg Sinai, die in die Knechtschaft gebiert, welche die Hagar ist. (25) Das Wort Hagar aber ist der Berg Sinai in Arabien, es entspricht aber dem jetzigen Jerusalem; sie dient mit ihren Kindern in der Knechtschaft. (26) Aber das obere Jerusalem ist frei, welches ist unsere Mutter. (27) Es steht nämlich geschrieben: »Sei guten Mutes, Unfruchtbare, die nicht gebiert, brich in Jubel aus und rufe laut, die nicht in Wehen liegt, denn viele sind die Kinder der Einsamen, mehr als diejenige, die den Mann hat.« (28) Ihr aber, Geschwister, seid gemäß Isaak Kinder der Verheißung. (29) Aber wie damals der nach dem Fleisch erzeugte Sohn den nach dem Geist erzeugten Sohn verfolgte, so auch jetzt. (30) Aber was spricht die Schrift: »Wirf die Sklavin und ihren Sohn hinaus: Nicht nämlich soll der Sohn der Magd gemeinsam erben mit dem Sohn« der Freien. (31) So sind wir, Schwestern und Brüder, nicht Kinder der Magd, sondern der Freien.

V. 23: Die Partikel μέν fehlt in 𝔓46 B f vg, ist aber, bezeugt von ℵ C D F G K L P Ψ 062vid 0278 33 81 104 365 630 1175 1241 1505 1739 1881 242 Byz it, mit gewisser Wahrscheinlichkeit als ursprünglich im Text zu belassen.[640] V. 25: Die Textkritik zu V. 25a zeigt, wie sehr um das Verständnis der

---

* Literatur: *Bachmann, Michael*, ΙΕΡΟΣΟΛΥΜΑ und ΙΕΡΟΥΣΑΛΗΜ im Galaterbrief, in: *ders.*, Von Paulus zur Apokalypse – und weiter. Exegetische und rezeptionsgeschichtliche Studien zum Neuen Testament, NTOA 91, Göttingen 2011, 71f.; *Bar-Asher Siegal, Elitzur A./Bar-Asher Siegal, Michal*, The Hebrew Based Traditions in Galatians 4:21–31, EC 9 (2018), 404–431; *Barth, Markus*, Das Volk Gottes. Juden und Christen in der Botschaft des Paulus, in: *ders.* u. a. (Hg.), Paulus – Apostat oder Apostel? Jüdische und christliche Antworten, Regensburg 1977, 45–134; *Bormann, Lukas*, Abraham as »Forefather« and his Family in Paul, in: ders. (Hg.), Abraham's Family. A Network of Meaning in Judaism, Christianity, and Islam, WUNT 415, Tübingen 2018, 207–233; *Cover, Michael Benjamin*, Paulus als Yischmaelit? The Personification of Scripture as Interpretive Authority in Paul and the School of Rabbi Ishmael, JBL 135 (2016), 617–637; *Hays, Richard*, Echoes of Scripture in the letters of Paul, New Haven 1983; *Klauck, Hans-Josef*, Allegorische Exegese im Frühjudentum und Urchristentum, in: *Heinz-Günther Nesselrath* (Hg.), Cornutus. Die Griechischen Götter. Ein Überblick über Namen, Bilder und Deutungen, SAPERE 14, Tübingen 2009, 179–205; *Lanzinger, Daniel*, Ein »unerträgliches philologisches Possenspiel«? Paulinische Schriftverwendung im Kontext antiker Allegorese, NTOA/StUNT 112, Göttingen 2016, 200–236; *Maier, Christl*, »Zion wird man Mutter nennen«. Die Zionstradition in Psalm 87 und ihre Rezeption in der Septuaginta, ZAW 118 (2006), 582–596; *Meiser, Martin*, Abraham and His Family in Ancient Greek and Latin Patristic Exegesis, in: *Lukas Bormann* (Hg.), Abraham's Family. A Network of Meaning in Judaism, Christianity, and Islam, WUNT 415, Tübingen 2018, 345–359; *Meiser, Martin*, Mythos in der Antike. Funktion und Kritik, in: *Joachim Kügler/Ulrike Bachmann*

4,21–31 Der Abrahamzyklus als Vorausdarstellung der Heilsgeschichte

Stelle gerungen wurde. Die LA τὸ γάρ/δὲ Σινᾶ ὄρος ἐστιν ἐν τῇ Ἀραβίᾳ versteht die Äußerung des Paulus als geographische Angabe; die LA τὸ γὰρ Ἀγὰρ ὄρος ἐστιν ... versteht u.U. Ἀγάρ als Namen eines zweiten Berges.[641] Beide Lesarten lassen sich als Glättung der komplizierteren, von NA[28] präferierten LA τὸ δέ Ἀγὰρ Σινᾶ (ὄρος ἐστιν ἐν τῇ Ἀραβίᾳ)[642] erklären, ihnen gleitet der Text jedoch ins Nichtssagende ab.[643] V. 26: Einige Hss. (ℵ[2] A C[3] K L P 0261[vid] 0278 81 104 465 630 1175 Byz a b t vg[mss] sy[h] Ir[lat]) bieten »unser aller Mutter«, vielleicht unter dem Einfluss von Röm 4,16.[644] Diese Näherbestimmung fehlt in anderen Hss. (𝔓46 ℵ* B C D F G Ψ 6 33 1241 1505 1739 1881 2464).

(Hg.), Biblische Religionskritik. Kritik in, an und mit biblischen Texten, Berlin 2009, 144–165; *ders.*, Neuzeitliche Mythosdiskussion und altkirchliche Schriftauslegung, NTS 52 (2006), 145–165; *O'Neill, J. C.*, »For this Hagar is Mount Sinai in Arabia«, in: *Steve Moyise* (Hg.), The Old Testament in the New Testament. Essays in Honour of J.L. North, JSNT.S 189, Sheffield 2000, 210–219; *Ramelli, Ilaria*, Cornutus in christlichem Umfeld: Märtyrer, Allegorist und Grammatiker, in: Heinz-Günther Nesselrath (Hg.), Cornutus. Die Griechischen Götter. Ein Überblick über Namen, Bilder und Deutungen, SAPERE 14, Tübingen 2009, 207–231; *Sänger, Dieter*, Sara, die Freie – unsere Mutter. Namenallegorese als Interpretament christlicher Identitätsbildung in Gal 4,21–31, in: ders., Schrift – Tradition – Evangelium. Studien zum frühen Judentum und zur paulinischen Theologie, Neukirchen 2016, 298–323; *Sandelin, Karl-Gustav*, Zwei kurze Studien zum alexandrinischen Judentum, StTh 31 (1977), 147–152; *Schinkel, Dirk*, Die himmlische Bürgerschaft. Untersuchungen zu einem urchristlichen Sprachmotiv, FRLANT 220, Göttingen 2007, 123–137; *Schwemer, Anna Maria*, Himmlische Stadt und himmlisches Bürgerrecht bei Paulus (Gal 4,26 und Phil 3,20), in: *Martin Hengel* (Hg.), La Cité de Dieu/Die Stadt Gottes, WUNT 129, Tübingen 2000, 195–243; *Sellin, Gerhard*, Hagar und Sara. Religionsgeschichtliche Hintergründe der Schriftallegorese Gal 4,21–31, in: *ders.*, Studien zu Paulus und zum Epheserbrief, FRLANT 229, Göttingen 2009, 116–137; *Standhartinger, Angela*, »Zur Freiheit ... befreit«? Hagar im Galaterbrief, EvTh 62 (2002), 288–303; *Standhartinger, Angela*, Member of Abraham's Family? Hagar's Gender, Status, Ethnos, and Religion in Early Jewish and Christian Texts, in: Lukas Bormann (Hg.), Abraham's Family. A Network of Meaning in Judaism, Christianity, and Islam, WUNT 415, Tübingen 2018, 235–259; *Tiwald, Markus*, Das Frühjudentum und die Anfänge des Christentums: Ein Studienbuch, BWANT 208, Stuttgart 2015; *Trick, Bradley R.*, Abrahamic Descent, Testamentary Adoption, and the Law in Galatians. Differentiating Abraham's Sons, Seed, and Children of Promise, NT.S 169, Leiden/Boston 2016; *Wolter, Michael*, Die unfruchtbare Frau und ihre Kinder. Zur Rezeptionsgeschichte von Jes 54,1, in: *Paul-Gerhard Klumbies/David S. du Toit* (Hg.), Paulus – Werk und Wirkung. Festschrift für Andreas Lindemann zum 70. Geburtstag, Tübingen 2013, 103–127.

640 *Carlson*, Text, 113f.
641 Erstere LA wird geboten von ℵ C F G 1241 1739 (γάρ)/𝔓46 (δέ), letztere von d.
642 A B D 0278 323 365 1175 2464. Eine Untervariante (K L P Ψ 062 33 81 104 630 1505 1881 Byz) bietet γάρ statt δέ.
643 *Carlson*, Text, 163–169, deklariert nach ausführlichen Überlegungen Gal 4,25 in der ursprünglichen LA τὸ γὰρ Σινᾶ ὄρος ἐστιν ἐν τῇ Ἀραβίᾳ zur Glosse (ähnlich wie schon *Burton*, Gal, 259), zumal die Variante ἡ συστοιχοῦσα (D* F G lat) in Gal 4,25b sich sinnvoll nur an μία διαθήκη ἥτις ἐστὶν Ἀγάρ Gal 4,4 anschließen lässt, nicht an τὸ ... Ἀγάρ in Gal 4,25a. Das würde der häufigen Interpretation der Wendung νῦν Ἰερουσαλήμ auf (nicht an Jesus glaubende) Juden etwas von ihrer augenscheinlichen Evidenz nehmen.
644 *DeSilva*, Letter, 390.

V. 28: Im Vorgriff auf die in 1. Pl. formulierte Aussage in Gal 4,31 wird auch in Gal 4,28 oft (א A C D² Ψ 062 M lat sy bo) in 1. (ἡμεῖς ... ἐσμέν) statt 2. Pl. formuliert, wohl in Angleichung an die 1. Sg. in Gal 4,26.31 (die 2. Pl. bieten 𝔓46 B D* F G 0261^vid 0278 6 33 365 1175 1739 1881). Auch die lat. Tradition ist gespalten.[645] Letztlich werden durch diese LA die an Jesus Glaubenden aus Juden und Heiden generell als Kinder der Verheißung benannt. Die 2. Pl. ist als *lectio difficilior* beizubehalten.[646]

Gal 4,21–31[647] verhält sich zu Gal 4,12–20 wie Gal 3,6–18 zu Gal 3,1–5: Dem unwiderleglichen Argument der Erfahrung folgt zum Zweck der theologischen Vergewisserung das Argument der Schrift. Paulus greift in Gal 4,21–31 den Gegensatz zwischen unattraktivem Sklavenstand und attraktiver Freiheit nochmals auf und will den Kontrast der zur Diskussion stehenden Identitäten an ein- und demselben biblischen Sachverhalt aufzeigen.[648] Ausgangspunkt seiner Idee ist die Bezeichnung Hagars als παιδίσκη in Gen 16,1 LXX.

Zur Gliederung: V. 21 ist Anrede an die Leser, V. 22f. referiert das, was für den Argumentationsgang wesentlich ist, 24–27 ist die allegorische Auslegung der Genesis-Rekapitulation, V. 28–31 die Anwendung auf die Galater. Dabei verschiebt sich zunächst das Interesse von den Söhnen auf die jeweiligen Mütter (vgl. V. 24 αὗται, textkritisch unangefochten bezeugt), ab V. 28 wieder auf die Söhne. Innerhalb dieses letzteren Abschnittes kann man wie folgt gliedern: V. 24a ist das Eröffnungssignal (»Das ist allegorisch gemeint«); V. 24b.25 enthalten die allegorische Deutung der Erzählfigur der Hagar, V. 26f. die der Erzählfigur der Sara. V. 28 ist theologische Ortsbestimmung der Leser, V. 29f. deutet die (nach Meinung des Paulus) von ihnen erlebte Geschichte. V. 31 ist *conclusio* des Abschnittes.[649]

Die Ausführungen sind um eine semantischen Oppositionsreihe Hagar/Ismael/Fleisch/das jetzige Jerusalem etc. einerseits, Sara/Isaak/Verheißung/das obere Jerusalem etc. andererseits herum konstruiert und ergehen in einer Rhetorik der Exklusion.[650] Paulus nennt die betroffenen Personen nur dann mit Namen, wenn er sie für die Argumentation braucht (Hagar) oder wenn er in Kurzform seine Aussage zusam-

---

645 Belege bei *Houghton* u. a., Epistles, 422.
646 *Carlson*, Text, 125f.; *deSilva*, Letter, 390f.
647 Gal 5,1a ist m. E. nicht Abschluss, sondern Beginn des folgenden, wie in Gal 5,1b die Verbindungspartikel οὖν nahelegt.
648 Martin Luther hat unbeschadet des auch bei ihm leider gegebenen, u. a. auf Gal 4,25f. basierenden Antijudaismus befinden können: »Wenn Paulus die Glaubensgerechtigkeit ... nicht mit stärkeren Argumenten erwiesen hätte, würde er mit dieser Allegorie nichts ausrichten« (WA 40/I, 657). Ähnlich urteilt u. a. *Hietanen*, Argumentation, 162.
649 Der Anschluss des ersten Teils von Gal 5,1 an Gal 4,31 (ᾗ ἐλευθερίᾳ ἡμᾶς Χριστὸς ἠλευθέρωσεν) in F G r ist sekundär und will wohl eine deutliche Zäsur setzen vor dem folgenden Imperativ Στήκετε οὖν (Genaueres s. zu Gal 5,1).
650 *Bormann, Abraham, 231: »exclusionary rhetoric.« Faktisch tut Paulus das, was er nach Gal 4,17 den Fremdmissionaren vorwirft. Auch werden, was Hagar betrifft, ihre Gotteserfahrung und die Fürsorge des Engels für sie bei Paulus unterschlagen (*Das*, Gal, 509; **Standhartinger*, Member, 257).

4,21–31 Der Abrahamzyklus als Vorausdarstellung der Heilsgeschichte

menfassen will (Isaak). Dass er mit diesen Ausführungen auf eine Darlegung der Fremdmissionare reagiert, der entsprechend die Adressaten bisher nur dem Status Ismaels, aber nicht dem Status Isaaks vergleichbar sind[651], ist möglich und würde auch manche Auffälligkeiten von Gal 4,21–31 erklären[652], ist aber nicht zu erweisen. Denkbar ist, dass er ihnen zugestehen muss, dass auch sie zu den Nachkommen Abrahams gehören – dann gehören sie aber, so Paulus, nicht zu der eigentlich legitimen Linie.[653]

21 Der einleitende Imperativ ist Aufmerksamkeitssignal und stellt die Adressaten zur Rede. Die Wendung ὑπὸ νόμον formuliert, neutral betrachtet, das Anliegen (θέλω) der Adressaten, durch Toraobservanz ihre Einbindung in das Gottesvolk zu realisieren; aus der Perspektive des Paulus ist das mit gravierenden Konsequenzen verbunden (Gal 3,10.22f.25); vielleicht hofft Paulus, dass die Adressaten anhand dieser Formulierung ihr Ansinnen als nicht (mehr) erstrebenswert empfinden.[654] Das Part. Präs. θέλοντες kann wieder nahelegen, dass die Galater die Hinwendung zur Verkündigung der Fremdmissionare noch nicht in Gänze vollzogen haben.[655] Die ärgerliche eröffnende Frage »Hört[656] ihr das Gesetz nicht?« ist emotionale Einschüchterung und Zuspitzung[657], vergleichbar der Schelte Gal 3,1[658], und entspricht Gal 6,17a: Paulus lässt keine Diskussion über die Richtigkeit seiner folgenden Aussage zu. Die Galater hätten die Frage mit »Ja« beantwortet – aber nicht im Sinne des Apostels. Dieser ist der Meinung, dass in dieser Situation der Anschluss an seine Schriftinterpretation, nicht an die der Gegner, das wahre Sein ὑπὸ νόμον darstellt, den wahren Gehorsam, dessen Realisierung alle Parteien in diesem Konflikt beanspruchen und der nicht von einem Standpunkt jenseits der Schrift, sondern aus ihr gewonnen ist. Hingegen ist es, so der Apostel,

---

651 *Longenecker*, Gal, 207; *Hietanen*, Argumentation, 160; *de Boer*, Gal, 286f., erwogen auch von *Moo*, Gal, 293, der aber auch betont, dass manches, was in Gal 3,7–29 implizit angelegt ist, nun explizit thematisiert wird: Nicht biologische Herkunft, sondern Herkunft aufgrund der Verheißung macht Menschen zu wahren Kindern Abrahams.
652 *Matera*, Gal, 175 (deshalb nennt Paulus Ismael und Sara nicht mit Namen); *Keener*, Gal [2019], 400.
653 *De Boer*, Gal, 288.
654 A. a. O., 291. Paulus nützt aus, dass der Eintritt bzw. die Rückkehr in den Sklavenstand normalerweise nicht als attraktiv empfunden wird (darauf verweist bereits Calvin, Gal, CR 50, 235).
655 *DeSilva*, Galatians. A Handbook, 94, sowie *Matera*, Gal, 168, mit Verweis auf Gal 4,9; 5,3.
656 Die sekundäre Variante οὐκ ἀναγινώσκετε »Lest ihr (das Gesetz) nicht« (D F G 104 1175 latt) sucht möglichst realistisch den äußerlichen Vorgang der Schriftrezeption seitens späterer Adressaten wiederzugeben. Das Verbum »Hören« kann auf die Sitte der öffentlichen Verlesung von Bibeltexten im Gottesdienst verweisen (*Usteri*, Gal, 162; *von der Osten-Sacken*, Gal, 220).
657 Ersteres *Mitternacht*, Forum, 107, Letzteres *Holmstrand*, Markers, 203. Paulus spielt mit der Doppelbedeutung des Begriffes νόμος, der neben der im Galaterbrief betonten Konzentration auf die Sinaitora auch als Oberbegriff für den Pentateuch fungiert (*von der Osten-Sacken*, Gal, 220).
658 Dass Israel die Tora »hören« soll, ist in Dtn 4,1; 6,3 gesagt, aber im ruhig mahnenden Ton. Ob Paulus darauf anspielt (*Keener*, Gal [2019], 410), muss daher unsicher bleiben.

gerade die Tora, die den durch die Fremdmissionare nahegelegten Weg der Identitätsfindung als Eintritt in den Sklavenstand markiert.[659]

Im Nachsatz wirkt der Akkusativ νόμον merkwürdig; das Verbum ἀκούω zieht normalerweise den Genitiv nach sich. Ist gemeint, dass als eigentliches Subjekt die Schrift zu denken ist (so der Begriff γραφή in Gal 4,30, der den Begriff νόμος von Gal 4,21b aufnimmt, der hier nur um des Vordersatzes willen als Terminus gewählt wurde)?[660]

22 Die Eingangswendung γέγραπται γάρ[661] ist in der Argumentationssituation das Signal, dass Paulus auf die gemeinsame autoritative Basis zu sprechen kommt, die auch die Adressaten anerkennen müssten, und zwar in der christologisch grundierten Auslegung, wie sie der Apostel im Folgenden präsentiert.[662] Er rekapituliert Passagen aus dem biblischen Abrahamzyklus[663], doch interessiert ihn nur, auf welche Weise Abraham die beiden Söhne Ismael und Isaak[664] bekam und welchen Rechtsstatus die Mütter[665] jeweils hatten (Gen 16,15; 21,2).[666] Die Bezeichnung Hagars als παιδίσκη[667] ist von Gen 16,1 LXX her vorgegeben; die Bezeichnung Saras als ἐλευθέρα (statt κυρία, so Gen 16,5 LXX) ist als Gegensatz zu παιδίσκη erschlossen, bereitet aber Gal 4,26; 5,1 vor. Paulus hält die Reihenfolge der Geburten ein, verbindet sie aber hier noch nicht mit dem Gedanken, dass das Neue das Alte übertrifft oder ablöst. Die Differenz zwischen Knechtschaft und Sohnschaft[668] greift die Unterscheidung von Gal 4,1–3 wieder auf; Paulus appliziert sie auf die Differenz zwischen den beschneidungsfrei lebenden christusgläubigen Menschen und anderen, an der Toraobservanz Orientierten.

---

659 *DeSilva*, Letter, 392.
660 *Cover*, Paulus, 628. – Der Begriff νόμος bezeichnet in Gal 4,21b den Pentateuch als Ganzen. Das Wortspiel ist möglich, weil dieser Begriffsgebrauch auch sonst begegnet (Sir., Prolog; Lk 24,44; Joh 1,45, bei Paulus noch 1Kor 9,8f.; Röm 3,21b).
661 Die lat. HS 61 ergänzt zuvor *in genesi*.
662 Vgl. *de Boer*, Gal, 288.
663 Solches Summieren gehörte im antiken Schulbetrieb zu den Progymnasmata (*deSilva*, Letter, 393).
664 Die in Gen 25,2 genannten weiteren Nachkommen Abrahams bleiben in Gal 4 außer Betracht, ebenso wie Paulus nicht zu Gal 3,16 ausgleicht, wo er von dem »Nachkommen Abrahams« im Singular gesprochen hatte. Auch das Thema Beschneidung wird nicht angesprochen, denn auch Ismael war beschnitten (Gen 17,23).
665 Der bestimmte Artikel τῆς signalisiert, dass Paulus mit der Kenntnis der Erzählung bei den Adressaten rechnet (*Moo*, Gal, 298).
666 Verkürzende Paraphrasen mit Zufügung eigener Begrifflichkeit begegnen auch andernorts in allegorischen Texten (*Lanzinger*, Schriftverwendung, 234, der auf Plut, De Iside 58 [Mor 374 E] verweist).
667 Das Lexem παιδίσκη ist zwar das feminine *diminutivum* von παῖς, hebt aber auf den sozialen Status ab, nicht auf das Alter (*Das*, Gal, 478).
668 Diese Differenz wird bei Philo von Alexandria in andere Richtung fruchtbar gemacht, als Unterscheidung zwischen den Anfangsgründen der Bildung, durch Hagar symbolisiert, und der Philosophie, durch Sarah symbolisiert. Das Ärgernis der Polygamie des Patriarchen war somit durch allegorische Auslegung entschärft; vgl. *Sellin*, Hagar, 131f.

23 Die Konjunktion ἀλλά kann als Signal verstanden werden, dass Paulus sich der Andersartigkeit der Interpretation seitens der Fremdmissionare bewusst ist.[669] Sie führt einen weiteren Gesichtspunkt ein, der nach Paulus zu bedenken ist, und verschärft zugleich den Gegensatz zwischen den beiden Söhnen.[670] Paulus betrachtet nunmehr die Umstände, wie es jeweils zu ihrer Geburt[671] gekommen ist. Die semantische Opposition κατὰ σάρκα – δι'[672] ἐπαγγελίας[673] ist als Ganze erst das Werk des Paulus, wenngleich die Wortfamilie ἐπαγγελία auch andernorts in jüdischer[674] und christlicher (Hebr 11,11: ἐπαγγειλάμενον) Literatur im Zusammenhang mit der Geburt Isaaks begegnet; sie bietet sich als Begriff der Metasprache an, abgeleitet aus Gen 17,16; 18,14. Bei Paulus kann der Begriff ἐπαγγελία auf Gal 3,16.18 zurückweisen. Das Perfekt mag die Bedeutung des Gesagten für die Gegenwart betonen.[675]

Die Wendung κατὰ σάρκα betont nicht eine Sündhaftigkeit des sexuellen Verkehrs im Allgemeinen oder speziell der Nebenbeziehung Abrahams zu Hagar[676], sondern meint: Ismael ist mit menschlichen Möglichkeiten, aus menschlicher Überlegung heraus gezeugt worden[677]: Hagar sollte das Kind von Abraham bekommen, das dann, so Abraham, als sein Erbe in Betracht käme.[678] Hingegen (δέ betont den Kontrast) ist der Sohn der Freien durch die Verheißung gezeugt: Eine übernatürliche Geburt insofern, als Abraham und Sara nach biblischer Erzählung bereits jenseits des einschlägigen Alters standen und von daher nach menschlichem Ermessen nicht mehr mit einer

---

669 *Martyn*, Gal, 454.
670 *Moo*, Gal, 298; *deSilva*, Galatians. A Handbook, 94.
671 In den Genesistexten begegnet nicht γεννάω, sondern τίκτω. Hat Paulus γεννάω gewählt, um die Mitwirkung Abrahams in Worte fassen und auf sein eigenes missionarisches Wirken (vgl. 1Kor 4,14f.; Phlm 10) anspielen zu können, das die Adressaten als seine geistlichen Kinder einschließt (so *de Boer*, Gal, 293)? Ist dem auch die Wahl des Perf. geschuldet (*Das*, Gal, 492)? Oder geht es bei der Wahl des Perf. um die fortdauernden Konsequenzen (BDR § 342,5; *von der Osten-Sacken*, Gal, 221)?
672 Die miteinander verwandten Minuskeln 323 und 945 haben auch an zweiter Stelle κατά, um diese Inkonzinnität auszugleichen.
673 In B D F G 1739 1611 verweist der Artikel τῆς auf die Abrahamsverheißung zurück (*Carlson*, Text, 198).
674 Der Begriff ἐπαγγελία ist in den entsprechenden Genesiskapiteln der Septuaginta nicht belegt, aber z.B. in TestAbr. A 3,6; 6,5. Bei Josephus begegnet das Substantiv in der Wiedergabe des Abrahamzyklus nur in der zusammenfassenden Interpretation von Gen 22,15–18 in Ant I 236.
675 *De Boer*, Gal, 293; *Das*, Gal, 479.
676 Antike jüdische und christliche Exegese sah durchaus die Notwendigkeit, die in Gen 16 geschilderten Vorgänge einigermaßen notdürftig zu legitimieren. Zumeist wurde der Konsens zwischen Abraham und Sara betont, um die genannten Vorgänge nicht als Freibrief für außerplanmäßige Sexualbeziehungen erscheinen zu lassen (*Meiser, Abraham, 349–351).
677 So bereits Theophylakt, Gal, PG 124, 1005 A. Darüber hinaus zieht *deSilva*, Letter, 397, eine Parallele dazu, dass auch Toraobservanz zu den menschlichen Möglichkeiten, nicht zu der von Gott gewirkten Realität zählt. Paulus *expliziert* das jedoch nicht.
678 So auch *Moo*, Gal, 299.

Nachkommenschaft aus dieser Verbindung zu rechnen war.[679] Hat Paulus Gen 21,1 vor Augen?[680] Die Konstruktion der Oppositionsreihen »Hagar/Ismael/natürliche Geburt« und »Sara/Isaak/Verheißung« hätten die Fremdmissionare nicht bestritten, wohl aber die im Folgenden von Paulus gebotenen Zuordnungen.

24 Das *relativum* ἅτινα bezieht sich auf all das in V. 22f. Gesagte. Paulus meint wohl nicht, dass die genannten Aussagen der Schrift von vornherein allegorisch intendiert (so aber 1Kor 9,9f.) seien[681]; eher geht es darum, die Notwendigkeit der allegorischen Auslegung[682] dieser Passagen zu betonen.[683] Gal 4,24 ist im Kontext des Galaterbriefes[684] eine Bemerkung zur Auslegungsmethode, die »durch methodische Absicherung die Akzeptanz seiner Argumentation zu erhöhen«[685] sucht.

Allegorische Auslegung ist seit der Aufklärung als unangemessen, weil unkontrolliert und unaufweisbar empfunden worden. Dabei ist der Hintergrund dieser Auslegungsmethode die (historische wie) moralische Mythenkritik.[686] Allegorische Mythenauslegung,

---

679 Röm 4,18–22 wird die hierbei gezeigte Haltung Abrahams als Glauben benennen, nämlich Gott die Ehre zu geben und am Wirklichkeitsgehalt seiner Verheißung nicht zu zweifeln. Die Tradition der Geburt göttlicher Kinder ist hier nicht angesprochen (so richtig *Schlier*, Gal, 217).

680 *Von der Osten-Sacken*, Gal, 222.

681 So aber *Schlier*, Gal, 218; *deSilva*, Letter, 395 (der aber betont, dass Paulus die Faktualität der Erzählung nicht aufhebt). »Die mit diesem Verb (scil. ἀλληγορέω) insinuierte hermeneutische Grundannahme lautet, dass der auszulegende Text selbst einen allegorischen Tiefensinn hat; dass der Interpret mithin nur zu explizieren braucht, was der Autor des Textes ohnehin ausdrücken wollte« (**Lanzinger*, Schriftverwendung, 234). Dagegen *Das*, Gal, 486f.: dazu passt συστοιχεῖ in Gal 4,25b nicht.

682 Gelegentlich hat man Gal 4,21–31 der Typologie angenähert (so u.a. *von der Osten-Sacken*, Gal, 223, mit Verweis auf 1Kor 10,1–13 als nächster Parallele für eine» ähnliche Verbindung zwischen allegorischer und typologischer Deutungsweise«); vgl. schon Johannes Chrysostomus, in Gal., PG 61, 662: Der Gebrauch von ἀλληγορούμενα an dieser Stelle ist καταχρηστικῶς (ungewöhnlich); für die Neuzeit vgl. **Hays*, Echoes, 116, u.a. Allerdings geht es bei einer Typologie um die direkte Gegenüberstellung von Typos und Antitypos. Die Wahl des Begriffs ἀλληγορούμενα kann damit gerechtfertigt werden, dass Paulus in der Tat nicht nur von einem vergangenen Geschehen reden, sondern zusätzlich ἄλλα τινά sagen will (Theophylakt, Gal, PG 124, 1105 B). Dass einer der beiden Söhne wie eine der beiden Frauen nicht mit Namen genannt werden, ist im Kontext einer Typologie kaum zu erwarten (*Schinkel*, Bürgerschaft, 129).

683 Für Origenes benennt Gal 4,24 eine hermeneutische Grundregel der Schriftauslegung. Die Tatsache, dass Paulus in Gal 4,21–24 Vorgänge, die sich real ereignet haben (*secundum carnem*), *allegorica* nennt, bedeute, dass man auch andere Passagen entsprechend behandeln müsse, gerade diejenigen, bei denen das wörtliche Verständnis der Erzählung keine des göttlichen Gesetzes würdigen Aussagen bietet (Orig, Hom. in Gen. 7,2, SC 7, 198). In den lat. Hss. 61 89 steht *aliud ex alio significantia* statt *per allegoriam dicta*.

684 Dass auch in griechisch-römischer Tradition abstrakte Ideen durch Frauengestalten symbolisiert werden konnten, vgl. *Keener*, Gal [2019], 420.

685 **Lanzinger*, Schriftverwendung, 234.

686 Xenophanes, Fragm. 11; 26; 42. Zur Mythenkritik vgl. **Meiser*, Mythos, 147–149; *ders.*, Mythos-

4,21–31 Der Abrahamzyklus als Vorausdarstellung der Heilsgeschichte

beginnend wohl mit Theagenes von Rhegion (spätes 6. Jh. v. Chr.)⁶⁸⁷, ist von dem Anliegen aufgeklärter paganer Religiosität geleitet, alle δόξα παράνομος καὶ βάρβαρος (ungesetzliche und barbarische Meinung) von der wahren Vorstellung über die Götter fernzuhalten.⁶⁸⁸ Es kann auch bei dem Homer-Exegeten Heraklit heißen, Homer wäre durchaus unfromm, wenn er nicht alles, was er gesagt hat, im übertragenen Sinne gemeint hätte.⁶⁸⁹ Griechische Mythenallegorese umfasste physikalische wie moralische Allegorese. Anders als in christlicher Exegese geläufig umfasste griechische Mythenexegese nicht nur moralische, sondern auch physikalische Allegorese: So wurde etwa der Phaëton-Mythos auf das Abweichen der Sterne von ihrer Bahn und den Weltenbrand gedeutet, der Mythos, dass Kronos die ihm von Rhea geborenen Kinder fraß, auf die zyklische Vergänglichkeit alles Irdischen.⁶⁹⁰ In moralischer Allegorese kann der Mythos von den Wasserträgerinnen im Hades auf den Teil der Seele gedeutet werden, in dem die Begierden zuhause sind.⁶⁹¹

Jüdische Exegeten wie Aristobul und Philo von Alexandria wandten die Methode der allegorischen Auslegung u. a. auf biblische Texte an, bei denen eine literale Interpretation keine applikationsfähigen Aussagen ergibt⁶⁹², außerdem auf anthropomorphe⁶⁹³ und der

---

diskussion, 147f. Der Begriff ἀλληγορία kommt nicht sofort für die gemeinte Sache auf (*Klauck, Exegese, 181, mit Verweis auf Plutarch).

687 Für Theagenes s. Scholion Hom. B zu Υ 67, bei Diels/Kranz I 51f. Weitere frühe Zeugen dieser Homerinterpretation sind Diogenes von Apollonia (auf Kreta), und Metrodor von Lampsakos (beide 5. Jh.; Metrodor ist Schüler des Anaxagoras).

688 So die Kennzeichnung dieses Anliegens bei Plut, De Iside 20 (Mor 358 E; zur Interpretation von Plutarch, de Iside et Osiride insgesamt vgl. *Lanzinger, Schriftverwendung, 72–126). Dadurch entgeht man, so Plutarch, einem Übel, das nicht geringer ist als Gottlosigkeit, nämlich der abergläubischen Götterfurcht, der δεισιδαιμονία (Plut, De Iside 11 [Mor 355 D]).

689 Heraklit, Probl. 1,1. Zur Interpretation dieser Schrift insgesamt vgl. *Lanzinger, Schriftverwendung, 52–72.

690 Ersteres Plato, Tim, 22 CD (er schreibt diese Deutung einem ägyptischen Priester zu), Letzteres referiert Cornut, Comp 6,5.

691 Plato, Gorgias 493 AB.

692 Philo deutet die Engel in physikalischer Allegorese auf die im Bereich der Luft existierenden körperlosen Wesen (Philo, Gig 6; ConfLing. 174; Somn I 133-137, mit Rekurs auf Vorstellungen bei Platon, Tim 39 e), in moralischer Allegorese als die Vernunftkräfte Gottes, die den Menschen zum Guten führen und am Guten festhalten wollen (Philo, Somn I 147 sowie ders., Agr 51; Migr 173f., jeweils mit Verweis auf Ex 23,20). Er deutet das »Erbe« Isaaks als Naturgesetz, von dem sich das durch Menschensatzung gegebene Gesetz unterscheidet (Migr 94), zieht aber nie den Schluss, dass die mit den Menschensatzungen identifizierten Reinheits- und Speisevorschriften nicht wörtlich zu halten seien (*Tiwald, Frühjudentum, 301).

693 Aristobul begründet die Notwendigkeit der allegorischen Bibelauslegung mit dem Anliegen, angemessen und nicht mythisch und anthropomorph von Gott zu reden. Der Ausdruck »Gottes Hand« steht für die Kraft, mit der er wirkt (Aristobul, bei Euseb, p.e. 8,10,3). Umstritten ist, ob Aristobuls Äußerungen zur κατάβασις Gottes auf den Berg Sinai wörtlich oder ebenfalls allegorisch zu verstehen sind (zur Diskussion vgl. *Sandelin, Studien, 148, der in letzterem Sinn votiert).

Gottheit unwürdige⁶⁹⁴ und wiederum auf unverständliche oder anstößige Aussagen.⁶⁹⁵ Allegorische Auslegung war aber nicht nur im hellenistischen Judentum üblich, wie die von Hans-Josef Klauck genannten Beispiele aus Qumran (CD VI 3f.; 1QpHab VII 1–5) zeigen.⁶⁹⁶

Unter den späteren christlichen Theologen kannte zumindest Origenes die Schriften sowohl des Cornutus als auch der jüdischen Exegeten.⁶⁹⁷ In nachneutestamentlicher Zeit war die fehlende oder zu bejahende Möglichkeit, Texte einer bestimmten Tradition allegorisch auszulegen, eines der Argumente im *clash of cultures* zwischen Angehörigen des griechisch-römischen Kulturkreises, Juden und Christen.⁶⁹⁸

Man kann überlegen, ob die Wendung ἀπὸ ὄρους Σινᾶ zu μία διαθήκη oder zu εἰς δουλείαν γεννῶσα zu ziehen ist.⁶⁹⁹ Das Prädikat ἐστιν in dem ἥτις-Satz steht für »repräsentiert«. Die Partikel γάρ ist nur scheinbar begründend.⁷⁰⁰ Paulus führt die zwei διαθῆκαι als allegorische Entsprechung zu Hagar und Sarah nur zu dem Zweck ein, »den Sklavenstatus der Hagar mit dem Gesetz in Verbindung zu bringen.«⁷⁰¹ Vorausgesetzt ist bei der Wendung εἰς δουλείαν γεννῶσα aus dem römischen Recht, dass auch das Kind eines Sklaven das Eigentum des Sklavenbesitzers darstellt.

Die beiden διαθῆκαι werden als zwei verschiedene⁷⁰², einander ausschließende Verfügungen verstanden⁷⁰³, was mit jüdischen Anschauungen natürlich nicht zu verein-

---

694 Philo kann ein wörtliches Verständnis von Gen 2,8 (»Gott pflanzte einen Garten«) als ἀσέβεια bezeichnen (Philo, LegAll I 43).
695 Vgl. etwa Arist 139–170; Weish 18,24; Philo, Migr 93 und dazu *Klauck*, Exegese, 183–185; 189–192.
696 *Klauck*, Exegese, 129–194.
697 *Ramelli*, Cornutus, 212f.
698 *Lanzinger*, Schriftverwendung, 234. Die Allegorisierungsfähigkeit biblischer Aussagen als Qualitätsaufweis zugunsten der jüdischen bzw. der christlichen Religion wird von Kelsos wie von Porphyrios angezweifelt (vgl. Origenes, Cels IV,14, GCS 2, 284 bzw. Euseb von Caesarea, HE VI 19,4–8, GCS 9/2, 558–561), von Origenes behauptet und noch von Augustin als Grund benannt, warum er sich überhaupt mit der vergleichsweise neuen Religion des Christentums befasste. Augustin hat nur durch die allegorische Schriftauslegung des Ambrosius gelernt, sich den geistigen Gehalt der Heiligen Schrift zu erschließen (Conf. VI 4/6) und Kritikern zu antworten (Conf V 14/24).
699 Für Letzteres votiert *Das*, Gal, 479.
700 *deSilva*, Galatians. A Handbook, 94.
701 *Lanzinger*, Schriftverwendung, 210. Bereits 1977 macht Markus Barth darauf aufmerksam, dass Paulus die göttliche Fürsorge für Hagar und für Ismael (Gen 16,11f.; 21,10f.) nicht bedenkt (*Barth*, Volk Gottes, 97).
702 Μία μέν und ἡ δέ (V. 26) entsprechen einander. Mit der Herrenmahltradition hat Gal 4,23f. nichts zu tun (so richtig *Klein*, Gal, 153; anders *Holtzmann*, Das Neue Testament, 497).
703 *Sänger*, Sara, 315. Die zweite διαθήκη wird nicht identifiziert. Denkt Paulus auf der Linie von 2Kor 3,6 an den neuen Bund (*Rohde*, Gal, 195; *Longenecker*, Gal, 21) oder an den Abrahambund (*Matera*, Gal, 169; *Moo*, Gal, 301, mit Verweis auf Gal 3,25)?

baren ist. In der allegorischen Auslegung der Figuren Hagar und Sara bei Philo von Alexandria ist die Idee des geistigen Fortschritts leitend, aber nicht der Kontrast.[704]

25 Für das Verständnis des notorisch schwierigen Verses kommt man am ehesten unter Voraussetzung der in NA[28] gebotenen LA, wenn man die Worte τὸ δὲ Ἁγάρ richtig versteht: τό meint vor einem bestimmten Begriff »das Wort ›NN‹« – in diesem Fall: »Das (Wort) ›Hagar‹ bezeichnet einen Berg...«.[705] Warum wird aber eigens auf den Berg Sinai in der Arabia und das jetzige Jerusalem[706] Bezug genommen? Am Berg Sinai wurde die Tora gegeben; sie ist damit wiederum als das bezeichnet, was in die Knechtschaft führt. Warum wird aber die Arabia genannt? Die Arabia ist das Land, das nach biblischen Vorstellungen den Söhnen der Hagar gehört[707], und so liegt der Berg Sinai in der Fremde![708] Geographie muss hier für theologische Aussagen herhalten. In Röm 7,12 wird Paulus anders über die Tora urteilen. Der Einwand liegt nahe, dass die Galater wohl den Berg Sinai mit der Toraoffenbarung, aber nicht die Arabia mit den Söhnen der Hagar in Verbindung gebracht haben werden. Freilich ist nicht auszuschließen, dass Paulus hier die mentalen Kapazitäten und die Bibelkenntnis der Adressaten überschätzt.

Die Partikel δέ nach συστοιχεῖ[709] setzt den Gedankengang fort; das Präsens mag auf die Relevanz des Festgestellten für die Gegenwart auch der Adressaten verweisen.[710]

---

704 Philo, Congr 4f.; Cher 2f. Nach PostC 130 repräsentiert Hagar die mittlere Bildung (μέση παιδεία).
705 So auch *deSilva*, Galatians. A Handbook, 97. Dabei steht immer neutrisch τό, gleichgültig, welches grammatikalische Genus für das zu benennende Wort üblich ist. – *Lanzinger*, Schriftverwendung, 214f., erwägt ähnlich wie *Klauck*, Exegese, 202, die Möglichkeit, dass Ἁγάρ auf ההר (hebr. »der Berg«) verweise – ein Austausch eines Buchstabens des Ausgangstextes sei nicht unüblich in allegorischer Tradition. So sehr das zu konzedieren ist, so fragt sich doch, ob die Adressaten das durchschauen hätten können, was ja das Wissen um das hebräische Wort einschließt. Weil die Reihenfolge innerhalb des Folgenden (Σινᾶ ὄρος) vom biblischen Sprachgebrauch (ὄρος Σινᾶ) abweicht, übersetzt *Moo*, Gal, 296, Gal 4,25a mit »Now the Hagar Sinai mountain is in Arabia« und deutet das in V. 25b anschließende δέ als adversativ: Das Gebirge Hagar Sinai liegt in der Arabia, entspricht aber dem jetzigen Jerusalem.
706 Paulus verwendet nicht mehr das neutrische Ἱεροσόλυμα, sondern die indeklinable Namensform Ἱερουσαλήμ, die, wie bei Städtenamen üblich als Femininum behandelt, den Anschluss an die *feminina* αὗται und διαθῆκαι ermöglicht (*de Boer*, Gal, 297).
707 Gen 25,13-15.18; 1Chron 5,10.19; Ps 83,7, dann auch Jub 20,13. In der Arabia wurde zu Paulus' Zeiten auch der Sinai vermutet, vgl. *Lanzinger*, Schriftverwendung, 214. *O'Neill*, »For this Hagar«, 215 behauptet, »Arabia« stehe für »die Wüste«. Gal 4,25 würde somit Gal 4,27 vorbereiten. O'Neill bietet aber keine Belege für eine solche Identifizierung.
708 Anders Ps.-Oikumenios, Gal, PG 118, 1145 B; Theophylakt, Gal, PG 124, 1005 C, die auf die geographische Nachbarschaft zu Jerusalem verweisen.
709 Das Verbum heißt »auf einer Reihe liegen«. Insofern ist die von der Funktion im Kontext her denkbare Übersetzung »repräsentieren« philologisch unbefriedigend (*Das*, Gal, 497). Das Verbum markiert innerhalb der Oppositionsreihe Hagar etc. einerseits, Sara etc. anderseits die Zuordnung, die Entsprechung.
710 *De Boer*, Gal, 300. In D* F G wird V. 25b hypotaktisch mit dem Partizip συστοιχοῦσα angebunden, das sich auf μία (διαθήκη) zurückbezieht.

Das Verbum δουλεύει formuliert den Vergleichspunkt. Die Situation des »jetzigen Jerusalem«[711] gilt als Sklaverei – das war in antiker jüdischer Literatur, auf Israel angewandt, das letzte Mal mit Bezug auf die Unterdrückung durch Antiochus IV. Epiphanes ausgesagt worden.[712] Paulus setzt das jetzige Jerusalem faktisch mit Ismael gleich – gegen alles jüdische, u. a. auf Jes 51,2 basierende Selbstverständnis, demgemäß sich Israel in die über Isaak gegebene Kontinuität einschreibt.[713] In dem Anschluss an das »jetzige« Jerusalem, indem die Adressaten »jetzt« im Fleisch zu vollenden gewillt sind, was sie im Geist begonnen haben (Gal 3,3), würden sie sich zu ihrem eigenen Schaden der Wirkung des ihnen vorausliegenden Heilsgeschehens verweigern.[714] Dass »das jetzige Jerusalem«[715] in Knechtschaft dient, lässt die positive Wertung des »Gott Dienens« in den Psalmen[716] vermissen. Paulus wiederholt das im Römerbrief dann auch nicht mehr. Die Unterscheidung von Sklaven und Freien soll positive Affekte auslösen (niemand ist gern Sklave[717]) und eine neue Selbstevaluation fördern: Die Galater sollen ihre eigene Gruppe als die überlegene Gruppe bewerten, was gerade gegenüber einer

---

711 Gelegentlich werden aufgrund von Gal 4,30 (Paulus weist dort die Adressaten an, sich von den Fremdmissionaren zu distanzieren) Einschränkungen der Art diskutiert, dass dies nicht generell die nicht an Jesus glaubenden Juden bezeichnet, sondern toraobservante Jesusgläubige im allgemeinen (*Mußner*, Gal, 325) oder im Speziellen die Leute um/von Jakobus oder diejenigen, die Paulus als »falsche Brüder« apostrophiert (*Martyn*, Gal, 457–459), oder judenchristliche Missionare im Allgemeinen (*Martyn*, Gal, 488) oder die (vielleicht aus Jerusalem kommenden [*Matera*, Gal, 170]) Unterstützer der Fremdmissionare (*de Boer*, Gal, 287). Nach der durch Christen verursachten Leidensgeschichte der Juden kann man die Intention dieser Auslegung nur gutheißen (vgl. *Matera*, Gal, 173f.). Intratextuell ist sie schwer zu beweisen (die Existenz ὑπὸ νόμον ist aus der Perspektive des Paulus als gelebte Existenz nicht nur den an Jesus glaubenden Juden eigen, sondern auch den nicht Glaubenden), eher mit dem Gedanken, dass das *parting of the ways* noch keineswegs abgeschlossen ist. Für den christlichen Antijudaismus sind nicht nur Texte wie Mt 27,25; Joh 8,44; 1Thess 2,14–16 verantwortlich zu machen. 2Kor 3,6–18 hat das ideologische Fundament formuliert, dass die nicht an Jesus glaubenden Juden ihre eigene Heilige Schrift nicht richtig verstehen, Gal 4,25f. hat das spätere christliche Überlegenheitsbewusstsein präformiert.
712 *Keesmaat*, Paul, 310f., verweist auf 1Makk 2,11 (ἀντὶ ἐλευθέρας ἐγένετο εἰς δούλην). *Das*, Gal, 499f., führt u. a. Jes 64,9f.; PsSal 1,6 als jüdische Beispiele für eine kritische Beurteilung des gegenwärtigen Jerusalem an. Jes 64,9f. ist jedoch klagende Bitte, kein Werturteil.
713 Vgl. die Gegenüberstellung Israels als Nachkomme Isaaks und der Nichtjuden als Nachkommen Ismaels in Jub 16,16–18. Das ist selbst Luther, Gal, WA 40/I, 660 aufgefallen: näher hätte die Identifizierung Saras mit dem irdischen Jerusalem gelegen.
714 *Merk*, Beginn, 249.
715 Ist es in apokalyptischer Manier als Bestandteil dieses Äons gedacht (*Martyn*, Gal, 440; *de Boer*, Gal, 301)? Im Neuen Testament wird für das als personale Größe verstandene Jerusalem auch jenseits von Gal 4,25f. immer Ἰερουσαλήμ verwendet, was die Wahl im Unterschied zu Gal 1f. erklärt (*Bachmann*, ΙΕΡΟΣΟΛΥΜΑ, 72).
716 Neben Ps 99[100],2 vgl. noch Ps 21[22],31; 101[102],22; Ps 118[119],38.49.65 etc. sowie die Selbstbezeichnung des Frommen als des Knechtes Gottes in Ps 118[119],17.125; 142[143],2a u. ö.
717 Philo, Prob 36.

4,21–31 Der Abrahamzyklus als Vorausdarstellung der Heilsgeschichte

anderen Gruppe, die sich auf eine lange Tradition berufen kann, von Wichtigkeit ist.[718] Dass Ismael nicht mit Namen genannt wird, soll vielleicht die Provokation doch ein wenig abmildern. Die τέκνα sind diejenigen, die sich dieser Lebenshaltung verpflichtet wissen. Der Begriff wird eingeführt, um später den Einbezug von Jes 54,1 zu ermöglichen.

26 Nun werden die zeitlichen Kategorien abgelöst durch die räumlichen[719]; weitere Identifizierungen werden nicht vorgenommen, da die biblische Basis fehlt.[720] δέ ist hier adversativ. Einer vorschnellen Subsumierung unter die Traditionen der Himmelsstadt nach jüdischer Konzeption[721] widerrät, dass in Gal 4,26 keine Lokalisierung vorgenommen und auch nicht von einer Wanderung oder Flucht der Gläubigen dorthin gesprochen wird.[722] Die an Christus Glaubenden sind bereits jetzt die Bewohner dieser Gottesstadt, darum kann er sie nicht das zukünftige Jerusalem nennen. Paulus verzichtet darauf, den Berg Zion als Gegenstück zum Berg Sinai einzuführen. Vielleicht vermutete er, dass die Fremdmissionare den Zion mit der Vorstellung der eschatologischen Erlösung des empirischen Israel zusammenbrachten.[723] Gilt in 4Esra 10,7 für die Israeliten Zion als »unser aller Mutter«[724], deren Los (statt des Loses eines Individuums) angesichts der Zerstörung des Tempels zu bedenken sei, so gilt das nach Paulus, Gal 4,26, für das obere Jerusalem, das dem jetzigen Jerusalem entgegengesetzt ist. Der Sinn der personalen Metaphorik »Mutter«[725], die aber auch Nichtjuden als Funktionsbezeichnung für Mutterstädte von Kolonialgründungen[726] vertraut ist, ist die Betonung der Relation zu einer neuen Bezugsgröße[727]; ἡμῶν umschließt die an Jesus Glaubenden

---

718 *Esler*, Gal, 41–43.
719 Für die platonisierende Formulierung ἄνω Ἰηρουσαλήμ bildet, so *Cover*, Now and Above, 226f., Hebr 11,13–16 die nächste Analogie.
720 *Klein*, Gal, 155.
721 Apk 21,2f.10–27; 4Esr 7,25; 8,52; 10,54 etc.
722 *Schinkel*, Bürgerschaft, 134. Auch ist mit der Lokalisierung im Himmel nicht automatisch die Vorstellung der Präexistenz mitgesetzt; das obere Jerusalem könnte seine Existenz auch dem Anbruch der »neuen Schöpfung« verdanken (*Schwemer*, Stadt, 226). Allerdings gibt es Belege für das himmlische Gemeinwesen, zu dem alle Menschen Zutritt haben, in griechisch-römischer Tradition (*Das*, Gal, 490, verweist auf Sen, De otio 6,4; Dio Chry, Or. 36,27).
723 Referiert ἐλευθέρα auf die Freiheit von der Toraobservanz (Ps.-Oikumenios, Gal, PG 118, 1145 D; Theophylakt, Gal, PG 124, 1005 D) oder auf den Status des Erbberechtigten?
724 Zur Traditionsgeschichte dieser Metapher vgl. auch Ps 87[85],5; Jes 66,6–11. Philo, Flacc 46; LegGai 203; 281 etc. und Joseph, Ant XI 160 etc. bezeichnen Jerusalem als »Mutterstadt« (*Keener*, Gal [2019], 422).
725 Paulus dürfte durch Ps 86[87],5 (Μήτηρ Σιων, ἐρεῖ ἄνθρωπος) angeregt sein (*Maier*, Zion, 596; *Das*, Gal, 500)?
726 Belege bei *Keener*, Gal [2019], 422 Anm. 1975.
727 *Schinkel*, Bürgerschaft, 135. – Gal 4,21–31 stellt (*Butticaz*, Anthropologie, 519, gegen *Burton*, Gal, 261–263; *Betz*, Gal, 425f.) nicht zwei Ethnien gegenüber, sondern beschreibt apokalyptisch eine neue, am Kreuz inaugurierte Identität.

aus Juden und Nichtjuden[728], soll aber als affektgeladene Sprache zudem Verbundenheit signalisieren. Gleichzeitig bindet der abschließende Relativsatz den Gedanken an die vorangegangene Allegorie auf Sara und Hagar, die ebenfalls, aber im wörtlichen Sinn, als Mutter eingeführt worden waren.[729]

27 Der Zusammenhang von V. 26 und V. 27 besteht in dem Bildwort »Mutter«, die das Stichwort des »Gebärens«, d.h. in der Sache (V. 27) den missionarischen Erfolg unter Nichtjuden bespricht. In Form einer impliziten Gezera-Shawa-Exegese[730] bietet Paulus nunmehr ein Schriftzitat[731], das die zahlreiche Nachkommenschaft Saras als die Vielzahl der Gläubigen vor allem aus den Heiden identifiziert.[732] In der Argumentation besteht insofern eine Verschiebung gegenüber V. 22f., als in der Genesis-Geschichte Sara, nicht Hagar, diejenige ist, »die den Mann hat«, aber Hagar, nicht Sara, zunächst ein Kind zur Welt bringt, dann aber in die Einsamkeit hinein fortgeschickt wird.[733] Traditionsgeschichtlich verfährt Paulus analog zu 4Q164, wo die Qumrangemeinschaft

---

728 *Usteri*, Gal, 166; *de Boer*, Gal, 302.
729 *Peters*, Article, 120.
730 *Esler*, Gal, 213. Das Stichwort στεῖρα wird in Gen 11,30 auf Sara angewandt. Eine weitere Brücke kann man in der Vergleichbarkeit der Aufforderung εὐφράνθητι mit Gen 21,6f. finden (*deSilva*, Letter, 401, der auch auf den Gedanken der Nachkommenschaft des Gottesknechtes in Jes 53,10f. verweist). Allerdings ist »die Argumentation mit der übereinstimmenden Formulierung in zwei Texten ... auf der Ausdrucksebene des Textes nicht ausgeführt« (**Wolter*, Frau, 124 Anm. 69). Oder muss man ergänzen, dass das Verbum ὠδίνω, in Jes 51,2 auf Sara angewandt, auch in Jes 54,1 begegnet (*Brawley*, Contextuality, 112f.; **Sänger*, Sara, 321; *Keener*, Gal [2019], 428 sowie *de Boer*, Gal, 303, der erwägt, dass bereits Deuterojesaja selbst in Jes 54,1 die Anspielung auf Sara im Auge hatte)? Paulus mag sich zur Wahl von Jes 54,1 auch dadurch veranlasst gesehen haben, dass der Text *zwei* Frauen erwähnt, obwohl Sara und nicht Hagar diejenige ist, »die den Mann hat« (*de Boer*, Gal, 304).
731 Dass Jes 54,1 Anleihen aus dem »Lied der Hanna« 1Sam 2 bezieht, hat schon Luther, Gal, WA 40/I, 665, vermutet. Zur Wirkungsgeschichte von Jes 54,1 im antiken Judentum vgl. **Wolter*, Frau, 108–116, der u.a. auf Philo, Praem 158; TgJes 54,1 (hier wird »die Frau, die den Mann hat«, mit Rom identifiziert); bBer 10a verweist.
732 Das Stichwort τέκνα aus Jes 54,1 hatte Paulus schon in Gal 4,19 verwendet, aber wohl nicht als Vorgriff auf Gal 4,27. Dass Sara als die zunächst einsame Frau vorgestellt wird, ist in voraufklärerischer Exegese damit begründet, dass erst seit Christus auch Nichtjuden den Zugang zum Gott Israels finden (Ps.-Oikumenios, Gal, PG 118, 1148 A). Dies wird aus historischer Perspektive der Wirklichkeit der Attraktivität des Judentums für Nichtjuden vor und außer Christus nicht gerecht. Allerdings kann man auch bei Paulus fragen, ob dieses Motiv der Attraktivität in seiner Argumentation je eine Rolle gespielt hat. Jes 54,1 fasst auch in 2Clem 2,1–3 den missionarischen Erfolg unter Nichtjuden in Worte, dem allerdings, so die Fortsetzung in 2Clem 3,1, auch ein entsprechendes Leben in Form der Abgrenzung von den griechisch-römischen Göttern folgen muss.
733 *Das*, Gal, 502. **Standhartinger*, Member, 255, folgert daraus, dass sowohl Sara als auch Hagar mit dem »oberen Jerusalem« verbunden sind. Diese Interpretation würde christlichen Antijudaismus in der Auslegungsgeschichte reduziert haben, liegt aber von Gal 4,25f. nicht nahe.

die Jesaja-Stelle als Gründung des eschatologisch erneuerten Jerusalem interpretiert und auf sich selbst bezieht.[734]

Sachlich ist das Schriftzitat bei Paulus, sofern man μετὰ τῶν τέκνων αὐτῆς in Gal 4,25 auf das nicht an Jesus glaubende Judentum insgesamt bezieht, insofern nicht völlig unpassend, als sich das Judentum durch natürliche Geburt fortpflanzt, die Gruppe der Anhänger Jesu von Nazareth hingegen damals noch nicht[735], und, so Paulus, trotzdem wächst.[736] Angesagt würde das wunderbare Eingreifen Gottes zugunsten dieser Gruppe, einer damals noch kleinen Gruppe innerhalb des sie umgebenden Judentums.[737] Aus sozialpsychologischer Sicht ist großer Zulauf für eine kleine Gruppe immer eine Bestätigung ihres Selbstwertgefühls.[738] Das heutige quantitative Übergewicht des Christentums, das uns angesichts des schlimmen christlichen Antijudaismus solche Bestätigung nicht mehr nachsprechen lässt, hat Paulus noch nicht erahnen können. Möglicherweise folgt Paulus in der Interpretation von Jes 54,1 einem Verständnis von »die den Mann hat« im nachbiblischen Hebräisch, wo es weniger um den Status einer Eheschließung als um sexuellen Vollzug geht; Gegensatz dazu wäre die Jungfrau. Isaak wäre κατὰ πνεῦμα erzeugt, Sara ad vocem שוממה (»allein«) als Jungfrau bezeichnet.[739]

28 Der Vers geht nach der 1. Pl. (ἡμῶν) in Gal 4,26 wieder zur betonten Anrede über, von der Exegese zur Applikation, und formuliert aus der Sicht des Paulus das Ziel seiner Ausführungen gegenüber den Adressaten; ὑμεῖς steht emphatisch voran; δέ markiert die Fortsetzung.[740] Der Vokativ ἀδελφοί signalisiert emotionale Verbundenheit, mit der Paulus zugleich um Zustimmung wirbt, wenn er mit der Wendung κατὰ Ἰσαάκ den Adressaten den in seiner Sicht höheren Status zuweist, Kinder der Ver-

---

734 *von der Osten-Sacken*, Gal, 228f. verweist auf TgJes 54,1; auch dort ist Jes 54,1 an Jerusalem gerichtet.
735 Statt οὐ steht in D F G μή, als Angleichung an das übliche hellenistische Idiom (*Carlson*, Text, 198f.).
736 *Das*, Gal, 500.506, zieht eine Verbindung zwischen Gal 4,19 und Gal 4,27: Dass Paulus »in Wehen liegt« (Gal 4,19), während »das obere Jerusalem« nicht in Wehen liegt (Gal 4,27), impliziert, dass man Paulus nicht mit dem »oberen Jerusalem« identifizieren darf. Das scheint mir zu weit hergeholt; in Gal 4,19 geht es um die Mühen des Paulus gegenüber den Adressaten, in Gal 4,27 um generelle Tendenzen der Entwicklung der Anhängerschaft Jesu.
737 *Becker*, Gal, 73, markiert, dass diese Prophetie im Sinne des Paulus nicht durch die irdischen Nachkommen Isaaks verwirklicht ist. Die Worte στεῖρα ἡ οὐ τίκτουσα in Jes 54,1; Gal 4,27 legen in der Tat nahe, diese Prophetie auf eine Gruppe zu beziehen, die sich (damals momentan noch) tatsächlich nicht auf normalem Wege fortpflanzt.
738 *Williams*, Gal, 129.
739 *Siegal/Siegal*, Traditions, 429, mit Verweis auf Philo, Praem 153–161. Das Motiv der Unfruchtbarkeit wird in Jes 54,1 mit mangelnder Toraobservanz begründet. Manchmal wird dies auch als Hintergrund der Exegese des Paulus geltend gemacht (z.B. *Moo*, Gal, 308). Paulus hat das m. E. jedoch nicht expliziert.
740 *DeSilva*, Galatians. A Handbook, 99.

heißung zu sein (zu ἐπαγγελία vgl. Gal 3,14b). Der von Jes 54,1 her vorgegebene Begriff τέκνα stellt klar, dass auch Frauen gemeint sind.[741] Wie Abraham seinen Sohn Isaak gemäß der Verheißung empfangen hat, sind die Adressaten ebenfalls Nachkommen der Verheißung Abrahams, verdanken ihre Existenz als Glaubende dem übernatürlichen Eingreifen Gottes.[742] »Sie verdanken sich dem verkündigten Wort und der ihm innewohnenden Kraft des Geistes.«[743]

29 Die Konjunktion ἀλλά[744] lenkt den Blick von dieser Statuszuweisung auf die gegenwärtig (νῦν) erfahrene Wirklichkeit, jedenfalls aus der Sicht des Paulus, die (ὥσπερ/οὕτως) in Analogie zu einem bestimmten Geschehen aus der Vätergeschichte (τότε) gedeutet wird. Das Syntagma κατὰ σάρκα nimmt V. 23a wieder auf. Isaak wird hier als κατὰ πνεῦμα erzeugt bezeichnet, obwohl der Begriff πνεῦμα in den einschlägigen Genesistexten nicht begegnet. Es geht vermutlich nicht nur darum, dass eine Wiederholung zu V. 28 vermieden werden soll. Vielleicht wollte Paulus die Zeugung Isaaks mit dem Geistempfang der Adressaten (Gal 3,2) in Parallele setzen, wie ja πνεῦμα und ἐπαγγελία schon in Gal 3,14 verbunden waren.[745] Außerdem muss er sich dem möglichen Einwand stellen, dass die von seiner allegorischen Genesisauslegung begünstigten Adressaten ethnisch nicht Isaaks Nachkommen sind.

Ismaels Verhalten gegenüber Isaak wird in Gal 4,29 mit διώκειν wiedergegeben. Diese von Gen 21,9 her (παίζειν) nicht zu erwartende Wortwahl rührt von dem exegetischen Problem her, den harschen Austreibungsbefehl Gen 21,10 zu motivieren.[746] Schwieriger ist, die Referentialität des καὶ νῦν zu bestimmen. Paulus meint damit nicht

---

741 Er begegnet in der Septuaginta häufig auch als Übersetzung von בן, wenn klar ist, dass Menschen beiderlei Geschlechts gemeint sind (z.B. Gen 3,16; 49,3 u.ö.).
742 *Moo*, Gal, 308.
743 *Von der Osten-Sacken*, Gal, 230.
744 Sie markiert nicht Fortsetzung (*Longenecker*, Gal, 216), sondern Gegensatz (*Moo*, Gal, 309).
745 *De Boer*, Gal, 306. Dass hier bereits Gal 5,13–26 vorab intoniert sein soll, ist m.E. weniger wahrscheinlich, weil dem Begriff in Gal 4,23.29 das Moment des Sündhaften fehlt.
746 Das Problem wird in verschiedener Weise gelöst. Jub 17,4 berichtet von der Freude Abrahams über Ismael, angesichts dessen Sara eifersüchtig geworden sein soll. Philo, Sobr 8 führt als Begründung an, Ismael sei »Bastard« und habe nicht das Recht, sich Isaak ebenbürtig zu fühlen. Joseph, Ant I 215 berichtet von Saras Angst, Ismael könnte Isaak nach Abrahams Tod Unrecht tun. In rabbinischer Tradition wird auf Ismaels Tötungsabsicht verwiesen (*von der Osten-Sacken*, Gal, 230) und auf den Götzendienst Ismaels (TgPs.-Jon zu Gen 21,9–11 GenR 53.11), vielleicht angeregt u.a. durch Ps 83,7; 1Chron 5,10.19, wo die Hagariten als Feinde Israels erscheinen, oder מצחק wird nach 2Sam 2,14 i.S. von »Blutvergießen« gedeutet (GenR 53,15). Die jüdische Deutung, Ismael habe Isaak zur Verehrung nichtjüdischer Götter zwingen wollen, ist sogar Luther bekannt (Gal, WA 40/I, 680). Calvin, Gal, CR 50, 241, weist die jüdische Deutung auf einen Spott seitens Ismaels zurück – der damit begründete Austreibungsbefehl wäre unangemessen hart. Er präferiert die Deutung auf hochmütige Verachtung.

4,21–31 Der Abrahamzyklus als Vorausdarstellung der Heilsgeschichte

die Agitation der Fremdmissionare⁷⁴⁷ (dazu passt διώκω schlecht⁷⁴⁸), aber auch nicht Verfolgungserfahrungen durch die nichtjüdische, griechisch-römische Umwelt (das würde die Systematik der Allegorie sprengen), sondern allgemein die Verfolgung von Anhängern Jesu durch nicht an Jesus glaubende Juden. Paulus wusste darum (1Thess 2,14–16), erlebte sie selbst (2Kor 11,24), wie er sie auch selbst praktiziert hatte (1Kor 15,9; Gal 1,13; Phil 3,6).⁷⁴⁹

30 Die Konjunktion ἀλλά formuliert einen starken Kontrast.⁷⁵⁰ Paulus führt mit besonderem Nachdruck ein Schriftzitat ein, das er am Schluss⁷⁵¹ mit der Wendung μετὰ τοῦ υἱοῦ τῆς ἐλευθέρας an seine Argumentation anpasst⁷⁵² und mit dem er den Fremdmissionaren, die sich auf die Schrift berufen, die Schrift entwinden will. Doch entspricht der Nachdruck für uns nicht der Durchsichtigkeit. Erkennbar ist, dass der Vers keine Rücksicht darauf nimmt, dass das Schriftzitat Worte aus dem Mund der eifersüchtigen Sara (οὐ γὰρ μὴ κληρονομήσει ist sehr emphatisch⁷⁵³) wiedergibt; Saras hartes Wort wird ja in Gen 21,12 durch Gott bestätigt. So ist es nach Gal 4,30, die Schrift, die die Anweisung gegen »das gegenwärtige Jerusalem« formuliert. Schwieriger ist die für Paulus gegenwärtige Referenz des ἔκβαλε zu bestimmen. Paulus benennt nicht explizit eine religiös oder ethnisch definierte Gruppe.⁷⁵⁴ Sollte sich, wie vor allem in der voraufklärerischen

---

747 *Calvin*, Gal, CR 50, 240; *Mußner*, Gal, 330f.; *Matera*, Gal, 171; *Martyn*, Gal, 445; *Longenecker*, Gal, 217; ferner *de Boer*, Gal, 307, der wie *Matera*, Gal, 172f., auf den Versuch der Fremdmissionare verweist, die Adressaten aus dem Gottesvolk auszuschließen (Gal 4,17). Innerhalb dieser Auslegungslinie ist διώκειν aus der Sicht des Paulus formuliert, womit sich für Paulus eine ethisch zweifelhafte innere Gesinnung verbindet (*Hubing*, Crucifixion, 145); die Adressaten werden das Verhalten der Fremdmissionare völlig anders gewertet haben (a. a. O., 147).

748 *Moo*, Gal, 310. Die Charakterisierung der Agitation als πεισμονή in Gal 5,8 und der Vergleich mit dem Sauerteig in Gal 5,9 legen subtilere Methoden nahe (*Hubing*, Crucifixion, 155f.). Das Verbum διώκω wird im Neuen Testament nie für Auseinandersetzungen zwischen verschiedenen Jesusgruppen verwendet, obwohl diese Auseinandersetzungen z. T. sehr polemisch und mit beleidigender meteorologischer (Jud 12) und zoologischer Metaphorik (2Petr 2,12) geführt werden. Auch Paulus gebraucht es nicht von den Aktivitäten der Fremdmissionare ihm gegenüber. Wichtig allerdings **Merk*, Beginn, 251: Der Ausdruck ist Paulus »durch seine Tradition vorgegeben und darf nicht gepreßt werden.«

749 *Söding*, Verheißung, 160 (er begründet damit auch die harte Aussage 4,25b); *de Silva*, Galatians. A Handbook, 100.

750 *DeSilva*, Galatians. A Handbook, 100.

751 Auch ταύτην nach παιδίσκην ist ausgelassen; Hagar war ja in Gal 4,25 genannt (*Moo*, Gal, 315).

752 Die Adressaten sind ja nicht von Isaak her, sondern wie Isaak Kinder der Verheißung, und das Anliegen der Freiheit erinnert an Gal 4,26 und weist auf Gal 5,1 voraus (*Moo*, Gal, 311). Einige Textzeugen (D* F G) bieten am Ende stattdessen μετὰ τοῦ υἱοῦ μου Ἰσαακ, wohl in Angleichung an Gen 21,10 LXX (*Carlson*, Text, 199; für die lat. Tradition [6175 76 77 89] *Houghton* u. a., Epistles, 422).

753 *deSilva*, Galatians. A Handbook, 101. Die Emphase wird durch die v. l. οὐ γὰρ μὴ κληρονομήσῃ (A C F G K L Ψ 104 365 630 1505 1739 1881) de facto verstärkt, was auch immer die Ursache dieser v. l. gewesen sein mag; den Ind. Fut. bieten 𝔓46 ℵ B D H P 0261ᵛⁱᵈ 0278 6 33 81 326 1175 1241 2464.

754 **Bormann*, Abraham, 231.

Exegese wie der älteren Forschung oft angenommen wurde, Gal 4,30 allgemein gegen die nicht an Jesus glaubenden Juden richten[755], dann wäre Gal 4,30 ein weiterer Beleg für die bekannte, fälschlich auch auf Mt 21,43 gestützte so problematische antijüdische Enterbungstheorie, im Widerspruch zu Röm 11,26. Doch geht es eher[756] darum, dass Paulus die Adressaten dazu auffordert, die eingedrungenen judaistischen Unruhestifter aus den Gemeinden zu vertreiben.[757]

31 Der Vers ist als Abschluss der Auslegung Gal 4,21–31 zu lesen[758], ist aber vor allem Folgerung aus Gal 4,28.[759] Die 1. Pl. ist inklusiv und stellt klar, dass jüdische wie nichtjüdische Christusgläubige gemeint sind, die der soeben vorgetragenen Interpretation der Genesis-Erzählungen durch Paulus folgen.[760]

5,1–12 Zusammenfassung des argumentierenden Hauptteils*

(1) Zur Freiheit hat uns Christus befreit. Steht nun fest und lasst euch nicht wieder in das Joch der Sklaverei spannen. (2) Siehe, ich, Paulus, sage euch, dass, wenn ihr euch beschneiden lasst, Christus euch nichts nützen wird. (3) Ich bezeuge aber wiederum, dass jeder, der sich beschneiden lässt, schuldig ist, das ganze Gesetz zu tun. (4) Ihr seid von Christus abgefallen, die ihr im Gesetz gerechtfertigt werden wollt, ihr seid aus der Gnade gefallen. (5) Wir erwarten nämlich im Geist aus Glauben die Hoffnung der Gerechtigkeit. (6) Denn in Christus Jesus gilt weder Beschneidung et-

---

755 Ps.-Oikumenios, Gal, PG 118, 1148 D; *Lipsius*, Gal, 56; *Lietzmann*, Gal, 33; *Schlier*, Gal, 227. Luther, Gal, WA 40/I, 354–357, hat Gal 4,30 trotz seines grundständig stets vorhandenen Antijudaismus nicht als Aufforderung zur Judenverfolgung verstanden, sondern als Kampf gegen den offiziellen Katholizismus seiner Zeit.

756 *Eastman*, Recovering, 132f. beobachtet, dass Paulus in der in ein Schriftzitat gekleideten direkten Anrede die 2. Sg. weitgehend meidet und, vgl. 1Kor 5,13, durch den Pl. ersetzt, und versteht Gal 4,30 nicht als Mahnung an die Adressaten, sich von den Fremdmissionaren zu dissoziieren, sondern als Warnung an die Adressaten, sich über die Konsequenzen ihres Vorhabens klar zu werden: Sie laufen selbst Gefahr, zum Objekt des ἐκβάλλειν zu werden, des Heils verlustig zu gehen. Sachlich ähnlich *Schreiner*, Gal, 306; *Tolmie*, Persuading, 175. Allgemein auf die Verfolgung der Anhänger Jesu durch nicht an Jesus glaubende Juden, mit der Konsequenz des Erbverlustes deuten *Lietzmann*, Gal, 33; *Schlier*, Gal, 227.

757 Letzteres *Zahn*, Gal, 244; *Merk*, Beginn, 252; *de Boer*, Gal, 307f.; *Hansen*, Abraham, 146, der V. 30 als das Ziel der ganzen Perikope Gal 4,21–31 bezeichnet, unter der Voraussetzung, dass speziell die Fremdmissionare mit Hagar und Ismael identifiziert sein sollen.

758 Statt διό wird in einigen Handschriften ἄρα geboten ($\mathfrak{P}$46[vid] D² M sy[h]). F G (ἄρα οὖν) verstärken den Aspekt der Folgerung bzw. klären den Sinn des ohne diakritische Zeichen doppeldeutigen αρα. Auch in Ψ ist αρα vorausgesetzt, das aber aufgrund einer Parablepsis (ΑΡΑ/ΑΔΕΛΦΟΙ) ausgefallen ist. Die LA ἡμεῖς δέ (A C P 81 124 2464 r) will von Beginn an das Subjekt klären. Die LA διό, von NA²⁸ präferiert, wird geboten von ℵ B D* H 0261 0278 33 365 1175 1739 1881.

759 *Von der Osten-Sacken*, Gal, 229.

760 *De Boer*, Gal, 308.

5,1–12 Zusammenfassung des argumentierenden Hauptteils

was noch Unbeschnittenheit, sondern der Glaube, der durch die Liebe wirksam ist. **(7)** Ihr lieft gut; wer hat euch aufgehalten (in eurem Lauf), sodass ihr der Wahrheit nicht mehr gehorcht? **(8)** Die Überredung (dazu kommt) nicht von dem, der euch beruft. **(9)** Ein wenig Sauerteig durchsäuert den ganzen Teig. **(10)** Ich vertraue auf euch in dem Herrn, dass ihr nichts anderes denken werdet. Wer aber euch verwirrt, wird (seine) Strafe tragen, wer es auch sei. **(11)** Ich aber, Geschwister, wenn ich die Beschneidung noch verkündige, warum werde ich dann noch verfolgt; dann Wäre das Ärgernis des Kreuzes ja aufgehoben. **(12)** Es sollen sich doch verstümmeln lassen, die euch in Aufregung versetzen!

V. 1: Innerhalb der verwickelten Textkritik zur ersten Vershälfte sind als Differenzen i.W. die Frage des Einsatzes mit Artikel oder Relativpartikel, die Stellung der Partikel οὖν nach ἐλευθερίᾳ bzw. nach στήκετε, die Einfügung oder Auslassung der Relativpartikel ᾗ nach ἐλευθερίᾳ und die Wortstellung Χριστὸς ἡμᾶς bzw. ἡμᾶς Χριστός namhaft zu machen. Die Variante mit Relativpartikel, οὖν nach ἐλευθερίᾳ[761] und Wortstellung Χριστὸς ἡμᾶς wird geboten von D¹ K L 630 sowie weiteren Hss., die im Einzelnen Untervarianten darstellen: 104 2464 bieten οὖν nach στήκετε; in 1505 1611 2495 ist οὖν überhaupt entfallen. 1505 und sy^h variieren ἠλευτέρωσεν zu ἐξηγόρασε; 630 variiert ἡμᾶς zu ὑμᾶς und intensiviert den Adressatenbezug. Die Variante ohne Relativpartikel nach ἐλευθερίᾳ, aber mit der Wortstellung Χριστὸς ἡμᾶς und οὖν nach στήκετε wird geboten von ℵ² C H Ψ 0278 81 465 1175 1241 1739 1881. Als Untervarianten sind zu benennen: C² und 614 bieten οὖν nach ἐλευθερίᾳ; H 0278 365 1175 bieten στῆτε statt στήκετε. Die Variante ᾗ ἐλευθερίᾳ ἡμᾶς Χριστὸς ἠλευθέρωσεν (F G r), in welcher der einleitende Artikel durch die Relativpartikel ersetzt wird, fasst diese Worte noch als Schluss von Gal 4,31 auf, wodurch der Neueinsatz mit Στήκετε οὖν noch härter wirkt. Die Variante ohne Relativpartikel, mit der Wortstellung ἡμᾶς Χριστός und στήκετε οὖν wird geboten von ℵ* A B P 33 (auch D* gehört hierher), lässt aber οὖν aus. Die Entscheidung in allen diesen Fragen ist nach Gesichtspunkten der äußeren Textkritik zu fällen. Geringe äußere Bezeugung lassen den Ersatz des einleitenden Artikels durch das Relativpronomen (F G r) und die Bezeugung von οὖν nach ἐλευθερίᾳ (C² D¹ K L 614 630) als sekundär erscheinen, wenngleich das Fehlen von οὖν in

---

* Literatur: *Campbell, Douglas A.*, Galatians 5.11: Evidence of an Early Law-observant Mission by Paul?, NTS 57 (2011), 325–347; *Edwards, James R.*, Galatians 5:12. Circumcision, the Mother Goddess, and the Scandal of the Cross, NT 53 (2011), 319–337; *Hafemann, Scott J.*, New Creation and the Consummation of the Covenant (Galatians 6:15 and 2 Corinthians 5:17), in: *ders.*, Paul: Servant of the New Covenant. Pauline Polarities in Eschatological Perspective, WUNT 435, Tübingen 2019, 300–343; *Hayes, Michael E.*, An Analysis of the Attributive Participle and the Relative Clause in the Greek New Testament, Studies in Biblical Greek 18, New York 2018; *Horn, Friedrich Wilhelm*, Der Verzicht auf die Beschneidung im frühen Christentum, in: *ders.*, Paulusstudien, NETS 22, Tübingen 2017, 14–39; *Söding, Thomas*, Das Wortfeld der Liebe im paganen und biblischen Griechisch. Philologische Beobachtungen an der Wurzel AGAP-, EThL 68 (1992), 284–330; *Sumney, Jerry L.*, ›Servants of Satan‹, False Brothers‹, and Other Opponents of Paul, JSNT.S 188, Sheffield 1999; *Walzer, Robert*, Art. Galenos, RAC 8 (1972), 777–786; *Wieger, Madeleine*, Art. ἀγάπη, HTLS 1 (2020), 41–54; *Wischmeyer, Oda*, Vorkommen und Bedeutung von Agape in der außerchristlichen Antike, ZNW 69 (1978), 212–238.
761 Die Variante ist auch bei Calvin, Gal, CR 50, 243, vorausgesetzt.

manchen Hss. auf eine letzte Unsicherheit verweist. Die LA mit der Wortfolge ἡμᾶς Χριστός ohne Relativpartikel nach ἐλευθερίᾳ hat die gewichtigeren Zeugen für sich.[762] V. 3: Einige Handschriften (436 1505) bieten πληρῶσαι, vielleicht in Anlehnung an Gal 5,14 (πεπλήρωται) oder Gal 6,2 (dort ἀναπληροῦν). Die LA ist zu gering bezeugt, um als ursprünglich in Frage zu kommen, zeigt aber den Willen zu intratextueller Verknüpfung. V. 7: Manchmal (ℵ* A B) fehlt vor ἀληθείᾳ der Artikel. Die LA ist sekundär gegenüber seiner Bezeugung in 𝔓46 ℵ² C D F G K L P Ψ 0278 33 81 104 365 630 1175 1241 1505 1739 1881 2464 Byz.[763]

Der Abschnitt ist Peroratio des argumentativen Hauptteils, nicht schon Beginn der Paränese, denn die Bezüge zurück auf bereits Gesagtes (die negativ gewendete δουλεία in Gal 5,1 erinnert an Gal 4,3; Gal 5,2.4 entsprechen Gal 2,21; πίστις in Gal 5,5f. greift Gal 2,16 auf; das Motiv der ἀλήθεια in Gal 5,7 erinnert an Gal 2,14; Gal 5,8 erinnert an Gal 1,6–9) sind stärker als die nach vorn (ἀγάπη in Gal 5,6 weist auf Gal 5,13 voraus).[764] Das Thema »Beschneidung«, wohl Hauptstreitpunkt zwischen Paulus, den Adressatinnen und Adressaten und den Fremdmissionaren, wird hier erstmals als Teil des galatischen Konfliktes explizit erwähnt, nachdem es bereits Gegenstand der Verhandlungen in Jerusalem gewesen war (Gal 2,1–10), ist aber in Gal 5,13–6,10 nicht von Belang. Gerade die Darstellung negativer Verhaltensweisen (Gal 5,19–21) ist in Gal 5,1–12 noch nicht explizit vorbereitet.

Zur Gliederung: V. 1–6 nehmen nochmals das verhandelte Thema in den Blick, V. 7–12 die Beteiligten an dem Dissens. V. 1 ist Aufforderung, sich nicht für eine Hinwendung zu einer in der Sicht des Paulus ausgeschlossenen Alternative zu entscheiden, V. 2–4 stellt den Galatern die Konsequenzen einer möglichen Fehlentscheidung vor Augen, V. 5f. sagt, was demgegenüber christlich zu denken ist. In Gal 5,7–12 nimmt Paulus zunächst die Adressaten hinsichtlich ihrer Vergangenheit (V. 7a), dann die Fremdmissionare (V. 7b–9), dann die Adressaten hinsichtlich der von ihm erwünschten Gegenwart (V. 10a) und die von ihm anvisierte Zukunftserwartung für die Fremdmissionare in den Blick. In V. 11 stellt er sich als Vorbild dar, indem er seine Bereitschaft bekundet, für seine Überzeugungstreue auch Verfolgung hinzunehmen; V. 12 ist Verwünschung der Fremdmissionare. Insgesamt enthält Gal 5,7–12 manches an Rückbezügen zu Gal 1,6–9. Die rasche Abfolge kurzer Sätze und der wenig elaborierte Stil lassen vielleicht den Schluss zu, dass Paulus die gegenwärtige Auseinandersetzung ebenso zu verlieren befürchtet wie die Auseinandersetzung mit Petrus und Barnabas in Antiochia.[765]

---

762 *Carlson*, Text, 217, diskutiert zu der Wortfolge ἡμᾶς Χριστός auch Kriterien der inneren Kritik. Die Verwicklungen zu Gal 5,1 sind wohl durch den schwierigen Dativ ἐλευθερίᾳ und das Fehlen einer verbindenden Partikel in der Eröffnung bedingt (*de Boer*, Gal, 290).
763 *Carlson*, Text, 171. Anders *Das*, Gal, 513, der die Zufügung des Artikels als Angleichung an Gal 5,1.2.4 versteht.
764 *Merk, Beginn, passim.
765 *Das*, Gal, 532.

5,1–12 Zusammenfassung des argumentierenden Hauptteils

1 Mit dem Begriff »Freiheit« nimmt Paulus ein in der Antike in verschiedenen Facetten breit diskutiertes Thema auf.[766] Paulus meint die Freiheit vom Gesetz (vgl. Gal 2,4)[767], vielleicht auch die Freiheit von diesem Äon (Gal 1,4).[768] Der Dat. ἐλευθερίᾳ[769] ist wohl weniger ein Instrumentalis als ein *dativus commodi*[770] oder ein Dativ des Zwecks und mag zusätzlich an den Sklavenfreikauf ἐπ' ἐλευθερίᾳ erinnern.[771] Die 1. Pl. ist wohl gemeinchristliches »Wir«, das das »Ihr« der folgenden Anrede übergreift. Das Verbum στήκω (Neubildung aus ἕστηκα) hat bei Paulus immer den von ihm anempfohlenen Verbleib in dem durch Christus eröffneten Heilsraum im Blick[772], das Thema der *perseverantia*.[773] Die Partikel οὖν ist Folgerungspartikel. Das Wort πάλιν passt auf die nichtjüdischen Glaubenden insofern nicht, als sie noch nie unter der Tora standen, greift aber Gal 4,9 wieder auf[774] – vergleichbar ist die Dienstbarkeit. Der unfreiwillige Weg zurück zur Sklaverei war unter bestimmten Umständen denkbar[775], sodass die Mahnung auch Nichtjuden verständlich erscheinen konnte.[776] Doch mag man darin mit Theophylakt auch einen impliziten Angriff des Apostels auf die mangelnde Wahrnehmungsfähigkeit der Adressaten erkennen.[777] Sie werden »davor gewarnt, die ihnen performativ zugeeignete Freiheit zu verlieren.«[778] Ist »Joch der Knechtschaft«[779] als Gegensatz in der Wertung gebildet zum »Joch der Tora« (mAbot 3,5[780]), das man frei-

---

766 Epikt, Diss IV 1; Dio Chrys, Or 14; 15; 80; Philo, Prob 18; Cic, Parad 33–41; Persius, Sat 5; *Vollenweider*, Freiheit als neue Schöpfung, passim.
767 *Burton*, Gal, 270, mit Verweis auf den bestimmten Artikel τῇ vor ἐλευθερίᾳ. Nach jüdisch-hellenistischer Tradition führt Toraobservanz insofern zur Freiheit, als sie vor der Versklavung an die Leidenschaften bewahrt (Philo, Prob 18). Bei Paulus füllen Christus und der Geist diese Rolle aus.
768 *Das*, Gal, 519, mit Verweis auf Vorstellungen, die bei den Adressaten geläufig waren, das die Sünden strafende Verhalten lokaler Gottheiten wie Dikaios und Men betreffend.
769 Innerhalb der Variante Τῇ ἐλευθερίᾳ ᾗ Χριστὸς ἡμᾶς ἠλευτέρωσεν στήκετε variieren 1505 und sy^h ἠλευτέρωσεν zu ἐξηγόρασε und stellen damit einen Rückbezug zu Gal 3,13; 4,5 her. Unter Voraussetzung der LA ἡμᾶς betont Theophylakt, Gal, PG 124, 1009 AB, die Adressaten hätten sich nicht selbst befreit – wie sollten sie sich wieder in das Joch des Gesetzes begeben wollen!?
770 *Lipsius*, Gal, 57.
771 *Das*, Gal, 518.
772 1Thess 3,8; 1Kor 16,13; Phil 1,27; 4,1.
773 Es ist Gegenbild zur Erschütterung (σαλευθῆναι, Theophylakt, Gal, PG 124, 1009 B), zu »Fallen« (Röm 14,4) oder »Anstoß nehmen« (Röm 14,13), was in biblisch-jüdischer Tradition für »Abfall vom Glauben« steht (*Keener*, Gal [2019], 440).
774 So bereits *Bengel*, Gnomon, 746.
775 Mit der Freilassung eines Sklaven entfiel für den Sklavenbesitzer die Pflicht zur materiellen Fürsorge, sodass für manch einen diese Freilassung den Weg in die Armut in sich schloss.
776 *Keener*, Gal [2019], 442 mit Anm. 2129.
777 Theophylakt, Gal, PG 124, 1009 B.
778 *Reinmuth*, Macht, 178.
779 Die Umstellung δουλείας ζυγῷ (D F G d b) gibt der δουλεία noch mehr Gewicht (*Carlson*, Text, 200).
780 »Jeder, der das Joch der Tora auf sich nimmt, von dem wird das Joch der Regierungsmacht genommen und das Joch der weltlichen Sorge. Aber jedem, der das Joch der Tora von sich abschüttelt, dem wird das Joch der Regierungsmacht auferlegt und das Joch der weltlichen Sorge.«

willig auf sich nimmt, um jüdische Identität zu verwirklichen?[781] Der Nachsatz passt auf mAbot 3,5 nicht recht. In Röm 7,1–6 wiederholt sich das zumindest neuzeitlich empfundene Pathos von Gal 5,1 deshalb nicht, weil καρποφορεῖν θεῷ (V. 4) und δουλεύειν (V. 6) weniger die absolute Befreiung als vielmehr einen Herrschaftswechsel insinuieren. Auch ansonsten wird im Römerbrief das Motiv der Freiheit auf die Freiheit von der Sünde eingeschränkt (Röm 6,18.22; 8,2). Auch das ist anschlussfähig für griechisch-römische Philosophie.[782] Philo hat das Motiv ebenfalls aufgegriffen; es ist also nicht ohne Analogie im antiken Judentum.[783]

2 Der Vers wiederholt sachlich Gal 2,21b. Ἴδε ist Interjektion, der der imperativische Charakter nicht völlig fehlt, aber doch wohl als stehender Ausdruck zu beurteilen.[784] Dass Paulus sich innerhalb des Briefkorpus selbst mit Namen nennt, geschieht nicht häufig; die Wendung ἐγὼ ... Παῦλος dient in 1Thess 2,18 der Versicherung seines dringlichen Wunsches, bei den Thessalonichern zu sein, zu Beginn des *vivace furioso* 2Kor 10–13 in 2Kor 10,1 der Verteidigung gegen Angriffe, die auf die Person des Apostels zielen, in Gal 5,2 zusammen mit dem nachfolgenden λέγω ὑμῖν als Einleitung einer dringlichen Warnung.[785] Paulus bringt nicht nur seine persönliche Autorität, sondern seine Autorität als Apostel zur Sprache.[786] Die Verbindung λέγω ὑμῖν ist gegenüber dem einfachen λέγω als Intensivierung zu betrachten. Paulus verwendet λέγω + Dativ der Person in direkter Anrede dann, wenn es um seinen Selbstanspruch gegenüber dem Adressaten (Phlm 19.21), um Zukunftsansage (1Kor 15,51) bzw. deren Klärung (1Thess 4,15), um Beschämung (direkt 1Kor 6,5; indirekt 2Kor 6,13) oder Warnung geht (Phil 3,18; Röm 11,13; implizit auch 1Kor 10,15). Letzteres ist auch in Gal 5,2 der Fall. Die Fügung ἐὰν περιτέμνησθε deutet hinsichtlich der Konjunktion wie des Konjunktivs an, dass die Galater den Schritt zur Übernahme der Beschneidung noch nicht vollzogen haben, wohl aber geneigt sind, ihn zu vollziehen. Das Präsens wird meist als Präsens *de conatu* angesehen. Für Paulus, der hier das Thema Beschneidung erstmals explizit benennt (alles ab Gal 2,1 Gesagte bereitet den Rahmen, innerhalb dessen die Warnung von Gal 5,3 nunmehr laut werden kann[787]), reißt die Beschneidungsabsicht

---

Der Gedanke ist teilweise Mt 6,33 sowie Mt 11,29f.; Apg 15,10 zu vergleichen. Weitere rabbinische Belege bei Bill. I 608.

781 *Keesmaat*, Paul, 304, vermutet eine Anspielung auf Lev 26,13, sodass auch in Gal 5,1 die Exodus-Tradition als traditionsgeschichtlicher Hintergrund sichtbar würde; vgl. auch *Wilson*, Wilderness, 564.

782 Vgl. Seneca, Ep. 37,4, der die den unterschiedlichsten und wildesten Affekten unterworfene *stultitia* der *sapientia* gegenüberstellt und zu Letzterer vermerkt: *quae sola libertas est*.

783 Philo, Prob 18.

784 *Fantin*, Greek Imperative Mood, 132 Anm. 37.

785 So auch *Schewe*, Die Galater zurückgewinnen, 76; *Klein*, Gal, 165.

786 *von der Osten-Sacken*, Gal, 246.

787 *Keener*, Gal [2019], 444; *Das*, Gal, 523. Man kann eine Parallele darin sehen, dass Paulus innerhalb von 1Kor 6,12–20 das, worum es ihm eigentlich geht, erst in 1Kor 6,18 zur Sprache bringt.

einen Gegensatz zu seiner Verkündigung an Nichtjuden auf.[788] Die Adressaten wie die Fremdmissionare werden diesen Gegensatz kaum in dieser Schärfe gesehen haben.[789] Aber auch für Paulus gilt: An sich ist Beschneidung kein vom Heil ausschließender Tatbestand (vgl. Gal 5,6 sowie 1Kor 7,18f.), und sie kann sogar im Sinne des Bundeszeichens als Vorzug des Juden gelten (Röm 2,25; 3,1).[790] Sie trennt aber von Christus, wenn sie als heilsnotwendig deklariert wird. Die Wendung Χριστὸς ὑμᾶς οὐδὲν ὠφελήσει entspricht dem δωρεάν von Gal 2,21b; die Aussage ist aber zum Zweck der Eindringlichkeit hier in 2. Pl. gesetzt. Das Futur in οὐδὲν ὠφελήσει kann, aber muss man nicht auf das Jüngste Gericht deuten. Wenn die Galater, wie Paulus befürchtet, den Schritt der Beschneidung vollziehen bzw. ihn verpflichtend machen, sind sie nach Paulus nicht mehr ἐν Χριστῷ (Gal 3,28), sondern, wie Paulus in einem Wortspiel festhält, ὀφελέται des ganzen Gesetzes (Gal 5,3).[791]

3 Das Verbum μαρτύρομαι hat hier wie in 1Thess 2,12 den Aspekt der Dringlichkeit. Das Adverb πάλιν zeigt die Wiederholung des Gedankens aus V. 2 an[792]; λέγω δέ (V. 2) und μαρτύρομαι (V. 3) werden damit koordiniert.[793] Der Begriff ἄνθρωπος ist ähnlich kategorial gebraucht wie in Gal 2,16 und signalisiert, dass das Gesagte Juden und Nichtjuden gilt; die Wendung παντὶ ἀνθρώπῳ individualisiert aber zugleich.[794] Das Partizip Präsens περιτεμνομένῳ wird gelegentlich darauf gedeutet, dass einige der Adressaten schon mit dieser Praxis begonnen hätten – zwingend ist das nicht; Gal 5,3 ist als allgemeine Regel formuliert.[795] Der Vers beantwortet aus der Sicht des Paulus die Frage, warum Christus den Galatern nichts nützen wird, wenn sie sich beschneiden lassen.

---

788 Es ist nicht gesagt, dass er Christusgläubigen aus den Juden die Praktizierung der Tora verbietet, solange diese Torapraxis nicht als Weg der Rechtfertigung verstanden wird. Christusgläubige aus den Juden sind auch nicht durch die Tatsache ihrer Beschneidung außerhalb des Heilsbereichs (*Matera*, Gal, 188). Paulus hat in Röm 2,25; 3,1 Juden, in Gal 5,2 Nichtjuden im Auge (*Matera*, Gal, 181).

789 So bereits Calvin, Gal, CR 50, 244.

790 Vgl. auch Gal 2,7f. »Evangelium/Apostelamt für die Beschneidung« (*von der Osten-Sacken*, Gal, 246).

791 So auch *Keener*, Gal [2019], 445; *Das*, Gal, 524.

792 *Lietzmann*, Gal, 39.

793 Die Tilgung des πάλιν in D* F G 206 429 441 442 1739 1881 1913 it kann sich einem *homoioarkton* πάλιν παντί (*Carlson*, Text, 200), aber auch exegetischer Überlegung verdanken: Im Galaterbrief selbst (*Matera*, Gal, 181; *Klein*, Gal, 167) oder beim Gründungsaufenthalt (*Das*, Gal, 513) war der hier geäußerte Gedanke noch nicht expliziert worden. *Lipsius*, Gal, 57, bezieht πάλιν deshalb auf einen vorangegangenen Aufenthalt des Paulus bei den Galatern. Allerdings war damals das nunmehr virulente Problem bei den Galatern noch nicht akut.

794 Dem umfassenden Verpflichtungscharakter entspricht es auch, dass Paulus ἄνθρωπος verwendet, nicht ἀνήρ, obwohl ja die Beschneidung nur an männlichen Gemeindegliedern vollzogen wird (*de Boer*, Gal, 312). Deutlich wird, dass die Aussage nicht aus Hass heraus erfolgt (so richtig Theophylakt, Gal, PG 124, 1009 C) oder nur speziell die Adressaten betrifft (*Das*, Gal, 513).

795 *De Boer*, Gal, 312, gegen *Martyn*, Gal, 469f. Zu Gal 5,14 im Verhältnis zu Gal 5,3 s. die Auslegung zu Gal 5,14.

Die semantische Opposition τὸν ὅλον νόμον ποιῆσαι[796] mit οὐδὲν ὠφελήσει aus V. 2 liefert den Deutungsschlüssel: Wer sich der Tora unterstellt, ist der ganzen Tora verpflichtet, wie auch jüdische Tradition die Übernahme der Beschneidung als Übernahme jüdischer Lebensweise insgesamt bewerten kann.[797] Jüdische Tradition kennt den Gedanken, dass die Übertretung des Gesetzes in kleinen Dingen genauso schwer wiegt wie in großen und man sich in beiden Fällen um die Erfüllung bemühen muss.[798] Dass man durch Übertretung eines einzigen Gebotes am ganzen Gesetz schuldig wird, ist dabei vorausgesetzt.[799] Im Galaterbrief verweist das Verbum ποιέω auf Gal 3,10.12 zurück. Für Paulus heißt das: Wer nicht alles tut, was gefordert ist, der ist verflucht (Gal 3,10) – da aber faktisch, so Paulus, kein Mensch dazu fähig ist, das Gesetz lückenlos zu halten, gerät jeder unter diesen Fluch.[800] Es geht deshalb auch nicht an, nur einen Teil der Tora zu tun und für den Rest auf die Vergebung dank des stellvertretenden Sühnetodes Christi zu hoffen. Auch eine Konzentration oder gar Engführung auf die *identity markers* und die *boundaries* ist nicht angezeigt.[801] Aus Gal 5,3 wird nicht selten gefolgert, die Gegner hätten den Galatern diese Konsequenzen ihres erwünschten Entschlusses verschwiegen und damit auf ihre Weise »Judentum light« angeboten. Religionsgeschichtlich plausibel ist das nicht.[802] Gal 5,3 ist paulinische Zuspitzung des Apostels, die den Galatern die Tragweite der bis in ihren zukünftigen Alltag hineinreichenden Entscheidung verdeutlichen,[803] insofern »abschreckend wirken«[804] soll. Dass

---

796 Zur Formulierung vgl. Dtn 29,28 (ποιεῖν πάντα τὰ ῥήματα τοῦ νόμου τούτου); Jos 1,8 (ποιεῖν πάντα τὰ γεγραμμένα). Statt ποιῆσαι begegnet gelegentlich πληρῶσαι (216 436 440 1505 1611 2495 sy^h).

797 Vgl. Jos Bell II 454: μέχρι περιτομῆς ἰουδαΐζειν. Die Erzählung von der Konversion des Königs Izates (Joseph, Ant XX 36–48) lässt nicht den Schluss zu, dass im Judentum der Übertritt eines prominenten Nichtjuden unter Verzicht auf die Beschneidung erfolgen konnte, um möglichen antijüdischen Affekten bei seiner bisherigen Umgebung zuvorzukommen. Ananias, der innerhalb der Erzählung diese Option vorträgt (Ant XX 41f.), mag als literarische Folie verwendet sein, um den eigentlichen Standpunkt (Ant XX 45), der Figur des Eleazar in den Mund gelegt, nur umso deutlicher hervortreten zu lassen.

798 4Makk 5,20f.; mAbot 2,1; 4,2 (gültig für Juden). TDemai 2,5 gibt eine Äußerung von R. Jose ben Juda wieder, wonach ein Proselyt auf alle Gebote der Tora verpflichtet ist.

799 Vgl. Sir 7,18, 1QS I 13f.; Philo, SpecLeg III 182; 4Makk 5,17.19–21.33; Jak 2,10. PsSal 9,6f. ist dazu kein Gegensatz – es ist Lobpreis Gottes für die Barmherzigkeit der Sündenvergebung; 4Makk 5,20f. mAbot 2,1; 4,2; Gal 5,3 bezeichnen die gültige Anforderung, hinter der zurückzubleiben den Menschen zum Sünder macht.

800 Ähnlich *Moo*, Gal, 324, zuvor bereits Calvin, Gal, CR 50, 244.

801 So aber *Dunn*, Die neue Paulus-Perspektive, 42. Etwas relativiert ist seine Position in *Dunn*, Yet once more, 103f. Schon *Lietzmann*, Gal, 37, hatte gemeint, den Fremdmissionaren habe nur an »einigen rituellen Observanzen« gelegen.

802 Richtig *Matera*, Gal, 189.

803 Ebenso *Schlier*, Gal, 232; *de Boer*, Gal, 314.

804 *Von der Osten-Sacken*, Gal, 247, der in Gal 5,3 einen Reflex der toratreuen Bewegung der Pharisäer erkennt, deren Wertmaßstäbe Paulus geteilt hat (Phil 3,5). Spielt Paulus zusätzlich mit der griechisch-römischen Abscheu vor der Beschneidung (*Keener*, Gal [2019], 444)?

man auch im Judentum wusste, dass man immer wieder hinter dem gebotenen völligen Gehorsam zurückbleibt und es im Fall der Verfehlung Mittel der Sühne gibt, die von Gott gegeben sind,[805] hebt die in Gal 5,3 angespielte Forderung nicht auf.

4 Der Vers formuliert die aus der Sicht des Paulus unausweichliche Konsequenz einer möglichen Entscheidung der Adressaten, sich beschneiden zu lassen, die faktisch auf ein ἀθετεῖν (Gal 2,21a) hinausliefe; das Christusereignis würde als soteriologisch insuffizient beurteilt.[806] Die Wahl des gnomischen Ind. Aor. Pass. κατηργήθητε[807] benennt diese Unausweichlichkeit: Die Konsequenz einer möglichen Entscheidung, sich beschneiden zu lassen, ist schon eingetreten – dieses mögliche Verhalten ist der Verlust der Gemeinschaft mit Christus, ist Zurückbleiben hinter der von Gott neu gesetzten eschatologischen Wirklichkeit.[808] Faktisch würde unwirksam, was von Gott her nicht als unwirksam werdend gedacht werden kann.[809] »[W] hat was intended as a ritual of entry is in reality a ritual of exit.«[810]

Das Relativpronomen οἵτινες nimmt ἐάν (Gal 5,2) wieder auf. Die Präposition ἐν ist wohl als Instrumentalis zu verstehen[811], die Verbform δικαιοῦσθε als Präsens *de conatu*, eher als Medium denn als Passiv zu deuten.[812] Hier wird nochmals die Haltung benannt, die Paulus schon in Gal 2,16 als verfehlt bezeichnet hatte. Paulus will die Furcht erwecken, sich an Gott zu vergehen.[813] Der Aor. Ind. ἐξεπέσατε hält nochmals die Unausweichlichkeit der Konsequenz fest. Die Wendung τῆς χάριτος ἐξεπέσατε in Gal 5,4b ist gleichbedeutend der Wendung Χριστός ὑμᾶς οὐδὲν ὠφελήσει in Gal 5,2b. Paulus statuiert ein Entweder-oder. Aus rezeptionsästhetischer Sicht vergleichbar ist Ciceros Wertung, dass der Konflikt um Markus Antonius grundsätzlichen Charakter hat. Cicero präsentiert sich als jemand, der seinem Gegenüber, dem römischen Senat, klarzumachen beansprucht, worum es in Wahrheit geht: *agitur libertas populi Romani, quae est commendata vobis* (»Es geht um die Freiheit des römischen Volkes, die in eure Hand gegeben ist«).[814]

---

805 *Dunn*, Gal, 266f.
806 *Matera*, Gal, 188.
807 Die sprachlich analoge Wendung καταργέομαι ἀπό in Röm 7,6 zeigt, dass die positive oder negative Nuancierung nicht schon im Verbum selbst angelegt ist, sondern sich erst aus dem Kontext der Aussage ergibt. – Vor Χριστοῦ wird gelegentlich (s. *Carlson*, Text, 232) der anaphorische Genitivartikel ergänzt.
808 Ersteres *Usteri*, Gal, 172; Letzteres *Hafemann*, New Creation, 311.
809 Vgl. das Verbum καταργέω in Gal 3,17 (ähnlich *Keener*, Gal [2019], 453).
810 *Das*, Gal, 525.
811 Denkbar ist von dem antithetischen ἐν Χριστῷ (Gal 5,6) her auch das Verständnis als Angabe des Norm- und Herrschaftsbereiches des Gesetzes (*von der Osten-Sacken*, Gal, 248).
812 *DeSilva*, Galatians. A Handbook, 105; *Das*, Gal, 513.
813 *DeSilva*, Letter, 100.
814 Cic, Phil VII 27; vgl. auch Cic, Agr II 24; Cic, Phil. IV 2, wo Cicero befand, Markus Antonius sei entweder als Konsul oder als Feind des Vaterlandes zu betrachten.

5 Das betont vorangestellte »Wir« ist als Gegensatz zu dem »Ihr« in der vorausgegangenen Warnung konstruiert und ist wohl nicht das »Wir« der Judenchristen[815] oder der vermuteten Gesinnungsgenossen des Paulus unter den Adressaten oder der Heidenchristen[816], sondern das gemeinchristliche »Wir«, das nach dem Verständnis des Paulus auch die Adressaten einschließt.[817] Mit der Partikel γάρ[818] wird der Satz als Begründung dessen eingeleitet, warum das Ansinnen verfehlt ist, durch das Gesetz gerechtfertigt werden zu wollen. Die Begriffe πνεύματι[819] und ἐκ πίστεως (als Antithese zu ἐν νόμῳ, V. 4) gehören zum Hauptverbum und sind parallel geordnet.[820] Der Verweis auf das πνεῦμα soll die Adressatinnen und Adressaten an ihre eigene Geistererfahrung (Gal 3,2) als die Vermittlung des neuen Seins zurückerinnern, der Verweis auf die πίστις an das in Gal 2,16 Gesagte, vielleicht auch an das Zitat von Hab 2,4 in Gal 3,11.[821] Die πίστις ist die der Glaubenden; sollte auf die Treue Christi angespielt sein[822], wäre die Näherbestimmung Χριστοῦ zu erwarten. Der Begriff ἐλπίς war im Galaterbrief bisher nicht verwendet worden. Er kann bei Paulus sowohl von innergeschichtlicher als auch von eschatologischer Hoffnung verwendet werden.[823] In der Wendung ἐλπίδα δικαιοσύνης ist wie bei den Wendungen καινότητι πνεύματος und παλαιότητι γράμματος in Röm 7,6 in Analogie zu Grundregeln der hebr. Grammatik die doppelte Determination vermieden. Die δικαιοσύνη erscheint als Gegenstand der ἐλπίς, was die Wiedergabe mit »erhoffte Gerechtigkeit« nahelegt.[824] Dass es um eschatologische Hoffnung geht, legt der paulinische Gebrauch

---

815 *Longenecker*, Gal, 229; *Witherington*, Grace in Galatia, 369.
816 Ersteres *Martyn*, Gal, 472, Letzteres *Moo*, Gal, 327.
817 *Sänger*, »Vergeblich bemüht« (Gal 4,11)?, 121 Anm. 63; *Das*, Gal, 527.
818 In der lat. Tradition begegnet gelegentlich *autem* (58 61 88ᶜ).
819 Ein Artikel vor πνεύματι fehlt. Alternativen zur Bezugnahme auf den Geist Gottes bieten sich aber nicht an (*Matera*, Gal, 182). Auf die Parallelität des Miteinanders von Geist, Hoffnung und Erwartung weist *Das*, Gal, 527.
820 So auch *Das*, Gal, 528.
821 Ersteres *Schliesser*, Was ist Glaube?, 80, Letzteres *Hafemann*, New Creation, 306.
822 So *de Boer*, Gal, 317, der Gal 5,5 als Abbreviatur bewertet und auf den Konnex zwischen Gal 3,1 und Gal 3,2 sowie auf Gal 3,13f. als Basis christlicher Rechtfertigungsvorstellung verweist.
823 Für Ersteres vgl. u. a. 1Kor 16,7; Phlm 22, für Letzteres vgl. 1Thess 1,3; 5,8; 1Kor 13,13; 15,19. Im ersteren Falle wird ἐλπίς oft auf einen Zustand oder ein Verhalten (häufig das des Gegenübers z.B. 2Kor 1,13; 5,11; 10,15; 13,6) hin konkretisiert. In Gal 5,5 bedingt der Begriff δικαιοσύνη, dass es sich um eschatologische Hoffnung handelt.
824 Der Gen. δικαιοσύνης bezeichnet dann nicht die Quelle der Hoffnung und ist wohl auch nicht als *genitivus epexegeticus* aufzufassen (so aber *Fung*, Gal, 226; *Matera*, Gal, 182). Nach dem Verbum ἀπεκδέχομαι erwartet man die Angabe eines konkreten Objektes (so auch *Moo*, Gal, 328) ebenso wie nach ἐλπίδα (*Hafemann*, New Creation, 308). In antiker christlicher Exegese wurde die Wendung durchgehend als »Hoffnung auf Gerechtigkeit« verstanden (*Meiser*, Gal, 239; für heute vgl. u.a. *Sänger*, Strategien, 293; *Klein*, Gal, 168); Luther, Gal, WA 40/II, 23f. betonte, der Begriff bezeichne sowohl das Erhoffte als auch die Haltung der Hoffnung. Den Unterschied zwischen Glauben und Hoffnung erfasst Luther als Unterschied zwischen dialektischer Erfassung der Idee all dessen, was es zu glauben gilt, und der rhetorischen Überzeugung und Ermahnung, fest am Glauben zu bleiben (WA 40/II, 28).

des Begriffs ἀπεκδέχομαι nahe, den Paulus grundsätzlich in eschatologischen Zusammenhängen verwendet.[825] Gemeint ist das positive Urteil im Jüngsten Gericht.

Es mag auf den ersten Blick irritieren, dass die Gerechtigkeit anders als in Gal 2,21; 3,21 nunmehr als Gegenstand der Zukunftserwartung erscheint. Die Irritation ist aber nur eine scheinbare; traditionsgeschichtlich ist die Vorstellung der eschatologischen Rettung im antiken Judentum breit verankert[826], und 1Thess 1,9f. lässt die Gültigkeit dieses Konzeptes auch bei Paulus erkennen. So ist diese Deutung auch für Gal 5,5 möglich. Vielleicht kommt es bei der ἐλπίς weniger auf die Zukünftigkeit der erhofften δικαιοσύνη denn vielmehr auf Gott als den Urheber der δικαιοσύνη an.[827]

6 Der Satz begründet (γάρ) von V. 5 vor allem die Wendung ἐκ πίστεως und relativiert[828] ähnlich wie Gal 3,28 und 1Kor 7,19 die bisher geltenden, aus traditioneller jüdischer Sicht formulierten Identitätszuschreibungen περιτομή und ἀκροβυστία. In dem Bereich, der mit ἐν Χριστῷ markiert ist, haben sie keine definite Gültigkeit mehr.[829] Gal 6,15 wird den Gedanken wiederholen. Die den Satz abschließende Näherbestimmung des Glaubens bereitet den paränetischen Teil[830] vor, in welchem die ἀγάπη[831] als Schutz davor gilt, dass Freiheit nicht zu einem Ansatzpunkt für eine Realisierung eines unethischen Lebens mutiert. Das Partizip ἐνεργουμένη ist wohl als mediales Partizip zu verste-

---

825 1Kor 1,7; Phil 3,20; Gal 5,5; Röm 8,19.23.25. Er bezeichnet weniger die ungewisse Hoffnung als die gewisse Erwartung (*Keener*, Gal [2019], 458).
826 Vgl. 1QS IV 17–20; äthHen 5,8f.; 10,16; PsSal 17,32.
827 *De Boer*, Gal, 316.
828 *Keener*, Gal [2019], 459, verweist auf die Nähe von Gal 5,6 zum stoischen Konzept des Adiaphoron: Äußere positive Umstände tragen nichts dazu bei, die Glückseligkeit zu fördern – die ἀρετή ist hierfür das einzig entscheidende –; negative Umstände können sie nicht behindern. Allerdings ist auch der Satz von *Klein*, Gal, 169 zu beachten: »Die fremden Missionare aus dem Judentum werden also nicht herabgesetzt, weil sie selber beschnitten sind.« Fragt man, wie Paulus sein Konzept als biblisch möglich rechtfertigen konnte, kann man mit *Livesey*, Circumcision, 92, daran denken, dass in Texten wie Jes 2,2–4; 25,6–8; Mi 4,1–4 von der Beschneidung nicht die Rede ist. Theophylakt, Gal, PG 124, 1012 AB fragt, wie sich die Relativierung der Beschneidung mit dem in Gal 5,1–4 Geäußerten verträgt, und grenzt ein: Es gehe in Gal 5,6 um das Beschnittensein, bevor man zum Glauben kommt. Calvin, Gal, CR 50, 246, sieht das Stichwort der Beschneidung als Synekdoche für das Zeremonialgesetz im Allgemeinen.
829 Die Näherbestimmung (ἐν Χριστῷ) Ἰησοῦ ist in B entfallen.
830 Anders Ps.-Oikumenios, Gal, PG 118, 1152 BC, der die ἀγάπη auf die Liebe zu Christus hin deutet; auch Theophylakt, Gal, PG 124, 1012 B, nennt diese Deutung als eine der beiden Möglichkeiten.
831 Zur Traditionsgeschichte vgl. *Wischmeyer, Vorkommen, mit Verweis auf die dünne Beleglage im paganen Bereich; das Wort begegnet im vorklassischen Griechisch und dann auf einigen römischen Grabinschriften als Frauenname (225–228). Im 3. Jh. steht der Begriff einmal auf einer Inschrift für die Liebe zum Vaterland (*Wischmeyer, Vorkommen, 224), zuvor wird er bei Isokrates, or. 1,1 von der Liebe zu Freunden gebraucht. In der Septuaginta kann er noch u. a. die erotische Liebe einschließen (z.B. 2Sam 13,15; Hohesl 8,6). Für die Ethisierung ist Sap 6,17–20 zentral (*Wischmeyer, Vorkommen, 236). Für die Wahl des Begriffes ἀγάπη zur Wiedergabe von אהב war wohl die phonetische Äquivalenz entscheidend (*Wieger, ἀγάπη, 45).

hen⁸³² und hat restringierenden Sinn: Das im Vordersatz Gesagte gilt nur, solang die in dem Partizipialausdruck liegende Bestimmung erfüllt wird.⁸³³ So verstanden, liegt bei Paulus auch kein wirklicher Gegensatz zu Jak 2,14–26 vor, zumal sich das dafür meist in Anspruch genommene Röm 3,28 auf das *getting in*, Jak 2,14–26 hingegen auf das *staying in* bezieht.⁸³⁴ So kann bei Paulus von Beginn seines literarischen Wirkens an die Wortfamilie ἀγάπη sowohl als Zentralbegriff für das von dem Menschen geforderte Verhalten stehen⁸³⁵ als auch konkret die Motivation für den Beitrag des einzelnen zur οἰκοδομή benennen.⁸³⁶

7 Wie in Gal 4,15f., so kontrastiert Paulus auch hier die Gegenwart der Adressaten, in der die in Gal 5,1–4 erfolgten Warnungen notwendig sind, mit der ungetrübt positiven Vergangenheit; diese Aussage soll die Galater beschämen.⁸³⁷ Das Bild des »Laufens«, bei Paulus auch in 1Kor 9,24; Phil 2,16; 3,14 verwendet⁸³⁸, appelliert an die Kenntnis griechischen Alltagslebens; Sport war in jeder griechisch geprägten Stadt in der Öffentlichkeit präsent, wie die zahlreichen Ehreninschriften beweisen. Das Bild wurde auch in der griechischen Philosophie und bei Philo von Alexandria⁸³⁹ verwendet. Der erste Versteil erinnert in seinem abschließend beurteilenden καλῶς noch einmal an das Wohlverhalten der Galater, mit der Wendung »der Wahrheit gehorchen« bezeichnet, ist also im Galaterbrief ein letzter Rekurs auf die Eigene Erfahrung, die

---

832 Paulus macht Rechtfertigung vom Glauben, aber nirgends vom Zum-Ausdruck-Bringen der Liebe durch das Individuum abhängig (*Das*, Gal, 531). Alternativ deutet *de Boer*, Gal, 318, mit Verweis auf Gal 2,8; 3,5 das Partizip als Passiv und bezieht die »Liebe« auf die Liebe Christi als Selbsthingabe nach Gal 2,20. Das passive Verständnis in der Formulierung *fides caritate formata* war für lateinische antike und mittelalterliche Tradition maßgeblich (*Keener*, Gal [2019], 459). Auch wenn man die πίστις nicht auf die Treue Christi bezieht, bleibt die Möglichkeit und Notwendigkeit davon unberührt, die Liebe des Glaubenden als Liebe zu sehen, die an der liebenden Selbsthingabe Christi ihr Vorbild hat (*Das*, Gal, 531).
833 *Hayes*, Analysis, 97. Der »Glaube, der durch die Liebe wirksam ist«, ist das, was in Gal 6,15 als »neue Schöpfung« bezeichnet wird (Calvin, Gal, CR 50, 246).
834 Mit Verweis auf Gal 5,6 hat man schon in voraufklärerischer Exegese zwischen Röm 3,28 und Jak 2 ausgeglichen, so etwa Augustinus, div. qu. 76,2, CC.SL 44, 220; Theophylakt, Gal, PG 124, 1012 B. Zur Deutung von Röm 3,28 auf das *getting in* vgl. schon Origenes, comm. Rom. 3,9, FC 2,2, 136. Bei Augustinus ist Gal 5,6 eine der wichtigsten Stellen seiner Theologie geworden, vgl. *Meiser*, Gal, 242–245.
835 1Thess 4,9; 5,8.
836 1Kor 8,1b; 13,1–7.
837 So bereits Calvin, Gal, CR 50, 247; *Usteri*, Gal, 174.
838 Ist in Gal 5,7 ein Gegenbild zu Gal 2,2 intendiert (so *Carlson*, Text, 170)? Das Bild hat sich in IgnPhld 2,2 zu dem Neologismus θεοδρόμοι (»Gottesläufer«) verfestigt.
839 Philo zieht den Vergleich zwischen dem Wettkämpfer im Stadion und demjenigen, der nach Erkenntnis strebt (Migr 133f.). Wer erfolgreich gegen alle Sinneslust kämpft, erhält den Siegeskranz, den keine Festversammlung der Menschen zu reichen vermag (LegAll II, 108), nämlich die Gottesschau (Migr 199–201), d.h. die Einsicht in die göttliche Ordnung des Kosmos.

ihnen ihr jetziges Verhalten als umso unbegreiflicher hinstellen soll.[840] Paulus hält ihnen, denen das eschatologische Ziel vor Augen stand, irrationales Verhalten vor; der affektive Gehalt ist derselbe wie in Gal 3,1.[841] Mit dem Bild des »Hinderns«[842] fragt Paulus letztlich, wie die Galater auf die Störung reagieren werden, die sie daran hindern wird, das Ziel zu erreichen.[843] Der Singular des Fragepronomens τίς zielt wohl kaum auf eine, den Galatern vielleicht (halbwegs) bekannte Einzelperson, sondern ist generisch gemeint und betont wieder das Sinistre des Handelns der Fremdmissionare.[844] Der Begriff »Wahrheit« zielt wieder auf die »Wahrheit des Evangeliums«, die Paulus bei seinem Erstbesuch verkündigt hatte.[845] Das Motiv des πείθεσθαι[846] – die Wortfamilie kann positiv wie negativ konnotiert sein[847] – nimmt der Sache nach ὀρθοποδεῖν πρὸς τὴν ἀλήθειαν τοῦ εὐαγγελίου Gal 2,14 wieder auf und wird in Gal 6,16 (τῷ κανόνι τούτῳ στοιχεῖν) wiederholt.

8 Paulus führt in einem Wortspiel das μὴ πείθεσθαι (V. 7) auf eine πεισμονή der Fremdmissionare zurück.[848] In der zweiten Hälfte dissoziiert er die Gegner von dem, der die Galater beruft, ihre Autorität ist somit hinfällig. Das gilt ganz unabhängig von der

---

840 Der Zusatz μηδενὶ πείθεστθε (F G a b vg⁵ Lcf Pel) formuliert erneut eine dringliche Mahnung, sich nicht den Einflüssen der Fremdmissionare zu ergeben, zumal, wenn man den Satz nach ἐνέκοψεν abteilt: »Gehorcht niemandem so, dass ihr der Wahrheit nicht gehorcht« (BDR § 488 1b).
841 *Sänger*, Strategien, 289.
842 Paulus verwendet dieses Bild in 1Thess 2,18 vom Wirken des Satans; allerdings ist das Fragepronomen τίς in Gal 5,7 wohl kaum auf den Satan zu deuten. Vielleicht knüpft Paulus auch an die Verletzung sportlicher Regeln an (*Keener*, Gal [2019], 461; *Das*, Gal, 532f.). Dass das Verbum auf ἀποκόπτω (Gal 5,12) vorausverweist und eine Anspielung auf die Beschneidung darstellt (*Keener*, Gal [2019], 461f.; *Das*, Gal, 533), ist m. E. wenig wahrscheinlich; ἐγκόπτω fehlt in der Septuaginta und begegnet bei Philo und Josephus nicht in solchen Zusammenhängen, auch nicht in sonstiger jüdisch-hellenistischer Literatur. In den Hss. 51 54 begegnet *fascinavit*, wohl als Wiederaufnahme von Gal 3,1. In B (03) begegnet ἀνέκοψεν (zurückwerfen; *Usteri*, Gal, 174f., bei *Carlson*, Text, nicht verzeichnet).
843 Dem Satz ist nicht zwingend zu entnehmen, dass die Adressaten den ihnen anempfohlenen Schritt der Beschneidung schon vollzogen hätten (*Das*, Gal, 536).
844 *Du Toit*, Alienation, 164; *Das*, Gal, 533. An den Satan (so *Holtzmann*, Das Neue Testament, 499; *Betz*, Gal, 452, mit Verweis auf 1Thess 2,18) muss nicht gedacht sein. *Vanhoye*, Lettera, 24, erschließt aus dem Wechsel zwischen Sg. und Pl. in Gal 5,1–12, dass Paulus nicht über gute Informationen verfügte. Die rhetorische Durchgestaltung des Abschnittes rät allerdings zur Vorsicht.
845 Ein Bezug auf das, was Paulus soeben im Galaterbrief geschrieben hat (*Keener*, Gal [2019], 463), scheitert m. E. an der Analogie von Gal 5,7 zu Gal 4,15f.
846 Manche Handschriften (F G a b Lcf Pel) fügen μηδενὶ πείθεσθε an, was wohl kaum paulinisch ist.
847 *Sänger*, Strategien, 283, der den paulinischen Gebrauch von πεισμονή in Gal 5,8 in die Nähe zu βασκαίνω (Gal 3,1) rückt; ähnlich *Klein*, Gal, 172.
848 Das Verbum ist hier transitiv zu verstehen. – In der LA ohne οὐκ (D* d 321 pc b; für patristische Exegese vgl. *Meiser*, Gal, 247) ist die πεισμονή die positiv gemeinte πεισμονή durch Gott. In der lat. HS 135 ist *ex deo* zu *non est ex deo* korrigiert worden, was die Schwierigkeiten des Textverständnisses illustriert. Die Auslassung der Verneinung mag sich dem Umstand verdanken, dass das Substantiv ansonsten positiv gebraucht wird (*Das*, Gal, 513f.).

Frage, ob Gott selbst, Christus oder Paulus oder Gott in Christus durch Paulus[849] als Subjekt des Berufens zu denken sind. Das Präsens καλοῦντος (statt des Aor. καλέσαντος in Gal 1,6) könnte darauf referieren, dass Gott die Galater durch Paulus ein zweites Mal ruft oder dass die geschehene Berufung ungeachtet der gegenwärtigen Gefährdung weiterhin gilt.[850]

9 Im Folgenden spricht Paulus neben der sachlichen die emotionale Ebene an, indem auf die versteckte, aber alles durchdringende Gefährlichkeit hingewiesen wird – die Voranstellung von ὅλον vor ζυμοῖ signalisiert Emphase. Das Präsens betont hier die zeitübergreifende Gültigkeit der Aussage.[851] Das Bild vom Sauerteig ist wie in 1Kor 5,6 negativ verwendet[852], in der Jesustradition auch einmal positiv (Mt 13,33; anders in Mk 8,15 parr.). Liegt eine Anspielung vor an Ex 23,18 (man soll nicht über Gesäuertem das Blut des Opfers darbringen) oder Ex 34,25 (du sollst das Blut meiner Opfertiere nicht über Gesäuertem schlachten)? Gesäuerte Brote sind nach Lev 7,3(13) aber gefordert im Zusammenhang des Rettungsopfers sowie zum Wochenfest. Gelegentlich wird erwogen, dass Paulus ein Sprichwort zitiert[853], allerdings ist der genaue Wortlaut in vorchristlichen Schriften nicht nachgewiesen.[854] Das Bild zielt wahrscheinlich weniger auf ein geringes Maß an Abweichung von der Lehre des Evangeliums[855], sondern auf die geringe Anzahl der Fremdmissionare, von denen allerdings ein für die ganze Gemein-

---

849 Auf Gott als Urheber der Berufung verweisen Ps.-Oikumenios, Gal, PG 118, 1152 B; *Usteri*, Gal, 176; *Longenecker*, Gal, 231; *Matera*, Gal, 183; *Martyn*, Gal, 475, mit Bezug auf Gal 1,6. Auf Christus und Paulus deutet die Aussage White, Rhetoric and Reality in Galatians, 333, in Analogie zu seiner Auslegung von Gal 1,6; 3,5. Allein auf Christus verweist Theophylakt, Gal, PG 124, 1012 C. Auf Gott in Christus durch Paulus wird die Aussage bezogen bei *Das*, Gal, 533.

850 Ersteres *de Boer*, Gal, 321; *Keener*, Gal [2019], 463; *Reinmuth*, Macht, 179 (»der Brieftext selbst wird zum Zuspruch« des berufenden Handelns Gottes an den Adressatinnen und Adressaten), Letzteres *von der Osten-Sacken*, Gal, 252.

851 Dazu vgl. *Porter*, Verbal Aspect, 182.

852 Das Wort ζυμή begegnet aber in der Septuaginta und bei Josephus nicht in dieser Funktion als Bildwort, wohl aber bei Philo, SpecLeg I 293 als Bild für das Aufgeblasensein in Hochmut. Statt ζυμοῖ begegnet in manchen Hss. zu Gal 5,9 (D* lat) δολοῖ, was die πεισμονή seitens der Fremdmissionare aus paulinischer Sicht unmittelbar charakterisiert und das Sprichwort in V. 9 verständlicher macht (*Usteri*, Gal, 177).

853 *Lightfoot*, Gal, 206; *Burton*, Gal, 283; *Longenecker*, Gal, 231; *Witherington*, Grace in Galatia, 372.

854 *Keener*, Gal [2019], 464. Vergleichbar ist der bei Platon und Cicero zur Mahnung an die politischen Eliten dienende Gedanke »So wie die Eliten sind, so sind gewöhnlich auch die Bürger« (Plato, Leg 711c; Cic, Ep. Fam. I,12: *Erant praeterea haec animadvertenda in civitate quae sunt apud Platonem nostrum scripta divinitus, quales in re publica principes essent, talis reliquos solere esse civis*) [»Außerdem sei das im Staate wahrzunehmen, was bei unserem Plato so göttlich beschrieben ist: Wie im Gemeinwesen die Fürsten beschaffen sind, so sind es gewöhnlich auch die übrigen Bürger«]). Der Gedanke ist auch in jüdischer Tradition bekannt (Sir 10,2).

855 Ps.-Oikumenios, Gal, PG 118, 1152 C (es gehe um das eine Gebot der Beschneidung, was die Adressaten zusätzlich beachten wollten); Calvin, Gal, CR 50, 248; *Lietzmann*, Gal, 37; *Klein*, Gal, 173; *Das*, Gal, 534.

de verderblicher Einfluss befürchtet wird.⁸⁵⁶ Konkret mag vor der Überredungskunst der Fremdmissionare gewarnt sein.⁸⁵⁷ Die Gemeinde soll sich von jenen Fremdmissionaren deshalb bewusst distanzieren (Gal 4,30), wie das Paulus in aller Deutlichkeit getan hat (Gal 1,8f.).

10 Paulus appelliert nunmehr an das Pathos. Der erste Versteil bietet formal eine Äußerung des Vertrauens⁸⁵⁸ bzw. des Taktes.⁸⁵⁹ Das Verbum πέποιθα mag als Wortspiel zu πεισμονή in V. 8 empfunden worden sein.⁸⁶⁰ Allerdings ist Gal 5,10 durch die Wendungen ἐν κυρίῳ und οὐδὲν ἄλλο schon sehr deutlich in Richtung auf eine selbstverständliche Erwartung des Apostels formuliert, die πεισμονή seitens der Fremdmissionare nicht anders zu beurteilen als er.⁸⁶¹ Dass φρονεῖν bei Paulus meist in ähnlichen Wendungen erscheint, wo es um die Einmütigkeit in der Gemeinde geht⁸⁶², sollte bemerkt werden. Christentum in der Antike ist, wie der Historiker konstatieren muss, unbeschadet der Anschlussfähigkeit materialer frühchristlicher Ethik – und unbeschadet Gal 6,3 – keine Sache einer Reflexion, die nicht an theonome Vorgaben gebunden wäre, sondern setzt Gehorsam gegenüber der geoffenbarten Wahrheit voraus. Bereits antike Christentumskritiker haben das wahrgenommen.⁸⁶³

Gal 5,10b ist Gerichtsankündigung über die Fremdmissionare⁸⁶⁴, denen damit wiederum jegliche Autorität entzogen werden soll. Paulus will Vorurteile gegen sie er-

---

856 So auch *Usteri*, Gal, 176f.; *Matera*, Gal, 190.
857 Luther, Gal, WA 40/II, 44, der den Fremdmissionaren den Vorwurf attribuiert, Paulus sei eigensüchtig und wolle allein seine Weisheit gelten lassen; *von der Osten-Sacken*, Gal, 252.
858 Die Worte ἐν κυρίῳ können auf Gott oder auf Christus bezogen werden (Ersteres *Das*, Gal, 535, Letzteres *Matera*, Gal, 184). Sie fehlen im Codex Vaticanus, vielleicht durch ein Versehen (*Das*, Gal, 514). Soll gesagt sein, dass die Macht Gottes größer ist als die der Gegner, und dass christlicher Glaube stets geprägt ist durch die Hoffnung auf das, was Gott tun kann (*Das*, Gal, 535)? Oder signalisieren die Worte, dass Paulus weniger der eigenen Überzeugungskraft als dem Herrn vertraut (*Matera*, Gal, 190)?
859 *Du Toit*, Alienation, 162.
860 *De Boer*, Gal, 321; *Das*, Gal, 535.
861 Ebenso *Matera*, Gal, 184; *de Boer*, Gal, 321; *Moo*, Gal, 327; *Das*, Gal, 535. Möglich, aber nicht ganz so kontextaffin ist die Deutung des οὐδὲν ἄλλο auf die bisherige Einstellung der Adressaten vor dem Wirken der Fremdmissionare (*Usteri*, Gal, 178) oder auf die Verkündigung des Paulus im Allgemeinen (*Schlier*, Gal, 237; *deSilva*, Letter, 436).
862 Phil 2,2.5.
863 Kritisch dazu in der Antike Galen, De pulsuum differentiis 3 (bei *Walzer, Art. Galenos, 782).
864 Das Wort κρίμα steht auch in Röm 2,2f.; 3,8 von der Verurteilung im Jüngsten Gericht. Bei Paulus gehört der Gedanke »zum Standardrepertoire« seiner Auseinandersetzung mit Gegnern, wie u. a. 1Kor 3,17; 2Kor 11,15; Phil 1,28; Röm 3,8 zeigen (*Konradt*, Gericht und Gemeinde, 487 Anm. 56). Aber auch griechisch-römische Geistigkeit kennt den Gedanken, vgl. Cic, Phil II 46/119: *duo modo haec opto, unum, ut moriens populum Romanum liberum relinquam ..., alterum, ut ita quicque eveniat, ut de re publica quisque mereatur* (»Nur zweierlei wünsche ich, einmal, daß ich bei meinem Tode ein freies Volk hinter mir lassen könnte ... zum anderen, daß es jedem so ergehe, wie er es um den Staat verdient«; Übersetzung Kasten III 95).

zeugen.⁸⁶⁵ Der Singular ὁ... ταράσσων deutet aufgrund von Gal 1,7; 5,12 nicht auf einen einzelnen Gegner, sondern ist als generischer Singular zu verstehen.⁸⁶⁶ Die Wendung »wer es auch sei«⁸⁶⁷ will vermutlich nicht besagen, dass Paulus den Anführer der Gegner⁸⁶⁸ oder gar eine bestimmte Person aus der christlichen »Prominenz«⁸⁶⁹ im Auge hat und impliziert wohl auch nicht, dass Paulus über die Verhältnisse bei den Adressaten nur ungenügend Bescheid weiß⁸⁷⁰, sondern meint: Das Gericht ergeht ohne Ansehen der Person. Damit wird auch ein Aspekt von Gal 1,8f. (»aber auch wenn wir oder ein Engel«...) wieder aufgenommen.

11 Paulus wendet den Blick nunmehr weg von den Adressaten hin auf etwas, was ihn betrifft; die Aussage zielt auf sein eigenes Ethos. Der Vers birgt einige Probleme: Ist von einem realen Verhalten des Apostels oder von einer Behauptung der Fremdmissionare die Rede? Ist das erste ἔτι additiv oder temporal zu deuten? Bezieht sich V. 11a auf die Zeit vor oder auf die Zeit nach seiner Lebenswende? Wie konnten die Galater das Syntagma σκάνδαλον τοῦ σταυροῦ verstehen? Unter den sich hier eröffnenden Deutungsmöglichkeiten ist eine Interpretation zu erarbeiten, die sich am ehesten dem Argumentationsduktus und den Verstehensmöglichkeiten seitens der Adressaten einfügt.

Dass Paulus vor seiner Berufung in Situationen der Begegnung mit nichtjüdischen Sympathisanten der Synagoge die Übernahme der Beschneidung als regulären Weg für Nichtjuden ins Judentum vertrat, legt sich nahe.⁸⁷¹ Ob er nach seiner Berufung anfänglich unter Übernahme der Beschneidungsforderung predigte⁸⁷², sagt er nicht.⁸⁷³

---

865 *DeSilva*, Letter, 99.
866 Ersteres *Witherington*, Grace in Galatia, 372, Letzteres *Schlier*, Gal, 238; *Bruce*, Gal, 236; *Matera*, Gal, 190.
867 Den emphatischen Charakter betont Calvin, Gal, CR 50, 248. Die v.l. ἂν ᾖ (D F G Ψ) statt ἐὰν ᾖ nähert die Formulierung dem klassischen Gebrauch an (*Carlson*, Text, 200).
868 So aber *Ewald*, Sendschreiben, 93; *Lipsius*, Gal, 59; *Martyn*, Gal, 475. Das ist unwahrscheinlich wegen des in Gal 5,12 folgenden Plurals (*de Boer*, Gal, 321).
869 Luther, Gal, WA 40/II, 50, mit Verweis auf Gal 1,8 als Parallele; *Lietzmann*, Gal, 38; *Schlier*, Gal, 238; *Klein*, Gal, 173. Die Vermutung, Gal 5,10 sei ein Seitenhieb gegen Petrus, ist schon in antiker antichristlicher Kritik geäußert worden (vgl. Hieronymus, in Gal, CC.SL 77 A 164).
870 *von der Osten-Sacken*, Gal, 253.
871 *Hubing*, Crucifixion, 151.
872 So u.a. *Campbell*, Framing Paul, 340; *Sanders*, Paul, 117. Dass Missionare ihre Praxis änderten und darüber mit anderen in Konflikt gerieten, lässt sich, so *Campbell*, Framing Paul, 345, auch anderweitig nachweisen; Campbell bietet aber hierzu überhaupt keine Belege. Es läge nahe, den Umschwung bei Paulus dann in die Zeit zwischen dem ersten Aufenthalt in Jerusalem nach Gal 1,18f. und dem Apostelkonvent Gal 2,1–10 zu verlegen (s. die Erwägung bei *Das*, Gal, 538, der diese Position aber nicht vertritt). – Die Wahl des Verbums κηρύσσω mag verwundern, lässt sich aber als ad hoc gebildete semantische Opposition zu κηρύσσω Χριστόν oder κηρύσσω εὐαγγέλιον (Gal 2,2) erklären.
873 Dies wäre insofern nicht unmöglich, als bei einer generellen, biblisch durch Jes 2,1–4 etc. gerechtfertigten Akzeptanz der Integration von Nichtjuden ins Gottesvolk immer noch die Frage nach

5,1–12 Zusammenfassung des argumentierenden Hauptteils

Die Erwähnung der fünfmaligen jüdischen Prügelstrafe in 2Kor 11,24 lässt mindestens an einen längeren Zeitraum denken, in dem die Verkündigung des Paulus anderen Juden als nicht mehr akzeptabel erschien. Spätestens zum Zeitpunkt des Apostelkonvents muss er von der Nicht-Notwendigkeit der Beschneidung überzeugt gewesen sein, sonst hätte sich seine Sorge um die Anerkennung seines Weges durch die Jerusalemer Autoritäten (Gal 2,2)[874] ebenso erübrigt wie die Mitnahme des nicht beschnittenen Titus. Im Galaterbrief erscheint hier wie in Gal 6,12 die Opposition »Beschneidung vertreten vs. verfolgt werden wegen diesbezüglicher Selbstverweigerung.«

Dass Paulus in Gal 5,11 ohne äußere Veranlassung durch die Fremdmissionare von sich aus ähnlich wie in Gal 1,13f. auf seine Tätigkeit vor der Berufung zu sprechen kommt, kann als unwahrscheinlich gelten; welches Ziel gegenüber den Galatern sollte das haben?[875] Doch auch wenn sich Gal 5,11 auf eine frühe Phase nach seiner Berufung bezieht, in der er tatsächlich unter Übernahme der Beschneidungsforderung gepredigt habe, wäre es für ihn in der jetzigen Auseinandersetzung nicht hilfreich[876], von sich aus an diese Phase seiner Missionstätigkeit zu erinnern. Näher liegt deshalb, dass Paulus hier eine mögliche[877] oder wirkliche Vorhaltung der Fremdmissionare aufgreift. Dabei verdient eine Interpretation den Vorzug, die das – wie auch immer zu interpretierende οὕτως ταχέως – von Gal 1,6 zu erklären hilft. Von daher ist es wenig wahrscheinlich, dass die Fremdmissionare auf die Zeit des Paulus vor seiner Berufung verwiesen; näher liegt entweder ein Missverständnis der Fremdmissionare bezüglich der Haltung des Paulus am Apostelkonvent[878] oder bezüglich einzelner Aussagen des Paulus, in denen die Beschneidung als Adiaphoron erscheint[879], oder aber ihr Verweis

---

    den Bedingungen der Zugehörigkeit offenbleibt. Auch muss Paulus, so *Keener*, Gal [2019], 467, den Verzicht auf die Beschneidung keineswegs sofort als zwingende Konsequenz aus seinem Berufungserlebnis abgeleitet haben.

874 *Sänger*, Konfliktlinien, 109 Anm. 28.

875 So zu Recht *Sumney, ›Servants of Satan‹, 145; *Campbell*, Framing Paul, 337, gegen *Dunn*, Gal, 278.

876 In mehreren Handschriften (D* F G 0278 6 483 1739 1881 a d b), über verschiedene Traditionsströme hinweg (*Carlson*, Text, 200; *Houghton* u. a., Epistles, 425), ist das erste ἔτι konsequenterweise auch getilgt.

877 *Esler*, Gal, 67, zufolge wendet Paulus das Stilmittel der *anticipatio* an, der Vorwegnahme von (möglichen) Vorwürfen der Gegenpartei, hier wie in Gal 1,1.10.16f. Wie Esler interpretiert auch *Das*, Gal, 540. Vgl. *Lipsius*, Gal, 60: »Von einer persönlichen Verfolgung des Apostels durch die Judaisten... ist trotz des scharf zugespitzten Gegensatzes im ganzen Briefe keine Rede, vgl. auch 4,29.«

878 *De Boer*, Gal, 321, erwägt eine Fehlinterpretation des Verhaltens des Paulus während der Apostelversammlung, wo Paulus ein ethnisch an Israel gebundenes toraobservantes Christentum (vgl. Gal 2,7–9) als Möglichkeit anerkannt habe, als Basis dieser Behauptung.

879 *Schlier*, Gal, 239 Anm. 1 mit Verweis auf 1Kor 7,19; Gal 5,6; 6,15; ebenso *Bruce*, Gal, 236; *Matera*, Gal, 191; *Sumney, ›Servants of Satan‹, 159. Das könnte die Konstruktion εἰ + Realis erklären.

auf eine gelegentlich[880] vollzogene Beschneidung an Nichtjuden[881] auch nach der in Gal 1,15f. vollzogenen Lebenswende (vgl. Apg 16,1–3)[882], mit dem die Fremdmissionare dem Apostel faktisch Inkonsequenz attestieren und die konsequente Übernahme der gängigen Konversionsregeln im Judentum als die eigentliche Haltung des Apostels ausgeben, womit sie auch auf die Galater Eindruck machen können.

Paulus widerlegt diese Vorhaltung durch den Verweis auf die Verfolgungen, die er erlitten hat. So ist Gal 5,11 ein Appell an das Ethos bei Paulus selbst im Sinne einer Verteidigung seines Standpunktes gegen die mögliche Vermutung mangelnder Konsistenz.[883] Das wird man auch als indirekte Selbstautorisierung des Paulus verstehen dürfen: So wie Paulus trotz der gegen ihn gerichteten Aktivitäten bei seiner Überzeugung bleibt, sollten auch die Galater bei der ihnen durch Paulus vermittelten Verkündigung des Evangeliums bleiben. Von wem Paulus Verfolgung erleidet, benennt er nicht näher. Gelegentlich wird der Begriff διώκω in Gal 5,11 metaphorisch gedeutet und auf die Aktivitäten der Fremdmissionare bezogen[884]; angesichts von 1Kor 4,8–13; 2Kor 11,24 scheint mir das nicht zwingend[885], zumal Paulus das Verbum διώκω nie metaphorisch verwendet.

Der Begriff σκάνδαλον kann sowohl den Anlass der Ablehnung als auch den Anlass zur Verführung, zur Sünde bezeichnen.[886] Man wird fragen, ob das Kreuz wegen des in Dtn 21,23 ausgesprochenen Fluches als σκάνδαλον gilt[887] oder wegen der mit dem soteriologisch gedeuteten Kreuzesgeschehen verbundenen Relativierung des Ansinnens, durch das Tun des Gesetzes zu einem positiven Verhältnis zu Gott zu gelangen,[888] oder wegen der durch das Christusgeschehen erfolgten heilsgeschichtlichen Relativierung

---

880 *Martyn*, Gal, 475–477 hat ἔτι in V. 11a additiv gedeutet. Bevorzugt wird aber zumeist die temporale Deutung (*Campbell*, Framing Paul, 327). Das zweite ἔτι ist wohl logisch zu verstehen (*Lipsius*, Gal, 60).

881 Die These, Gal 5,11a rede von einer frühen planmäßigen oder gelegentlichen Mission unter Juden (*Dunn*, Epistle to the Galatians, 279f.; *Fung*, Gal, 240), hat angesichts von Gal 1,15f. wenig Wahrscheinlichkeit für sich (*Campbell*, Framing Paul, 339). Auf den Vorwurf einer generellen Inkonsequenz des Apostels haben Ps.-Oikumenios, Gal, PG 118, 1152 D; Theophylakt, Gal, PG 124, 1013 A, die Stelle gedeutet. Die Beschneidung des Timotheus sei κατ' οἰκονομίαν erfolgt, dürfe aber nicht zum δόγμα erhoben werden. Deswegen steht auch εἰ ... κηρύσσω, nicht εἰ ... εἰργασάμην.

882 *Lietzmann*, Gal, 38; *Rau*, Von Jesus zu Paulus, 81–83; *Klein*, Gal, 174; *Keener*, Gal [2019], 468. Zur Vorsicht mahnt *Horn*, Verzicht, 25.

883 *DeSilva*, Letter, 98.

884 *Martyn*, Gal, 477; *Matera*, Gal, 190.

885 So auch *de Boer*, Gal, 323.

886 *Schlier*, Gal, 239. Was in 1Kor 1,23 im Deskriptiven verbleibt, wird hier mit realer Erfahrung verbunden.

887 *Holtzmann*, Das Neue Testament, 499; *Bruce*, Gal, 217; *Das*, Gal, 541, als Erwägung.

888 Letzteres *Schlier*, Gal, 240; *Matera*, Gal, 190; *Moo*, Gal, 337; *de Boer*, Gal, 323f. – Mehrfach ist als Ergänzung am Ende des Verses τοῦ Χριστοῦ belegt (A C 76 102 218 326). *Ehrman*, Corruption, 154, sieht in dem Zusatz einen Versuch, die Realität des Kreuzestodes Christi zu betonen und den Apostel Paulus seiner gnostischen Vereinnahmung zu entwinden.

des Unterschiedes zwischen Juden und Heiden *coram Deo*.[889] Im Blick auf Gal 5,11a hat letztere Antwort, Gal 5,11b betreffend, einiges für sich, während für 1Kor 1,23 eher an Dtn 21,23 zu denken ist.

12 Ein weiteres Mal nimmt Paulus die Aktivitäten der Fremdmissionare in den Blick, um die Adressaten von ihnen zu dissoziieren und wieder auf seine Seite zu ziehen.[890]

Diese Aktivitäten benennt er hier, wohl zum Zweck der stilistischen Variation (oder als Steigerung gegenüber ταράσσω[891]), mit dem Verbum ἀναστατόω. Das Wort kennzeichnet auch in Apg 17,6; 21,38 die Veranlassung von Aufruhr, der im Imperium Romanum als Staatsverbrechen galt. Für ἀποκόψονται[892] bestehen mehrere Deutungen, von denen die eher diskutablen[893] genannt seien:

1. Hält man an dem wörtlichen Verständnis des Verbums fest, so kann die Gleichstellung von Beschneidung und Kastrierung[894] an die römische Abneigung gegen diesen jüdischen Ritus erinnern.[895] Kastration galt, auch wenn sie gegen den Willen des Kastrierten vollzogen war, als Verlust der Männlichkeit.[896] Eunuchen galten in der Antike generell als verachtenswert.[897] Paulus greift dies auf, um die Fremdmissionare damit zu diskreditieren.

2. Ob an den Brauch der Selbstverstümmelung der Priester im Attis- und Kybelekult erinnert wird, ist umstritten.[898] Immerhin war dieser Kult in der Landschaft Galatien, aber auch in Phrygien verbreitet (dort z.B. am Berg Ida und am Berg Sipylos).[899] In diesem Falle stellte Paulus allerdings die Beschneidung als das heilige Bundeszeichen

---

889 *Dunn*, Gal, 281; *deSilva*, Gal, 439f.; *Das*, Gal, 541, als Erwägung. Die Bezeichnung des Kreuzes als σκάνδαλον für die Ungläubigen in IgnEph 18,1 ist ein impliziter Appell an die Selbstabgrenzung der Adressaten von ihrer eigenen, religiös gesehen griechisch-römischen Vergangenheit.

890 *Du Toit*, Vilification, 55.

891 *Usteri*, Gal, 181.

892 Die v.l. ἀποκόψωνται (𝔓46 D F G), unklassisch nach ὄφελον, das einen Ind. nach sich zieht, ist durch einen Hörfehler entstanden (*Carlson*, Text, 201), wenn sie sich nicht der Unzufriedenheit mit dem jetzigen Text verdankt (*Das*, Gal, 515). 𝔓46 hatte zuvor schon die Folgerungspartikel ἄρα statt ὄφελον geboten; dadurch ist der Konjunktiv gerechtfertigt.

893 Es ist wohl kaum an asketische Tendenzen im Sinne von Mt 19,11f. bei den Fremdmissionaren zu denken – Gal 5,12 ist ironische Aufforderung, nicht verfälschende Deskription.

894 Vorausgesetzt ist, dass ἀποκόψονται wörtlich zu verstehen und nicht etwa metaphorisch auf den erhofften Selbstausschluss der Fremdmissionare von der Gemeinde Gottes zu deuten ist. Die metaphorische Deutung würde Paulus von dem moralischen Makel entlasten (s.u.), ist aber kaum kontextgemäß.

895 Strabo, Geogr. XVI 2,37 § 763; Petronius, Sat. 68; 102; Diodorus Siculus III 32,4. Vgl. *Horn*, Verzicht, 25f.

896 *Keener*, Gal [2019], 473, mit Belegen.

897 *Das*, Gal, 542, mit Verweis auf *Lukian*, Eunuch, 6.

898 *De Boer*, Gal, 325, mit Hinweis auf das Kybele-Heiligtum in Pessinus. Als Erwägung auch *Martyn*, Gal, 478. Skeptisch sind *Sänger*, Strategien, 290 Anm. 49; *du Toit*, Vilification, 56.

899 *Edwards*, Galatians 5:12, 324f.

einem heidnischen Kultbrauch gleich. Ihre Übernahme durch die Adressaten käme aus der Sicht von Gal 5,12 dem Rückfall in die vorchristliche Vergangenheit gleich (vgl. Gal 4,3). Auch liefe diese (Selbst-)Domestizierung, die als ein wesentliches Element dieses Kultes zu betrachten ist, dem Evangelium der Gnade und der Freiheit durchaus zuwider.[900] Ob die Selbstverstümmelung der Priester im Kybelekult grundsätzlich freiwillig erfolgte, ist jedoch nicht zu sichern.[901] Darüber hinaus ist generell bestritten worden, dass es in Kleinasien Belege für Emaskulationsriten gebe.[902]

3. Kämen die Gegner des Paulus der Aufforderung nach, würden sie sich nach Dtn 23,2 selbst kultisch bleibend verunreinigen. Paulus hat wohl kaum damit gerechnet, dass einer seiner Gegner sich diesem Ritus unterzieht. Man kann Gal 5,12 als Ausdruck letzter argumentativer Hilflosigkeit bezeichnen; Paulus redet sich in Rage und verzerrt polemisch.[903] Jedenfalls ist Gal 5,12 – bei aller Notwendigkeit, Dinge auch einmal deutlich beim Namen zu nennen – kein Vorbild für Gespräche mit Andersdenkenden.[904]

---

900 A.a.O., 331f.
901 *Edwards*, Galatians 5:12, 328f.
902 *John*, Gal, 152.
903 *Von der Osten-Sacken*, Gal, 255.
904 So auch *Reinmuth*, Macht, 181f. u.a. Gal 5,12 hat schon antike Christentumskritiker auf den Plan gerufen und christliche Autoren zu entsprechenden Fragen veranlasst. Bezugnehmend auf die Kritik eines Unbekannten an dem Satz Gal 5,12 fragt Hieronymus, inwieweit dieser Satz mit des Paulus eigenen Worten (Röm 12,14; 1Kor 6,10), aber auch mit den Worten Jesu (Lk 6,28; Mt 11,29) und seinem Beispiel (1Petr 2,23) vereinbar sei, oder auch mit dem Selbstanspruch des Apostels, dass Christus in ihm lebe (Gal 2,20) und rede (2Kor 3,13). Hieronymus antwortet mit dem Verweis auf den Schmerz des Apostels, der diejenigen durch Drohungen zurückgewinnen müsse, die sich durch Milde nicht überzeugen ließen (*Hieronymus*, in Gal., CC.SL 77 A, 167f.). Ps.-Oikumenios bemerkt, Paulus sei um die Adressaten besorgt, nicht um die Fremdmissionare, die er für unheilbar krank hält (Ps.-Oikumenios, Gal, PG 118, 1153 A). Luther, Gal, WA 40/II, 56f., verwies auf die Notwendigkeit, der Wahrheit auch gegen schleichende Tendenzen (Gal 5,9) klares Gehör zu verschaffen.

Dritter Hauptteil: Paränese Gal 5,13–6,10

Warum hat Paulus diesen Teil des Galaterbriefes geschrieben? Für die Frage nach der Notwendigkeit der Ausführungen Gal 5,13–6,10 wurden alle denkbaren Möglichkeiten ausprobiert.[1] Es kann bei den Galatern selbst um tatsächlich vorhandenen[2] oder von ihnen[3] bzw. von Paulus befürchteten[4] oder von den Gegnern unterstellten[5] Missbrauch der Freiheit gehen, bei den Gegnern um Unterstellungen gegenüber Paulus[6], um die an die Galater adressierte Warnung vor dem Fluch des Gesetzes.[7] In diesen nicht selten kombinierten Argumentationen[8] dominiert der Situationsbezug. Daneben stehen Argumentationen, die diesen Briefteil theologisch als notwendigen Aufweis der sittlichen Konsequenzen aus der Übernahme des Evangeliums deuten, im Sinne einer »Absage an die σάρξ«[9]. Implizit ist damit zugleich die Möglichkeit eröffnet, Paulus innerhalb des griechisch-philosophischen Freiheitsdiskurses zu verorten, der Freiheit immer auch als Unabhängigkeit von den zu irrationalem Handeln veranlassenden Affekten verstanden hat.

Im Blick auf den Lasterkatalog Gal 5,19–21 ist die Lösung zu favorisieren, wonach Paulus mögliche Einwendungen der Gegner im Auge hat, seine Verkündigung führe zu einem Leben der sittlichen Zügellosigkeit, dem sich nur durch die Hinwendung zur Tora Einhalt gebieten lasse.[10] Um aktuelle Zustände bei den Galatern geht es mindes-

---

1 Das gilt auch jenseits der kurzlebigen Zweifrontentheorie von Lütgert und Ropes.
2 *Lietzmann*, Gal, 39; *Bousset*, Gal, 70; *Zahn*, Gal, 7. Dabei ist ein Bezug von Gal 5,15 auf tatsächliches Fehlverhalten der Galater vorausgesetzt. *Sieffert*, Gal, 318, vermutet speziell eine Vernachlässigung des Liebesgebotes.
3 *Lagrange*, Galates, lxii: Wahrscheinlich haben die Galater nach ethischer Orientierung gesucht und die Judaisten haben ihnen das Gesetz als solche angeboten, vielleicht mit Bezug auf den Dekalog als deren Zusammenfassung. Paulus geht in seiner Art der Zusammenfassung im Liebesgebot noch weiter. Ähnlich *deSilva*, Gal, 443.
4 Ps.-Oikumenios, Gal, PG 118, 1153 B; Calvin, Gal, CR 50, 250; *Holtzmann*, Das Neue Testament, 500; *Buscemi*, Lettera ai Galati, XIV Anm. 5.
5 *Lietzmann*, Gal, 39; *Ridderbos*, Epistle, 199f.; *Eckstein*, Christus in euch, 163; *Keener*, Gal [2019], 481, mit Verweis auf Röm 3,8.
6 *Beyer/Althaus*, Gal, 44; *Lipsius*, Gal, 61; *Sieffert*, Gal, 318; *Martyn*, Gal, 497; *de Boer*, Gal, 330f.
7 *Wilson*, Curse of the Law, 140.
8 *Burton*, Gal, 290: Einerseits befürchtet Paulus bei den Judaisten, dass man ihn verdächtigt, seine Lehre führe zur sittlichen Indifferenz, andererseits befürchtet er ein entsprechendes Missverständnis auch bei den Galatern. Ähnlich *Zahn*, Gal, 259; *Bousset*, Gal, 69.
9 *Merk*, Handeln aus Glauben, 69; ähnlich *Barclay*, Obeying the Truth, 96; *Matera*, Gal, 195f.; *Keener*, Gal [2019], 480.
10 Allerdings bietet Paulus in Gal 5,13–6,10 keineswegs ein Kurzkompendium (auch nur der Ethik) der Tora (*Barclay*, Obeying the Truth, 169f.).

tens in der Mehrzahl der genannten Laster nicht.[11] Wer bereit ist, sich der Einflussnahme der Fremdmissionare zu öffnen und sich bewusst noch stärker in die Identität Israels hineinzubegeben, wird am allerwenigsten für πορνεία und εἰδωλολατρία anfällig sein, und wird sich auch der anderen Laster enthalten, die in jüdisch-christlicher Literatur nicht selten als (pauschal unterstellte) Kennzeichen griechisch-römischer Lebensweise gelten. Gerade dass die Nennung sexueller Laster bei Paulus konventionell ist[12], zeigt sein Bemühen, zu vermitteln, dass auch seine Verkündigung nicht zu einer »typisch griechisch-römischen Immoralität« vom strengen jüdischen Standpunkt aus führt.[13]

Warum ist der paränetische Teil an dieser Stelle des Briefes eingereiht? Manche erkennen in dieser Anordnung eine Klimax-Funktion[14]; m. E. ist es ebenso naheliegend, das in diesem Abschnitt Ausgeführte als Konsequenz aus dem bisher Gesagten zu verstehen.

Zur Gliederung: Gal 5,13–15 enthält die grundsätzliche Mahnung, Gal 5,16–18 die anthropologische Grundlegung. Eher kann man fragen, ob Gal 5,25f. zum vorangehenden[15] oder zum folgenden Kontext Gal 6,1–10 zu ziehen sind.[16]

---

11 Dass der Begriff αἱρέσεις in anderen Lasterkatalogen nicht begegnet, führt gelegentlich zu der These (*Dunn*, Gal, 305; *Moo*, Gal, 361), dass der Begriff einen besonderen Bezug auf die galatische Situation hat.

12 Die ersten drei in Gal 5,19 genannten Begriffe begegnen in veränderter Reihenfolge auch in 2Kor 12,21 (ἀκαθαρσία, πορνεία, ἀσέλγεια), die letzten in Gal 5,21 genannten Laster auch in Röm 13,13. Man kann aber auch allgemein eine Warnung vor Parteiungen sehen, wie in antiken Vereinssatzungen ähnlich vor Spaltungen (σχίσματα) gewarnt wird; vgl. P.London 2710 = SGUÄ 7835, zitiert bei *Klauck*, Umwelt I, 54.

13 Es geht aber auch nicht um eine versteckte Kritik an den Fremdmissionaren selbst, wie *Dunne*, Persecution, 53 u. a. aufgrund der Begriffe ἔργα und ζῆλος meint. Dass diese Begriffe auch Gal 2,6 etc. bzw. Gal 4,17f. begegnen, rechtfertigt diese Bezugnahme nicht. Richtig ist, dass nicht wenige der in Gal 5,19–21 genannten Verhaltensweisen gemeinschaftssprengende Wirkung haben (a. a. O., 54). Aber der Gegensatz zwischen σάρξ und πνεῦμα zielt auf das Grundsätzliche.

14 *Keener*, Gal [2019], 481.

15 *Mußner*, Gal, 391; *de Boer*, Gal, 366: V. 25 bildet eine Inklusion zu V. 16.

16 *Betz*, Gal, 496, mit Verweis auf den Sentenzencharakter; *Martyn*, Gal, 481; *Vouga*, Gal, 143. In Codex Sinaiticus, fol. 280b, werden sowohl Gal 5,25 als auch Gal 6,1 in einer neuen Zeile begonnen, sodass sich keine klare Stellungnahme ablesen lässt (auch in Codex Vaticanus, fol 258/1492, stehen kleine Satztrenner an beiden Stellen). In Codex Alexandrinus, fol. 103v, ist die Lücke nach Gal 5,24 etwas größer als nach Gal 5,26. In Codex Claromontanus, fol. 284v, lässt sich eine Entscheidung nicht ablesen.

* Literatur: *Bultmann, Rudolf*, Der Stil der paulinischen Predigt und die kynisch-stoische Diatribe, FRLANT 13, Göttingen 1910=1984; *Finsterbusch, Karin*, Die Tora als Lebensweisung für Heidenchristen. Studien zur Bedeutung der Tora für die paulinische Ethik, StUNT 20, Göttingen 1996; *Frey, Jörg*, Die paulinische Antithese von ›Fleisch‹ und ›Geist‹ und die palästinisch-jüdische Weisheitstradition, ZNW 90 (1999), 45–77; *Hooker, Morna D.*, Paul and Covenantal Nomism, in: *ead./Stephen G. Wilson* (Hg.), Paul and Paulinism, FS C.K. Barrett, London 1982, 47–56; *dies.*, Die Darstellung und Begründung der Ethik des Apostels Paulus in der new perspective, in: *ders.*, Jenseits von Indikativ und Imperativ. Kontexte und Normen neutestamentlicher Ethik Bd. I, WUNT 238, Tübingen 2009, 213–231; *Hübner, Hans*, Das ganze und das eine Gesetz. Zum Problemkreis

5,13–15 Grundsätzliche Mahnung*

(13) Ihr nämlich seid zur Freiheit berufen, Geschwister, macht nur nicht die Freiheit zum Ausgangspunkt für das Fleisch; durch die Liebe vielmehr dient einander. (14) Denn das ganze Gesetz ist in dem einen Wort erfüllt, in dem »du sollst deinen Nächsten lieben wie dich selbst.« (15) Wenn ihr euch aber gegenseitig verzehrt und auffresst, seht dass ihr nicht voneinander verschlungen werdet.

V. 14: Das Perfekt πεπλήρωται (𝔓46 ℵ A B C 062^vid 0254 0278 33 81 104 326 175 1241 1739) ist aus Gründen äußerer Textkritik gegenüber πληροῦται (D F G K L Ψ 0122 630 1505 1881 2464 latt) vorzuziehen.

13 Das einleitende emphatische ὑμεῖς soll ähnlich wie die die Verbundenheit betonende Anrede ἀδελφοί den Gegensatz zu den in V. 12 genannten ἀναστοῦντες markieren und greift das ὑμᾶς von V. 12 wieder auf. Zugleich ist die 2. Ps. Zuspitzung der Aussagen Gal 5,1 (dort die 1. Ps. ἡμᾶς) auf die Galater. Das folgende γάρ wird gedeutet als Einleitung eines neuen Argumentationsschrittes[17] oder als Begründung des in Gal 5,1(.7)–12 Gesagten.[18] Die Präposition ἐπί gibt wie in 1Thess 4,7 das Ziel an[19], markiert aber auch die Verantwortlichkeit dieses Rufes.[20] Der Verbalaspekt des Aor., das Perfektive, bezeichnet den Inhalt dieses Teilsatzes als unumstößlichen Tatbestand. Als logisches Subjekt der Berufung ist Gott zu denken.

Das Adverb μόνον fungiert wie in Phil 1,27 als adversative Konjunktion und formuliert

---

Paulus und die Stoa, in: *ders.*, Biblische Theologie als Hermeneutik. Gesammelte Aufsätze, hg. v. *Antje Labahn/Michael Labahn*, Göttingen 1995, 9–26; *Johnston, J. William*, The Use of Πᾶς in the New Testament, Studies in Biblical Greek 11, New York 2004; *Kuss, Otto*, Nomos bei Paulus, MThZ 17 (1966), 173–227; *Lindemann, Andreas*, Die biblischen Toragebote und die paulinische Ethik, in: *Wolfgang Schrage* (Hg.), Studien zum Text und zur Ethik des Neuen Testaments, FS H. Greeven, BZNW 47, Berlin 1986, 242–65; *Lull, David John*, The Spirit in Galatia. Paul's Interpretation of Pneuma as Divine Power, SBLDS 49, Atlanta 1980; *Martin, Brice L.*, Christ and the Law in Paul, NT.S 52, Leiden 1989; *Meiser, Martin*, The Torah in the Ethics of Paul, in: *ders.* (Hg.), Torah in the Ethics of Paul, LNTS 473, London 2012, 120–141; *Reinmuth, Eckart*, Paulus. Gott neu denken, BG 9, Leipzig 2004, 209–211; *Rosner, Brian*, Paul and the Law. What he Does not Say, JSNT 32 (2010), 405–419; *Schnelle, Udo*, Die Begründung und die Gestaltung der Ethik bei Paulus, in: *Roland Gebauer* u. a. (Hg.), Die bleibende Gegenwart des Evangeliums, FS Otto Merk, MThSt 76, Marburg 2003, 109–131; *Tuckett, Christopher M.*, Paul, Scripture and Ethics. Some Reflections, NTS 46 (2000), 403–424; *Winger, Michael*, ›The Law of Christ‹, NTS 46 (2000), 537–546; *Wolter, Michael*, Die Liebe, in: *Friedrich Wilhelm Horn* (Hg.), Paulus Handbuch, Tübingen 2013, 449–453.

17 *Betz*, Gal, 464. – In den lat. Hss. 61 89 135 251 steht *autem*.
18 *Vouga*, Gal, 128: Gal 5,1.7–12; *Rohde*, Gal, 227: Gal 5,1–12.*.
19 *Mußner*, Gal, 367 Anm. 8 verweist auf Plut, Sulla 9, p. 457 E als Parallele: τούτων δὲ γινομένων, Μάριος ἐξωσθεὶς πρὸς τὸ τῆς Γῆς ἱερόν, ἐκάλει διὰ κηρύγματος ἐπ' ἐλευθερίᾳ τὸ οἰκετικόν (»als das geschah, ließ Marius ... zu dem Heiligtum der Ge, durch eine Botschaft in Freiheit ... rufen«).
20 *Zimmermann*, Gott und seine Söhne, 111.

eine wesentliche Ergänzung. Der Satzteil hat kein finites Verb. Sinngemäß wäre vom folgenden Kontext her ein Imperativ zu erwarten: Die Berufung zur Freiheit soll nicht missverstanden werden.[21] Der Begriff ἀφορμή ist ursprünglich militärischer t.t. und bezeichnet den Ausgangs- und Stützpunkt einer Expedition, wird aber schon bei Xenophon übertragen gebraucht.[22] Der Begriff σάρξ[23] bezeichnet hier die Orientierung am Nichtgöttlichen und am Widergöttlichen, die nicht zum Lebensprinzip der zur Freiheit Berufenen werden soll.[24] Als Kontrast steht im folgenden Schlussteil der Begriff der ἀγάπη (vgl. Gal 5,6), weil es Paulus hier bereits um das konkrete Tun geht – die anthropologische Begründung folgt erst in V. 17. Außerdem ermöglicht der Begriff ἀγάπη die Einbindung des Zitates Lev 19,18.[25] Das als instrumentalis fungierende διά + gen. lässt die Liebe als das erscheinen, kraft dessen man zum Dienst befähigt ist.[26]

Das präsentische Imperfektive des abschließenden Imp. δουλεύετε verweist auf die zeitliche wie sachliche Unabschließbarkeit der Forderung. Auffällig gegenüber Gal 4,9 ist die positive Umwertung des Begriffs δουλεύειν.[27] Worin dieses δουλεύειν besteht, wird zunächst noch nicht expliziert. Der Tugendkatalog Gal 5,22f. wird ähnlich wie

---

21 Als Ergänzungen wurden vorgeschlagen: ἔχω (*Moo*, Gal, 343), τρέπω (*de Boer*, Gal, 335, aufgrund des folgenden εἰς). Das Problem hat schon die Textüberlieferung beschäftigt; G ergänzt δῶτε, Vg. ergänzt *detis*. BDR § 481 nennt als Analogie für eine solch freie Ellipse Epikt, Ench 29,7 μὴ ὡς τὰ παιδία νῦν φιλόσοφος, ὕστερον δὲ τελώνης.

22 *Vouga*, Gal, 129, verweist auf Thukydides I 90; Polybios I 41,6 für Ersteres, Xenophon, Memorabilia III 12,4 für Letzteres. Zu ergänzen wäre Demosthenes, or. 1,23. In stoischer Literatur kann der Begriff gelegentlich die Abneigung benennen (SVF III 28,22; 29,2 = Diog Laert VII 104; ihr steht die ὁρμή als Antrieb gegenüber, Diog Laert VII 85.110), was hier nicht passt. Allerdings begegnet der Begriff auch in der Stoa in dem Sinne, wie ihn Paulus verwendet, vgl. Poseidonios, Frgm. 186; Diog Laert VII 89. Der Begriff konnte also den Galatern verständlich sein.

23 Dass Paulus von der σάρξ redet, nicht von der ἁμαρτία, ist wohl in dem Gegensatz zum πνεῦμα begründet, weniger darin, dass Paulus den Eindruck zu vermeiden sucht, er wolle nun doch die Toraobservanz propagieren (so aber *Das*, Gal, 548f.). Er verwendet σάρξ, nicht σῶμα, denn dieses soll der Tempel des Heiligen Geistes sein (*Usteri*, Gal, 182).

24 Worauf referiert σάρξ? Die Mehrheit der Exegetinnen und Exegeten denkt aufgrund von Gal 5,19–21 an die Ethik. Die Mahnung kann auch als Reflex der Erfahrungen des Paulus mit der Indifferenz der σάρξ gegenüber in Korinth veranlasst sein (*Horn*, Angeld, 357). *Schewe*, Galater, 118, denkt an Gesetzesgehorsam und Beschneidungsforderung. Letzteres ist mir nicht wahrscheinlich: 1. Der Leser kennt die Position des Paulus zur Beschneidungsforderung mittlerweile zur Genüge. 2. Der Leser hätte keinen Anhaltspunkt dafür, dass er den Begriff in Gal 5,17 anders verstehen soll als in Gal 5,19. 3. Für den Gebrauch des Begriffes σάρξ im Sinne des Gottwidrigen wie für die Gegenüberstellung von σάρξ und πνεῦμα gibt es im antiken Judentum ausreichend Belege; vgl. *Frey, Antithese, 54–63.

25 In der lat. Tradition nehmen die Lesarten *per caritatem spiritus* (54 58 61 77 89 135) und *spiritu* (75 76) Gal 5,22f. voraus, sind aber sachlich durchaus passend.

26 Die Lesarten τῇ ἀγάπῃ τοῦ πνεύματος (D F G sa bo^ms [it Ambst])/διὰ τῆς ἀγάπης τοῦ πνεύματος (104) thematisieren im Vorgriff auf Gal 5,22 die Quelle der Liebe.

27 Im Gefolge von *Barclay*, Obeying the Truth, 109 Anm. 7, vermutet *Wilson*, Wilderness, 566, Texte wie Ex 4,23; 19,2–6; Lev 25,42 als traditionsgeschichtlichen Hintergrund.

Gal 6,1f.10 zeigen, dass es um das Miteinander in einer menschlichen überschaubaren konkreten Gemeinschaft[28] geht, wo nicht selten das Hintanstellen des Eigenen um des Nächsten bzw. der gemeinsamen Sache willen erforderlich ist; Gal 6,1f. werden »geistliche«, Gal 6,6.10 materielle Verzichtsleistungen thematisieren. Das abschließende ἀλλήλοις verdeutlicht, dass dieser wechselseitige Dienst nicht mehr zu neuen Herrschaftsverhältnissen führt, und stellt wenigstens implizit bestehende hierarchische Strukturen in einem antiken οἶκος in Frage; insofern ist der Begriff des δουλεύειν neu definiert.[29]

14 Paulus sagt den Galatern nunmehr, wie sie das Gesetz wirklich erfüllen, d. h. zur Vollendung bringen, nämlich durch die Verwirklichung des »Wortes« von der Nächstenliebe.

Die Partikel γάρ begründet den Schlussteil von Gal 5,13. Strittig ist die Referenz des Begriffes νόμος. Die schon früh geltend gemachte Unterscheidung zwischen abrogierter ritueller und beibehaltener ethischer Tora legt sich auf den ersten Blick nahe,[30] ist aber in den paulinischen und den antiken jüdischen Texten nirgends fixiert. Das Perfekt πεπλήρωται, textkritisch aus Gründen äußerer Textkritik gegenüber πληροῦται[31] vorzuziehen, hat resultativen Aspekt.

> Hinsichtlich der Semantik von πληρόω hat sich in der Frage, ob eine Differenz zu ποιέω besteht, kein Konsens ergeben. Da, wo eine solche Differenz vermutet wird, stehen sich u. a. eine anthropologische und eine situationsbedingte Argumentation gegenüber.[32] Die Differenz der Textüberlieferung zu Gal 5,3 (ποιῆσαι vs. πληρῶσαι) zeigt jedoch, dass man wohl nicht zu viel Gewicht auf die Unterscheidung beider Verben legen sollte. Eine gewisse

---

28 Man kann fragen, wie es möglich ist, dass diese Wortfamilie zugleich in der Paulus- und in der Jesustradition (Mk 10,44 δοῦλος) die geforderte Haltung bezeichnen kann. In der Septuaginta rekurriert das Verb, wenn es auf zwischenmenschliche Verhältnisse angewandt wird, auf Rechts- und Statusunterschiede. Zum Hauptbegriff der inneren Haltung hat es sich auch in der sog. »Sektenregel« der Essener nicht entwickelt.

29 *Von der Osten-Sacken*, Gal, 260. – Eher fraglich ist, ob auf Herrschsucht seitens der Fremdmissionare angespielt wird (Ps.-Oikumenios, Gal, PG 118, 1153 C; Theophylakt, Gal, PG 124, 1016 B).

30 Luther, Gal, WA 40/II, 70–74, begründet diese Unterscheidung *en passant* mit der Bemerkung, Gott habe von der Beachtung des Zeremonialgesetzes keinen Nutzen, während für den Nächsten die Beachtung des Liebesgebotes durchaus lebensförderlich sei.

31 Das Präsens legt deutlicher als das Perfekt den Sinn des Satzes als gnomisch fest (*Carlson*, Text, 225). Die v. l. ἀνακεφαλαιοῦται (365) verlegt das Gewicht vom Tun der Forderung auf die summierende Funktion von Lev 19,18. *Schlier*, Gal, 244f., und *Das*, Gal, 545, wollen zu Recht zwischen ἀνακεφαλαιοῦν und πληροῦν (= tun) unterschieden wissen (anders z.B. *Usteri*, Gal, 182).

32 Die anthropologische Interpretation findet sich bei *Lull, Spirit in Galatia, 129; Matera, Galatians 197: Die Werke des Gesetzes reichen nicht an die Wurzel des Problems heran, die Herrschaft des Fleisches über die menschliche Existenz vor und außer Christus. Vom Kontext her argumentiert *deSilva*, Gal, 450: Paulus vermeidet die Verben ποιέω und φυλάσσω, um nicht von Neuem einen Unterschied zwischen Juden und Nichtjuden zu zementieren; πληρόω wird in der Septuaginta nicht zur Kennzeichnung der Toraobservanz verwendet.

Inkonsistenz paulinischer (*Sanders*, Paul, 118) und in seinem Gefolge fast allgemein antiker christlicher Haltung zur Tora ist schon antiken Christentumskritikern aufgefallen; vgl. den bei Makarios Magnes genannten unbekannten Kritiker, der den bekannten Widerspruch zwischen Gal 3,1; 5,7; 3,10 und Röm 7,14.12 festhält.[33]

Das Tun des Gebotes der Nächstenliebe *ist* die Erfüllung des Gesetzes, der gegenüber jeder Vorwurf des Defizitären unangebracht ist. Das zum Nomen mutierende Adverb πλήσιον kann auf das eigene Gruppenmitglied referieren, wie es der Kontext nahelegt, aber auch auf ein größeres Ganzes. Der Ausdruck ὡς σεαυτόν will nicht auf legitime Akte der Selbstliebe hin befragt werden, sondern ist im Sinne eines Mindestmaßstabes verwendet.

Philologisch wie theologisch steht bei Gal 5,14 das Verhältnis zu Gal 5,3 zur Disposition. Paulus gebraucht nicht mehr wie in Gal 5,3 die Wendung ὅλος ὁ νόμος und das Verbum ποιέω, sondern die Wendung ὁ πᾶς νόμος und das Verbum πληρόω. Das Pronominaladjektiv πᾶς kann prinzipiell sowohl summativ als auch distributiv verwendet werden; hier kann ihm eine distributive Bedeutung zukommen, die für ὅλος nicht gegeben ist.[34] Die aktuelle Verwendung in Gal 5,14 ist wohl durch den Gegensatz zu εἷς mitbedingt: Dem Gesetz mit den vielen Einzelgeboten steht das eine »Wort« gegenüber, das es zu erfüllen gilt[35], um der Intention des Gesetzes gerecht zu werden.[36] Schwieriger ist die Wahl von πληρόω statt ποιέω zu erklären. Man hat auf die Differenz zwischen dem »Tun« unter dem Joch des Gesetzes und der Erfüllung verwiesen[37], doch kennt Paulus auch einen positiven Gebrauch von ποιέω in spezifischen ethischen Kontexten.[38] Vielleicht wollte er vermeiden, dass man Gal 5,14 als Unterminierung von Gal 3,10 (oder umgekehrt) empfindet und ihm daher Inkonsistenz vorhält. Man wird ernsthaft damit rechnen müssen, dass die beiden genannten Veränderungen in der Formulierung bewusst intendiert sind.

Dass die Wahl des Begriffes λόγος anstelle von ἐντολή sachliche Bedeutung hat, ist ebenfalls möglich, aber nicht in gleicher Weise zu sichern: Das Wort λόγος kann auch in Ex 34,28; Dtn 10,4 (jeweils als Wiedergabe von רבד) mit der Idee des Gebotes ver-

---

33 Makarios Magnes, Apocriticus III 33,1–2, TU 169, 256.
34 *Johnston*, Use, 163.
35 BDR § 275,7. Auf GenRab 24,7 als rabbinische Parallele verweisen *Le Cornu/Shulam*, Gal, 348. Gelegentlich (D* F G a b) ist vor ἐν ἑνὶ λόγῳ noch ἐν ὑμῖν hinzugesetzt, um den Adressaten zu versichern, dass tatsächlich in dem einen Wort das ganze Gesetz erfüllt ist. Die v.l. ἐν ὀλίγῳ (1505 1611 2495 sy^h) hält einen ähnlichen Gedanken fest. Markion soll Epiphanius zufolge überhaupt nur ἐν ὑμῖν gelesen haben.
36 *Keener*, Gal [2019], 485.
37 *Das*, Gal, 552. Nach *Martyn*, Gal, 488–490, ist Christus der Einzige, der das Gesetz wirklich erfüllt habe. Doch geht es Paulus in Gal 5,14 um das Verhalten der Glaubenden, nicht um das Handeln Christi (so richtig *Keener*, Gal [2019], 486).
38 1Kor 7,36–38; Röm 13,3f. Allerdings wird ποιέω in der Paraphrase von Dtn 30,13f. in Röm 10,8 nicht aufgenommen (*von der Osten-Sacken*, Gal, 262 Anm. 139).

bunden werden.³⁹ Man kann fragen, ob Paulus den Begriff ἐντολή, den er ebenfalls im Kontext des Zitates von Lev 19,18 in Röm 13,9 verwendet, gegenüber den Galatern vermeidet, um es nicht als Element der Sinai-Tora zu kennzeichnen.⁴⁰ Dass sich Paulus mit dem Zitat von Lev 19,18 innerhalb frühchristlicher Tradition bewegt, kann angesichts von Mk 12,31parr. als gegeben gelten; als ehemaligem Pharisäer war es ihm aber schon vor seiner Berufung vertraut. Auch verweist Paulus nicht auf eine Tradition, die die Zitierung durch Jesus als Argument für die Gültigkeit dieses Satzes verwendet. Paulus steht mit dieser kategorialen Verwendung von ἀγάπη insgesamt in jüdischer Tradition. Schon im Aristeasbrief (§ 229) gilt die Liebe als zentrale Leittugend, das Verhältnis zum Nächsten betreffend: »Die Frömmigkeit ... ist eine herausragende Tugend. Ihre Kraft aber ist die Liebe.«⁴¹ Lev 19,18 war wohl für Paulus ein entscheidender Anlass, sein Konzept als toragemäß zu empfinden, denn es brachte die »innere Tendenz«⁴² der Tora auf den Punkt.

Theologisch steht zur Debatte, wie Paulus einerseits vor der Übernahme der in der Tora verankerten Beschneidungsforderung warnen, gleichwohl das ebenfalls in der Tora verankerte Gebot der Nächstenliebe als deren Erfüllung bezeichnen kann.⁴³ In der Verhältnisbestimmung zwischen Gal 5,14 und Gal 5,3 hatten die gesetzeskritischen Aussagen in Gal 5,3 lange Zeit das größere Gewicht. Die These eines radikalen paulinischen Antinomismus⁴⁴ hat schon zur Auffassung von Gal 5,14 als Ironie⁴⁵ geführt – eine Auslegung, die heute keinen Zuspruch mehr findet und der von jüdischer⁴⁶ wie christlicher Seite widersprochen wurde. Man wird fragen können, ob Paulus in Gal 5,14 wirklich die Gesetzesfrage als solche thematisieren oder lediglich seiner Forde-

---

39 *Johnston*, Use, 163.
40 *Martyn*, Gal, 491.
41 Hinweis und Übersetzung bei *Wolter*, Die Liebe, 450. Hat Paulus nicht von der Liebe zu Gott geredet, weil diese nicht umstritten war (*von Hofmann*, Gal, 176)?
42 *Wischmeyer*, Liebe als Agape, 43. Dass das Gebot der Nächstenliebe als Summarium gilt, bewegt Calvin, Gal, CR 50, 251, zu der Frage, warum nicht auch das Gebot der Gottesliebe genannt sei. Calvins Antwort: Aus der Nächstenliebe werde die Gottesliebe erkannt, und wahre Nächstenliebe könne nur aus Gottesfurcht und Gottesliebe entstehen.
43 *Usteri*, Gal, 183f., sieht das Problem: Paulus könne weder einen Teil ein Ganzes nennen, noch könne man voraussetzen, dass hier νόμος seine gewöhnliche Bedeutung gegen eine andere vertauscht habe. Doch hat das Zeremonialgesetz mit dem Liebesgebot nichts zu tun. Usteri weiß keinen anderen Ausweg, als dass Paulus vom ganzen Gesetz redet, das Zeremonialgesetz aber heimlich ignoriert.
44 *Grafe*, Lehre, 22.
45 *Hübner*, Das ganze und das eine Gesetz, 16.
46 Zu nennen ist der Einwurf von *Löwy*, Die Paulinische Lehre vom Gesetz, 404, Gal 5,23 zeige »klar und deutlich, dass Paulus in der Tat diesen Teil des mosaischen Gesetzes (den ethischen), wenn auch selbstverständlich nur im grossen und ganzen – und nicht ohne sich, ausser der Freiheit von dem Zwang des Buchstabens, auch im Übrigen das Recht der *Auswahl* zu wahren – aber doch ganz förmlich als Norm für den Lebenswandel beibehalten wollte«. *Brawley*, Contextuality, 117f., betont, dass das Gesetz in Gal 5,14 wie in Gal 3,19–21 nicht gegen die Verheißung steht.

rung von V. 13 Nachdruck verleihen wollte⁴⁷ – Gal 5,14 ist allerdings kaum als bloße ad-hoc-Argumentation zu werten, ist auch noch mehr als ein *argumentum concessionis*⁴⁸, zumal Gal 5,19–21 in einigen Begriffen die Selbstabgrenzung von unterstellter heidnischer Unmoral aufgreift. Für die Frage nach dem Ausgleich gesetzeskritischer Passagen wie Gal 5,3 oder 1Kor 7,19 einerseits, der positiven Passagen andererseits ist es m. E. günstig, die Ebenen der Argumentation des Apostels zu unterscheiden. Es fällt auf, dass Paulus auf der Ebene der basalen Begründung der Ethik vor allem christologisch und pneumatologisch argumentiert und an manchen Stellen nicht mit der Tora argumentiert, obwohl er das tun müsste⁴⁹, aber in der materialen Ethik, etwa in Sachen Sexualethik, faktisch durchgängig frühjüdischer Tora-Rezeption folgt.⁵⁰

15 Paulus formuliert im Sinne einer Warnung, was geschieht, wenn man das Liebesgebot nicht beherzigt. Strittig ist, ob Gal 5,15 die gegebene paulinische Einschätzung der galatischen Situation⁵¹ benennt oder ein mögliches, aber nicht unbedingt reales Verhalten.⁵² Die Verwendung von εἰ + Ind. statt ἐάν + Konj. scheint Ersteres nahezulegen, ist aber nicht zwingend.⁵³ Vielleicht liegt »übertreibender Predigtstil«⁵⁴ vor, zumal der Vergleich mit dem Verhalten wilder Tiere auch in der Umwelt als Topos begegnet.⁵⁵ Unmetaphorisch werden die Werke des Fleisches in Gal 5,19–21 beschrieben, wo bestenfalls nur für einen Teil der dort genannten Sünden eine Applikation auf die Galater vermutet werden kann. Gelegentlich wird die semantische Opposition δάκνετε/ δουλεύετε (V. 13) als Wortspiel aufgefasst.⁵⁶

---

47 *Eckstein*, Christus in euch, 164f., verweist m. E. zu Recht auf den apologetischen Charakter der Stelle.
48 *Betz*, Gal, 470; **Winger*, ›The Law of Christ‹, 543.
49 Ersteres **Hooker*, Paul and Covenantal Nomism, passim; **Tuckett*, Paul, Scripture and Ethics, 423; **Schnelle*, Begründung, 123f.; **Horn*, Darstellung, 213–231, Letzteres **Lindemann*, Toragebote, 250–252.
50 **Martin*, Christ and the Law, passim; **Finsterbusch*, Tora, passim; **Reinmuth*, Paulus, 209–211; **Rosner*, Paul and the Law. What he Does not Say, passim; vgl. insgesamt **Meiser*, Torah, passim.
51 Theophylakt, Gal, PG 124, 1016 C; Calvin, Gal, CR 50, 252; *Lipsius*, Gal, 61; *Zahn*, Gal, 261; *Lietzmann*, Gal, 39; *Mußner*, Gal, 373; *von der Osten-Sacken*, Gal, 264; *Keener*, Gal [2019], 488.
52 Ps.-Oikumenios, Gal, PG 118, 1153 D; *Moo*, Gal, 349.
53 Ersteres *Schlier*, Gal, 246; *Martyn*, Gal, 491 Anm. 63, Letzteres auch *Vouga*, Gal, 128. Man kann kontextbedingt fragen, ob Paulus den Vers wirklich ohne Anlass geschrieben haben sollte (*Moo*, Gal, 349); zwingend ist keine der denkbaren Antworten.
54 *Rohde*, Gal, 232: Die hier gewählten Ausdrücke zielen auf die völlige Zerstörung. In der lat. Tradition wird *mordetis* gelegentlich (61 89) zu *incusatis* abgeschwächt; zugleich wird die Aussage des Apostels konkretisiert.
55 *Das*, Gal, 555, verweist auf Plut, Mor 486 B, wo ebenfalls vor einem Verhalten gewarnt wird, was dem Verhalten wilder Tiere gleicht. Auf Vergleiche in kynisch-stoischen Diatriben verweist **Bultmann*, Stil, 364.
56 *Borse*, Gal, 193; *Rohde*, Gal, 232.

5,16–18 Anthropologische Grundlegung*

(16) Ich sage aber, wandelt im Geist, und ihr werdet die Begierde des Fleisches nicht erfüllen. (17) Denn das Fleisch begehrt gegen den Geist, der Geist aber gegen das Fleisch, denn diese liegen miteinander im Streit, sodass ihr nicht tut, was immer ihr wollt. (18) Wenn ihr euch aber von dem Geist leiten lasst, seid ihr nicht unter dem Gesetz.

V. 17: Statt γάρ² (𝔓46 ℵ* B D*F G 33 lat; NA²⁸) bieten viele Hss. δέ (ℵ² A C D² K L P Ψ 0122 0278 33 81 104 365 630 1175 1241 1505 1739 1881 2464 Byz).⁵⁷

16 Die Wendung λέγω δέ leitet wie in Gal 3,17; 4,1 eine Erklärung ein; was erklärt werden soll, ist die Aussage in Gal 5,13c. πνεῦμα, in Gal 3,1–5 Gabe, ist hier Maßstab der Forderung, die aber, wie V. 18 implizit voraussetzt, nur aufgrund der Voraussetzung der Gabe erfüllt werden kann.⁵⁸ Das Verbum περιπατεῖν begegnet im metaphorischen

---

* *Engberg-Pedersen, Troels*, A Stoic Concept of the Person in Paul? From Galatians 5:17 to Romans 7:14–25, in: *Clare K. Rothschild/Trevor W. Thompson* (Hg.), Christian Body, Christian Self, WUNT 284, Tübingen 2011, 85–112; *Hofius, Otfried*, Widerstreit zwischen Fleisch und Geist. Erwägungen zu Gal 5,17, in: *ders.: Exegetische Studien*, WUNT 223, Tübingen 2008, 161–172; *Lambrecht, Jan*, Once again Galatians 5.17: Grammar of Logic in the Exegesis of O. Hofius, EThL 89 (2013), 113–115; *Meiser, Martin*, Some Facets of Pauline Anthropology – How Would a Greco-Roman Reader Understand it?, in: *Michael Labahn/Outi Lehtipuu* (Hg.), Anthropology in the New Testament, CBET 54, Leuven 2010, 55–84; *Scornaienchi, Lorenzo*, Die Unterscheidung von σάρξ und σῶμα und ihre Konsequenzen für die Ethik des Paulus, in: *Friedrich Wilhelm Horn/Ulrich Volp/Ruben Zimmermann* (Hg.), Ethische Normen des frühen Christentums. Gut – Leben – Leib – Tugend. Kontexte und Normen neutestamentlicher Ethik/Contexts and Norms of New Testament Ethics Band IV, WUNT 313, Tübingen 2013, 329–349.

57 Bei *Carlson*, Text, 129, ist für die Bevorzugung von γάρ ausschlaggebend, dass weitaus eher γάρ zu δέ verschrieben wird als umgekehrt.

58 Gemeint ist mit πνεῦμα hier der Geist Gottes bzw. Christi (vgl. Gal 3,2; 4,6), dank dessen die Adressaten überhaupt in der positiven Gottesbeziehung leben können. Erst in Röm 8 wird Paulus genauer zwischen dem Heiligen Geist als dem Gegenüber zum Menschen und dem Geist Gottes im Menschen differenzieren. Traditionsgeschichtlich mag Ez 36,26f. von Belang sein (*Keener*, Gal [2019], 492), doch zitiert Paulus die Stelle nicht. Rezeptionsästhetisch bemerkenswert ist, dass auch Sen, Ep 41,2, von einem *sacer intra nos spiritus* als Hilfe zur sittlichen Vervollkommnung redet, der als *malorum bonorumque nostrorum observator et custos* fungiert. Vor einem hellenistischen Rezeptionshintergrund kann die paulinische Redeweise vom πνεῦμα hinsichtlich einiger Funktionen an die Tradition des sokratischen δαιμόνιον erinnern, dem in nachsokratischer Literatur nicht selten auch positive Funktionen zugeschrieben werden (Belege bei *Meiser, Facets, 65f.) Allerdings hat die genannte Vorstellung bei Seneca nicht dasselbe konzeptionelle Gewicht wie bei Paulus.

Gebrauch noch kaum in der Septuaginta[59] und auch recht selten im griechisch-sprachigen Judentum[60], während das Verbum הלך z.B. in den Qumranschriften ähnliche Konnotationen des alttestamentlichen Sprachgebrauchs weiterführt.[61] Wandel im πνεῦμα impliziert für Paulus die Mahnung zur Heiligung auch des Alltags[62], z.B. in Fragen der Sexualität und des Geldes (1Thess 4,1–8), und die Warnung von 1Kor 6,19, der gemäß der menschliche Leib ein Tempel des Heiligen Geistes ist, d.h. strengeren Reinheitsvorschriften unterliegt und entsprechend gefährdet ist. Für Paulus ist hier offenbar nicht die Orientierung an der Tora, sondern die Orientierung am Geist Gottes geeignet, um ethische Fehlhaltungen zu vermeiden.[63] ἐπιθυμία ist nach griechisch-philosophischer Tradition verpönt, nach der Tora verboten. In griechischer Philosophie gilt sie als Quelle wie Ausdruck eines unphilosophischen, nicht an der steten Steuerung durch den Verstand ergebenen Lebens,[64] in der Tora als Quelle wie Ausdruck asozialen Verhaltens.[65] Paulus zentriert seine Anthropologie im Galaterbrief und in den späteren Briefen um das Begriffspaar σάρξ und πνεῦμα und ordnet die destruktiven Kräfte im Menschen der σάρξ zu.[66] Der negierte Aor. Konjunktiv in Gal 5,16 ist nicht direktiv gemeint, sondern formuliert die Folge dessen, wenn der Vordersatz ernstgenommen wird; nach οὐ μή steht auch in 1Thess 4,15; 5,3; 1Kor 8,13 eine negierte Behauptung,

---

59 *Matera*, Gal, 206, hat u.a. auf Dtn 5,33; 11,22; 26,17; 28,9; Ps 1,1f. verwiesen. Der Sache nach dürfte dies richtig sein, doch wird als Verbum nicht περιπατέω, sondern πορεύομαι verwendet.

60 Philo, Congr 87; TestIss 5,8. Bei Josephus wird es in der hier zur Debatte stehenden Funktion nicht gebraucht.

61 *Vouga*, Gal, 132. *Usteri*, Gal, 185, zufolge ist περιπατεῖν hier gleichbedeutend mit ζῆν.

62 Troels Engberg-Pedersen zufolge ist die völlige Umwandlung der Person als Ergebnis der Bekehrung zu Christus nur in Analogie zu dem stoisch gedachten Konversionsprozess von der unphilosophischen zur philosophischen Lebensweise zu begreifen (*Engberg-Pedersen*, Paul, 164.294). Man könne auch den Imperativ Gal 5,16 stoisch begreifen, als Erinnerung daran, was die Glaubenden seit dem Christusereignis bereits sind, wie auch stoische Paränese voraussetzt, dass die Adressaten grundsätzlich um das Gute wissen (*Engberg-Pedersen*, Concept, 98).

63 Paulus fragt im Galaterbrief noch nicht, warum das Vermeiden der Begierden nicht bereits durch strikte Tora-Orientierung möglich ist (vgl. dann Röm 7,7–25). – Philo, Migr 92 interpretiert die Beschneidung symbolisch als Entfernung der Lust und aller Begierden (ἡδονῆς καὶ παθῶν πάντων ἐκτομήν), was Paulus wohl nicht nachvollzogen hätte (*Bruce*, Gal, 243). Rabbinische Belege für die Vorstellung, die Tora-Orientierung ermögliche den Widerstand gegen den bösen Trieb, gibt *Keener*, Gal [2019], 492 Anm. 118.

64 Richtig *Keener*, Gal [2019], 498. Luther, Gal, WA 40/II, 88 vermerkt, dass sie nicht nur die *libido*, die sexuelle Begierde, umfasst, sondern auch Hochmut, Zorn, Traurigkeit, Streitsucht etc.

65 Ex 20,17 LXX hat sich in der Kurzfassung verselbständigt. Vgl. Arist 223; Philo, SpecLeg IV 84f., Decal 13.173. Gelegentlich begegnet der Begriff vom positiven Begehren – dazu sind aber Signale im Kontext erforderlich, die solch positive Wertung ermöglichen (1Thess 2,17: der Wunsch des Paulus, die Gemeinde wiederzusehen; Phil 1,23: die erhoffte Vereinigung mit Christus).

66 *Scornaienchi*, Unterscheidung, 344. Den Begriff ψυχή verwendet er zwar gelegentlich im Sinne des inneren Selbst (1Kor 1,23; Phil 1,27), bezeichnet ihn aber nie als Sitz der Affekte. Paulus spricht in Röm 8,3 von der ἀσθένεια τῆς σαρκός, wo Poseidonios, Frgm. 164, von der ἀσθένεια τῆς ψυχῆς spricht.

5,16–18 Anthropologische Grundlegung

kein Imperativ. Der Apostel ist sich über die Wirkung des »Wandelns im Geist« sehr sicher.[67]

17 Zur Struktur des Verses hat Otfried Hofius die These vertreten, die Satzteile τὸ δὲ πνεῦμα κατὰ τῆς σαρκός, ταῦτα γὰρ ἀλλήλοις ἀντίκειται seien als Parenthese aufzufassen; zu deren erstem Teil sei nicht ein abermaliges ἐπιθυμεῖ zu ergänzen, sondern ein schlichtes ἐστιν, da ἐπιθυμέω bei Paulus nicht positiv konnotiert sei. Der Schlussteil ἵνα μή benenne die Folgen des fleischlichen Begehrens; das Wollen sei also auf das gute Wollen zu beziehen.[68] Dieser These wurde zu Recht widersprochen: V. 17ab. sind parallel konstruiert, 17cd erklären V. 17ab insgesamt.[69]

Die Partikel γάρ begründet die Mahnung Gal 5,16a. Die Konjunktion ἵνα wird häufig als final[70], gelegentlich, m. E. zu Recht, als konsekutiv verstanden.[71] Für die Verbindung ἐπιθυμεῖν κατά + Gen. fehlen Belege in griechischer Literatur.[72] Das Verbum ἀντίκειμαι wird bei Paulus im Sinne feindlicher Gegenüberstellung gebraucht (1Kor 16,9; Phil 1,28), wozu es Parallelen aus dem griechischen wie hellenistisch-jüdischen Sprachgebrauch gibt.[73] Die Dualität wird den griechisch-römischen Leser an die Vorstellung zweier Wege erinnern[74]; für Paulus mag eine Vorstellung von dem Gegensatz der beiden Geister bestimmend gewesen sein, wie sie in 1QS III 25 – IV 26 zutage tritt.

Nicht nur in theologischer (dazu s.u.), sondern auch in literarhistorischer Hinsicht ist es methodisch problematisch, in die Exegese von Gal 5,17 bereits die ausgeführte Anthropologie von Röm 7–8 einzutragen; diese ist nicht einfach Entfaltung, sondern Weiterentwicklung des für uns bisher bei Paulus Erkennbaren. Das theologische Verhältnis zwischen Gal 5,17 und Röm 7,14–25 ist strittig, weil Röm 7 vom Nichtchristen aus der Sicht des Christen handelt (der Begriff πνεῦμα erscheint erst in Röm 8), während der paränetische Kontext von Gal 5,17 sowie die durchgehende 2. Pl.[75] dessen Bezugnahme auf die Glaubenden nahelegt[76], Paulus aber von ihnen nicht sagen würde, dass ihr positives Wollen nie zum Vollbringen führt. Es legt sich deshalb nahe, Gal 5,17 auf die Gefährdung der Glaubenden zu beziehen.[77] Damit ist m. E. auch gesagt, dass der

---

67 *Klein*, Gal, 182.
68 **Hofius*, Widerstreit, 147–159; ebenso *Das*, Gal, 565.
69 **Lambrecht*, Once again Galatians 5.17, 114.
70 *Mußner*, Gal, 377; *Vouga*, Gal, 133, der von σάρξ und πνεῦμα als bei Paulus personifizierten Mächten spricht.
71 *Lagrange*, Galates, 147; *Horn*, Angeld, 360; *Martyn*, Gal, 494, mit Verweis auf 1Thess 5,4; 2Kor 1,17; 7,9; *Moo*, Gal, 356. Für ein Verständnis im Sinne göttlicher Absicht (z.B. *Rohde*, Gal, 234) fehlen m. E. deutliche Textsignale.
72 *Martyn*, Gal, 494.
73 *Bauer*, Wörterbuch, 147. Der Sache nach gehören auch 1QS IV 21–26; Philo, LegAll III 116 hierher (*von der Osten-Sacken*, Gal, 266f.).
74 *Keener*, Gal [2019], 492 Anm. 114, verweist auf Sen, Ep 8,3; 27,4; Plut, Demosth 26,5 u. a.
75 Darauf verweist **Hofius*, Widerstreit, 162. Der Gedanke wird auch durch Gal 6,1fine (»Sieh zu, dass nicht auch du versucht wirst«) gestützt.
76 *Merk*, Handeln aus Glauben, 71f.
77 *Lietzmann*, Gal, 39f. Auch die Wiederaufnahme des Imperativs πνεύματι περιπατεῖτε (Gal 5,16) in

Begriff πνεῦμα auf den Geist Gottes in den Glaubenden[78] referiert, dessen Wirken behindert wird, wenn der Glaubende ihm nicht eindeutig und durchgehend Raum gibt. »Gal 5,17 begründet die Mahnung von Vers 16, indem die Situation charakterisiert wird, die einen Imperativ notwendig macht.«[79]

Der Nachsatz ist aufgrund seiner sprachlichen Struktur ἵνα μὴ ἃ ἐὰν[80] θέλητε, ταῦτα ποιεῖτε wohl nicht nur auf das gute[81] oder das schlechte Wollen zu beziehen[82], sondern tatsächlich auf das böse *und* das gute Wollen[83], ansonsten würde ἵνα μὴ τὸ καλόν bzw. τὸ κακὸν ποιῆτε ausreichen. Paulus sagt aber nicht einfach, dass das negative oder positive Wollen der Glaubenden überhaupt nicht zur Wirklichkeit wird; da wäre ja das Problem der Sünde entschärft. M. E. geht es darum: Wer meint, im Christsein neben dem Geist auch die eigene fleischliche Sichtweise als leitend anerkennen zu können[84], kann *a limine* nicht für eine stete Verwirklichung des Willens Gottes garantieren. Dass Paulus einkalkuliert, dass auch das böse Wollen nicht zum Vollbringen gelangt, ist kein Trost für ein angefochtenes Gewissen, sondern will lediglich dartun, wie unmöglich letztlich eine solche Selbstauffassung ist. Poseidonios (ca. 135–51 v. Chr.) lehrt im Anschluss an Platon, dass die Affekte den unvernünftigen Seelenteilen ἐπιθυμητικόν und θυμοειδές entspringen.[85] So liegen die Quellen seelischen Verderbens nicht nur außerhalb unserer selbst, sondern in unseren unvernünftigen Seelenteilen.[86] Dem Menschen ist es nach Poseidonios aber möglich, in Übereinstimmung mit der Natur zu leben, wenn er sich

---

der Wendung εἰ δὲ πνεύματι ἄγεσθε (Gal 5,18) legt m. E. dieses Verständnis nahe.
78 Die Unterscheidung zwischen dem Geist Gottes als dem Gegenüber der Glaubenden und dem Geist Gottes in den Glaubenden wird von Paulus erst in Röm 8,16 durchgeführt.
79 *Söding*, Glaube, der durch Liebe wirkt, 198; ähnlich *Horn*, Angeld, 359; *Klein*, Gal, 188. Schon *Lagrange*, Galates, 147, befand, die eigentliche Parallele zu Gal 5,17 sei nicht Röm 7, sondern Röm 8. Vgl. auch *Lietzmann*, Gal, 39f.: »Auch im Christen (denn die Angeredeten [θέλητε] sind zum mindesten mit einbegriffen) ist die σάρξ noch eine gefährliche Macht, die den (vgl. Rm 7,16) dem πνεῦμα zuneigenden Willen des Ich unter ihre Macht zu bringen sucht...«
80 Der Ausfall des Relativpronomens in B* ist durch Parablepsis aufgrund des folgenden ἄν (für ἐάν) veranlasst. Die v.l. ἄν (B* Cᶜ D* F G Ψ 1611) nach einem Relativpronomen entspricht eher klassischem Sprachgebrauch (*Carlson*, Text, 102). Der Sg. ὅ in D* F G widerspricht dem folgenden ταῦτα.
81 Ps.-Oikumenios, Gal, PG 118, 156 A; *Usteri*, Gal, 186; *Holtzmann*, Das Neue Testament, 501; *Althaus*, Gal, 47; *Egger*, Gal, 38; *Borse*, Gal, 915; *Matera*, Gal, 206; *Lambrecht, Once again Galatians 5.17, 115.
82 So Calvin, Gal, CR 50, 253; *Bengel*, Gnomon, 749; *Ewald*, Sendschreiben, 95; zuletzt u. a. *de Boer*, Gal, 354, mit Verweis auf Gal 5,16; *deSilva*, Gal, 456; *von der Osten-Sacken*, Gal, 266.
83 Ps.-Oikumenios, Gal, PG 118, 1156 B (als zweite Alternative); *Lipsius*, Gal, 62; *Mußner*, Gal, 377; *Moo*, Gal, 356. Zu dieser Verwendung von Relativpronomen + ἐάν im Zuge einer Alternativsetzung vgl. Gal 6,7 vor Gal 6,8f.
84 Es geht nicht um den Gegensatz zwischen der Lehre des Paulus und der der Fremdmissionare (*Keener*, Gal [2019], 499), sondern um Ethik.
85 Poseidonios, Frgm. 34.
86 Poseidonios, Frgm. 35: καὶ τῆς κακίας ἐν ἡμῖν αὐτοῖς σπέρμα.

5,16–18 Anthropologische Grundlegung

in keiner Weise von dem unvernünftigen Teil der Seele leiten lässt.[87] Nach Paulus ist dem Menschen die Erfüllung des Willens Gottes nur unter dem Wirken des Heiligen Geistes möglich. Das hat seine Parallele in jüdischer Tradition, nämlich in 1QH XII 24–32[88] und SapSal 9,10.17, ist aber auch auf paganem Hintergrund verständlich.[89]

18 Paulus führt mit der Partikel δέ einen Gegensatz zu V. 17 ein, zeigt also, was die Angeredeten tun sollen, um nicht wieder in die soeben beschriebene Situation zu geraten. Der Inf. ἄγεσθαι kann von der Form her Passiv oder Medium sein; aufgrund von Gal 5,16 liegt Letzteres näher. Gal 5,18 erweckt mit dem Begriff ἄγεσθαι die Frage der Handlungssteuerung für die Glaubenden.[90] Bei Paulus ist hier der Heilige Geist genannt, funktional analog dazu, dass bei Poseidonios und Plutarch von der Einwirkung des νοῦς auf die Seele und den Leib geredet ist.[91] Erst im Römerbrief wird Paulus zu einer präziseren Beschreibung finden, den Heiligen Geist als unser Gegenüber, Gottes Geist in uns und den νοῦς in ein bestimmtes Verhältnis setzen.[92] Für die Interpretation von Gal 5,18 ist zu beachten, dass es nicht οὔπω oder wie in Gal 3,25 οὐκέτι (»nicht mehr«) heißt. Im Blick steht also nicht die Ablösung der Tora als orientierender Norm und auch nicht die Loslösung vom Gesetz, weil es die fleischliche Begierde aus sich heraussetzt.[93] Vielmehr: Wer die Liebe tut, lebt faktisch nach dem Gesetz, sodass es ihm nicht eingeschärft werden muss[94], und weil das Gesetz ein solches Verhalten nicht verurteilt.[95] Gal 5,23 wird diesen Gedanken wiederholen. Auch in der Antike gab es entsprechende Vorstellungen, die zumeist in eine paradiesische Urzeit verlegt wurden: *Aurea prima sata est aetas, quae vindice nullo / sponte sua, sine lege fidem rectumque colebat* (»Zu Beginn

---

87 Poseidonios, Frgm. 187.
88 *Le Cornu/Shulam*, Gal, 154, verweisen auf Jer 7,22f.; Am 5,22–24; Jes 56,6–8 als biblische Grundlage für die Vorstellung, dass der Mensch nicht aus eigenen Kräften den Willen Gottes erfüllen kann.
89 *Zimmermann*, Gott und seine Söhne, 79, mit Verweis auf Seneca, *Ep.* 41,1f.
90 Zusätzlich ist der Aspekt der Unterwerfung, des Gehorsams gegenüber dem Geist Gottes inkludiert (*Matera*, Gal, 207). Man kann fragen, warum Paulus nicht ὁδηγέω (Ps 142[143],10) benutzt (auf die Psalmstelle verweist *Keener*, Gal [2019], 504). Das Verbum ἄγω begegnet in der Septuaginta nicht in dem hier zu verhandelnden Kontext. Paulus sagt auch nicht, wie genau sich solche Handlungssteuerung vollzieht, wie der Geist die Glaubenden zu einem ethisch angemessenen Leben befähigt.
91 Vgl. Poseidonios, Frgm. 186 = ClemAl., Str II 129,5; Plut, Mor 588 E.
92 Die genaue Zuordnung zwischen dem göttlichen πνεῦμα als unserem Gegenüber, dem göttlichen πνεῦμα in uns und unserem νοῦς ergibt sich erst aus einer Kombination von Röm 8 mit Röm 12,1f. Auf Gal 4,1–7 verweist *Rabens*, Spirit, 234 Anm. 288.
93 So aber in älterer Auslegung u. a. *Schlier*, Gal, 250.
94 Auf den Schluss von Gal 5,23 verweisen zu Recht u. a. *Lietzmann*, Gal, 40; *Lagrange*, Galates, 149. Vgl. auch *Usteri*, Gal, 186: »das Gesetz Gottes ist in sein Herz eingeschrieben.« Dass derjenige, der nach der Regel von Gal 5,18 lebt, auch keine Anklage zu erwarten hat, betont *Eckstein*, Christus in euch, 164. Für die voraufklärerische Exegese vgl. Ps.-Oikumenios, Gal, PG 118, 1156 C sowie Theophylakt, Gal, PG 124, 1017 B, mit Verweis auf 1Tim 1,9 als sachlicher Parallele.
95 Luther, Gal, WA 40/II, 97; *Dunne*, Persecution, 111.

wurde das goldene Zeitalter gesät, in dem die Menschen ohne Rächer, freiwillig, ohne das Gesetz die Treue und das Rechte verehrten«)[96], heißt es bei Ovid, und Seneca meint ebenfalls: Anfangs hätten die Menschen von sich aus in Orientierung an der durch die Götter gegebenen Philosophie das Richtige getan, erst später seien aufgrund der Habsucht die Gesetze nötig geworden[97]. Paulus sagt aber nicht, warum der Glaube des Mittels der Tora nicht mehr bedarf (seine Gegner hätten die Prämisse nicht anerkannt), deshalb kann man sein Argument als ungenügend empfinden.[98]

5,19–26 Allgemeine Paränese*

(19) Offensichtlich aber sind die Werke des Fleisches, welche da wären Unzucht, Unreinigkeit, Ausschweifung, (20) Götzendienst, Zauberei, Feindschaften, Streit, Eifer, Zorn, Intrigen, Zwietracht, Spaltungen, (21) Neid, Trunkenheit, Gelage, und das was diesen ähnlich ist, wovon ich euch vorhersage, gleich wie ich es zuvor gesagt hatte, dass diejenigen, die das tun, die Gottesherrschaft nicht erben werden. (22) Die Frucht des Geistes aber ist Liebe, Freude, Friede, Geduld, Freundlichkeit, Güte, Treue, (23) Sanftmut, Selbstbeherrschung: Gegen solche Verhaltensweisen gibt es kein Gesetz. (24) Die aber zu Christus gehören, haben das Fleisch gekreuzigt mitsamt den Leidenschaften und den Begierden. (25) Wenn wir durch den Geist leben, lasst uns auch dem Geist folgen! (26) Lasst uns nicht prahlen, nicht einander herausfordern, nicht einander beneiden.

---

96 Ovid, Metamorphosen I 89f. Vorplatonische Mythologie ist, so Plato, in der Frage gespalten, ob es in der Urzeit Verfassungen und Gesetze gab (Plato, Leges 713e: Den Menschen sind durch die Dämonen εἰρήνη, αἰδώ, εὐνομία, ἀφθονία δίκης geschenkt) oder nicht (Plato, Politikos 271e; Leges 680a). Zu der friedfertigen Gesinnung der Menschen des goldenen Zeitalters vgl. auch Tibull, Carmen 1,3,47f. (*non acies, non ira fuit, non bella, nec ensem immiti saevus duxerat arte faber* [»Kein Heer, keinen Zorn gab es, keine Kriege, und kein Schwert schwang der wütende Handwerker mit brutaler Kunstfertigkeit«]); Seneca, Octavia, 397–403, zu deren Bewahrung von *religio* und *iustitia* Catull, Carmen 64,386.398. In allen diesen Stellen fehlt jedoch ein Hinweis auf das sekundäre Notwendigwerden der Gesetze. Umgekehrt sind nach Plato, Protagoras 320c, die bürgerlichen Tugenden »Scham und Recht« sekundäre Gaben des Zeus, die den durch Frevel zur Technik gelangten Menschen das Überleben im Frieden der Polis gewährleisten sollen. Über die vormosaischen Zustände bei den Juden schweigt Josephus in Contra Apionem.
97 Sen, Ep 90,3.
98 *Hietanen*, Argumentation, 133.
* Literatur: *Becker, Eve-Marie*, Der Begriff Demut bei Paulus, Tübingen 2015; *Bultmann, Rudolf*, Das Problem der Ethik bei Paulus, in: *ders.*, Exegetica. Aufsätze zur Erforschung des Neuen Testaments, ausgewählt, eingeleitet und hg. v. Erich Dinkler, Tübingen 1967, 46–54; *Conzelmann, Hans*, Art. Χαίρω κτλ., ThWNT 9 (1973), 349–405; *von Gemünden, Petra*, Der »Affekt« der Freude im Philipperbrief und seiner Umwelt, in: *Jörg Frey/Benjamin Schliesser* (Hg.), Der Philipperbrief des Paulus in der hellenistisch-römischen Welt, WUNT 353, Tübingen 2015, 223–254;

5,19–26 Allgemeine Paränese

V. 19: Einige Handschriften fügen den Begriff μοιχεία vor πορνεία (ℵ² D K L Ψ 0122 104 630 1505 1611 1739^(mg)) oder danach (0278 365) ein, F G zuvor den Pl. μοιχεῖαι.[99] Schon Hieronymus (oder Ps.-Hieronymus) beurteilt diese Zufügung wie die Zufügungen *impudicia* und *homicidia* (= φόνοι) als sekundär[100], was aus heutiger Sicht durch den Negativbefund (ℵ* A B C P 33 81 175 1241 1739^(txt) 1881 2464) bestätigt wird.[101] V. 20: Die LA ἔρεις (C D¹ F G K L P Ψ 0122 0278 81 104 365 1175 1241 2464 Byz latt) ist wohl Angleichung an den vorangegangenen Pl. ἐχθραί. Die Erklärung als Itazismus reicht insofern nicht aus, als dieselben Handschriften auch ζῆλος zu ζῆλοι umwandeln. Den Singular bieten ℵ* A B D* 326 614 630 1505 1739 1881. Die LA ζῆλοι (ℵ C D¹ [F G] K L Ψ 0122 0278 81 104 365 630 1175 1241 1505 2464 Byz, anders B D* P 33 1739 1881 sy^p) ist teilweise wohl Angleichung an die vorangegangenen Pluralformen, begegnet aber auch in Handschriften, die ἔρις lesen (ℵ).[102] V. 21: Nach φθόνοι begegnet häufig φόνοι (A C D F G K L P Ψ 0122 0278 104 365 630 1175 1241 1505 1739 1881 2464 Byz, aber nicht 𝔓46 ℵ B 33 81 323 945). Die Zufügung ist wohl sekundär.[103] Das in einigen Handschriften nach καθώς ergänzte καί (ℵ² A C D K L P Ψ 0278 33 81 104 365 630 1175 1241 1505 2464 Byz., nicht 𝔓46 ℵ* B F G 6 1739 1881) verstärkt die Emphase[104]; der Ersatz von προεῖπον durch das resultative Perf. προείρηκα hält das bleibend Gültige dieser pau-

---

Glancy, Jennifer, The Sexual Use of Slaves. A Response to Kyle Harper on Jewish and Christian Porneia, JBL 134 (2015), 215–229; *Harper, Kyle*, Porneia: The Making of a Christian Sexual Norm, JBL 131 (2012), 363–383; *Hays, Richard B.*, Christology and Ethics in Galatians: The Law of Christ, CBQ 49 (1987), 268–290; *Landmesser, Christof*, Begründungsstrukturen paulinischer Ethik, in: *Friedrich Wilhelm Horn/Ruben Zimmermann* (Hg.), Jenseits von Indikativ und Imperativ. Kontexte und Normen neutestamentlicher Ethik/Contexts and Norms of New Testament Ethics Band I, WUNT 238, Tübingen 2009, 177–196; *Landmesser, Christof*, Der Geist und die christliche Existenz. Anmerkungen zur paulinischen Pneumatologie im Anschluß an Röm 8,1–11, in: *Körtner, Ulrich H.J./Klein, Andreas* (Hg.), Die Wirklichkeit des Geistes. Konzeptionen und Phänomene des Geistes in Philosophie und Theologie der Gegenwart, Neukirchen-Vluyn 2006, 129–152; *Schnelle, Udo*, Die Begründung und die Gestaltung der Ethik bei Paulus: in: *Roland Gebauer* u.a. (Hg.), Die bleibende Gegenwart des Evangeliums, FS Otto Merk, MThSt 76, Marburg 2003, 109–131; *Würthwein, Ernst/Merk, Otto*, Verantwortung. Biblische Konfrontationen, KTB 1009, Stuttgart 1982; *Stowers, Stanley K.*, Paul and Self-Mastery, in: J. Paul Sampley (Hg.), Paul in the Greco-Roman World. A Handbook, Harrisburg 2004, 524–550; *Wolter, Michael*, Die Liebe, in: *Friedrich Wilhelm Horn* (Hg.), Paulus Handbuch, Tübingen 2013, 449–453.

99 Für die lat. Tradition vgl. *Houghton* u.a., Epistles, 427.
100 Mitteilung bei *Lagrange*, Galates, 151.
101 Liegt eine Angleichung an Mt 15,19 vor (*Das*, Gal, 557)?
102 Generell ist das Bedürfnis der Angleichung an die folgenden Pluralformen in manchen großen Codices, vermutlich bedingt durch wechselnde Vorlagen, nicht einheitlich: B bietet zu ἔρις und ζῆλος in Röm 13,13 den Pl., in 2Kor 12,20 zu ἔρις den Sg., zu ζῆλος den Pl., zu Gal 5,20 in beiden Fällen den Sg.; D in 2Kor 12,20 zu ἔρις und ζῆλος den Pl. (für Gal 5,20 gilt dies nur für D¹); Ψ vereinheitlicht in 2Kor 12,20 wie in Gal 5,20 zum Pl.
103 Die Zufügung mag um der Assonanz mit φθόνοι willen erfolgt sein, aber auch die Konsequenz des Neides herausstellen. Auch kann Röm 1,29 eingewirkt haben (so auch *Usteri*, Gal, 188). Die Kombination der beiden Begriffe begegnet schon bei Eur, Tro. 766ff. (*Das*, Gal, 557 Anm. 7).
104 *Das*, Gal, 557.

linischen Erstverkündigung fest.[105] V. 24: Handschriften mit hohem Textwert (B ℵ [+ κυρίου] A C P Ψ 0122¹ 0278 33 104* 1175 1241 1739) bieten zusätzlich Ἰησοῦ, das in 𝔓46 D F G K L 0122*,² 81 104ᶜ 365 630 1505 2464 Byz latt fehlt. Vom paulinischen Sprachgebrauch her lässt sich kaum eine Entscheidung fällen.[106] Möglicherweise ist Ἰησοῦ aus Gründen der Plerophorie ergänzt. V. 25: Manche Handschriften lassen καί aus (𝔓46 F G a b d), andere setzen es vor πνεύματι (Ψ 1505). Beide Lesarten erstreben eine Glättung des Satzes, sind aber zu gering bezeugt, um als original gelten zu können. V. 26: Der in einigen Handschriften gebotene Akkusativ ἀλλήλους² (𝔓46 B Gᵗˣᵗ P 0278 104 326 365 614 1241 1505 1881 2464) statt des eher üblichen Dativs ἀλλήλοις (ℵ A C D F Gᵛ·ˡ· K L Ψ 33 81 630 175 1739) ist wohl Angleichung an das vorausgegangene ἀλλήλους.[107]

19 Das einleitende δέ markiert den Gegensatz zu dem in V. 18 Gesagten. Das Adjektiv φανερά hat weniger einen offenbarungstheologischen Gehalt[108]; es benennt vielmehr, was vor Augen ist, was leicht zu beobachten ist[109], was man entweder allgemein vom griechisch-römischen Hintergrund her oder speziell aufgrund des Wirkens von Philosophen im Bewusstsein hat[110], was nicht erst[111] oder nicht nur durch die Tora klar ist, worin auch eine Konvergenz zwischen jüdischer Tradition und nichtjüdischer philosophischer Reflexion als denkbar erscheint. Was »als Werke des Fleisches« offensichtlich ist, benennt Paulus wie in 1Kor 5,11; 6,9f.; 2Kor 12,20 in einem Lasterkatalog.

Die Geschichte der Form der Lasterkataloge lässt sich bis auf Platons Hades-Mythos, Gorg 525a zurückführen, wo ἐξουσία, τρυφή, ὕβρις, ἀκρατία (Willkür, Weichlichkeit, Übermut, Unmäßigkeit) zusammen begegnen. Xenophons Wiedergabe der Erzählung des Prodikos mit dem Thema »Herakles am Scheideweg«[112] bietet, Gal 5,19–23 vergleichbar, einen Doppelkatalog, ist aber auf das Individuum, nicht auf die Gemeinschaft bezogen und fasst im ersten Teil eher die Annehmlichkeiten des lustbetonten Lebens (*Memorabilia* II 1,23–25), im zweiten Teil eher die Mühen des Tugendlebens (*Memorabilia* II 1 28) ins Auge. In griechischer Philosophie werden Laster nicht selten systematisiert und hierarchisiert[113], wenngleich andere Lasterkataloge mit

---

105 *Carlson*, Text, 205.
106 Vgl. die Gegenüberstellungen bei *Carlson*, Text, 135 mit Anm. 245 und 246.
107 *Carlson*, Text, 114.
108 *Dunne*, Persecution, 111, u. a. mit dem Verweis auf das Ende von V. 21, aber auch auf 1Kor 3,13; 4,5.
109 Ps.-Oikumenios, Gal, PG 118, 1156 C; Luther, Gal, WA 40/II, 100; *Betz*, Gal, 482.
110 Ersteres *Moo*, Gal, 358; *de Boer*, Gal, 357, Letzteres *deSilva*, Letter, 459.
111 *Rohde*, Gal, 235; *Longenecker*, Gal, 252.
112 Xenoph, Mem II 1,21–34. Dabei muss man auf mögliche Lebensziele »Bewunderung in ganz Griechenland für die Tugend« und »Geltung im Staate« achten, für die es bei Paulus nur wenig Parallelen gibt (für das zuerst genannte Motiv vgl. 1Thess 1,7; 2Kor 9,3).
113 Solche Hierarchisierungen begegnen bei Cic, Tusc IV 7/16, in der Wiedergabe der stoischen Affektenlehre (der *lubido* = *libido* sind untergeordnet: *ira, excandescentia, odium, inimicitia, discordia, indigentia, desiderium et cetera huius modi*), Diog Laert VII 93 (den primären Lastern ἀφροσύνη δειλία ἀδικία sind ἀκολασία, βραδύνοια, κακοβυλία untergeordnet, mangelnde Enthaltsamkeit, Geistes-

der Explikation ihrer Unvollständigkeit eingeführt werden.[114] In jüdischer Literatur hat die Form Eingang gefunden in 1QS I 4–7[115] sowie in den verschränkten Katalogen 4Q436 Frgm. I 1,10 – II 14; 4Q438; Frgm. 4 ii, 2f., ferner bei Philo von Alexandria in dem ca. 140 Einträge umfassenden Lasterkatalog in SacrAbCain 32 sowie in dem Doppelkatalog in SacrAbCain 23.27, als allegorische Auslegung von Lev 21,15–17 eingeführt. In rabbinischer Literatur findet sich eine ethische *catena aurea* in mSot 9,15, am Ende des Traktates.[116] Gal 5,13–15 und Gal 5,25f. führen gelegentlich zu der These, auch die Lasterkataloge seien im Wesentlichen mit Bezug auf die galatische Situation formuliert.[117]

Als Eigentümlichkeiten neutestamentlicher Lasterkataloge sind zu benennen:

1. Sie sind, anders als manche vergleichbaren Kataloge aus griechischer Philosophie, grundsätzlich nicht systematisiert.

2. Sie sind manchmal explizit als nicht-erschöpfend markiert (Gal 5,19 ἅτινά ἐστιν).

3. Bestimmte Elemente können sich wiederholen, ohne dass ein Bezug zur konkreten Situation naheliegt. Bestimmte Elemente können einen Bezug zur aktuellen Situation haben[118], ohne dass dies zwingend ist.

4. Als spezifisch christlicher Inhalt wird nur die Warnung vor der Fremdgötterverehrung eingeführt. Zwar wird auf die Notwendigkeit der Verehrung der allgemein anerkannten Götter oder wenigstens eines oder mehrerer von ihnen auch in griechisch-römischer Tradition verwiesen. Allerdings äußert sich dieses Bewusstsein zumeist nicht in den Lasterkatalogen, da diese nicht unter dem Vorzeichen einer Diskussion um die Wahl der angemessenen religiösen Bindung des Einzelnen formuliert werden. Die Kataloge fassen die konventionelle Moral ihrer Zeit zusammen und sollen herausstellen, »daß die christliche Ethik im großen und ganzen mit den moralischen Konventionen der Zeit in Einklang stehen«[119] sollte. Allerdings ist nach Craig A. Keener

---

trägheit, Fehlorientierung des Willens), Diog Laert VII (111 ἔλεος, φθόνος, ζῆλος sind Arten der λυπή, die als irrationale mentale Kontraktion [συστολή] gewertet wird). ἔλεος ist das Mitgerissensein von unbedingt schlechtem, φθόνος das vom guten Schicksal des anderen, ζῆλος ist die unpassende Gemütsregung, wenn ein anderer das besitzt, was man selbst begehrt.

114 Zur Wendung τὰ ὅμοια τούτοις in Gal 5,21 vgl. Diog Laert VII 94; 95; Cic, Tusc IV 7/16: *et cetera huius modi* (und das Übrige dieser Art).
115 In 1QS IV 13 erscheint wie in Gal 5,21 der eschatologische Horizont.
116 Darauf verweisen *Le Cornu/Shulam*, Gal, 375.
117 *Barclay*, Obeying the Truth, 153; *Hays, Christology, 286; *Keesmaat, Paul, 312.
118 So *Das*, Gal, 569f., mit Bezug auf die gemeinschaftsbezogenen Laster.
119 *Betz*, Gal, 481.

soziales Fehlverhalten in jüdischen und christlichen Lasterkatalogen etwas häufiger thematisiert als in griechisch-römischen.[120]

5. Sünden in Sachen Sexualität und Fremdgötterverehrung und Habsucht stehen oft an erster Stelle, ohne dass dies von der aktuellen Argumentation her naheliegt (1Kor 6,9; Gal 5,19; Mk 7,21). Die genannten Laster werden in jüdischer Literatur nicht selten mit typischem Verhalten von Nichtjuden in Verbindung gebracht.[121] Die Wahrnehmung des Heidentums ist in Gal 5,19-21 eine andere als in Phil 4,8.[122] Merkwürdig ist, dass Paulus diese Laster nicht als Folge von Gesetzesübertretungen hinstellt. Ausgeschlossen ist aber auch das Gegenteil, die genannten Laster als Folge des Rückkehrens »unter das Gesetz« zu verstehen[123]: Wer sich den Einflüssen der Fremdmissionare öffnet, wird kaum in εἰδωλολατρία verfallen.

Für den Lasterkatalog in Gal 5,19–21 sind verschiedene Gliederungsmodelle vorgeschlagen worden. M. E. benennt er zunächst sexuelles, dann religiöses Fehlverhalten; es folgen einige Begriffe allgemein gemeinschaftsschädigenden Verhaltens, bevor einige Begriffe, die die Außenwirkung der Gruppe der Jesusanhänger tangieren, die Reihe abschließen.[124]

Der Begriff πορνεία (er begegnet u. a. in 1Kor 5,1; 6,18, aber auch in Mk 7,21) dürfte in auktorialer Perspektive jeden von der Tora her illegitimen Verkehr anvisieren[125];

---

120 *Keener*, Gal [2018], 258. Eigentumsdelikte fehlen, desgleichen Körperverletzung oder Meineid (*Konradt*, Gericht und Gemeinde, 489 Anm. 68). Ersteres lässt sich wohl sozialgeschichtlich begründen.
121 So auch *Klein*, Gal, 190.
122 Dort geht es darum, dass hinter dem, was in griechisch-römischem Kontext als lobenswert gilt, auch die Christinnen und Christen nicht zurückstehen sollten; bei den Lasterkatalogen geht es um eine Abwendung von dem, was in griechisch-römischem Kontext toleriert wird, aber in jüdisch-christlicher Tradition nicht akzeptabel ist. Von daher ergibt sich eine thematische Nähe zur postkonversionalen Paränese.
123 *Schewe*, Die Galater zurückgewinnen, 126–128. Schewe hat zwar Recht mit der Behauptung, die Galater werden mit Paulus den Abscheu vor diesen Lastern teilen (129f.). Dann sind aber diese Laster nicht als Folge der Rückkehr unter die Tora zu verstehen (so aber *Schewe*, a. a. O., 128).
124 *Witherington*, Grace in Galatia, 398f.: die ersten fünf und die letzten zwei fokussieren auf Sünden der heidnischen Vergangenheit, die mittleren auf die Sünden, die Beziehungen betreffend. *De Boer*, Gal, 358, und *Moo*, Gal, 358, gliedern in »sexual misconduct; religious misconduct; sources of communal discord; excessive drinking«. Faktisch ähnlich gliedert zuvor *Lagrange*, Galates, 149.
125 *Harper*, Porneia, 371, wonach πορνεία nunmehr auch Ausübung wie Inanspruchnahme von Prostitution umschließt, der aber das Problem der sexuellen Ausbeutung von Sklavinnen nicht behandelt. Allerdings ist umstritten, inwieweit nicht doch auch bei jüdischen Autoren die sexuelle Ausbeutung eigener Sklavinnen toleriert wurde. *Glancy*, Sexual Use, 218–223, bejaht diese Frage mit Verweis auf Sir 41,22a LXX und TestRub 1,10, wo nur der Verkehr mit einer Sklavin eines anderen Sklavenbesitzers, nicht der mit der eigenen Sklavin abgelehnt wird, sowie auf Philo, Prob 38 (die Heranziehung dieser Stelle leuchtet mir nicht recht ein, da dort die Initiative den

die Galater werden vor allem an Prostitution gedacht haben[126], vielleicht auch an Pädophilie. Bei Paulus ist πορνεία Kennzeichen des Lebens derer, »die Gott nicht kennen«, d. h. des heidnischen Lebens (1Thess 4,3f.), das die Galater hinter sich gelassen haben sollten.[127]

Der Begriff ἀκαθαρσία steht bei Hippokrates und Platon für die Unreinheit einer Wunde, bei Demosthenes von moralischer Unreinheit, bei Plutarch gelegentlich von sexueller Ausschweifung[128], bezeichnet manchmal in der LXX die rituelle Unreinheit, manchmal die moralische, aber ohne Betonung des sexuellen Aspekts (Spr 6,16 »Unreinheit der Seele«; 1Esdr 1,40.47). In jüdischer Tradition wird der Begriff manchmal ohne speziellen Bezug zur Sexualität verwendet (TestLevi 15,1), manchmal mit diesem Bezug (TestJuda 14,5; TestJosef 4,6; tendenziell auch 1QS IV,10; PsSal 8,12.20.22). Manchmal sind beide Deutungen möglich.[129] Die Zusammenstellung mit πορνεία in Gal 5,19 und 2Kor 12,21 legen nahe, dass Paulus auch ἀκαθαρσία als sexuelle Unreinheit verstanden hat.[130] 1Thess 2,3; Röm 6,19 bezeichnen die moralische Unreinheit, Röm 1,24 vor allem im sexuellen Sinn. Diese Betonung des Sexuellen ist wieder Bestandteil der jüdischen Abgrenzung vom Heidentum.

Der Begriff ἀσέλγεια, der auch in Mk 7,22 begegnet, meint generell gesellschaftlich nicht akzeptables Verhalten.[131] In 3Makk 2,26 bezeichnet er Ausschweifungen des ägyptischen Königs Ptolemaios IV., in Sap 14,26 Ausschweifungen der unbesonnenen Ägypter, bei Philo, VitMos I 305 in der Wiedergabe von Num 25,1f. das Verhalten der

---

Sklavinnen attribuiert wird, nicht den Sklavenbesitzern); SpecLeg. III 69. Bei Paulus hätte nur der Verkehr mit einer Prostituierten, nicht aber der Verkehr mit einer Sklavin als πορνεία gegolten (a. a. O., 227). Gal 3,28, von Glancy nicht diskutiert, lässt nicht erkennen, ob die Egalität zwischen Freien und Sklaven auch solche sexuelle Ausbeutung unterbunden hat.

126 So *de Boer*, Gal, 358. Das gilt wohl umso mehr, wenn die etymologische Ableitung von dem Verbum πέρνημι (verkaufen) richtig ist (*Rohde*, Gal, 238).

127 Unzuchtssünden stehen neben Sünden des 1. Gebotes häufig an der Spitze von Lasterkatalogen. CD 4,16-18; PsSal 8,9-13, aber auch Philo, Decal. 36.51.121.168 SpecLeg III,8. In Joseph, Ap II 199-203 stellt Josephus die Ehetora unmittelbar im Anschluss an die Lehre von Gott und seinem Dienst an, obwohl das Elterngebot, wie er selbst weiß, in der Tora unmittelbar im Anschluss an das Sabbatgebot eingeordnet ist (II 206). Widernatürliche Unzucht und Pädophilie werden in slavHen 10,4 als erste Sünde der Verunehrung Gottes gebrandmarkt. Das *Testament Judas* innerhalb der *Testamente der Zwölf Patriarchen* ist, aufgrund von Gen 38 naheliegend, teilweise mit περὶ ἀνδρείας καὶ φιλαργυρίας καὶ πορνείας in der Überschrift näher gekennzeichnet. Lediglich in 1QS IV,10 ist dieses Laster anderen Lastern nachgeordnet.

128 *Rohde*, Gal, 239, mit Verweis auf Plut, De Othone 2 (1067ab).

129 Das Adjektiv ἀκάθαρτος begegnet in TestAsser 2,9; 4,5 von unreinen Tieren (vgl. auch Arist 128f.; 169), mit deren Unreinheit die Unmoral von Menschen vergleichbar ist (so auch Arist 166), die sich aber nicht in sexueller Sittenlosigkeit erschöpft, und steht in TestBenj 5,2 von unreinen Geistern. In TestBenj begegnet die Überschrift περὶ διανοίας καθαρᾶς.

130 So jedenfalls *Burton*, Gal, 305.

131 In griechischer Tradition begegnet der inhaltlich verwandte Ausdruck ἀκολασία in Diog Laert VII 93. In der lat. Texttradition von Gal 5,19 begegnet gelegentlich die Doppelung *impudicitia luxuria*.

nichtjüdischen Mädchen, die jüdische Männer verführen wollen, in 1QS IV,10 das Verhalten derer, die durch den Geist des Frevels geprägt sind. Die Adressaten des Galaterbriefes können unter dem Einfluss des Wirkens der Fremdmissionare diese antiheidnische Stoßrichtung des Begriffs durchaus wahrgenommen haben, der sich auch später im Neuen Testament fortsetzt (vgl. Eph 4,19; 1Petr 4,3; 2Petr 2,7).

20 Der Begriff εἰδωλολατρία (bei Paulus noch 1Kor 10,7.14) ist nur auf jüdischem Boden verständlich; Angehörige des griechisch-römischen Kulturkreises hätten auch bei skeptischer Betrachtung der Götterwelt Homers die Verehrung der Gottheiten nie mit der Bezeichnung εἰδωλολατρία belegt.

Der Begriff φαρμακεία[132] kann für Giftmord stehen, aber auch für magische Praktiken[133], auf dem Hintergrund dessen, dass diese oft durch Drogeneinfluss befördert wurden, so z.B. in der Gerichtsankündigung gegen Babel Jes 47,9.12, in Sap 12,4[134]; 18,13[135] und in Apk 18,23, dem (neben Apk 9,21 v.l.) einzigen anderen neutestamentlichen Beleg, innerhalb einer Gerichtsankündigung gegen Rom. Die Belege lassen häufig Assoziationen an Nichtjüdisches in der Wertung durch Juden erkennen.[136] Den Adressaten wird φαρμακεία als Form religiöser Praxis erscheinen, von der nicht nur Paulus abrät, von der sie vielmehr auch selbst, gerade unter dem Einfluss der Fremdmissionare, Abstand zu nehmen wünschen.

Die folgenden Begriffe sind im Plural benannt; der Plural von Abstracta kann konkrete Phänomene[137] bzw. Aktionen benennen. Vier von ihnen begegnen in veränderter Reihenfolge auch in 2Kor 12,20 (ἔρις, ζῆλος, θυμοί, ἐριθείαι).

Der Begriff ἔχθραι[138] bezeichnet (im Singular) in grLAE 25,4; 26,4 die Feindschaft zwischen Mensch und Natur im Sinne von Gen 3,15, im Plural feindliche Aktivitäten gegen Menschen (Lk 23,12) und gegen Gott (Röm 8,7; Jak 4,4), was auch für Gal 5,19 die Einordnung an dieser Stelle begreiflich machen würde. Beachtet man diese Stellen, so wird der Zusammenhang zwischen Feindschaft und Sünde deutlich. Die folgenden Laster können als Erscheinungsformen der ἔχθραι betrachtet werden.[139]

---

132 In der lat. HS 75* wurde *ueneficia* zu *beneficia* (!) verlesen, dann aber in *maleficia* korrigiert – der Korrektor konnte nur dem Sinn nach, aber nicht anhand einer anderen Handschrift die Verbesserung vornehmen. In der HS 76 blieb das fehlerhafte *beneficia* unverändert.

133 Das Verb φαρμακεύειν steht in 2Makk 10,13 von der Giftmischerei, in 2Chron 33,6 von der Zauberei, die Manasse betrieben haben soll. Von Zauberei steht es auch in grHen 7,1; 78,2; 88,3, was auch dann, wenn grHen erst christlich ist und seinerseits eine Wirkungsgeschichte von Gal 5 darstellt, eine entsprechende Deutung auch für Gal 5 nahelegen würde.

134 Bei der Schelte der »ehemaligen Bewohner des Landes« Israel, d.h. der Kanaanäer, in Sap 12,4 wird man ebenfalls eher allgemein an Magie als speziell an Giftmord denken.

135 Dort ist der Unglaube der Ägypter während des Exodusgeschehens durch ihre Magie begründet.

136 Hat Paulus den Begriff hier eingebracht, weil er diese Praktiken als Konsequenz der εἰδωλολατρία im Auge hat (*von der Osten-Sacken*, Gal, 270, mit Verweis auf Dtn 18,9–11; Ex 7,11.22; 8,3.14)?

137 *Moo*, Gal, 360.

138 *Matera*, Gal, 210, macht darauf aufmerksam, dass der Begriff in hellenistischen Lasterkatalogen fehlt.

139 *Rohde*, Gal, 240.

Der Begriff ἔρις hat wie in 1Kor 1,11; 3,3; 2Kor 12,20 ein Fehlverhalten zwischen streitenden Gruppen in einer Gemeinschaft vor Augen. In griechischer Tradition wurde Ἔρις als Göttin personifiziert[140]; auf ihr Wirken hat man im Mythos den Krieg um Troja zurückgeführt. In frühjüdischer Literatur ist neben der Warnung vor Streit in Sir 28,11 auch Sir 40,4[5] zu beachten, wo der Begriff zusammen mit θυμός und ζῆλος als Kennzeichen menschlichen Lebens erscheint, das vor allem von Gesetzlosen auszusagen ist (V. 10).

Der Begriff ζῆλος ist bei Paulus häufig mit ἔρις vereinigt (1Kor 3,3; 2Kor 12,20; Röm 13,13) und an diesen Stellen negativ konnotiert. Er begegnet in frühjüdischer Literatur überwiegend negativ[141], im positiven Sinne nur dann, wenn durch ein Attribut oder kontextbedingt eine entsprechende Klarstellung vorliegt.[142] Deutlich ist auch, dass er bei ein- und demselben Autor, bei dem Verfasser der Testamente der Zwölf Patriarchen wie bei Paulus, sowohl negativ als auch positiv verwendet werden kann.

Der Begriff θυμοί lässt in griechisch-römischer[143] wie jüdischer[144] Literatur gemeinschaftsschädigendes Verhalten, aber auch gravierende Störung menschlicher Selbstkontrolle assoziieren. Das Testament Dans wird teilweise mit διαθήκη Δαν. Περὶ θυμοῦ καὶ ψεύδους überschrieben. In TestDan 2–4 wird eine ganze Psychologie des Zorns entfaltet: Hass und Zorn machen den Menschen unfähig zur realistischen Welt- und Selbstwahrnehmung; der Intensität des Zornes ist nur schwer Einhalt zu gebieten, und die Beunruhigung der Gesinnung bewirkt, dass Gott von einem weicht und der Teufel über die Seele herrscht.

Der Begriff ἐριθεῖαι (im Plural auch 2Kor 12,20) begegnet auch bei Aristoteles, Pol V 3 von dem Verhalten rivalisierender politischer Gruppierungen und meint selbst-

---

140 Zu ihrer Beschreibung vgl. Hom, Il IV 440–445.
141 TestRub 3,5; 6,4 (dort wie in TestJud 13,3 die Intensität der Begierde der πορνεία betreffend); TestSim 2,7; 4,5 (dort mit φθόνος kombiniert). TestSim 4,9; TestIss 4,5 = Intensität einer negativen fixen Idee; TestDan 1,6 = Neid. grBar 13,4 (κλεφίαι καταλαλιαι ἐπιορκίαι φθόνοι μέθαι ἔρεις ζῆλος γογγυσμός ψιθυρισμός εἰδωλολατρισμός μαντεία ...) dürfte christliche Gestaltung sein, die den Paulustext und andere Texte dieser Art bereits zur Vorlage hat. Deutlich ist auch hier der Wechsel zwischen Sg. und Pl. Christlich interpoliert ist vielleicht auch grBar 8,5.
142 Vgl. Num 25,11; 1Makk 2,50.58 (ζηλοῦν τῷ νόμῳ/ζῆλος νόμου); PseudPhok. 65: ζῆλος τῶν ἀγαθῶν; TestAsser 4,5: ζῆλος τοῦ θεοῦ. Für die griechisch-römische Geistigkeit vgl. MAMA IV 162 (Apollonia, 1. Jh. n. Chr.), wo ebenfalls der Kontext das positive Verständnis signalisiert (διὰ τὸ καὶ τὸν νεανίαν πάσης ἀρετῆς τελειότατον ἐσχηκέναι ζῆλον). Für Paulus vgl. Gal 1,14 für die Zeit vor seiner Berufung, 2Kor 11,2 für die Zeit danach. Paulus fühlt sich nicht frei, die Haltung einzunehmen, die Ez 3,19 beschreibt.
143 Vgl. z.B. Sen, Ep 123,1–2; Dial. 3–5; Valerius Maximus, IV 3,1f. (zu den Folgen mangelnder Selbstbeherrschung); IX,3; Musonius Rufus, Diss. 3; Diss. 16; Epiktet, Diss. I 15,5 (ὀργίζεσθαι); II 19,26 (μὴ ὀργισθῆναι). Zorn (ὀργίζεσθαι) unterscheidet sich von dem gänzlichen Verlust des Verstandes nur durch die kürzere Dauer (Cato maior, bei Plut, Mor 199a, Nr. 16). Für frühjüdische Literatur vgl. noch 1QS IV 10.
144 Vgl. Sir 40,5; 4Makk 1,2.4; 2,16f.20; 3,3.

bezogene Ambitionen. Das Wort begegnet im Neuen Testament auch im Singular (Phil 1,17; Röm 2,8; Jak 3,1.16, dort mit ζῆλος kombiniert).[145]

Der Begriff διχοστασίαι stammt aus dem Bereich des Politischen[146] und begegnet in diesem Sinne auch in jüdischer Tradition (Sib IV 68; 1Makk 3,29), dort gelegentlich auch im Sinne einer Warnung vor entsprechendem Fehlverhalten im Individualbereich.[147] Vielleicht hat Paulus mit diesem wie mit dem folgenden Begriff die Wirren aufgrund des Wirkens der Fremdmissionare im Auge.[148]

Der Begriff αἱρέσεις kann im Neuen Testament gelegentlich neutral gebraucht werden[149]; bekannter ist der negative Gebrauch, der schon bei Paulus begegnet (1Kor 11,19) und gemeinschaftsschädigende Konsequenzen individueller Grundüberzeugungen benennt.[150] Es mag sein, dass der Begriff hier gegenüber dem Begriff διχοστασίαι eine Steigerung insinuiert.[151]

21 Der Begriff φθόνοι begegnet im Plural nur hier. Aristoteles bemerkt zum Neid, er werde umso heftiger, je mehr Erfolg, Ruhm, Geld usw. man hat.[152] Die Warnung vor Neid ist selbstverständlich in allen Kulturkreisen; 1Makk 8,16; 3Makk 6,7 zielen auf die gemeinschaftsstörenden Folgen, Sap 6,23 auf die Torheit, TestGad 4,5 auf den Hass als die Triebkraft des Neides. Das Testament Simeons ist in einigen Handschriften überschrieben: διαθήκη Συμεων. Περι φθόνου. Mit dem »Neid des Teufels« wird schließlich im antiken Judentum manchmal die Versuchung der Stammeltern Gen 3,1–7 motiviert (Sap 2,24).

Der Begriff μέθαι steht für die Trunkenheit, vor der in griechischer wie jüdischer Tradition gewarnt wird[153] und die aufgrund sich einstellender fehlender Affektkontrolle als grobes Fehlverhalten gilt.[154]

---

145 In der lat. Tradition begegnet zusätzlich *animositates provocationes* (61) bzw. *inritationes* (75 76 77 135). In 𝔓99 ist *provocationes* nach der Notierung *sectae* zu αἱρέσεις angeordnet. Die textkritische Unsicherheit in der Stellung der Einzelelemente zeigt, dass man schon früher in Gal 5,19–21 eine nicht streng gegliederte und auch erweiterbare Liste gesehen hat.
146 *Betz*, Gal, 484, verweist auf Belege bei Plutarch. Zu ergänzen: Platon, Rep. I 465 b. *Matera*, Gal, 210, macht darauf aufmerksam, dass der Begriff in hellenistischen Lasterkatalogen fehlt.
147 PseudPhok 151: φεῦγε διχοστασίην καὶ ἔριν πολέμου προσίοντος.
148 *Mußner*, Gal, 383.
149 Apg 24,5.14; 28,11 von der Bewegung der Jesusanhänger, ähnlich wie bei Poseidonios, Frgm. 46, von der Schule Epikurs; Diog Laert I 18 von den Philosophenschulen überhaupt, Joseph, Bell II 118, von den verschiedenen Religionsparteien (Ant XIII 171.293; Vit 191); 197; Philo, Plant 151; VitCont. 29.
150 *Matera*, Gal, 210, macht darauf aufmerksam, dass der Begriff in hellenistischen Lasterkatalogen fehlt. – In der lat. Tradition begegnen *sectae* (51 58 88) und *haereses* (61 76 77 89 251) nebeneinander.
151 So jedenfalls *Lagrange*, Galates, 151.
152 *Vouga*, Gal, 145 mit Verweis auf Arist, Rhetorik 2, 1387b–1388a. Der Begriff φθόνος gehört auch bei Epiktet, Diss. II 26,45; Plut, Mor 468 B zu den ablehnenswerten Eigenschaften.
153 Isokrates I 32; Sen, Ep. 58,33; 83; TestJud 11,2; 12,6; 14,3; Tob 4,15; Sir 19,2; 31,30.
154 Vgl. Sen, Ep 82,19f.; Martial, Epigr III 16; Jdt 13,15; PsSal 8,14.

Der Begriff κῶμοι, hier wie in Röm 13,13 mit μέθαι kombiniert, steht in 2Makk 6,4; Sap 14,23; 1Petr 4,3 für exzessive Trinkgelage und sexuelle Ausschweifungen, an allen drei Stellen als heidnisches Benehmen deklariert.

Die Wendungen τὰ ὅμοια τούτοις und τοιαῦτα betonen nochmals, dass diese Liste nicht erschöpfend war. Das Partizip Präsens πράσσοντες markiert vielleicht eher wiederholte Handlungen als einen einmaligen Ausbruch.[155] Die Worte καθὼς προεῖπον in Gal 5,21b zielen u.U. auf die Erstverkündigung des Paulus im Rahmen der Tauf-Vorbereitung.[156] Die Rede von der βασιλεία τοῦ θεοῦ begegnet bei Paulus in ethischen Kontexten, wenn es um Einlassbedingungen in die Gottesherrschaft geht[157], wird aber bei Paulus nie mit dem Namen »Jesus« verbunden. Die Bedeutung, die dieses Syntagma nach klassischer Jesusforschung für Jesus hatte, wird nicht sichtbar.[158] Für die Auslegung des Galaterbriefes eher von Bedeutung ist, dass mit einer ähnlichen Warnung auch der große Lasterkatalog aus Qumran abschließt (1QS IV 11–14). Ähnlich zeigt 1Kor 6,9, dass Paulus hier in einer gewissen Tradition steht.[159]

Zusammenfassend kann man sagen: Als »Werke des Fleisches« gelten Werke, die auch in griechischer Literatur verpönt sind, aber von jüdischem Standpunkt aus als typisches Kennzeichen nichtjüdischer Lebensweise gelten. Paulus reagiert negativ auf Konkurrenzdenken und dementsprechendes Verhalten, das in der antiken Gesellschaft des Mittelmeerraumes üblich war.[160] Der Lasterkatalog nennt Selbstbezogenes, der Tugendkatalog nennt das, was im Zusammenleben mit anderen von Bedeutung ist.[161]

22 Gelegentlich wird die Differenz des Singulars »Frucht« zum Plural »Werke« von Gal 5,19 betont.[162] Zwingend ist das nicht.[163] Man kann den Singular rezeptionsästhetisch mit Hilfe des Dictums deuten, dass, wer eine Tugend hat, alle Tugenden hat.[164]

---

155 *Das*, Gal, 576.
156 *Betz*, Gal, 485; *Klein*, Gal, 190.
157 1Thess 2,2; 1Kor 6,9f. Vorausgesetzt ist diese Nuance auch in Röm 14,17. Das Syntagma begegnet bei Paulus auch noch in 1Kor 15,24.50.
158 Der beschränkte Radius dieses Motivs bei Paulus könnte als eines der Argumente dafür gelten, auch bei Jesus von Nazareth die Zentralstellung dieses Syntagmas zu hinterfragen – allerdings sind überzeugende Alternativen nicht in Sicht, und der genannte beschränkte Radius könnte auch damit erklärt werden, dass Paulus vornehmlich an Nichtjuden schrieb, denen dieses Syntagma nicht geläufig war.
159 Die lat. Tradition ist gespalten zwischen Formen von *possidere* und von *hereditare*. Der Zusatz *nisi peniteant* am Ende in der lat. HS. 77 erstrebt den Ausgleich zu kirchlicher Bußdisziplin (*Houghton*, Epistles, 429).
160 *Esler*, Gal, 92.
161 *Dunn*, Gal, 508.
162 *Lagrange*, Galates, 152; *von der Osten-Sacken*, Gal, 276; *Portenhauser*, Identität, 568.
163 Mit *Moo*, Gal, 363. Anders *de Boer*, Gal, 362: Paulus verwendet den Begriff »Frucht«, nicht den Begriff »Werke«, um Assoziationen an die Wendung »Werke des Gesetzes« auszuschließen; er verwendet den Sg., vielleicht, weil die Liebe als die wesentliche Frucht gesehen wird, als deren Konkretion die anderen Tugenden zu sehen sind.
164 Diog Laert VII 125; Sen, Ep 67,10.

Die Metapher »Frucht« als Gegensatz zu den »Werken«, vielleicht durch Jes 3,10f. inspiriert[165], wird manchmal als Verweis auf das sich von selbst Ergebende des sittlichen Handelns gedeutet.[166] Mindestens ebenso ist jedoch die These diskutabel, Paulus verweise hier auf den Gedanken »der empfangenen Gabe«[167], dass der Heilige Geist es ist, der die im Folgenden genannten Verhaltensweisen wirkt.[168] Die Metapher Frucht erscheint auch andernorts im Neuen Testament in ethischen Kontexten.[169] Die Herleitung bestimmter Verhaltensweisen aus dem göttlichen Geist hat ihre biblisch-jüdische Traditionsgeschichte.[170] Vor allem Ez 36,26f. ist hier zu nennen, das von Paulus allerdings nirgends zitiert wird. Dass die im Folgenden genannten Verhaltensweisen als »Frucht des Geistes« gesehen werden, kann als Anknüpfung an die Geisterfahrung der Gemeindeglieder[171] interpretiert werden, macht in jedem Fall menschliche Aktivität nicht hinfällig.

Verschiedene Dreiergliederungen werden vorgeschlagen[172]: nach Betz sind die ersten drei Eigenschaften biblisch auch von Gott und Christus belegt; die letzten drei entsprechen Standards griechischer Ethik. Die ersten drei Größen sind theologisch bzw. pneumatologisch fundiert[173]; für die nächsten drei gilt: »Geduld, Freundlichkeit und Güte als die positiven mitmenschlichen Verhaltensformen sind gleichsam die menschliche Antwort auf die göttlichen Gaben. ... Paulus bleibt bei der lockeren Verbindung

---

165 *Le Cornu/Shulam*, Gal, 373. Für den metaphorischen Gebrauch des Begriffs vgl. Spr 3,9; 11,30; 13,2 (jeweils καρπὸς δικαιοσύνης); Jer 17,10 (κατὰ τοὺς καρποὺς τῶν ἐπιτηδευμάτων αὐτοῦ); Joseph, Ant XX 48; Philo, Fug 176; Migr 205, aber auch Epikt, Diss I 4,32.

166 *Keener*, Gal [2018], 260. Allerdings müsste das mit dem Adhortativ in Gal 5,25 ausgeglichen werden. Anders Luther, Gal, WA 40/II, 116, der den Begriff auf den Nutzen für andere deutet.

167 Calvin, Gal, CR 50, 255 (er betont unter Bezugnahme auf Beispiele aus der griechisch-römischen Antike, dass auch in Nichtwiedergeborenen Beispiele der im Folgenden genannten Verhaltensweisen vorhanden seien); *Mußner*, Gal, 385. Etwas anders argumentiert *Landmesser*, Begründungsstrukturen, 191: Der Imperativ in Gal 5,16 fordert nicht die Glaubenden zu etwas auf, »was vor ihnen zur Wahl läge, er erinnert sie vielmehr mit einem solchen Performativ an ihre Existenz, die sie vor Gott und durch den Heiligen Geist schon sind.« Doch auch Sen, Ep 66,27, kann von den »Werken« der sittlichen Vollkommenheit sprechen.

168 *DeSilva*, Gal, 465. Gelegentlich wird der Gegensatz betont zwischen der auf Selbstvervollkommnung zielenden Belehrung durch den Philosophen und dem Verweis auf den Heiligen Geist, dank dessen allein die Überwindung der Sündenmacht gelingen kann, durch den Apostel (*Betz*, Gal, 488f.; *Matera*, Gal, 208). Die Konsequenzen beider Wege sind jedoch ähnlich.

169 Vgl. Mt 3,8.10; 7,16–19; 12,33. Der Begriff »Frucht« steht, so *Usteri*, Gal, 189, nie, wenn allein von den bösen Taten die Rede ist, sondern nur, wenn es um beides, Gutes wie Böses, geht (Mt 7,20; Röm 6,21f.)

170 Vgl. 1QS 4,3. Doch auch in griechisch-römischer Tradition begegnet das Motiv, dass das Einwirken einer Gottheit den Menschen sittlich bessern kann, vgl. die Belege bei *Keener*, Gal [2019], 517.

171 *Wischmeyer*, Liebe als Agape, 77.

172 *Rohde*, Gal, 245, nennt die Dreiheit von Liebe, Freude und Friede, dann die weiteren Tugenden als Ausgestaltungen der Liebe. *Bengel*, Gnomon, 750, begründet, warum der Tugendkatalog kürzer ist als der Lasterkatalog: *bonum est simplicius et una saepe virtus multa habet contraria*.

173 *Betz*, Gal, 489.

verschiedener Verhaltensformen und Tugenden, die unter Umständen aus verschiedenen Quellen stammen und die er unter dem Stichwort der *Liebe* zusammenführt.«[174]

Die Spitzenstellung des Begriffs ἀγάπη ist von Gal 5,6.13f. (wie von 1Kor 13,13) her verständlich[175] und bildet auch einen Gegenpol zu der »langen Kette von Streitbegriffen«[176] in V. 19–21; dem Begriff eignet »materialethische Inklusivität«[177], und er steht an der Stelle, wo hellenistische Autoren Gerechtigkeit oder Menschenliebe als zusammenfassendes ethisches Leitprinzip für das Verhalten zu den Mitmenschen benennen.[178] Er erscheint als Zentralbegriff, der das Verhältnis zum Nächsten in Worte fasst[179], ähnlich wie πίστις der Zentralbegriff für die Gottesbeziehung ist. Dass die Liebe als Folge des Wirkens des Geistes zu betrachten ist, wird auch in Röm 15,30 festgehalten. Paulus expliziert in 1Kor 8 einen Zusammenhang zwischen ἀγάπη und οἰκοδομή: Nur wer aus der Gesinnung der ἀγάπη heraus konkret handelt, kann zur οἰκοδομή beitragen. Auf die galatische Situation übertragen heißt dies, dass die ἀγάπη die Grundvoraussetzung ist, die gegenwärtigen Konflikte dauerhaft zu überwinden.

Der Begriff χαρά zählt in der Stoa bei denjenigen Autoren, die nicht alle Affekte von vornherein ablehnen[180], zu den erlaubten Affekten und wird als εὔλογος ἔπαρσις, als eine von der Vernunft wohlgerechtfertigte Gemütserregung, von der ἡδονή unterschieden.[181] Jenseits dieses Sprachgebrauchs begegnet er aber auch von der religiösen Festfreude.[182] In biblischer Tradition kann Freude in den Zusammenhang mit Gerechtigkeit

---

174 *Wischmeyer*, Liebe als Agape, 77f. Fast alle im Folgenden genannten Eigenschaften und Verhaltensweisen werden auch als Eigenschaften Gottes bzw. des Gottesreiches, seltener hingegen als Eigenschaften Christi benannt (*Zimmermann*, Gott und seine Söhne, 116–118, die sachlich korrekt begründet, warum das für die ἐγκράτεια nicht zutrifft; diese Eigenschaft ist nur unter der Bedingung der irdischen Seinsweise notwendig). Allerdings verweist Paulus im Galaterbrief nirgends explizit auf Gott als Vorbild. Von Gottes ἀγάπη spricht Paulus durchaus (vgl. 2Kor 13,13; Röm 5,5.8; 8,39), aber erstaunlicherweise nicht im Galaterbrief.

175 *Konradt*, Gericht und Gemeinde, 488: »Die von der Tora als ihr Kernpunkt geforderte Liebe (5,14) ist auch oberste Frucht des Geistes (5,22), wie überhaupt das durch den Geist (mit)gewirkte Verhalten den Forderungen der Tora korrespondiert (5,23).«

176 *Von der Osten-Sacken*, Gal, 276.

177 *Wolter, Liebe, 450.

178 *Wolter, Liebe, 453.

179 In 1QS IV 5 ist die Liebe zu den anderen Gruppenmitgliedern gemeint. Man kann dieses einschränkende Verständnis auch zu den Johannesbriefen diskutieren. Man sollte also den Unterschied zu Gal 5,22 nicht zu sehr betonen.

180 Die negative Wertung der χαρά findet sich auch in 4Makk 1,22, wo sie als Unterart der ἡδονή erscheint. Insgesamt vgl. **von Gemünden*, »Affekt«, passim.

181 Diog Laert VII 116; ähnlich Cic, Tusc IV 6/13. Zur Wertung der Freude vgl. auch Sen, Ep 59,14 (sie ist nur für den Weisen möglich); Ep 27,3 (Tugend bewirkt fortdauernde und Frieden gebende Freude); Ep 23,7 (Freude resultiert aus einem guten Gewissen, aus ehrbaren Zielen, und aus rechtem Handeln). Sen, Ep 66,5, betrachtet die Freude neben dem Frieden und der Wohlfahrt des Vaterlandes als eines der drei ersten Güter.

182 *Conzelmann*, ThWNT IX, 352f.

(Spr 29,6), Weisheit (Sap 8,16) und Gottesfurcht (Sir 1,12), aber auch mit göttlichem Rettungshandeln (Bar 4,22; 2Makk 3,30; 15,28; 3Makk 7,13.15) gestellt werden und begegnet ebenfalls in kultischen Kontexten (Ps 33,1; 84,2; 95,1; 98,4). Der eschatologische Charakter ist in Qumran betont (1QM XII,13); dort begegnet auch der Begriff der »Ewigen Freude« (1QS IV,7; 1QH XIII,6).[183] Bei Paulus benennt das Motiv der »Freude in Trübsal« (1Thess 1,6; 2Kor 6,10; 7,4; 8,2) ebenfalls einen gefestigten Geisteszustand. Freude gilt als Geschenk des Heiligen Geistes (Röm 14,17[184]; 15,13) und ist als gemeinschaftsstärkend von Bedeutung (2Kor 1,24; 7,13; Phil 4,1). In Gal 5,22 ist χαρά das Gegenteil von διχοστασίαι, αἱρέσεις und ἔρις und insofern weniger Emotion als vielmehr gemeinschaftsförderndes Verhalten.[185]

Beim Begriff εἰρήνη und der dazugehörigen Wortfamilie ist jenseits der allgemeinen Bedeutung »Friede« bzw. alttestamentlich »Wohl«/»Heil«[186] zu fragen, inwieweit sie nicht nur bei Paulus[187], sondern auch sonst zur Bezeichnung konkreten Handelns des Einzelnen bzw. der Prädisposition dazu verwendet werden. In griechischer Tradition wird εἰρηνικός von Personen gebraucht. Das Verbum εἰρηνεύω heißt in intransitiver Bedeutung »Frieden halten«, so bei Platon, Theat. 180 A. Die Wendung εἰρήνην ἄγειν πρὸς ἀλλήλους heißt bei Platon, Rep. V 465 b, dass die Wächter aufgrund der Gesetze Frieden halten, sodass der Jüngere den Älteren achtet und es nicht zu einer στάσις zwischen ihnen und einer διχοστασία des restlichen Staates gegen sie noch innerhalb seiner selbst kommt. Dieser gruppenbezogene Gebrauch hat seine Parallele in jüdischer Tradition noch nicht in den Übersetzungsteilen der Septuaginta, wohl aber in TestJud 7,7; 9,1; PsSal 12,5. Diese speziellere Verwendung konnte also sowohl den Galatern von ihrem kulturellen Horizont her als auch Paulus von jüdischem Sprachgebrauch her bekannt sein. »Freude« und »Friede« erscheinen sonst in keinem Tugendkatalog, sind aber bei Paulus in Röm 14,17; 15,13 verbunden. In Gal 5,22 mag ein Gegensatz zu der in Gal 5,15 beschriebenen Situation mitgedacht sein[188], sofern man Gal 5,15 als konkrete Situationsbeschreibung und nicht nur als hyperbolische Warnung des Paulus vor einem Verkennen des in Gal 5,14 genannten Grundsatzes interpretiert. Denkbar ist aber auch, dass Paulus einen Gegensatz zu dem in Gal 5,17 genannten Zwiespalt, aber auch zu acht der in Gal 5,20f. genannten falschen Verhaltensweisen im Auge hat.[189]

Die nächsten Begriffe sind Dispositionen, die die Liebe begleiten.

---

183 Rohde, Gal, 246.
184 Auf rabbinische Quellen verweisen Le Cornu/Shulam, Gal, 376.
185 Ersteres betont Das, Gal, 581, Letzteres von der Osten-Sacken, Gal, 276.
186 Wie wenig man neuzeitliche Vorstellungen hier eintragen darf, zeigt sich an Jer 38,5 MT = Jer 45,4 LXX und an 2Sam 11,7 in der Frage Davids an Uria εἰς εἰρήνην τοῦ πολέμου, d.h. ob mit dem Krieg alles »gut läuft«.
187 Vgl. 1Kor 14,33; 16,11; Röm 12,18; 14,19.
188 Rohde, Gal, 246; de Boer, Gal, 364.
189 Keener, Gal [2018], 261.

Die Wortfamilie μακροθυμία kennzeichnet auch eine Eigenschaft Gottes, in biblischer Tradition[190] wie bei Paulus (Röm 2,4; 9,22), dann natürlich auch das Verhalten von Menschen (Spr 19,11; 2Kor 6,6)[191], speziell von Gemeindegliedern untereinander (1Thess 5,14). Nach 1Kor 13,4 ist die μακροθυμία ein Prädikat der ἀγάπη. In TestDan 2,1 sind μακροθυμία und θυμός einander gegenübergestellt. Für frühjüdische Literatur vgl. noch 1QS IV 3.[192]

Der Begriff χρηστότης (bei Paulus begegnet er, auf Menschen angewandt, auch in 2Kor 6,6) steht schon in der Septuaginta auch für Gottes Freundlichkeit (Ps 30,20; 67,11; 118,68; bei Paulus dann Röm 2,4; 11,22, in den Deuteropaulinen Eph 2,7; Tit 3,4), dann aber auch von dem Tun des Menschen, das verweigert (Ps 13[14],1.3) bzw. gefordert wird (Ps 36[37],3). In Qumran hat er in 1QS IV,3 in der Forderung טוב עולמים (»dauernde Güte«) an die Mitglieder der Gemeinschaft seine Entsprechung.

Der Begriff ἀγαθωσύνη ist zwar in griechischer Literatur kaum gebräuchlich, aber ohne Weiteres verständlich. Zu verweisen ist auf TestJud 18,4 wie auf Oratio Manasse 2,22; Paulus verwendet den Begriff noch in Röm 15,14. Das Testament Naphthalis trägt in manchen Handschriften die Überschrift Περὶ φυσικῆς ἀγαθότητος.

Der Begriff πίστις steht hier wohl weniger als Zentralbegriff des »Glaubens«, sondern eher als ethischer Begriff[193] für zwischenmenschliches Verhalten im Sinne von Treue[194] oder Vertrauenswürdigkeit[195], vielleicht auch von positiver Voreingenommenheit im Sinne von 1Kor 13,7.[196]

23 Der vorletzte Begriff, πραΰτης (im klassischen Griechisch πραότης), ist als Gegenbegriff zu θυμοί, ἐριθεῖαι, διχοστασίαι allgemein verständlich, kann aber darüber hinaus Anklänge an Vorstellungen der Idealzeit assoziieren lassen; die Eigenschaft der πραότης ist auf göttliches Wirken zurückzuführen.[197] Aristoteles definiert πραΰτης als Mittelweg zwischen einem Übermaß an Zorn und der Unfähigkeit, Zorn zu zeigen, wenn es nötig ist.[198]

---

190 Vgl. das Adj. in Ex 34,6; Num 14,18; Neh 9,17; Ps 7,11; 85[86],15 u. ö.; Sap 15,1.
191 Es geht nicht selten darum, den Ausbruch des Zornes zu verzögern.
192 In lat. Tradition begegnet *patientia* anstelle von *longanimitas* (61 75 76 89) oder als Zusatz davor (251) oder dahinter (58). HS 61 bietet *longanimitas* an anderer Stelle; HS 77 bietet *patientia mansuetudo* als Ersatz.
193 *Schumacher*, Entstehung, 289. – Hat Paulus den Begriff aufgrund von Sir 45,4 eingebracht, wonach Mose ἐν πίστει καὶ πραΰτητι geheiligt worden sei (*von der Osten-Sacken*, Gal, 278)?
194 *Moo*, Gal, 365, wie schon Calvin, Gal, CR 50, 255. Die *fides* gilt neben der *vigilantia* und der *patriae caritas* als grundlegende Eigenschaft eines Menschen, der politisch Verantwortung trägt (Cic, Brut I 2, ed. Watt, 105).
195 *Lagrange*, Galates, 153; *de Boer*, Gal, 365. Dass Vertrauenswürdigkeit mehr zählt als Beredsamkeit, dafür vgl. Cicero, nach Plut, Mor 205 A, Cicero, 5.
196 Ersteres Plato, Krit, 120 E, Letzteres Plato, Symp 197 D; Krit 120 E.
197 Luther, Gal, WA 40/II, 119.
198 *Das*, Gal, 583, mit Verweis auf Arist, EthNic II 1108a. Auf die Differenz der Wertung der Wortfamilien ταπειν- und πραοτ- in griechischer Tradition verweist *Becker, Demut, 4.

Bei Demosthenes, Or. 24,51, können πραότης und φιλανθρωπία kombiniert sein. Gilt letztere Eigenschaft nicht selten als Eigenschaft guter Regenten, ist implizit damit auch eine Aufwertung der πραΰτης verbunden. In frühjüdischer Literatur ist der Begriff verwendet, wenn es um die Beschreibung Moses und die Gründe für seine Auswahl geht (Sir 1,27 auf der Basis von Num 12,3; Sir 45,4, dort auch mit πίστις kombiniert). Auch von David wird die πραΰτης gepriesen (Ps 131[132],1). Ansonsten gilt Ps 36[37],11 zufolge: Die Sanftmütigen werden das Erdreich besitzen. Für frühjüdische Literatur vgl. noch 1QS IV 3; Sir 3,17. Paulus kann πραΰτης auch als Eigenschaft Christi benennen.

Der letzte Begriff des Tugendkatalogs, ἐγκράτεια, wird in griechischer Tradition nicht nur allgemein als »Selbstbeherrschung«, sondern auch als Enthaltung von bestimmten Begierden verstanden; bei Xenophon werden in der Charakterisierung des Sokrates Enthaltsamkeit in Sexualität, Essen und Trinken benannt, bei Isokrates Gewinnsucht, Zorn, Lust und λύπη, bei Cicero die Habsucht.[199] In frühjüdischer Tradition steht der Begriff allgemein von Selbstbeherrschung, aber auch im Sinne der Selbstbeherrschung hinsichtlich von Zorn (Sir 27,30) und Sexualität[200]. Der Begriff meint in 4Makk 5,34 die Selbstbeherrschung, gegen alle Furcht vor dem Martertod sich nicht am Gesetz Gottes zu vergehen. In Gal 5,23 wird man die Zurückhaltung in der Sexualität mit eingeschlossen sehen, wenngleich der Begriff nicht darauf verengt werden darf (vgl. das Verbum in 1Kor 9,25, wo sich eine entsprechende Engführung anders als in 1Kor 7,9 keinesfalls nahelegt). Ob Paulus ihn bewusst ans Ende gestellt hat[201], um eine Inklusion zu den ersten beiden in Gal 5,19 genannten Lastern zu bilden, kann man fragen; mindestens auf die Galater konnte es so wirken.

Im Rückblick auf diesen Tugendkatalog bleibt festzuhalten: Paulus nennt zwar keine der vier Kardinaltugenden[202], aber dennoch samt und sonders Ideale, die in griechisch-römischer wie in jüdischer Tradition gleichermaßen als Ideale gelten können, macht also die Konvergenzen, die Schnittmengen zwischen griechisch-römischer und jüdischer Ethik zum Inhalt konkreter Mahnung, während die Mahnung zur ταπεινοφροσύνη (vgl. z.B. Phil 2,3) unterbleibt, die im griechisch-römischen Kontext andere Assoziationen hervorrufen könnte. Eine gewisse Differenz zu griechisch-römischen Vorstellungen liegt darin, dass Tugenden fehlen, die »Selbstmächtigkeit und Stärke der

---

199 Xenoph, Mem I 2,1; Isocr, Dem 21; Cic, Quint I 1,8.
200 Ersteres PsPhokyl 145 (nur in einem Teil der Handschriften überliefert), Letzteres Sir 26,15; TestIss 2,1; TestNaph 8,8 – der Begriff wird interessanterweise im *Testament Joseph* nicht gebraucht, um Josephs Haltung gegenüber der ihn bedrängenden Frau auf den Punkt zu bringen.
201 Die textkritisch sekundäre Zufügung von ἁγνεία (D* F G it) zeigt wieder aktuelle Interessen altkirchlicher Mahnung zur Sexualaskese, vor allem bei den Handschriften, die μοιχεία (D) oder μοιχεῖαι (F G) zu Gal 5,19 ergänzt hatten.
202 Zu den vier Kardinaltugenden σωφροσύνη, δικαιοσύνη, ἀνδρεία, σοφία, vgl. Plato, Rep. IV 434 D1 ff. Bei Aischylos: *Sieben gegen Theben* 610, steht statt σοφία/φρόνησις noch εὐσέβεια, was dann bei frühjüdischen Autoren, z.B. Joseph, Ap II 169f., wiederkehrt. Der Begriff εὐσέβεια fehlt in den echten Paulusbriefen.

handelnden Persönlichkeit voraussetzen.«²⁰³ Das mag daran liegen, dass Paulus nicht die Selbstvervollkommnung des Einzelnen, sondern ein gedeihliches Funktionieren in einer Gemeinschaft im Auge hat, in der das außerhalb ihrer normale Konkurrenzverhalten keinen Platz haben sollte, vielmehr just diese Differenz als eine der leitenden, die Identität der Einzelnen bestimmenden Normen gilt.²⁰⁴ Dass hier etwas, was außerhalb der Gruppe als Schwäche gilt, in kreativer Weise als Stärke neu gewertet und verbindlich gemacht wird, während die Werte der dominanten Umgebung delegitimiert werden, kann als Versuch einer Neudefinition der Gruppenidentität gesehen werden, der die Gefahr der sozialen Mobilität weg von der Gruppe im Auge hat, die Gefahr der Rückwendung zu dem, was außerhalb der Gruppe als Stärke betrachtet wird.²⁰⁵

Im Schlussteil von Gal 5,23 kann κατὰ τῶν τοιούτων maskulinisch oder neutrisch gedeutet werden²⁰⁶; wegen der vorangegangenen Tugendliste ist das Letztere wahrscheinlicher. Schwieriger ist der Gesamtsinn: Ist gemeint, dass die hier genannten Verhaltensweisen die Sphäre des Gesetzes nicht wirklich berühren?²⁰⁷ Will Paulus klarstellen, dass durch solche Verhaltensweisen auch die Tora erfüllt wird, sodass den Adressaten keine Gegenargumente möglich sind, die auf dem Einreden der Fremdmissionare basieren?²⁰⁸ Geht es darum, dass, wer sich an diese Tugenden hält, tatsächlich die Gottesherrschaft ererben kann?²⁰⁹ M.E. wiederholt V. 23b klärend Gal 5,18: Wer nach dem Katalog von V. 22f. lebt, hat keine Verurteilung seitens des Gesetzes zu erwarten²¹⁰, ebensowenig von irgendeinem anderen Gesetz dieser Welt.²¹¹ Verständlich ist Gal 5,18 auch von einem vergleichbaren Satz bei Aristoteles her: Wer ein größeres Maß an moralischer Vortrefflichkeit aufweist, gegen den steht kein Gesetz.²¹²

---

203 *Beyer/Althaus*, Gal, 49.
204 *Esler*, Gal, 45.229.
205 A.a.O., 53.
206 Ersteres *Lietzmann*, Gal, 1. Aufl. 259; Letzteres *Lietzmann*, Gal, 4. Aufl., 41; *Oepke*, Gal, 153.
207 *De Boer*, Gal, 366, mit Verweis auf Gal 3,21 (auch dort κατά + gen.): So wie das Gesetz nicht gegen die Verheißungen steht, sie nicht wirklich berührt, so wenig berühren die hier genannten Verhaltensweisen die Sphäre des Gesetzes.
208 *Martyn*, Gal, 500; *Esler*, Gal, 229.
209 *Moo*, Gal, 367.
210 *Moo*, Gal, 367; *Eckstein*, Christus in euch, 167. Für die voraufklärerische Exegese vgl. Ps.-Oikumenios, Gal, PG 118, 1157 A: Wer so handelt, braucht den παιδαγωγός nicht. Der Verweis auf 1Tim 1,9 (Luther, Gal, WA 40/II, 121) legt sich nahe, auch dann, wenn man den Ersten Timotheusbrief für nachpaulinisch hält.
211 Vgl. *Wolter*, Paulus, 320: Wenn »in Christus« die sozialen und kulturellen Unterschiede zwischen den Menschen keine Rolle mehr spielen (Gal 3,28), »kann eine solche Gemeinschaft ihre ethische Identität gar nicht mehr anders darstellen als durch eine Orientierung an ethischen Normen und Werten, denen wirklich *alle* ohne Einschränkung und ohne Rücksicht auf ihre alltagskulturellen Identitäten zustimmen können« (Hervorhebung Wolter).
212 *DeSilva*, Gal, 469, verweist auf Arist, Rep III 13, 1248a.

24 Die Eingangswendung nimmt auf Gal 3,26–29 Bezug[213]; sie signalisiert im Nebeneffekt zugleich, dass nur ein Verhalten gemäß dem Tugendkatalog Gal 5,22f. dafür qualifiziert, zu den οἱ δὲ τοῦ Χριστοῦ[214] zu gehören, mit der Erkenntnis des Kreuzes Christi wirklich ernst zu machen[215]. Die Partikel δέ mag den bloßen Übergang markieren.[216] Gilt das mit dem gemeinchristlichen ἡμᾶς formulierte »Herausgerissensein aus diesem Äon« (Gal 1,4) auch für die Glaubenden in der Galatia, so ist die Verpflichtung auf die Absage gegenüber allem Widergöttlichen eingeschlossen.[217] Das Aktiv der einmal getroffenen Entscheidung bei ἐσταύρωσαν ist zu beachten.[218] Das genannte Verbum weist auf συνεσταύρωμαι in Gal 2,19b zurück.[219] Indirekt wird damit zugleich der Einwand der Fremdmissionare zurückgewiesen, »dass die Freiheit von Gesetz eine Freiheit zur Sünde sei«.[220] Der Aor. ist wohl nicht als ingressiver Aor.[221] zu fassen, sondern ist ein Aor. mit punktuellem Aspekt und betont die einmal geschehene, definitive Abwendung von dem »Fleisch«[222], so notwendig der bleibende, tägliche[223] Kampf gegen die überwundene Wirklichkeit auch ist[224]; das Aktiv anstelle des Passivs (vgl. Gal 2,19) betont

---

213 *Moo*, Gal, 367.
214 *Usteri*, Gal, 190, nimmt hier partizipationistische Terminologie und Theologie vorweg: »wie in Christo die Sünde am Fleisch gebüßt und das Fleisch mit dem Tode bestraft worden, so wiederholt sich dieser Tod in allen, die Eins mit ihm werden und deren symbolischer Stellvertreter er ist.«
215 Auf den Zusammenhang zu Gal 3,1 hat schon *Ewald*, Sendschreiben, 96, verwiesen.
216 *Das*, Gal, 586.
217 Vgl. auch die Selbstabgrenzung der Männer des Lichtes in Qumran von den Söhnen Belials in dem Hintersichlassen der verkehrten Wege, vgl. 1QS I 4–7 »... sich fernzuhalten von allem Bösen, anzuhangen allen Werken des Guten, und zu üben Treue, Gerechtigkeit und Recht im Lande. Nicht mehr zu wandeln in Verstocktheit des Herzens in Schuld und mit Augen der Unzucht, um lauter Böses zu tun.« Vgl. ferner Sap 7,8; JosAs 12,5; Philo, Prob 107 sowie bei Paulus Phil 2,15.
218 *Schlier*, Gal, 263.
219 *Klein*, Gal, 193.
220 *Lipsius*, Gal, 63.
221 So aber *Witherington*, Grace in Galatia, 412.
222 *Lipsius*, Gal, 63; *Lagrange*, Galates, 153. Vgl. auch Seneca, Ep 12,5, über das fortgeschrittene Lebensalter: *Quam dulce est cupiditates fatigasse ac reliquisse!* (»Wie wohltuend ist es, die Begierden endgültig hinter sich gelassen zu haben«). In altkirchlicher Literatur ergab Gal 5,24 in Verbindung mit diversen anderen Texten, u. a. Mt 16,24; Gal 2,19b; Gal 2,20 häufig die Mahnung zur Weltdistanz (Belege bei *Meiser*, Gal, 284f.). Diese Weltdistanz des Paulus hat eine Parallele in jüdischer Literatur, nämlich bei Philo von Alexandria, der in *Vita contemplativa* 64 die Weltdistanz des Judentums von der umgebenden Masse des Heidentums anhand des Gegenübers griechischer Gastmähler und derer der Therapeuten illustriert.
223 Vgl. Sen, Ep 5,1: *Quod pertinaciter studes et omnibus omissis hoc unum agis, ut te meliorem cotidie facias, et probo et gaudeo, nec tantum hortor ut perseveres sed etiam rogo* (»Dass du beharrlich studierst und, indem du alles beiseitelässt, nur das eine betreibst, dich jeden Tag zu einem besseren Menschen zu machen, das billige ich, darüber freue ich mich, und ich ermahne dich nicht nur, dass du durchhältst, sondern bitte dich dringend darum«).
224 Vgl. Röm 8,13 mit Imp. Präsens. Seneca, Ep 50,7 formuliert: *virtutes discere vitia dediscere* (*est*) (»Erlernen der Tugenden heißt das Verlernen der Laster«).

den dezisiven Entschluss der Glaubenden[225], selbst wenn man fragen kann, inwieweit Paulus eine autonome Entscheidung überhaupt für möglich hält.[226] Der Plural in den folgenden Begriffen[227] nimmt auf die vielfältigen Erscheinungsweisen der »Leidenschaften und Begierden«[228] Bezug.

> In der Frage, ob man die Affekte lediglich eindämmen oder ganz ausrotten solle, hat die Antike unterschiedliche Antworten gefunden. Cicero und Seneca plädierten für völlige Ausrottung; nur so sei das Ziel eines durchgehend vernunftorientierten Lebens zu erreichen.[229] Plutarch hingegen empfahl ähnlich wie die Peripatetiker aus Gründen der Anpassung an die Lebenswelt nicht die völlige Ausrottung, wohl aber die Eindämmung.[230] Nach 4Makk 2,21–23 ist das Dasein der Affekte schöpfungsbedingt; ebenso ist es aber Gott, der die Vernunft dem Menschen zur Steuerung der Affekte gegeben hat. Der Autor von 4Makk vertritt somit auch hier die peripatetische Position.[231] Man kann Gal 5,24 ähnlich wie Cicero und Seneca verstehen, wo die Ausrottung aller Begierden angemahnt wird – unabhängig von dem notwendigen täglichen Kampf.[232]

25 Der Vers beginnt mit einem partikularen Konditionalsatz[233] und ist als Realis (εἰ + Ind.) gestaltet. Bezeichnet das erste πνεύματι den Grund christlicher Existenz, die Kraft

---

225 *Mußner*, Gal, 390; *Moo*, Gal, 367.
226 *De Boer*, Gal, 367.
227 Die Begriffe παθήματα und ἐπιθυμίαι sind eigentlich der σάρξ eo ipso inhärent, müssten nicht extra genannt werden. Allerdings ergibt sich dadurch eine *inclusio* zu Gal 5,16 (*Usteri*, Gal, 190f.).
228 Im antiken Judentum sind seit dem Dekaloggebot die Gesetzesforderungen in dem absoluten Verbot des Begehrens zusammengefasst. In 4 Makk 2,6 steht das Verbum ἐπιθυμεῖν ohne Objekt. Philo, Decal 173, bezeichnet die unlautere Begierde als die Quelle alles Unrechtes. In ApkAbr 24,8 gilt die Begierde als Haupt jeder Gesetzlosigkeit. Auch in christlicher voraufklärerischer Exegese wird betont, dass nicht erst die vollzogenen Handlungen, sondern die zugrundeliegenden Begierden abgetötet werden sollen (Theophylakt, Gal, PG 124, 1021 B). – Der gelegentliche positive Gebrauch beider Begriffe (für *voluptas* vgl. Cic, Ep Fam III 11,4: *cepi voluptatem ex hac tua diligentia*; »Ich habe Vergnügen aus dieser deiner Sorgfalt geschöpft«) liegt an dieser Stelle nicht im Gesichtskreis des Apostels.
229 Cic, Tusc III 22; IV 57; Sen, Ep 116,1.8.
230 Plut, Virt Mor. 4 (Mor 443d).
231 Peripatetisch ist auch, dass in 4Makk 1,20 eine zweipolige, und nicht wie in der Stoa eine vierpolige Gliederung der πάθη vorgetragen wird.
232 Das Bild der Kreuzigung der Leidenschaften hat überdies eine Parallele in Seneca, De beata vita 19,3. Auch in Philo, Somn II 213, Seneca, Dial. I 3,10; VI 19,3; Apuleius, Metam VII 16,1; IX 23,2; IX 31,2; Epikt, Diss III 26,22 bezeichnet die Metapher das Zu-Ende-Kommen des Wirkens der Begierden. Zum Thema insgesamt vgl. *Stowers, Paul and Self-Mastery, 536–539; *Engberg-Pedersen*, Paul and Stoics, 72.
233 *Burton*, Gal, 321.

des Woher christlichen Lebens[234] oder beides[235], oder benennt es den Selbstanspruch des Paulus oder den von Paulus vermuteten Selbstanspruch der Galater?[236] Im letzteren Fall ließe die Wahl der 1. Pl. durch Paulus eine Hinterfragung dieses Selbstanspruchs als weniger offensichtlich erscheinen. Das zweite πνεύματι dürfte ein *dativus modi* sein. Das Verbum στοιχέω heißt in militärischen Kontexten häufig »in einer Reihe stehen«, kann aber auch allgemein verwendet werden im Sinne von »übereinstimmen«.[237] Gal 5,25 zielt wieder auf die Mahnung zur eindeutigen habituellen und andauernden (das Präsens hat durativen Aspekt) Orientierung am Geist, die ein Hineingleiten in die Gal 5,17 geschilderte Situation verhindert und überdies (gegen mögliche Vorhaltungen der Fremdmissionare) klarstellt, dass das Leben des Glaubenden nicht von sittlicher Zügellosigkeit geprägt ist. Das πνεῦμα ist hier als Gabe und verinnerlichte Norm zugleich gedacht.[238]

Die Stelle war früher einer der klassischen Belege, die das Verhältnis von Indikativ und Imperativ, von soteriologischem Grund und ethischer Folge in Worte fasste[239] und der Unterscheidung zwischen altem und neuem Äon verpflichtet war: Dank der Heilstat Christi befinden sich die Glaubenden bereits im neuen Äon, obwohl nach weltlichen Maßstäben nur ihre Existenz im alten Äon vorfindlich ist; sie sollen aber inmitten des alten Äons ihr Sein bereits nach dem neuen Äon ausrichten, nach dessen Voraussetzungen leben. Man betont heute eher das unlösliche und unhintergehbare Ineinander-Verwobensein beider Aspekte, wie es sich auch in einer Formulierung wie Gal 5,6 (πίστις δι' ἀγάπης ἐνεργουμένη) ausspricht. Die Ethik umfasst die »Handlungsdimension der Christusteilhabe«[240]; der Kohortativ wird gedeutet als »Erinnerung an die durch den Geist bestimmte Existenz der Glaubenden, die sich im Handeln der Glaubenden in der Welt konkretisiert«.[241]

26 Wieder warnt Paulus (das Präsens zielt erneut auf den Habitus, auf eine geforderte permanente Vermeidung) vor Verhaltensweisen, die auch in der Diatribe-Tradition, aber auch im antiken Judentum negativ bewertet werden. Ob er dazu den Galatern gegenüber besonderen Grund hatte, lässt sich, ähnlich wie zu

---

234 Ersteres *Betz*, Gal, 498, Letzteres Theophylakt, Gal, PG 124, 1021 B (ἴσχυς); *Lagrange*, Galates, 154; *Mußner*, Gal, 391.

235 *Vouga*, Gal, 144; *Moo*, Gal, 371.

236 *Burton*, Gal, 322. Die Deutung bietet sich von Gal 6,1 her an, vor allem, wenn man das dortige πνευματικοί ironisch versteht. Vgl. auch *Moo*, Gal, 372, der aufgrund des εἰ + Ind. den Vers als Aufforderung an die Galater interpretiert, ob ihr Verhalten auch wirklich dieser Vorgabe entspricht.

237 *Betz*, Gal, 499. Eine inhaltliche Verbindung zu den στοιχεῖα τοῦ κόσμου (Gal 4,3.9) ist nicht angezeigt (so richtig *Keener*, Gal [2019], 527).

238 *Merk*, Verantwortung, 147. Funktional gesehen ist der im Menschen wirkende Geist Gottes der philosophischen ἕξις vergleichbar, aus der heraus das entsprechende Handeln erfolgt (*Engberg-Pedersen*, Paul and the Stoics, 162–166).

239 *Bultmann*, Problem, 53f.

240 *Schnelle*, Begründung, 119.

241 *Landmesser*, Geist, 150; vgl. *Portenhauser*, Identität, 569.

Gal 5,15, nicht sagen.[242] Dass das hier genannte Verhalten auf Bestreiter wie auf Befürworter der Position der Fremdmissionare[243] bezogen werden konnte, mahnt zur Vorsicht.[244] Die Wahl der 1. Pl. lässt die Warnung weniger direkt erscheinen. Die erste und die zweite abgelehnte Verhaltensweise ließen sich zur Not auf Wortführer möglicher Parteiungen unter den Galatern beziehen; aber das ist nicht zu sichern. Das erste Element, κενόδοξος, zielt auf illusionäre oder ziellose Setzung der Lebenserwartungen[245] oder unberechtigte intellektuelle Selbstinszenierung und ist dann Synonym zu ἀλαζών (Prahler, Aufschneider)[246], das zweite, προκαλέω, im NT nur hier gebraucht, hat ebenfalls Parallelen im antiken Judentum.[247] Das dritte Element greift auf den Lasterkatalog Gal 5,19–21 zurück. Man kann überlegen, die beiden letzteren Elemente als Entfaltung des ersteren zu interpretieren.[248]

---

242 Anders z.B. *Matera*, Gal, 212, der einen konkreten Anlass vermutet. Das Problem einer konkret auf die Situation der Adressatengemeinden bezogenen Auslegung von Gal 5,26 wird bei *Lietzmann*, Gal, 41, deutlich, der nur für die κενόδοξοι eine solche Interpretation beibringt (es sind s.E. diejenigen, »welche sich den Sündern gegenüber ihrer vermeintlichen Gesetzesgerechtigkeit rühmen [6,3.4]«), das »Herausfordern« (προκαλεῖν) als »bei jeder Art Streit ohne weiteres verständlich« bezeichnet und für das Motiv des »Neides« sich an den Gedanken zu gewöhnen empfiehlt, »Einzelheiten der paulinischen Briefe unerklärt zu lassen«.
243 Ersteres *Burton*, Gal, 323, Letzteres *Martyn*, Gal, 545; *Rohde*, Gal, 254.
244 Skeptisch sind *Mußner*, Gal, 396; *Vouga*, Gal, 144f.
245 *Vouga*, Gal, 145.
246 Belege bei *Betz*, Gal, 500.
247 Belege bei *Betz*, a.a.O., 501; *Moo*, Gal, 373 (mit Verweis auf Joseph, Ant VI 177: Goliath fordert die Israeliten zum Kampf heraus).
248 *Rohde*, Gal, 253; *Moo*, Gal, 373.

6,1–10 Spezielle Paränese*

Die spezielle Paränese gliedert sich in zwei Abschnitte: Warnung vor Überheblichkeit (Gal 6,1–5), Mahnung zur Mildtätigkeit vor allem denen gegenüber, die mit der Aufgabe der Verkündigung betraut sind (Gal 6,6–10). Im ersten Abschnitt bildet ἑαυτός das Leitwort, im zweiten Abschnitt κοινωνία.

6,1–5 Warnung vor Überheblichkeit

(1) Geschwister, wenn tatsächlich ein Mensch bei irgendeinem Fehltritt betroffen wird, dann richtet ihr, die ihr geistlich seid, diesen wieder auf im Geist der Sanftmut; dabei sieh zu, dass auch du nicht in Versuchung gerätst. (2) Tragt gegenseitig die Lasten, und so werdet ihr das Gesetz Christi erfüllen. (3) Wenn nämlich jemand meint, er sei etwas, obwohl er nichts ist, betrügt er sich selbst. (4) Jeder aber prüfe sein eigenes Werk, und dann wird er nur bei sich selbst Ruhm haben und nicht bei dem anderen. (5) Jeder nämlich wird seine eigene Last tragen.

V. 2: Der Imperativ ἀναπληρώσατε als Alternativlesart ist äußerlich quer über die diversen Texttraditionen hinweg gut bezeugt (ℵ A C D Ψ 0122 33 81 104 365 630 1175 1241 1505 1739 1881 2464), doch ist die Umwandlung des Indikativs in den Imperativ leichter denkbar als die umgekehrte Umwandlung. Auch hat der Indikativ immerhin B F G 323 als Zeugen. 𝔓46 bietet ἀποπληρώσετε. V. 4: Die v.l. ohne ἕκαστος lässt Gal 6,4 als Mahnung an den in Gal 6,3 Genannten verständlich werden[249], ist jedoch zwar gut, aber äußerlich gesehen dann doch zu gering bezeugt (𝔓46 B vg^mss), um ernsthaft den Anspruch auf Originalität erheben zu können. Sie mag aus reiner Nachlässigkeit entstanden sein[250] oder angesichts von V. 5 eine Häufung des ἕκαστος vermeiden wollen.

Gliederung und innere Aussage ergeben sich, wenn man den Charakter von V. 1 als Grundlegung des Folgenden bedenkt. Gal 6,1 nennt zwei Aspekte der genannten Warnung vor der Überheblichkeit: Die Aufgabe, dem anderen zurecht zu helfen, und die Warnung vor der eigenen Selbsttäuschung; Ersteres wird in Gal 6,2 angesprochen und

---

* Literatur: *Hays, Richard B.*, Christology and Ethics in Galatians: The Law of Christ, CBQ 49 (1987), 268–290; *Meiser, Martin*, Der Blick auf die Täter – und die Opfer?, in: *Michael Hüttenhoff/Wolfgang Kraus/Karlo Meyer* (Hg.), »... mein Blut für Euch«. Theologische Perspektiven zum Verständnis des Todes Jesu, Biblisch-theologische Schwerpunkte 38, Göttingen 2018, 209–216; *Murphy-O'Connor, Jerome*, The Unwritten Law of Christ (Gal 6:2), in: ders., Keys to Galatians. Collected Essays, Collegeville 2012, 123–143; *Schnelle, Udo*, Begründung und Gestaltung der Ethik bei Paulus, in: *Roland Gebauer* u. a. (Hg.), Die bleibende Gegenwart des Evangeliums, FS O. Merk, Marburger Theologische Studien 76, Marburg 2003, 109–131; *Würthwein, Ernst/Merk, Otto*, Verantwortung. Biblische Konfrontationen (KTB 1009), Stuttgart 1982.
249 *Carlson*, Text, 115.
250 *Das*, Gal, 596.

in Gal 6,3 in der Selbsterfahrung als des Gefährdeten begründet; Letzteres wird in V. 4f. inhaltlich gesehen als Folgerung.

1 Die Anrede »Geschwister« will die nach wie vor gegebene Verbundenheit des Apostels mit den Galatern bezeugen und steht vielleicht, weil im Folgenden zu gemeinschaftsförderndem Verhalten gemahnt werden soll.²⁵¹ Die Wahl der Konjunktion ἐάν καὶ + conj. zeigt, dass Paulus eine Möglichkeit erwägt, von der er hofft, dass sie nicht eintritt.²⁵² Die Begriffe ἄνθρωπος und τινι stehen bewusst verallgemeinernd.²⁵³ Das Verbum προλημφθῇ²⁵⁴ hat wohl weniger die willentliche als vielmehr die unbeabsichtigte Verfehlung im Auge²⁵⁵; Paulus griffe damit die Unterscheidung zwischen unbeabsichtigten Sünden und »Sünden mit erhobener Hand« von Num 15,22–31 auf. Auf dem Hintergrund von PsSal 13,10 (»denn der Herr schont seine Heiligen, und ihre Übertretungen wird er durch Züchtigung tilgen«) könnte man auch die Wahl des Begriffes παράπτωμα dafür geltend machen²⁵⁶; auch in PsSal 3,6f. wird zwischen ἁμαρτία und παράπτωμα deutlich unterschieden. Τινι ist generalisierend, sodass die Adressaten je ihre Erfahrung beim Hören während der Verlesung bzw. bei der Lektüre einbringen können. »Ihr, die ihr geistig seid« hat gelegentlich als versteckte Aufforderung zur Selbstprüfung gegolten²⁵⁷ und ist manchmal als Anrede an einen bestimmten Teil

---

251 *Von der Osten-Sacken*, Gal, 291. Im Unterschied zu Mt 18,15–17 geht es Paulus nicht um »Kirchenrecht«, sondern um Seelsorge (*Klein*, Gal, 197).

252 *Das*, Gal, 595. Es ist auffallend, dass der Umgang mit der Verfehlung den Apostel offensichtlich mehr beschäftigt als die Verfehlung selbst (*Betz*, Gal, 503). Das Phänomen lässt sich aber auch in antiker Exegese und Kirchengeschichte beobachten, allerdings anders gewendet: dem Täter soll die Schuld immer vor Augen stehen, während von der Begegnung mit den Opfern nicht viel die Rede ist (*Meiser, Blick, 213f.).

253 Der Begriff ἄνθρωπος weist wohl nicht darauf hin, dass nunmehr auch Vergehen außerhalb der Gemeinde bedacht werden (*Holtzmann*, Das Neue Testament, 592), sondern steht, um gegenüber ἀδελφοί stilistisch abzuwechseln (*deSilva*, Galatians. A Handbook, 130), auch wenn es sich der Sache nach um ein Gemeindeglied handeln wird (*Schlier*, Gal, 270). Die Lesarten ἄνθρωρπος ἐξ ὑμῶν (Ψ 0278 1175) und τίς ἐξ ὑμῶν (P syᵖ) implizieren, dass an eine Mahnung an Nichtglaubende nicht gedacht ist, dass Paulus die Adressaten anvisiert, und interpretieren den Text durchaus sachgerecht (*Matera* Gal, 213).

254 Offen bleibt das Subjekt der Aussage, ob man von sich selbst oder von anderen überrascht wird (*Lietzmann*, Gal, 41).

255 *DeSilva*, Galatians. A Handbook, 129. Im Fall absichtlicher oder wiederholter Sünden weiß Paulus erheblich schärfer zu urteilen, vgl. 1Kor 5,4–7. Auch ist Gal 5,21 zu beachten – es geht, anders als es die Verwendung von παράπτωμα in Röm 6,15–20 nahelegt, in Gal 6,1 um ein Verhalten, »das nicht von der Gemeinde ausschließt« (*Rohde*, Gal, 258).

256 *Moo*, Gal, 374. Nach *Betz*, Gal, 503, verwendet Paulus nicht den Begriff ἁμαρτία, da er diesen Ausdruck »als nur auf die vorchristliche Situation anwendbar betrachtet«.

257 *Lipsius*, Gal, 64: »Ob die angeredeten ὑμεῖς wirklich alle πνευματικοί (Gegensatz: σαρκικοί) waren, lässt P [Paulus] dahin gestellt: ein jeder Leser mochte dies mit seinem eigenen Gewissen ausmachen.« Ähnlich *Sieffert*, Gal, 332.

in den Adressatengemeinden gedeutet worden[258], manchmal auch als Ironie.[259] Diese Deutungen sind mittlerweile rückläufig; der Ton der Mahnung ist friedlich und brüderlich, nicht ironisch.[260] In Gal 3,2; 4,6 sind die Gemeindeglieder insgesamt[261] als diejenigen angesprochen, die den Geist empfangen haben; von verschiedenen Gruppierungen innerhalb der Adressatengemeinden (abgesehen von den Fremdmissionaren) hören wir im Galaterbrief nichts.[262] Die Verbform καταρτίζετε ist im Kontext einer ethischen Mahnung wohl eher als Imperativ denn als Indikativ aufzufassen.[263] Das Syntagma ἐν πνεύματι πραΰτητος ist wohl mit Bezug auf den menschlichen Geist gemeint, so gewiss diese πραΰτης schon im Tugendkatalog Gal 5,22f. als Frucht des Heiligen Geistes genannt war.[264] Das genannte Syntagma hat *ad vocem* πνεύματι seine Parallelen da, wo in frühjüdischer Literatur vom »Geist« dieser oder jener Eigenschaft bzw. Verhaltensweise die Rede ist[265]; *ad vocem* πραΰτητος ist 1QS V 24 – VI 1 die nächste Parallele, wo ebenfalls zur Zurechtweisung »in Wahrheit und Demut und herzlicher Liebe untereinander«[266] gemahnt wird. Das Partizip σκοπῶν ist modal gebraucht; der Wechsel in der Anrede zur 2. Sg. soll zusammen mit dem bewusst gesetzten Personalpronomen[267] die Dringlichkeit der Anrede einschärfen. Die Aufforderung zur Selbstprüfung

---

258 *Usteri*, Gal, 193, dann *Lietzmann*, Gal, 41, mit Verweis auf den umgebenden Kontext der Mahnung zur Selbstprüfung. Angeredet seien »die stolzen Kritiker der in Gal 5,16–24 vermahnten Sünder, nicht diese selbst. Es sind die Leute, welche die Lehre des Pls schelten, weil sie angeblich zu sittlicher Laxheit führe.«

259 *Schlier*, Gal, 270; *Martyn*, Gal, 546. Vgl. den ironischen Lobpreis des Marcus Antonius als *homo castus et integer* (»sittenreiner und integer Mensch«) durch Cic, Phil. V, 12. Dagegen aber schon Calvin, Gal, CR 50, 258.

260 *De Boer*, Gal, 374.

261 Es geht wohl nicht um den Gegensatz zu denen, die den Einflüssen der Fremdmissionare zu folgen willens sind (gegen *Rohde*, Gal, 259).

262 *Das*, Gal, 603.

263 *DeSilva*, Galatians. A Handbook, 130. *Das*, Gal, 605, verweist auf 1QS V 24 als Parallele. Das Verbum wird auch in hellenistischer Literatur für die erziehende Aufgabe des Philosophen verwendet (vgl. *Betz*, Gal, 504 Anm. 41 mit seinem Verweis auf Plutarch, Cato Maior 65,5).

264 *Matera*, Gal, 219. In voraufklärerischer Exegese kann betont werden, dass es nicht ἐν πραΰτητι, sondern ἐν πνεύματι πραΰτητος heißt, um den Charakter der πραΰτης als Gnadengeschenk zu betonen (Theophylakt, Gal, PG 124, 1021 D). In 𝔓46 wird πνεύματι als nomen sacrum π̅ν̅ι̅ geschrieben, obwohl kein Bezug zur dritten Person der Trinität gegeben ist (*Ebojo*, Scribe, 352 mit Anm. 113). Das System der *nomina sacra* begann sich erst durchzusetzen, und der Schreiber von 𝔓46, in dessen Vorlage alle Belege für πνεῦμα wohl *plene* geschrieben waren, hat die *nomina sacra* nicht immer mit Erfolg festgelegt (*Ebojo*, Scribe, 361).

265 Hos 4,12; 5,4; Sir 39,6; Weish 7,7. *Von der Osten-Sacken*, Gal, 293, betont, dass es um ein Verhalten gegenüber Menschen geht, nicht explizit um die innere Einstellung zu Gott.

266 *Von der Osten-Sacken*, Gal, 296.

267 D* bietet αὐτὸς πειρασθῇς, wohl in Angleichung an das vorangegangene σεαυτόν; in F G wird nach dem αὐτὸς das Verbum in der korrekten dritten Person formuliert (*Carlson*, Text, 206).

im Wissen um die eigene Fehlbarkeit hat zahlreiche Parallelen in der hellenistischen und jüdischen Umwelt.[268]

In V. 1b ist nicht der gelegentliche Fehltritt als folgenlos gekennzeichnet, sondern die sündige Tat mit ihrer Folge des endzeitlichen Getrenntseins von Gott thematisiert. Worin die Versuchung besteht, bleibt bewusst offen. Paulus warnt vor jeder geistlichen κενοδοξία.[269] Der Satan ist für ihn eine aktiv versuchende Größe.[270] Die Aussage zeigt, dass auch der Glaubende der Sünde noch nicht enthoben ist. Aus dieser Feststellung ergibt sich sowohl die Aufgabe, anderen zurechtzuhelfen, als auch die Mahnung an sich selbst,[271] die eigene Gefährdung stets mitzubedenken. Jedwedem Anspruch auf Geistbesitz wird entgegengehalten, *wie* sich solcher Geistbesitz manifestieren soll: im Geist der Sanftmut und Milde, der aus dem Wissen um die eigene Fehlbarkeit entspringt.[272]

2 Ein Imperativ im Vordersatz und ein Futur Indikativ im Nachsatz lassen die Erfüllung des im Imperativ Gebotenen als Bedingung für die Verwirklichung des im Nachsatz Angesprochenen erscheinen.[273] Die Voranstellung des ἀλλήλων ist Ausdruck der Emphase[274]; der Ausdruck lässt Freundschaftstopik anklingen.[275] Paulus knüpft möglicherweise an Gal 5,13c an, zumal das nichtmetaphorische Tragen von Lasten in der Tat gemeinhin Aufgabe eines Sklaven war.[276] Der Begriff βάρη ist auf die Lasten des irdischen Lebens wie auf finanzielle Lasten bezogen worden[277], bezeichnet aber aufgrund des unmittelbar umgebenden Kontextes eher die Notwendigkeit, die unfreiwilligen Verfehlungen anderer zu tragen.[278] Dies freiwillig zu tun ist das Werk der Liebe, in der der Glaube wirkt (Gal 5,6).[279] Der Imperativ Präsens zielt auf Kontinuität oder

---

268 Beispiele bei *Betz*, Gal, 506; *Keener*, Gal [2019], 529.532–534.
269 *Lietzmann*, Gal, 39: Die Warnung vor Hochmut in 6,1, an die Pneumatiker gerichtet, »ist kein Argument gegenüber Libertinisten, denen an Moral nichts liegt, sondern nur gegenüber Gesetzesleuten, die sich in ihrer Tugend sicher und erhaben fühlen.«
270 *Keener*, Gal [2019], 532, mit Verweis auf 1Thess 3,5; 1Kor 7,5.
271 Das σύ dient der Emphase (Theophylakt, Gal, PG 124, 1021 D – 1024 A).
272 *Cosgrove*, Cross, 158. Die v.l. αὐτός (statt σύ) in D* ist wohl als Harmonisierung zu dem vorangegangenen σεαυτόν zu interpretieren (*Carlson*, Text, 206).
273 *Fantin*, The Greek Imperative Mood, 293.
274 *DeSilva*, Galatians. A Handbook, 131. Das Motiv des ἀλλήλων ist für Theophylakt, Gal, PG 124, 1024 A–B auch der Grund dafür, dass es ἀναπληρώσατε heißt, nicht nur πληρώσατε.
275 *Betz*, Gal, 507; *Klein*, Gal, 197.
276 *De Boer*, Gal, 376.
277 Ersteres *de Boer*, Gal, 376, Letzteres *Witherington*, Grace in Galatia, 423. Für Letzteres vgl. Diog 10,6.
278 Calvin, Gal, CR 50, 258; *Schlier*, Gal, 271; *Matera*, Gal, 214 (er verweist auf Röm 15,1 als Parallele für den Gebrauch von βαστάζειν in diesem Kontext); *Moo*, Gal, 376; *Keener*, Gal [2019], 534. Schon in der patristischen Exegese stehen kontextunabhängige und kontextbedingte Deutungen nebeneinander (*Meiser*, Gal, 292f.). Zu Gal 6,5 (φόρτιον) wird auch im lat. Bereich nicht ausgeglichen, obwohl in der Vulgata βάρος (Gal 6,2) wie φόρτιον (Gal 6,5) mit *onera/onus* wiedergegeben werden.
279 *DeSilva*, Letter, 483.

auch auf einen gewissen Habitus.²⁸⁰ Das Verbum ἀναπληρόω mag an πληρόω in Gal 5,14 zurückerinnern. Das Futur ist ein logisches Futur. Dass die Wahl des Kompositums in Gal 6,2 der Emphase dient, ist möglich, aber nicht zu sichern.²⁸¹

Die Formulierung νόμος Χριστοῦ²⁸² in Gal 6,2 sehen manche Exegeten vor allem früherer Generationen durch die Erörterungen der Gesetzesthematik veranlasst²⁸³, nicht selten in dem Sinn, dass den Glaubenden in der Galatia, die nach einer Gesetzesorientierung verlangen, das wahre Gesetz gezeigt werde, das in ihrer Gemeinschaft gültig sein soll.²⁸⁴ Das Syntagma kann auf das durch Christus erfüllte²⁸⁵ oder autorisierte mosaische Gesetz²⁸⁶, auf das durch Christus verkündigte Gebot Gottes²⁸⁷, speziell auf das Gebot der Nächstenliebe²⁸⁸, auf Jesu Tora-Lehre und -Praxis, wie sie in der Jesus-Tradition bezeugt werde²⁸⁹, auf die durch Christus gesetzte Ordnung in der Gemeinde²⁹⁰ gedeutet werden. Die Bezeichnung als »Norm Christi«, ethische Konsequenzen in sich schließend, lässt gerade mit Blick auf die Parallelen aus hellenistischer Freundschaftsethik²⁹¹ erst recht fragen, woran Paulus denkt. Nicht in allgemein-ethischen Ausführungen, wohl aber in Ausführungen zum Verhalten von Gemeinden (2Kor 8,9) bzw. Gemeindegliedern untereinander (Phil 2,5–8; Röm 15,2f.) verweist Paulus wiederholt auf das Vorbild des Statusverzichtes Jesu, sodass in Gal 6,2 auch das Beispiel seiner Er-

---

280 *De Boer*, Gal, 376.
281 Ersteres *Matera*, Gal, 214; *Das*, Gal, 596, Letzteres *Moo*, Gal, 376.
282 Vgl. insgesamt den Exkurs bei *de Boer*, Gal, 378–381 zu dieser Wendung. Ist der Begriff, da bei Paulus singulär und auch im Galaterbrief recht spät eingebracht, ein Begriff, den Paulus aus der Theologie seiner Gegner übernommen hat (*Betz*, Gal, 510f.)? Oder soll man mit *deSilva*, Gal, A Handbook, 131 u.v.a. an die Wendung ἔννομος Χριστοῦ (1Kor 9,21) als nächste Parallele denken, sodass der Genitiv als Genitiv der Quelle anzusehen wäre? Es ist mindestens ebenso gut möglich, dass der Ausdruck eine ad-hoc-Bildung des Apostels darstellt (mit *Horn*, Angeld, 370 Anm. 85).
283 Calvin, Gal, CR 50, 258; *Lipsius*, Gal, 65, mit Verweis auf Röm 3,27; 8,2; *Sieffert*, Gal, 337. Lietzmann, Gal, 41, nennt die Wendung eine »gewollte Antithese gegen den judaistischen νόμος-Begriff.«
284 *Usteri*, Gal, z.St.; *Lagrange*, Galates, 156; *Bruce*, Gal, 261; *Esler*, Gal, 231. Bousset, Gal, 72, zufolge meint der Begriff das, was Paulus andernorts mit »Wandel im Geist« bezeichnet.
285 *Matera*, Gal, 220f.; *Martyn*, Gal, 548f.; *Schewe*, Die Galater zurückgewinnen, 156. Der Gedanke einer Tora des Messias (*Schlier*, Gal, 272, als Erwägung) ist allerdings erst in späten Texten bezeugt.
286 *Von der Osten-Sacken*, Gal, 294, mit Verweis auf Gal 5,14.
287 *Burton*, Gal, 329; *Keener*, Gal [2018], 270f., mit Verweis auf Mt 5,21–48; 9,13; 23,23; Mk 10,5; Lk 11,42; Gal 5,14. Allerdings wird gerade im Galaterbrief nirgends auf ein Wort Jesu verwiesen.
288 Theophylakt, Gal, PG 124, 1024 B; Luther, Gal, WA 40/II, 144, mit Verweis auf Joh 13,34f.; Calvin, Gal, CR 50, 259 (*mutua humanitas*); *Bengel*, Gnomon, 751. *Usteri*, Gal, 195, verweist auf Joh 13,34; 15,12; *Ewald*, Sendschreiben, 95 auf Lev 19,18; Mt 5,17, *Zahn*, Gal, 269 auf Mt 22,37ff. und Joh 13,34. *Lagrange*, Galates, 156; *Holtzmann*, Das Neue Testament, 502, verweisen auf Gal 5,14, *Althaus*, Gal, 50, auf Mk 2,15–17. Vgl. ferner *Lipsius*, Gal, 65; *Amiot*, Galates, 228 sowie *Mußner*, Gal, 399; *Bruce*, Gal, 261, mit Verweis auf Gal 5,14; *Fung*, Gal, 288. *Lagrange*, Galates, 156, beobachtet, dass Paulus hier nicht vom Gebot der Gottesliebe spricht.
289 *Dunn*, Gal, 322; *Moo*, Gal, 378. Zu Gal 6,1f. vgl. speziell Mt 7,1.
290 *Rohde*, Gal, 260.
291 *Schnelle*, Paulus und das Gesetz, 265.

niedrigung und seiner Lebenshingabe[292], die Forderung der *imitatio Christi* inkludiert ist[293], die darin konkret wird, dass und wie sich Liebe, die erste Frucht des Geistes, als Kraft im Leben der Glaubenden verwirklicht.[294] So ist Christus in diesem Sinne selbst das »lebendige, ungeschriebene Gesetz«, an dem sich die Galater orientieren sollen.[295]

3 Das einleitende εἰ mit Partizip legt einen Fall dar, den Paulus für tatsächlich gegeben oder zumindest für realistisch hält.[296] Die Partikel γάρ ist nicht bloße Übergangspartikel, sondern begründet wohl V. 2. Ob man bei δοκεῖ an Gal 2,6 zurückdenken soll, bei εἶναί τι an Gal 2,9? Dagegen spricht, dass es dort um eine Fremdzuweisung eines hohen Status geht, hier um einen Selbstanspruch.[297] Gal 6,3 ist dem antiken Menschen geläufig[298], der darum weiß, dass jeder Ruhm substantiell begründet sein muss.[299] Die Wendung εἶναί τι weist auf κενόδοξος von 5,26 zurück.[300] Antike Parallelen lassen die Nuance »etwas Besonderes sein« anklingen[301]; denkbar ist aber auch ein Überlegenheitsgefühl, nachdem man einen Bruder zurechtgewiesen hat, oder das Gefühl, gegenüber Verfehlungen im eigenen Leben immun zu sein.[302] Das konditional kontrastierende μηδὲν ὤν kann allgemein einen unzureichenden oder nicht zu beachtenden Status

---

292 So auch Ps.-Oikumenios, Gal, PG 118, 1160 A; *Usteri*, Gal, 195; *Eckstein*, Christus in euch, 168; *Merk, Verantwortung, 151; *Oakes*, Gal, 179f.; *deSilva*, Letter, 484f.; *Klein*, Gal, 198; *Keener*, Gal [2019], 535.540 (mit Verweis auf Gal 1,4; 2,20; 3,13; Mk 10,45). *Das*, Gal, 611, sieht diese Lebenshingabe als Erfüllung der Tora. Die Skepsis bei *Sieffert*, Gal, 337 (diese Deutung sei »in den Begriff von νόμος eingetragen«) scheint zunächst verständlich, berücksichtigt aber die rhetorische Situation im Galaterbrief m. E. nicht genügend.
293 So auch *Zimmermann*, Gott und seine Söhne, 122, sowie *Holmstrand*, Markers, 213–216: Der Imitatio-Gedanke ist für Paulus entscheidend. Die *imitatio* bezieht sich sowohl auf den verfolgten Apostel selbst (Gal 1,10; 2,19f., 4,12; 5,11) als auch auf den gekreuzigten Christus (2,20; 3,27–29; 6,2.14). Auch in Diog 10,6 gilt als μιμητής [...] Θεοῦ, wer den Nächsten unterstützt.
294 *Esler*, Gal, 231.
295 *Murphy-O'Connor*, Law of Christ, 140, u. a. mit Verweis auf Gal 3,1 und mit Bezugnahme auf Philo, Abr 275f.; VitMos II 4; Cic, Rep I 52 als Analogien. Der Genitiv ist epexegetisch (131). Die Wendung besagt, dass die im Genitiv benannte Person das Gesetz auch selbst verwirklicht, das sie anderen vorgibt. Allerdings teile ich Murphy-O'Connors auf Phlm 8f.14 und 2Kor 8,7f. basierende These eines radikalen paulinischen Antinomismus (125–127) nicht.
296 𝔓46 bietet ειπερ (»wenn anders«), auf eine zweite Bedingung verweisend (BDR § 454,2*). Die LA mag auf eine mechanische Verschreibung zurückzuführen sein (ΕΙ ΓΑΡ wird zu ΕΙΠΕΡ), generiert aber trotzdem einen eigenen Sinn.
297 *Keener*, Gal [2019], 541.
298 Vielleicht formuliert Paulus hier in Anlehnung an eine sprichwörtliche Maxime (*Longenecker*, Gal, 276). *Rohde*, Gal, 261, führt Epikt, Ench 13 an: κἂν δόξῃς τις εἶναί τισιν, ἀπίστει σεαυτῷ (»Wenn du meinst, für andere jemand zu sein, dann misstraue dir selbst«).
299 *Esler*, Gal, 231. *DeSilva*, Galatians. A Handbook, 132, verweist auf Plato, Apol. 41 E als Parallele. Weitere Parallelen u. a. bei *Betz*, Gal, 511f., und *Keener*, Gal [2019], 542f. Plutarch schrieb eine eigene Schrift zum Thema, *De laude ipsius* (Mor. 539 A – 547 F).
300 *Esler*, Gal, 231; *Keener*, Gal (2018), 272.
301 *De Boer*, Gal, 381.
302 *Matera*, Gal, 214.

bezeichnen, kann aber speziell anklingen lassen, dass ohne die Wirkung Christi und des Heiligen Geistes der Mensch vor Gott tatsächlich ein »Nichts« ist.[303] Es geht Paulus nicht um eine anthropologische Grundaussage; vielmehr ist der Impetus der Warnung zu beachten.[304]

4 Paulus fordert darum ähnlich wie 1Kor 11,28; 2Kor 13,5 zur Prüfung des eigenen Werkes auf[305], anhand gegebener, in die eigene Situation umzusetzender Normen. Die Partikel δέ ist hier adversativ; ἑαυτοῦ ... ἕκαστος ... μόνον dienen der Emphase.[306] Bei dem Substantiv ἔργον besteht kein Anlass, an die »Werke des Gesetzes« oder die »Werke des Fleisches« zu denken[307]; die Lebensführung insgesamt ist gemeint.[308] Der Singular ist generisch[309]; Paulus denkt allgemein an die Werke der Glaubenden, die als Maßstab im Jüngsten Gericht angewandt werden.[310] Der Imp. δοκιμάζετω ist, wie auch in Gal 6,6.17, in 3. Ps. formuliert, richtet sich aber an die Empfänger des Briefes. Wahrscheinlich ist das eine Strategie der Höflichkeit: Ein generelles Prinzip scheint eher akzeptabel als eine direkte Anrede.[311] Doch nur wer diesen Imperativ befolgt, verwirklicht das, was im Nachsatz angesprochen ist.[312] Das Präsens bezeichnet die andauernde Notwendigkeit.[313] Das weiterführende τότε benennt sowohl die zeitliche als auch die logische Konsequenz. Der Nachsatz bereitet Schwierigkeiten.[314] Den Begriff καύχημα hat man auf den Akt des Rühmens gedeutet, aber auch auf das, was das Rühmen konstituiert; die Präposition εἰς kann die Adresse des Rühmens anzeigen (so 2Kor 8,24), aber auch den Bezugspunkt. Bezeichnet καύχημα den Akt des Rühmens, wäre in Gal 6,4[315] eine

---

303 *Betz*, Gal, 512; *de Boer*, Gal, 381. Die Voranstellung des ἑαυτόν in D F G Ψ 1611 d b mag die Emphase der Selbsttäuschung verstärken (*Carlson*, Text, 206).
304 Richtig *Moo*, Gal, 379.
305 *Betz*, Gal, 513, zufolge gründet Gal 6,4 auf der Weisung »Erkenne dich selbst« am Apollon-Tempel zu Delphi. Zu verweisen ist ferner auf Epikt, Diss I 20, 6f. (*Schnelle*, Begründung, 127); Epikt, Diss II 18,24; Ench I 5. Bei Paulus ist 2Kor 10–12, so *Sieffert*, Gal, 136 Anm.*; *von der Osten-Sacken*, Gal, 296, das »trefflichste Beispiel« solcher Selbstprüfung.
306 *De Boer*, Gal, 381. Vgl. *Schlier*, Gal, 273: »In ἑαυτοῦ liegt schon eine Abwehr, sich um das fremde ἔργον zu kümmern.«
307 Noch weniger dürfen beide miteinander identifiziert werden!
308 *Rohde*, Gal, 261: Es geht auch um das, was man »tatsächlich leistet«, nicht um die subjektive Meinung, die man über sich selbst hat.
309 *Moo*, Gal, 379.
310 1Kor 3,13–15; 2Kor 5,10; Röm 14,10–12, wo zwar der Begriff ἔργον fehlt, dennoch ebenfalls betont wird, dass jeder Einzelne vor dem Gericht Gottes für sich selbst Rechenschaft ablegen muss.
311 *Fantin*, The Greek Imperative Mood, 273. Theophylakt, Gal, PG 124, 1024 C: Paulus sagt das in bewusster Selbstminderung, nicht als Gesetzgeber (συγκαταβατικῶς, οὐκ νομοθετικῶς).
312 *Fantin*, The Greek Imperative Mood, 369. Auch dieser Begriff wird in hellenistischer Philosophie verwendet, etwa bei Epikt, Diss I 120,7; IV 7,40 vgl. *Betz*, Gal, 513 Anm. 88; Anm. 90. »Prüfen« besteht in Erwählen oder Verwerfen einer bestimmten Handlung (Epikt, Diss IV 7,10).
313 *Das*, Gal, 614.
314 Eine klare Darlegung der Alternativen findet sich bei *Moo*, Gal, 380.
315 Der Ausgleich zu 2Kor 1,14; 9,3 ist wohl darin zu suchen, dass es dort um die positive Motivation

äußerliche Kommunikationssituation ins Visier genommen, in der jemand versucht, das eigene Handeln in Entsprechung zu dem Willen Gottes einem anderen gegenüber herauszustellen. Paulus würde dann vor der Anwendung des *honor-and-shame*-Schemas in der Gemeinde warnen. Allerdings passt εἰς ἑαυτόν am Ende des Verses dann nicht wirklich; außerdem wäre für den Akt des Rühmens eher καύχησις zu erwarten. Näher liegt aufgrund von V. 5 ohnehin, καύχημα als Grund des Rühmens[316], εἰς als Bezugspunkt aufzufassen und ἕξει als reales Futur zu deuten: Den Ruhm im Endgericht hat nicht derjenige, der des anderen Fehltritt diagnostiziert, sondern der sich selbst durchschaut.[317] Damit ist dann auch die entscheidende Instanz genannt, auf die hin solche Selbstprüfung erfolgt.

5 Der Vers hält nochmals den Gedanken fest, dass im Jüngsten Gericht jeder seine eigene Last tragen wird[318]; das Futurum βαστάσει ist wohl nicht gnomisch, sondern als echtes Futur gemeint.[319] Auch in frühjüdischer Apokalyptik ist es stehende Überzeugung, dass im Endgericht keine Fürbitte und kein Erbarmen mehr für die Sünder möglich sind (4 Esr 7,104f.). Das soll die Verantwortlichkeit in diesem irdischen Leben betonen und die Verbindlichkeit der Gebote Gottes einschärfen. So ist auch ein Widerspruch zwischen der Mahnung Gal 6,2 und der Voraussage Gal 6,5 nicht gegeben. Die Bezugnahme auf das Jüngste Gericht ist m. E. dem Kontext (Gal 6,7f.) angemessen. Die Wahl von ἴδιον statt ἑαυτοῦ soll wohl die Emphase verstärken.[320]

---

der Adressaten geht, nicht um geistlichen Hochmut gegenüber anderen.
316 *Bengel*, Gnomon, 751, betont das paulinisch Ungewöhnliche der Stelle: Paulus rede *per parodiam*. Zuvor allerdings hatte Calvin, Gal, CR 50, 259f., die Deutung auf Ironie abgelehnt: Paulus gehe es sehr wohl um das rechte Rühmen im Zeugnis des guten Gewissens (2Kor 1,12).
317 Gal 6,4 greift insofern die Warnung vor der κενοδοξία (Gal 5,26) wieder auf (Luther, Gal, WA 40/II, 150).
318 Gelegentlich wird φόρτιον aufgrund des folgenden Kontextes im Sinne der finanziellen Lasten gedeutet und das Futur auf eine irdische Zukunft bezogen (*Witherington*, Grace, 429). Dazu passen das auf V. 4 zurückweisende ἕκαστος sowie die Begründungspartikel γάρ nicht recht. Auch die parallele Verwendung des Verbums βαστάζειν in Gal 5,10 spricht für eine Bezugnahme auf das Jüngste Gericht, in dem die Last der Sünde ihre Konsequenzen zeitigen wird (u. a. *deSilva*, Letter, 489 Anm. 182; *Moo*, Gal, 381). In der Septuaginta ist der Begriff φόρτιον jedoch nicht mit dem Jüngsten Gericht verbunden.
319 Ersteres *Usteri*, Gal, 197; *Betz*, Gal, 516, Letzteres Luther, Gal, WA 40/II, 154; *Matera*, Gal, 215; *von der Osten-Sacken*, Gal, 296. *Das*, Gal, 617, verweist auf den Diesseitsbezug der Mahnung Gal 6,6, gesteht aber ebenfalls die Möglichkeit der Deutung von Gal 6,5 auf das Endgericht zu.
320 *DeSilva*, Galatians. A Handbook, 134.

6,6–10 Mahnung zur Mildtätigkeit und Warnung vor dem Jüngsten Gericht

(6) Wer aber unterrichtet wird im Wort, soll demjenigen, der ihn unterrichtet, Anteil geben in allen Gütern. (7) Irrt euch nicht; Gott lässt sich nicht spotten. Denn was einer sät, das wird er ernten. (8) Denn wer auf sein Fleisch sät, wird aus dem Fleisch Verderben ernten; wer aber auf den Geist sät, wird aus dem Geist das ewige Leben ernten. (9) Das Gute zu tun, lasst uns nicht müde werden; zur eigenen Zeit nämlich werden wir ernten, wenn wir nicht nachlassen. (10) Darum lasst uns, solange wir Zeit haben, Gutes tun gegenüber allen, vor allem aber an den Verwandten im Glauben.

V. 7: In B D* F G wird das hellenistische ἐάν durch das klassische ἄν ersetzt; in D* F G d b ähnlich wie zu Gal 5,17 eine grammatikalische Inkonsequenz (ὅ ... ταῦτα) eingetragen, während 𝔓46 beide Male den Plural bietet.[321] V. 9: Die Lesarten ἐκκακῶμεν (C D² K L P Ψ 104 365 630 1175 1241 1505 1739 1881 2464 Byz) oder (F G) ἐκκακήσωμεν (statt ἐγκακῶμεν) haben einige Verbreitung gefunden, werden aber doch zumeist als nicht ursprünglich beurteilt.[322] Singulär geblieben ist die zu vermutende LA ἐκλυθῶμεν (𝔓46). Die LA ἐγκακῶμεν (ℵ A B D* 33 81 326) ist als *lectio difficilior* beizubehalten.[323] Die v.l. θερίσωμεν (ℵ C F G Ψ 33 1175 1241S) ist wohl als Angleichung im Modus an das vorangegangene ἐγκακῶμεν entstanden.[324] V. 10: Die v.l. ἔχωμεν ist alt (ℵ B* 6 33 104 326 614), aber wohl aus einer Verwechslung von ο und ω entstanden, vielleicht auch als Angleichung an das folgende ἐργαζώμεθα.[325] Den Indikativ ἔχομεν bieten 𝔓46 A B² C D F G K L P Ψ 81 365 630 1175 1241 1505 1739 1881 2464. Diese auch von NA²⁸ bevorzugte LA ist noch stärker über alle Traditionsströme verteilt. Die statt ἐργαζώμεθα gebotenen Lesarten Ind. Praes. ἐργαζόμεθα (A B² P 6 104 1175 1881) und Ind. Futur ἐργασόμεθα (𝔓46 K 1505 2464) sind jeweils aus einem Hörfehler entstanden; insofern ergibt die Verbreitung über die diversen Traditionsströme noch keine Genealogie. Sachlich sinnvoll ist nur der Exhortativ, bezeugt von ℵ B C D F G Ψ 33 81 365 630 1241 1739.[326]

6 Die Partikel δέ ist hier weiterführend; Paulus führt einen neuen Gedanken ein.[327] Das Präsens κοινωνείτω[328] mag auf einen kontinuierlich zu übenden Brauch bzw. einen Habitus zielen[329]; das Verbum beinhaltet bei Paulus auch andernorts den Gedanken an

---

321 *Carlson*, Text, 206.
322 *Carlson*, Text, 218.
323 *Das*, Gal, 596.
324 *Carlson*, Text, 171.
325 Ersteres *Das*, Gal, 597; Letzteres *Carlson*, Text, 172.
326 *Usteri*, Gal, 202.
327 Bezieht man βάρη in Gal 6,2 auf materielle Lasten – was m. E. wenig wahrscheinlich ist –, kann man die in Gal 6,6 ausgesprochene Mahnung als weitere Konkretisierung des in Gal 6,2 Gemeinten ansehen (*deSilva*, Galatians. A Handbook, 134).
328 Der Imperativ könnte auch Passiv sein, doch liegt ein aktives Verständnis näher; die Verantwortlichkeit dessen, der unterrichtet wird, soll ja betont werden (*Moo*, Gal, 382). Aus demselben Grund ist bei den ἀγαθά auch eher an materielle als an geistliche Güter zu denken (*Lietzmann*, Gal, 42).
329 *DeSilva*, Galatians. A Handbook, 134.

finanzielle Unterstützung.³³⁰ Der Singular κατηχούμενος ist nicht auf eine Einzelperson bezogen, sondern generisch. Paulus spricht keinen hypothetischen Fall an, identifiziert die Genannten aber auch nicht durch nähere Informationen.³³¹ Der Begriff λόγος meint hier wie in Mk 2,2 den Inhalt der Unterweisung, die Lehre.³³² Der Begriff κατηχῶν hat in verschiedener Richtung Aufmerksamkeit geweckt, zumal unklar ist, warum Paulus in der Konfliktsituation diese Mahnung einflicht. Paulus rechnet offenbar nicht damit, dass diese Mahnung zur Kontroverse führen würde.³³³

> Dass der Begriff κατηχοῦντες auf Paulus selbst verweise, der damit die Adressaten zur Unterstützung seiner Arbeit auffordern wolle³³⁴, ist insofern schwierig, als sich Paulus als Prediger, nicht als Lehrer darstellt.³³⁵ Auch eine Anspielung auf die Kollekte für Jerusalem³³⁶ liegt schwerlich vor. Dass die Fremdmissionare die bisherigen κατηχοῦντες verdrängt haben oder verdrängen wollten³³⁷, ist ebenfalls nicht gesagt; der Ton in Gal 6,6 ist friedlich, nicht polemisch. Auch werden die κατηχοῦντες nirgends auf eine besondere Verantwortung in der gegenwärtigen Konfliktsituation angesprochen.

Diskutiert wird, ob der Begriff κατηχῶν bereits in Analogie zu 1Kor 12,28 einen speziellen Dienst in den Gemeinden voraussetzt oder nicht.³³⁸ Indizien für eine institutionelle Beauftragung dieser κατηχοῦντες gibt es im Galaterbrief nicht, andererseits würde Gal 6,6 eher verständlich, wenn Paulus bestimmte sich wiederholende Vorgänge im Auge hätte. Die Wendung ἐν πᾶσιν ἀγαθοῖς zielt auf materielle Unterstützung.³³⁹ In der

---

330 Röm 12,13. Dass es um finanzielle Unterstützung geht, wird auch durch 1Kor 9,7–14 nahegelegt (so auch Luther, Gal, WA 40/II, 158).
331 *Peters*, Article, 145. So ist es nach *Usteri*, Gal, 199, auch nicht klar, ob es sich um ortsansässige Autoritäten oder um herumreisende Evangelisten handelt.
332 Dass sich dieses »Lehren« auf die präbaptismale Katechese bezieht, ist nicht zu sichern (*Das*, Gal, 617).
333 *Das*, Gal, 618.
334 *Schewe*, Die Galater zurückgewinnen, 169f.
335 Richtig u. a. *Das*, Gal, 617.
336 So *Borse*, Gal, 37f.; *Mußner*, Gal, 402f.; *Moo*, Gal, 382.
337 *Martyn*, Gal, 552; *deSilva*, Letter, 490.
338 Ersteres *deSilva*, Galatians. A Handbook, 134; *Das*, Gal, 617; Letzteres *de Boer*, Gal, 385: Genannt ist eine Aktivität, aber noch kein kirchliches Amt.
339 Ps.-Oikumenios, Gal, PG 118, 1160 D. In der lat. HS 78 ist *in omnibus bonis* zu *in omnibus* verkürzt. Die Aussage wird also nicht auf die materielle Unterstützung eingeschränkt. Ebenso allgemein, aber unter explizitem Einschluss des Materiellen ist Gal 6,6 bei Theophylakt, Gal, PG 124, 1024 D, verstanden, der (1025 A) auch auf die Parallele Mt 10,5 verweist. Den Sinn dieser Festlegung Christi erkennt er in einem doppelten: Die Lehrer sollen wissen, dass sie auf die Schüler angewiesen sind, und nicht hochmütig werden; die Schüler sollen anhand des hier geforderten Wohlwollens gegenüber den Lehrern auch zum Wohlwollen gegenüber anderen erzogen werden.

paganen Welt konnten Lehrer von partieller wie von vollständiger Unterstützung[340], vom Betteln oder von eigener Arbeit leben.[341]

7 Der verneinte Imperativ μὴ πλανᾶσθε[342] kann als Medium oder als Passiv verstanden werden; er kann zur Beendigung eines Verhaltens auffordern oder – in diesem Kontext wahrscheinlicher – vor einem solchen Verhalten warnen.[343] Im Sinne dieser Warnung ist auch das gnomische Präsens μυκτηρίζεται zu deuten. Autorzentriert mag traditionsgeschichtlich 2Chr 36,16 dahinter stehen: Wer Gott verächtlich behandelt, verhält sich ebenso wie diejenigen, die die Propheten Gottes verachtet haben.[344] Rezeptionsorientiert gesehen ist die Warnung des Paulus auch Angehörigen des griechisch-römischen Kulturkreises unmittelbar einleuchtend: Wer eine Gottheit beleidigt, hat mit deren Zorn zu rechnen, und ebenso allgemein wie in Gal 6,7 heißt es bei Cicero: *ut sementem feceris, ita metes* (»Wie du gesät hast, wirst du ernten«).[345] Die angesprochene Warnung bezieht sich inhaltlich wohl nicht darauf, bei der in Gal 6,6 genannten Unterstützung allzu sparsam zu sein, obwohl Paulus auch zu dieser Thematik die Metapher von Saat und Ernte einbringen kann (2Kor 9,6).[346] Der Vers wiederholt vielmehr generell die Aussage von Gal 5,21.[347] ὅ ... ἐάν ... τοῦτο ist gebraucht wie in Gal 5,17; ὅ ... ἐάν ist indefinit und generalisierend[348]; γάρ begründet V. 7a. »Säen« dient auch andernorts als Metapher für eine geglückte oder verfehlte Lebensorientierung und ihrer Konsequenzen.[349] Die »Ernte« ist seit Joel 4,13 ein Bild für das Jüngste Gericht. Gal 6,7b argumentiert weisheitlich; die Evidenz besteht in der Identität von Saatgut und Erntefrucht, aber auch darin, dass zwischen Saat und Ernte eine gewisse Zwischenzeit gegeben ist, dass man also investiert, ohne sofort von den Folgen positiv oder negativ betroffen zu sein, weswegen man doppelt zur Vorsicht gemahnt ist.[350] Es gehört zum

---

340 Vgl. Diog Laert II 69.
341 Betteln war kynische Praxis; vgl. Epikt, Diss III 22,10; Diog Laert VI 2 u.ö. Dass ein Lehrer von der eigenen Hände Arbeit lebt, berichtet Diog Laert VII 170 vom zweiten stoischen Schulhaupt, Kleanthes.
342 Die Tilgung der Verneinung ist zu gering bezeugt (nur Markion, nach Tertullian, adv. Marc. V,4,14, CC.SL 1, 675), um als ursprünglich gelten zu können. Außerdem hat die Verneinung im Kontext einer ähnlichen Warnung in 1Kor 6,9; 15,33 ihre vorzügliche Parallele (*Das*, Gal, 596; *von der Osten-Sacken*, Gal, 298f.).
343 *De Boer*, Gal, 387.
344 *Moo*, Gal, 384. *Bengel*, Gnomon, 752, verweist auf Spr 12,8. Zuvor hatte Luther, Gal, WA 40/II, 160, Ps 2,4 namhaft gemacht.
345 Cic, De oratore II 65.
346 Calvin, Gal, CR 50, 261; *Matera*, Gal, 222f.
347 *DeSilva*, Letter, 491.
348 *DeSilva*, Galatians. A Handbook, 135.
349 Hes, Meg 1; Hos 10,12 LXX; Sir 7,3; Philo, LegGai 293. Eine Bezugnahme auf das Thema von Gal 6,6 (so *Witherington*, Grace, 431; *Schreiner*, Gal, 368) ist wegen der Allgemeinheit der Metapher und des Anschlusses an den folgenden Kontext wenig wahrscheinlich (*Moo*, Gal, 385).
350 *Matera*, Gal, 217.

Wesen solcher Mahnungen, dass Einschränkungen wie eine Wachstumsstörung, die den Täter entlasten könnte, nicht angesprochen sind; der Normalfall ist vorausgesetzt.

8 Die Metaphorik[351] wird leicht verschoben; nicht das Saatgut, sondern der Ackerboden ist von Belang. Das einleitende ὅτι ist kausal; die Begründung besteht in der näheren Ausführung dessen, was in V. 7 gemeint war. Das Präsens in dem doppelten ὁ σπείρων zielt auf den Habitus, nicht auf einmalige Aktionen[352] (der Charakter des Habituellen wird durch μὴ ἐγκακῶμεν in V. 9 verstärkt). Die Warnung vor dem »Säen auf das eigene Fleisch«[353] meint nicht das Vertrauen auf die Gerechtigkeit aus den Werken des Gesetzes, aber auch nicht das Vertrauen auf die Beschneidung[354], sondern die Orientierung an der in Gal 5,19–21 beschriebenen Lebenshaltung, die zum eschatologischen Verderben[355] führt; die Wendung θερίσει ζωὴν αἰώνιον am Ende von Gal 6,8 nimmt kontrastierend βασιλείαν θεοῦ οὐ κληρονομήσουσιν in Gal 5,21 wieder auf, und die Mahnung Gal 6,9 passt nur, wenn die semantische Opposition σάρξ/πνεῦμα auf die Ethik zielt.[356] Es werden aber keine Imperative formuliert; das »Säen auf das eigene Fleisch« steht als Warnung für die Adressaten, die die Entscheidung für das »Säen auf den Geist«[357] prinzipiell schon vollzogen haben, aber wie in Gal 5,21 vor ethischem Fehlverhalten mit seinen Folgen gewarnt werden müssen.[358] Die den zweiten Halbvers sinngemäß eröffnende Partikel δέ ist an dieser Stelle adversativ. Die Wendung σπείρειν εἰς τὸ πνεῦμα referiert auf Gal 5,22f.

9 Die Partikel δέ ist hier weiterführend. Der Übergang zu unmetaphorischer Redeweise ist insofern verständlich, als auch für die bildspendende Seite jeder um die Notwendigkeit kontinuierlichen Bemühens weiß.[359] Das Gute zu tun, ist eine kulturübergreifende Forderung[360], die, in Worte hellenistischer Ethik gekleidet, sachlich dem Liebesgebot Gal 5,14 entspricht[361]; die summierende Formulierung erinnert die Ange-

---

351 Auf den metaphorischen Charakter verweist auch Luther, Gal, WA 40/II, 162.
352 *DeSilva*, Galatians. A Handbook, 136.
353 Die Variante αὐτοῦ statt ἑαυτοῦ (D* F G etc.) ist stilistische Verbesserung, ebenso die Kürzung des zweiten αὐτοῦ nach σαρκός (B ℵ 33 A C P etc.).
354 Ersteres *Lipsius*, Gal, 66, Letzteres *Usteri*, Gal, 200; *Matera*, Gal, 216; *Dunne*, Persecution, 113f.
355 Dieses Verständnis von φθορά in Gal 6,8 ergibt sich aus dem Kontrast zu ζωὴ αἰώνιος am Ende des Verses. Zum Gericht nach den Werken vgl. Dan 12,2f., bei Paulus dann 1Kor 3,13–15; 2Kor 5,10.
356 *Schreiner*, Gal, 369; *deSilva*, Galatians. A Handbook, 137. Deutlich ist, dass der Empfang des Geistes (Gal 3,2) nicht im Sinne einer Vergöttlichung zu verstehen ist, die die Adressaten der Notwendigkeit ethischer Bewährung entheben würde (*Betz*, Gal, 522).
357 Gemeint ist die auch schon in Gal 5,16.18 angesprochene Orientierung am Heiligen Geist; darum steht ἑαυτοῦ nur im Vordersatz der Alternative (*Moo*, Gal, 385).
358 *De Boer*, Gal, 389.
359 *DeSilva*, Letter, 495.
360 *Keener*, Gal [2019], 554f., bietet reichhaltig Belege. Man kann Gal 6,9 im Sinne einer »pointierten Zusammenfassung« (*Wischmeyer*, Liebe als Agape, 76) des gesamten ethischen Abschnittes Gal 5,13–6,10 interpretieren.
361 *Horn*, Angeld, 371.

redeten generell an all das, was Paulus ihnen in seiner Paränese vermittelt hat.³⁶² Ob die Mahnung, nicht nachzulassen, etwas mit den Aktivitäten der Fremdmissionare zu tun hat oder nur allgemein Ermüdungserscheinungen aufgrund der sich dehnenden Zeit vorbeugen will, lässt sich nicht mehr klären.³⁶³ Worauf referiert καιρῷ ἰδίῳ? Der Begriff καιρός, dessen Auslegung innerhalb von Gal 6,6–10 beide Belege in V. 9 und in V. 10 berücksichtigen muss, meint bestimmte Zeit, bei Paulus wie schon in Gal 4,4 die von Gott determinierte Zeit. Die Wendung καιρῷ ἰδίῳ referiert in V. 9 nicht schon aufgrund der Wortbedeutung von καιρός, wohl aber aufgrund der Nähe zu V. 8 wieder auf das Jüngste Gericht.³⁶⁴ Das den Vers abschließende Partizip ist konditional. Man kann einen Bedeutungsunterschied darin sehen, dass sich ἐγκακεῖν auf das Wollen, ἐκλύεσθαι auf das Können bezieht, auf die Konzentration der inneren Kräfte.³⁶⁵

10 Die eröffnenden Partikel ἄρα und οὖν signalisieren, dass jetzt die Konsequenz formuliert werden soll; die Doppelkonjunktion signalisiert Emphase. Die Wendung ὡς καιρὸν ἔχομεν bezeichnet die Begrenzung der Lebenszeit³⁶⁶, an deren Ende der nicht mehr änderbare Ertrag des Lebens festgehalten wird, im Lichte des Endgerichtes.³⁶⁷ Im Blick auf das in Gal 6,8 Gesagte wird die Konsequenz als Mahnung formuliert.³⁶⁸ Die Wendung ἐργαζώμεθα τὸ ἀγαθόν nimmt die Wendung ποιοῦντες τὸ καλόν in Gal 6,9 wieder auf; das Verbum ἐργαζώμεθα erinnert an das von Paulus bejahte ἔργον in Gal 6,4. Paulus wechselt zwischen καλόν und ἀγαθόν wohl aus stilistischen Gründen ab. Der Satz ist eine allgemeine Mahnung, die den paränetischen Teil sinnvoll abschließt.³⁶⁹ Die Wendung πρὸς πάντας hat die Außenwirkung im Auge, die keine missionarischen Intentionen haben muss, aber einen werbenden und apologetischen Effekt haben kann³⁷⁰ und die noch Julian Apostata im vierten Jahrhundert unwillig vermerkt.³⁷¹ Der Schlussteil des

---

362 *Moo*, Gal, 388. Für den Galaterbrief wird man an Gal 5,22f. erinnert (*von der Osten-Sacken*, Gal, 300).
363 Letzteres *Betz*, Gal, 526. Ist das seltene ἐγκακεῖν aus Gründen der Paronomasie zu καλόν ποιοῦντες gewählt (*Usteri*, Gal, 201)?
364 *DeSilva*, Galatians. A Handbook, 137; *Keener*, Gal [2019], 555. Auf 1Kor 4,5 verweist zu Recht *Moo*, Gal, 388, auf Mt 13,30 *Rohde*, Gal, 269.
365 *Bengel*, Gnomon, 752.
366 Calvin, Gal, CR 50, 263; *DeSilva*, Letter, 496.
367 Von den bei *Moo*, Gal, 389, genannten Parallelen kommt 1Kor 7,29 in der Tat Gal 6,10 am nächsten.
368 In der voraufklärerischen Exegese kann der Gedanke mit Verweis auf Mt 25,1–13; Lk 16,19–31 unterlegt werden (Theophylakt, Gal, PG 124, 1025 D).
369 *Dunne*, Persecution, 114, erkennt in Gal 6,10 u. a. aufgrund der Nähe zu Gal 6,12f. eine versteckte Polemik gegen die Fremdmissionare, die es an solchem Verhalten haben fehlen lassen. M. E. ist der Zusammenhang von Gal 6,10 zu Gal 6,7–9 jedoch enger, wo Paulus ebenso generalisierend formuliert.
370 *Usteri*, Gal, 202, verweist nach dem Vorbild älterer Ausleger auf Mt 5,44–48 als Parallele.
371 Julian, Ep. 84, 430 D (Bidez/Cumont, 114); cf. Sozomenos, H.e. V 16,5f., GCS 50/GCS NF 1, in einem Brief an Arsacius, den damaligen ἀρχιερεύς der Provinz Galatien (sie war seit Diokletians Zeiten wieder auf die Landschaft Galatien eingeschränkt worden): Schändlich ist es nämlich, wenn von

Satzes μάλιστα δὲ τοὺς οἰκείους τῆς πίστεως spricht die Solidarität innerhalb der Gruppe an, ohne die eine Gruppe nicht lebensfähig ist.[372]

---

den Juden auch nicht einer hungern muss, die gottlosen Galiläer (scil. Christen) zu ihren eigenen Leuten auch die unsrigen unterstützen, die unsrigen aber (die Verehrer der angestammten griechisch-römischen Gottheiten) als der Fürsorge von uns (scil. dem Kaiser) bedürftig erscheinen (αἰσχρὸν γὰρ εἰ τῶν μὲν Ἰουδαίων οὐδὲ εἷς μεταιτεῖ, τρέφουσι δέ οἱ δυσσεβεῖς Γαλιλαῖοι πρὸς τοῖς ἑαυτῶν καὶ τοὺς ἡμετέρους, οἱ δὲ ἡμέτεροι τῆς παρ ἡμῶν ἐπικουρίας ἐνδεεῖς φαίνοντο). Der Verweis auf diese jüdische und christliche Praxis muss nicht speziell auf Galatien bezogen sein.

372 Zu Gal 6,10 vgl. 1QS IV 5, wo sich die »reiche Liebe« ebenfalls auf »alle Söhne der Wahrheit« erstreckt, also auf die Mitglieder der Gemeinschaft (ähnlich in 1QS I, 9; V, 4,25; IX 16,21).

Schluss

6,11–18 Abschließende Kampfansage an die Gegner und Gnadenwunsch*

Sehet, mit welch großen Buchstaben ich euch schreibe mit eigener Hand. (12) Die angesehen sein wollen nach dem Fleisch, diese zwingen euch zur Beschneidung, nur deshalb, damit sie nicht wegen des Kreuzes Christi verfolgt werden. (13) Denn auch sie selbst, die sich beschneiden lassen, halten das Gesetz nicht, sondern wollen, dass ihr euch beschneiden lasst, damit sie sich an eurem Fleisch rühmen. (14) Mir aber sei es ferne mich zu rühmen, außer in dem Kreuz unseres Herrn Jesus Christus, durch welchen mir die Welt gekreuzigt ist und ich der Welt. (15) Denn weder ist Beschneidung etwas noch Unbeschnittensein, sondern: neue Schöpfung. (16) Und welche sich nach dieser Regel richten: Friede sei über ihnen und Erbarmen und über das Israel Gottes. (17) Im Übrigen mache mir niemand Mühe, ich trage nämlich die Wundmale Jesu an meinem Leibe. (18) Die Gnade unseres Herrn Jesus Christus sei mit eurem Geist, Geschwister. Amen.

V. 11: Statt πηλίκοις steht in wenigen Handschriften (𝔓46 B* 33) das dem klassischen Griechisch eher entsprechende ἡλίκοις, das nur selten und nicht ohne einen Vergleich mit etwas Größerem als markiertes Textsignal »wie klein« heißt, meist jedoch »wie groß«. Die LA ist alt, aber zu schlecht bezeugt, um als ursprünglich gelten können.[1] Dasselbe gilt für die v.l. ποικίλοις (0278 642). V. 12:

---

* Literatur: *Bachmann, Michael*, Bemerkungen zur Auslegung zweier Genitivverbindungen des Galaterbriefs: »Werke des Gesetzes« (Gal 2,16 u.ö.) und »Israel Gottes« (Gal 6,16), in: *ders.*, Von Paulus zur Apokalypse – und weiter. Exegetische und rezeptionsgeschichtliche Studien zum Neuen Testament, NTOA 91, Göttingen 2011, 277–295; *Beale, Gregory K.*, Peace and Mercy Upon the Israel of God: The Old Testament Background of Gal 6:16b, Bib 80 (1999), 204–223; *Botha, Pieter J.J.*, Letter Writing an Oral Communication in Antiquity: Suggested Implications for the Interpretation of Paul's Letters to the Galatians, Scriptura 42 (1994), 17–34; *Dochhorn, Jan*, Die Bestrafung des Unzuchtssünders in 1. Kor. 5,5. Satanologische, anthropologische und theologische Implikationen, in: *ders./Susanne Rudnig-Zelt/Benjamin Wold* (Hg.), Das Böse, der Teufel und Dämonen – Evil, the Devil, and Demons, WUNT II 412, Tübingen 2016, 127–151; *Eastman, Susan Grove*, Israel and the Mercy of God: A Re-reading of Galatians 6.16 and Romans 9–11, NTS 56 (2010), 367–395; *Fairweather, Janet*, The Epistle to the Galatians and Classical Rhetoric: Part 3, TynBul 45 (1994), 213–243; *Gamble, Harry*, Books and Readers in the Early Church. A History of Christian Texts, New Haven 1995; *Güttgemanns, Erhard*, Der leidende Apostel und sein Herr. Studien zur paulinischen Christologie, FRLANT 90, Göttingen 1966; *Hafemann, Scott J.*, New Creation and the Consummation of the Covenant (Galatians 6:15 and 2 Corinthians 5:17), in: *ders.*, Paul: Servant of the New Covenant. Pauline Polarities in Eschatological Perspective, WUNT 435, Tübingen 2019, 300–343; *Harnisch, Wolfgang*, »Toleranz« im Denken des Paulus? Eine exegetisch-

Die Zufügung Ἰησοῦ (𝔓46 B 1175) ist wohl sekundär.[2] Sie fehlt traditionsübergreifend in wichtigen Zeugen (ℵ A C D F G K L P Ψ 0278 33 81 104 365 630 1241 1505 1739 2464 Byz latt sy). Die v. l. διώκονται (𝔓46 A C D F G K L P 0278 6 81 103 326 629 1175 1241 1505 2464), nach ἵνα ungewöhnlich, lässt sich am ehesten als Hörfehler begreifen. Der grammatikalisch korrekte Konjunktiv wird von ℵ A B D Ψ 33 365 614 630 1739 pm bezeugt.[3] V. 13: Von manchen Handschriften (𝔓46 B L Ψ 6 365 614 630 1175) ist auch das Partizip Perfekt περιτετημένοι bezeugt, ähnlich in den lat. Hss. 64 75 76 77 89: *qui circumcisi sunt*. Es gilt jedoch nicht selten als *lectio facilior* gegenüber dem Part. Präs. περιτεμνόμενοι (ℵ A C D [F G] K P 0278 33 81 104 1241 15051739 2464 ar f sy) weil es die Bezugnahme auf die Fremdmissionare erzwingt.[4] V. 16: Die Lesarten στοιχήσωσιν (𝔓46) und στοιχοῦσιν (D F G A C 1739) statt στοιχήσουσιν mögen der Aussage größere Gegenwartsnähe für die späteren Rezipienten verleihen.[5] In der ursprünglichen Kommunikationssituation passt eher das Futur, bezeugt von ℵ B C² K L P Ψ 0278 33 81 104 365 630 1175 1241 1505 2464.[6]

---

hermeneutische Vergewisserung, EvTh 56 (1996), 64–82; *Horn, Friedrich Wilhelm*, Der Verzicht auf die Beschneidung im frühen Christentum, in: *ders.*, Paulusstudien, NETS 22, Tübingen 2017, 14–39; *Horn, Friedrich Wilhelm*, Wollte Paulus ›kanonisch‹ wirken?, in: *Eve-Marie Becker/Stefan Scholz* (Hg.), Kanon in Konstruktion und Dekonstruktion, Berlin/Boston 2011, 400–422; *Jewett, Robert*, The Agitators and the Galatian Congregation, NTS 17 (1970), 198–212; *Lampe, Peter*, Can Words be Violent or Do They Only Sound That Way? Second Corinthians: Verbal Warfare from Afar as a Complement to a Placid Personal Presence, in: *J. Paul Sampley/Peter Lampe* (Hg.), Paul and Rhetoric, T&T Clark Biblical Studies, New York/London 2010, 223–239; *Mell, Ulrich*, Neue Schöpfung. Eine traditionsgeschichtliche und exegetische Studie zu einem soteriologischen Grundsatz paulinischer Theologie, BZNW 56, Berlin/New York 1989; *Müller, Markus*, Vom Schluß zum Ganzen. Zur Bedeutung des paulinischen Briefkorpusabschlusses, FRLANT 172, Göttingen 1997; *Reece, Steve*, Paul's Large Letters. Paul's Autographic Subscriptions in the Light of Ancient Epistolary Conventions, LNTS 561, London/New York 2017; *Schnelle, Udo*, Römische Religionspolitik und die getrennten Wege von Juden und Christen, EvTh 80 (2020), 432–443; *Schreiber, Stefan*, Friede trotz Pax Romana. Politische und sozialgeschichtliche Überlegungen zum Markusevangelium, in: *Franz Sedlmeier/Thomas Hausmanninger* (Hg.), Inquire Pacem. Beiträge zu einer Theologie des Friedens (FS Bischof Viktor Josef Dammertz), Augsburg 2004, 85-104; *Weima, Jeffrey A.D.*, Pauline Letter Closings. The Analysis and Hermeneutical Significance, BBR 5 (1995), 177–198; *Winter, Bruce W.*, Seek the Welfare of the City: Christians as Benefactors and Citizens. First-Century Christians in the Graeco-Roman World, Grand Rapids 1994.

1   *Carlson*, Text, 115.
2   Ob durch diesen Zusatz im Sinne einer Proto-Orthodoxie die wahre Menschheit Jesu betont werden soll (*Carlson*, Text, 116, in Aufnahme von *Ehrman*, Corruption, 154)?
3   Ps.-Oikumenios, Gal, PG 118, 1164 AB diskutiert die zusätzliche v.l. διοικοῦνται (sich leiten lassen): Die »Gegner« tun alles, um sich nicht von Christus und seinem Kreuz leiten lassen zu müssen.
4   *Carlson*, Text, 116; *de Boer*, Gal, 399.
5   *Carlson*, Text, 207.
6   *Usteri*, Gal, 212.

6,11–18 Abschließende Kampfansage an die Gegner und Gnadenwunsch

Der Abschnitt Gal 6,11–17 hat die Funktion eines Briefkorpusabschlusses[7], einer *peroratio* des ganzen Briefes: Die für die affektive Beeinflussung der Leserinnen und Leser wichtigsten Gesichtspunkte sollen abschließend in Erinnerung gerufen werden, damit sie im Gedächtnis bleiben. Diese *peroratio* gliedert sich wie folgt: 6,12f. Polemik; 6,14–16 Beschreibung der eigenen Position; 6,17 Wunsch nach Beendigung dieses Kommunikationsganges.[8] Gal 6,18 ist der auch sonst bei Paulus übliche Gnadenwunsch. Dass dieser Gnadenwunsch sekundär zugefügt wurde, etwa im Zuge der Verwendung des Galaterbriefes zur liturgischen Lesung[9], ist behauptet worden, hat sich aber nicht durchgesetzt.[10]

11 Ἴδετε ist wohl nicht Indikativ, sondern Imperativ[11], und ist als Aufmerksamkeitssignal, nicht als bloße Interjektion gemeint. Der Aorist ἔγραψα ist Briefaorist – für die Briefempfänger liegt die Niederschrift des Briefes in der Vergangenheit – und meint wohl nicht, dass Paulus den Brief insgesamt eigenhändig geschrieben hat, sondern bezieht sich auf Gal 6,11–18.[12] Als Hintergrund der viel umrätselten[13] Bemerkung über die (ungelenken[14] bzw.) großen Buchstaben wurde eine Augenkrankheit des Apostels[15] vermutet oder eine Behinderung der Hand[16] oder auch das Selbstverständnis eines Lehrers, der seinen Schülern das Schreiben beibringen will[17]; debattiert wurde auch über die geringen Erziehungsmöglichkeiten, die sich ihm boten.[18] Andere Exegeten be-

---

7   Der Ausdruck ist übernommen von *Müller*, Vom Schluß zum Ganzen, 13–15. Die formgeschichtliche Bestimmung wurde ohne explizite Bezugnahme auf Markus Müller wiederholt von *Hubing*, Crucifixion, 82.
8   Grüße an einzelne Gemeindeglieder fehlen ebenso wie Grüße einzelner Mitabsender, die ja schon in Gal 1,2 nicht spezifiziert waren. Ebenso fehlt die Aufforderung, einander mit dem Heiligen Kuss zu grüßen. Dass dies alles fehlt, verweist auf »die fortgeschrittene Distanz der galatischen Gemeinden zu Paulus« (*Sänger*, Bekennendes Amen, 141). Dass Paulus keine Reisepläne nennt, kann darin begründet sein, dass Paulus an einem Besuch der Adressaten aus welchen Gründen auch immer verhindert ist.
9   *Kremendahl*, Botschaft, 106–115; als Erwägung auch *Harnisch*, Einübung, 164 mit Anm. 39.
10 Zur Kritik vgl. u. a. *Sänger*, Bekennendes Amen, 144–148, der u. a. den zirkulären Charakter der Argumentation Kremendahls betont (147f.).
11 *Reece*, Letters, 74.
12 Ersteres Ps.-Oikumenios, Gal, PG 118, 1164 A; Theophylakt, Gal, PG 124, 1028 B, Letzteres u. a. *Moo*, Gal, 391. Für den »Brief« als Textgattung benützt Paulus nie γράμμα, sondern stets ἐπιστολή (*Rohde*, Gal, 271; *Hubing*, Crucifixion, 199; *Keener*, Gal [2019], 559).
13 Schon *Usteri*, Gal, 6, sprach von einem »sonderbaren Einfall, der den Inhalt des Vs. 11 ausmacht«.
14 Ps.-Oikumenios, In Gal, PG 118, 1161 D.
15 Zuletzt *Witherington*, Grace in Galatia, 309f., 441. Diese auf Mitleid zielende Interpretation ist aufgrund der folgenden harschen Worte eher unwahrscheinlich (*Das*, Gal, 633). Sie hängt an der »real-medizinischen« Deutung von Gal 4,15 auf ein Augenleiden, die den metaphorischen Charakter der Aussage verkennt.
16 *Zahn*, Gal, 278.
17 *Hubing*, Crucifixion, 204.
18 *Botha*, Letter Writing, 23.

tonten, Paulus wolle damit seine Liebe zu den Adressaten[19] oder die Dringlichkeit seines Briefes unterstreichen.[20] Die Warnung vor Spekulation ist berechtigt.[21] Ordnet man Gal 6,11 in antike epistolographische Konventionen ein, so markiert der Vers zunächst lediglich, dass Paulus Gal 1,1–6,10 einem Schreiber diktiert[22] und ab Gal 6,11 selbst zur Feder gegriffen hat; die »großen Buchstaben« zeigen dann lediglich an, dass Paulus das Schreiben mit der Hand nicht gewohnt war – was aber keinerlei Rückschlüsse auf den Bildungsgrad des Apostels zulässt.[23] Der Verweis auf die Schrift von eigener Hand soll den Brief authentifizieren[24] und dem Gesagten Authentizität verleihen (vgl. dazu Phlm 19), der Verweis auf die großen Buchstaben die Dringlichkeit seines Anliegens betonen.[25]

Die Gegnerpolemik Gal 6,12f. ist so aufgebaut, dass am Anfang und am Ende das Motiv des gegnerischen Handelns benannt und mit dem Begriff σάρξ negativ gewertet wird. Die Adressatinnen und Adressaten werden eher als Opfer fremden denn als Subjekte eigenen Fehlverhaltens charakterisiert.[26] Paulus muss verhindern, dass seine Polemik ihren endgültigen Bruch mit ihm nach sich zieht.[27]

12 Das Verbum θέλω steht, auf den galatischen Konflikt bezogen, in Gal 1,7; 4,17; 6,12f. von den Fremdmissionaren, in 3,2; 4,20 von dem Wollen des Paulus, in 4,9.21 von dem der Galater. Es kann anzeigen, dass die Fremdmissionare ihr Anliegen noch nicht (restlos) verwirklichen konnten. Das seltene Verbum εὐπροσωπέω[28] mag auf den guten äußeren Eindruck zielen, den die Fremdmissionare gemäß der Wertung des Paulus erwecken wollen.[29] Die Wendung ἐν σαρκί ist auf die σάρξ der Adressaten

---

19 Theophylakt, Gal, PG 124, 1028 B (zusätzlich sieht er Gal 6,11 gegen den Vorwurf der inkonsequenten Verkündigung gerichtet); *Usteri*, Gal, 204; *Schlier*, Gal, 280; *Mußner*, Gal, 410. Die v.l. γράμμασιν ὑμῖν (D F G d) will vielleicht ein besonderes Gewicht auf πηλίκοις legen (*Carlson*, Text, 207).
20 *Rohde*, Gal, 271; *Hubing*, Crucifixion, 206; *deSilva*, Letter, 503; *Keener*, Gal [2019], 560.
21 *Moo*, Gal, 392.
22 Vgl. Röm 16,22, wohl auch 1Kor 16,21; Phlm 19. *DeSilva*, Letter, 504, verweist dagegen auf die sprachlich wenig sorgfältige Gestaltung des Briefes, die einem geübten Schreiber nicht zuzutrauen wäre.
23 So die Bewertung seitens des klassischen Philologen Steven Reece (*Reece, Letters, 106–110). Anders als heute waren früher die Fähigkeiten des Lesens und des Schreibens u.U. unterschiedlich entwickelt; Erstere wurde für wichtiger gehalten (*Gamble, Books, 7; *Das*, Gal, 633).
24 *De Boer*, Gal, 395.
25 *Burton*, Gal, 348f.; *Schlier*, Gal, 280; *Mußner*, Gal, 410; *Betz*, Gal, 532; *Martyn*, Gal, 560; *de Boer*, Gal, 395.
26 *Sänger*, »Vergeblich bemüht?«, 124.
27 *Sänger*, Literarische Strategien, 293.
28 Im NT ist es *hapax legomenon*; in der Septuaginta begegnet nur das verwandte Adjektiv εὐπρόσωπος in Gen 12,11, in der Wertung der Frau des Abraham durch den Pharao, was zu Verwicklungen führt.
29 Wem gegenüber wollen die Fremdmissionare einen guten Eindruck erwecken, gegenüber den Juden oder gegenüber anderen, bei denen sie auf den Erfolg ihrer Schülerschaft verweisen können?

oder der Fremdmissionare bezogen worden; im ersteren Fall wäre gemeint, dass sich die Fremdmissionare ein gutes Ansehen verschaffen, wenn die Adressaten sich beschneiden ließen[30], im zweiten Fall wäre auf die irdische, ungöttliche Betrachtungsweise[31], auf den Gegensatz zum Heiligen Geist[32] gezielt. Vielleicht ist der unklare Ausdruck[33] aber auch »bewusst doppelsinnig«.[34] Das würde auch erklären, warum Paulus nicht die Wendung κατὰ σάρκα gebraucht, die ja nur den Bezug auf die Fremdmissionare zulässt.

Das Präsens ἀναγκάζουσιν ist wohl Präsens de conatu.[35] Im Galaterbrief benennt dieses Verbum an allen drei Stellen den teils nur erwarteten bzw. erfolgreich abgewehrten (Gal 2,3), teils tatsächlich erfolgten Versuch (Gal 2,14; 6,12), Druck auf die Vertreter der beschneidungsfreien Lebensweise der Jesusanhänger auszuüben. Paulus sagt nicht konkret, wie dieses Ausüben von Druck vor sich ging.[36] Der Infinitiv περιτέμνεσθαι ist als Medium (»Beschneidung zu akzeptieren«/»Beschneidung zu praktizieren«[37]) und als Passiv (»beschnitten zu werden«) gedeutet worden; der Sinnunterschied ist nicht groß.[38]

Der Anschluss μόνον spricht den Fremdmissionaren jede aus ihrem Selbstverständnis mögliche Motivation ab, aus der Verantwortung[39] für die Einheit Israels unter den Geboten Gottes heraus auch die Galater in die angemessene Art der Verehrung des

---

Beides erwägt Ps.-Oikumenios, Gal, PG 118, 1164 A. Näher liegt der Bezug auf Juden (Theophylakt, Gal, PG 124, 1028 C).

30 *Moo*, Gal, 392; *de Boer*, Gal, 397f. (die Fremdmissionare brüsten sich mit der großen Zahl derer, die sich auf ihre Initiative hin beschneiden ließen); *Keener*, Gal [2019], 564, mit Verweis auf Gal 6,13; ähnlich bereits *Matera*, Gal, 225f., mit Verweis auf Phil 3,4.
31 Ps.-Oikumenios, Gal, PG 118, 1164 A; Calvin, Gal, CR 50, 264; *Lietzmann*, Gal, 44; *deSilva*, Letter, 99.
32 *Moo*, Gal, 392; als Erwägung auch bei *de Boer*, Gal, 398; *Das*, Gal, 635.
33 Auf die Unklarheit des Ausdrucks verweist *Das*, Gal, 634.
34 *Schlier*, Gal, 280.
35 BDR § 319; *Moo*, Gal, 393; *deSilva*, Galatians. A Handbook, 140.
36 Vgl. *Dunne*, Persecution, 19: Der Druck auf die Adressaten ist faktisch als »Verfolgung« zu bewerten.
37 Letzteres *de Boer*, Gal, 397.
38 *DeSilva*, Galatians. A Handbook, 140.
39 *Hubing*, Crucifixion, 213. Schon *Bousset*, Gal, 73, und *Zahn*, Gal, 282, fragten, ob Paulus den Gegnern wirklich gerecht wird. Dieser Umgang des Paulus mit den Fremdmissionaren kann, was den Appell an das eigene ἦθος betrifft, mit dem Umgang Ciceros mit Catilina und mit Marcus Antonius verglichen werden. An Catilinas Adresse gerichtet sagt Cicero: *neque enim is es, Catilina, ut te aut pudor umquam a turpitudine aut metus a periculo aut ratio a furore revocarit* (Cat I 9/22: »Denn du bist nicht der Mann, Catilina, den Schamgefühl vor Schande, Furcht vor Gefahren, Vernunft vor Wahnwitz zurückschrecken ließe«; deutsche Übersetzung *Kasten* I, 179). An die Adresse des Marcus Antonius gerichtet sagt Cicero: *non est tuum de re publica bene mereri* (Phil II 14/36: »Es ist nicht deine Art, dich um den Staat verdient zu machen«).

Gottes Israels hineinführen zu wollen.⁴⁰ Das gilt m. E., auch wenn μόνον lediglich das qualifiziert, was Paulus gerade gesagt hat⁴¹, also auf den Anfang des Verses zu beziehen ist, auf ihr Vorhaben, das Paulus als εὐπροσωπῆσαι negativ bewertet. Die Fortsetzung erinnert an Gal 5,11; der Dativ τῷ σταυρῷ (τοῦ Χριστοῦ) verweist auf den Grund der Verfolgung⁴², die Lehre vom gekreuzigten Jesus als Messias; das Präsens διώκωνται zielt vom Verbalaspekt her auf einen in der Gegenwart anhaltenden Vorgang, der vermieden werden soll. Es ist nicht deutlich, ob der Ausdruck als Kurzfassung dessen verstanden werden soll, was Paulus als beschneidungsfreies Evangelium vertritt⁴³, oder ob speziell die Kreuzesthematik in der Verkündigung über Christus anvisiert ist.

Von wem werden die Fremdmissionare ihrerseits bedrängt? Man hat an Nichtjuden gedacht, die von den Fremdmissionaren eine Klärung des Status der Adressaten herbeiführen wollten, ob auch die Adressaten gewisser Privilegien der jüdischen Gruppen teilhaftig bleiben sollten, dass man sie etwa von der Teilnahme an der gemeinsamen Verehrung der griechisch-römischen Götter incl. des Kaiserhauses dispensiert.⁴⁴ Denkbar ist aber mindestens ebenso gut, dass diejenigen, von denen die Fremdmissionare bedrängt werden, ebenfalls Juden sind, die vielleicht eine Einflussnahme der Fremdmissionare bei den Adressaten dahingehend erreichen wollten, dass auch die Adressaten sich zur Beschneidung bekennen, wenn sie schon die Verbundenheit mit dem Judentum beanspruchen.⁴⁵ Denkbar ist aber auch, dass die Verkündigung eines Gekreuzigten als des Messias⁴⁶ oder die Integration von Nichtjuden⁴⁷ der Stein des Anstoßes war.⁴⁸ Ob diese Verfolger der Fremdmissionare ihrerseits dem Kreuz Jesu eine heilvolle Bedeutung zuschrieben oder nicht⁴⁹, geht aus Gal 6,12f. nicht hervor.

---

40 *DeSilva*, Letter, 506.
41 *Moo*, Gal, 393.
42 BDR § 196; zuvor schon *Lipsius*, Gal, 67, mit Verweis auf Gal 5,11 als analogen Gedanken.
43 *Matera*, Gal, 225; *deSilva*, Letter, 506.
44 *Winter, Seek the Welfare, 133–143; *Hardin*, Galatians and the Imperial Cult, 91. *Schnelle, Religionspolitik, 443, verweist auf die Notwendigkeit für das Judentum, durch eine klare Abgrenzung von den Jesusgruppen die Gefährdung der Privilegien wie die Dispensierung zum Kaiserkult zu verhindern. Allerdings lässt sich, so *Das*, Gal, 636, für die Zeit des Galaterbriefes ein behördlich durchgesetzter Zwang zur Teilnahme am Kaiserkult nicht nachweisen. Auch erwähnt Paulus im Galaterbrief den Kaiserkult oder überhaupt Bedrängnisse von Seiten der Nichtjuden an keiner Stelle. Als Hintergrund, der von Paulus um seines Anliegens willen jedoch nicht thematisiert wird, ist das von Schnelle genannte Szenario gleichwohl gut denkbar.
45 *Hubing*, Crucifixion, 215. *Bruce*, Gal, 269, hatte an militante Eiferer gedacht, denen die Präsenz von Nichtjuden in dieser Gruppe der Anhänger Jesu ein Dorn im Auge war.
46 Auf 1Kor 1,23 wird wiederholt verwiesen (*Lietzmann*, Gal, 44; *de Boer*, Gal, 398).
47 *Das*, Gal, 640.
48 Argumentiert Paulus aufgrund seiner Erfahrungen als Verfolgender (vgl. διώκω in Gal 1,13) wie als Verfolgter (2Kor 11,24)? So jedenfalls *Matera*, Gal, 230; *de Boer*, Gal, 398; *Das*, Gal, 635; *von der Osten-Sacken*, Gal, 310. Vielleicht hat er auch Erfahrungen wie die in 1Thess 2,14 genannten im Auge (*Klein*, Gal, 208).
49 Ersteres *Dunn*, Gal, 337, Letzteres *Betz*, Gal, 535.

Schon in antiker christlicher Auslegung wurde in Gal 6,12 ein indirekter Rückverweis auf das Ethos des Paulus gesehen, der sich nicht vor dem Martyrium gefürchtet, sondern Furchtlosigkeit bewiesen habe; diese Furchtlosigkeit sei schon anhand dessen erkennbar, dass er mit eigener Hand diesen Brief schreibt.[50]

13 Die Konjunktion bindet V. 13 eng an V. 12 zurück, auch ist die Korrespondenz des θέλουσιν ὑμᾶς περιτέμνεσθαι zu ἀναγκάζουσιν ὑμᾶς περιτέμνεσθαι in V. 12 zu beachten, ebenso die Korrespondenz der beiden abschließenden ἵνα-Sätze. Das hat Auswirkungen für die Interpretation von V. 13 insgesamt, vor allem für die Deutung des umstrittenen Part. περιτεμνόμενοι, zu dem sich Fragen der grammatischen Auffassung und der Referenz stellen.

> Das Partizip wird manchmal als Medium gedeutet, manchmal als Passiv.[51] Die Präsensform kann den Prozess oder das Faktum der Beschneidung bezeichnen.[52] Die Deutung als Medium hat zur Annahme geführt, Paulus habe heidenchristliche Sympathisanten der Fremdmissionare in den von Paulus angeschriebenen Gemeinden vor Augen, die sich beschneiden lassen wollten.[53] Doch unterscheidet Paulus nicht zwischen verschiedenen Gruppen innerhalb der Gemeinde. Auch ist ein zweimaliger Subjektwechsel (Gal 6,12a: die Fremdmissionare; Gal 6,13a: die Adressaten; Gal 6,13b, die Fremdmissionare) durch nichts angezeigt.[54] Gemeint sind also, wie der Kontext Gal 6,12 nahelegt, die Fremdmissionare.[55] Die Präsensform bezeichnet dann nicht den Prozess, sondern das Faktum, entweder, im Falle passivischer Deutung, dass sie selbst beschnitten sind, oder, im Fall der Deutung als Medium, dass sie die Beschneidung propagieren.[56] Dieses Faktum ist natürlich auch den Adressatinnen und Adressaten bekannt; es wird von Paulus nur eingebracht, um die den Fremdmissionaren attribuierte Einstellung als umso mehr unmöglich erscheinen zu lassen.

Ob der Vorwurf des Paulus, die Fremdmissionare würden selbst das Gesetz nicht einhalten, berechtigt ist, wissen wir nicht. Eine Vorhaltung dergestalt, sie würden die Tora nicht in ihrer – in der Sicht des Paulus – christologischen Zuspitzung interpretieren[57], ist mangels eindeutiger Textsignale kaum aus dem Vers herauszulesen. Dass

---

50 Ersteres Ambrosiaster, in Galatas, CSEL 81/3, 66, Letzteres Augustinus, Exp. Gal. 62,3, CSEL 84, 137f.
51 Die Deutung als Medium vertreten Calvin, Gal, CR 50, 264; *Schlier*, Gal, 281; *de Boer*, Gal, 399 (»those who practice circumcision«). Die Deutung als Passiv vertreten *Das*, Gal, 637; *Keener*, Gal [2019], 570.
52 *Das*, Gal, 638; vgl. *Nanos*, Irony, 226–233.
53 *Burton*, Gal, 353f. Für weitere Vertreter dieser Auffassung vgl. *Das*, Gal, 637.
54 *Das*, Gal, 638: Paulus hätte die Existenz einer Gruppe innerhalb der angeschriebenen Gemeinden mit ἐν ὑμῖν signalisiert.
55 *De Boer*, Gal, 399f. gegen *Burton*, Gal, 353f.; *Vouga*, Gal, 156. Auch das folgende αὐτοί legt die durch de Boer gegebene Deutung nahe.
56 *Longenecker*, Gal, 292; *Moo*, Gal, 394.
57 *Garlington*, Gal, 284.

die Fremdmissionare es mit der eigenen Toraobservanz nicht so genau genommen haben sollen, ist religionsgeschichtlich, sofern es sich um geborene Juden handelt[58], wohl kaum plausibel zu machen.[59] Dass Paulus wie später in Röm 2,17–29 den Kontrast zwischen Selbstanspruch und Wirklichkeit betonen wollte[60], ist möglich; doch ist Gal 6,13 polemisch, Röm 2 thetisch (aber nicht aufgrund erfahrungsbezogener Analyse plausibel). Gal 6,13 mag als Beispiel üblicher innerjüdischer Polemik zu betrachten sein.[61] Denkbar ist theoretisch aber auch eine bloße Invektive des Apostels mit dem Ziel, dass die Adressaten den Fremdmissionaren nicht irgendeine positive Motivation zubilligen könnten[62] – doch wäre sie sinnvoll, wenn sie von den Galatern mit Leichtigkeit als völlig unberechtigt zurückgewiesen werden könnte? Paulus würde das Ziel des ganzen Briefes untergraben. Vielleicht geht es Paulus nur um den Vergleich: Ihnen ist der Ruhm, die Galater gewonnen zu haben, wichtiger als die Treue zur Tora.[63] In diesem Fall wäre der indirekte Schluss auf das Ethos des Paulus, dass er selbst sich solchen Ruhmes gerade nicht befleißigen will, er hingegen eine theonome Motivation seiner Arbeit für sich beansprucht.

In jedem Fall kann man nach dem Ausgleich zu der Distanzierung des Apostels von jeder persuasiven Rhetorik (1Kor 2,14) fragen.[64] Eine Selbstdistanzierung wie 2Kor 11,17a: οὐ κατὰ κύριον λαλῶ ἀλλ' ὡς ἐν ἀφροσύνῃ (»das sage ich nicht dem Herrn gemäß, sondern wie im Unverstand«) findet sich im Galaterbrief nicht[65], aber auch zu 2Kor 10–13 wurde schon kritisch vermerkt, der Abschnitt werde in einigen Passagen den strengen Kriterien für freimütige Rede unter Freunden bei Plutarch und Philodemus nicht gerecht; Paulus schreibe nicht ohne eigenes Interesse und nicht ohne Zorn.[66]

---

58 *Lietzmann*, Gal, 44, zufolge sind die Fremdmissionare geborene Nichtjuden, die sich beim Übertritt zu der Gruppe der Jesusanhänger oder danach beschneiden ließen, denen Paulus aber die Erfüllung der Tora nicht zutraut. Allerdings liegt es aufgrund anderer Passagen im Galaterbrief (vgl. den unvermuteten Einsatz mit Abraham in Gal 3,6 u. a.) näher, sie als geborene Juden zu charakterisieren.
59 *Longenecker*, Gal, 293; *de Boer*, Gal, 400. *Betz*, Gal, 537, erwägt, sie seien Libertinisten gewesen oder hätten die Beschneidung als magisches Ritual verstanden oder hätten nur einen Teil der Tora zu halten gelehrt, gesteht aber selbst ein, dass »nichts davon ... nachgewiesen werden« kann.
60 *Moo*, Gal, 394.
61 *Das*, Gal, 639; *Keener*, Gal [2018], 284. *Klein*, Gal, 51, verweist auf Dtn 28,15–69 als traditionsgeschichtliches Vorbild.
62 *Hubing*, Crucifixion, 207, faktisch schon Luther, Gal, WA 40/II, 167.
63 *Matera*, Gal, 231; *du Toit*, Vilification, 51 (das sei der größte Vorwurf, den man einem Menschen machen könnte); *ders.*, Alienation, 165f.
64 Man hat Paulus als Vertreter der asianischen Rhetorik bezeichnet (*Fairweather, Gal, 229), als deren Kennzeichnung ein ausladender Stil mit schwülstigen Wendungen gelten kann (Ziel dessen war das Erwecken von Emotionen), im Gegensatz zum Attizismus, der auf Schlichtheit des Stiles setzt.
65 *Harnisch, »Toleranz«?, 81, fragt daher, wie sich der Fluch zur Liebe verhält, und bemerkt, der Apostel sei in kritischen Situationen durchaus von den Prämissen seines theologischen Denkens abgewichen.
66 *Lampe, Can Words be Violent?, 236f.; *von der Osten-Sacken*, Gal, 309f.

In dem Schluss des Verses legt sich der Bezug von σάρξ auf die Beschneidung nahe.[67] Zusätzlich mag ein ironischer Unterton mitschwingen: Sie rühmen sich des »Fleisches« – was Paulus, bedenkt man Gal 3,3; 5,19, nur als gottwidriges Rühmen bezeichnen kann.[68] Das von Paulus unterstellte Verlangen nach Ruhm könnte sich auf die erwünschte große Zahl der sich zu der Lebensweise der Fremdmissionare Bekehrenden beziehen.[69]

14 Paulus formuliert nunmehr einen Kontrast nicht nur in V. 14a zu V. 13c, sondern in V. 14f. zu V. 12f. insgesamt.[70] In Gal 6,14 ist, beachtet man den in der Einleitung Ἐμοὶ δέ angesprochenen Gegensatz zum vorhergehenden Vers, das »Ich« zunächst auf den Apostel selbst zu beziehen. Doch stilisiert sich Paulus, wie allein schon die Wendung σταυρός τοῦ κυρίου ἡμῶν Ἰησοῦ Χριστοῦ anzeigt, wiederum als Paradigma für die Adressaten, die seine Evaluation von Gal 6,15 mitvollziehen sollen.[71] Das bekannte μὴ γένοιτο soll die Abscheu vor jeder vermeintlichen Alternative verdeutlichen. Die biblische, von ihm andernorts zitierte Regel rechten Rühmens[72] spitzt er in Gal 6,14 auf das Rühmen des Kreuzes zu, was jedes Selbstlob ausschließt und nur die Form der Doxologie oder des Hymnus zulässt[73]; faktisch wiederholt er im Galaterbrief, was er nach Gal 3,1 als Erstverkündigung unter den Adressaten angefangen hatte[74]; auch bildet Gal 6,14 eine Inklusion zur Selbsthingabeformel Gal 1,4. Das Motiv des rechten Rühmens hat aber seine Parallele auch in antiker römischer Literatur.[75] In dem mit δι' οὗ beginnenden

---

67 *Usteri*, Gal, 207; *Moo*, Gal, 399; *Hubing*, Crucifixion, 207.
68 *Moo*, Gal, 399. Ohnehin wird dieses Rühmen durch die »neue Schöpfung« gegenstandslos (*Strecker*, Theologie, 363).
69 Ps.-Oikumenios, Gal, PG 118, 1164 B; *Moo*, Gal, 399; *de Boer*, Gal, 400.
70 *Hubing*, Crucifixion, 213. Der Kontrast wird ähnlich formuliert wie in Phil 3,3 (*Usteri*, Gal, 208).
71 So auch Calvin, Gal, CR 50, 265; *von der Osten-Sacken*, Brief, 311. Auf Jos 24,16 als biblischen Hintergrund, auf 2Kor 5,15–19; Phil 3,8–11 als Beispiele rechten paulinischen Rühmens verweist *Bengel*, Gnomon, 752.
72 *Betz*, Gal, 539. Man kann an 1Kor 4,7 erinnern: »Was hast du...?«, ebenso an 2Kor 12,9 und Röm 5,3 (Luther, Gal, WA 40/II, 170).
73 *De Boer*, Gal, 401. *Usteri*, Gal, 210, nimmt auch hier heutige partizipationistische Terminologie (*Sanders*, Paulus und das palästinische Judentum, 442f.) voraus: »Durch den Glauben an Christum bin ich Eins mit ihm geworden, ich bin ihm Allem abgestorben, und nur in ihm lebe ich ...« Als Grund des Rühmens gibt Theophylakt, Gal, PG 124, 1029 A die Selbsthingabe Christi an. Welcher Sklave sollte sich nicht rühmen, wenn sein Herr sein Leben für ihn gibt? Ein mit Gal 6,14 verwandtes Motiv greift der Verfasser der Ignatiusbriefe in IgnRöm 7,2 auf, um seine Martyriumsbereitschaft zu bekräftigen: ὁ ἐμὸς ἔρως ἐσταύρωται (»Meine Liebe ist gekreuzigt worden«; gemeint ist aufgrund der Fortsetzung des Satzes die Liebe zur Welt) ist Ausdruck seiner Weltdistanz.
74 *De Boer*, Gal, 401.
75 Vgl. Cic, Phil I 12/29: *est autem gloria laus recte factorum magnorumque in rem publicam meritorum, quae cum optimi cuiusque tum etiam multitudinis testimonio comprobatur* (»Ruhm aber ist nichts anderes als die Anerkennung für rechte Taten und große Verdienste um den Staat, die durch das Zeugnis aller Guten und der großen Masse bestätigt wird«, Übersetzung *Kasten* III 25).

Nachsatz wird die Relativpartikel οὗ im Allgemeinen auf σταυρός bezogen[76] – einen Bezug auf Christus hätte Paulus eher mit ἐν ᾧ markiert.[77] Doch welche Bedeutungsgehalte werden hier mit κόσμος[78] verbunden? Sofern V. 15 aufgrund der Partikel γάρ als Begründung für V. 14 zu verstehen ist, werden die üblichen und durch die Fremdmissionare wieder geltend gemachten ethnischen Statuszuweisungen mindestens mitgemeint sein, die in der Gemeinde nicht gelten sollen (Gal 3,28).[79] Doch führen die Wortwahl sowie die Parallelen Gal 1,4; 2,20; 5,24[80]; Röm 6,5–11 einige Exegeten dazu, den in Frage stehenden Begriff κόσμος generell als »Welt des Fleisches, des Gesetzes, der Sünde und des Todes«[81] zu charakterisieren. Auf das Gesetz[82] kann dies nur hinsichtlich seiner verdammenden Funktion (Gal 3,10–13)[83] und seiner Funktion als identitätsstiftender und ausschließender Größe, als *identity marker* und *boundary*, in der Verkündigung der Fremdmissionare zutreffen; der Bezug zur Sünde kann sich nahelegen, wenn man Gal 6,14 als Wiederaufnahme des paränetischen Abschnittes in der *conclusio* betrachtet. Berücksichtigt man, dass das Kreuz im Imperium Romanum die Todesstrafe für Verbrecher, entlaufene Sklaven und Rebellen darstellt, wird wie in 1Kor 1,18–31 die Distanz des Paulus vom antiken *honor-and-shame*-Denken deutlich.[84] Die Metapher des Kreuzigens meint die gegenseitige Distanz: Die Welt ist in den Augen des Apostels verurteilt, wie er selbst nach ihrem Maßstab.[85]

15 Die Partikel γάρ markiert das Folgende als verallgemeinernde Begründung des in V. 14 Gesagten. Gal 6,15 gemahnt an 1Kor 7,19 und an Gal 5,6.[86] Die »neue Schöpfung« ist weniger Folge als vielmehr Voraussetzung dafür, dass der κόσμος nichts mehr

---

76 Calvin, Gal, CR 50, 265; *Lipsius*, Gal, 68; *Mußner*, Gal, 414; *Rohde*, Gal, 275; *Vouga*, Gal, 156.
77 Lietzmann, Gal, 45; de Boer, Gal, 401.
78 Das zweimalige Fehlen des Artikels vor κόσμος verleiht der Aussage eine gewisse Emphase (*Burton*, Gal, 355; *Carlson*, Text, 218f.).
79 *DeSilva*, Galatians. A Handbook, 143.
80 Gal 2,19.20; 5,24; 6,14 und Mt 16,24 bilden in altkirchlicher Exegese ein stabiles Netz biblischer Belegstellen für die geforderte christliche Weltdistanz, vgl. Meiser, Gal, 314–316.
81 *Mußner*, Gal, 414; ähnlich *Schlier*, Gal, 281f.; *Moo*, Gal, 396.
82 *De Boer*, Gal, 400, betont die Korrespondenz zwischen Gal 6,14 und 2,20. Soweit ist ihm zuzustimmen. Dass er in Gal 6,14 den Tod des nomistischen Ich angezeigt sieht, hängt an seiner Interpretation von Gal 2,20, die m. E. nicht unbedenklich ist.
83 *Hafemann*, New Creation, 315.
84 *Schreiber*, Friede, 99–101; *Das*, Gal, 642.
85 Luther, Gal, WA 40/II, 173. Calvin, Gal, CR 50, 266, verweist auf Phil 3,8 als Parallele.
86 Letzteres wird gelegentlich auch textkritisch sichtbar, in der LA ἐν γὰρ Χριστῷ Ἰησοῦ οὔτε (א A C D F G K L P 0278 81 104 365 630 1241 [1739ᶜ] 1881 2464), die in mehreren Texttraditionen gegenüber dem einfachen οὔτε γάρ (𝔓46 B Ψ 33 1175 1505 1739* r) überschießt. In mehreren dieser Handschriften (א² D² K L P 104 365 630 1881), aber auch in Ψ und 1505 wird dann auch ἐστιν zu dem aus Gal 5,6 bekannten ἰσχύει korrigiert (in 𝔓46 א* B C D* F G 0278 6 338 1175 1241 1739 2464 ist ἐστιν erhalten geblieben, was wieder einmal die Tenazität der Textüberlieferung erweist). Noch weiter geht die Ergänzung am Ende des Verses in HS 58: *per fidem Iesu Christi*.

gilt.[87] Das Substantiv κτίσις bezeichnet wohl weniger den Akt als das Ergebnis des Prozesses; traditionsgeschichtliche Grundlage für das Motiv der καινὴ κτίσις sind wohl Jes 43,19; 65,17; 66,22. In biblischer und jüdischer Tradition eignet dem Syntagma eine große referentielle Breite.[88] Bei Paulus ist, anders als in bisheriger jüdischer Tradition, »die Wirklichkeit der Neuschöpfung radikal präsentisch gedacht, nicht aber mehr Gegenstand zukünftiger Erwartung.«[89] In Gal 6,15 geht es um die neugesetzte Beziehungsstiftung durch den Gott[90], der sich schon in der Heiligen Schrift Israels zur Berufung der Nichtjuden vernehmen ließ.[91] 2Kor 5,17 benennt die »neue Schöpfung« als Implikat des »In-Christus-Seins« und betont den Aspekt der völligen Veränderung. Die Leserinnen und Leser des Galaterbriefes konnten sich an Gal 3,29; 4,7 (»Erbe der Verheißung«) erinnern, aber auch an Gal 2,19f.; 4,19 (»... damit ich Gott lebe« ... »Christus lebt in mir«; ... »dass Christus in euch von Neuem Gestalt gewinne«).[92] Das Leben in der »neuen Schöpfung« ist geistgewirkte Entsprechung zu dem Willen Gottes.[93] Von Gal 3,28 ergibt sich: Die bisherigen ethnischen Differenzen gelten in der neuen Schöpfung nicht mehr, deren Vorhut die Gemeinschaft der Glaubenden darstellt.[94]

16 Der Begriff κανών ist bei Philo von Alexandria wie im 4. Makkabäerbuch im Sinne von »Regel«/»Regelwerk« verwendet worden.[95] Mit κανών ist hier, vgl. das τούτῳ, die in Gal 6,15 gegebene Kennzeichnung der neuen Schöpfung gemeint, in der die Unterscheidung von Beschnittensein und Unbeschnittensein keine Rolle mehr spielt. Das Verbum στοιχέω weist auf Gal 5,25 zurück. Der Dativ steht bei στοιχέω zumeist, um den Referenzpunkt der Orientierung anzuzeigen.[96] Insgesamt kann eine Wiederaufnahme der Wendung ὀρθοποδεῖν πρὸς τὴν ἀλήθειαν τοῦ εὐαγγελίου (Gal 2,14) vorliegen[97]; sachlich verwandt ist ἀληθείᾳ ... πείθεσθαι von Gal 5,7. Mit dem Vordersatz sind also diejenigen bezeichnet, die sich an der Wahrheit des Evangeliums orientieren, dass die Identität der Glaubenden aus Juden und Nichtjuden allein an der Anerkennung des Christusgeschehens als des entscheidenden Heilsereignisses hängt, dass die Rechtfertigung allein durch den Glauben an Christus gegeben ist, und dass die bisher trennenden, in Gal 3,28 genannten Unterschiede ihre Bedeutung verloren haben.

---

87 Anders *deSilva*, Galatians. A Handbook, 143.
88 In JosAs 8,9–11; 15,4; 1QS IV 22–25 wird das Motiv auf den einzelnen Menschen angewandt, der sich zum Gott Israels bekehrt bzw. von seiner Sünde umkehrt. *Mell, Neue Schöpfung, 9–257, hat die biblischen und frühjüdischen Belege umfassend aufgearbeitet.
89 *Horn, Verzicht, 31.
90 Vgl. Gal 6,15; 1Kor 13,12; Am 3,2; Jer 1,5; der Sache nach auch Jes 65,1 LXX; Weish 8,21.
91 Vgl. Jes 42,6; 49,6; Sach 8,20–23.
92 Ersteres *Keesmaat*, Paul, 308, Letzteres *deSilva*, Galatians. A Handbook, 144.
93 *Hafemann, New Creation, 322.
94 *Strecker*, Theologie, 360.
95 *Horn, Wollte Paulus ›kanonisch‹ wirken?, 403, verweist auf Philo, LegAll III 233; Somn. I 73; VitMos I 76; 4Makk 7,21.
96 *DeSilva*, Galatians. A Handbook, 144.
97 *DeSilva*, Letter, 511.

Gal 6,16b bereitet Schwierigkeiten wegen der unklaren Syntax. Fasst man εἰρήνη und ἔλεος als Hendiadyoin mit zwischengestelltem ἐπ' αὐτούς auf und deutet man das dritte καί[98] als epexegetisches καί, haben αὐτούς und Ἰσραὴλ τοῦ θεοῦ[99] entweder denselben Referenzpunkt, die an Jesus Glaubenden aus Juden und Heiden[100] – dann läge eine Neudefinition von »Israel« vor[101] –, oder man differenziert insofern, als sich αὐτούς auf alle Anhänger Jesu, Ἰσραὴλ τοῦ θεοῦ sich speziell auf die an Jesus glaubenden Juden bezieht.[102] Nimmt man εἰρήνη und ἔλεος nicht zusammen, gilt der Wunsch der εἰρήνη denen, die nach der in Gal 6,15 beschriebenen Regel wandeln, während ἔλεος einen davon zu unterscheidenden Adressaten hat, seien es die toraobservanten an Jesus glaubenden Juden[103], seien es die Juden, die nicht an Jesus glauben[104], sodass Paulus hier den Blick über die gegenwärtige Kontroverse hinaus ausweiten würde[105]; das καί vor τὸν Ἰσραὴλ τοῦ θεοῦ wäre dann ein adverbiales καί im Sinne von »auch«.

Einer Unterscheidung der mit αὐτούς und Ἰσραὴλ τοῦ θεοῦ Gemeinten ist aus Gründen des Gesamtanliegens des Galaterbriefes widersprochen worden. Eine Bezugnahme des Letzteren lediglich auf glaubende Juden vertrage sich nicht mit Gal 3,28[106]; einer Bezugnahme auf das ethnische Israel widerstreite Gal 3,6–9.14.26–29.[107] Da das so verstandene Ἰσραὴλ τοῦ θεοῦ auch die Fremdmissionare einschließen müsste, wären auch sie als Adressaten des Erbarmens Gottes anzusehen; das scheint aber manchen Exegeten durch Gal 1,8f. ausgeschlossen.[108]

---

98 Es fehlt in D* 242 431 aeth sowie in der lat. HS 58, was die schon vorneuzeitlich belegte Aufmerksamkeit auf die problematische Syntax verdeutlicht.

99 Die LA Ἰσραὴλ τοῦ κυρίου (D F G 75 76; 77: *dei vel domini*) mag als Unterordnung Israels und Jesus Christus gedacht sein und würde somit die nicht an Jesus glaubenden Juden von dem Gnadenwunsch ausschließen (*Carlson*, Text, 208).

100 So u. a. *Lipsius*, Gal, 68f.; *Sieffert*, Gal, 364 (er spricht S. 365 von dem κανών Gal 6,16a als einer »antijüdischen Richtschnur«); *Lietzmann*, Gal, 45, mit Verweis auf Röm 9,6; *Schlier*, Gal, 283; *Matera*, Gal, 232; *Beale, Peace and Mercy, 217; *Hafemann, New Creation, 322 Anm. 61; *Müller*, Konfliktlinien, 161.

101 Betont werden muss, dass eine Interpretation i.S. der Glaubenden aus Juden und Heiden natürlich nicht den späteren christlichen Antijudaismus rechtfertigt (*Keener*, Gal [2019], 580f.).

102 So u. a. *Bengel*, Gnomon, 753.

103 *De Boer*, Gal, 408: Paulus wolle dem Eindruck wehren, der in Gal 6,15 aufgestellte Grundsatz liefe auf eine grundsätzliche Tora-Abrogation hinaus.

104 So u. a. *Mußner*, Gal, 417; *Bachmann, Bemerkungen, 287–294; *Eastman, Israel, 371–376.

105 In anderem Sinne ausweitend ist die Deutung bei *Matera*, Gal, 232: Ἰσραὴλ τοῦ θεοῦ schließt die Adressaten mit ein, geht aber darüber hinaus.

106 *Weima, Closings, 196; *Witherington*, Grace, 453. Allerdings wird auch in Gal 2,7 zwischen dem Evangelium für die Unbeschnittenen und dem für die Beschnittenen unterschieden (*Das*, Gal, 650).

107 *Calvin*, Gal, CR 50, 267; *Moo*, Gal, 403; *Sänger*, Literarische Strategien, 288 Anm. 41; *deSilva*, Letter, 513; *Das*, Gal, 652; *Dunne*, Persecution, 122; *Keener*, Gal [2019], 580.

108 *DeSilva*, Galatians. A Handbook, 145.

Von der Traditionsgeschichte ist keine wesentliche Hilfe zu erwarten. In Jes 54,10 und Ps 81,8f. LXX begegnen die entscheidenden Substantive ἔλεος und [διαθήκη τῆς] εἰρήνη[ς] zusammen.[109] Doch ist die Kombination in späteren jüdischen Texten kaum greifbar.[110] Auch Röm 9–11 erscheint zunächst ambivalent: Röm 9,6–9 greift faktisch Gal 4,21–31 auf und würde für den Schluss von Gal 6,16 eine Deutung auf die an Jesus Glaubenden nahelegen[111]; nach Röm 11,17–24 betrifft die Metapher vom »Ausgebrochenwerden« aus dem Ölbaum ungläubige Juden (Röm 11,17.19) wie Nichtjuden (Röm 11,21f.) gleichermaßen.[112] Damit ist die Bedeutung von Röm 9–11 für unsere Argumentation aber noch nicht erschöpft.

Mit aller Vorsicht sei eine nicht von mir entwickelte Deutung nochmals zur Diskussion gestellt, deren Ausgangspunkt in der Philologie des Satzes beschlossen liegt. Festzuhalten ist der restringierende Sinn von ὅσοι: Der in Gal 6,16bα genannte Friedenswunsch gilt nur denen, die nach dieser Richtschnur wandeln.[113] Entsprechend ist auch das αὐτούς restriktiv[114] – so lässt sich im Übrigen erklären, dass Paulus nicht in direkter Anrede in der 2. Pl. formuliert. Paulus lässt den Adressaten keine unqualifizierten Verheißungen zukommen.[115] Die Wiederholung des ἐπί legt nahe, dass mit αὐτούς und Ἰσραὴλ τοῦ θεοῦ zwei verschiedene Entitäten gemeint sind[116], zumal man nicht erwartet, dass ein καί explicativum von seinem Bezugswort durch zwei andere Wörter getrennt ist. Einer neudefinierenden Identifizierung der αὐτούς mit Ἰσραὴλ τοῦ θεοῦ widerrät aber vor allem, dass Paulus im Kontrast zu Ἰσραὴλ τοῦ θεοῦ in Gal 1,13 wie andernorts, wenn er Glaubende aus Juden und Nichtjuden meint, von der ἐκκλησία τοῦ θεοῦ redet[117], während Ἰσραήλ durchgehend als Ethnikon gebraucht wird.[118] Versteht man den mit ἔλεος beginnenden Satzteil als einen zweiten Wunsch, ergibt sich ein zusätzliches Argument aus dem Gebrauch von ἔλεος im Römerbrief. Wo Paulus vom göttlichen Erbarmen spricht, kann sich das auf die Nichtjuden (Röm 11,30; 15,9) ebenso beziehen wie auf Israel (Röm 11,31). Im Fall der Nichtjuden ist dieses Erbarmen präsentisch, im Falle Israels futurisch gedacht, was auch bei der Deutung von Ἰσραὴλ τοῦ θεοῦ in Gal 6,16 zugunsten des empirischen Israel der Fall wäre. Der Wunsch nach Erbarmen wäre dann der Wunsch der endzeitlichen Errettung des empirischen Israel[119] – in welcher Form, muss ungewiss bleiben, kann aber auch so verstanden werden, dass sich die mit

---

109 *Beale*, Peace and Mercy, 208.
110 *Das*, Gal, 651.
111 *Lietzmann*, Gal, 45; *deSilva*, Letter, 513.
112 *Keener*, Gal [2019], 581.
113 Nach *Betz*, Gal, 544 impliziert dies, dass diejenigen, die sich nicht an diesen halten, unter den Fluch von Gal 1,8f. fallen.
114 *Sänger*, Bekennendes Amen, 144, bezeichnet Gal 6,16 als »bedingten Friedenswunsch«. Für die mit αὐτούς Gemeinten ist das in jedem Fall richtig.
115 *Moo*, Gal, 398.
116 *Das*, Gal, 648f.
117 Diese Wendung begegnet auch noch in 1Thess 2,14; 1Kor 1,2; 10,32; 11,16; 15,9; 2Kor 1,1.
118 *Bachmann*, Bemerkungen, 290f.
119 Gal 6,16 würde dann Röm 9–11 vorintonieren (*Mußner*, Gal, 417; *Klein*, Gal, 214).

Ἰσραὴλ τοῦ θεοῦ Gemeinten nach Gal 6,16 (nicht unbedingt nach Röm 11,25–32!) zu der Sichtweise des Apostels hinwenden.[120] Anderenfalls ließe sich die Wendung Ἰσραὴλ τοῦ θεοῦ entweder nur als neue Statuszuweisung der mit αὐτούς Gemeinten oder gar als eine Neudefinition Israels verstehen – mir scheint jedoch nicht sicher, ob das in einem solchen Wunschsatz passend ist, der keine kommentierenden Erläuterungen verträgt.

17 Natürlich soll der Kontakt zu den Galatern nicht generell abgebrochen sein; nur: Paulus sieht durch seinen Brief die Streitfragen als geregelt an; den Status der Adressaten vor Gott durch die Übernahme der Beschneidung verbessern zu wollen hieße die »Wahrheit des Evangeliums« von der Integration von Juden und Nichtjuden in die eine durch den Glauben an Christus konstituierte Gemeinde preiszugeben, für deren mögliche Realisierung bei den Adressaten Paulus schon in Jerusalem und Antiochia gekämpft hat.[121] Das einleitende τοῦ λοιποῦ kann »schließlich«[122] oder temporal im Sinne des »von nun an«[123] verstanden werden. Das Pronomen μηδείς ist indefiniter, generischer Singular; das schließt nicht aus, dass Paulus speziell die Fremdmissionare sowie deren Anhänger oder ihre Hintermänner im Auge hat.[124] Der verneinte Imperativ hat den Aspekt des Imperfektiven; er intendiert, dass niemand die Aktivitäten fortsetzen soll, dem Apostel Mühen zu bereiten.[125] Paulus will die Position der Fremdmissionare bis zum Schluss nicht diskutieren. Das soll den Fremdmissionaren wie ihren Anhängern bei den Adressatengemeinden den Mut nehmen.

In Gal 6,17b verweist Paulus auf sein eigenes Ethos[126] und stilisiert sich als »persönliche Metapher des Gekreuzigten«.[127] Das einleitende ἐγώ ist emphatisch und mag im Sinne einer σύγκρισις zusätzlich implizieren, dass nur Paulus, aber nicht die Fremdmissionare die στίγματα Jesu tragen.[128] Damit wäre eine Parallele zu der σύγκρισις in 2Kor 11,21–29 gegeben, wo die Gegner des Apostels just dann aus der Darstellung verschwinden, wenn es um das Leiden geht. Deutungen der στίγματα auf eine religiöse Tätowierung[129] werden heute eher selten vertreten; eher mag an die Tätowierung eines Sklaven zum Zweck der Kennzeichnung des Eigentums gedacht sein; Paulus bezeichnet sich ja auch sonst als δοῦλος Χριστοῦ (Röm 1,1).[130] Mit den Wundmalen dürfte auf

---

120 Auch in Qumran wird die Hinwendung zur Qumrangemeinde als Folge des gnadenhaften Wirkens Gottes verstanden.
121 *Sänger*, Bekennendes Amen, 142.
122 *Longenecker*, Gal, 299; *Keener*, Gal [2019], 582.
123 *Moo*, Gal, 404; *de Boer*, Gal, 408.
124 *Matera*, Gal, 227; *de Boer*, Gal, 409.
125 Theophylakt, Gal, PG 124, 1029 D; *deSilva*, Galatians. A Handbook, 146, sowie *Bengel*, Gnomon, 753: *formula abrumpendi*. Die »Mühen« sind wohl nicht auf die Mühen des Briefschreibens zu beziehen (dagegen zu Recht *Usteri*, Gal, 213).
126 *DeSilva*, Letter, 98.
127 *Harnisch*, Einübung, 157 Anm. 24.
128 *Matera*, Gal, 232; *de Boer*, Gal, 409.
129 Überblick über diese Deutungen bei *Vouga*, Gal, 159; ältere Forschung bei *Güttgemanns, Apostel, 126–135; *Mußner*, Gal, 418f. In der lat. HS 77 wird der Begriff erklärt: *stigmata it est punctiones*.
130 *Usteri*, Gal, 213f., für den dieses Bildwort aber dazu dient, die Leiden des Apostels in seinem Mis-

die auch andernorts[131] von Paulus genannten Erfahrungen während seiner Missionstätigkeit verwiesen sein.[132] Für die Frage nach der Selbstautorisierung und Selbststilisierung von Bedeutung ist, dass Hans Dieter Betz auf die Figur der *conquestio* verwiesen hat, in der der Redner den Richter mit Verweis auf seine im Krieg empfangenen Verwundungen zu beeindrucken sucht[133] und sein ἦθος als Vorbild präsentiert. Auch gibt es Texte, die eine Verwundung als Zeichen der Loyalität zu einem Übergeordneten markieren.[134] Dass ein Appell an das Mitleid den Richter zu beeinflussen sucht, findet sich schon bei Cicero[135], ebenfalls, dass für das ἦθος des Redners Leidensbereitschaft kennzeichnend ist, der ein positiver Effekt für das Gemeinwesen zugesprochen wird.[136] Paulus rekurriert im Übrigen nirgends auf biblische Vorbilder für sein Ethos, und er beruft sich nicht auf eine Traumvision, um solches Ethos verbindlich zu machen.[137]

---

sionsdienst zu verbalisieren; *deSilva*, Galatians. A Handbook, 146. Die verschiedenen Varianten des Ersatzes von Ἰησοῦ (𝔓46 A B C* 33 629 1241 f t) durch Χριστοῦ (P Ψ 0278 8 365 1175 2464) oder der Erweiterung κυρίου (+ μου 1739) Ἰησοῦ C³ D² K 104 630 1505 1739 1881 oder κυρίου ἡμῶν (- א D¹) Ἰησοῦ Χριστοῦ (א D*.1 F G it) folgen normalem paulinischen Sprachgebrauch, tragen aber für den Leser faktisch dieser Christusbindung des Apostels auf eigene Weise Rechnung. Ob gewollt oder nicht, bestärken sie die orthodoxe Vorstellung, dass das Leiden die Person Jesu Christi insgesamt betraf (*Ehrman*, Corruption, 162).

131 1Kor 4,9–13; 15,32; 2Kor 4,10; 6,4f.; 11,23–30; Gal 4,13f.
132 Ps.-Oikumenios, Gal, PG 118, 1165 A; Theophylakt, Gal, PG 124, 1029 D; Luther, Gal, WA 40/II, 182; *Lightfoot*, Gal, 50, mit Verweis auf 1Kor 15,30–32; 2Kor 1,8–10; *Ewald*, Sendschreiben, 100; *Sänger*, »Vergeblich bemüht« (Gal 4,11)?, 117 Anm. 49; *Vouga*, Gal, 159, mit weiteren Vertretern dieser Interpretation; *Matera*, Gal, 227 u. a. Die στίγματα als Äquivalent zu einem Talisman zu interpretieren, der seinen Träger schützen und seine Gegner vor weiteren Aktivitäten warnen soll, sodass Gal 6,17 der Verfluchung Gal 1,8f. entspricht (*Das*, Gal, 654f.), ist möglich, aber nicht zwingend.
133 *Betz*, Gal, 548 mit Anm. 115, mit Bezug auf Quintilian VI 1,21. Josephus berichtet davon, dass Antipater, der Vater Herodes d. Gr., gegen den Vorwurf der Illoyalität gegenüber Caesar seine Kleider so weit ablegte, dass seine Verwundungen sichtbar wurden (Bell I 197). Ähnlich Ps.-Oikumenios, Gal, PG 118, 1165 A: Wenn sich die Galater sonst nicht überzeugt zeigen, sollten sie sich wenigstens dadurch überzeugen lassen.
134 Beispiele bei *Das*, Gal, 653; *Keener*, Gal [2019], 587. Vgl. schon Ps.-Oikumenios, Gal, PG 118, 1165 B, mit Bezug auf den zu Gal 5,11 diskutierten Vorwurf: Die Galater sollen merken, dass Paulus kein Heuchler ist, der einmal die Beschneidung verkündigt, das andere Mal hingegen nicht.
135 Cic, De oratore 38/131.
136 Cf. Cic, Phil 2,46/118: *Defendi rem publicam adolescens, non deseram senex; contempsi Catilinae gladios, non pertimescam tuos* (M. Antonius). *Quin etiam corpus libenter optulerim si repraesentari morte mea libertas civitatis potest* (»Ich habe den Staat in meiner Jugend verteidigt und werde ihn im Alter nicht im Stiche lassen; ich habe Catilinas Dolche verachtet und werde die deinigen nicht fürchten! Ja mein Leben würde ich gern dahingeben, wenn durch meinen Tod die Freiheit unseres Gemeinwesens gewährleistet werden könnte«; Übersetzung *Kasten* III 93).
137 Vgl. hingegen Cic, Rep VI 12–29 (*Somnium Scipionis*).

18 Der Schlussgruß ist auf affektiver Ebene Ausdruck der Verbundenheit des Apostels mit den Galatern.[138] Der Begriff χάρις mag bei Paulus topisch sein, erinnert aber zusätzlich an das u. a. in Gal 2,16.20 Gesagte[139], summiert das von Paulus verkündigte Evangelium mit einem einzigen Wort[140], bildet eine Inklusion zu Gal 1,3 und erinnert die Adressatinnen und Adressaten an ihre Berufung (Gal 1,6).[141] Die Näherbestimmung τοῦ κυρίου ἡμῶν[142] Ἰησοῦ Χριστοῦ, ebenfalls topisch, erinnert nochmals an die gemeinsame Basis der Kommunikation, greift aber darüber hinaus nochmals Gal 6,14 auf, sodass sich beides, Kreuz und Gnade, gegenseitig interpretiert.[143] Die Wendung μετὰ τοῦ πνεύματος[144] ὑμῶν begegnet noch in Phil 4,23; Phlm 25; Barn 21,9. Im Kontext des Galaterbriefes ist wohl kaum an den ethischen Gegensatz zwischen Fleisch und Geist gedacht[145] oder an den Geist im Gegensatz zum Fleisch der Beschneidung[146], sondern eher an den Geist, den die Adressaten empfangen haben (Gal 3,2).[147] Dass Paulus nicht einzelne Gemeindeglieder mit Namen grüßt, mag darauf zurückzuführen sein, dass er über niemanden sicher behaupten kann, er habe sich den Einflüssen der Fremdmissionare noch nicht wenigstens tentativ geöffnet. Nicht topisch, sondern in den echten Paulusbriefen singulär ist die Anrede ἀδελφοί im Schlussgruß. Dieser Ausdruck der Verbundenheit soll signalisieren, dass Paulus weiterhin an der Gemeinschaft mit den Adressaten festhält bzw. diese wieder herstellen will[148], dass er immer noch hofft. Sie mag zusätzlich an die Familienmetaphorik von Gal 6,10 anknüpfen.

Auffällig ist die textkritisch relativ sichere Bezeugung des »Amen«. Sollte Paulus das hier tatsächlich geschrieben haben, wäre ein Mehrfaches gesagt:
1. Das Wort soll von seiner semantischen Bedeutung her den eigenen Worten Gewicht verleihen.

---

138 Theophylakt, Gal, PG 124, 1032 A. Den Vers mit *Kremendahl*, Botschaft, 106–115, für eine Glosse zu halten, ist nicht unmöglich, aber letztlich doch Sache des subjektiven Urteils, wie viel an Schärfe und wieviel an Verweigerung einer normalen Kommunikation man Paulus zutraut. Zur Kritik vgl. auch *Sänger*, Bekennendes Amen, 144–148.
139 *DeSilva*, Galatians. A Handbook, 147. Vgl. schon *Bengel*, Gnomon, 753.
140 *DeBoer*, Gal, 410.
141 *Sänger*, Bekennendes Amen, 154.
142 Manche Handschriften (ℵ P 1241 1739 1881 2464) lassen ἡμῶν aus.
143 *Sänger*, Bekennendes Amen, 154.
144 Der Singular ist wohl distributiv (*Das*, Gal, 655).
145 Dagegen zu Recht *Schlier*, Gal, 285.
146 So aber *Dunn*, Gal, 347.
147 So auch Theophylakt, Gal, PG 124, 1032 B–C. Man kann mit *Dochhorn*, Bestrafung, 141, auf der Grundlage der Formulierung πνεῦμα ἡμῶν/ὑμῶν (1Kor 16,18; Phil 4,23; Phlm 25; Röm 8,16) mit aller gebotenen Vorsicht die These eines Kollektivpneumas erwägen; doch reicht, wie Dochhorn, a. a. O., vermerkt, auch die Deutung dieser Formeln auf die individuellen Pneumata innerhalb der Gemeinden aus.
148 *Vouga*, Gal, 159; *Sänger*, Bekennendes Amen, 155. Vgl. schon *Bengel*, Gnomon, 753: *Ita mollitur totius epistulae severitas*. Theophylakt, Gal, PG 124, 1032 C erinnert an die Taufe als Grundlage dieser Gemeinschaft.

2. Indem Paulus ein hebräisches Wort wählt, ist sein Selbstanspruch auf Kontinuität zu dem von Gott gewollten Israel gesetzt.
3. Das hebräische Wort als Schriftbezug (vgl. z.B. Ps 41,14; 72,19; 89,33) zeigt den Willen zur Kontinuität zur Heiligen Schrift.
4. Gal 6,18 nimmt Gal 1,5 wieder auf.
5. Wenn sich die Galater das Amen von Gal 6,18 zu eigen machen, müssten sie sich konsequenterweise von den Fremdmissionaren dissoziieren.[149]

---

149 *Sänger*, Bekennendes Amen, 156; *ders*., Literarische Strategien, 297.

Thomas Söding
Das Evangelium nach Markus

Theologischer Handkommentar zum Neuen Testament (ThHK) | 2

ca. 496 Seiten | 16,5 x 23 cm
Hardcover
ISBN 978-3-374-05347-6
ca. EUR 39,00 [D]
erscheint September 2022

Dieser große Kommentar erschließt das Markusevangelium historisch-kritisch und kanonisch als Erinnerung an Jesus, die im Licht des Osterglaubens erstmals die Zusammenhänge zwischen dem Wirken und der Passion Jesu erzählerisch vergegenwärtigt. Jesus nimmt seine Sendung, das Reich Gottes zu vermitteln, als Gottessohn mitten unter den Menschen wahr – als Jude für alle Völker. Das Evangelium antwortet auf eine tiefe Krise der Gesellschaft und der Kirche, die durch den Jüdischen Krieg zugespitzt wird. Es führt die Aktualität der Verkündigung Jesu vor Augen: Der Glaube prägt alle Lebensbereiche, weil er in der Nachfolge Jesu die rettende Beziehung zu Gott mit der sozialen Verantwortung für die Nächsten vereint. Diese Orientierung entwickelt sich in einer lebendigen Gemeindetradition, die Markus zusammenfasst und weiterführt.
Das Markusevangelium wird als grundlegendes Zeugnis personaler Christologie gedeutet, die das Bild Jesu nachhaltig geprägt hat und bis heute eine Auseinandersetzung mit ihm stimuliert.